Raymond Bellour

Lire Michaux

Gallimard

Pour Anne-Dominique Balmès

AVANT-PROPOS

Il y a environ vingt ans, quand j'entrepris l'édition des *Œuvres complètes* d'Henri Michaux dans la Bibliothèque de la Pléiade, je me trouvai confronté à deux difficultés. La première concernait la possibilité de « penser en chronologie », puisque telle était la forme éditoriale que devaient prendre ces volumes (deux étaient d'abord prévus, puis trois, très vite, devant l'abondance des textes, et les difficultés propres à une édition critique conséquente). Je m'en ouvris dans ces termes à Gilles Deleuze, déjà malade, que je voyais alors de temps en temps ; il me répondit avec un sourire tranquille qu'on pouvait penser dans n'importe quelles conditions. Presque rassuré, je retournai à mes papiers. La seconde difficulté, qui découlait de la première, était la nécessité de séparer l'élaboration critique proprement dite de la part d'information érudite indispensable. Je décidai donc, pour pouvoir « penser en chronologie », de conserver une cloison aussi étanche que possible entre les Notices et les Notes sur le texte destinées à introduire, selon l'usage de la Pléiade, chaque livre ou recueil publié par Michaux (ou éventuellement tels textes non repris en volume) — Notices et Notes sur le texte dont les contenus respectifs sont en général plutôt fluctuants dans les volumes de la collection. Ce principe, qui fut généreusement accepté par Hugues Pradier, directeur éditorial de la Pléiade, me permit de concevoir ce dont je découvris au fur et à mesure de l'avancée de l'édition la réalité confusément entrevue dès sa mise en route : la construction d'un discours critique, à la fois discontinu et continu, tenant au propre de chaque œuvre mais saisissant par là aussi tout l'œuvre dans son développement, sa logique, son histoire intime. Une sorte de livre de Notices, ou de chapitres, dont je formai ainsi très tôt le dessein, et dont l'écriture de chacune d'entre elles, au fur et à mesure des dix années environ de leur rédaction, me confirmait l'efficience. C'était bien, trente ans après mon premier livre sur Michaux (*Henri Michaux ou une mesure de l'être* « Les Essais », Gallimard, 1965, repris depuis en « Folio » sous le titre *Henri Michaux*[1]), un second livre sur Michaux que j'avais entrepris, à la fois plus ample et beaucoup plus fouillé. J'ai laissé passer le temps nécessaire pour trouver l'envie d'y revenir, après la parution successive des trois volumes des *Œuvres complètes* (1998, 2001, 2004).

Plusieurs personnes m'ont aidé, pendant leur élaboration, à relire tout ou partie de ces Notices. Ysé Tran, surtout, qui a dirigé avec moi cette édition ; Mireille Cardot, qui a été tout au long une collaboratrice indispensable ; mes amis Michel Beaujour et Thierry Kuntzel. Hugues Pradier y a veillé, de loin, avec le souci, précieux, qu'il a toujours montré d'aider cette édition à se perfectionner dans le sens même qu'elle tentait de se choisir. Quant à Anne-Dominique Balmès, mon « éditrice », elle aura permis, par une attention sans faille, une exigence toujours amicale, que ces textes deviennent ce qu'ils devaient être, selon le parti pris adopté dès leur commencement. Ils ont été, ici, après un entracte de dix à vingt ans, à peine retouchés, à quelques écarts près.

L'appareil de notes, en revanche, a été largement transformé, pour les besoins d'un livre devant posséder sa cohérence propre, son autonomie, et pouvoir se lire sans posséder les volumes de la Pléiade, bien que toutes les références des nombreuses citations (et quelques autres, en nombre limité, à l'appareil critique de l'édition) y renvoient nécessairement.

Il va de soi que sur tous les points d'information et d'érudition, le lecteur trouvera dans ces volumes ce dont il pourrait être de surcroît curieux (une bibliographie critique consé-

1. Cette édition de poche contient également l'essai que j'avais donné au *Cahier de l'Herne* consacré à Michaux dont Dominique de Roux m'avait autrefois confié la direction (n° 8, 1966), ainsi qu'un texte sur la peinture.

quente figure en particulier à la fin du tome III, élaborée avec Christophe Potocki). Il y trouvera aussi les images, peintures et dessins publiés par Michaux dans de nombreux livres et plaquettes, et qui y sont tous reproduits, selon les cas à l'intérieur des œuvres mêmes ou en annexe. On verra que j'ai toujours tenté, au fil des phrases, d'évoquer au plus près ces images et surtout l'importance qu'elles ont progressivement occupée dans l'élaboration de cette œuvre, comme nulle autre double, d'écrivain et d'artiste.

Le lecteur découvrira, en fin de volume, pour s'orienter, deux tables.

La seconde est simplement une table des matières, correspondant aux quarante-sept chapitres. La première est une table chronologique de tous les livres et plaquettes publiés par Michaux. Les titres faisant l'objet d'un chapitre dans le présent volume sont signalés par un astérisque (on trouve aussi, dans cette table, pour cette raison même, un certain nombre de textes épars, auxquels il a paru indispensable de consacrer un commentaire). Les numéros de pages indiqués à la suite des titres correspondent aux débuts des chapitres respectifs. Figurent naturellement dans cette table les livres ou plaquettes que Michaux a repris ultérieurement dans un volume ou recueil plus ample (par exemple *Un certain Plume*, 1930, intégré dans *Plume précédé de Lointain intérieur* en 1938 ; ou *Voyage en Grande Garabagne*, 1936, *Au pays de la magie*, 1941, et *Ici, Poddema*, 1945, rassemblés dans *Ailleurs* en 1948) ; par convention, nous faisons suivre les titres de ces livres ou plaquettes du numéro de la page où commence le chapitre consacré au volume ou recueil dans lequel ils ont été absorbés ou insérés. Trois autres titres, aisément reconnaissables, sont des anthologies, de textes, de poèmes, de peintures et dessins.

Le principe adopté pour les références en notes est le suivant : seul le numéro du tome suivi du numéro de page est donné quand la référence concerne l'œuvre faisant l'objet du chapitre ; et il est répété à chaque nouvelle note (mais non à l'intérieur de la même note, quand elle comporte plusieurs références de pages). En revanche, sitôt que la référence concerne une œuvre autre que celle sur laquelle porte le chapitre, le titre du recueil (et souvent celui de tel ou tel texte) précède toujours la référence de tome et de page.

Le lecteur trouvera aussi, plus loin, une liste des titres abrégés, de manière à alléger les notes (la référence complète est également donnée à la première occurrence), ainsi que l'indication des fonds dans lesquels se trouvent les correspondances utilisées, quand elles n'ont pas été publiées. Sauf exception signalée, toutes les lettres adressées à Michaux figurent aux archives Michaux, dont prend soin Micheline Phankim, exécuteur testamentaire d'Henri Michaux. Ce livre est une occasion de plus de la remercier pour l'aide indispensable et toujours amicale qu'elle nous a apportée tout au long de l'élaboration des *Œuvres complètes*.

Relisant tous ces textes pour composer ce livre, après une Introduction soucieuse de ressaisir l'œuvre de Michaux comme un tout (mais un tout éclaté à la mesure de son extrême singularité), j'ai ménagé de très nombreux renvois de chapitre en chapitre, afin d'orienter une lecture confrontée à la circularité proprement infinie d'une œuvre dont les motifs se superposent, tels autant de cercles concentriques inlassablement propagés dans une eau par des mouvements d'ampleur inégale. Il m'a semblé que ces rappels indispensables, loin de témoigner seulement de reprises et de répétitions, mettaient aussi l'accent sur le sens qu'a donné Gilles Deleuze au mot quand il écrit (dans *Différence et répétition*, PUF, 1968, p. 36) que « la répétition est la différence sans concept ». Soit une différence irrémédiable, que la répétition creuse et exacerbe continuellement. Et c'est ainsi que même les concepts de la pensée se pensent. L'œuvre de Michaux est faite de part en part de constants et menus écarts, décalages du Même qui, porté par un mouvement incessant, ne cesse de se muer en Différent. Par là, elle devient d'autant plus essentielle à ce siècle où nous sommes. C'est cette différence inlassable de la répétition à l'œuvre par tous les moyens imaginables que j'espère avoir rendue sensible.

Paris, 30 septembre 2010

LISTE ALPHABÉTIQUE DES OUVRAGES ET DOCUMENTS CITÉS SOUS UN TITRE ABRÉGÉ

À distance : *À distance*, poèmes, textes réunis par Micheline Phankim et Anne-Élisabeth Halpern, Mercure de France, 1997.

Bertelé : René Bertelé, *Henri Michaux*, collection « Poètes d'aujourd'hui », nº 5, Pierre Seghers, 1946.

Bréchon : Robert Bréchon, *Henri Michaux*, collection « La Bibliothèque idéale », Gallimard, 1959 (nouvelle édition, collection « Idées », 1969 — ou, beaucoup plus souvent, l'entretien avec Michaux qui y figure, renvoyé au t. III de la Pléiade où il est reproduit).

Corps et savoir : *Henri Michaux, Corps et savoir*, Pierre Groulx et Jean-Michel Maulpoix éd., Fontenay-aux-Roses, E.N.S. Éditions, 1998.

Europe : *Europe, Henri Michaux*, nº 698-699, juin-juillet 1987.

Halpern : Anne-Elisabeth Halpern, *Henri Michaux. Le laboratoire du poète*, Seli Arslan, 1998.

Hellens : Henri Michaux, *Sitôt lus. Lettres à Franz Hellens 1922-1952*, éd. Loenardo Clerici, Fayard, 1999

Imbert : *Bibliographie des livres & des plaquettes d'Henri Michaux*, copyright Micheline Phankim et Maurice Imbert, 1994.

L'Herne : *Henri Michaux, Cahier de l'Herne*, nº 8, sous la direction de Raymond Bellour, 1966 (édition augmentée pour la bibliographie, 1983).

Le Corps de la pensée : *Henri Michaux. Le Corps de la pensée*, Évelyne Grossman, Anne-Élisabeth Halpern et Pierre Vilar éd., Farrago et Éditions Léo Scheer, Tours, 2001.

Les Ailleurs : *Les Ailleurs d'Henri Michaux*, actes du colloque de Namur, sous la direction d'Éric Brogniet, *Sources* (Namur), nº 17, octobre 1996.

Lettre-mémo : lettre adressée à René Bertelé entre 1944 et 1946, pour la préparation de son livre sur Michaux (Pléiade, t. I, p. 994-996).

Martin : Jean-Pierre Martin, *Henri Michaux, écritures de soi, expatriations*, José Corti, 1994.

Méthodes et savoirs : *Méthodes et savoirs chez Henri Michaux*, textes réunis par Gérard Dessons, Poitiers, La Licorne, 1993.

Monnier : *Correspondance Adrienne Monnier & Henri Michaux*, 1939-1955, établie et présentée par Maurice Imbert, La Hune libraire-éditeur, 1995.

Ouvry-Vial : Brigitte Ouvry-Vial, *Henri Michaux. Qui êtes-vous ?*, Lyon, La Manufacture, 1989.

Passages et langages : *Passages et langages d'Henri Michaux*, actes de la troisième « Rencontre sur la poésie moderne » (E. N. S., juin 1986), réunis par Jean-Claude Mathieu et Michel Collot, José Corti, 1987.

Plis et cris : *Plis et cris du lyrisme*, actes du colloque de l'université de Besançon, 1996, Catherine Mayaux éd., L'Harmattan, 1997.

Quelques Orients : *Quelques Orients d'Henri Michaux*, textes réunis et présentés par Anne-Élisabeth Halpern et Véra Mihailovich-Dickman, éditions Findakly, 1996.

Roger : Jérôme Roger, *Henri Michaux, poésie pour savoir*, Lyon, Presses universitaires de Lyon, 2000.

Ruptures : *Ruptures sur Henri Michaux*, présenté par Roger Dadoun, collection « Traces », Payot, 1976.

Nous avons d'autre part abrégé trois titres de Michaux : *Plume précédé de Lointain intérieur* (abrégé en *Plume*) ; *Épreuves, exorcismes 1940-1944* (abrégé en *Épreuves, exorcisme*) ; « Quelques renseignements sur cinquante-neuf années d'existence » (abrégé en « Quelques renseignements » — texte initialement publié dans le livre de Robert Bréchon et repris dans le tome I de la Pléiade).

LISTE DES CORRESPONDANCES INÉDITES[1] UTILISÉES SANS RÉFÉRENCES DANS CE VOLUME

1. *Lettres d'Henri Michaux*[2]

Ballard (Jean) : fonds *Cahiers du Sud*, Bibliothèque municipale de Marseille.
Bertelé (René) : Bibliothèque littéraire Jacques Doucet / archives Gallimard.
Bréchon (Robert) : collection Robert Bréchon.
Cahun (Claude) et Malherbe (Suzanne) : collection privée.
Cournot (Michel) : collection privée.
Fourcade (Jacques-Olivier) : collection privée.
Gallimard (Gaston) : archives Gallimard.
Guiette (Robert) : archives et musée de la Littérature, Bruxelles.
Maquet (Jean) : Archives Michel Fardoulis-Lagrange
Maritain (Jacques) : fonds Jacques et Raïssa Maritain ; contient également des lettres de Marie-Louise Ferdière.
Mayrisch (Aline) : archives nationales, Luxembourg.
Parisot (Henri) : collection privée.
Paulhan (Jean et Germaine) : I.M.E.C.
Rolland de Renéville (André) : I.M.E.C.
Supervielle (Jules) : collection privée.
Tavernier (René) : I.M.E.C.
Waldberg (Patrick et Isabelle) : Bibliothèque littéraire Jacques Doucet.

2. *Lettres diverses*

Aline Mayrisch à Jean Schlumberger : archives nationales, Luxembourg.
Jules Supervielle à Jean Paulhan : I.M.E.C.

1. Cela n'exclut pas des publications partielles, ou en revue et tirés à part.
2. La graphie de Michaux, parfois déroutante, a toujours été respectée dans les citations de ses lettres.

INTRODUCTION

> *« Ne me laissez pas pour mort, parce que les journaux auront annoncé que je n'y suis plus. Je me ferai plus humble que je ne suis maintenant. Il le faudra bien. Je compte sur toi, lecteur, sur toi qui me vas lire, quelque jour, sur toi lectrice. Ne me laisse pas seul avec les morts comme un soldat sur le front qui ne reçoit pas de lettres. Choisis-moi parmi eux, pour ma grande anxiété et mon grand désir. Parle-moi alors, je t'en prie, j'y compte »* (Ecuador, *1929).*

> *« Être "rapporté" par un écrivain si totalement vivant diffère décidément des mises en place laborieuses de la critique compassée. […]Depuis que vous avez écrit sur moi, je ne suis plus le même — l'impression que je suis plus "durable" ! oui, personne plus tard ne pourra penser que j'ai été un être insignifiant. Il y a dorénavant votre témoignage. Il suffira. "Né fatigué", incertain, l'ayant écrit souvent, j'avais, je crois, besoin d'un bon certificat » (à Cioran, 1973).*

J'aimerais que ce livre se lise comme un livre de vie.

L'homme qui a fini par en être l'auteur n'a pas aimé devenir écrivain. Il a conté lui-même comment, au sortir d'une enfance fermée, il lui a paru que la sainteté était la seule façon de répondre aux énigmes d'un monde dont le caractère d'agression et d'étrangeté s'imposait avec démesure. Michaux, làdessus, n'a jamais varié. Il a continué à penser qu'en dépit de son erreur initiale — sa croyance elle-même — « le Saint achève magnifiquement l'homme », parce qu'il ne le limite pas à être seulement ce qu'il est[1]. La croyance qui disparaît, comme cela est arrivé chez le jeune Michaux à l'âge de vingt ans, a été assez vive pour le pousser un moment à entrer dans les ordres, et inciter son père à le lui interdire. Mais le vide qu'elle ouvre en s'effaçant ne sera pas comblé. Il découvre un vide antérieur, immémorial, dont l'écriture entreprendra, un jour, et une vie durant, de faire le tour, d'éprouver sans fin le foisonnement. C'est ainsi à défaut que l'homme peut se croire écrivain, que Michaux le devient, après s'être risqué à des vies d'études et d'action qui n'ont pas abouti — médecin, matelot. Et ce ne sera toujours là qu'une opération de survie. Jamais la littérature ainsi provoquée ne se substituera à la croyance dont demeurera l'exigence d'infini. Cela suppose que jamais la littérature ne puisse prendre appui sur des valeurs dont elle serait redevable et qui la justifieraient d'exister. Cela présume aussi que jamais la littérature ne finisse par s'assurer d'une valeur qui lui deviendrait propre, et la justifierait encore. Et pourtant, parce qu'elle permet à un homme d'espérer se sauver lui-même, l'activité d'écrire, puis de peindre, trouve dans l'obstination de son incurable faiblesse une force de résistance. Une force unique et immense. Par un retournement du manque, qu'il faut surtout ne pas réduire à un travail du négatif, cette force se mue en une positivité d'autant plus vive qu'elle se donne constamment pour ce qu'elle est : changeante, limitée, lacunaire, expérimentale, modeste, quotidienne, instantanée.

Depuis la fin de l'époque classique, depuis la mort de Dieu et l'annonce réitérée de cette mort, il n'est pas de grand écrivain ou de vrai philosophe qui n'ait été contraint de se penser à cette place laissée vide et devenue à jamais équivoque, sous la double figure d'une création à reprendre, d'une médiation à trouver. Il faut recommencer la création du monde, et la transmettre aux autres hommes. C'est le poète de Rimbaud, « chargé de l'humanité, des *animaux* mêmes[2] ». Il faut se prendre à la

1. Lettre adressée à René Bertelé entre 1944 et 1946, pour la préparation de son livre sur Michaux (par la suite abrégée en *Lettre-mémo*), I, p. 997.

2. Lettre à Paul Demeny du 15 mai 1871, *Œuvres complètes*, Bibl. de la Pléiade, Gallimard, 2009, p. 346.

fois pour Dieu et pour le Christ, ou l'Antéchrist, et vivre jusqu'au bout de ne pouvoir être ni l'un ni l'autre, quitte à ne plus savoir ce que cela suppose. C'est l'histoire exemplaire de la folie littéraire, de Hölderlin ou de Rousseau jusqu'à Artaud, où Nietzsche occupe une place cruciale puisque ainsi la philosophie y prend part, dans une indistinction nouvelle avec la puissance et l'impuissance d'écrire. C'est l'histoire d'une folie qui doit passer par la folie clinique, ou au moins par son ombre, pour ne pas s'y réduire ; elle touche tous ceux que la fureur de penser et d'écrire a possédés. Blanchot aura fini par être son meilleur témoin, à force de l'avoir incorporée jusqu'à sembler devoir y disparaître.

La grande singularité de Michaux a été de participer encore à cette histoire, de l'accomplir, à son tour et selon son mode, et de paraître en même temps lui échapper dès l'origine et tout au long de sa longue vie d'écrivain. Cela explique une part de la difficulté qu'on a eue à le situer, et ainsi à évaluer, dans la fascination qu'il a très vite et de plus en plus exercée, ce qui tient à l'irréductible d'un tempérament, et ce qui gagne en lui une portée plus générale. Si Michaux est devenu incomparable, ce n'est pas seulement qu'à partir d'un certain degré de singularité, personne ne vaut d'être comparé. C'est à cause de tout ce qu'il transforme et exaspère, par l'écriture et l'invention plastique, même pour la philosophie. Il permet surtout ainsi d'éprouver, plus radicalement que cela n'avait été jusqu'à lui, la présence matérielle et mentale de la *multiplicité*, dans le rapport qu'elle implique et exclut avec une unité qui lui serait présupposée. C'est de façon déjà multiple que la notion de multiplicité doit être comprise, affectant dans leur fond chacun des divers modes ou niveaux ou segments qui la réalisent. Michaux est une variété de multiplicités.

Multiplicité, fragmentation

Dans la plus autobiographique de ses fictions de légende, « Le Fils du macrocéphale » devenu « Le Portrait de A. » en 1929 — « portrait » authentifié par la biographie que trente ans plus tard Michaux s'autocompose, au seuil du livre de Robert

Bréchon[1] —, se détachent deux modes d'être et d'expérience. Le premier repose sur une image mixte d'unité, que figure la « boule ». D'un côté celle-ci définit Dieu (« Dieu est boule. Dieu est. Il est naturel. Il doit être. La perfection est. C'est lui. Il est seul concevable. Il est. De plus, il est immense ») ; elle touche de l'autre le héros, l'enfant singulier (« Jusqu'au seuil de l'adolescence il formait une boule hermétique et suffisante, un univers dense et personnel et trouble où n'entrait rien »). Quand la boule fatalement perd de sa perfection, quand l'enfant sort de cette boule, accepte de manger, apprend l'alphabet, doit subir et comprendre le monde qui s'impose, il nomme Dieu cette unité perdue et adopte l'histoire qui fait de lui « l'homme après la chute ». Mais il veut s'expliquer le mystère des « choses évidentes », le mystère du monde, de tout ce qui blesse et résiste. C'est en le cherchant dans les livres, devenus « son expérience », qu'il découvre un second mode d'être : la multiplicité. Elle est liée à la vitesse du parcours, dès l'origine tout à fait déterminante, qui fait glisser cet étrange lecteur à travers les livres, sans jamais pouvoir se fixer, bondissant comme de nébuleuse en nébuleuse. Une révélation lui vient ainsi de la langue et des livres, dans un « désordre ivre » : celle des atomes. Ce sont des « petits dieux ». « Ils sont, les innombrables petits dieux, ils rayonnent. Mouvement infini, infiniment prolongé. »

Cette multiplicité est d'abord rapportée à l'unité ; en dépit de la matérialité virtuelle des atomes, et du rythme de leur circulation, elle reste son écho diffracté. Voilà, précisément, ce qui ne peut suffire. C'est ce lien circulaire, voué à « l'anti-vie », qu'il faut défaire, dissocier, par un décentrement de la réalité et par l'expérience du voyage (« Aller trouver la terre à domicile et prendre son départ du modeste »). Mais ce n'est pas encore assez. Car toujours la boule retient, qui « veut la perfection, le cercle, le repos », en celui qui voudrait agir, que l'idée d'action hante. « Il a ainsi des milliers de départs de muscles » (de « riens », dit la première version), sortant un par un de la boule.

1. Il s'agit de « Quelques renseignements sur cinquante-neuf années d'existence » (par la suite abrégé en « Quelques renseignements »), I, p. CXXIX-CXXXV. « Le Portrait de A. » se trouve dans *Plume précédé de Lointain intérieur* (abrégé en *Plume*), I, p. 607-613 (pour les citations qui suivent) ; il est publié sous son premier titre en 1928.

Écrire, comme Michaux le fait depuis six ans quand il publie ce texte, ce sera accepter ces milliers de départs de muscles, et leur donner un par un une voix. Une voix chaque fois accordée à la singularité de l'instant, dotée d'une valeur propre d'événement. Si « un muscle à lui seul ne peut créer la marche », des milliers mais s'ajoutant un à un ne vont pas pour autant créer vraiment « la marche », la vraie marche des autres ; pas plus que les textes qui naissent ne s'apparentent à leur langue et à leurs livres, en dépit des impulsions reçues. Deux fois, parmi bien d'autres, Michaux a trouvé des façons incomparables de le dire, selon deux des modes adverses qu'il pratique : la fable ou parabole, et l'autoscopie documentaire. D'un côté, il célèbre « au pays de la magie » la figure du Berger d'eau, capable de mener, sans le voir se confondre et disparaître, « un petit ruisseau de rien » à travers un grand fleuve[1] ; de l'autre, excité par la « foule alphabétique » des mots du dictionnaire, il cède à l'impulsion d'écrire et de conduire à son tour « quelque équipage à travers l'infini moutonnement des possibles. Petit cortège que le mien, mais qui, sur ce fond vaste et infiniment glissant, *marche* pour moi d'un pas si étrangement accentué, d'un pas qui frappe le silence d'un accent inégalable[2] ». Cherchant ainsi, dans la langue des autres, dans la langue sa langue, ou au moins une langue, Michaux fera à sa façon « bégayer la langue[3] », parler un corps toujours insuffisant, en s'ouvrant aux voix d'une multiplicité nouvelle. Cette multiplicité n'entretient plus avec l'unité une relation de miroir ni d'émanation (un Dieu, des petits dieux) ; elle la disperse au gré d'une énergie déliée dans un champ d'immanence — bien qu'en retrait une hantise de transcendance demeure. Michaux passe ainsi d'une multiplicité liée, ordonnée à l'unité et à ses héritages, à une multiplicité libre — erratique, désordonnée, nomade. De A., Michaux nous dit finalement qu'il va bientôt mourir : c'est qu'il est le personnage voué à cette transition. En sortant de la boule, il tue sa lettre d'origine, comme cette lettre tuait déjà le nom plus tôt choisi : Eache, le je-moi allemand (*ich*) et le

1. *Ailleurs*, II, p. 140.
2. *Passages*, II, p. 289.
3. Gilles Deleuze, « Bégaya-t-il... », *Critique et clinique*, Minuit, 1993, p. 135-143.

chaque-chacun anglais (*each*), tapis dans le nom de Michaux[1]. Il ouvre l'alphabet entier, fait d'atomes et de muscles soudés au corps fragile, déficient mais unique, à sa puissance de métamorphose, infinie et indéfinie.

Tout, toujours, va donc tenir chez Michaux à la capacité de réaction, à la vitesse des opérations. Elle est instinctive, quelque recul que la conscience prenne de son théâtre. Qualité singulière de Michaux : toute forme de conscience y est captée par la même vitesse que le corps et la langue mettent à saisir l'événement. De ses premiers écrits, dès 1922, à ses grands livres de la drogue des années 1956-1966, et jusqu'à ses derniers recueils, plus apaisés, l'œuvre de Michaux va se déplier — à travers plus de vingt livres ou recueils, un tourbillon de plaquettes et de livres « illustrés », comme de textes dispersés —, en proie à une *fragmentation* éperdue qui constitue son rythme propre. C'est comme une respiration, un flux scandé par ses coupures. C'est le rythme d'un corps, cœur frêle, souffle court, dont il aura fallu admettre, d'emblée, bien que sans jamais l'accepter, la limite, pour découvrir son propre illimité. Le fragment devient par là une sorte d'unité inférieure variable, que la typographie atteste par des marques diverses, ou tout simplement par les blancs qui scandent tant de textes, créant un jeu propre d'espacements (dans « La Ralentie » par exemple), ou bien se combinant aux marques typographiques pour dissocier encore le fragment et montrer qu'à ce niveau même il n'y a pas ici d'unité qui vaille[2]. Une telle fragmentation n'est jamais posée en principe : elle ne vise pas une esthétique ou une éthique du fragment, qui viendrait aussi peu que ce soit garantir l'écriture, dans son mouvement pour défier une totalité devenue impossible[3]. La fragmentation n'est pas plus chez Michaux le produit d'une dislocation qui parfois s'accumule

1. Jean-Claude Mathieu y entend aussi E. H. : Henri Eugène, les deux premiers des quatre prénoms de Michaux (« Le Nom de l'autre », *Europe, Henri Michaux*, nº 698-699, juin-juillet 1987, p. 100 — par la suite abrégé en *Europe*).

2. Voir le chapitre sur *Ecuador*, p. 136. Et « La Ralentie » dans *Plume*, I, p. 573-580.

3. Par exemple le « fragmentaire », tel qu'il s'esquisse chez Blanchot dans ses commentaires des romantiques allemands de l'*Athenäum*, du nihilisme nietzschéen, de la pensée du neutre dans la poésie de René Char (*L'Entretien infini*, Gallimard, 1969).

dans les marges intimes des œuvres publiées ; ni l'effet, finissant par devenir impérieux, d'œuvres inachevées — comme on le voit à des degrés divers chez Novalis, Nietzsche ou Artaud. Cette fragmentation semble chez Michaux naturelle, préalable, collant à un malheur d'être profond mais à un vif bonheur ou au moins à un soulagement réel d'écrire. En ce sens, il n'y a pas ici d'œuvre achevée plutôt qu'inachevée. Il existe une œuvre *toute de fragments*, dont le fragment, départ de muscle, est l'unité imprévisible de composition, l'unité disloquée de résistance.

Cette œuvre, ainsi, ne tend pas à devenir une œuvre en ruine après coup, par un mouvement second qui la découvre. Elle s'offre aux yeux de tous, à ses propres yeux déjà ruinée, livrée au jour le jour comme un processus d'expulsion dont la publication, toujours pressée, voire précipitée, garantit l'efficacité. Cette impatience permet seule de pousser au fur et à mesure, sans réserve, le défaut de soi hors de soi, selon un régime avant tout en quête de santé, pour déjouer l'angoisse, la faiblesse, apaiser une déficience ressentie comme sans remède, conjurer, peut-être, une forme obscure de folie.

Écrire

Michaux a si souvent décrit ce qu'est l'expérience d'écrire, on l'a si souvent et si bien répété après lui, qu'il y a toujours une difficulté à le redire encore. Mais la difficulté tient avant tout au piège dans lequel il attire, pour le libérer, son lecteur.

Écrire, c'est répondre. C'est faire de la langue, conçue comme part du sensible, le lieu d'une réponse à l'événement du sensible, à ses multiples accidents. C'est se rapporter à l'immédiat, dont la langue est une dimension, mais dans la mesure où par l'écriture elle s'en détache, risquant toujours de le fixer, de le figer, de lui être, plutôt que faux, contraire, allant à rebours de son mouvement, accusant un retard, qui n'est pas seulement de temps, mais tient à l'effet d'un isolement propre, déjà, à la parole, que l'écriture achève, cristallise, et voudrait réparer. Ainsi écrire n'est pas supposer un immédiat dont la langue ne serait pas ; c'est viser un monde en expansion qui excède la langue bien qu'elle y participe, à charge de le dire.

Ce monde passe par le corps, par lequel toute chose passe, avec une violence dont on n'a jamais fini de faire le tour; quoiqu'on ait eu parfois tendance à trop réduire Michaux à ce corps, ou au moins à réduire le corps à une image d'une trop grande autonomie. Ce monde est un univers sans limites, dont le corps est la plaque tournante, sensible, affective, souffrante, torturante. À condition de bien voir dans le corps, plus loin que la chair mais à travers elle, la sensation et la pensée, le rapport d'enveloppement et de dissociation entre la sensation et la pensée.

Si, dans le mouvement qui le porte à écrire, Michaux ne cesse de scander son rapport à cette dimension continue de son expérience, il lui est arrivé de s'y appesantir, comme toujours, en passant. Il le fait par exemple une première fois de façon concertée dans la « Postface » de *La nuit remue* (1935[1]). Michaux défend là trois idées, qualifie trois sentiments. On écrit par « hygiène », comme d'autres délirent, comme d'autres préfèrent les sciences, les spectacles ou « l'étude de la métaphysique » ; comme d'autres surtout, plus nombreux, n'écrivent pas, se portant trop bien pour cela. Cette écriture de « santé » n'aura donc rien de volontaire. « Ni thèmes, ni développements, ni construction, ni méthode. » Cette écriture va selon son rythme, à la fois paresseuse et pressée, nerveuse. D'où le second point, essentiel, alors juste effleuré (il sera développé, trois ans plus tard, dans la Postface de *Plume*[2]) : tout ce qui est ainsi inventé « nerveusement » se situe dans une antériorité de la pensée, une pensée d'avant ce que « je pense » (par exemple avant ce qu'inventant ici des mots, des animaux, Michaux pense du langage et des animaux). Cette pensée antérieure à elle-même qualifie seule ainsi vraiment le « je », ce « je », un « je » qui se découvre en s'abandonnant à ce qui le sauve; on sera toujours « dans un léger vacillement de la vérité ». Ce vacillement touche donc l'écrit même où il se trouve énoncé; mais aussi la réalité de l'auteur que cet écrit suppose, et la nature de la pensée qui s'y forme. Enfin, cette écriture d'amateur, si privée semble-t-elle, « toute venue de l'égoïsme », pos-

1. I, p. 511-512. C'est le premier de ses grands recueils publiés chez Gallimard dans la collection « Blanche ».
2. Voir le chapitre sur ce recueil, p. 242-244.

sède une portée sociale, tellement cette « opération » semble être « profitable aux faibles, aux malades et maladifs, aux enfants, aux opprimés et inadaptés de toute sorte ». C'est le fameux : « N'importe qui peut écrire "Mes propriétés". » Sous le défi-déni de la formule, qui résonne comme un écho modeste au prophétisme de Lautréamont (« La poésie doit être faite par tous[1] »), on entend aussi que devient « n'importe qui » ce « je » qui peut écrire ainsi : plusieurs, multiple, un ou plutôt unique à raison de ce multiple, à lui-même inconnu comme l'est sa pensée, comme est toute pensée.

Cette invite au lecteur, sincère, salutaire, amorcée dans l'invocation finale d'*Un barbare en Asie*, brièvement réitérée dans la Postface de *Plume* et la Préface d'*Épreuves, exorcismes*, est aussi la ruse profonde de celui qui, se surprenant à écrire, voudrait s'en justifier, à ses yeux et à ceux d'autrui ; tant écrire n'a ni sens ni valeur, et n'en peut acquérir que si cela, avant tout, aide à vivre. C'est supposer que rien à ce point ne le peut ; mais aussi que jamais écrire n'y sera suffisant. Michaux s'est étonné, quitte à y voir « une façon sans doute de mieux vivre en ménage avec son mal », à l'idée de Kafka disant un jour que l'essentiel de sa vie est d'écrire : « Pour moi, non. J'hésitais toujours à continuer à écrire. C'est guérir, que je voulais, le plus complétement possible, pour savoir ce qui finalement est inguérissable. J'ai écrit dans *Ecuador* que j'étais du vide. Je veux combler ce vide pour connaître celui qui ne peut pas être comblé[2]. » Guérir, mais sans l'espoir d'y parvenir jamais ; savoir, mais sans croire toucher quelque vérité vraie, puisque la lumière et l'obscurité se poussent l'une l'autre comme la vie avance et ne guérit d'elle-même que dans la mort. Guérir, savoir : tels seraient les deux mots par lesquels peut se résumer chez Michaux l'expérience d'écrire. Leur force maintenue tout au long de la vie est de délier toute croyance qui engagerait cette expérience et cette œuvre à s'accepter, cette expérience à s'accepter comme œuvre, à s'autonomiser, quand bien même sa simple existence et aujourd'hui son achèvement y engagent.

1. *Poésies*, II ; Lautréamont, *Œuvres complètes*, Bibl. de la Pléiade, Gallimard, 2009, p. 288.

2. Robert Bréchon, *Henri Michaux*, collection « La Bibliothèque idéale », Gallimard, 1959, p. 206 (abrégé par la suite en Bréchon).

L'écrivain en Michaux est toujours resté proche de l'adolescent que ses professeurs et ses camarades cherchaient à attirer vers la littérature. Il se refuse alors à cette tentation. Il se soustrait à la puissance immaîtrisée de l'imagination qui se découvre dès sa première composition française (un de ses plus forts slogans sera plus tard: « N'imaginez jamais[1] »). Il parvient pour plusieurs années encore à ne pas être détourné de « l'essentiel », ce « secret qu'il a depuis sa première enfance soupçonné d'exister et dont visiblement ceux de son entourage ne sont pas au courant[2] ». À travers ce refus, le souvenir perpétué de ce refus, l'écrivain est resté enté sur l'enfant fermé qu'il fut, vers lequel il a su revenir avec le sens sûr d'un destin après « cinquante-neuf années d'existence ». De cet enfant cruel, en lui-même et à tous, la boule hermétique du « Portrait de A. » libère la plus forte image. Lorsque, par un consentement énigmatique à la force du vivant, la boule s'ouvre, en quête du secret, du « Grand Secret[3] », mais se laissant à travers l'écriture dériver vers un secret devenant chaque fois un peu plus sans secret, elle s'ouvre à un vide par lequel désormais tout entre, toujours et comme indifféremment.

Écrire sera donc vivre le peuplement inouï de ce vide, sous toutes les formes concevables[4]. Ce sera éprouver le passage, incessant, discontinu, entre les forces du dehors et la capacité, imprévisible, d'un « espace du dedans » à les incorporer. Ce n'est pas que le corps ne réagisse sélectivement, fût-ce avec l'énergie des rejets les plus véhéments, à la diversité des accidents qui le pénètrent. Il ne fait, au contraire, rien d'autre. Mais parce qu'il n'est ou ne se croit fort d'aucune défense capable de l'en protéger, son espace intérieur se conforme d'autant plus au dehors qui le pénètre, absolu chaque fois distinct; de sorte que dehors et dedans s'étendent, se qualifiant l'un l'autre, dans une adéquation extrême de l'expérience, de la pensée, de l'écriture qui les porte. « Exactement le dedans *du* dehors », comme « opération du dehors », révélant l'impensé

1. *La Vie dans les plis*, II, p. 174. Voir le chapitre sur ce recueil, p. 321-322.
2. « Quelques renseignements », I, p. CXXXI.
3. « Le Grand Combat », *Qui je fus*, I, p. 119.
4. Voir le chapitre sur *Ecuador*, p. 147-148 (à propos du poème « Je suis né troué »).

dans la pensée, en deçà de toute intériorité psychologique : « *Un dedans qui serait plus profond que tout monde intérieur*, de même que le dehors est plus lointain que tout monde extérieur[1]. » Si bien que le désir éperdu de savoir, et de guérir par ce savoir, est une épreuve inéluctable et une quête infinie de l'Autre, du tout autre qui s'offre, se dérobe, partout, continuellement. Ce désir peut passer pour un désir de soi, et s'exprime souvent sous cette forme, puisque Michaux est partout présent dans son œuvre, sous la forme d'un « je » dont les modalités variables incluent le « je » le plus intime, le plus immédiat, celui qu'on peut, de façon bien indécidable, tenir pour l'écrivain et l'homme même. Mais Michaux n'a cessé de montrer et de dire combien « MOI se fait de tout. [...] MOI n'est jamais que provisoire », à quel point « Il n'est pas un moi. *Il n'est pas dix moi. Il n'est pas de moi.* MOI *n'est qu'une position d'équilibre.* (Une entre mille autres continuellement possibles et toujours prêtes.) Une moyenne de "moi", un mouvement de foule[2]. » Ainsi, passant par toutes les formes pronominales personnelles (du je au il, du moi au lui) et indéfinies (du il[3] au on au quelqu'un au n'importe qui), Michaux ouvre la circulation des personnes à une logique effrénée du double, qui devient l'index de sa voix à l'œuvre[4]. À ne cesser de se redessiner, selon des formes innombrables, chaque fois nouvelles, cette force du double se fait insaisissable. Principe de métamorphose, elle est le propre de Michaux, le plus clair de sa réalité d'écrivain. Elle tient en effet à la façon dont le « je pense » — l'identité de la conscience réflexive — se trouve instantanément modelé par l'événement du dehors-dedans forgé dans l'écriture. De sorte que le « je » peut aussi bien être absorbé dans cet événement

1. Deleuze écrit ceci dans le dernier chapitre, « Les Plissements, ou le dedans de la pensée (subjectivation) », de son livre sur *Foucault* (Minuit, 1986, p. 103-104), où la notion d'« espace du dedans » lui permet un glissement final et spectaculaire autour de la figure héroïque de Michaux (p. 126-130).

2. *Plume*, Postface, I, p. 663.

3. Benveniste montre bien comment le *il*, quoique pronom personnel, « abolit justement la notion de "personne", et glisse vers la "non-personne", même quand il maintient une "référence objective" » (« La Nature des pronoms », *Problèmes de linguistique générale*, Gallimard, 1966, p. 251, 255, 256).

4. Voir le chapitre sur les Premiers écrits, p. 89-92, et celui sur *Épreuves, exorcismes*, p. 286-287 (à propos des textes « La Vie double » et « Double-tête »).

que devenir une de ses modalités, et sembler subsister alors qu'il est déjà dépossédé. Mouvement infini, qui est la raison et la force, ou l'immense faiblesse d'une telle écriture. S'arrêtant, dans une de ses « Observations », sur ce qui fait un écrivain, Michaux évoque le « sentiment majeur » ou le « bon complexe de base », amour, peur ou envie, dont celui-ci dépend : « Un écrivain est un homme qui sait garder le contact, qui reste joint à son trouble, à sa région vicieuse mal apaisée. *Elle* le porte[1]. » Parlant aussi pour lui, Michaux se garde bien de dire alors quelle serait en lui cette « région », cette « onde », ce « *sentiment porteur* ». Ce n'est pas seulement qu'il l'ignore, ou qu'un autre pourrait mieux le voir à sa place. C'est que son vice, plus profond, par la grâce terrible d'une plasticité sans bornes, touche au fait d'écrire même, et de penser, de pouvoir écrire et pouvoir penser, de vivre l'impensé du « penser » pour commencer, continuer et sans cesse recommencer d'écrire.

Touchant au plus près la nature et le mouvement de l'écriture de Michaux, Claude Lefort a souligné combien, conscient des impasses attachées au narcissisme de l'écriture comme à celui de la vision, Michaux a toujours échappé à toute position qui, s'arrêtant au moindre point de certitude, aurait pu le soustraire à l'expérience du sensible, au doute radical que celle-ci induit en lui : il ne peut ainsi consentir à une projection dans la fiction, qui lui aurait, par exemple, permis de s'investir durablement dans son personnage de Plume ; pas plus qu'il ne peut se fixer à quelque identité de la conscience réflexive, laissant la pensée s'assurer de l'impensé, serait-ce dans les postes d'observation qu'il s'invente, par exemple grâce à la mescaline. Refusant tout discours du vrai, ruinant toute réalité de la fiction, Michaux ne peut « que s'arrêter au seuil de la philosophie, comme il s'arrête au seuil de la littérature ». Par là, « comme peu d'autres », il supporte les questions qui les ramènent

1. *Passages*, II, p. 347-348. Michaux est revenu sur cette idée, dans une conversation avec Claudine Chonez : « La critique ? Drôle d'histoire. Il faudrait qu'elle soit une exploration physique du type, qu'elle se mette dans sa peau. Je pense, par exemple, au bouquin passionnant de ne je sais plus quel médecin sur l'asthme de Proust. L'univers senti à travers l'étouffement, voilà ce qui fait que Proust est Proust ; pour en parler, il faudrait recréer en soi un état préasmathique. Il faudrait, pour chaque auteur, saisir son complexe, qui ne manque jamais » (« Devant Henri Michaux », *Minerve*, 21 juin 1946).

ensemble à « leur commune origine[1] ». C'est l'effet de cette œuvre le plus subtil à apprécier, son point de fuite le plus difficile à cerner. Michaux cherche en lui à recommencer l'être, à repenser sans fin la création du monde. Après la chute, comme il dit. Mais comme si, pour n'avoir plus vraiment eu lieu, celle-ci s'était déjà dissipée en d'innombrables accidents. Ou comme si, inversement, elle se réactualisait dans les chutes réitérées par lesquelles chaque texte ou fragment s'interrompt.

Cette forme du fragment qui n'en est pas une, qui est plutôt une force variable, correspond au temps d'invention de la pensée. « Après quelque temps, toujours le "penser" s'arrête. Écrit, c'est ce qu'on appellera une pensée[2]. » Le fragment de seize lignes de « Notes au lieu d'actes », que ce bref paragraphe introduit, cherche à évaluer cette lutte perdue de la pensée avec « l'univers impensé [qui] se défend ». La chose difficile à concevoir est qu'en dépit de singularités qu'il partage avec d'autres, ce fragment réflexif n'a pas un statut différent de tel fragment de nature documentaire (un pays, un objet réels) ou de tel fragment d'invention (un pays, un être, une vision dits imaginaires). Car toujours le texte ou fragment qui s'interrompt souligne, par là même, l'effort intérieur de pensée dont il est un résultat provisoire et dont il a été le lieu par des moyens divers. Une fois, Michaux a intitulé un texte : « Il écrit[3] ». Se trouvent ainsi circonscrites les opérations de sélection dans la réalité et de division dans le sujet, d'où le processus tient sa force. Il écrit, toujours double, et ainsi multiple. C'est ce même effort, continu-discontinu, de l'écriture en quête d'être et de savoir qu'on sent courir, grâce à d'infinies nuances, dans chacun des innombrables fragments ou « morceaux[4] » de cette œuvre. De telles pensées ou visions, en foule et comme sans ordre, sont ainsi prélevées sur le chaos dont elles sont les pauses, et

1. Claude Lefort, « ... sur une colonne absente », *Cahier de l'Herne*, n° 8, sous la direction de Raymond Bellour, 1966 — abrégé par la suite en *L'Herne* (texte repris dans un recueil d'écrits autour de Merleau-Ponty, auquel ce texte sert de titre, Gallimard, 1978, p. 170 et 176).

2. *Passages*, II, p. 386.

3. Voir le chapitre sur *Épreuves, exorcismes*, p. 287-288.

4. *La nuit remue*, Postface, I, p. 511. Michaux dit aussi, dans la comparaison qu'il mène entre son « cinéma » et les constructions sans construction des malades : « des pièces et des raccords de fortune ».

assurent une ordonnance minimale. Comme dans une théogonie, qui conterait aussi « les travaux et les jours » dont des atomes de langage seraient devenus autant de libres petits dieux incarnant tous les êtres, plantes et animaux, personnages et personnes. Une théogonie minée dont l'inventeur ne cesse d'être le témoin, en tiers dans chaque redoublement créateur.

Essayant pendant la guerre de s'expliquer devant son premier véritable intercesseur, Michaux confie à René Bertelé : « J'écris avec transport et pour moi, / a) tantôt pour me libérer d'une intolérable tension ou d'un abandon non moins douloureux. / b) tantôt pour un compagnon que je m'imagine, pour une sorte d'alter ego que je voudrais honnêtement tenir au courant d'un extraordinaire passage en moi, ou du monde, qu'ordinairement oublieux, soudain, je crois redécouvrir, comme en sa virginité. / c) délibérément pour secouer le figé et l'assis, pour inventer. / Les lecteurs me gênent. J'écris, si vous voulez, pour le "lecteur inconnu [1]". » On appréciera l'art d'un flottement qui oppose les propositions a et b (tantôt / tantôt), alors que ce sont plutôt, du point de vue de la dynamique de l'écriture, les propositions a et c qui contrastent. Mais c'est que la troisième, si on y réfléchit, ressort de la situation fictive posée par la seconde, et dont la première serait encore dépourvue, dans son transport plus immédiat. Ce n'est pourtant vrai qu'à demi : ces trois propositions, distinctes, doivent plutôt être comprises simultanément. On y découvre ainsi la progression qui se trame entre le je-moi, le compagnon-alter ego et le lecteur inconnu substitué au lecteur réel. De sorte qu'on comprend comment, ce lecteur virtuel, Michaux l'est lui-même déjà dans tout ce qu'il écrit, inconnu se découvrant à ses propres yeux surpris par la façon dont son œuvre s'invente et dont il ne cesse de s'y prendre à partie, sur un mode critique, directement ou indirectement, quelles que soient les fictions qu'il s'invente — par exemple grâce au voyageur-narrateur de sa Grande Garabagne et de tous ses pays imaginaires.

Tel est le piège que Michaux tend à la critique. Elle s'en libère mal, perdant les marques qui favorisent sa distance, sans être pourtant quitte de ce qu'elle croit ses droits. On interprète mal

1. *Panorama de la jeune poésie française*, conçu et introduit par René Bertelé, Marseille, Robert Laffont, 1942, p. 54.

Michaux, puisque à ce travail là il ne cesse de se vouer lui-même. On n'interprète pas Michaux sans lui être pour une part contraire, et le réduire, tellement il paraît avoir suggéré déjà, si illusoire que ce soit, toutes les interprétations. C'est pourquoi on ne cesse, en revanche, de chercher à le situer pour comprendre ce par quoi il nous tient ; on s'acharne donc à le décrire en essayant de l'ordonner, au nom de diverses raisons, pour se le rendre saisissable, tant il échappe, par sa façon d'exister en tous points, rassemblé, volatil. On fouille dans Michaux, sans fin, on y farfouille. C'est aussi pourquoi, plus que d'autres, on s'épuise à le citer, tellement chacun est persuadé que ce travail que tous cherchent à faire, il l'a déjà, lui, fait à sa manière, au point qu'il s'agit seulement de le rendre visible. Voilà ce qui arrive, à vouloir commenter Michaux, faute de seulement s'y abandonner, ou de savoir lui répondre comme lui-même a su le faire à d'autres. Dans les Postfaces de *La nuit remue* et de *Plume*, Michaux invite son lecteur à prendre lui aussi le risque d'une écriture incertaine qui pourrait soulager sa dépendance malheureuse. On ne sait qui Michaux aura ainsi aidé à se sauver, bien qu'on sente souvent qu'il est pour ses lecteurs divers un écrivain vraiment distinct des autres, grâce aux recours qu'il offre. Mais on voit à quel point il a suscité, chez la plupart de ses commentateurs, de plus en plus nombreux, une véritable passion du parcours à reprendre. Cela tient beaucoup à l'institution universitaire, au travail infernal de répétition qu'elle favorise. Mais pas seulement. En dépit de ce qu'elles doivent au savoir et à l'exactitude, et concèdent aux classiques devoirs de référence, beaucoup de ces reprises semblent peu occupées des risques de redite, qu'elles évitent plus ou moins. Comme si, autant qu'à leur intérêt spéculatif, leur énergie tenait à la possession qu'elles permettent. Comment ressaisir en tous sens cette œuvre qui s'échappe, échappe à son auteur qui s'échappe à lui-même en ne pouvant jamais qu'à peine retenir « l'échappée du penser[1] ».

1. Claude Lefort, *op. cit.*, p. 171. Voir le chapitre sur les Premiers écrits, p. 88.

Au-delà des genres (prose, poésie)

Ainsi s'est affermie une sorte d'indifférence aux genres, dans cette œuvre qui semble les traverser tous sans jamais s'arrêter à aucun. Cela ne va pas sans la conscience, chez le jeune Michaux, d'un risque une fois nettement exprimé (« et les genres littéraires sont des ennemis qui ne vous ratent pas, si vous les avez ratés vous au premier coup[1] »). Par là s'annonce le besoin, conflictuel, d'une stratégie spontanée, par rapport à un héritage, une culture dont il faut se déprendre, autant qu'il est possible, pour ne pas risquer de se rater soi. Il faut à la fois rater et ne pas rater les genres littéraires pour pouvoir aller jusqu'au bout de son propre « ratage », qui reste de loin pour Michaux son arme la plus efficace. Et c'est « du premier coup » que les genres doivent être épinglés, mimés, utilisés, traversés, transformés, relativisés. Ne serait-ce que grâce à la vitesse, par la fragmentation, aspect le plus visible d'un art inné du travestissement, malaisé à évaluer, d'où les genres ressortent, comme d'un filtre déroutant, plus ou moins méconnaissables. Au point qu'on a pu risquer la formule, déraisonnable mais significative, d'un « genre Michaux », qui répondrait de ce brouillage, accueillerait cet excès d'imprévu[2]. Incarner un genre à soi seul, ce serait donc faire bouger celui qui les suppose tous, le genre « littérature » même, ce qu'il est ou croit être. Il faut donc pousser aussi loin qu'on peut, si obscur que ce soit, la question tant de fois posée de ce que Michaux est, pourrait être, à proportion de ce qu'il met en cause dans les découpages de l'expression et du savoir. Cela impliquera jusqu'à la philosophie même.

La première façon d'éprouver ce tourment est d'aligner les termes qui permettent de qualifier, de façon un peu vaine, les formes plus ou moins repérables sous lesquelles l'œuvre de Michaux se présente. Si les mots se chevauchent et paraissent biaisés, c'est déjà qu'il n'y a pas d'issue à une logique des genres, dès qu'on la soumet à l'invention pragmatique des œuvres et

1. *Qui je fus*, I, p. 106.

2. Jacques Brault, « Le Genre Michaux », *Liberté*, vol. 11, nº 3-4, mai-juillet 1969, p. 3-6.

qu'on situe dans leur histoire les présupposés ingénieux de ceux qui les commentent[1]. On trouve ainsi chez Michaux, tour à tour et souvent mêlés, selon des conjugaisons et des modes de passages propres à chaque ensemble de textes, chaque recueil ou chaque livre : poèmes en vers libres, poèmes en prose, fables, contes, récits (épiques ou mythiques, romanesques, allégoriques), récits de voyage (réels, imaginaires), journal de voyage, lettres, dialogues, drames ou pièces de théâtre, autobiographies ou autoportraits, portraits, hommages, descriptions cliniques, descriptions de peintures et dessins, comptes rendus d'expérience, essais, notes critiques, postfaces, préfaces et introductions, méditations, observations, notes, pages de journal, aphorismes (ou maximes, ou proverbes, ou dictons, ou apophtegmes, ou pensées, ou sentences — Michaux dit « principes d'enfant » ou « énigmes », « tranches de savoir » ou « poteaux d'angle »). Il dit aussi de son livre *La nuit remue* : « Il ne répond pas à un genre connu. Il contient récits, poèmes, poèmes en prose, confessions, mots inventés, descriptions d'animaux imaginaires, notes, etc. dont l'ensemble ne constitue pas un recueil, mais plutôt un journal[2]. » Un journal déjà annoncé comme « journal de l'impossible, du Jamais arrivé[3] ». On peut ainsi dire, surtout, ce qu'il n'y a pas chez Michaux, pour cerner par défaut la fusion qui s'opère en deçà des formes connues : on n'y trouve ni roman, ni véritable essai, ni réelle autobiographie, ni livre de philosophie, ni journal intime, et presque aucun recueil qui soit purement de poèmes.

Une autre façon d'aborder cette question des genres est de reprendre un débat usé, pour essayer de l'amener jusqu'à une sorte d'indistinction, par laquelle nos mots se trouvent atteints. Anciens, ils demandent à être défaits, faute de pouvoir en changer. On retombe en effet inévitablement sur le partage sans issue entre prose et poésie. Une longue tradition l'a forgé ; Mallarmé le premier semble l'avoir comme à jamais détourné. Au point qu'un tel débat pourrait aujourd'hui sembler formel.

1. Gérard Genette, *Introduction à l'architexte*, Le Seuil, 1979, Jean-Marie Schaeffer, *Qu'est-ce qu'un genre littéraire ?*, Le Seuil, 1989 (voir en particulier tout ce qui touche à la « modulation générique », p. 164-180).

2. Voir le chapitre sur *La nuit remue*, p. 188-189.

3. *Qui je fus*, p. 88. Sur le Journal, voir aussi le chapitre sur *Ecuador*, en particulier p. 132-134, et celui sur *Passages*, p. 342-345.

Il ne l'est pas. Dans sa banalité comme dans ses torsions, dans l'insistance dont témoigne un usage à la fois convenu, imprécis et tacitement idéologisé des termes, on voit qu'il tient encore au destin d'écrire et de penser.

Les années qui ont vu s'étendre l'accueil fait à Michaux, à partir d'*Épreuves, exorcismes* et de l'essai de Bertelé, ont ainsi témoigné d'un désarroi profond de la critique. Il n'a jamais cessé, si ce n'est sous le coup de solutions trop simples. C'est la première fois que l'importance et la qualité propre d'un « poète » sont mesurées aussi massivement à l'aide de comparaisons empruntées à l'art de la grande prose, classique et moderne. De Kafka (le plus souvent cité) à Swift, de Montesquieu à Rabelais, de La Rochefoucauld à Musil, la liste est longue[1]. Les noms de Baudelaire et de Rimbaud, plusieurs fois mentionnés, suggèrent plus des équivalences de position que de réelles identités ou filiations. Les noms de Char, Breton, Éluard, rarement prononcés, font souvent office de bornes négatives. Une formule de Bréchon, remarquable dans sa banalité, situe bien, si l'on veut, la part qui reviendrait au poète en Michaux, « cet écrivain, en qui on pourrait voir à la fois notre Baudelaire et notre Voltaire, notre Pascal et notre Montaigne[2] ». La caractérisation même de Michaux comme poète témoigne ainsi chez beaucoup d'un embarras certain, de détours torturants et d'ambiguïtés sans issue ; bien qu'elle finisse en général par se réimposer, faute de mots capables de saisir la mesure d'un déplacement insidieux. Seul Jean Maquet, dans une étude courageuse, laissait alors entendre que si Michaux, à rebours de tout romantisme et du surréalisme nommément, était « l'esprit le plus moderne de ce temps », le « pari » ainsi engagé entre Breton et Michaux pourrait finir par se gagner au détriment de « la poésie des poètes » : à voir ainsi chez Michaux « la poésie à l'ouvrage se disséquer soi-même », en bonne part sous la pression d'un formidable humour, il faudrait peut-être en conclure que le monde innommable où comme Kafka il se tient, ni enfer ni paradis, mais « plutôt, entre les deux, espèces de limbes », témoigne d'une

1. La petite revue-bulletin belge *Les Étoiles* souligne ainsi que les livres de Michaux « font penser à Swift, Lewis Carroll, Butler, Jarry, Lautréamont, Jérôme Bosch, Kafka » (nº 8, août 1960, p. 1).

2. Bréchon, p. 124.

« réalité compromise » au point qu'on en ressent un besoin de catégories nouvelles[1].

Avec un art sûr de la confusion, Michaux reconnut aussitôt dans cette étude « une des plus consciencieuses qui ait été faite sur l'œuvre de H. M[2]. ». C'est dire que recourir à l'auteur n'est pas un secours évident. Tout au plus peut-on relever combien, avec son sens si précis des ambiguïtés, il n'a fait sur ce point indécidable que flotter, selon les moments et les occasions, et au fil de la vie. On rappellera sa formule de jeunesse, suscitée par *Fables des origines* : « À tort, comme poète, on a parfois jugé Henry Michaux[3]. » On soulignera avec quel souci comptable, souvent contradictoire, il a ménagé jusqu'à *Plume* des sections « poèmes » dans des recueils qui comptent aussi, il le rappelle en présentant *La nuit remue*, des poèmes en prose, mais surtout beaucoup d'autres choses appelant d'autres définitions[4] ; comment il manipule, limitant l'idée même de poème, les deux formes opposées de l'exorcisme et de l'exorcisme par ruse[5] ; comment il s'inquiète auprès de Paulhan du « farceur » qui a ajouté « poèmes » sur la couverture de *La Vie dans les plis*[6], alors que rien ne qualifie aucun de ses autres recueils, et seulement, dans le cas de son livre anthologique *L'Espace du dedans*, les mots « pages choisies ». Mais on peut relever le titre d'une seconde anthologie, plus restreinte et tardive : *Choix de poèmes* (1976). Ou noter, dans *Passages*, qu'opposant l'apaisement né de la musique à l'horreur réaliste du langage, Michaux marque une distinction entre deux états : « Un poème aurait vendu la mèche dix fois et la prose rend tout ignoble » ; et comment, faisant grâce aux « fées du Rhin » une expérience inattendue, approchant celle des « poètes d'autrefois [...], les vrais », il garde en lui « ces tentatrices voix sans voix » des sirènes qui lui

1. Jean Maquet, « Michaux et le négatif », *Critique*, n° 2, juillet 1946, p. 111-116. Voir aussi le chapitre sur les Premiers écrits, p. 88 et n. 1.

2. Lettre à Jean Maquet, s. d.

3. « Lettre de Belgique », I, p. 54. Voir le chapitre sur les Premiers écrits, p. 113-114.

4. Voir les chapitres sur *Qui je fus*, *La nuit remue* et *Plume*. Ou ces derniers mots du « Vient de paraître » de *Plume*, présenté comme une constellation d'événements : « Certains appellent cela poésie » (I, p. 1256).

5. *Épreuves, exorcismes*, I, p. 773-774. Voir le chapitre sur ce recueil, p. 276-277, 289-291.

6. Lettre du 2 septembre 1949.

« avaient paru venues d'une méprisable invention sentimentale[1] ».

On se rappellera aussi qu'il est arrivé à Michaux, lui qui a refusé sa vie durant, avec une volonté rare, prises de parole et interventions, d'occuper une fois une position officielle pour parler de la poésie et de son avenir. C'était en 1936, à Buenos Aires, au congrès des P. E. N.-Clubs, quelques mois après la parution de *Voyage en Grande Garabagne*. Citant les noms de Baudelaire, Lautréamont, Rimbaud, comparant le poète au « premier homme qui inventa le feu », opposant la « Poésie d'inspiration » à « la prose de l'existence », insistant sur la « *transfiguration poétique* », s'appuyant sur les mots « poète » et « poésie » autant qu'ailleurs il s'en défend, Michaux s'inscrit, sans parler là clairement pour lui-même, dans une tradition reconnaissable. Pour qualifier le rôle antisocial, asocial et, finalement, social du poète, il préfère cependant prendre en exemple « un artiste créateur, d'un genre beaucoup moins pur que la Poésie » : Charlie Chaplin, à propos duquel il retrouve les accents iconoclastes et quotidiens d'un de ses premiers textes du *Disque vert*. Se fondant par ailleurs sur une assurance accrue apportée par les sciences (psychopathologie, psychanalyse, ethnographie, biologie), au nom d'un désir expérimental étendu à l'ensemble des processus psychiques, physiques et machiniques de l'univers contemporain, Michaux voit l'obligation de créer « une nouvelle optique », et la possibilité, pour « la vraie Poésie », de se faire « contre la Poésie », c'est-à-dire « contre la Poésie de l'époque précédente », mais aussi contre les envoûtements de l'époque présente. Définissant la poésie comme « une des formes exorcisantes de la pensée », Michaux lui assigne « la région poétique de l'être intérieur qui autrefois était peut-être la région des légendes, et une part du domaine religieux ». Mais pour atteindre le secret de son état, saisir ce qui fait sa substance, la poésie « se dépouillant de plus en plus » abandonne « le vers, le verset, la rime, la rime intérieure et même le rythme ». C'est dire sans le dire que la poésie va ainsi vers la prose, qui la transformerait sans attenter à ce qu'elle est, à ce que son appellation au moins continue de

1. *Passages*, « Premières impressions », II, p. 341 ; « Les fées du Rhin », p. 393.

nommer. Mais cette appellation elle-même est fragile. On le voit bien lorsque cherchant plus tard à s'expliquer auprès de Bertelé, Michaux préfère abandonner à d'autres la responsabilité d'avoir baptisé poème « le résultat de l'explosion » qui répond à son besoin d'écriture, et ajoute : « Je ne sais pas faire de poèmes, ne me considère pas comme un poète, ne trouve pas particulièrement de la poésie dans les poèmes et ne suis pas le premier à le dire. La poésie, qu'elle soit transport, invention ou musique est toujours un impondérable qui peut se trouver dans n'importe quel genre, soudain élargissement du Monde. Sa densité peut être bien plus forte dans un tableau, une photographie, une cabane[1]. »

On voit le piège que Michaux nous tend : la poésie est une qualité qui excède les genres ; mais pas seulement littéraires, ni même artistiques ; elle est simplement « un cadeau de la nature », surgissant en celui qu'elle surprend quand il en devient l'écrivain. La difficulté tient ainsi à la façon dont Michaux défait les oppositions, déplace les catégories, plutôt que d'en formuler d'autres auxquelles on pourrait se tenir. Il soumet par là même à un brouillage continu les trois niveaux déjà si intriqués par lesquels on a cerné à nouveau, depuis le romantisme, la poésie et l'expérience poétique : la poésie comme genre, comme qualité et comme nature. *Genre*, quand elle se reconnaît à des formes précises, et à des marques distinctives, dont les spécifications peuvent varier. *Qualité*, lorsque en deçà de ces formes et de ces marques, la prose semble pénétrée d'harmonies dont, à tort ou à raison, on n'accepte pas de la créditer seule. *Nature*, sitôt qu'à partir du moment qui a reçu le nom de Hölderlin le poème est aussi devenu une errance et la voix de l'absence des dieux, et que chaque poète, plus ou moins, devient l'écho d'une sorte de surnature dont l'inspiration paraît revenir du fond des âges, comme une langue originaire dont il serait garant. C'est cette surnature dont le romantisme, avec sa pensée du génie et de l'inspiration, aura été l'instance, par-delà son existence historique. C'est elle qui a pris la forme d'un débat de principe, entre Michaux et Mallarmé comme entre Michaux et le surréalisme.

1. *Panorama de la jeune poésie française*, *op. cit.*, p. 53-54.

Glissant d'une acception à l'autre du mot poésie avec une ambiguïté calculée, au gré de la crise des Lettres et de la rupture du vers dont il a le premier saisi le caractère absolu, Mallarmé en est venu à fondre dans le mot « littérature » tous les genres. Référant toute invention d'écriture à l'alphabet et à la langue traversés par la force unifiante du rythme, il nomme pourtant cette force « vers », spécifiant que « dans le genre appelé prose, il y a des vers », et qu'« en vérité, il n'y a pas de prose », que « des vers plus ou moins serrés : plus ou moins diffus ». Mais une telle unité postulée — « la Poésie — unique source[1] » — suppose et compense trois clivages, enchâssés l'un dans l'autre. Le premier conduit au divorce obligé entre « l'action restreinte » et l'action générale, la littérature — ou l'art — et l'histoire ou plus simplement la vie. Le deuxième tient à la conception du Livre même, dont l'idéalité dissout et transcende toute expérience dans la sphère de réalité propre — et ainsi d'irréalité — du langage. Le troisième clivage naît des moyens propres à cette utopie. Elle prend appui sur tout un ensemble de codes, déjà largement intérieurs à l'usage de la langue elle-même : codes sociaux et culturels dont la littérature épouse et exaspère les partages, par une rhétorique de la distinction, où la préciosité du poétique — son prix — trouve à se parfaire. D'où l'éclat, chez Mallarmé, d'une syntaxe déroutée s'obligeant à saisir la fiction de la pensée, et s'attachant à ce que le poème seul — folie du « coup de dés » — voudrait réaliser.

C'est l'enchâssement obligé entre ces trois clivages qui a paru insupportable au jeune Michaux. Il a ainsi pris Mallarmé ouvertement pour cible, à l'occasion d'un détournement de lecture qui semble aussi bien pasticher un glorieux hermétisme que les dérèglements de l'écriture automatique : « son instinct, écrit-il, le fit geindre Mallarmé[2] ». Formule d'une force étrange, dans une œuvre qui, passés les premiers écrits des années 1922-1925, s'arrête peu aux références et aux différends. On en trouve l'idée développée dans une lettre à André Rolland de

1. Ce sont les derniers mots de la préface d'*Un coup de dés* (*Œuvres complètes*, Bibl. de la Pléiade, Gallimard, 1998, t. I, p. 392).
2. *Ecuador*, I, p. 176. Voir le chapitre sur ce livre, p. 142-143.

Renéville : « Je suis toujours absolument en désaccord avec les idées de Mallarmé. "Avec ses 24 signes cette *littérature*... pour le vers système... implique sa *doctrine*, propre, abstraite, ésotérique comme quelque *théologie*" (c'est justement cette doctrine-là, fausse et insuffisante et malheureusement presque intrinsèque qu'il faut éviter). Parfaitement, non, c'est un sale petit système à briser, une doctrine de Français et d'Aryens, et l'homme est plus que cela. Pas de pitié envers les formes inférieures. Le Saint triomphe même des Dieux de l'Hindou[1]. »

Ainsi, le caractère extrême d'une vocation religieuse, allant chez le jeune Michaux jusqu'au désir de sainteté, a-t-il comme à jamais relativisé, si entière soit-elle, la dimension de l'expérience littéraire, et en son cœur de l'expérience poétique, la plus propre sans doute à toucher ce désir, mais jamais, chez lui, à vraiment s'y substituer. Serait-ce par conversion du désespoir le plus extrême, le monde ne peut être « fait pour aboutir à un beau livre[2] », quelle que soit l'utopie que ce Livre imagine. Attirant idéalement la prose comme hors d'elle-même, la Poésie finit pour Mallarmé par en tenir lieu, et réverbérer toute chose, grâce aux clivages qu'il se donne et qui en deviennent garants. Alors que pour Michaux on voit bien que la prose, toute la prose du monde, dans ses métamorphoses indéfinies, devrait être innervée magiquement d'une qualité poétique dont la langue serait l'expression immédiate. Là où Mallarmé tend à une unification virtuelle et raffinée entre genre, qualité et nature, subsumant les deux premiers termes dans le troisième, Michaux en réalise, par de multiples autant qu'infimes variations de genres et de modes — dont le recours manifeste au poème —, une sorte de fusion pragmatique et toujours relative, sans jamais invoquer aucune surnature dont

1. S. d., 1926-1927 ? C'est Michaux qui souligne ; ces lignes de Mallarmé, qu'il resserre, sont extraites du fragment « La Littérature / Doctrine », dans les « Notes en vue du "Livre" », *Œuvres complètes*, Bibl. de la Pléiade, Gallimard, 2003, t. I, p. 624. Dans la seule autre référence connue que fait Michaux à Mallarmé, il est beaucoup moins dur et plus exact : « Forme réactionnaire. Mal qu'a fait Valéry : durcit la langue, au moment où Verlaine, Rimbaud, Lautréamont, la déliaient. Mallarmé maintenu toutes les ouvertures » (extrait du Carnet de François Lachenal, qui rapporte ces propos de Michaux ; communication personnelle).

2. Ainsi se clôt la réponse de Mallarmé à la fameuse enquête de Jules Huret sur l'évolution littéraire (*Œuvres complètes*, t. II, p. 702).

le rêve de l'œuvre serait seul justiciable. Non que Michaux ait toujours été insensible à l'idée d'un « rôle du poète » : il rappelle aux auditeurs des P. E. N.-Clubs ses vertus d'éclaireur et de « médecin » ; il insiste en des termes quasi mallarméens sur sa solitude obligée, liée à la logique de la découverte, et sur l'effet ainsi différé de « sa vraie action sociale [...] quand l'humanité malgré lui se l'incorpore ». Mais plutôt que de projeter l'idée du Livre à partir d'un constat séparateur (« La Nature a lieu, on n'y ajoutera pas[1] »), et de virtualiser ainsi sa force propre « en vue de plus tard ou de jamais », Michaux s'ouvre avec une simplicité irrémédiable à toute la nature, avec la pensée insensée que le seul espoir ouvert serait d'en changer. L'utopie plus prosaïque mais plus folle du saint laïque qu'il est devenu serait que l'avenir réserve à l'homme une chance d'être autre, jusqu'à entrevoir et toucher la réalité d'une autre nature. Au nom de « plus Grand » que « la Terre[2] ». Jusqu'à pouvoir un beau jour, « Dans quelque cent ans, [...] parler à un chien, lui demander un peu tout ce qu'il pense, et ces impressions variées, et si même il nous parle du produit de son intestin, tout nous intéresse ». Michaux ajoute, visant sans doute les échos suscités par la parution de *Qui je fus* : « *C'est poétique*, ne manqueront pas de dire tous les journalistes et snobs et commères de ce temps-là[3]. » Faire geindre Mallarmé, c'est aussi bien, tâche ambiguë, le renverser que l'accomplir.

Le mouvement qui a écarté Michaux du surréalisme n'est pas très différent, en dépit de l'immense force d'ouverture que celui-ci partage avec les grandes avant-gardes issues de la guerre (futurismes italien et russe, expressionnisme, dadaïsme). La force du surréalisme est d'avoir tenté de réaliser, à un degré d'insistance unique, une fusion des contraires appelée par son programme : double ambition de transformer le monde et de changer la vie, selon « des exigences qui sont à la fois celles de la pure pensée et celles de la part immédiate de l'homme[4] ». L'idéalité propre du surréalisme implique ainsi un élargisse-

1. « La Musique et les Lettres », t. II, p. 67.
2. « Avenir », *Plume*, I, p. 605.
3. *Ecuador*, I, p. 179.
4. Blanchot cite ainsi Dyonis Mascolo pour rappeler avec lui l'extrême importance du surréalisme (*Le Livre à venir*, Gallimard, 1959, p. 302).

ment sans précédent du poétique, étendu à tous les aspects du monde matériel et mental. C'est son « supernaturalisme ». Mais l'écart a été d'emblée trop immense, de l'idéal à ses effets supposés de réalité, dans les moyens autant que dans les fins. Ainsi, pour le jeune Michaux, le surréalisme avant tout « se vante[1] ». Plus tard, soulignant sa distance, il dira simplement : « leurs objectifs, leurs façons d'être, de sentir me paraissent venir d'une autre racine[2] ». La virtualité du poétique tient avant tout dans le surréalisme au processus de sélection par lequel se trouve différencié ce qui est ou devient surréaliste de ce qui ne l'est pas. Cela ressort, au gré de surcroîts de croyance, à un ensemble de positions électives et de thèmes prioritaires (tout ce qui va de l'amour fou à la révolution, du hasard objectif à la culture de l'objet) ; mais cela tient autant à des choix de vocabulaire, des postures d'énonciation, des modes privilégiés d'actions-réactions de mots (tout ce qui oscille entre la pensée de l'image et l'idée d'écriture automatique). Dans la poésie surréaliste, comme dans la majeure part de la poésie française du siècle qui en découle ou s'y apparente (quand elle n'en revient pas simplement à des visées traditionnelles), s'est confirmée ainsi une sorte de poétisation conditionnelle de toute réalité choisie, reconnaissable aux moyens propres à l'incarner. D'où une singularisation extrême de l'expérience poétique, de son idée, de ses effets.

C'est la situation dont Barthes a dressé, avec l'urgence et le recul de l'après-guerre, un constat tranchant[3]. Il a montré comment la poésie, depuis Rimbaud, s'était constituée comme une Nature fermée, d'une qualité immédiate et substantielle, substituant à des intentions de rapports des explosions de mots. Le Mot, garant d'une pensée, « ne peut jamais être faux parce qu'il est total » ; le mot est « un signe debout », et la poésie

1. « Surréalisme », I, p. 61. Voir le chapitre sur les Premiers écrits, p. 105-108.

2. Lettre du 7 avril 1951, adressée au professeur Francis J. Carmody (archives Michaux). Michaux y demande aussi que son nom et ses poèmes soient supprimés d'une Anthologie du surréalisme ; il conseille d'y mettre Artaud et Prévert, « plus à leur place ».

3. Dans le chapitre « Y a-t-il une écriture poétique ? » de son premier essai, *Le Degré zéro de l'écriture*, Le Seuil, 1953 (p. 69, 70, 72, 74 et 76 pour les citations qui suivent).

se résout à devenir « une station de mots », dont l'inhumanité rejoint celle de la Nature (on pense au jeune Hofmannsthal renonçant à la poésie, à son mythique Lord Chandos abandonnant toute écriture pour se réfugier dans l'intimité muette des choses). « La Poésie moderne, dans son absolu, chez un Char, par exemple » n'est plus vraiment une « écriture ». Elle tend plutôt à accumuler des « styles », c'est-à-dire des humeurs singulières, irréductibles, absolues ; et ainsi elle « affronte le monde objectif sans passer par aucune des figures de l'Histoire ou de la sociabilité ».

Voilà, paradoxalement, ce dont Michaux s'est démarqué d'emblée, à partir de son retrait propre, avec un souci autre des exigences de la pure pensée et de la part immédiate de l'homme. Dans les termes de Barthes, le style, chez Michaux, demeure avant tout porteur d'écriture, en dépit des torsions et des détours que les deux aspects se réservent. Michaux ira jusqu'à forger, à ses débuts, mais en aimant y revenir de loin en loin — dans un esprit proche du dadaïsme et du futurisme russe (de Khlebnikov surtout, et de son langage « zaoum ») —, des fragments d'un langage iconoclaste et suggestif auquel Bertelé a donné le beau nom ambigu d'« espéranto lyrique[1] ». C'est se porter là aux extrêmes de la subjectivité et du « style », puisque le mot défie alors jusqu'au premier état de la langue connu (le dictionnaire, dont Michaux aime déjà tant la suggestion brute). Il touche ainsi à des états antérieurs de la voix, dont on a souligné la valeur de modèle originaire pour son écriture[2]. Mais cette voix du corps, jusque dans ses grumeaux et ses martèlements, son atomicité éparpillée, reste soumise à la spontanéité fonctionnelle du langage. Loin de se réduire à l'anarchie d'un lexique, l'espéranto forme des phrases ; au point qu'il semble, c'est sa ruse suprême, mimer une grammaire à laquelle il serait étranger, grâce à laquelle il se réapproprie la langue dont il réalise au même instant la destruction. La force arbitraire d'une invention verbale apparemment dénuée de transitivité cède en fait à la pression des deux modes majeurs selon

1. Voir le chapitre sur « Rencontre dans la forêt ».
2. En particulier Michel Beaujour, « Sens et *Nonsense*. "Glu et Gli" et "Le Grand Combat" » (*L'Herne*, p. 133-142).

lesquels s'engage chez Michaux la création, quel que soit le degré de dérèglement auquel il les soumet : d'un côté l'entraînement narratif entre événements ; de l'autre l'entraînement discursif entre propositions.

Il est par là, d'emblée, un auteur plutôt simple, lisible, s'adressant à son lecteur sur un ton d'intimité et de confidence, par une sorte de parler d'être à être. Comme si Michaux écrivait comme il se parle et que nous étions appelés à entrer dans le cercle qui ainsi se dessine, couvrant l'espace entre le dedans et le dehors de sa voix. Beaucoup de ses premiers commentateurs des années 1920 et 1930 ont souligné un naturel inimitable, propre à bousculer aussi bien les démarcations usuelles entre prose et poésie que nombre d'autres conventions du discours littéraire. C'est pourquoi on a dit souvent que Michaux aurait touché directement ce que le surréalisme n'avait pu que viser : l'automatisme et la spontanéité du fonctionnement de la pensée.

L'illisibilité de Michaux est ailleurs, et n'a que peu à voir avec celle de la plupart des poètes de son siècle. Profonde, dangereuse, attirante par sa feinte clarté, comme l'a si bien vu Blanchot dans ses premiers essais[1], cette illisibilité sourd de la fragmentation, à travers un sens vertigineux de l'arbitraire, un perpétuel dérèglement logique, un humour très prégnant, des exigences et des virtualités inaccessibles. Elle naît de l'impossibilité où le lecteur se trouve de pouvoir adopter quelque point de vue d'ensemble, qui lui permettrait d'avancer entre tous ces textes autrement que ballotté par la multiplicité à l'œuvre, par rapport à la masse mobile du texte mis en jeu.

Cela rend délicat de qualifier de front cette écriture. Philippe Jaccottet a proposé de distinguer « quatre aspects ou états principaux du langage chez Michaux[2] ». Il prend bien soin de préciser que ces états « ne se rencontrent pas nécessairement purs », et sont plutôt des « variations de densité » travaillant « un

1. « L'Ange du bizarre », *Le Journal des débats*, 7 octobre 1941, p. 3 (repris dans *Faux pas*, Gallimard, 1943, p. 266-267) ; son compte rendu d'*Au pays de la magie*, 15 juillet 1942, *ibid.*, p. 3 ; « L'Expérience magique d'Henri Michaux », 17 août 1944, *ibid.*, p. 2-3.

2. « L'Espace aux ombres », *L'Herne*, repris sous le titre « Commentaire de “L'Espace aux ombres” », dans *L'Entretien des muses*, Gallimard, 1968, p. 105-112 (passage concerné, p. 106-107).

même langage, admirablement un ». Il spécifie d'abord la prose attachée aux expériences réelles (voyages, rencontres, etc.). Puis la prose plus libre des « expériences *possibles* » (imaginaires, fantastiques) : langage de ce que Michaux nomme « l'exorcisme par ruse ». Vient ensuite « le langage de l'exorcisme proprement dit », avec le passage au vers libre, les inventions de mots, le déploiement « d'étonnantes ressources visuelles et sonores[1] ». Enfin, Jaccottet distingue « l'état poétique soutenu », caractérisé par une plus grande liberté du rythme, une tendance au verset, plus de solennité de ton et de noblesse du vocabulaire.

À cette grille, on en associera une seconde, plus abstraite et inductive ; elle distingue des modes ou règnes, pris aussi dans un tressage constant. Un premier mode est celui du raisonnement, de la déduction, de l'argumentation. Propre à la prose de l'essai — la dimension d'essai interne à tant de textes de Michaux —, ce mode est loin de s'y limiter. Claude Lefort a souligné comment, pour aller jusqu'au bout de ses renversements, la fiction chez Michaux ne cesse de « mimer le discours dans lequel s'énonce le réel », passant par « toutes les positions du sujet qui affirme, nie, interroge, s'étonne, croit ou doute, approuve ou désapprouve[2] ». Le deuxième mode est celui de la fiction même : événement ou accident, dont la saturation est telle chez Michaux qu'on touche là au cœur de l'œuvre. Toujours quelque chose survient, succède à autre chose, le transforme, ouvre un embryon de récit, qui lui-même en suppose un autre, à l'infini. Au point que la fiction devient un style d'argumentation. Un troisième mode intervient comme suspens, traversée des deux autres : il s'agit de niveaux propres à la description, la qualification et la vision ; disons l'*évocatif*. Enfin, un dernier mode, essentiel, mais polyvalent, sera l'*invocatif*. C'est que la voix en est le centre[3]. L'impression d'une voix

1. Sur les deux sortes d'exorcismes, voir le chapitre sur *Épreuves, exorcismes*, p. 276-277, 289-291.

2. Claude Lefort, *Sur une colonne absente*, *op. cit.*, p. 167.

3. Dans un texte récent, Claude Lefort a souligné cette insistance de la voix : « Ce qu'écrit Michaux, ce qui "sort" de lui, est indissociable de la vibration d'une voix. [...] [Il] est l'un de ces rares écrivains qui ont le pouvoir de nous toucher par leur voix. [...] son écriture procure toujours l'impression d'une voix » (« Passages », *Po&sie*, n° 68, 2e trim. 1994, p. 115-116).

tient d'abord au fait même de l'adresse, à la présence du lecteur inconnu-compagnon d'écriture que cette œuvre suppose. Celui-ci ressort en particulier des nombreuses instances du « vous » : vocatifs de personnes impliquées dans l'échange (par exemple dans le cas de la lettre), appels divers d'énonciation, dont l'humour aussi est porteur. Mais l'invocatif se rapporte surtout aux accents de la voix : les diverses formes d'oralité qui modèlent cette écriture. La première est la simplicité feinte mais réelle d'une sorte de langage parlé. Deux autres se rapprochent du troisième état visé par Jaccottet : qu'il s'agisse d'invention linguistique proprement dite, ou de divers effets favorisés surtout par la recherche prosodique du vers libre (réduction des normes syntaxiques, ellipses, effets de montage verbaux, allitérations, assonances, répétitions, etc.). Enfin, moins manifeste mais aussi actif en prose que dans les poèmes, un facteur rythmique diffus imprègne, comme une sorte d'onde immédiatement sensible, la moindre phrase de Michaux. Par là, surtout, l'invocatif retraverse tous les niveaux et modes. C'est la force d'universelle variation de cette œuvre : sa modulation[1].

On ne peut inférer d'une pareille musicalité que celle-ci serait plus de poésie que de prose, et l'auteur de cette œuvre tout uniment poète plutôt qu'écrivain. C'est le débat que tranchent tous ceux qui l'éludent en le supposant clos. Peut-être faut-il mieux comprendre ce qui est désiré à travers ce mot de poète ; qu'il tienne à la longue habitude des partages hérités, aux commentateurs qu'il rassure, à Michaux qui

1. C'est pourquoi sont si importantes, en dépit de leur difficulté à se construire, les études sur le rythme chez Michaux, surtout quand elles ne se limitent pas, trop simplement, aux poèmes. Ainsi le chapitre, « Physique de la phrase », du livre de : Jérôme Roger, *Henri Michaux, poésie pour savoir* (Presses universitaires de Lyon, 2000 — abrégé par la suite en Roger), et du même, « Les Grandes Épreuves de la phrase », dans *Plis et cris du lyrisme*, Catherine Mayaux éd., L'Harmattan, 1997 p. 183-202 — abrégé en *Plis et cris* ; « L'Idéogramme dans la phrase », dans *Quelques Orients d'Henri Michaux*, Anne-Élisabeth Halpern et Véra Mihailovich-Dickman éd., éditions Findakly, 1996, p. 191-228 — abrégé en *Quelques Orient* ; ou Pierre Vilar, « Henri Michaux, mode et posture », dans *Henri Michaux. Le Corps de la pensée*, Évelyne Grossman, Anne-Élisabeth Halpern et Pierre Vilar éd., Farrago et Éditions Léo Scheer, Tours, 2001, p. 27-39 — abrégé en *Le Corps de la pensée* (toutes ces études dans une perspective plus ou moins inspirée par les travaux d'Henri Meschonnic).

parfois s'y laisse glisser. Est-ce ressaisir l'unité comme la persistance d'une voix, d'un style, par-delà leur diversité ? Croit-on répondre ainsi au défi d'une œuvre composée de formes brèves et discontinues ? Cherche-t-on à inscrire Michaux dans une ou plusieurs traditions auxquelles il se trouve lié : la poésie française, belge, chinoise, indienne, la poésie universelle[1] ? Ou est-ce tenir compte, simplement, du fait qu'il y a dans son œuvre de nombreux poèmes avérés, face à une quantité beaucoup plus élevée de textes mal réductibles à cette seule appellation, et que le glissement, s'il est inévitable, ne peut aller qu'à sens unique ? Parce que la poésie, depuis le romantisme et grâce à lui, par une réversion sans fin depuis l'aube des temps, est devenue la forme la plus haute, la plus précieuse et virtuellement unique de littérature ? Ou serait-ce faute de mieux qu'il faut ce mot pour calmer l'inquiétude de l'esprit, que Michaux éveille plus nettement, plus immédiatement que d'autres ? Mais une chose est sûre : chaque chose ajoutant à l'autre, on finit par voir moins ce qu'on perd que ce qu'on croit avoir gagné en se fixant à une telle certitude.

Parcours

Cela est attaché aussi au parcours de cette œuvre et à sa longue histoire. Dresser ce parcours pas à pas, dans sa variation sinueuse, livre après livre, texte après texte, selon une chronologie souvent biaisée par la logique récurrente des recueils, est le sens même de cette édition. Pendant soixante-deux ans, de 1922 à 1984, Michaux n'a pas cessé d'écrire puis d'écrire et de peindre. Il est clair qu'il y a loin de l'homme jeune, inquiet, impatient, percutant, mélangé, qui remercie Paulhan d'avoir apprécié un de ses poèmes et mentionne un autre de ses textes en cours, « ce conte, qui est autant une épopée, ou un roman[2] ? », en qualifie deux autres de « prophétie » et de « ballade », et reconnaît dans ce dernier le récit « brisé par nature »

1. Au sens qui ressort du *Trésor de la poésie universelle* (Gallimard, 1958), où Roger Caillois et Jean-Clarence Lambert ont rassemblé les témoignages, plus ou moins anciens, des grandes traditions poétiques, occidentales et orientales.
2. S. d., environ 1926-1927.

de l'écrivain qu'il est, allant par secousses et saccades vers son *Qui je fus* : « s'il veut se coucher lui-même sur le papier, et non une œuvre, et non une île de soi-même, il tranche dans sa chair et voilà [1]... » ; — il y a loin de cet homme fragile et furieux, bataillant en tous sens, à l'écrivain célèbre, recherché, mais savamment discret et comme retiré dans sa propre légende, qui oppose à son époque étonnée des allures de sage, agençant comme en un seul bloc déroulé les huit séries de proses et de poèmes de ses *Déplacements, dégagements*, son dernier livre composé juste avant sa mort. Et pourtant. De son premier recueil à son dernier, Michaux aura creusé sans discontinuer une même formule d'équilibre instable entre les composantes passagères qui dessinent pour lui la réalité fugitive d'un livre.

Pendant plus de vingt ans, jusqu'à *Épreuves, exorcismes*, Michaux a été soucieux, agençant ses recueils, d'appellations et de répartitions qui montrent un souci réel de la question des genres et donc d'un ou de plusieurs genres attachés à son désir d'écrire. À partir d'un moment, qu'on peut dater de *La Vie dans les plis*, son premier grand recueil sans préface ni postface, il ne s'en préoccupe apparemment plus, cédant toujours plus à ce « genre » qu'il incarne et qu'on recherche en lui, dont l'indéfinition accrue coïncide avec l'attrait de plus en plus concentré et prégnant qu'il éprouve envers la peinture. Il y a là un tournant qui coïncide — il sera toujours délicat de dire à quel point ont pesé les raisons du réel — avec la crise ouverte au printemps 1948 par la mort atroce de sa femme[2]. De là, aussi, on peut commencer à dater, à travers *Meidosems* ou plus tard dans « L'Espace aux ombres », l'insistance d'un ton, qui n'est pas chez Michaux vraiment nouveau — on l'entend déjà dans « La Ralentie » ou dans « Je vous écris d'un pays lointain » —, mais gagne en ampleur, souplesse et unicité. Ce ton combine, dira Jaccottet, deux des quatre Michaux qu'il distingue : celui dont la voix en forme de prose se tend vers le « possible » ; et celui qui s'engage dans un « état poétique soutenu ». Tel est le Michaux, encore en proie à l'ironie mordante des « Tranches de savoir » et du « Secret de la situation politique », qui va basculer

1. S. d., environ 1926.
2. Marie-Louise Michaux meurt à l'hôpital, après deux mois de souffrance, des suites de l'embrasement d'un peignoir en nylon.

âprement dans l'épreuve de vie et de pensée dont témoignent pendant dix ans (1956-1966) les grands livres de la drogue.

Pour la troisième fois, après ses divers essais de jeunesse et un moment charnière incarné par *Un barbare en Asie*, Michaux entre dans une période, très longue et qui s'étend jusqu'à son livre sur les rêves en 1969, où domine l'essai, une forme neuve d'essai, en quête des conditions de la pensée comme des moyens propres à l'exprimer. La forme singulière du poème a sa part dans ce travail, à la fois essentielle et mineure. Surtout, elle est significativement dégagée pour elle-même (*Paix dans les brisements*), et devient l'objet de confrontations restreintes (*Misérable miracle*, *L'Infini turbulent*) ou développées (*Connaissance par les gouffres*), visant à ressaisir la matière énigmatique de l'infra-langage des notes prises en cours d'expérience ; celles-ci se situant parfois à la limite du dessin dont la force s'étend aussi, dans les livres et hors d'eux, répondant à l'excès qui est ainsi touché. On comprend d'autant mieux qu'au sortir de cette longue période Michaux compose avec *Moments*[1] son premier et du reste son seul recueil nettement et seulement fait de poèmes — le peu de prose qu'on y trouve tirant sur le verset, avec des marques invocatives prononcées. Il est tout aussi frappant que Michaux compose l'année suivante le seul livre de lui formé exclusivement de dessins (*Par la voie des rythmes*) ; comme pour s'arracher sans reste aux deux grandes voix qui le divisent en ne cessant de se mêler au plus intime de chacune d'elles, acharnées à capter selon deux modes, deux vitesses, presque deux éclairages différents, l'événement, le sens et l'expression de la pensée dans ses affects. Après quoi, les dix ans qui suivent, retrouvant l'oscillation antérieure entre des textes très variés qui n'empruntent plus que de loin en loin au souvenir des expériences hallucinogènes, mêlent comme par le passé recueils, plaquettes et textes dispersés, enlaçant voix anciennes et voix nouvelles.

Il devient alors manifeste que cette écriture a fini au fil des années par s'adoucir, atténuant ses contrastes et certains de ses angles, au profit d'une harmonisation accrue de ses rythmes et de ses voix, d'une intégration toujours plus subtile de ses

1. 1973, où figurent des textes ayant jalonné et suivi ses livres marqués par la drogue.

composants. Elle gagne en puissance purement évocative, et en sérénité invocative ; de même qu'elle est habitée d'une sagesse un peu nouvelle, et en quête de vide et de silence. Ce vide accepté et désiré n'est plus le vide dévorant et constamment peuplé dont Michaux a été si longtemps et si uniquement la proie. Moins riche et varié, mais comme plein de sa qualité propre, ce vide est devenu protecteur. S'ensuit une restriction de la diversité protéiforme des éléments du monde, longtemps nourrie par la passion solitaire et encyclopédique du voyage ; de même qu'a fini par céder la prolifération, jusque-là inlassable, des mondes intérieurs. Et avec elle un excès de fiction dont les forces excessives propres à la drogue semblent avoir eu raison. La part qui en subsiste emprunte alors souvent à des supports d'images déjà existants — tableaux de Magritte, peintures d'aliénés ou dessins d'enfants[1] — une matière dont les événements se fixent en évocation plus qu'ils n'entrent dans une forme narrative. Une restriction telle, un tel déplacement vont de pair avec des choix expressifs plus recherchés, une plus grande distinction du vocabulaire et des tournures syntaxiques, en même temps que l'humour a cédé de sa violence drolatique. Ainsi, plus largement, à travers les conclusions de certains essais induits par les expériences hallucinogènes (« Les quatre mondes » dans *Les Grandes Épreuves de l'esprit*), ou les avancées de nombreux poèmes (« Vers la complétude » dans *Moments*, « Jours de silence » dans *Chemins cherchés, chemins perdus, transgressions*, « Postures » dans *Déplacements, dégagements*), l'œuvre semble glisser vers une recherche plus pure d'unité. Celle-ci n'est pas religieuse ni même mystique à proprement parler ; elle ne se substitue pas à la foi antérieurement perdue, mais en fait affleurer pourtant un équivalent, une reconversion sensible, à rebours de la force de multiplicicité depuis toujours si violemment à l'œuvre. Tout témoigne ainsi chez Michaux d'un certain apaisement, sorte d'acquiescement ultime, de vie comme d'inspiration. Mais il en va de cette oppo-

1. Il s'agit d'*En rêvant à partir de peintures énigmatiques* (Montpellier, Fata Morgana, 1972 ; repris dans *Affrontements*, recueil posthume, Gallimard, 1986), *Les Ravagés* (Montpellier, Fata Morgana, 1976 ; repris dans *Chemins cherchés, chemins perdus, transgressions*, Gallimard, 1981), *Les Commencements* (Montpellier, Fata Morgana, 1983 ; repris dans *Déplacements, dégagements*, Gallimard, 1985).

sition, désormais plus visible et consistante, entre unité et multiplicité, comme des « couples de contraires essentiels » dont Jaccottet avait bien vu le rôle : ils ne sont pas tout uniment ou le Bien ou le Mal ; ils ne cessent, plutôt, de se retourner l'un sur l'autre pour créer « un réseau complexe de tensions[1] ». Bien que ces tensions mêmes se soient allégées, et cohabitent plus paisiblement, dans les écrits des dernières années.

Tel est le mouvement qui a paru justifier, à nouveau, plus aisément, comme toujours trop simplement, de cerner Michaux par les mots univoques de poésie et de poète. Jusqu'à faire glisser en eux, rétroactivement, tout le destin de l'œuvre, aux dépens des conflits et des ambiguïtés si longtemps maintenus ouverts par la recherche d'une définition impossible. Réagissant, dans une lettre publiée par son destinataire, à une lecture taoïste de son œuvre dont il apprécie la justesse, Michaux, demeuré aux aguets, rappelle pourtant à quel point il n'y a de grandes épreuves de l'esprit qu'à proportion de ses « innombrables petites » : « Peut-être tout de même faites-vous la part trop belle à la sérénité — et à la grandeur (?). La drogue lui donne beaucoup, à H. M. [...]. Mais la drogue quittée, les difficultés, les médiocrités, les manques tendent à revenir et pour les tourner, les inventions (c.-à-d. le meilleur et le pire) à nouveau[2]. »

Par des traits

Prenons ainsi l'exemple d'un moment ultime de cette invention obligée dont Michaux a fait sa règle de vie et de survie : *Par des traits*, dernier livre publié de son vivant, mais qui ne tient pas de là seulement une valeur quasi testamentaire. Ce livre s'ouvre par des traits, des signes, des pages de traits et de

1. P. Jaccottet, *L'Entretien des muses*, *op. cit.*, p. 105-106. On peut dire, aussi bien, que Michaux approche ainsi « la formule magique que nous cherchons tous : PLURALISME = MONISME, en passant par tous les dualismes qui sont l'ennemi, mais l'ennemi tout à fait nécessaire, le meuble que nous ne cessons de déplacer » (Gilles Deleuze et Félix Guattari, *Mille plateaux*, Minuit, 1980, p. 31).

2. François Trotet, *Henri Michaux et la sagesse du vide*, Albin Michel, 1992, p. 330.

signes. Ceux-ci évoquent, comme presque toujours, des êtres virtuels, des groupes, des populations, en une succession de mouvements qui les ordonnent et les disséminent — montées, descentes, branchements, espacements : on y découvre ce sens de « l'image humaine » dans lequel Bacon voyait la grandeur de la peinture de Michaux[1], ce que Michaux nommait « l'Hommisme[2] », à défaut d'humanisme, pour marquer le sens de sa « solidarité avec l'espèce humaine[3] ». Cette première série de dessins est suivie d'un poème composé de strophes brèves. De façon elliptique, insistante, très invocative, une obsession s'y déroule, autour du mot « traits » pris comme leitmotiv d'un exercice de « thérapie » et d'« hygiène », qui rappelle les injonctions de *Mes propriétés* : plus près du geste que du signe, insoumis à l'Écrit, au sens, aux codes, à tout ce qui fige et réalise, les traits sont l'utopie de « la Terre nouvellement en danger ». Leur multiplicité mobile[4], leur infinitude, leur unanimisme minimal et segmentaire en font, en chaque individu comme au regard de l'espèce humaine, un « modèle universel », qui mène de son commencement à sa fin, « de la tribu à la Société ». Pourtant, revers de l'utopie, le trait libérateur devient aussi l'instant mortel par lequel, dans la guerre finale, l'humanité met fin à elle-même — et le poème ici se suspend. De là, une seconde et plus longue suite de dessins se déroule jusqu'à un texte en prose qui clôt le volume : « Des langues et des écritures / pourquoi l'envie de s'en détourner. »

L'argumentation de ce bref essai — formé de blocs d'un ou plusieurs paragraphes séparés par des blancs — tourne autour de l'idée d'avant-langue. Par glissements, tâtonnements et réitérations, au gré d'une prose légère souvent accélérée par des phrases nominales et des noms sans articles, cette idée d'avant-langue s'étend dans plusieurs dimensions, historiques, culturelles, psychiques. Située d'abord dans un état du monde antérieur aux « mondes comptables », l'avant-langue ou langue inachevée sert l'hypothèse de « jeux », tendrement collectifs et

1. David Sylvester, *Entretiens avec Francis Bacon*, Skira, Genève, 1996, p. 67.
2. « Idées de traverse », *Passages*, II, p. 294.
3. Bréchon, p. 207.
4. « Multiples / surtout pas un / pas ramené à un / Pour semer, pour éparpiller ». *Par des traits* n'est pas paginé.

passagers, réfractaires à la séparation que la langue impose à l'intérieur de la nature. L'avant-langue devient ensuite rapportée à la « préécriture pictographique », aux langues à caractères pictographiques et idéographiques qui conservent la trace d'un dessin par lequel la nature est encore visée, favorisant ainsi la quête singulière d'un individu ou d'un groupe restreint. Parlant de « fureteurs sur le chemin d'une langue pictographique », chercheurs souvent vite « découragés », Michaux reprend le long chemin qui l'a mené de ses fameux alphabets de la fin des années 1920 à son projet, vainement annoncé en 1938, des « Rudiments d'une langue universelle idéographique contenant neuf cents idéogrammes et une grammaire[1] », puis à ses *Mouvements* de 1951, et au-delà à l'intense fébrilité de dessins développée pendant la période mescalinienne, jusqu'à ces livres pleins de signes : *Par la voie des rythmes*, *Saisir* et *Par des traits*.

Mais l'avant-langue s'étend au-delà. Cette « émotion à part », qui naît des « signes passe-temps » de la préécriture d'origine, devient aussi, grâce aux « rapprochements » auxquels celle-ci donne lieu, la source de la « force magique » qui se découvre dans la littérature et les poèmes, pour les inventeurs comme pour les lecteurs et auditeurs. On voit où Michaux nous entraîne, d'un mouvement dérapant admirablement contrôlé. À la réalité de la littérature et de la poésie mêmes se trouve opposée la force première de l'avant-langue dont pourtant celles-ci sont issues, afin de leur permettre de rester ou de redevenir « *une langue modeste, plus intime* ». Michaux alors en restreint l'aire, aussi bien au peu de moyens supposés qu'à la quantité virtuelle d'êtres et de choses touchés. Mais surtout, aussitôt, de cette langue-avant-langue à peine esquissée il redéplace l'être : ce ne sera « pas vraiment une langue, mais toute vivante, plutôt des “émotions en signes” ». Comme autrefois dans *Mouvements*, ou comme dans *Saisir*[2], le signe délivrant des mots devient alors, portant

1. Ce projet est annoncé, parmi d'autres « en préparation », dans la liste des ouvrages « du même auteur », dans *Plume*, en 1938.

2. Michaux a conçu là les « signes significatifs d'une situation [...] du secret de n'importe quel ensemble » (*Saisir* n'est pas paginé). Des recherches récentes semblent avoir donné raison à cette intuition : les « textogrammes » de Danielle Stormeur, découverts en Syrie sur des plaquettes de pierre en 1995, se situent

la charge d'un « retour à une opération primitive », l'ultime ligne de fuite et d'utopie d'une œuvre qui en appelle à « une *fonction différente* en l'homme, le désaliénant ». Énigmatiquement, une note situe la tâche à venir, au-delà de ce livre, en appelant à des « dessinateurs plus ouverts sur le Monde », agissant collectivement mais au sein d'un groupe restreint.

On voit la force de l'opération que mène *Par des traits*. Illuminant toute l'œuvre antérieure, ce livre reconduit au propre de Michaux, jusqu'à *Fables des origines* et son « Origine de la peinture ». D'un côté, au niveau des moyens expressifs, le poème et l'essai montrent une divergence : le premier plus évocatif-invocatif, l'autre plus argumentatif. Cet écart maintenu ne cesse en même temps d'être réabsorbé dans la virtualité d'une langue intermédiaire (qui ailleurs s'actualise : *Saisir*, par exemple, touche formellement un exact entre-deux). Car le poème reste pénétré de raison, inductive et déductive ; et le raisonnement de l'essai montre les mêmes qualités d'ambiguïté, de conflit condensé, exacerbé par le jeu des arguments et des termes, que le poème manifeste d'emblée. De même, les contenus des deux textes, étroitement liés, s'empilent mais en se contredisant : le poème attaquant d'emblée le problème de l'expression par le geste et le trait, « Gestes plutôt que signes », l'essai par l'avant-langue et le signe. L'essai tend plutôt, en dépit de la note finale, à circonscrire pour son utopie un territoire minimal, « ne visant nullement à répondre à tout, à couvrir l'ensemble des composants de la Terre » ; alors que le poème invoque, lui, la Terre et la Société dans leur ampleur, comme était exaltée dans *Saisir* « la grande aventure de l'élucidation de l'Univers dans son ensemble[1] ». Ainsi, deux variations de formes et de contenus sont associées, combinées, dans ces deux moments de *Par des traits*, sans qu'il y ait là détermination réciproque des formes et des contenus, ni

---

de la sorte entre les motifs préhistoriques et les idéogrammes, comme une forme propre de pictogrammes (J.-P. Dufour, « Il y a onze mille ans en Mésopotamie, l'écriture avant l'écriture », *Le Monde*, 9 décembre 1996, p. 27).

1. Voir aussi « Il écrit » (*Épreuves, exorcismes*, I, p. 819), où « l'Univers débordant » pousse vers celui qui écrit son « wagon », dans lequel il est « prêt à trancher, à décapiter ce qui n'est ne serait pas sien, [...] ce qui ne serait pas "SA" victime... ».

supériorité d'aucune sorte d'un texte sur l'autre. Rien qui rappelle, par exemple, le vœu de Mallarmé ouvrant sa préface au *Coup de dés*[1] ; pas plus qu'il ne s'agit ici de vraiment rechercher un « sens plus pur aux mots de la tribu[2] ». C'est que prose et poésie — le travail de la langue, un et divers — ont toujours eu chez Michaux, plus ou moins et au fil du temps plus ouvertement, une ligne de fuite commune : le signe, le signe dessiné, où le sens disparaît dans l'image qu'il tend, la trace qui en reste, le mouvement de la main dont il naît. Rappelons seulement qu'en dépit de quelques rares précédents illustres (Hugo, Blake), ni l'histoire de la littérature ni celle de la peinture n'ont montré pareil cas d'œuvre double. C'est aussi pourquoi il n'y a pas de vraie bonne raison de finir par nommer seulement poésie ce que Michaux écrit, ni même d'isoler comme proprement « poétique » la forme-force du fragment vers lequel toute son œuvre va, au risque des connotations dont ces mots souffrent. Aussi, quitte à devoir au coup par coup relever avec patience et scrupule les formes si diverses, plus ou moins nettes ou interminablement glissantes, qui se chevauchent dans cette œuvre, disons plutôt : une *écriture*, dans sa circulation énigmatique avec le signe dessiné ou peint[3]. Avec son utopie ainsi ouverte sur on ne sait quel improbable point de friction, grâce auquel le mot et l'image, événements et signes, entreraient dans des réciprocités peut-être à venir, avec toujours ce désir insensé : « POUR CHANGER / pour à la longue finir par réellement changer l'être. »

Rappelons-nous comment Michaux, pressé par Bréchon de répondre s'il lit des poètes, retourne sa question : « Je lis surtout des textes archaïques de peuples étrangers où la poésie n'est pas mise à part, et où elle vient à l'improviste, on ne sait comment, alors qu'on n'était pas occupé d'elle. J'y reviens sou-

1. « J'aimerais qu'on ne lût pas cette Note ou que parcourue, même on l'oubliât » (*Œuvres complètes*, Bibl. de la Pléiade, Gallimard, 2003, t. I, p. 392).
2. *Ibid.*, p. 189.
3. Sur le signe, la « langue universelle », l'idée de « recherche en équipe », et l'ensemble du « jeu de bascule écrit / peinture », voir aussi « L'Expérience des signes », entretien de Jean-Dominique Rey avec Michaux (1972), dans son livre *Henri Michaux. Rencontre*, L'Atelier des Brisants, 2001. Et le texte de Michaux intitulé « Signes », dans Textes épars 1951-1954, II, p. 429.

vent[1]. » Il dit, comme il disait si bien de ses exorcismes par ruse : des « textes », simplement, dont la poésie est une qualité intérieure variable. Ces textes archaïques n'ont pas affaire aux genres, puisqu'ils se situent avant même qu'on ait pu les imaginer ; ils n'invoquent pas la poésie comme une nature propre parce qu'ils participent encore, au cœur de la nature entière, à l'ordre d'un sacré bien antérieur à « la chute » de l'homme, et surtout sans aucune instance qui le désignerait de l'extérieur. Tel est le cercle, projeté comme le rêve d'avenir sans illusion d'une nature à réinventer, dans lequel Michaux nous attire. Il y a évidemment en cet écrivain singulier *du* poète et *de* la poésie, même excessivement. Mais il n'est pas, simplement, comme beaucoup d'autres, *un* poète, puisqu'il est à la fois moins et beaucoup plus que cela. C'est en faisant tourner ce cercle qu'on peut voir comment, par-delà ces mots de poésie et de prose, d'autres mots, qui leur sont inégalement liés, aident à qualifier, dans leur ronde et sans se rapporter également à tous les moments de cette œuvre, l'inquiétude heureuse qu'on lui doit.

Épopée, mythe, essai, autoportrait

Pourquoi ce vieux mot d'*épopée*, ou celui de cosmogonie, pour espérer mieux qualifier le geste de Michaux ? C'est que ce geste est une geste de tous les instants. Longtemps Michaux n'a cessé de conter et de penser les conditions de création d'un monde. « Comme Dieu aux premiers jours du monde[2]. » Ce monde advenu, présent, mais toujours à venir, serait celui de tous s'il n'était trop celui d'un seul ; il en appelle à quelques-uns, ses lecteurs inconnus, dès lors qu'une pluralité sans fin, de chaque chose, de tout et de tous, peuple une telle solitude.

Ainsi peut-on mieux éprouver le paradoxe d'un rapport extrême entre dotation et dénuement, dont Michaux fait toucher la limite. Le dénuement est ce peu de monde dont il s'est

1. Bréchon, p. 209.
2. Compte rendu de *La nuit remue*, par Max Jordan (Maurice Saillet), *Les Cahiers du Sud*, n° 176, octobre 1935, p. 684.

senti dès l'origine investi dans son corps. La dotation : un effort d'autant plus immense pour recommencer en soi le monde à zéro, et se donner un monde en l'offrant à d'autres, par tous les moyens disponibles. Un combat perpétuel est ainsi engagé au ras de l'expérience pour produire les éléments d'une réalité qui s'autoengendre et devient sa propre légende ; comme dans les épopées traditionnelles la genèse des éléments prend forme à partir du chaos originel et s'affirme dans les combats des dieux et des héros. Tel est « Le Grand Combat », avec le double sens qu'y prend le verbe « battre » : d'un côté affermir la matière, baratter et créer ; de l'autre détruire et pulvériser[1]. Combat sans issue réelle, ou dont l'issue ne résout rien, qui ne passe jamais vraiment au-delà de lui-même, de l'acte ouvert par chaque texte, chaque nouveau combat. Le chaos un instant maîtrisé se reforme sans cesse ; et le récit naissant avec l'événement s'interrompt aussitôt sans se développer, sans cumuler sa propre donne, presque sans rien accumuler. C'est que ce monde est sans dieu, sans croyance, sans souveraineté, sans territoire, sans peuple, sans structure et presque sans histoire. Il y manque tout ce qui sert à l'épopée, les besoins organiques et les certitudes d'origine qui la fondent. Et pourtant un tel monde ne cesse de réinventer sa propre Terre, la nôtre, d'un mouvement unique, par le récit d'emblée pulvérisé de son illimitation de fragments. Il règne dans ce monde une infinité de « petits dieux », atomes empruntant souvent la figure de héros ; les territoires, les croyances, les peuples, les provinces s'y multiplient ; le corps s'y étend aux dimensions de la terre, de même qu'il s'enfonce dans ses dimensions internes ; une cosmogonie, une encyclopédie — actives et dévoyées — en sont les corollaires. Ainsi s'accomplit une sorte d'épopée impossible, parodique, mimée, détruite : une épopée en miettes, mais effective, exacerbée,

1. « Pour Michaux, le verbe *battre* a deux faces, complémentaires et contradictoires. D'une part [...] il dénote un malaxage des molécules qui affermit la matière. Ainsi battre c'est créer, c'est baratter. Mais battre désigne aussi l'action qui pulvérise et rend à la fluidité ce qui était pétrifié. Il se désigne lui même comme un "Caillou courant qui va sur la route / concassant concassé" » (Michel Beaujour, « Sens et *Nonsense*. "Glu et Gli" et "Le Grand Combat" », *L'Herne*. Le texte se trouve dans *Qui je fus*, I, p. 118). Voir le chapitre sur « Rencontre dans la forêt ».

seule voie ouverte au sujet-monde. Un mot peut qualifier la conception paradoxale d'une création telle : la *dé-création*, où Giorgio Agamben voit, dans des traditions religieuses et philosophiques anciennes, la capacité qu'a la création divine de se suspendre au profit de sa propre puissance ainsi reformée[1] ; telle une réserve infinie dont l'usage intensif du fragment, avant tout, chez Michaux témoigne.

Écoutons aussi Georges Dumézil : « De la littérature, à ces hautes époques, il n'y a guère que deux formes à envisager, la lyrique et la narrative et, mis à part les contes, cette dernière peut être suffisamment définie — qu'elle se présente en vers, en prose ou en forme mixte — par le terme d'épopée, étant bien entendu que l'épopée est grosse de genres littéraires, l'histoire, le roman, qui s'en différencient plus ou moins tôt, et aussi qu'elle est en communication constante avec les contes[2]. » Absorber, dilater dans l'épique le lyrique, sous ses deux faces : le « je » de confession et de récit (le Moi autographique), et le « je » expressif des forces de l'invocatif (jusqu'aux extrêmes de l'espéranto), faire cela en restant près du conte, cette part plus mineure, plus orale, plus populaire et plus discontinue de l'expérience narrative : voilà le geste de Michaux pour maintenir la poésie hors de l'espace réservé auquel a fini par la vouer la modernité. Cela, sans jamais arriver jusqu'au roman, dont le tourment a tenaillé Michaux pendant de longues années d'invention de soi[3]. Comme s'il ignorait alors qu'il était destiné à toujours demeurer en deçà du roman, puisqu'il était déjà passé bien au-delà, dans une forme archaïque et très nouvelle d'épopée.

1. « L'interruption de l'écriture » s'oppose ainsi à l'Écriture comme Loi de la tradition biblique (Giorgio Agamben, *Bartleby ou la création*, Circé, 1995, p. 81-84). Agamben reconnaît la figure extrême de cette problématique dans le personnage de Bartleby chez Melville : « c'est-à-dire un scribe qui ne cesse pas simplement d'écrire, mais "préfère ne pas", [...], qui n'écrit rien d'autre que sa puissance de ne pas écrire » (*La communauté qui vient. Théorie de la singularité quelconque*, Le Seuil, 1990, p. 43, trad. Marilène Raiola). On est frappé qu'Agamben qualifie alors du nom de « Plume » l'ange de la tradition arabe qui incarne la puissance de cet « acte pur ». Voir sur ce point l'étude de René Micha, « Plume et les anges », *L'Herne*, p. 143-158.

2. Georges Dumézil, *Mythe et épopée*, Gallimard, 1968, p. 19.

3. Sur le roman, voir les chapitres sur *Qui je fus*, p. 115-118, *Ecuador*, p. 134-136, et les Textes épars 1936-1938, p. 209 et n. 5.

Si obstinément que Michaux ait voulu ne plus être belge, il est en tout cela bien peu un écrivain français, au sens où rhétorique et psychologie en composent souvent l'image. Né belge[1], imprégné dès l'enfance de flamand[2], à travers le flamand touché par l'allemand, occupé très tôt de beaucoup d'autres langues, le vietnamien autant que l'anglais ou le sanscrit[3], Michaux paraît, dans son siècle, proche surtout d'écrivains dont la pensée de l'exil, réel ou figuré, a infléchi la vie et l'œuvre, les portant à trouver dans des formes épiques transformées la seule issue tangible au déracinement personnel et territorial. Michaux, si singulier, entretient ainsi une sorte de parenté inattendue avec ces grands écrivains singuliers, héros si divers d'une « littérature mineure[4] », que sont les Irlandais Joyce et Beckett, le juif tchèque Kafka, le Portugais Pessoa, le Polonais Gombrowicz — dans son roman *Cosmos* surtout —, ou l'Autrichien Musil chez qui la tentative de l'essai-roman ne cesse de virer à l'abstraction épique. Comme chacun d'eux, mais en précipitant de façon plus abrupte la ruine d'une tradition dont naturellement il participe, Michaux semble d'autant mieux la réinventer avec la puissance qui l'a vue naître, dont le romancier espagnol Juan Benet a su fixer l'image : « Cervantès décida d'inventer son propre mythe, sans rien emprunter à personne, ni à l'histoire ni à la légende ni à la religion ni à la mythologie, disciplines qu'il connaissait assez bien. C'est dire qu'il inventa l'invention littéraire et pour la première fois — que l'on sache — il démontra que le mythologème pouvait sortir d'une seule tête, et aussi simple, aussi

1. Sur le caractère belge de l'œuvre de Michaux, sa place à l'intérieur d'une tradition flamande, tout ce qui rend ainsi sa poésie autre que celles de Ponge et de Char, et sa position dans la langue proche de celle de Kafka, voir l'étude précieuse de René Micha, « D'une littérature belge », *Médecine de France*, n° 90, 1958, en particulier p. 47.

2. Voir « Quelques renseignements », I, p. CXXX, la *Lettre-mémo*, I, p. 995, et le chapitre sur « Rencontre dans la forêt ».

3. En 1926, Claude Cahun aide Michaux à apprendre l'anglais ; et il écrit à Paulhan : « Je ne m'intéresse en ce moment qu'aux alphabets et aux langues, l'annamite particulièrement » ; vers le milieu des années 1930, il écrit à Jacques-Olivier Fourcade : « Il y a aussi les grammaires et vocabulaires sanscrits et le livre sur les planètes qu'il me faudrait », s. d. ; et à Fourcade encore, le 27 mai 1941 : « J'apprends l'allemand, et plus difficilement le sanskrit ».

4. Gilles Deleuze, Félix Guattari, *Kafka. Pour une littérature mineure*, Minuit, 1975.

complexe et parfait que n'importe lequel de ceux que fournit la mythologie[1]. »

On peut imaginer de recourir aussi, plus strictement, à la référence du *mythe*. Il y a dans le mythe une part plus sauvage et plus originelle encore ; et sa matérialité même semble répondre mieux à celle de cette œuvre. Comme l'épopée, mais de façon plus intime et plus circulaire, le mythe est un récit de fondation, de création et d'invention du monde ; il implique une anthropologie, une cosmologie, un art ; tout ce que Lévi-Strauss a réuni sous les mots de « pensée sauvage ». Le mythe est aussi toujours un récit fragmentaire : il n'y a pas de mythe qui ne naisse d'entre les mythes, ne semble la version d'un autre mythe et ne soit lui-même l'objet de versions différentes. Enfin, le mythe se déploie dans une sorte d'éternel présent, où l'événement passé se transmet, mais dans lequel il s'accomplit, chaque fois que le mythe le réinvente, avec une efficacité magique. En cela l'invention de Michaux est largement une mythologie. Mythologie en ruines, à proportion de la déraison attachée à la conception des mythes d'un seul. C'est la raison mythologique même qui se trouve fracassée, de *Fables des origines* à *Mes propriétés*, de *Voyage en Grande Garabagne* à *Ici, Poddema*, de *Nouvelles de l'étranger* à « Lieux pour une planète petite » ou *Vigies sur cibles*, et jusque dans les paraboles dialoguées des derniers livres. Car tous ces mythes que Michaux se tend ne font pas que mimer le surgissement d'un monde originaire selon une destruction parodique ; ils accompagnent la pensée qui s'en saisit et semble attachée à les comprendre. Immergée dans ce monde qui s'invente, celle-ci se confond avec le développement de sa propre matière. Mais cette pensée matérielle, constamment rematérialisée, opère en même temps à une distance infinie, minant, par l'humour et toutes les armes dont elle dispose, le sens de tout sens qui viendrait à prendre, tendrait aussi peu que ce soit à s'établir, à s'ériger en interprétation, en système. C'est ainsi une science en déroute que nous livre Michaux. Telle la raison impuissante devant l'exigence naïve, presque

1. Juan Benet, « Onde et corpuscule dans le Quichotte », *Magazine littéraire*, dossier Cervantès, n° 358, octobre 1997, p. 59 (première publication en espagnol en 1979).

monstrueuse, mais impérative, de ce que Barthes, porté par le désir et la douleur d'une logique personnelle, a fini par nommer « la science impossible de l'être unique[1] ».

Sur son autre versant, ce mot de mythe touche aussi ce que qualifient moins précisément ceux d'épopée subjective ou personnelle : le « mythe individuel du névrosé[2] ». Là encore, Michaux accomplit cette donne en la pulvérisant. Il en participe ; c'est même une condition de ce qu'il est. La Postface de *Mes propriétés* ne dit pas autre chose : l'écriture comme thérapie, comparée aux inventions de « certains malades[3] ». Ainsi s'esquisse le profil d'une histoire, à travers une infinité d'histoires, en réponse vécue au malheur quotidien. Si bien qu'on éprouve parfois à la lecture de Michaux une impression proche de celle qui jaillit des grands récits de cures où s'invente, de Freud à Melanie Klein, une forme inédite de romanesque vrai. Mais ce serait échapper à l'extraordinaire de Michaux que de l'y rapporter trop vite, et surtout de l'y réduire aussi peu que ce soit. Si les pulsions, comme le pensait Freud, sont des « êtres mythiques », elles le deviennent aussi dans le récit théorisé qui les ordonne. La science s'oppose au mythe dont elle reconduit la fonction, en psychologie comme en anthropologie — quitte à vouloir, mirage de la psychanalyse, attirer celle-ci dans celle-là. Une nomenclature de caractère technique assure ainsi la maîtrise de la pensée sur l'expérience ; un passage à l'universel garantit sa fonction de vérité. À ces exigences d'une théorie, le faux-vrai mythe privé de Michaux contrevient d'emblée ; et d'autant plus qu'il approchera, à partir des expériences menées avec la drogue, l'exercice de la pensée en acte, dans ses mécanismes et son dessin. Mais il produit aussi bien une mimétique de ce qu'il détruit : avec un mélange de perversion spontanée et d'audace calculée, Michaux ne cesse d'occuper la position de l'analyste autant que celle du patient ; de même qu'il conjoint en lui l'ethnologue ou l'anthropologue et le sujet d'enquête. Grâce à la multiplicité des processus de subjectivation mis et remis en

1. Roland Barthes, *La Chambre claire*, 1980, Gallimard-Le Seuil-Les Cahiers du cinéma, p. 110.

2. Jacques Lacan, *Le Mythe individuel du névrosé* (1955), s. d., Éditions des Grandes Têtes molles de notre époque.

3. *La nuit remue*, I, p. 511.

jeu, s'élabore ainsi une résistance positive : elle ressortit au mouvement de destruction-construction constamment à l'œuvre autant qu'à la critique qui s'en dégage de façon explicite. Michaux a en effet opposé à la psychanalyse, de ses tout premiers textes à *Façons d'endormi, façons d'éveillé*, une visée adverse. Elle n'admet ni la primauté du sexuel dans la genèse du sujet individuel, social et historique, ni le monolithisme qui en découle, dans la genèse d'un scénario (Œdipe-castration) où le manque se trouve référé à des écarts de sexes et de générations — et ainsi à un ordre symbolique soumis aux accords du désir et de la loi. Tout, en Michaux, se raidit et se volatilise devant une pensée où l'objet partiel finit toujours par être rapporté à des personnes, des rôles ou des fonctions catégoriques ; de sorte que la matière et les événements de l'épopée restent fixés dans une forme transcendantale de psychologie. Psychose plutôt que névrose : Michaux sera toujours plus proche de la tradition psychiatrique classique et de ses nosographies descriptives, de l'hôpital et des vrais « fous » dont le désir d'observation le tenaille, que du divan dont il se garde. Il s'en réserve, « sportif au lit » invétéré, une exclusivité expérimentale personnelle, dans les rêveries diurnes piquetées d'écriture qu'un monde illimité agite en lui, et dont s'emparera la mescaline ; avant d'en retrouver des équivalents menaçants et comme pétrifiés dans les images inventées, à la limite de la vie possible, par « les ravagés ». C'est que, chez Michaux, « le corps est plus essentiel que le sexe » ; la sexualité devenant elle-même une possibilité somatique. Dans l'espace ouvert et matériel du corps s'établit ainsi avant tout « la condition nomade d'une conscience progressive » ; et, « sur le mode de l'énergie corporelle, mais *dans la conscience de la conscience élargie* », se réalise une « *épique abstraite*[1] ».

Sous leur forme ramassée, ces mots de Max Bense sont peut-être les plus justes par lesquels on ait essayé de ressaisir Michaux. Ils impliquent deux pôles, le concret et l'abstrait, l'épique et le réflexif, « processus d'intégration verbale », dont

1. Max Bense, « Esthétique et métaphysique d'une prose », *L'Herne*, respectivement p. 250, 247, 246, 250 (je souligne ces derniers mots, mis par Bense entre guillemets). Le texte original, préface à l'édition allemande de *Passages*, date de 1956.

Bense souligne le caractère englobant et « la tendance naturelle à effacer la frontière qui les sépare ». La force de Michaux est de ménager, au niveau de cette intégration mutuelle, des passages inventifs et rigoureux « entre signes esthétiques et opérations logiques ». Dans sa langue, ainsi, « l'image ne prospère que dans l'ombre de la pensée ». Bense dégage chez Michaux une capacité d'autant plus extraordinaire à concevoir de nouvelles substances, avec leurs attributs et leurs hasards, qu'elle est induite par une abstraction errante, qu'aucune forme ne limite, et dont les contenus développent la possibilité d'un *nouvel archaïque* — méthodique et non plus mythologique. Dans la prose de *Passages*, il reconnaît ainsi, sous sa forme la plus développée et suivant une indication de Michaux, une exigence de la « pensée expérimentale[1] ».

Voilà ce que le mot d'*essai*, souvent utilisé par le jeune Michaux, semble aussi propre à nommer[2]. Bense préfère, lui, voir dans l'essai ce qu'il appelle la forme classique de la pensée expérimentale, qui dirige de-ci de-là les pensées et les thèmes, comme chez Montaigne ou Bacon, sur un mode correspondant à celui du kaléidoscope ; alors que les formes abrégées de Michaux, par leur capacité à varier sans cesse les proportions, évoquent plus l'action de réseaux et de lentilles, et débouchent frontalement sur une création nouvelle d'être et une qualification métaphysique[3]. Pourtant, ce mot d'essai paraît le plus apte à cerner un mode essentiel de cette écriture. Il implique d'emblée l'idée d'expérience ; il suppose une extériorité, physique et culturelle, des objets dont la pensée se saisit, en regard de ceux qu'elle s'invente, si difficile soit la distinction. Le sujet de l'essai, défini par cette extériorité, sera ainsi développé ou non, et plus ou moins : il oscille chez Michaux entre les fragments disséminés et comme hasardeux des « idées de tra-

1. *Passages*, II, p. 349.

2. Voir le chapitre sur les Premiers écrits, p. 100-101, 113-114 ; et celui sur *Passages*, p. 337 et suiv. C'est aussi la thèse de Jérôme Roger, parlant de « voix de l'essayiste » (voir plus haut, n. 1, p. 45).

3. Max Bense, « Esthétique et métaphysique d'une prose », p. 244 et 250. Plus largement, y compris sur les formes contemporaines de l'essai, voir aussi, du même auteur, « L'Essai et sa prose », *Trafic*, n° 20, automne-hiver 1996 (le texte date de 1947).

verse[1] » et des compositions plus maîtrisées dont témoignent aussi bien, à des degrés divers, ses brèves approches d'un thème ou d'une œuvre[2] que les trajets plus amples d'*Un barbare en Asie* ou des livres sur la drogue et les rêves. Mais il est vrai que jamais chez Michaux l'essai ne parvient vraiment à s'imposer comme tel, serait-ce sous la forme libre que finit par lui reconnaître Adorno, d'une « logique musicale », d'un « art rigoureux et pourtant non conceptuel du passage[3] ». C'est que « l'expression subjective », son corollaire, s'engage trop directement dans les modes divers de sa propre fiction pour que le sujet de l'essai puisse coïncider suffisamment avec lui-même, quel que soit le degré de « vérité » dont il qualifie son objet. Il devient plus juste de dire, là encore, qu'il y a chez Michaux *de* l'essai, à des degrés variant selon les textes et les livres, plutôt que d'en nommer aucun qui serait un essai à proprement parler.

Ce mot d'essai, inévitablement, a enfin l'intérêt de rapprocher Michaux d'une œuvre que la sienne croise sur un bord lointain du temps. Si la fiction épique est restée étrangère aux essais que Montaigne a rassemblés dans un presque unique et grand livre, il en va autrement de l'art singulier du portrait qu'ainsi il se tend : autoportrait, qui se cristallise là une première fois ; autoportrait où, aussi, on a reconnu Michaux. Si ce n'est que dans cette œuvre, décidément innommable, on sent bien qu'il y a *de* l'autoportrait partout, mais comme en proportion inverse à la capacité que l'œuvre aurait d'en former vraiment le dessein, ou même de laisser dans tel ou tel de ses moments s'en dessiner l'image.

Ce quatrième terme, *autoportrait*, présente l'avantage de souligner d'emblée combien Michaux est partout présent dans son œuvre, sur un mode étranger à celui de l'autobiographie. Michel Beaujour, à qui on doit d'avoir affermi cette distinction et imposé un quasi-genre littéraire en marge d'une tradition

1. Voir le chapitre sur *Passages*, p. 342-344.

2. Par exemple « Danse » (Textes épars 1938-1939), t. I, ou « Aventures de lignes », sur Klee, dans *Passages*, t. II.

3. Theodor W. Adorno, « L'Essai comme forme », dans *Notes sur la littérature*, Flammarion, 1984, p. 27 (le texte, qui se réfère à celui de Bense, date de 1958).

propre à la peinture, a ainsi montré comment celui-ci s'est constitué à partir de la Renaissance sur les ruines de l'ancienne rhétorique, dont il déplace et métamorphose les modèles au profit d'une forme nouvelle de souci et d'invention de soi qui n'a cessé, dès lors, de hanter la littérature occidentale[1]. Si la formule opératoire de l'autoportrait est d'opposer chez l'écrivain la recherche de ce qu'il est au récit de ce qu'il a fait, dans le droit fil de l'exemplaire livre X des *Confessions* où saint Augustin s'interroge sur ce qu'il devient dans le temps même où il écrit son livre ; si l'autoportrait naît ainsi, sur un fonds de culpabilité, du désœuvrement et du retrait, comme divagation et monologue, opposant la dérive de sa propre encyclopédie à celle des grands héritages dont il mine les mnémotechnies et les topiques ; s'il s'apparente par sa quête aux exercices spirituels et à la méditation religieuse en frôlant celle de la philosophie qui en renaît, mais aux certitudes de laquelle jamais l'autoportrait ne s'arrête ; si par là d'autant plus il se maintient, « cogito des instances disloquées », sans que son auteur sache ni où il va ni ce qu'il fait, dans une tension irrésolue entre « je pense » et « j'écris » ; s'il devient, fût-ce malgré lui, héros du livre, à la fois utopie, corps et tombeau, il est clair alors que Michaux approche ce modèle, lui qui dès son premier recueil saillant s'arrête à un *Qui je fus* où toutes ces incertitudes se côtoient. Mais ce recueil, composé par un homme jeune, a trop de spontanéité pour croire engager un livre interminable dont il serait la version initiale, même s'il cristallise un mouvement qui ne cessera plus. Tombant ironiquement au passé, il est encore moins un de ces ouvrages tardifs par lesquels l'autoportrait soudain point dans une œuvre pour l'amener vers sa limite — *Les Rêveries d'un promeneur solitaire* chez Rousseau, *Ecce homo* chez Nietzsche, *Le Miroir des limbes* avec ses *Antimémoires* chez Malraux, ou *Roland Barthes par Roland Barthes*. On voit aussi s'affermir, dans ce recueil composite, les deux forces qui, liées à la posture de la fiction épique, disséminent d'emblée le souci de l'autoportrait, l'emportent au-delà de lui-même : d'un côté le fragment et sa force

1. Michel Beaujour, *Miroirs d'encre*, Le Seuil, 1980. Les éléments qui suivent sont empruntés à l'introduction, « Autoportrait et autobiographie ».

d'éparpillement ; de l'autre le double, avec la prolifération et la dissolution d'identité qu'il suppose.

On pense à Stendhal s'effrayant tardivement, au seuil de sa *Vie de Henry Brulard*, de « cette effroyable quantité de *Je* et de *Moi*, [...] cette effroyable difficulté des *Je* et des *Moi* [1] », et pressentant un problème à venir qu'il a le génie d'aborder, aussi, par le dessin ou le croquis, déplaçant ainsi le tourment propre aux images de soi. Mais là où pour Stendhal il s'agit de trouver enfin comment dire « je » afin de ressaisir par-delà le roman une qualité authentique de sa vie, on voit que pour Michaux se situer dès *Qui je fus* en deçà du roman, même s'il ne le sait alors qu'à demi, suppose d'engager avec l'inévitable réalité autobiographique un rapport elliptique, allusif et tourbillonnant qui esquive obstinément la confession et la rétrospection. Le passé supposé que brasse ce titre équivoque, *Qui je fus*, est plus une masse disjointe de présents se mêlant et s'entrechoquant, quelles que soient les pointes de passé affleurant çà et là. Ensemble, ces passés-présents en quête d'avenir laissent transparaître, au gré de signes erratiques et grâce à bien des ruses, l'assurance incertaine d'un sujet : une sorte de personne, « qui-je-fus-qui-il-est [2] », dont des atomes s'agglomèrent, permettant l'hypothèse d'une réalité biographique prélevée à travers la déflagration générale par laquelle un monde vient à l'existence.

Aujourd'hui que Michaux est mort et se trouve pris, comme tout grand écrivain, dans l'épaisseur rétrospective d'une sorte de mythe qu'il a contribué à façonner avec une subtilité inquiète, on cherchera d'autant à discerner, dans ce livre et dans tous ses livres — et sans doute y inclinera-t-on de plus en plus —, des segments ou des traits devenant proprement autobiographiques dans la mesure où ils se trouvent autrement et ailleurs attestés, échos directs ou divergents de faits par lesquels la critique s'acharne à fonder la biographie d'une vie [3].

1. *Œuvres intimes*, Bibl. de la Pléiade, Gallimard, 1984, t. II, p. 533-534.

2. « Qui il est » est le titre du texte introductif de *Peintures* (1939), t. I, dont les premières lignes composent une esquisse de « Quelques renseignements ».

3. Voir en particulier, sur la dimension autobiographique, qui traverse tout, le chapitre sur *Plume*, p. 226-230 et 233-237, ceux sur *L'étrangère raconte* et *Tu vas être père* ainsi que ceux sur *La Vie dans les plis* et sur *Face aux verrous* ; et ici même, sur « Le Portrait de A. », p. 19-20.

Voilà le mouvement que Michaux a cherché sans espoir à conjurer, réussissant au moins à créer à jamais un passage obligé, quand il a préféré dresser lui-même la chronologie biographique d'un livre qui lui a été consacré[1]. Ce mouvement inévitable devient d'autant plus aiguisé qu'un auteur cherche à le tourner, et mène avec ses limites un jeu angoissé et savant. Un écrivain comme Hervé Guibert l'a bien vu : le paradoxe autobiographique attaché à son œuvre entière, concentré dans l'image et le destin de son héros « réel », Foucault-Muzil, souligne la fortune insigne du « fouille-merde de biographe[2] » destiné à entrer dans les œuvres et les vies pour départager la réalité de la fiction. Mais à lire et relire Michaux, on voit combien une telle quête obstinée de vérité exacte, si inéluctable et parfois intéressante soit-elle, est un peu peine perdue. L'écriture de soi ne peut le devenir qu'en incorporant des éléments tangibles de la réalité biographique — de toute façon destinée à rester largement hypothétique — à des éléments bien plus nombreux et divers, étrangers à cet ordre de référence. Voilà aussi ce que Michaux désigne, quand il évoque comme cadre sans cadre de ses inventions « un léger vacillement de la vérité[3] ». Ainsi ne cesse de s'élaborer une fiction de soi. Elle tient à une capacité de transformer, d'un seul tenant, dans le présent de l'écriture même, à partir de l'ensemble de la réalité disponible, tout ce que l'imagination de soi agglomère et conçoit comme réel possible, autant dire comme virtualité.

Voilà ce que sous-tend le mot *autoportrait*. À la mesure des ambiguïtés que le terme suppose (et que Beaujour étend plus qu'il ne cherche à les réduire), c'est sans doute le genre transversal dont Michaux serait le plus proche, s'il ne le dilatait et ne le réduisait jusqu'à le rendre impraticable. Parfois, le temps d'un texte exemplaire, il en effleure le modèle : ainsi dans « Mes propriétés » ou « Le Portrait de A. », ou plus tard dans

1. Il s'agit de « Quelques renseignements ».
2. Hervé Guibert, *À l'ami qui ne m'a pas sauvé la vie*, Gallimard, 1990, p. 110.
3. *La nuit remue*, I, p. 512. Il en donne autrement la règle dans *Ecuador* : « Partant de faits personnels toujours réels et d'une ligne si plausible, j'arrive doucement à me faire sacrer roi de plusieurs pays, ou quelque chose de ce genre. Cette habitude est aussi vieille que ma mémoire » (I, p. 162).

« Vieillesse de Pollagoras[1] ». Il est frappant que le mot *portrait* alors s'impose, dénotant une extériorité aussi bien qu'une prolifération de l'idée du modèle, dont l'usage intensif du terme par Michaux témoigne[2] — entre la biographie héroïque et l'épopée en miettes, dans le tournoiement de tous les « ils » et tous les « je », tous les personnages et tous les « quelqu'un », selon l'ouverture infinie des doubles. Ce mouvement touche jusqu'à la figure du Christ mourant, essentielle à l'éthique de l'autoportrait, comme elle l'a été à la vie et à la fiction de Michaux. Il ne faudra pas moins de *Quatre cents hommes en croix* (1956) pour réduire cette image et l'exécuter, pour finir de s'en séparer dans la double figuration, mots et images savamment mêlés, de ces fragments du « Journal d'un dessinateur ». Il n'est pas hasardeux que le dessin et la peinture se trouvent engagés par ce mot de portrait[3]. Ils dilatent l'autoportrait jusqu'à lui faire perdre ses frontières, dans une vue du portrait pratiquée comme « compromis entre les lignes de forces de la tête du dessinateur et la tête du dessiné[4] ». On tient là, dans l'infinitude des corps-visages dessinés ou peints, dans le rythme utopique des signes qui les enveloppent, le mouvement même par lequel cette œuvre, autoportrait, accomplit les donnes du genre en le dissolvant. La perspective du livre-tombeau, chère à la dynamique de l'autoportrait classique et rejoignant la logique organique du livre-racine, se mue ainsi en celle du livre-rhizome[5], animé jusqu'à son terme sans terme d'une force constante de « déplacement-dégagement[6] » — dans lequel on verra parfois s'annoncer, suivant le passage du temps, quelque chose d'un livre de sagesse.

1. *La Vie dans les plis*, 1948 (t. II).
2. Voir le chapitre sur les Textes épars 1936-1938, p. 208-209 et suiv.
3. Il s'agit ainsi pour Michaux de faire « *le portrait des tempéraments* » (*Passages*, II, p. 94).
4. *Passages*, II, p. 325.
5. Sur le rhizome, voir le chapitre sur les Textes épars 1936-1938, p. 212 et n. 2. Sur l'opposition entre l'arbre (le livre-racine) et le rhizome, voir Deleuze et Guattari, *Mille plateaux*, *op. cit.*, p. 11-20. Chez Michaux c'est tout l'arbre, tendant au rhizome, qui devient image du texte (voir le chapitre sur *Arbres des Tropiques*.
6. C'est le titre du dernier livre conçu par Michaux, publié quelques mois après sa mort.

Philosophie ?

Reste ce dernier mot : philosophie. Accolé au qualificatif « littéraire » dans le sous-titre du premier petit livre et premier « essai » publié par Michaux, *Les Rêves et la Jambe*, l'adjectif « philosophique » n'a sans doute pas été indifférent à la réaction de son auteur refusant quarante ans plus tard de reconnaître « cette horreur[1] ». Presque au même moment, « Les Idées philosophiques de Qui-je-fus » affichaient la panoplie des doubles en proposant trois issues ironiques comme substituts au désir déjà improbable du roman[2]. Quelques années plus tard, Michaux prête à Plume, dans le premier des textes où il l'introduit, le temps d'un titre vite abandonné, une « philosophie[3] ». Ce sera donc dans *Plume*, dans la Postface qui prend le relais de celle de *La nuit remue*, formant le point tournant d'une autothéorisation dont Michaux ressent le besoin, que la philosophie est cette fois prise à partie de façon extrême. Dans les trois phases qu'il distingue à l'intérieur de la pensée, l'équilibre inconnu et inconscient (phase 1), les pertes d'équilibre ou contrariétés du moi (phase 2), les recouvrements d'équilibre (phase 3), ceux-ci, composant un « équilibre aperçu », sont particulièrement détestables : « L'histoire de la Philosophie est l'histoire des fausses positions d'équilibre conscient adoptées successivement. » Par opposition à toute forme de pensée logique d'un auteur (Aristote étant ici pris pour étalon), Michaux invoque en chaque auteur virtuel le parcours et la force d'un inconnaissable de la pensée : pensée corporelle et cachée, circulant « dans un manchon d'idées paralogiques et analogiques » ; « extrême multiplicité » irréductible aux « vérités premières » et à la « volonté », et donc à toute position de vérité — jusque dans les formulations de la science faussées par les besoins d'observation[4]. Ainsi, par antiphrase, Michaux intitulera-t-il « Notions philosophiques »

1. Alain Bosquet, « Le premier livre d'Henri Michaux », *L'Herne*, p. 424.
2. « On a le désir d'écrire un roman, et l'on écrit de la philosophie. On n'est pas seul dans sa peau » (*Qui je fus*, I, p. 79).
3. « La Philosophie de Plume », qui devient « Un homme paisible » dès sa reprise en recueil.
4. *Plume*, I, p. 665.

une liste d'objets, « au plus intime, au plus épais, au plus magique du monde » : objets de méditation dont la force arbitraire, évocative-invocative et paradoxale, prend à revers, au pays de la magie, toute présupposition du concept dont elle joue le rôle[1]. On retrouve une opposition voisine, bien des années plus tard, alors que se clôt presque la longue aventure de la drogue et que Michaux affronte encore plus ouvertement la nature et le fonctionnement de la pensée ou, comme il dit plutôt, du penser : « Il rentre dans le penser. Le penser "rentre" en lui. / Tout à l'heure, plusieurs fois, longuement présent à rien, à rien d'autre que rien, *tabula rasa* (pas celle du philosophe, toujours virtuellement pleine, et qui n'a rien d'effrayant, où simplement — plaisir de riche — on a convenu avec soi de n'y rien remettre que petit à petit, selon un certain ordre et sans rien laisser traîner dessus, non), véritable table rase, il était là où l'on ne voit rien revenir, rien, rien, rien et pas le moindre signe qu'il y revienne jamais quoi que ce soit[2]. »

À cette table rase du penser que Michaux dresse alors face à celle du philosophe, il faut ajouter aussi bien la table d'écriture, à la fois sélective et généralisée, d'*Épreuves, exorcismes*[3], que l'autre table, excessive elle aussi, des *Grandes Épreuves de l'esprit*, longuement invoquée au début de *L'Anti-Œdipe* en tant qu'exemple d'une production de désir, expression immédiate du corps-pensée comme machine et comme usine[4] : « table à rajouts, comme furent faits certains dessins de schizophrènes, dits "bourrés" [...], table qui était devenue de plus en plus entassement, de moins en moins table. / / Agrégat de plus en plus compact, l'ouvrage de quelqu'un qui revient périodiquement à l'idée de "table"[5] ».

On voit ainsi combien, d'abord avec naïveté, mais très vite

1. *Ailleurs*, II, p. 102.
2. *Les Grandes Épreuves de l'esprit*, III, p. 316.
3. « Il écrit... / Le papier cesse d'être papier, petit à petit devient une longue, longue table sur laquelle vient, dirigée, il le sait, il le pressent, la victime encore inconnue, la victime éloignée qui lui est dévolue » (*Épreuves, exorcismes*, I, p. 819).
4. Gilles Deleuze et Félix Guattari, *L'Anti-Œdipe*, Minuit, 1972, p. 18-19 (voir aussi, dans *La Vie dans les plis*, le texte « Quelle usine », II, p. 195, et le chapitre sur ce recueil, p. 322-323).
5. *Les Grandes Épreuves de l'esprit*, III, p. 397.

avec les ruses décuplées d'une invention retorse, l'œuvre de Michaux n'a cessé d'opposer à la philosophie, de façon oblique et frontale, une force propre. Cette force, certes fondée sur une différence radicale des fins et des moyens, se situe pourtant aussi dans un rapport d'analogie avec ce qu'elle écarte ; elle affirme, par un désir inné, avec la modestie d'un orgueil insensé, une volonté sourde de s'y substituer, comme en vue de ravir à la philosophie un privilège désavoué. Cela permet de mieux comprendre que certains des commentaires les plus forts suscités par cette œuvre viennent de philosophes et de penseurs, soucieux d'y saisir cette force allant jusqu'à toucher en eux la philosophie même, sous l'effet d'un rapport indécidable avec la littérature transformée par l'épreuve qu'elle-même subit. Claude Lefort montre ainsi, on l'a vu, que s'arrêtant au seuil de la philosophie comme il s'arrête au seuil de la littérature, Michaux supporte par là comme peu d'autres les questions qui les ramènent à leur commune origine[1]. Dans les mots, « sur une colonne absente », par lesquels Michaux exprime au plus près son empêchement à se construire, Lefort trouve le titre, et de son essai, et du livre dans lequel cet essai figure, sous-titré « Écrits autour de Merleau-Ponty ». Il désigne ainsi la marge étroite d'une communauté, déjà autrefois suggérée, entre l'écrivain du « penser » et « l'écrivain-philosophe » (Lefort nomme ainsi Merleau-Ponty). De façon plus directe encore, Max Bense souligne chez Michaux « l'attirance platonique pour des idées » et, d'une façon comparable au mouvement qui a vu naître la philosophie, sa capacité de fonder un nouvel archaïsme de la conscience comme « archaïsme méthodique à la place du mythologique ». Il évoque des actualisations de mondes possibles approchant ceux de Leibniz, des projections d'une « topologie métaphysique ». Et surtout, qualifiant, on vient de le voir, l'épique abstraite de Michaux, Bense met l'accent sur sa capacité infinie de « dispersion ontologique » et par là de requalification de l'idée d'être[2]. D'une

1. C'est la dernière phrase de son essai (voir plus haut p. 29). Le mot « philosophie » a été remplacé par « métaphysique » lors de la reprise en volume.

2. Max Bense, « Esthétique et métaphysique d'une prose », *op. cit.*, p. 246, 247, 250. « Platonique » semble venir ici pour « platonicienne ».

autre façon, François Roustang, en quête d'une très ancienne et nouvelle psychosomatique fondée avant tout sur la désubjectivation et le rejet du tragique occidental, trouve dans « Michaux l'anonyme » et Michaux l'Asiatique l'écrivain-peintre propre à inspirer une telle vision[1]. De son côté, Pierre Pachet, s'interrogeant sur l'individualisme, reconnaît en Michaux la « minceur » exemplaire propre à en illustrer l'événement légitime, toujours déviant et toujours déplacé[2]. Giorgio Agamben, lui, traduit en italien *Les Ravagés*[3], ces récits d'images extrêmes où il peut reconnaître la violence mate des « singularités quelconques », cette force que sa pensée cherche à cerner comme dimension ordinaire et fatale d'une nouvelle vie humaine et qu'il nomme les Limbes[4].

La suggestion la plus troublante naît ici de la place singulière occupée par Michaux dans la philosophie de Deleuze, ou de Deleuze-Guattari. Cela éclate d'abord dans le livre consacré par Deleuze à Foucault, dans le chapitre III de la partie « Topologie : penser autrement » : « Les Plissements ou le dedans de la pensée (subjectivation) ». La chose forte est que Deleuze, pour qualifier chez Foucault et à travers lui les concepts de pensée et d'impensé, de dedans, de dehors et de pli, utilise d'abord de façon implicite un titre de Michaux pour étayer sa proposition principale : « un *espace du dedans*, qui sera tout entier co-présent à l'espace du dehors sur la ligne du pli[5] ». Mais il en vient surtout à agencer d'une seule coulée trois titres de Michaux (« espace du dedans », « lointain intérieur », « vie dans les plis »), quand à la fin de son parcours, cherchant alors à « raconter », c'est-à-dire à faire pleinement surgir « la grande fiction de Foucault », soudain il se concentre,

1. François Roustang, « Michaux l'anonyme », *Critique*, n° 548-549, janv.-fév. 1993, p. 3-19, et *Qu'est-ce que l'hypnose ?*, Minuit, 1994 (en particulier p. 16, 160, 169, 170 et 174).

2. Pierre Pachet, « Michaux ou la minceur de l'individu », *Un à un*, Le Seuil, 1993.

3. Traduction partielle dans *Marka* (Macerata, Italie), n° 30, 1993, p. 1-9.

4. Voir le chapitre II, « Des Limbes », de *La communauté qui vient*, *op. cit.*, p. 12-14. C'était déjà le mot de Maquet pour qualifier Michaux ; voir ici même, p. 34.

5. *Foucault*, *op. cit.*, p. 126. Pour une analyse plus détaillée de cette notion de pli chez Deleuze à travers Michaux, voir le chapitre sur *La Vie dans les plis*, p. 316-319.

étrangement et absolument, sur Michaux. Mêlant des références à *Ailleurs* et aux *Grandes Épreuves de l'esprit*, Deleuze dégage « la ligne de Michaux » : singularité sauvage exprimant, au-delà des rapports de formes et de forces attachées au savoir et au pouvoir, le bouillonnement du dehors comme « zone de subjectivation », juste au-dessus de la fissure qui partage le visible et l'énonçable, Lumière et Langage[1]. Pourquoi ce livre de philosophie, sur un philosophe qui doit lui-même tant aux peintres et aux écrivains devenus intérieurs à sa pensée (ainsi Raymond Roussel ouvrant chez Foucault le « thème hallucinatoire des doubles[2] »), pourquoi ce livre s'achève-t-il ainsi sur un écrivain-peintre, sur cette image d'une chambre centrale où « on devient maître de sa vitesse, relativement maître de ses molécules et de ses singularités[3] » ? Après un passage par Leibniz, où Michaux devient un des héros modernes du pli et du baroque[4], une réponse elle-même énigmatique surgit dans *Qu'est-ce que la philosophie ?*[5].

Il faut ici s'entendre. Quel besoin, pour comprendre Michaux, de cerner l'effet qu'il produit à l'intérieur de cette question même : qu'est-ce que la philosophie ? C'est que l'effet perturbateur produit par son exemple est de nature à éclairer, plus que cette question, la ligne de fuite qu'elle ouvre quand la présence équivoque de Michaux trouble les conditions de la réponse. Deleuze et Guattari ramassent ainsi la matière d'un livre dont l'objet est de qualifier par leurs différences respectives la philosophie, la science et l'art, chaque domaine étant conçu sans privilège par rapport à l'autre : « plan d'immanence de la philosophie, plan de composition de l'art, plan de référence ou de coordination de la science ; forme du concept, force de la sensation, fonction de la connaissance ; concepts et

1. Voir aussi la façon dont Deleuze induit, dans *Pourparlers* (Minuit, 1990, p. 149-153), un rapport direct et un peu fictif entre Michaux et Foucault, qui exprime sa propre préoccupation.

2. *Foucault*, *op. cit.*, p. 120. Voir le chapitre sur les Premiers écrits, p. 91-92.

3. « [...] un espace du dedans, mais coextensif à toute la ligne du dehors. Le plus lointain devient intérieur, par une conversion au plus proche : *la vie dans les plis*. C'est la chambre centrale » (*ibid.*, p. 130). Empruntée d'abord à Melville, l'image de la chambre centrale appartient aussi à Michaux (*La Vie dans les plis*, II, p. 208).

4. Gilles Deleuze, *Le Pli, Leibniz et le baroque*, Minuit, 1988, p. 47, 124.

5. Gilles Deleuze et Félix Guattari, Minuit, 1991.

personnages conceptuels, sensations et figures esthétiques, fonctions et observateurs partiels. » Or il se trouve que Michaux est cité cinq fois dans ce livre : une fois de façon attendue ; quatre fois beaucoup moins. On le retrouve naturellement lorsque, abordant les rapports entre personnages conceptuels et figures esthétiques, Deleuze et Guattari soulignent combien le plan de composition de l'art et le plan d'immanence de la philosophie peuvent « se glisser l'un dans l'autre, au point que des pans de l'un soient occupés par des entités de l'autre[1] ». D'où la situation particulière de certains écrivains, qui dressent ainsi de nouvelles images de la pensée : « Ces penseurs sont "à moitié" philosophes, mais ils sont aussi beaucoup plus que philosophes, et pourtant ce ne sont pas des sages. Quelle force dans ces œuvres aux pieds déséquilibrés, Hölderlin, Kleist, Rimbaud, Mallarmé, Kafka, Michaux, Pessoa, Artaud, beaucoup de romanciers anglais et américains, de Melville à Lawrence ou Miller, dont le lecteur découvre avec admiration qu'ils ont écrit le roman du spinozisme... Certes, ils ne font pas une synthèse d'art et de philosophie. Ils bifurquent et ne cessent de bifurquer. Ce sont des génies hybrides qui n'effacent pas la différence de nature, ne la comblent pas, mais font servir au contraire toutes les forces de leur "athlétisme" à s'installer dans cette différence même, acrobates écartelés dans un perpétuel tour de force[2]. » Mais il arrive à Michaux, et à lui seul, d'être cité aussi avec des philosophes. Ainsi de façon provocante, dès la première qualification du plan d'immanence : « d'Épicure à Spinoza [...], de Spinoza à Michaux, le problème de la pensée c'est la vitesse infinie. » Puis, le plan d'immanence s'enroulant un instant autour de la figure de Descartes, habité comme d'autres par « son rêve », la pensée, le penser se trouvent qualifiés par la puissance d'« une ligne de sorcière » : « Par exemple le plan d'immanence de Michaux, avec ses mouvements et ses vitesses infinies, furieux. » Michaux se trouve aussi associé à Blanchot et Foucault dans la caractérisation du plan : « l'inti-

1. « *Igitur* est précisément un tel cas, personnage conceptuel transposé sur un plan de composition, figure esthétique entraînée sur un plan d'immanence : son nom propre est une conjonction » (*Qu'est-ce que la philosophie ?*, *op. cit.*, p. 65).

2. *Ibid.*

mité comme Dehors » ou « lointain intérieur ». Il s'agit d'une référence forte : cette suggestion incessante du plan d'immanence pourrait être « le geste suprême de la philosophie » ; cela même qui fait de Spinoza « le Christ des philosophes[1] » et ferait de Michaux, glissant d'Épicure à Spinoza, tel un second Nietzsche, le Christ d'une façon nouvelle d'activer la pensée. On retrouve ainsi Michaux en conclusion, au moment où la science, l'art et la philosophie étant remis en jeu ensemble, « du chaos au cerveau », il s'agit de montrer que la « variation conceptuelle » est la façon propre qu'a la philosophie de conjurer la variabilité chaotique, en permettant de toucher « *le plus vite possible* à des objets mentaux déterminables comme êtres réels ». Afin de souligner ce que relevaient bien Spinoza ou Fichte, pourquoi recourir alors à l'opposition que formule Michaux entre « idées courantes » et « idées vitales[2] » ?

C'est qu'au-delà des « interférences intrinsèques » qui ménagent déjà entre les disciplines « des plans complexes difficiles à qualifier », il s'agit de toucher les « interférences illocalisables » au gré desquelles chaque discipline se trouve à sa façon entrer dans un rapport essentiel avec un Non, là où son propre plan affronte le chaos et où les divers plans « ne se distinguent plus par rapport au chaos dans lequel le cerveau plonge ». Deleuze et Guattari écrivent alors que la philosophie, l'art et la science pourraient partager « la même ombre, qui s'étend à travers leur nature différente et ne cesse de les accompagner[3] ». Le sort particulier et très énigmatique dévolu à Michaux tout au long de ce livre tiendrait à ce que plus que d'autres, seul peut-être à ce point, il donne corps, voix et horizon à cette ombre, projetant et reprojetant ce que fut la « philosophie » de Plume cernée par sa « zone d'ombre[4] » jusque dans les zones multiples, diffractives, de « l'espace aux ombres[5] ».

1. Ces trois mentions figurent à l'intérieur de la section « Philosophie », dans le chapitre sur le plan d'immanence (*ibid.*, p. 38, 44, 59).

2. *Ibid.*, p. 195.

3. C'est la dernière phrase du livre, p. 206. Pour les autres références, voir p. 204-206.

4. *Plume*, I, p. 665 : « Tout progrès, toute nouvelle observation, toute pensée, toute création, semble créer (avec une lumière) une zone d'ombre. »

5. Sur ce texte, voir le chapitre sur *Face aux verrous*, p. 374-378. Un tel mouvement d'interférence entre art et philosophie touche bien sûr aussi la science. D'où l'intérêt que des hommes de science, Stéphane Lupasco par

Voilà ce qu'en ce lieu extrême de hantises et de transitions Michaux a touché d'une irremplaçable formule : « Savoir, autre savoir ici, pas *Savoir* pour renseignements. *Savoir* pour devenir musicienne de la Vérité[1]. » Quelques années plus tard, dans l'avant-propos fondateur de *Différence et répétition*[2], l'usage des concepts, saisi par la musique de sa propre fiction, devient rapporté à des « drames », comme à un exercice de la « cruauté » ; la relation entre savoir et ignorance, « *qui fait passer l'un dans l'autre* » (en des termes très proches de la postface de *Plume*[3]), ouvre la possibilité de l'écriture, plus que son rapport supposé avec le silence et la mort ; l'appel aux nouveaux moyens d'expression philosophiques inaugurés par Nietzsche annonce un « temps où il ne sera guère possible d'écrire un livre de philosophie comme on en fait depuis si longtemps ».

Il serait faux d'objecter que de tels glissements touchent ici Deleuze plus que Michaux, et les incertitudes de la philosophie plutôt que les transformations de la littérature et de la poésie. Un mouvement unique, le même qui parcourt déjà le XIXe siècle, des romantiques de Iéna — Schlegel et Novalis — à Kierkegaard puis à Nietzsche, devient l'affaire du siècle qui en sort, par exemple à travers Breton, Artaud ou Bataille. On le reconnaît à la nécessité d'un affrontement direct et sans partage avec la pensée comme style et comme art, violence et recherche d'inconnu. En France au moins, dans quelques grandes œuvres, chez Merleau-Ponty, chez Foucault, chez Deleuze — fût-ce au gré de besoins classiques de spécificité —, cet affrontement est devenu intérieur à la philosophie, ne serait-ce que par la force d'un rapport obligé et toujours plus étroit noué avec les arts et la littérature. Au point que la philosophie induit par là l'image de son propre déplacement[4]. C'est

---

exemple (voir Bréchon, p. 217-220), portent à l'œuvre de Michaux. Un livre, né d'une thèse remarquable, ouvre et couvre tout ce champ : Anne-Élisabeth Halpern, *Henri Michaux : le laboratoire du poète*, Séli Arslan, 1998 (abrégé par la suite en Halpern).

1. *Face aux verrous*, II, p. 524.
2. Gilles Deleuze, *Différence et répétition*, P.U.F., 1968, p. 3-4.
3. « Toute science crée une nouvelle ignorance » (I, p. 665).
4. Bien qu'en des termes supposant encore de strictes répartitions de champs, cette relation a été soulignée par André Pierre Colombat : « Le Philosophe critique et poète : Deleuze, Foucault et l'œuvre de Michaux », *French*

la hantise qui pousse Deleuze à retrouver dans Proust les forces par lesquelles celui-ci s'oppose à la philosophie, pour y puiser lui-même l'inspiration d'une façon nouvelle de traiter la philosophie[1]. Pour celle-ci comme pour la philosophie, il faut enfin pouvoir nouer ensemble vérité et « puissances du faux[2] ». « Même si c'est vrai, c'est faux[3] ». Musiques de la vérité. « Pensée-musique[4] ». Cela revient à toucher la façon dont se recouvrent et s'enveloppent la sensation et la pensée, dont se conjuguent avant tout *penser* et *raconter*.

Tel est le sens, ici, d'une identité incertaine supposée entre Michaux et Deleuze (Deleuze et Guattari). Ce n'est pas, comme on fait souvent, croire fonder la réalité d'une œuvre littéraire dans des concepts philosophiques permettant, de l'extérieur, d'en cerner une vérité plus objective, et que cette œuvre serait impuissante à dire. Il s'agit moins encore d'une de ces altières conjonctions par lesquelles on a célébré, à travers la rencontre mythique de Char et Heidegger, les noces de la philosophie et de la poésie, chacune communiant en l'autre de la hauteur de son mystère[5]. Plus simplement (l'influence, s'il y a lieu, allant

---

Forum, XVI, 1991. La « vitesse-Michaux » a été aussi posée comme le mode le plus sûr de la lecture de Deleuze, par Patrice Loraux, dans son intervention au colloque consacré à Deleuze, « Immanence et vie », Paris, 25-27 janvier 1997.

1. C'est la corrélation étroite qui lie *Proust et les signes* (la première édition, aux P.U.F., date de 1964) et « L'Image de la pensée », le chapitre central de *Différence et répétition*. Sur le rapport entre Proust et Michaux, qui a été chez celui-ci une référence importante, voir le chapitre sur *Qui je fus*, p. 116-117 ; ainsi que Luc Fraisse, « Proust et Michaux : assonances profondes », *Revue d'histoire littéraire de la France*, n° 2, 1995.

2. C'est dans le chapitre VI, ainsi intitulé, de *L'Image-temps* (Minuit, 1985) que Deleuze en développe le plus nettement l'idée.

3. *Face aux verrous*, II, p. 462.

4. Ainsi commence une note de l'édition de 1938 de *Plume* supprimée dans la Postface lors de l'édition « revue et corrigée » de 1963 : « Pensée-musique qui le fait s'harmoniser à des millions de circonstances [...] », I, p. 1290.

5. Ainsi le fameux « Entretien sous le marronnier », sous les branches duquel Jean Beaufret aperçoit « deux Différents de même race et marqués tous les deux d'une étincelante solitude » (*René Char*, *L'Arc*, n° 22, été 1963, p. 7). Cet entretien a été repris en tête des études critiques des *Œuvres complètes* de Char dans l'édition de la Bibliothèque de la Pléiade, que celui-ci a lui-même soigneusement organisée. Voir aussi, dans le dossier René Char du *Magazine littéraire* (n° 340, février 1996), Patrick Née, « Le Dialogue Char / Heidegger », et Jean Beaufret, « À la lisière des lavandes », présenté par Frédéric de Towarnicki.

de l'écrivain au philosophe), c'est reconnaître à travers des proximités de termes (flux et multiplicité par exemple[1], mais aussi bien pli ou passage, ombre ou vitesse ou ligne) et par là de pensée, un souci violemment commun à la poésie-littérature et à la philosophie. Les pousser à se parler l'une l'autre, c'est aussi chercher à les faire entrer dans ce qu'elles visent obscurément : une collusion, une confusion aux bords encore inconnus. Jusqu'à peut-être se contaminer, en trouvant dans ce mouvement, non pas une réponse ou un éclair obscur, mais une façon au moins de s'accorder mieux à l'univocité de l'être[2], dont le joyeux tourment leur est commun.

L'avant-dernier écrivain

Michaux devient ainsi une figure unique, parmi ces écrivains-penseurs et ces génies hybrides. Cela s'accorde de façon mystérieuse au fait d'avoir été ensemble écrivain et peintre, au point où ne l'a été aucun autre[3]. Par là, aussi, il semble passer au-delà d'auteurs dont on l'a parfois rapproché, dans une sorte de modernité de crise : Leiris, Bataille, Ponge. Seul, sans doute, Beckett réalise à ce niveau une percée proche, en s'ouvrant à l'image comme à la voix et au son, entre roman, récit, théâtre, poème, radio, film et télévision[4]. Peut-être quelque chose de subtil et d'intense vient-il doucement disparaître en Michaux, dont il aura pourtant été une ultime figure : l'image réelle autant que mythique du grand écrivain.

1. Ces deux termes centraux de *L'Anti-Œdipe* et de *Mille plateaux* apparaissent ensemble dans la Postface de *Plume* : « Le véritable et profond flux pensant se fait sans doute sans *pensée consciente* » ; « Fausse simplicité des vérités premières (en métaphysique) qu'une extrême multiplicité suit, qu'il s'agissait de faire passer » (I, p. 664, 665). Ou « l'expatriation » de Michaux devenant la « déterritorialisation » de Deleuze-Guattari.

2. Voir *Différence et répétition*, *op. cit.*, p. 387-389. Cette univocité qui s'accorde à la « différence individuante » (« Une seule et même voix pour tout le multiple aux mille voies, un seul et même Océan pour toutes les gouttes, une seule clameur de l'Être pour tous les étants ») va chez Michaux de soi.

3. C'est là, on imagine, ce qui a poussé l'éditeur anglais de *Qu'est-ce que la philosophie ?* à illustrer la couverture de ce livre (Londres, Verso, 1994) d'un dessin de Michaux (« L'Arène », 1938).

4. Voir Samuel Beckett, *Quad et autres pièces pour la télévision*, suivi de Gilles Deleuze, *L'Épuisé*, Minuit, 1992.

Par quoi Kafka, l'écrivain dont Michaux est finalement le plus proche, sera-t-il devenu, comme Proust mais de façon plus pure encore, l'écrivain de ce siècle ? En bonne part à cause de l'inachèvement de son œuvre, et de son désir ambigu de la voir détruite, comme en écho à un accord profond, presque mystique, avec l'idée de possibilité de la littérature dont « l'héritage mythique », pensait Hermann Broch, était déposé en lui[1]. D'où une impossibilité dernière du roman, du grand récit, de la force de loi et de prophétie qu'il suppose, de la communauté humaine devenue inavouable qu'il présuppose. Une histoire ainsi s'achève, celle de « la nouvelle odyssée » dont Kafka sera devenu « le dernier messager[2] ». D'où, chez lui, en regard d'un tel abandon, le recours et le contrepoint intérieur du Journal, où d'innombrables amorces de fiction, maintenues dans le cercle d'une intimité forcenée avec soi, entrent en résonance avec le dehors dévorant s'inscrivant à même la peau dans toutes les fictions plus ou moins brèves où passe le plus cristallin de son génie. Ainsi, à la nature écartelée, en partie et *a posteriori* fragmentaire de l'œuvre de Kafka, répond l'œuvre essentiellement et *a priori* fragmentaire, une-multiple, de Michaux.

Sans doute est-ce là ce qui la définit le mieux, dans une modestie nouvelle : avoir presque échappé aux clivages retors et infinis entre l'achevé et l'inachevé-inachevable, la part publique et les domaines réservés de l'écriture. Le champ en ruines de l'espace littéraire s'est construit sur ces clivages, en particulier depuis la « révolution des valeurs littéraires » bien diagnostiquée par Jacques Lacan à travers l'intérêt croissant accordé aux « petits papiers[3] ». Pensons un instant aux figures contraires de Musil et de Valéry, dont Michaux — proche du premier, qu'il ignore, loin du second, qu'il sait prendre à revers — réalise une sorte de fusion actuelle et intempestive, en se tenant à côté de tous les partages que l'un et l'autre ont dû consentir, les dépossessions ambitieuses ou les fausses maî-

1. *Création littéraire et connaissance*, Gallimard, 1966, p. 273. Hannah Arendt y insiste dans son Introduction, p. 13.

2. Ce sont les titres des deux grandes parties du livre de Marthe Robert, *L'Ancien et le Nouveau*, Grasset, 1963, dans lequel elle établit une filiation entre Cervantès et Kafka autour des notions de vérité et de loi épiques.

3. *Écrits*, Le Seuil, 1966, p. 742.

trises[1]. Là encore, il faut mettre en avant l'espace du Journal, chez l'un et l'autre devenu le pendant de l'œuvre possible-impossible ; alors que Michaux en réalise, comme à la racine de l'œuvre, une dispersion généralisée. Quoique à travers bien des livres, grâce à leur multiplicité, leur diversité de champs et de genres mêlés, la force propre de Michaux aura été ainsi de s'établir comme en deçà et au-delà du livre, constamment et au présent sur un seul plan variable. Un plan au fur et à mesure empiriquement circonscrit et accepté, dans la révolte et au nom d'une insuffisance radicale — l'absence de Dieu même. Rien n'est appelé à combler cette insuffisance et à la métamorphoser, sinon son vide propre, en signe dernier de sagesse. Outre l'orgueil presque insensé d'être parvenu à survivre, et en dépit d'un désir quasi fou d'avenir et de mutation, il n'y a chez Michaux pas d'utopie réelle, aucune ambition propre d'œuvre, aucun projet dont l'œuvre serait l'accomplissement ou l'échec. Elle n'a même pas pour elle, comme celle du malheureux Artaud, sa folie, cette « folie par excellence » qu'on s'est acharné à construire et à exemplifier, qui fait d'emblée écrire Artaud et le fera écrire si souvent à la limite de l'impubliable. Au point que, comme Blanchot le disait de Mallarmé, de ses papiers voués à disparaître et si bien sauvegardés, c'est comme s'il « n'avait jamais autant écrit que depuis sa mort[2] ». Alors que l'œuvre de Michaux est sans réserve, ou presque. C'est son étrangeté nouvelle : avoir existé pendant soixante ans sans autrement s'accumuler que par ses simples preuves au fur et à mesure offertes et dilapidées[3].

1. Sur Musil, voir le chapitre sur les Premiers écrits, p. 85, et celui sur *Passages*, p. 358 ; sur la présence de Valéry, explicite ou non dans les deux livres de voyage de Michaux, voir dans l'appareil critique, *Ecuador*, I, n. 1, p. 181, et *Un barbare en Asie*, I, n. 1, p. 321.

2. *Le Livre à venir*, *op. cit.*, p. 280.

3. C'est pourquoi il y a si peu d'inédits de Michaux (en dépit d'importants dossiers de notes concernant ses écrits portant sur la drogue et certains de ses derniers livres). On le voit dans les textes récemment rassemblés par Micheline Phankim et Anne-Élisabeth Halpern, sous le titre *À distance* (Mercure de France, 1997 — abrégé par la suite en *À distance*), sans autre ordre possible que celui de leur chronologie flottante. Et ce peu qui demeure (sans s'arrêter à la valeur propre des textes) a l'art de très peu ajouter, de ce fait même. Il y aura bien sûr la correspondance, on n'y échappe pas — quoique le téléphone, à partir d'un moment, en ait amoindri la portée. Mais elle offre au moins l'intérêt, si l'on peut dire, Michaux s'abandonnant peu à ses lettres, aimant peu en écrire,

Serait-ce là ce que pose Blanchot, dans les lignes fameuses du *Livre à venir* où il fait soudain de Michaux « l'écrivain qui, au plus près de lui-même, s'est uni à la voix étrangère[1] » ? Blanchot forme alors la belle utopie négative de « la mort du dernier écrivain », ce Rimbaud plus mythique que le vrai, « avec qui disparaîtrait, à l'insu de tous, le petit mystère de l'écriture[2] ». Plus qu'un silence, on entendrait ainsi monter une rumeur, un murmure menaçant et indifférent, incessant, inhumain. Mais c'est la même voix que toutes les grandes œuvres modernes nous font déjà presque entendre, tant « elles sont nées immédiatement du danger, et elles l'enchantent à peine ». Par exemple les voix exténuées que Blanchot vient de nous faire entendre dans l'œuvre de Beckett[3]. Pourquoi, dans le contexte d'une telle hypothèse, qui ressort de cette situation de la « littérature moderne » mais ne touche aucun écrivain particulier, introduire et isoler si étrangement Michaux pour en faire l'éloge (« Admirable Michaux »), cela en coupant l'inventaire, auquel Blanchot se livre alors, des moyens peu honorables de maîtriser le murmure anonyme (la rhétorique, l'autorité tranchante des « grands » écrivains, la neutralité froide et transparente, le monologue intérieur ou « bavardage ») ? Pourquoi ? L'intimité si vive de Michaux avec la voix étrangère cacherait-elle quelque chose d'excessif, nouerait-elle avec celle-ci une complicité obscure ? Au point que le danger serait plus pressant que dans d'autres œuvres et presque inexprimable.

Peut-être une indication ressort-elle d'un autre texte de Blanchot, consacré à Borges et Michaux[4]. Blanchot mêle ainsi

---

de ne pas anticiper l'œuvre au point d'y faire corps, et donc de n'être qu'à demi, à rebours de ce qui arrive à Rilke ou Kafka ou Mallarmé, fatalement et comme par avance une correspondance littéraire.

1. *Le Livre à venir*, *op. cit.*, p. 270.

2. *Ibid.*, p. 265 (pour l'ensemble du chapitre, p. 265-270). Sur les références, rares mais fortes, de Michaux à Rimbaud, voir dans l'appareil critique d'*Ecuador*, I, p. 1092, n. 1.

3. « Où maintenant ? Qui maintenant ? », *Le Livre à venir*, *op. cit.*, p. 256-264. C'est le chapitre qui précède « La Mort du dernier écrivain ».

4. « L'Infini et l'infini », *N.R.F.*, n° 61, janvier 1958, p. 99. Cet article, dont la partie consacrée à Borges a seule été reprise dans *Le Livre à venir*, a été republié dans *L'Herne*, précédé, selon le vœu de Blanchot, des dix fameuses lignes de « La Mort du dernier écrivain » (les références sont données ici dans la *N.R.F.*).

en les opposant deux infinis : celui qui vient à Michaux de l'expérience de la drogue (dans *Misérable miracle* et *L'Infini turbulent*), et celui de la littérature que Borges aurait reçu en partage. Blanchot est trop soucieux des vérités les plus obscures pour mener son opposition nettement. Il finit pourtant par se demander « s'il faut regretter ou admirer la sagesse de Michaux qui, esquissant ici une forme nouvelle de littérature, y a renoncé par dégoût de l'artifice[1] » ; alors que Borges a donné ce titre, *Artifices*, « à l'un de ses recueils où sa pensée joue avec l'infini ». Comme si Michaux, de façon presque indicible, attentait alors à ce qu'il ne cesse pourtant, aussi, d'accomplir, ce « merveilleux pouvoir de renversement qu'est la littérature, artificielle là où on la veut naturelle, incomparablement vraie, quand elle demeure en deçà de la vérité et donne cours à l'erreur propre à l'infini[2] ». Sans doute s'agit-il d'un moment extrême et singulier de l'œuvre de Michaux ; et Blanchot a-t-il parlé autrement de son « expérience magique[3] ». Mais cet écart, qui touche alors la pensée même, le « penser » comme désir de savoir, pourrait être un écho du mouvement qui amène Blanchot, dans *Le Livre à venir*, à ces lignes peut-être à double entente sur Michaux et la voix étrangère, à l'instant où il se confie lui-même à l'infini de la « parole véritable » du Livre : « livre à venir » dont Mallarmé a présagé comme à tout jamais l'expérience et la voie[4]. « Le livre véritable, dit encore Blanchot, est toujours un peu statue. Il s'élève et s'organise comme une puissance silencieuse qui donne forme et fermeté au silence et par le silence[5]. » C'est ce livre-statue qu'à toute force et par tant de moyens Michaux n'a cessé de vouloir dissoudre en lui[6].

Ce serait là l'ultime point de disjonction. Le propre de

1. Il commente ainsi les dispositions prises par Michaux pour éviter de se soustraire par trop d'artifices d'écriture à une certaine vérité de son expérience.

2. *Ibid.*, p. 110.

3. Voir plus haut, n. 1, p. 43.

4. *Le Livre à venir*, *op. cit.*, p. 270. Le chapitre, pénultième et refondateur, sur Mallarmé, suit dans *Le Livre à venir* celui sur « La Mort du dernier écrivain ». Dans la comparaison à laquelle ainsi il se livre, Blanchot voyait « un acte secrètement punissable ».

5. *Ibid.*, p. 267.

6. C'est chez Michaux la hantise continue de l'empierrement. Voir en particulier « Mes statues », *Épreuves, exorcismes*, I, p. 811.

Michaux, touché à travers son rejet une fois exprimé et à mille traits implicitement réaffirmé de la « doctrine[1] ». Il y a en Michaux un désir profond, vital, d'échapper par tous les moyens au destin dont il participe encore mais que, peut-être seul parmi les grands écrivains dont en cela il achèverait la lignée, il parvient à ce point à éloigner : *le tourment monothéiste du Livre*[2]. Et toutes les figures qui lui sont attachées, d'un *Logos* fondateur, dont la christologie pourrait rester la plus prégnante. Cette référence du Livre, devînt-elle laïque, comme chez Mallarmé elle se forme à rebours mais en place d'une religion, reste au cœur de la sensibilité et de la pensée de Blanchot, jusqu'à cette « absence de livre » qu'il appelle impossiblement[3]. C'est une même vue du Livre dont le génie bibliothécaire de Borges perpétue la mémoire circulaire ; il l'affole, mais sans toucher vraiment à son principe, métaphysique et culturel. Alors que chez Michaux, implicitement bien plus « nietzschéen », dont l'œuvre semble un immense *Ecce homo* renversé et relativisé par la pratique instantanée de la vie quotidienne, le livre finit par gagner une sorte de force pure, d'instrumentalité. Porté par une quête avouée d'hygiène et de résistance, une dimension obstinée d'expérience, un désir éperdu de connaissance, qui ne diffère pas d'un souci d'efficacité, le livre devient l'instrument immédiat et permanent d'une sorte de bricolage spirituel. Au-delà de tout jugement de Dieu, comme « pour en finir avec le jugement[4] ». C'est le sens fort de la référence orientale si chère à Michaux : déplacer tant le centre pratique que le centre spirituel d'instrumentation de l'écriture.

Comment dire plus simplement cet effet si particulier attaché à Michaux[5] ? Ce qui a fait dire à tant de critiques divers,

1. Voir plus haut, p. 38-39.
2. Voir en particulier le chapitre sur *Un barbare en Asie*, p. 165-167.
3. *L'Entretien infini*, p. 620-637.
4. C'est le titre d'un des essais de *Critique et clinique*, consacré à Nietzsche, Lawrence, Kafka et Artaud.
5. Parmi les plus beaux portraits de Michaux, dus à Cioran (« La Passion de l'exhaustif », *La Quinzaine littéraire*, dossier Michaux, n° 156, 16 janvier 1973, p. 4-5, repris dans *Exercices d'admiration*, Gallimard, 1986) et à Georges Henein (« Henri Michaux, poète du secret », *Magazine littéraire*, n° 21, septembre 1968, p. 22-23 ; « Henri Michaux », *Lectures et regards*, n° 25-26, été-

depuis si longtemps et sous tant de formes, que Michaux pourrait être — ces mots ne lui conviennent pas — le plus grand poète ou le plus grand écrivain français contemporain. Ou, comme Adrienne Monnier : « Parmi les poètes de ce temps, et peut-être de tous les temps, il n'en est pas qui défie plus qu'Henri Michaux le classement ou l'explication ; je ne dis pas l'intelligibilité : il est moins obscur que fort singulier et fort mobile. Sans cesse en départ, ramifié à l'infini, comment le fixer ? Plus contradictoire que personne, plus déchiré, plus à vif, comment même l'aborder[1] ? » Comment dire cela avec des mots presque de tous les jours, dont il eut l'art, comme personne, de faire resortir le charme extrême, les valeurs, les saveurs, et surtout ce qu'il nomme « la simplicité ». Cette façon directe, si savante soit-elle, de parler d'être à être, et toujours à quelqu'un, son lecteur, sa lectrice, vous, moi, en se situant au niveau de l'humanité la plus élémentaire, la vie quotidienne et cosmique.

L'envie vient de s'arrêter aux fourmis. Michaux a placé sous leur signe son premier éveil aux combats de la nature et aux mots de la langue[2]. Il n'a cessé de les invoquer, partout, animales, humaines, jusqu'à s'en prendre pour le fils[3]. Il y a chez Michaux un véritable être-fourmi, un devenir-fourmi. Cette modestie réaliste fait penser aux foules orientales. C'est sans doute l'image la plus forte d'une intense circulation. Fourmillement des mots, des signes, des êtres et atomes d'êtres devenant mots et signes. Fourmis, pour tous les mots, un par un et ensemble. Un chercheur imaginatif et romancier a proposé de

automne 1979), ceux de Claude Roy (repris dans *Descriptions critiques*, I et III, Gallimard, 1949 et 1960) frappent par leur qualité de simplicité.

1. *Correspondance Adrienne Monnier & Henri Michaux*, 1939-1955, Maurice Imbert, éd., La Hune libraire-éditeur, 1995 (abrégé par la suite en Monnier), p. 44.

2. « Quelques renseignements », I, p. CXXX. Voir aussi le « Vient de paraître » d'*Un barbare en Asie*, I, p. 1121. Sur Michaux et les fourmis, voir le chapitre « Des fourmis et des feuilles » du livre d'Anne-Élisabeth Halpern ; et Jean-Claude Mathieu, « Des fourmis et des mots », dans *Plis et cris*, p. 9-25. Les fourmis incarnent aussi, dans *Mille plateaux*, *op. cit.*, l'image même du rhizome (p. 16).

3. Michaux écrit d'Espagne à Paulhan, en décembre 1929, à propos du titre d'un livre proposé à Gaston Gallimard (et demeuré virtuel), qui ne lui convient plus : « Dites-lui que mon ouvrage (sorte de roman) s'appellera *Fils de fourmi*. »

prendre comme exemple l'organisation d'une fourmilière pour réussir la révolution de l'Internet[1]. On peut imaginer Michaux, toujours si prudemment, aristocratiquement lié à son peu de lecteurs, devenant l'enjeu du réseau dont son écriture ne cesse de mimer le fonctionnement : multiplicité de messages, de lieux, de zones, de personnes. « Espace aux ombres. » Ce serait, là encore, déborder Mallarmé par la réalité dont il aurait pourtant produit la virtualité. Un usage mineur, minoritaire, du réseau : voilà ce qu'on pourrait imaginer de mieux comme vue d'une résistance opposée à l'enfermement, au trop de sérieux infini des livres et de la lecture.

Parmi tant et tant de fragments qui composent Michaux, on en retiendra un, programme de jeunesse maintenu, pour dire comment cette œuvre se parle et nous parle : « Je ne peux pas me reposer, ma vie est une insomnie, je ne travaille pas, je ne dors pas, je fais de l'insomnie, tantôt mon âme est debout sur mon corps couché, tantôt mon âme couchée sur mon corps debout, mais jamais il n'y a sommeil pour moi, ma colonne vertébrale a sa veilleuse, impossible de l'éteindre. Ne serait-ce pas la prudence qui me tient éveillé, car cherchant, cherchant et cherchant, c'est dans tout indifféremment que j'ai chance de trouver ce que je cherche puisque ce que je cherche je ne le sais[2]. » Ainsi finit par advenir ce « *livre que n'a pas fait l'auteur*, quoiqu'un monde y ait participé. Et qu'importe[3] ? » Ce volume de papier bible, « pour tous et pour personne », où à son corps défendant, désormais indéfendu par la mort, il entre[4]. Un livre qu'il faut lire pour ce qu'il devrait être, comme un livre de vie.

1. Bernard Werber, auteur de la trilogie *Les Fourmis*, *Le Jour des fourmis*, *La Révolution des fourmis* (Albin Michel, 1991, 1992, 1996) (« Fourmis, internautes, même combat », *Libération*, 29 novembre 1996).

2. *Qui je fus*, I, p. 92.

3. *Plume*, I, p. 665.

4. Voici comment Michaux exprimait à Claude Gallimard son refus de la proposition qui lui avait été faite de figurer de son vivant dans la Bibliothèque de la Pléiade : « La raison majeure est qu'il s'agit dans les volumes de cette prestigieuse collection d'un *véritable dossier* où l'on se trouve *enfermé*, une des impressions les plus odieuses que je puisse avoir et contre laquelle j'ai lutté ma vie durant. / Me libérer de quantité de pages d'autrefois, retrancher, réduire au lieu de rassembler, voilà quel serait mon idéal, au lieu de l'étalement de tous mes textes, qui à coup sûr me dégoûterait et à brève échéance me paralyserait » (17 janvier 1984).

Premiers écrits

(1922-1925)

(« Cas de folie circulaire » — « Chronique de l'aiguilleur » — Compte rendu paru dans *La Bataille littéraire* — *Les Rêves et la Jambe* — *Fables des origines* — « Notre frère Charlie » — « Réflexions qui ne sont pas étrangères à Freud » — « Lettre de Belgique » — « Surréalisme » — « Mes rêves d'enfant » — « Le Cas Lautréamont »)

Dès l'instant où Michaux commence à écrire, en cet automne 1922 où paraît dans *Le Disque vert* son premier texte, « Cas de folie circulaire », des enjeux se précisent, qui ressortiront bien plus tard. Cela tient à la façon dont toute œuvre s'élabore, à rebours, plus elle s'étend, se propage, s'achève, plus on prend sa mesure. Cela tient aussi au fait que Michaux a choisi d'ignorer et de rendre peu accessibles presque tous ses textes antérieurs à 1928[1]. Cette exclusion s'étend même à son premier recueil important, *Qui je fus*, paru chez Gallimard en 1927. Michaux, qui s'accepte si peu, ne se reconnaît écrivain qu'à partir d'*Ecuador*.

Ce sont des textes comparables que Musil, se décidant à publier ses écrits de jeunesse dispersés dans des journaux, choisit de nommer *Œuvres pré-posthumes*[2]. Par-delà l'ironie, témoignant d'un sens sûr de l'intimité entre l'écriture et la mort, Musil cherchait à ménager un espace propice à l'utopie de son grand livre interminable. Pour Michaux, qui ne s'est jamais assigné d'œuvre à parfaire, et n'a pas cru pouvoir par la force d'un livre transfigurer la mort, il s'est agi, plus

1. De rares exceptions sont limitées à son livre anthologique, *L'Espace du dedans*, où figurent six textes de *Qui je fus*, et au *Choix de poèmes*, beaucoup plus tardif, qui en compte un.

2. Le Seuil, 1965. La traduction littérale du titre original, *Nachlass zu Lebzeiten* (Zurich, Humanitas Verlag, 1936) serait *Œuvres posthumes du vivant de l'auteur*. Musil s'explique dans sa préface sur le rapport de ces textes avec *L'Homme sans qualités*.

simplement, d'écarter des textes dont la naïveté lui paraissait trop grande, peut-être d'oublier des années difficiles, d'apprentissage et de grande insécurité[1].

Ces textes, évidemment, ont été mentionnés, de façon partielle et flottante, dès les premières bibliographies ; puis ils ont été recensés avec exactitude. On les a même, pour une bonne part, un jour republiés contre le vœu de leur auteur[2]. On les a aussi invoqués, ici et là, et parfois commentés[3]. Mais ce sera pendant longtemps avec réserve, ou coquetterie. Cela témoigne que du vivant d'un écrivain son image se construit largement selon celle qu'il forge, quel que soit le désir de passer outre. Peu d'écrivains ont autant que Michaux à la fois dérobé, façonné et laissé flotter leur image. Porté avant tout à écrire de façon excessivement personnelle, il aura d'autant plus cherché, à travers bien des ruses et un art profond du retrait, à éluder le risque des images qu'on ne pouvait manquer de désirer lui arracher — comme cela arrive aux visages des « malfaiteurs » dans son pays de la magie[4]. Il a fallu la mort, et un temps de latence, pour que ces écrits de jeunesse trouvent leur place naturelle, dans le discours critique comme dans la publication : celle des « commencements[5] ».

1. Michaux écrit par exemple à Henri Parisot, le 22 août 1942 : « Je m'oppose de façon catégorique et définitive à la réédition de "Rêves de jambe" et de "Fables des origines". » Et c'est par recommandé qu'il répondra plus tard à Franz Hellens lui demandant, le 23 juillet 1967, son accord pour la réédition de numéros du *Disque vert* auxquels Michaux avait collaboré ou dont il avait assuré avec Hellens la direction : « Je suis *catégoriquement opposé* à ce qu'on republie aucun des textes de moi qui ont paru [...] au *Disque vert*. Ce que j'en ai lu ce matin, pour vérifier mon impression, me confirme que je ne supporte absiolument pas cet haïssable passé. Je parle non du milieu, mais de mon écriture, de ma pensée (!) » (Henri Michaux, *Sitôt lus. Lettres à Franz Hellens 1922-1952*, éd. Leonardo Clerici, Fayard, 1999, p. 147 — abrégé par la suite en Hellens). — Ce rejet, toutefois, a été progressif : *Les Rêves et la Jambe* figurera jusqu'en 1942, sur un mode discontinu, parmi les livres « du même auteur ». *Qui je fus* y sera en revanche toujours maintenu.

2. Clandestinement, à New York, en 1952, sous le titre *Cas de folie circulaire*, « aux dépens et pour le plaisir de quelques admirateurs de Michaux, qui l'ignore ».

3. Par exemple, dans *L'Herne*, Dora Rigo Bienaimé, « Des textes avant-coureurs », et Alain Bosquet, « Le premier livre d'Henri Michaux ».

4. *Ailleurs*, II, p. 74.

5. Ainsi les nomme Jean-Pierre Martin, dans le second chapitre de son livre (*Henri Michaux, écritures de soi, expatriations*, José Corti, 1994 — abrégé par la

Le jeune Henri Michaux publie ainsi, entre septembre 1922 et août 1927 où paraît *Qui je fus*, vingt-sept textes ou courts ensembles de textes, signés « Henry Michaux ». Les six derniers seront repris dans *Qui je fus*. Des vingt et un qui précèdent, trois seulement ont été insérés dans le recueil qui doit son titre au premier d'entre eux[1]. Ainsi se dessine une imbrication très vive entre une première série d'écrits publiés pendant près de quatre ans en revue ou sous forme de plaquettes, et la seconde série qui, en 1926-1927, précède de peu le recueil.

On ne connaît pas les raisons exactes qui ont alors poussé Michaux à rejeter la plupart de ses premiers textes quand il a cru possible de concevoir un livre. Sa vie durant, il ne cessera d'écarter des textes isolés confiés à des revues et des plaquettes publiées, souvent, chez de petits éditeurs. Bien que rarement avoués, les motifs de ces abandons sont parfois évidents ; ils sont en général voilés, indécidables. Mais le problème est un peu différent, chez celui qui commence à écrire, cherche sa voie, ses voies, cherche à poser sa voix, qu'il sent lui-même une et si multiple. Il lui faut avant tout savoir qui on est, qui on devient dès qu'on s'adonne à cette activité étrange qui consiste à vivre en écrivant, à écrire sa vie en la vivant, à toujours risquer par là de l'écrire plus que de la vivre, et la vivre surtout d'une façon tout autre qu'on l'aurait cru ou désiré. On peut supposer que Michaux, avant d'avoir envers ces premiers textes le regard rétrospectif véhément, teinté d'un désir d'amnésie, qui deviendra le sien, les a jugés presque dès leur publication trop indigents pour entrer dans le dessein d'un recueil, censé exprimer avec une rigueur et une invention acceptables tout ce qu'il sent alors se bousculer en lui. Les excluant de son livre, Michaux porte d'emblée sur eux un jugement défavorable. Leur associant ensuite *Qui je fus* dans un même refus de republication, il fait de ces années qui précèdent son grand voyage en Équateur un moment singulier qu'il faut saisir comme une masse en formation.

---

suite en Martin), qui est le meilleur commentaire, très détaillé, consacré aux premiers écrits de Michaux.

1. Il s'agit de : « Les Idées philosophiques de Qui-je-fus », « Principes d'enfant », « Énigmes ».

La force de ces premiers écrits — serait-elle naïve — est de faire surgir ensemble une pluralité de voix. Les textes rassemblés dans *Qui je fus* feront entendre d'autres voix encore. En un sens, après ces deux ensembles voués à s'estomper, Michaux n'invente plus beaucoup de positions absolument nouvelles. À celles qu'il a suggérées et à demi conquises, il donnera corps et couleur, surface et profondeur, matière et abstraction, étendue et volume, mesure et démesure. Il apprendra à les lier et à les délier. Il saura surtout les reconvertir continuellement, au point que chaque fois elles sembleront neuves. Il s'enfoncera dans les conséquences d'une vie et d'une pensée qui n'arrêteront plus de se surprendre, en se nourrissant du corps qui les mène. Mais les positions intangibles, comme la plupart des notions qui les mettent en œuvre, sont presque toutes d'origine, dans leur fraîcheur incandescente, leur sauvagerie désarmante. Elles semblaient comme préimprimées chez le jeune homme inattendu que Franz Hellens sut accueillir si largement dans sa revue *Le Disque vert*, où il publiera presque tous les textes de Michaux jusqu'à la fin de 1925, l'appréciant au point de l'associer par trois fois à la direction des numéros spéciaux de la revue. De celui qu'il considérait comme le plus original des poètes du *Disque vert*, « esprit d'une personnalité absolue », en qui il sut pressentir « du Rimbaud » d'un genre indéfinissable, Hellens dira aussi, pour situer combien Michaux a échappé d'emblée à ceux qui auraient pu tenter de le saisir : « Il s'échappe à lui-même, j'imagine, car je ne pense pas qu'il ait pris le soin de s'organiser d'après des règles choisies[1]. »

1. Franz Hellens, « Lettre de Belgique », *La Revue européenne*, novembre 1929, n° 11, p. 470. Il est frappant que dans leur ton même certains passages des lettres de Michaux à Hellens évoquent celui des fameuses lettres de Rimbaud à Georges Izambard. Il vaut aussi de citer Jean Maquet, lecteur avisé de Michaux (voir l'Introduction, p. 34-35) : « Il n'y a que Rimbaud. Et il y a Michaux, c'est tout. Ils incarnent tous deux une réalité historique. Ils sont la clé de leur époque. Michaux a trouvé un compromis entre l'exigence de poésie et l'impossibilité de la poésie qui caractérisent notre temps. […] En France c'est un fait, il n'y a que des poètes intelligents. Ou alors Hugo. Mais Michaux c'est un type qui empêche de vivre. Quand on le lit on ne passe pas ses examens » (Réponse à une enquête de Dominique Arban, « Chemins de la poésie », *Combat*, 23 mai 1947).

Il y a un destin des premières phrases. La première phrase qu'écrit, ou que publie Michaux, les premiers mots qu'il lance dessinent une trajectoire appelée à rouler à l'infini : « Un jour que Brâakadbar poursuivait le Créateur[1] »... Il y a ainsi un jour où tout commence, où du récit s'accorde un droit d'exister, où un conte, une épopée, un mythe, une légende, une fable, une histoire entame son parcours de fiction. C'est un événement, aussi ordinaire soit-il, et récurrent. Un jour quelque chose survient. Et se raconte. Comme presque tout chez Michaux se raconte. Quelque chose, quelque part, arrive à quelqu'un. Le héros a ici un nom, forgé ou emprunté, bricolé, on ne sait, comme auront des noms beaucoup des créatures inventées par Michaux, sa vie durant, pour s'allier à son nom, comme à tous les pronoms que décline la langue. Enfin, cet événement se rapporte à la Création. Ce jour-là Brâakadbar poursuivait le Créateur, et Michaux entamait en se jouant avec un sérieux terrible la minuscule mais immense affaire de sa création.

La suite de ce premier épisode de « Cas de folie circulaire » a l'intérêt de compliquer les relations entre le héros et le Créateur par la présence de deux autres entités ou protagonistes : d'un côté, « l'homme » (il subit, comme le Créateur, les assauts furieux de Brâakadbar) ; de l'autre, un « je » non localisé, une sorte de narrateur-énonciateur qui s'immisce (dans une parenthèse il juge une affirmation — « du moins je le pense » —, et ainsi la relativise). Les choses se déroulent de sorte que se produisent entre Brâakadbar et ce « je » un flottement aussi bien qu'un recouvrement, le récit passant de la troisième personne minée par la première à une première personne scindée. L'effet devient plus vif quand l'homme s'y métamorphose en un « Lecteur ! » à qui le récit ainsi énoncé s'adresse avec une emphase ironique. La fiction se déprend d'elle-même en s'assurant, transformant d'autant plus les créatures mises en jeu en êtres de papier, avouant le processus de subjectivation qui la permet.

Dans la lutte mythique engagée entre Brâakadbar et le Créateur, l'homme est du côté de ce dernier, dont il loue les œuvres. Lorsque l'agression monstrueuse forgée par le héros se déplace du Créateur à l'homme et au lecteur, Brâakadbar associé au

1. « Cas de folie circulaire », I, p. 3-4 ; de même pour les citations qui suivent.

narrateur se dissocie autant de l'homme qu'il s'opposait au Créateur. Il devient « le fils du scorpion » qui ne reconnaît pas l'homme comme son semblable, « ne se souvient pas d'avoir eu l'homme comme ancêtre ». C'est qu'il y a du monstre et du meurtre, de l'inhumain dans l'acte d'écrire, dans le désir de raconter et de se raconter en innervant le récit d'une forme critique de conscience.

La force primitive de ce dédoublement est d'en produire sur-le-champ un second, qui se multiplie à l'envi. Le second chapitre de « Cas de folie circulaire » met en scène une petite fille dont la personnalité surgit « de l'application du fer doux sur la nuque ». Un sujet masculin, attesté par la plupart des didascalies qui scandent le monologue enfantin formant cette saynète, est métamorphosé en femme au gré d'une expérimentation burlesque, à la fois psychiatrique et chirurgicale. Mais cette petite fille sans nom est elle-même double : elle a une sorte d'écho, qu'elle nomme Lili. Leurs deux corps souffrent à l'unisson, selon une télépathie sensible et douloureuse ; mais Lili, en retrait, ne parle pas vraiment, ne dit rien d'elle-même, ne fait que répéter ce que dit l'héroïne. D'autre part, les onze didascalies qui qualifient les fragments de ce monologue extravagant semblent délimiter à l'intérieur du personnage déjà deux fois dédoublé autant de types et de rôles (« récitant comme un écolier » ; « voix de vieille dame[1] »).

Enfin, le troisième et dernier chapitre de « Cas de folie circulaire » introduit dans son préambule un être dont la réalité tient à deux traits. D'un côté, « il se figure être en préhistoire », ignore tout des noms d'Homère, de Virgile, de l'Égypte et de la Chine (mais n'identifier aucun nom propre connu ne diminue pas son vocabulaire)[2]. De l'autre, « il fait autant de gestes avec le bras gauche qu'avec le bras droit et ses jambes sont également expressives ». Là encore, écrire ou parler (des actes associés dans les épisodes précédents) dépend de deux postures : une lutte, sauvage, menée contre l'existant, le préexistant, l'universel, le transcendant, homme, Dieu ou culture ; et

1. « Cas de folie circulaire », I., p. 6. Michaux transforme sans doute ici les six états décomptés chez un patient de Théodule Ribot. Voir plus loin, p. 96.

2. « Cas de folie circulaire », I, p. 7 (de même, et p. 8, pour les citations suivantes).

une lutte affectant tout le corps. Un corps multiplié et divisé selon ses différents organes, internes et externes, entre l'animal et l'humain, entre ses deux sexes comme entre sa gauche et sa droite. Voilà ce que développe à nouveau la fable d'origine qui compose le troisième récit.

Michaux y fait une première fois naître la peinture. Elle surgit à l'intérieur d'une caverne, d'un double jet : « une bête très grosse cachée dans une coquille épaisse » est lancée dans la caverne par l'un des trois protagonistes de la fable ; la terre molle qui en sort se trouve projetée « sur les parois en masses inégales et diverses ». Cette prophétie d'*action painting* où on reconnaît aussitôt un des gestes à venir de Michaux peintre suppose un regard qui la reçoive, et du même coup la produise ; tout comme dans le premier épisode, il fallait un lecteur pour légitimer le récit. C'est ici une femme, Isiriel, qui permet cette médiation. Il faut son corps sexué, sexualisé, saisi dans un acte charnel virtualisé, pour que se forme et qu'elle identifie sur la paroi de la caverne une image qui la fait frissonner : « la virilité rouge, très puissante mais un peu tordue, d'un gorille incliné — et aussi ses yeux — et son geste ». On ne sait rien de plus de cette image qui fonde l'« Origine de la peinture » en établissant « parmi les hommes combien l'*image* est délectable ». Son importance est que, doublant le récit d'où elle surgit en traçant dans les mots une fracture, cette image soit elle-même double dans sa réalité indécidable : d'un côté elle est une perception attestée sur la paroi de la caverne ; de l'autre, une hallucination remontant de l'intérieur du corps vers une extériorité menaçante mais désirable.

Ainsi la folie circulaire qui relie ces trois « cas », les multipliant l'un par l'autre dans une forme ouverte, met-elle en avant le thème du double auquel Michaux donne immédiatement un tour radical. Naissant à l'écriture, il naît à lui-même, double et plusieurs, se découvrant sujet. « Mais le double n'est jamais une projection de l'intérieur, c'est au contraire une intériorisation du dehors. Ce n'est pas un dédoublement de l'Un, c'est un redoublement de l'Autre. Ce n'est pas une reproduction du Même, c'est une répétition du Différent. Ce n'est pas l'émanation d'un JE, c'est la mise en immanence d'un toujours autre ou d'un Non-moi. Ce n'est jamais l'autre qui est un double, dans le redoublement, c'est moi qui me vis comme le double de l'autre : je ne me rencontre pas à l'extérieur, je trouve l'autre en moi. » Chez Michaux, « il y a toujours eu un thème hallucinatoire des Doubles, qui transforme toute ontologie[1] ».

Un des intérêts de « Cas de folie circulaire », comme de la plupart des premiers écrits de Michaux, est de poser en le traitant le problème des influences et des imitations qui y sont liées. Essayons d'en dresser une première liste, sans mettre en avant les lectures orientales, plus tardives, dont *Un barbare en Asie* offre un état assez complet. La brève entrée en matière qui précède le premier des trois fragments de « Cas de folie circulaire », avant même la phrase initiale « Un jour que Brâakadbar [...] », tient en quatre mots : « Il se croit Maldoror ». « Il » vaut ainsi, d'emblée, tant pour le héros qui poursuit le Créateur que pour le narrateur-énonciateur qui très vite le double ; « Il » devient donc « Henry Michaux » découvrant et masquant le jeune Henri Michaux. Cela revient à dire : il se prend pour Lautréamont. À travers Maldoror, Michaux imite ainsi la lutte du héros avec le Créateur pour se substituer à l'écrivain devenu grâce à cette lutte le héros d'une création renouvelée. La première influence qui s'avoue ainsi est majeure. C'est la seule sur laquelle Michaux est revenu de façon aussi insistante, dans divers contextes. Lui qui se reconnaît si peu dans l'admiration qu'on accorde aux écrivains répond néanmoins à Robert Bréchon qui beaucoup plus tard l'interroge : « Lautréamont pourtant m'a possédé. Au point que je dus me délivrer de lui. Il ne me laissait pas exister[2]. » Michaux y revient dans le texte autobiographique conçu pour ce même livre : « 1922,

1. Gilles Deleuze, *Foucault*, Minuit, 1986, p. 105 et 120. Deleuze écrit ces mots à propos de Foucault chez qui cette forme-force du double se cristallise à l'occasion de sa rencontre avec l'œuvre de Raymond Roussel et de l'essai qu'il lui a consacré (Gallimard, 1963). C'est dire que cette formation du double comme pression infinie du dehors est une des grandes déterminations de la littérature et de la pensée de ce siècle. Elle développe en s'y opposant la conception romantique du double comme simple unité divisée et multipliée du moi ; on la retrouve par exemple, selon des modes très distincts, chez Nietzsche, Artaud, Pessoa ou Blanchot. Voir aussi l'analyse que fait Deleuze du « Je est un autre » rimbaldien dans « Sur quatre formules poétiques qui pourraient résumer la philosophie kantienne », *Critique et clinique*, Minuit, 1993, p. 42-45.

2. Bréchon, III, p. 208. Michaux ajoute : « C'est grâce à lui que j'ai écrit. Jusque-là, je n'en avais pas trop envie et je n'aurais pas osé. Quand j'ai lu *Les Chants de Maldoror* et su qu'on pouvait écrire et publier ce qu'on avait en soi de

Bruxelles. / Lecture de *Maldoror*. Sursaut... qui bientôt déclenche en lui le besoin, longtemps oublié, d'écrire[1]. » Dans la lettre-mémo que Michaux envoie à René Bertelé à la fin de la guerre, Lautréamont est de même celui qui le « gagne » à la littérature[2]. Aussi a-t-on pu recenser avec patience, à travers le premier fragment de « Cas de folie circulaire », les effets de pastiche par lesquels Michaux reconnaît sa dette et s'en délivre[3]. Ces effets tiennent à la métaphysique du conflit comme aux jeux d'énonciation, aux effets de style comme au choix du vocabulaire. Ainsi les termes de géométrie, l'inventaire passionné des organes, le vocabulaire zoologique. Autant de thèmes et de zones à travers lesquels s'affiche, plutôt qu'une influence au sens classique, l'aveu d'une proximité déconcertante dont il a suffi à Michaux de reconnaître la valeur d'incitation pour vite en être quitte. « Il se croit Maldoror. » Imitant cette voix de sorte qu'elle imite la sienne, se vivant « comme le double de l'autre », « Henry Michaux » se construit à travers Lautréamont, non pas une identité reconnue, qu'il pourrait dire sienne, mais une possibilité de mouvement, une voie de dégagement.

Le second réseau d'influence, plus ancien de huit à dix ans,

---

vraiment extraordinaire, j'ai pensé qu'il y avait place pour moi. / C'était à l'âge de vingt-trois ans. »

1. « Quelques renseignements » I, p. CXXXII.

2. *Lettre-mémo*, I, p. 994. Chose rare, Lautréamont est aussi invoqué, comme un faiseur d'impossible miracle, un génie protecteur qui se dérobe, à la fin d'un poème, un des rares vrais poèmes d'amour de Michaux (« toi Lautréamont, / qui ne te prenais pas pour trois fois zéro », *La nuit remue*, I, p. 504). Dans le numéro spécial du *Disque vert*, *Le Cas Lautréamont* (Paris-Bruxelles, 1925), dont Michaux, à l'en croire, aurait eu l'initiative, il s'insurge, ne donnant que son « opinion » en quelques lignes brutales, sans doute à cause de l'orientation trop équivoque d'un ensemble qui exprime mal le choc éprouvé par lui à la lecture des *Chants de Maldoror* (« Le Cas Lautréamont », I, p. 68). Michaux cite encore deux fois Lautréamont, à propos du voyage : dans un fragment non repris d'*Ecuador*, il évoque le « confort dans la grandeur » que Lautréamont doit à l'Amérique (I, p. 248) ; dans « Les poètes voyagent » (1946), il reconnaît à nouveau dans *Les Chants de Maldoror* un des modèles libérateurs du voyage surréel (*Passages*, II, p. 309).

3. Anne-Marie Dépierre, « Henri Michaux : "Il se croit Maldoror." Figures et images », *Revue d'histoire littéraire de la France*, n° 5, septembre-octobre 1976, p. 794-811. Voir aussi, plus largement, Marta Segarra, « Henri Michaux, entre "le complexe de Lautréamont" et l'angoisse de la métamorphose », *Iris*, n° 10, 2e semestre 1990, p. 71-83.

est formé par les lectures mystiques. Deux fois, deux noms sont mis en parallèle avec Lautréamont. Ruysbroeck forme avec lui, à la fin d'« Amours », le couple rare des « copains de génie » autrefois tant aimés[1] ; Ernest Hello devient le seul à n'être pas plus que Lautréamont un « cas ». Michaux ajoute : « J'ai aimé sans restriction ni explication deux hommes : Lautréamont et Ernest Hello. Le Christ, aussi, pour dire vrai[2]. » À rebours du « cas des hommes qui aiment écrire », des « cas » Cicéron, La Bruyère ou Bazin[3], il y a là trois façons de se lier à la littérature et au livre en se déliant des livres et de ce qu'ils supposent. À travers Lautréamont, Michaux reçoit le choc d'un livre dont l'auteur a disparu mythiquement entre les pages de son texte, métamorphosé en héros par une auto-création proclamée, détruisant et récrivant tous les livres, substituant sa voix à toute voix antérieure, à celle de tout créateur, Dieu ou père (Isidore Ducasse l'a peut-être cru lui-même, et on l'a beaucoup cru pour lui). C'est à l'opposé, semble-t-il, que l'ultra-catholique Hello recueille au XIXe siècle le passé de la tradition religieuse et mystique qu'il porte à une sorte d'exacerbation. Michaux découvre ainsi à quinze ans Ruysbroeck l'Admirable et Angèle de Foligno (« traduits par lui [Hello] du latin dans une langue admirable, sobre et sur moi cinglante[4] ») ; il se plonge dans les « *Vie* des saints, des plus surprenants, des plus éloignés de l'homme moyen[5] », dont Hello a tracé la « Physionomie » brûlante, avec l'énergie folle de sa passion hagiographique. Michaux a évoqué comment il traquait alors chez les libraires les livres introuvables de Hello dans la Belgique occupée. Il a des mots chargés pour qualifier l'effet produit par un auteur dont « l'obnubilante fierté », « l'exigence insensée » lui sont devenues quarante ans plus tard lointaines, presque gênantes, après lui avoir été fraternelles : « Il me galvanisait et me servait à rejeter *tous* les autres écrivains qu'on nous faisait étudier[6]. »

1. *La nuit remue*, I, p. 504.
2. « Le Cas Lautréamont », I, p. 68.
3. Il s'agit de René Bazin (1853-1932), écrivain catholique bourgeois, attaché à la terre et aux valeurs patriotiques : *Les Oberlé* (1901), *Le blé qui lève* (1907).
4. Bréchon, III, p. 1463.
5. « Quelques renseignements », I, p. CXXXI.
6. Bréchon, III, p. 1463.

D'une autre façon que Lautréamont, pour le jeune Michaux, du point de vue de Dieu dont il s'est senti proche, Hello devient l'homme du livre au-delà des livres, vivant à travers une tradition qu'il se réincorpore et porte au plus extrême, selon un désir d'amour absolu, sans commune mesure avec aucune attente si ce n'est par la grâce qu'ouvrent la faiblesse et la plainte[1]. Le Christ, enfin, incarne en lui-même l'absolu d'un seul livre, né de sa parole, autant que la relativisation de tous les autres. Chaque fois, sous ces trois figures tutélaires, il s'agit et de l'absolu du livre et de son dépassement, que ce soit par la mort et la disparition ou par la force plus immense de la grâce, accordée par la mort et la souffrance à un seul ou à l'humanité entière. Il s'agit d'un modèle à la fois mystique et héroïque. Il faudra une vie d'écriture réelle, et un abandon, réservé mais fatal, à l'infinité des livres, pour que s'esquisse peu à peu chez Michaux la figure d'un Antéchrist pragmatique et modeste, qui sera finalement moins proche de Maldoror que de Nietzsche dont il reconduit, de façon incomparable, la force et le mouvement.

Un troisième réseau est formé par les livres de sciences. Franz Hellens, le premier, en a témoigné, évoquant Michaux « curieux de science positive, faisant ses meilleures lectures, les seules peut-être, des livres de médecine, de psychologie et de sciences naturelles[2] ». La légende s'en est transmise, d'un bord à l'autre de la vie : de Norge rapportant qu'au collège où ils étudiaient ensemble avec Hermann Closson déjà amoureux de littérature, Michaux réservait sa passion à l'écriture chinoise et au monde des insectes[3], jusqu'à Pierre Bettencourt témoignant qu'à la veille de sa mort Michaux se faisait encore apporter à l'hôpital des livres d'histoire naturelle[4]. Dans sa lettre-mémo à Bertelé, Michaux indique sobrement, parmi le

1. Michaux cite encore une fois Hello, comme un de ceux qui a peut-être sa « volonté » en lui, aux côtés de Bouddha et de Pascal, dans la Postface de *Plume*, I, p. 663. Pour se faire une idée de Hello, saisi par un désir de gloire et transi par les larmes, aveuglé par l'intensité d'une foi qui ne garantit rien, on peut lire le bel essai de Patrick Kéchichian, *Les Usages de l'éternité*, Le Seuil, 1993.

2. Franz Hellens, « Lettre de Belgique », *op. cit.*, p. 472.

3. Norge, « Jeux d'enfant », *Magazine littéraire*, dossier Michaux, n° 220, juin 1985, p. 22.

4. Pierre Bettencourt, « Un homme différent », *ibid.*, p. 25.

« grand fatras » de ses lectures : « Des livres de sciences naturelles, de psychologie »[1]. De ses premiers à ses derniers écrits, de « Cas de folie circulaire » à *Par des traits*, de *Fables des origines* au « Problème de l'herbier », les sciences naturelles et la psychologie, associées à l'anthropologie et à la linguistique, deviennent autant de conditions pour la pensée, de terrains pour la fiction, de modalités pour la connaissance. Il est par exemple clair que Michaux emprunte au psychologue-philosophe Théodule Ribot (cité dans *Les Rêves et la Jambe*), en particulier à son livre *Les Maladies de la personnalité*, la matière et les formes des dissociations physico-psychologiques du second épisode de « Cas de folie circulaire », lui devant jusqu'au titre de ce texte[2]. De même, Freud se trouve mis en jeu, et mis en cause, dans deux essais qui s'enchaînent, *Les Rêves et la Jambe* (1923) et « Réflexions qui ne sont pas étrangères à Freud » (1924). D'un autre côté, il est tout aussi net qu'à travers l'œuvre du zoologiste-philosophe allemand Ernst Haeckel, auteur aussi savant qu'inspiré d'*Anthropogénie ou Histoire de l'évolution humaine*, de *L'Origine de l'homme* (1874) et des *Énigmes de l'univers* (1899), Michaux a trouvé l'occasion de s'ouvrir à un ensemble de conceptions et de visions cosmologiques, naturalistes, transformistes, qui nourriront ses rêveries[3].

Il y a enfin le réseau des influences littéraires, plus ténu et diversifié, une fois dégagée la figure de Lautréamont. Parmi les « lectures de recherche » de « Quelques renseignements », Michaux mentionne Tolstoï et Dostoïevski, aux côtés de Hello et de Ruysbroeck ; il ajoute, plus anonymement, « des excentriques, des extravagants ou des "Jeune Belgique[4]" ». Sa lettre-mémo décline les autres auteurs appréciés dans son adoles-

1. *Lettre-mémo*, I, p. 995.

2. Voir Martin, p. 107-114, 117-122, et en particulier p. 112 (il cite ces mots de Ribot : « ce cas est fréquent dans la folie dite circulaire »).

3. Voir *ibid.*, essentiellement p. 82-93. L'usage fait par Michaux des savoirs scientifiques a été bien recensé dans les livres déjà cités de Jérôme Roger (en particulier pour la psychiatrie et la psychanalyse) et d'Anne-Elisabeth Halpern.

4. Il s'agit des écrivains réunis dans les années 1880 autour de la célèbre revue *La Jeune Belgique*, qui joua alors un rôle important dans le grand mouvement d'éveil des lettres belges, regroupant en particulier symbolistes et parnassiens, comme Albert Giraud, Georges Rodenbach, Albert Mockel, Charles van Lerberghe, Max Elskamp. La chronique de Michaux, « Lettre de

cence : Homère, Maeterlinck, Shakespeare, Tolstoï, les Russes en général. Michaux ajoute, d'un « depuis » difficile à dater, Pascal et Saint-Simon. La nature et le nombre des références changent évidemment dès que Michaux entre en littérature ; quelque réserve qu'il y mette, il devient tributaire d'un effet de culture. Des noms d'écrivains et de livres vont traverser quelques-uns de ses textes et nombre de ses lettres. Les uns signalent les figures tutélaires qui devinent en lui l'écrivain possible, et chez lesquels à son tour il décèle des forces plus ou moins liées à cet effet d'identité : Hellens, Supervielle, Paulhan, André Gaillard, le poète équatorien Alfredo Gangotena, dans une moindre mesure ses amis belges Camille Goemans et Hermann Closson (tous sont dédicataires de certains de ses premiers textes ou de ceux qu'il a réunis dans *Qui je fus*). Les autres noms qui apparaissent çà et là, ou par paquets symptomatiques, dans ses premiers écrits, sont les signes d'une culture diverse et désordonnée, beaucoup plus vaste qu'on a pu le croire, et toujours distribuée avec acuité, qui perce chez un jeune écrivain quelque peu hésitant sur ses moyens, inclinant encore vers des formes indécises d'essai et de critique.

Mais « influence » n'est pas un bon mot. Pas plus qu'admiration, comme le pressent Bréchon quand il propose à Michaux ce mot de « journaliste » pour savoir quels écrivains il admire [1]. Toujours exact, Michaux emploie le mot d'influence une fois (dans sa Lettre-mémo), pour préciser que Supervielle eut une influence sur lui parce qu'il voyait « enfin un homme formé et transformé en poète », et que cet exemple vivant l'aida à se réconcilier « avec beaucoup d'éléments de ce monde » dont il demeurait détourné [2]. Cela n'implique pas une influence littéraire à proprement parler, en dépit d'analogies instinctives, un sens commun de la création naturelle et de l'animalité, ou un art de conter, qui favorisent cette influence plus large par laquelle Michaux va au-devant de ce qu'il imagine et de ce qu'un autre imagine en lui. De Lautréamont, Michaux ne dit

---

Belgique », témoigne de sa connaissance et de ses jugements sur les écrivains belges (I, p. 51-55).

1. Bréchon, III, p. 1462.
2. *Lettre-mémo*, I, p. 996-997.

pas, ainsi, qu'il l'a influencé, mais « possédé », au point d'éveiller en lui un besoin d'écrire ancien mais oublié[1]. De même l'enfant ou l'adolescent qui aspire à la sainteté découvre dans la vie de chaque saint une excellence et un excès qui ouvrent une voie, en donnant une voix à la nécessité si forte de fuir tout ce qui l'entoure. Une voix qu'il fait sienne, une des innombrables siennes. Mais si chaque lecture suscite en lui un mouvement, aucune ne l'arrête. De la plus essentielle à la plus hasardeuse, chacune des « lectures en tous sens » auxquelles se livre Michaux depuis l'adolescence est l'occasion d'un parcours disloqué, aléatoire, dont la vitesse est le garant. Il a fixé dans « Le Portrait de A. » l'image du lecteur qu'il semble avoir toujours été, qui peut faire d'un manuel d'arithmétique ou de François Coppée l'instrument d'une nébuleuse[2]. Des livres, il reçoit des impressions, que chaque saisie renouvelle, plus qu'il ne subit la pression. Il passe dans les livres, infiniment de livres, car infinis sont sa curiosité comme son désir de savoir ; les livres passent en lui, mais aucun ne le tient. Même pas *Maldoror*, dont un semblant d'imitation garantit l'éviction : il suffit des effets de pastiche concentrés dans le premier volet d'un texte inaugural (sous-titré « Il se croit Maldoror »), pour que le « cas » entre dans une « folie circulaire » et se trouve ainsi liquidé à vive allure au fil de la ronde des doubles.

D'où une image qui revient, antérieure à celle de tout livre dans son anamnèse : l'image du dictionnaire, « des mots qui n'appartiennent pas encore à des phrases, pas encore à des phraseurs, des mots et en quantité, et dont on pourra se servir soi-même à sa façon[3] ». Cette image a été travaillée bien plus tard dans une des « idées de traverse » de *Passages*[4]. On y trouve Michaux lecteur ou plutôt parcoureur du dictionnaire, affrontant « ces bourgeons humains, dans leur foule alphabétique », contemplant « la multitude d'*être homme*, la vie aux infinies impressions », succombant « bientôt à ces myriades d'orbites », et enfin trouvant là un élan, anticipé mais toujours imprévu, d'écrire, en menant à son tour « quelque équipage

1. Bréchon, III, p. 1463.
2. Voir l'Introduction, p. 19-22.
3. « Quelques renseignements », I, p. CXXX.
4. *Passages*, II, p. 289-290.

dans l'infini moutonnement des possibles ». De cet événement, Michaux dit deux choses qui peuvent sembler s'opposer. D'un côté, il évoque comment, se détachant sur ce fond mouvant du dictionnaire, son « petit cortège » marche pour lui — il souligne ce mot : *marche* — « d'un pas si étrangement accentué, d'un pas qui frappe le silence d'un accent inégalable » ; de l'autre, continuant son évocation, Michaux dit aimer ces « voix nombreuses » qui ne sont pas les siennes. On ne sait si ces mots visent encore la matière brute du dictionnaire ou déjà la réalité d'écriture que cette matière ouvre en lui. Ambiguïté précieuse. Elle suppose que son écriture appartient en propre à Michaux grâce à l'unicité singulière d'un sentiment intérieur et d'un rythme, mais qu'elle lui demeure en même temps très étrangère dans sa multiplicité de sons et de sens, grâce auxquels se dessinent autant de voix internes à cette voix qu'il croit pourtant être la sienne.

Ainsi doit-on d'emblée rapporter la série des « influences » à la thématique du double, conçu comme « intériorisation du dehors », « répétition du Différent ». L'influence est la voie par laquelle le dehors pénètre et se mue en « espace du dedans », en « lointain intérieur » (Michaux fixera tout cela, avec l'ouverture et le flou requis, dans la postface de *Plume*). Les influences singulières deviennent une modalité du double ; le double n'est lui-même que la forme matérialisée de la force de l'influence dans sa diversité proprement infinie. D'où une sorte de polyphonie, qui devient la variation même. L'inégalable de Michaux, son propre, si l'on veut, serait d'être en un sens ouvert plus que personne à toutes sortes d'influences, y compris littéraires, mais de les disperser au rythme spasmodique d'une précipitation qui ne laisse à aucune la chance ni le temps de pouvoir consister. *Événement* ouvre en ce sens une perspective plus large et plus juste qu'influence, supposant que celle-ci soit aussitôt ressaisie dans la simultanéité d'une action et d'une invention. Cela explique que Michaux, traversé, imbibé, comme chacun l'est, et parfois plus directement que d'autres, par des questions et des soucis d'époque — « lieux communs » ou « idées reçues » —, semble aussi toujours s'en dégager par une énergie propre. Fût-ce dans les formulations apparemment les plus naïves des premiers écrits, cette énergie tient à une nécessité faite art de maintenir au sein de chaque affirmation, par tous les moyens disponibles, un rythme de question plutôt qu'un semblant de réponse. Une scansion plus qu'une croyance. Un doute plutôt qu'une vérité.

De là naît cet être paradoxal, fait de tous et de riens, inimitablement un, irréductiblement divers. Une telle tension ressort bien de deux moments, que l'on peut rapprocher, de l'échange de Michaux avec Robert Bréchon : « Il n'est pas trop de toute une vie pour s'apercevoir qu'on n'est pas original, qu'on ne l'a jamais été, qu'on ne pourrait pas l'être, que personne ne l'est, fait d'un bric-à-brac de meubles appartenant à d'autres, à tant d'autres. » « [...] je ne m'attarde pas aux écrivains que j'ai aimés. La vie est une nutrition. Il faut sans cesse consommer... et consumer. On aime une pomme, mais on la digère. Un être humain aussi on l'épuise, et une œuvre humaine, surtout on dérive petit à petit, appelé par son propre besoin, emporté par son courant à soi[1]. »

À l'exception des textes ensuite repris par Michaux dans *Qui je fus*, ceux qui se succèdent à partir de 1923 après « Cas de folie circulaire » peuvent se répartir selon trois champs correspondant à autant de concepts et de prises de position. Nommons-les : rêve, inconscient et double ; actualité de la vitesse, réalité de la langue ; récit, origine du monde.

1. *Rêve, inconscient et double*

Essai philosophique, *Les Rêves et la Jambe* est en quête d'une pensée ; essai littéraire, il vise avant tout une expression. « Essai philosophique et littéraire » (c'est son sous-titre), il cherche à exprimer une pensée qui ne se connaît pas, s'inspire d'autres qui le hantent mais ne s'en suffit pas[2]. Psychologie et psychanalyse sont ainsi convoquées, de façon sommaire : la

1. Bréchon, p. 205 et p. 207-208.

2. Un rapport d'ordre comparable entre littérature et philosophie est posé par Michaux dans une lettre à Robert Guiette (19 novembre 1923). Il le remercie d'avoir apprécié ses deux opuscules (sans doute *Les Rêves et la Jambe* et *Fables des origines*) et ajoute : « (J'en ai presque achevé un 3e "les dés pipés", pensées philosophiques ou ? poétiques). » On ne sait s'il s'agit là des « Idées philosophiques de Qui-je-fus », qui paraît cette même année, en décembre, dans *Le Disque vert*, ou d'un projet abandonné.

première, Ribot, avec ses cas et sa théorie des localisations coenesthésiques ; la seconde, Freud, avec son cadre d'interprétation : refoulement du désir sexuel, scène de l'inconscient, symbolisme du rêve. Il semblerait d'abord que la seconde puisse venir à bout de la première, et ainsi donner de l'émotion ou de la sensation du morceau d'homme (« la jambe » affectée par le rêve — c'est la fiction que Michaux se propose) une vue raisonnable, ou au moins rationnelle, susceptible de faire entrer ce rêve de la jambe, avec ses mouvements, ses coq-à-l'âne, son absurdité, sa valeur de réminiscence, dans une logique du rêve dont la vision freudienne ouvre la perspective. Or, rien de tel n'arrive. Les formulations de Freud, posées de façon presque littérale, sont vite abandonnées au profit d'une opposition sans médiation entre « l'homme total » ou sa « conscience » d'éveillé qui « costume la jambe en homme », formant un « bloc qui se refuse à admettre l'hallucination d'un morceau[1] ». La littérature sert alors de réponse, grâce au roman *Mélusine* de Franz Hellens (et à un livre non cité de Paulhan[2]), avec sa capacité d'être « Rêve écrit en style morceau d'homme, [...] cette originalité catégorique, inouïe, du style morceau d'homme, du style rêve[3] ». C'est que la littérature est capable de transposer, de déformer par la fiction, sa force propre, la sensation vécue, les affections physiques. Reprenant le fil de son bref essai pour redire en fin de parcours ce que sont pour l'homme les rêves, Michaux « oublie » la part freudienne et se résume : « morceau d'homme, absurdité, insensibilité, mouvement-chaos ». Il en arrive ainsi à sa formulation finale : « Est-ce que l'homme entier comprendra les morceaux d'homme ? / *Fatalement, si pas aujourd'hui, demain. / L'attention moderne se porte sur les phénomènes inouïs*[4]. »

Il y a deux façons de répondre à cette utopie de l'inouï, où Michaux se projette. La première est la littérature que la « Préface » des *Rêves et la Jambe* introduit à travers l'ambition, naïvement contemporaine, du jeune écrivain de toucher par les

1. *Les Rêves et la Jambe*, I, p. 24.
2. Il s'agit de ses récits de rêves réunis dans *Le Pont traversé*, Camille Bloch, 1921.
3. *Les Rêves et la Jambe*, I, p. 24-25.
4. *Les Rêves et la Jambe*, I, p. 25.

mots directement des *choses*, de « dire quelques choses[1] ». Semblant répondre à ce désir d'immédiateté matérielle, voilà ce que le style morceau d'homme du rêve permet, sitôt qu'il en reste à lui-même, à sa plasticité mobile, neutre, fragmentaire, irréductible[2]. La seconde réponse est celle de la science, des sciences exactes devenues « notre pain », professe Michaux, poursuivant un an plus tard cette même enquête par ses « Réflexions qui ne sont pas étrangères à Freud[3] ». Mais les sciences restent lointaines, objectives, spécialisées. L'originalité de Freud est d'introduire dans la science, avec l'introspection et l'analyse du sujet, « les procédés psychologiques du roman, des mémoires et des confesseurs ». Cependant sa vision demeure réductrice. Trop soumise, dans l'exemple du rêve, à « un potentat : l'amour » (Michaux disait, un an plus tôt : « le morceau sexuel »). Alors que d'autres instincts s'y retrouvent : conservation, domination, cupidité. Michaux ajoute, précisant bien le différend : « Freud voit dans les rêves des verges symboliques. Moi, j'y vois des poings, des assiettes de la faim, des maisons d'avarice. » De même, évoquant la folie, où comme dans le rêve « l'intelligence humaine ne se surveille pas », Michaux trouve l'orgueil plus que la libido. Il conclut ainsi, avec un allant qui suffirait à expliquer son violent rejet ultérieur de ses premiers écrits : « Freud n'a vu qu'une petite partie. J'espère démontrer l'autre partie, la grosse partie, dans mon prochain ouvrage : *Rêves, jeux, littérature et folie*. »

Il faudra presque une vie, et plusieurs livres, pour réaliser une part de ce programme. Il faudra être arrivé au point où, littérature et folie se touchant toujours l'une l'autre sans pouvoir davantage dénouer leur rapport, une simulation deviendra nécessaire, à travers les grands livres de la drogue, pour pouvoir enfin approcher la folie en elle-même, la dire, la localiser, la décrire, tenter de la traduire. Ce sera répondre, trente ans plus tard, mais cette fois en sortant aussi du cercle, au titre si

1. *Les Rêves et la Jambe*, I, p. 18.

2. Le premier article critique consacré à Michaux, par Camille Goemans (*Le Disque vert*, 2e année, no 1, octobre 1923, p. 28), souligne bien le « tour de force » ici réalisé : au-delà de la science, muer les mots en choses par la capacité de fiction propre au style « morceau d'homme ».

3. I, p. 48. Les citations qui suivent : p. 49-50.

exact de son tout premier texte. Le livre sur les rêves suivra[1], grâce à cette décantation, presque trop apaisé, accordant beaucoup à la ressaisie de la conscience, comme à proportion de l'inconscient immaîtrisé par lequel toute l'œuvre antérieure a été traversée. Un inconscient nomade : morcelé, moléculaire, migrateur, réfractaire fût-ce à la loi d'un désir qui l'ordonnerait, d'un désir réductible à sa part sexuelle. Michaux a eu d'emblée cette vision d'un inconscient « célibataire et vagabond » dont il trouve l'image chez celui qu'il appelle « Notre frère Charlie » : « Charlie ne peut voir d'un homme ses longues oreilles, sans avoir envie d'y accrocher sa canne. / Il allume ses allumettes sur le crâne chauve d'un musicien, l'éteint dans son nez, et se débarrasse de ses gants dans l'ouverture du corps d'harmonie. / Les désirs de son subconscient sont d'utiliser choses et gens et bêtes. / "Les chevaux, les femmes, les dos, les têtes, les chevaux, à quoi ça peut-il me servir ?" c'est son problème[2]. » Michaux donne ici une première version de ce qui deviendra l'inconscient pragmatique, machinique et fluidique, de Deleuze et Guattari dans *Capitalisme et schizophrénie*[3]. Un inconscient dont le désir est fait d'intensités variables, d'agencements multiples exprimant l'ouverture d'un Tout : le tout du monde à la fois comme cosmos et chaos, « chaosmos[4] ». Il y aura ainsi une seule façon pour « l'homme entier » — pour Michaux qui s'apprête à écrire — de comprendre « les morceaux d'homme » : prêter à chaque morceau une voix, par la fiction, la déformation-formation propre à la fiction[5]. À commencer par celle qui permet à l'adulte de conter ses rêves d'enfant, comme il raconte les exploits de Charlot.

Chacun des quatorze menus récits de rêves regroupés par Michaux[6] présente l'intérêt d'être à la fois un double des treize autres et de devenir ainsi le fragment d'un grand rêve absent

1. *Façons d'endormi, façons d'éveillé*, 1969.
2. « Notre frère Charlie », I, p. 46.
3. C'est le titre commun à *L'Anti-Œdipe* (Minuit, 1972) et à *Mille plateaux* (Minuit, 1980).
4. Sur ce mot, voir le chapitre sur *La nuit remue*, n. 3, p. 191.
5. Michaux dit bien : « la fiction, la déformation seule intéresse littérature » (*Les Rêves et la Jambe*, I, p. 25).
6. Sous le titre « Mes rêves d'enfant », un an après ses réflexions sur Freud, à l'occasion d'un nouveau numéro spécial du *Disque vert* cette fois consacré aux rêves (*Des rêves*, 1925).

parce qu'il serait interprétable. On trouve réunis dans ces fragments tous les rôles d'un roman familial : le père, la mère, le frère, la grand-mère, le grand-père, la bonne et jusqu'au chat. Mais rien ne s'y ordonne et ne l'ordonne, si ce n'est parfois la loi des parents, que la fiction dissout, de la même façon qu'elle laisse flotter le peu qu'elle construit, de son pouvoir volatile et divers. Ainsi s'affirme un prosaïsme du rêve, du récit de rêve, de la situation même du rêve. Prosaïsme par lequel Michaux se démarque en douceur de la longue tradition qui, du romantisme allemand au surréalisme, a prophétisé dans le rêve l'annonce et l'éclat du sens comme celui de la poésie même[1] — tradition dans laquelle s'est inscrit Freud faisant du rêve, au profit de la science, la « voie royale » que l'on sait.

2. *Actualité de la vitesse, réalité de la langue*

C'est par une hypothèse, comme Michaux d'emblée les affectionne, que s'ouvre, deux mois après « Cas de folie circulaire », sa « Chronique de l'aiguilleur » : « Supposons qu'un jour, les chaises, au lieu d'osier tressé, soient garnies de pointes d'acier[2]. » Associée au « fait historique » des enfants mis en pot par les Chinois, puis relayée par les méthodes des naturalistes appliquées à la mouche ainsi que par « quelques faits » comme l'agraphie, l'aphasie, la surdité verbale, la cécité mentale, cette hypothèse permet d'enchaîner et d'articuler deux idées : nouvel état physiologique, autonomie du développement physique. Cela revient à postuler une mutation historique de la thématique du double, à proportion du changement du corps et de ses divisions. Cette mutation a un nom : vitesse — un synonyme : ubiquité (« L'Homme est plus vite. [...] *Émotivement, l'Homme est devenu plus vite* »). Elle a un instrument : l'image mimique (illustrée par le cinéma, « 3 000 images pour dix lignes de texte, et 300 000 gestes pour une page écrite »).

1. Michaux souligne par exemple : « *Charlie, réaction contre le Romantisme* » (« Notre frère Charlie », I, p. 44). Michaux se montre ainsi très proche des rêves sérialisés de Little Nemo, le héros de la célèbre bande dessinée de Winsor McCay, qui paraît aux États-Unis à partir de 1905.

2. I, p. 9. Pour les citations qui suivent : p. 10-15.

Elle a aussi un résultat, par multiplication, abréviation des sensations, émotions et représentations : l'indifférence. Attachée au XXe siècle, celle-ci s'oppose à l'excitation du XIXe siècle et du romantisme. Dans la littérature comme dans la peinture et la musique, l'indifférence semble réclamer à la fois simplicité et universalité ; Michaux avance par deux fois le mot « Espéranto ». Cette revendication ambiguë d'une expression possible à tous devient dans la préface des *Rêves et la Jambe* celle d'une langue des choses, au-delà de la variété des langues elles-mêmes et de celle des parlers, argots, patois spécialisés de toute sorte ; comme image mimique elle s'exprime, « sans l'intermédiaire des fatals pinceaux ou porte-plume », dans la figure de Charlie-Charlot, unanimiste, simple, impulsif, primitif, mais aussi indifférent, « *insensible*, c'est peut-être la clef de Charlie », porteur de l'action et du geste par-delà l'émotion[1].

Charlie, dit encore Michaux, « *est dadaïste*[2] ». C'est l'une des deux seules fois que ce mot, ici souligné, répété, apparaît chez Michaux[3]. La référence à Charlot, elle, revient un an plus tard, en post-scriptum du seul texte consacré par Michaux au surréalisme. Cette référence est précieuse pour éclairer le rapport entre la vitesse et l'écriture conçue comme action et geste du corps, comme image mimique. Il écrit dans ce post-scriptum : « *Une fusion de l'automatisme et du volontaire, de la réalité extérieure. Les écrits surréalistes travaillés après coup, cela donnera sans doute des œuvres admirables. Charlie Chaplin fit un peu cela. De l'automatisme de clown, mêlé au réel, aux actions du scénario*[4]. » L'attaque porte dans ce texte sur l'écriture automatique, principe déclaré du surréalisme ; Michaux vise directement Breton, qui en fait la théorie dans le *Manifeste* et l'applique dans *Poisson soluble*. Les objections se mêlent : d'un côté, critique de l'automatisme en tant que tel, « le mot-seconde inventé, le pouls des images », impuissant à suivre sa pensée, sa vitesse, et produisant du même coup, dans sa trop

1. « Notre frère Charlie », I, p. 45.
2. « Notre frère Charlie », p. 43, 45 et 46 (« De caractère dadaïste, impulsif, primitif, indifférent »).
3. Le mot a été employé quelques mois plus tôt dans « Les Idées philosophiques de Qui-je-fus » (repris dans *Qui je fus*, I, p. 78) : « L'esprit, naturellement, est dadaïste. »
4. « Surréalisme », I, p. 59-61. Pour les citations qui suivent : p. 61.

simple incontinence, l'indifférence et la monotonie ; de l'autre, un manque d'émotion et de tragique, signes de « la fatigue de l'époque » ; enfin, critique de Breton, « confessé intégral », chantre du « merveilleux absolu », dont les doigts sont trop peu habiles à ce mouvement qu'il prétend saisir et chez qui, sous l'indifférence aux phrases qui surgissent, « le crayon de l'homme de lettres veille pour son maître ».

De l'ensemble de l'expérience, Michaux retient pourtant ce qui lui semble bon à prendre : superficiel et monotone, le merveilleux surréaliste reste du merveilleux, et en cela « excellent ». Il participe, comme *Mélusine*, ou *Réalités fantastiques*, de Hellens, de l'introréalisme, opposé par Michaux à l'extraréalisme (romanesque ou documentaire). Il faut peser ces termes : Michaux est là en quête de ses instruments d'idées, d'un programme de création. Il donne pour sous-titre à ce dernier fragment de son texte : « Réalisme devant soi, en soi ». Il poursuit : « Il y a deux réalités : la réalité, le panorama autour de votre tête, le panorama dans votre tête. Et deux réalismes : la description du panorama autour de la tête [...] et la description du panorama dans la tête. » Ainsi s'adossent extraréalisme et introréalisme, provoquant chez Michaux un trait rageur, dans le droit fil d'une réplique à la suffisance du *Manifeste* : « Mais surréalisme ? Ce terme fera peut-être fortune, mais il se vante. » C'est que l'enjeu est autre : non pas un face-à-face des deux termes, mais ce qui permettrait de les articuler sans recourir au « sur » impliqué par « surréalisme[1] ». Dans la définition que Michaux donne des « écrits surréalistes », dérivée de celle du mot « surréalisme » dans le *Manifeste*, il pose que l'automatisme produit une « littérature d'un non-conformisme absolu à la réalité, j'entends celle qui est perçue sensiblement et logiquement conçue ». Là où Breton parle de « fonctionnement réel de la pensée [...], en l'absence de tout contrôle exercé par la raison, en dehors de toute préoccupation esthétique et morale », et par là de « résolution des principaux problèmes de la vie », Michaux préfère cette référence directe à la réalité envers laquelle sa haine a été depuis toujours si entière et si forte. Il s'agit, en effet, de savoir traiter la réalité

1. Ni au « super », dans l'autre terme suggéré par Breton, « supernaturalisme », emprunté à Nerval.

en la maltraitant plutôt que de la prendre de haut en se croyant d'emblée capable de la transformer. Plutôt que de s'abandonner au romantisme idéaliste d'une surréalité, mieux vaut se saisir de l'indispensable merveilleux qu'ouvre ce mouvement pour le doter d'une efficacité tangible, et savoir comment transformer sans cesse l'extraréalisme en introréalisme.

Michaux suggère ici deux voies, sans souligner encore leur lien et leur portée. La première ouvre paradoxalement l'exigence d'un automatisme plus profond, moins automatique, moins joué. Là où Breton n'a vu que « le nez de l'automatisme, il y a encore derrière tout un corps ». Un corps à relâcher, à laisser reposer, à délocaliser. Michaux insiste sur la difficulté extrême du corps à se reposer, à déjouer ce qu'il appelle, dès sa « Chronique de l'aiguilleur », « fatigue nerveuse générale[1] », et ici « la fatigue de l'époque ». Se profile ainsi la dimension interne de la rêverie diurne, son traitement de l'épaisseur du corps imaginatif et souffrant. Abandon qui est aussi volonté et action : Michaux loue précisément chez Chaplin un mélange de « l'automatisme de clown » avec le « réel », les « actions du scénario ». C'est la deuxième voie : l'acte d'invention, de fiction, est seul capable d'exprimer par sa décision, si minime soit-elle, à la fois la dissociation et la coextension des deux « panoramas », celui que forme la réalité extérieure et celui qui s'étend au lointain intérieur. Cette référence à Charlot[2] contribue ainsi à situer chez Michaux le désir d'une langue immédiate, simple, « mimique », transversale à tous les moyens d'expression : une langue du récit et du corps cherchant sa chance d'être de tous et de chacun. « Oh ! Simplicité ! », s'écrie-t-il, essayant de ressaisir par ses mots les gestes et les exploits nerveux des petits films de la Biograph et de la Keystone[3]. Voilà ce que traduit un besoin initial d'espéranto, ouvrant deux voies aussi distinctes

1. I, p. 11.

2. Elle restera forte, au point de réapparaître lors de la prestation officielle de Michaux au congrès des P. E. N.-Clubs, en 1936. Voir « L'Avenir de la poésie », I, p. 967-970, et l'Introduction, p. 36.

3. « Notre frère Charlie », I, p. 44-45. « Simplicité » est aussi le mot-phare de son premier et un de ses rares compte rendus, consacré au roman de Franz Hellens, *Bass-Bassina-Boulou* : « Simplicité, enfin ! [...] Simplicité vraie, fondamentale » (I, p. 16).

qu'auxiliaires : l'invention d'une langue, qui jaillira dans *Qui je fus*, mais s'annonce très tôt grâce à une floraison de noms propres ; et un désir de raconter à partir de ces noms l'origine du monde.

3. *Récit, origine du monde*

Kane, Mapel, Delo, Chaur, Naan, Mada, Dwa, Mnia, Dum, Ndwa, Phi, Daphi, Daphida, Sen, Dwabi, Ndwabi, Kwa, Madimba, Briskaieidiou, Ochtileou, Isiriel, Diva, Abda. Tels sont (dans l'ordre de leur première apparition) les vingt-trois héros de ces vingt-sept *Fables des origines*, dont la plus courte se réduit à huit lignes et la plus longue excède à peine une page[1]. Parmi ces personnages, quelques-uns reviennent d'une fable à l'autre : Dwa dans cinq d'entre elles, Ndwa dans six. Mais « L'homme qui mange son fils », dernière fable à mentionner les deux hommes (Dwa et Ndwa) jusque-là mis tour à tour en position de chef, les assimile cette fois nettement : ils se trouvent en effet alors pourvus ensemble de leur femme Madimba ; de plus, par un processus analogue à celui qui affecte le nom du père, le nom du fils se transforme de Ndwabi en Dwabi (cela est déjà arrivé deux fois dans des fables antérieures). Ainsi, selon la façon dont on les décompte, trois ou cinq personnages reviennent-ils, au gré du détail d'une lettre qui les fait flotter.

Comment interpréter cette minime métamorphose à répétition, ce « N » qui s'ajoute à l'improviste mais de façon cyclique et avec un air de système aux deux noms du père et du fils ? Faut-il même l'interpréter ? Le seul relais venant du texte est celui du Dieu « Non », qui participe, dans la troisième fable, à l'origine du monde. « N » comme un fragment de « Non », du pouvoir d'affirmer par le « Non » et le « Nom » ? On peut entendre aussi dans ce « N » la simple variation phonique d'appellations aux consonances primitives, dont Michaux ne cessera de s'enchanter. Elle est un signe de la langue utopique des choses et des êtres, limitée ici aux noms propres, mais dont

1. Ce compte exclut une fable postérieure à la publication du recueil, « La Chaise », qui possède un statut particulier (voir I, p. 39-40).

on sent bien l'effet « gong[1] », en termes de rythme comme de relance de l'action ; la poussée du nom même appelant à l'exploit, aussi inattendu que la musicalité ainsi prêtée au personnage[2].

On fera cinq remarques à propos de ces fables, dont le motif a paru assez fort pour s'imposer avec « Origine de la peinture » dès « Cas de folie circulaire », puis justifier une prépublication en revue avant l'agencement définitif.

— Il est clair que Michaux se fait ici l'écho des développements récents de l'anthropologie et en particulier des analyses de mythes et de contes qui en forment le socle le plus imaginatif ; il devient ainsi à son tour relais d'autres relais marquants depuis longtemps déjà dans le monde artistique et culturel, comme le montre sa « Chronique de l'aiguilleur » où il assimile à coups de majuscules « CUBISME ART NÈGRE LITTÉRATURE ENFANTINE[3] ». Il serait risqué d'être trop précis dans la mesure où aucun des textes publiés alors par Michaux ne se réfère en ce cas à des lectures avérées sur lesquelles il prendrait parti, comme on a pu le voir sur des exemples aussi divers que Haeckel ou Lautréamont, Freud ou le surréalisme. Ses rares lettres accessibles de ces années-là n'en disent pas plus. Mais il n'est pas douteux que, parmi les livres de psychologie et de psychiatrie que Franz Hellens témoigne avoir vus sous le bras du jeune Michaux, il n'y ait eu aussi des livres d'ethnologie et de voyages. Celui qui se targuait d'avoir « fouillé partout[4] » n'a certainement pas manqué d'avoir accès aux sources, de première ou de seconde main, susceptibles de l'aider à tracer sa voie dans le primitivisme de l'époque[5].

1. C'est dans *Ecuador* que Michaux développe sa vision musicale du « gong fidèle d'un mot » (I, p. 162, voir le chapitre sur ce livre, p. 144). Elle revient dans le poème « Je suis gong » de *La nuit remue* (I, p. 505), et se mêle plus tard à la définition de l'exorcisme (dans la Préface d'*Épreuves, exorcismes*).

2. « Dum ! / Dum a couru ; / Dum a tué tous les sorciers de la tribu parce qu'ils ont envoyé l'esprit du feu entre les jambes de sa femme » (*Fables des origines*, I, p. 30).

3. I, p. 12.

4. Hellens rapporte ces mots de Michaux : « Or là réside je pense mon originalité, c'est que j'ai fouillé partout » (*Style et caractère*, Bruxelles, La Renaissance du livre, 1956, p. 165).

5. On trouve dans le chapitre déjà cité du livre de Jean-Pierre Martin une recension minutieuse des sources plausibles de *Fables des origines*, en

— Le seul ordre qui ressort d'une succession pour le reste assez arbitraire montre au début du recueil cinq fables concentrées autour du nom et des actes de Dieu. Une gradation fine s'établit. Trois hypothèses sont d'abord proposées pour expliquer la création du monde. Celui-ci naît d'abord de la résistance des démons à Dieu, résistance qui les transforme en pierre, et d'où la terre sort (c'est la naissance d'une image insigne, qui se développera chez Michaux sous la forme d'une identité menaçante entre la pierre et la mort) ; le monde naît ensuite du simple ennui de Dieu, fragment détaché de son corps premier ; il surgit enfin d'un conflit de paroles, d'entre « les paroles de tous ceux qui ensemble font Dieu » : « "Ne

particulier *La Guerre du feu* de Rosny Aîné (1911) et surtout l'*Anthologie nègre* de Cendrars (1921), à laquelle Hellens se réfère déjà dans sa « Lettre de Belgique » pour dégager la singularité de Michaux (« Ce ne sont pas de simples contes nègres, comme Cendrars nous en a restitué avec tant d'abnégation sympathique. Ce sont de véritables fables, de pures inventions, et si l'on veut des moralités, sur le *ton* nègre » (p. 471). — Les seules sources « nègres » strictement avérées de Michaux sont le roman de Hellens, *Bass-Bassina-Boulou*, dont il fait le compte rendu, et *Mélusine*, livre pour lui déterminant, qui compte deux chapitres éloquents : « Mélusine chez les Nègres » (XXIV) et « L'Aurore africaine » (chapitre inaugural que Michaux tient pour « un chef-d'œuvre [...] une accumulation de prodiges », dans sa « Lettre de Belgique », I, p. 53 — texte à ne pas confondre avec celui de Hellens portant le même titre). Mais Michaux n'a pu ignorer ni l'inventif compte rendu d'Odilon-Jean Périer, « Leçon au professeur sur l'*Anthologie nègre* » (*Signaux de France et de Belgique*, n° 1, janvier 1922, p. 26-27) ni « Les Grands Fétiches » de Cendrars (*Le Disque vert*, n° 1, mai 1922, p. 1-2) : il s'agit de onze minuscules poèmes, d'une langue élémentaire, écrits en 1916 au British Museum devant des statuettes africaines. De même, sans doute, le roman « dadaïste » de Clément Pansaers, *Le Pan-Pan au cul du nu nègre* (1920), dont rend compte dans *L'Esprit nouveau* (n° 4, s. d., non paginé) Céline Arnaud, qui y signalera trois ans plus tard *Fables des origines*. — Pour le reste, on trouve dans le livre de Jean Laude, *La Peinture française (1905-1914) et « l'Art nègre »* (Klincksieck, 1968), une évaluation précise des enjeux liés à la découverte de l'art africain. L'auteur y situe bien « le problème du primitivisme » et « la négrophilie » comme termes d'une alternative intérieure à l'universalisme même de la culture occidentale, parvenu à un point de fracture. Il cite en particulier (p. 534) l'argument du ballet *La Création du monde*, écrit par Cendrars en 1923, dont *Fables des origines* pourrait être une version fragmentaire et ironique (les noms propres sont très proches, beaucoup plus que ceux de l'*Anthologie nègre* : Nzamé, N'Kwa, N'Gils). Un tel mouvement est inséparable du développement de la sociologie et de l'ethnologie françaises qui s'affirme au tournant du siècle avec Durkheim, puis s'amplifie grâce à Lévy-Bruhl et Mauss. *La Mentalité primitive* de Lévy-Bruhl et *La Religion chinoise* de Marcel Granet datent de 1922.

serait-il pas bon de créer des choses ?", se demande Dieu[1]. » Le « Non » isolé qui répond à la question ne suffit pas à arrêter la création ; mais il ouvre la vengeance du Dieu « Non » sur l'homme, une fois celle-ci accomplie. C'est la seule fable où Michaux démultiplie Dieu par « les dieux », exprimant par cet éclatement les virtualités du langage[2]. Dieu crée encore, dans deux autres fables, les continents et les microbes dont l'origine est ainsi motivée ; puis il disparaît du texte, au profit des héros qui peuvent passer, mais rien ne l'affirme, pour ses créatures, chargés de médiations diverses.

— Cette question de l'origine, déjà frappée par l'arbitraire d'une multiplicité initiale, ne va cesser de se défaire et de se déliter ; au point qu'il n'y aura plus d'origine du tout. Le mot lui-même disparaît de onze fables ; l'idée, presque de huit d'entre elles. La dernière, « La Fourmi à l'étoile », n'est qu'un bref conte suspendu : affichant pour la première fois la passion de son auteur pour les fourmis, elle emporte l'ensemble du recueil à la dérive, soulignant le vidage du sens qui s'opère, à partir de son excès apparent. Tout tient à l'ironie ludique et acharnée avec laquelle Michaux se sert d'éléments empruntés à divers états de culture, édifiant un monde ouvert au vent de l'interprétation dont il ruine jusqu'à la possibilité dans les enfantements d'une mimétique du sens. Comme il l'a déjà fait pour la création elle-même, Michaux joue par exemple de la pluralité de versions autour d'une même donnée : il y a deux « Origine du feu », et une « Utilité du feu » ; il y a une « Origine du vêtement », que prolongent deux variations intitulées « Le vêtement est une ruse ». Loin que ces versions se fortifient ensemble, comme dans l'analyse des mythes, chacune d'elles soustrait à l'autre le peu de sens qui semblait s'y former. C'est bien le tout d'un monde, du monde en formation qui s'offre, avec son cosmos, ses matières, ses animaux, ses hommes et ses femmes, ses couples, ses familles, ses rites, ses segments d'organisation sociale et de pouvoirs, son symbolisme. Mais ce monde de tous est aussi le chaos d'un seul. Il fourmille de hantises, d'obsessions, d'actes, de traits, isolés et multiples,

1. *Fables des origines*, I, p. 27.

2. Il y reviendra dans « Le Portrait de A. » (en 1930, dans *Un certain Plume*). Voir l'Introduction, p. 19-22.

virtuellement multipliables, un par un s'affirmant : tous ces éléments formant un tableau par l'incapacité où on se trouve de les lier l'un à l'autre, bien plus que par la raison d'aucun ordre. On ne pressent que le désordre d'une humanité souffrante et cruelle, où tout sans fin s'entre-dévore.

— Ce mouvement est renforcé par le multiculturalisme des références que Michaux se donne, par les vides erratiques que ce trop-plein ménage. Le corps central des noms comme des choix d'animaux et de contenus évoque clairement des ethnies africaines. L'Afrique est le premier « ailleurs » organisé que se donne Michaux[1]. Mais c'est en préhistoire que se situe « Origine de la peinture » (cela reste clair, sans le prologue qui ouvrait la fable dans « Cas de folie circulaire »). Une des fables évoque aussi l'« Origine du petit pied des femmes chinoises ». L'avant-dernière, « Amour », suggère plutôt un contexte médiéval. Une comparaison ne cesse aussi d'être menée entre hommes noirs et hommes blancs, plutôt défavorable aux seconds (« Le Blanc est menteur ») ; il s'agit de penser « l'inimitié des races[2] ». Enfin, les seuls noms existants de tribus ou ethnies (les Gwis et les Diphi) et de territoire (le Wough, d'où viennent les Diphi), mentionnés en passant, accroissent une incertitude topographique qu'on aurait peut-être oubliée sans ces mentions intermittentes[3].

— Si bien que c'est le pur plaisir, la pure souffrance du récit et de l'événement qui émanent de ces contes jouant le jeu de mythes d'origine, ce qu'ils ne sont visiblement pas plus que les fables annoncées par le titre. Pourtant, tout cela, mythes, contes et fables, ces textes aussi le sont, détruisant une possibilité par l'autre et les incarnant toutes. Ce sont d'abord des mythes parce qu'ils racontent l'origine du monde, les actes des dieux et des hommes qui le fondent. Mais ce sont les mythes d'un seul. Ils deviennent ainsi des inventions, ni vraies

1. Elle sera aussi invoquée, en 1925, dans deux des « Principes d'enfants » (n° 1 et 14), et suggérée dans deux autres (n° 11 et 24) (voir En marge de *Qui je fus*, I, p. 131-132), ainsi que dans un nouveau « principe » introduit dans *Qui je fus* (I, p. 102, cinquième fragment non numéroté).

2. Dans « La Déformation crânienne », I, p. 33. Sur la question des races, voir les chapitres sur *Un barbare en Asie* (p. 162), les Textes épars 1936-1938 (p. 212-214) et surtout *Ailleurs* (notamment p. 295-296 et p. 301-306).

3. « Le Blanc est menteur », I, p. 32.

ni vraisemblables. Mais la fausse croyance de celui qui les pose suffit à en faire les mythes-contre-mythes d'une société absente figurant l'humanité entière. Ces récits sont aussi des fables, puisque l'auteur le dit : mais si les animaux y sont légion, comme le veut la fable, ils ne servent jamais à y représenter des hommes ; et la moralité, qui définit le genre, en est plutôt absente, bien qu'elle résonne parfois dans les conclusions ironiques auxquelles prêtent diverses « origines ». Des contes, enfin, ces récits le deviennent parce que n'étant vraiment ni des mythes ni des fables, ils en tiennent lieu. En cela ils sont les commencements d'une œuvre, sapant les fondements qu'elle s'imagine. Ils sont les fragments minuscules d'une épopée subjective qui s'annonce en faisant de ce petit recueil le travestissement de beaucoup de grands livres. Tel est le mélange rare que réalise la brièveté de ces histoires, leur ton de simplicité désarmant, fondé sur une retenue constante de la phrase, un minimalisme enfantin des mots et des propositions, d'où ressort un humour mal saisissable, peu réductible au commentaire.

Une vingt-huitième fable, détachée, publiée après coup, pourrait en tenir lieu. Pour spécifier les « origines de la chaise », Michaux y recourt bien à deux des personnages antérieurs : Dwa et Dwabi. Mais les six fragments dont se compose sa fable présentent six solutions divergentes à un même problème. La première et la dernière vont jusqu'à inverser la responsabilité de l'invention entre Dwa et Dwabi. Les quatre autres introduisent un nouveau personnage, des temps et des tons différents. Un « je », même, y fait irruption, brisant le cercle clos et enchanté du mythe d'origine, reprenant à son compte et l'origine et la voix dispersive qui s'en porte garante.

Dans les seules remarques, succinctes, que ses mini-récits ont suggérées à Michaux, il les décrit comme des « fables en huit lignes » et ajoute, parlant de leur auteur : « S'il avait pu les écrire en six mots, il n'eût pas manqué de le faire[1]. » Déniant l'appellation de « poète » qu'à cause d'elles on lui prête, Michaux précise aussi qu'il n'y a là, de poésie, que « le minimum qui subsiste dans tout exposé humainement vrai ». Pour tenter déjà d'unir en lui ses diverses voix, il se

1. « Lettre de Belgique », I, p. 54.

revendique alors plutôt « essayiste », se référant à son « essai philosophique » *Le Rêve et la Jambe*. C'est donc la pensée comme histoire, récit de sa propre genèse, que Michaux tente de cerner dans cette collusion de l'essai et des fables. Au nom d'un laconisme qui lui échappe, il cherche à concevoir les tables d'une loi qu'il pourrait croire parce qu'il en deviendrait seul créateur, grâce auxquelles se jouerait et se maintiendrait en lui l'origine du monde. C'est ce qu'accomplit le récit, *a contrario*, divisant à jamais le créateur en créatures, et les multipliant ensemble, comme cela s'est vu dès le premier instant du combat engagé entre Brâakadbar et le Créateur.

Qui je fus

(1927)

Quand Michaux se saisit du premier des trois textes qu'il retient de ses années du *Disque vert*, « Les Idées philosophiques de Qui-je-fus », et le resserre en un « Qui je fus » servant de titre à son premier recueil, il accomplit un de ces actes par lesquels l'imagination cherche à se frapper elle-même pour toucher ses lecteurs.

La stratégie qui fait du « je », héros de ce récit, un sujet habité tour à tour par trois êtres, établit aussitôt dans la recherche d'écriture un rapport éclairant entre présent et passé, vie et mort. Du même coup, elle qualifie la nature de l'écrit qui se cherche, dans ce texte comme à travers le recueil qu'il ouvre. Un « Qui-je-fus » matérialiste, un « Qui-je-fus » rédemptoriste, un « Qui-je-fus » sceptique font le siège d'un « je » qui cède à leur voix : pour ne pas mourir, disent-ils, ils imposent chacun leurs vues dont ce « je » devient dépositaire ; par des compressions et des corrections pouvant atteindre « jusqu'à vingt-deux copies[1] », il les transmet donc au lecteur en lieu et place du roman dont lui, le je-auteur, est supposé se vouloir l'écrivain. Ce roman qui ne s'écrit pas et cède à « la philosophie[2] » sera expulsé une seconde fois du livre où son souci s'affirme, à la toute dernière phrase du récit-divagation « Fils de morne » qui

1. I, p. 73.

2. C'est la proposition finale de ce récit d'ouverture : « On a le désir d'écrire un roman, et l'on écrit de la philosophie. On n'est pas seul dans sa peau » (I, p. 79).

ferme le recueil[1]. Ainsi se pose la question du roman pour définir ce que *Qui je fus* est comme ce qu'il n'est pas. Quel est cet écrivain qui dès son premier livre notoire se proclame déjà posthume à l'égard de lui-même, entre une rétrospection supposée de sa propre histoire et une réflexion sur son identité.

Michaux s'est dit tenté par le roman. Cette même année 1923 où il publie « Les Idées philosophiques de Qui-je-fus », une lettre à Hellens y insiste[2] :

« J'écris & j'écris enfin de la PROSE, c'est-à-dire que j'écris SANS m'exalter, sans attendre une fantastique inspiration, sans me mettre dans la peau d'un individu imaginaire ou réel, j'écris simplement CE QU'IL SE PASSE DANS MA TÊTE CONTINUELLEMENT, SANS ARRÊT, CHAQUE JOUR QUE JE SUIS ÉVEILLÉ DEPUIS BIEN 10 ANS. Je vous assure que ce n'est pas drôle ! La phrase est évidemment moins choisie puisqu'elle suit l'idée au fond dans toutes ses nuances, son analyse et sa synthèse et son salmigondis, son trouble. Ses amalgames, SON ÉTAT RÉEL, transitoire et impur. / J'ai commencé le 9-3-23. Il y a un an, à la même date, je commençais à écrire. Mais je crois que c'était de la Poësie. “Maldoror, le gosse...” tout ça c'est de la poësie. Vous me le disiez du reste. / J'ai donc commencé de la prose sans retenue. De la prose Marcel Proust, le 9 et le 15 au soir je possède 50 pages, en Août j'aurai 500 pages. J'écris sans le moindre effort, j'aurai très peu de ratures à faire et c'est d'un débit enivrant et toujours curieux. Rien ne m'empêche d'aller jusqu'à des milliers. J'en suis extraordinairement content comme vous l'avez dû constater par mon seul exposé, assez naïf sans doute. Mais radicalement différent de tout ce que j'ai écrit jusqu'ici comme méthode de style./ C'est du style roman. C'est dire tout, tout autour de la moindre chose./ J'intitulerai le

1. « [...] l'enfant a parlé, et ici commence le roman de Jean-François Chahux » (I, p. 129).

2. Nous citons l'essentiel de cette lettre importante (16 mars 1923, Hellens, p. 47-48, en suivant la graphie de Michaux). Les différents titres proposés pour son roman virtuel combinent deux références implicites à Sade et à Jules Verne. La première semble confirmée par la réponse du romancier supposé au second des « Qui-je-fus » importun : « Dans mon roman, tu serais en mauvaise compagnie ; l'on y voit des personnes éhontées, en caleçon de soie, et d'autres qui déjà l'ont enlevé pour d'autres jouissances » (I, p. 76). Michaux mentionne également dans une autre lettre à Hellens son essai sur le rire, dont on n'a pas d'autre trace.

livre simplement, 120 jours chez moi ou 18 semaines chez moi — ou 8 semaines, selon le temps que j'aurai consacré à ce Ier volume de 500 pages. // Je ferai concomitamment mon "essai sur le Rire" et mon essai de "parapsychique". / Mais je suis assez découragé de ces sortes de choses qui demandent un travail fou, de plusieurs mois, qui tiennent en 6 pages et qu'on ne parvient même pas à éditer. / C'est à se flanquer la tête au mur. / Tandis que "18 semaines à la maison" c'est lisible facilement, ce sera lu, ce sera scandaleux mais ça aura 10 éditions tandis que le "Rêve" [*Les Rêves et la Jambe*], il lui faudrait 5 ans ou même plus avant d'être connu[1]. »

Ainsi Michaux oppose-t-il alors de façon nette le roman, d'une part à la poésie — il désigne par là ce qu'il écrit à ses débuts, un an plus tôt : il s'agit donc de « Cas de folie circulaire », inspiré par Lautréamont dont déjà il s'éloigne —, d'autre part à l'essai — il vise par là *Les Rêves et la Jambe*, tout juste publié, et différents projets, qui n'aboutiront pas. L'évocation aussi sérieuse qu'ironique de sa tentative avortée mêle deux positions difficilement conciliables, en dépit de la confusion qui s'opère alors chez Michaux : d'un côté ce qu'il appelle « de la prose Marcel Proust », de l'autre l'écriture automatique. De façon moins forcée, Michaux les associera encore (deux ans plus tard, dans « Surréalisme[2] »), tirant cette fois Proust, qu'il situe à la suite de Rousseau et de Musset, du côté de la « confession récapitulative », et faisant de Breton « le confessé intégral » voué à l'écriture chimérique d'un pur présent. Ces recours hâtifs à Proust montrent à quel point Michaux rate précisément la réalité du roman dont pendant quelques mois il cherche si fort à se réclamer[3]. Il ne peut qu'esquiver l'exemple, inaccessible à l'homme encore très jeune qu'il est, d'une transmutation unique de l'autobiographie en un corps romanesque

1. La référence au roman est alors courante chez Michaux, et participe à ses incertitudes d'écrivain. Il mentionne à son ami Robert Guiette « le roman où je suis occupé » (s. d., environ décembre 1923). Il envoie ainsi à Paulhan, sans doute en 1926, des pages peu identifiables, qu'il commente comme suit : « La prochaine fois que j'écrirai, ce sera une nouvelle de 100 pages ou un roman de 200. Ce ne sera pas meilleur. Mais enfin je saurai ce que c'est que donner la becquée 2 fois par jour à un sujet pendant 3 mois. »

2. « Surréalisme » I, p. 58-61.

3. « Les Idées philosophiques de Qui-je-fus », qui en sonne un premier deuil, paraît en décembre 1923.

devenant le chef-d'œuvre d'une vie. Mais c'est là sa façon d'aller vers une forme qu'il ignore encore, de fiction de lui-même et d'invention de soi. Une fois encore à l'inverse de Breton rejetant le roman par principe éthique ou esthétique (c'est le « genre inférieur » du *Manifeste du surréalisme*, en 1924), Michaux ne s'y refuse *a priori* pas plus qu'à d'autres formes qui le hantent. C'est plutôt le roman auquel il fait semblant de croire qui se refuse à lui, alors qu'il a été conduit à le confondre avec une forme exaltée mais douteuse d'écriture automatique, dont il fera le procès avec allégresse peu après en avoir fait le deuil[1].

Cette hantise du roman mettra pourtant du temps à disparaître[2]. C'est qu'elle est une forme préalable puissante, instrumentale sur le plan rhétorique et influente sur le plan social, propre à tenter un jeune écrivain incertain de tout sauf d'un désir forcené d'expression. L'idée du roman unit surtout deux exigences, chez Michaux primordiales — mais il lui faudra accepter de les faire exploser l'une par l'autre au gré de poussées fragmentaires, plutôt que de chercher à les lier dans la recherche d'une seule coulée. La première exigence tient à cette idée de « dire tout, tout autour de la moindre chose », qui se négociera interminablement entre évocation, description et réflexion ; la seconde est un besoin impératif de récit, de fiction, d'événement. Intérieure au tout qui afflue, la fiction peut en devenir à tout instant la force actuelle parce qu'elle est sa dimension proprement virtuelle.

Pour répondre à la pression que les trois « qui-je-fus » incarnent avec bien d'autres voix attestées ou possibles, *Qui je fus* devient donc ce premier livre qui défait le roman en se jouant de la confession et de l'autobiographie. Là où Breton, un an plus tard, ouvre *Nadja* par un « Qui suis-je ? » aussitôt enclin à se définir grâce à la qualité de ce que son auteur « hante » (une femme, des lieux, des êtres, des objets, des œuvres, des pensées, des faits, des circonstances), c'est-à-dire un enchaînement de données électives déployées en une coulée, quel que soit le hasard qui les lie et les justifie ; là où cette question,

1. Voir le chapitre sur les Premiers écrits, p. 106-107.
2. Voir le chapitre sur *Ecuador*, p. 134-136, et celui sur les Textes épars 1936-1938, n. 5, p. 209 et p. 213-214.

« Qui suis-je ? », se dote ainsi d'une identité, si inconnue et déliée se veuille-t-elle au regard de son propre mystère, le titre affirmatif de Michaux, *Qui je fus*, résonne comme une coupure et un trait d'ironie. Fracturant à l'extrême une identité révolue mais improbable, alors qu'il pourrait incliner vers la « confession récapitulative », ce recueil souligne, une première fois et à jamais, le caractère insaisissable de toute identité.

Neuf chapitres ou sections, textes ou suites de textes, succèdent au récit dialogique d'ouverture : ils multiplient un « Qui je fus » déjà multiple, induisant un rapport du tout à la partie qui interdit de les qualifier l'un par l'autre, sans cesser d'en laisser flotter le mirage. On décomposera donc les éléments de la stratégie à l'œuvre entre les sections — pour l'avoir au moins effectué une fois de façon méthodique, à l'occasion d'un livre fondateur bien qu'ensuite dénié. Cette stratégie touche en particulier les genres, les personnes, les façons d'énoncer, les tonalités et les langues. C'est tenter de saisir le « qui je fus » qui se révèle au présent fuyant de son passé indéfini. C'est ouvrir chez Michaux la question du recueil. Elle hantera son œuvre, en deviendra la condition de mise en forme et de visibilité, mais aussi de brouillage et de confusion.

La seconde section de *Qui je fus*, « Énigmes », est composée de quatorze courts fragments sans titres. On peut les qualifier de fictions, même si les troisième, neuvième et dixième fragments réduisent la portée de la fiction en oscillant plutôt entre l'évocation et la moralité. Il s'agit de fictions minimes, abruptes, lacunaires, lapidaires et, leur titre l'annonce, énigmatiques, parfois réduites à un seul événement. Sur les treize premiers fragments, quatre mettent en scène un « je » ; les neuf autres un « il ». Mais quatre fois ce « il » est doublé par un « je » : pris dans un effet de recul, celui-ci conjoint les rôles indistincts d'un éventuel personnage et d'un énonciateur[1]. D'autre part, en quatre occasions, deux « tu » (ou « te » ou « toi ») et deux « on » viennent enrichir ce paradigme des pronoms en le faisant glisser vers une interlocution généralisée. Le quatorzième et dernier fragment devient ainsi l'emblème tant des treize

1. On a déjà vu un effet semblable de contamination dans le tout premier récit de Michaux : la première section de « Cas de folie circulaire ».

énigmes antérieures que de l'ensemble du recueil où il s'insère : il s'agit en effet d'une charade. Il suffit à Michaux de dissocier par l'absurde les quatre propositions successives (mon premier, mon deuxième, mon troisième et mon quatrième) pour que le « tout » qui en résulte, proclamant : « c'est moi le bon juge », fasse exploser le rapport d'inclusion du tout à ses parties, de même que tout jugement d'autorité entre ce « je » qui « fus » et chaque chose qu'il devient ou pourrait être[1].

La troisième section accentue ce mouvement dès son titre : « Partages de l'homme ». Les douze fragments, plus développés, qui la composent, ont cette fois des titres, et deux d'entre eux sont agrémentés de sous-titres qui pourraient supposer d'autres subdivisions. En revanche, les neuvième et dixième fragments de ces « histoires » autonomes sont liés par la reprise d'un même intitulé : « Fatigue I », « Fatigue II ». Le dernier fragment, « Tels des conseils d'hygiène à l'âme », se subdivise, lui, en quatre sous-fragments. C'est souligner qu'il n'y a ni présupposé ni limite aux dérives de la fragmentation. Un équilibre flottant égal à celui qu'on trouve dans « Énigmes » règne également dans « Partages de l'homme » entre première et troisième personne : on compte six récits à la première personne du singulier, et six à la troisième du pluriel, sans s'arrêter aux glissements, interférences et décrochements, parfois plus accentués. Et cette fois quatre de ces fragments — un à la première personne et trois à la troisième — mettent en scène des êtres ou des personnages : individuels, multiples ou collectifs, diversement référencés, réalistes, fantastiques, mythologiques, ceux-ci nourrissent la fiction[2]. Mais simultanément, trois des six fragments à la première personne ont une consonance très autobiographique ou au moins autographique[3], ouvrant ainsi la voie à une contamination des modalités d'invention de soi.

1. « Mon premier est touché à mort / Mon deuxième se brosse en attendant / Mon troisième ramasse les noyaux / Est battu par mon quatrième / Et mon tout dit : "C'est moi le bon juge" » (I, p. 83).

2. Il s'agit de Benson (« Révélations sur l'homme qui s'est jeté du soixante-deuxième étage de Kree-Kastel à Broadway et qui s'appelait Benson »), Mme X... (« Technique de la mort au lit »), Karisha, Chertoli, Karfar et Nangar (« Karisha, aimée des morts »), les Martiens (« L'Étoile en bois »).

3. C'est le cas des trois derniers sous-fragments du douzième fragment, « Tels des conseils d'hygiène à l'âme ». — Jean-Pierre Martin emploie très bien

La quatrième section, « Villes mouvantes », est un véritable récit, à la première personne. Il se déploie, mêlant des données réalistes et des données forgées, selon un mode dont Michaux fera un usage constant : le développement (plus ou moins frénétique) d'une hypothèse supposant une transformation de la « réalité » communément admise (ici la dérive des villes opposée à leur stabilité).

Les cinquième et sixième sections, « Prédication » et « Principes d'enfant », ont en commun leur régime formel : elles composent deux séries discontinues de très courts fragments séparés par des blancs (dix-huit dans le premier cas, dix dans le second). Ces maximes ou aphorismes détournés sont innervés par un humour décapant, qui tient à des décalages entre plusieurs niveaux de sens. On peut tenter de distinguer les deux séries par les quatre occurrences d'un « Dieu » soumis dans la première à rude épreuve (le titre y invite), alors que c'est le « père » qui se trouve deux fois visé dans la seconde (là encore suivant l'intitulé). La première série présente d'autre part trois interventions d'un « je », voilé dans la seconde sous le caractère détonant des formules (bien que « père » suppose une fois un récit autobiographique avorté dont le fils serait le héros[1]) Cependant ces deux suites de propositions ironiques tendent à se confondre, dans leur principe comme dans la mémoire du lecteur. Pour mieux saisir le mouvement commun qui les anime, on peut se reporter aux publications en revue qui ont précédé la reprise en livre : on verra les redistributions affolantes dont les originaux ont fait l'objet, tant du côté des suppressions que des transformations, en particulier d'ordre. Les deux séries conservent leur autonomie, qu'une première parution a garantie : mais reste l'impression d'une double poignée de cartes distribuées en vue d'un même jeu, dont n'ont été gardées, au cours du jeu, que les meilleures, au moins celles qu'on a cru telles.

La septième section de *Qui je fus* est un poème en vers libres,

---

le mot « autographie », en son sens étymologique, pour qualifier l'écriture de soi.

1. « Un tube de papillons ne pèse rien, à moins que les papillons ne soient endormis ; père dit qu'ils pèsent un kilo, mais il ne regarde jamais les papillons » (p. 103).

« Adieu à une ville et à une femme ». Il s'agit d'un poème lyrique, qui obéit au précepte énoncé (souligné) par Michaux dans « Surréalisme », entre ses remarques sur Proust et ses remarques sur Breton : « *Les poésies lyriques souvent sont des confessions, mais ces confessions se surveillent*[1]. » Ce poème est dédié à une jeune femme dont le nom est avoué autant que dérobé grâce à des initiales (« Mlle M. S. ») ; Michaux cache aussi en le transformant le nom de la ville à laquelle est adressé l'adieu[2]. Le « Je » qui ouvre le poème et s'y répand se confesse ainsi en se surveillant, disant en même temps peu et beaucoup sur lui, son caractère, sa faiblesse d'« homme maigre » au cœur défaillant et ses désirs de séduction, disant aussi comme en passant quelque chose de cette femme aimée ou à demi aimée dont il prétend ne savoir « quasi rien ».

La huitième section est encore un poème, d'une autre nature. « L'Époque des illuminés » est une sorte d'ode, de chant prophétique ; c'est un genre ou sous-genre auquel Michaux reviendra par à-coups. Il est ici fondé sur la colère et un sentiment d'apocalypse dont l'époque en lui se saisit, pour s'annoncer comme avenir, époque des illuminés. Le texte obéit aux principes mêlés de l'énumération, de l'adresse, de l'invective, de l'admonestation et de la prédiction. Il est aussi creusé par l'autobiographie et l'image de soi. La première, flottant de manière indécise, se fixant en des points rétrospectivement localisables, culmine dans deux segments de phrase glissés au fil d'énumérations (« et la vie est précieuse à qui en a déjà perdu 26 ans, et les cheveux tombent rapidement d'une tête qui s'obstine » ; « Ce sera atroce pour ceux qui s'apercevront qu'ils auraient dû se tenir le cœur en état[3] »). Michaux s'enveloppe

1. « Surréalisme », I, p. 58.

2. On ne sait qui est la jeune femme désignée par ces initiales. L'accent et l'origine uruguayenne laissent supposer quelqu'un de l'entourage des Supervielle ; d'autant que Michaux utilise ici un de ses tours favoris pour désigner un lieu réel et, en même temps, le voiler et le révéler : Purkey, avec son « odeur d'huîtres », semble bien, en effet, désigner la maison que Supervielle possédait au Pickey dans le bassin d'Arcachon, où Michaux était invité à passer des vacances (c'est une suggestion de Jean-Pierre Martin, p. 315).

3. I, p. 108 (le texte paraît en revue au cours de l'été 1927, presque en même temps que le livre ; Michaux se rajeunit donc de deux ans, coquetterie ou flottement — « la vie est précieuse à qui en a déjà perdu 26 ans », I, p. 106).

d'autre part dans une double image indirecte, en partie contradictoire. Il s'écrie d'abord que l'époque appartiendra « aux accélérés, aux sans famille, à ceux qui n'ont aucune technique, mais un imperturbable appétit ». On aura reconnu son désir de vitesse, son déni de famille, son appétit d'autodidacte, sa singulière énergie. Mais il est aussi bien un de ces illuminés qu'il invoque et auxquels il s'adresse enfin. Sa façon de le faire est étrange : d'un côté l'illuminé devient l'objet d'une utopie, devant saisir la chance de l'époque ; de l'autre « un illuminé se mange lui-même la moelle » : l'utopie se renverse et « l'avenir s'invaginera dans le Passé comme il a toujours fait[1] ». À travers la pluralité des temps indépendants et disloqués qui s'empilent dans *Qui je fus*, ces mots de la fin ouvrent une tension entre deux temps plus nets et fondamentaux : d'un côté, un avenir d'utopie, qui s'étend du futur le plus lointain à l'instant même ; de l'autre, un avenir sans avenir, sur lequel le passé se referme en futur antérieur. Un sujet se cherche entre ces deux temps qui relèvent aussi bien de la vie quotidienne que de la généalogie du monde.

Comment qualifier « Fils de morne », la dixième et dernière section de *Qui je fus* (on saute la neuvième, pour y revenir aussitôt) ? Il s'agit d'un récit incertain, fragment ou début de roman qui se boucle ironiquement, annonçant dans sa dernière phrase un roman virtuel dont son héros deviendrait le sujet[2]. « Fils de morne » devient donc le texte qui renvoie le plus nettement à ces rêveries autour du roman qui ont alors tant agité Michaux[3]. La première partie est régie par le modèle de l'hypothèse transformatrice : une humanité privée d'écriture et d'art, devenue muette et sans mémoire, se trouve guérie selon des méthodes fantastiques qui laissent infirmes un certain nombre d'êtres, « les mornes », dont on cherche dès lors à se débarrasser. Un personnage hante cette première partie, d'un seul tenant simple témoin, démiurge et point focal, à la fois « Il » et deux fois « Je » : « Le Roi est descendu dans la rue, et il s'étonne. Son peuple est changé, et peut-être tout le royaume et le monde. [...] Je ne suis pas excessivement brute, peut-être un

1. I, p. 109.
2. Voir plus haut, p. 116-118.
3. Cela semble d'autant plus net que le texte est daté : 1924-1927.

peu voyeur, c'est métier de Roi, je voudrais tant voir un accident[1] ». La seconde partie du récit — qu'un blanc sépare bien de la première — hérite des éléments de l'hypothèse, et met en scène une famille : les Chahux (il suffit d'en sortir le second « h » pour trouver la deuxième syllabe du nom de Michaux). Le fils, l'un des fils, Jean Chahux, est un morne, qui guérit quand son père à l'inverse le devient et donne, fait unique pour un morne, naissance à un troisième enfant. Cet enfant, Jean-François, pourrait être morne aussi bien, si enfin il n'acceptait de parler : il ouvre ainsi la voie à ce « roman de Jean-François Chahux » qui ne s'écrira pas mais dont l'œuvre à venir deviendra la transformation, comme déjà l'annonçait sur un autre mode le dialogue fondateur du héros avec ses « Qui-je-fus ».

« Poèmes » : ainsi s'intitule la neuvième section de *Qui je fus*, ouvrant dans le livre un sillon. Ce titre clair est ambigu. C'est le seul titre générique : il tranche par là sur les neuf autres et semble dire au moins ce que ces neuf chapitres ne sont pas ou ne seraient pas. C'est jeter un doute sur les deux textes « Adieu à une ville et à une femme » et « L'Époque des illuminés » (sections VII et VIII), qu'il faut pourtant qualifier de « poèmes » — ne serait-ce qu'à cause de leur disposition versifiée, bien que le second compte de longs fragments de prose plutôt dissertative ; mais ils pourraient l'être moins purement que les quinze autres textes réunis sous ce label. Du piège ainsi tendu par Michaux, et où il se saisit lui-même, on ne sortira pas. Pendant plus de dix ans, en particulier dans les grands recueils composés avec soin à partir de recueils et de textes antérieurs (*La nuit remue*, *Plume*), on trouvera ainsi une section « Poèmes » entretenant avec les autres textes et sections du livre un rapport vacillant et polémique. C'est là une des façons qu'a Michaux de toucher ce qu'il ne peut nommer en dépit du regard acéré qu'il se porte, sur la nature d'une expression multiple dont il se sent le lieu exact mais indécis.

Trois genres ou champs sont nommément cernés dans *Qui je fus*, par un mélange d'ironie et d'objectivité : le roman, la philosophie, la poésie. Mais on comprend que c'est en même

1. I, p. 122 et 123. Voir, dans le chapitre sur *La nuit remue*, la partie intitulée « La question du royaume », p. 201-205.

temps bien au-delà des genres quoique grâce et à travers eux que s'effectue le travail de transmutation d'une écriture à la recherche de son « Grand Secret[1] ». On distingue en effet quatre grands modes dont le tressage permet de répondre à la variété comme à l'unicité de l'invention de Michaux[2]. Le premier est le *narratif* — c'est le mode de l'accident et de l'événement. Le second est le *déductif* — c'est le mode de l'enchaînement logique et de l'argumentation. Le troisième est le *descriptif* ou *évocatif* — c'est le mode de la vision, de l'impression, de la qualification. Le quatrième mode, qui diffère des trois premiers en ce qu'il touche un genre, la poésie, ou au moins une qualité attachée surtout à ce genre même si elle est loin de s'y réduire, est l'*invocatif*. On vise par là plus directement la voix, tant dans ses postures d'adresse que dans les valeurs propres de sa dynamique interne. L'invocatif se reconnaît ainsi à trois grands traits. Le premier montre un assouplissement et une réduction des normes syntaxiques au profit d'effets de montage, d'ellipse, de juxtaposition. Le second, plus fondamental, touche à l'insistance du rythme : que ce soit dans la recherche du vers et la liberté d'une prosodie qui tranche sur la prose, ou dans le travail plus verbal de l'allitération, ou celui, fréquent, protéiforme, de la répétition[3]. Plus singulier, le troisième trait découle d'une concentration sur le mot même : il cerne l'invention d'une « langue », ou plutôt d'un « langage », comme par extension de la force pure du rythme, par association, dérivation, dérive et martèlement[4].

On retrouve ces trois traits de l'invocatif dans les « poèmes » de *Qui je fus*. Cinq poèmes sur quinze — « Glu et Gli », « Le Grand Combat », « Saouls », « Mariage », « Traduction » — présentent ainsi une proportion plus ou moins concentrée (mots isolés ou en série) de langage forgé[5]. Mais un sixième

1. C'est la fin du « Grand Combat » : « On cherche aussi, nous autres, le Grand Secret » (I, p. 119).

2. Sur les genres et modes, voir l'Introduction, en particulier p. 32-46.

3. C'est toute la problématique du « mot gong » chez Michaux. Voir le chapitre sur les Premiers écrits, p. 109 et n. 1.

4. Voir, plus largement, la section « Par des traits » de l'Introduction, p. 50-55.

5. Sur la nature et les implications de ce « langage » qualifié par René Bertelé d'« espéranto lyrique », voir le chapitre sur « Rencontre dans la forêt ».

— « Toujours son “Moi” » — en mime les effets par une succession soudaine de quatre mots-vers à la fois soudés et déconnectés, les deux premiers argotiques ou familiers, les trois derniers saisis dans un fort mouvement d'allitération : « foutu / maboule / matraque / ma trêve[1] ». De même, comme pour marquer qu'aucune règle ou norme ne vaut comme telle, Michaux n'a pas manqué, face à quatorze textes en vers libres et en strophes, d'en opposer au moins un composé d'un unique paragraphe de prose (« Exterminateur — midi »). Il intitule aussi un de ces poèmes « Conte du dit », jouant de la divergence des genres. Ou encore : pour achever le récit-faux roman « Fils de morne », Michaux recourt avec une force insidieuse à son espéranto[2]. Ainsi se trouve reversé au compte du roman familial esquissé, et dans la progression d'une phrase de prose, l'un des trois termes moteurs (« glo ») du premier et de l'un de ses plus forts poèmes (« Glu et Gli »), fondé sur l'énumération, l'interjection et l'onomatopée.

Ces effets de contraste, de collusion, de glissement et d'interpolation entre genres et textes sont d'autant plus prégnants qu'on retrouve, d'un poème à l'autre comme à l'intérieur de certains d'entre eux, une répartition des rôles et des personnes, donc des instances narratives et argumentatives, semblable à celle qu'on a vue à l'œuvre dans les textes de prose, aphorismes-maximes ou récits ou proses brèves — par exemple celles de « Partages de l'homme », que la tradition littéraire appelle faute de mieux depuis Baudelaire « prose poétique » ou « poèmes en prose ». On compte ainsi huit poèmes à la première personne du singulier (dont trois où seul l'adjectif possessif l'atteste), et sept à la troisième (deux sont à mettre au compte d'un « on » et d'un « ils » de généralité ; l'un des deux, « Conte du dit », introduit un personnage épisodique, « Rapistache »).

Quant à la thématique des « poèmes » — ce qu'ils disent, qui leur donne matière, force, couleur —, elle est presque en tous points semblable à celle qui ressort de l'ensemble des textes

1. I, p. 112-113.
2. « Allons c'est l'âge de dire “maman”, ou “mama ou papa”, c'est l'âge et de quatre mois bientôt passé, tu n'y couperas pas, parle ou tu es morne, ou pis encore. Tu peux dire “manou, ranou, nanou”, tu as beaucoup de latitude, tout de même un glo de toux et de suffocation » (I, p. 129).

des neuf autres sections du livre. Si ce n'est que la pression plus directe de l'invocatif confère aux thèmes une qualité propre. Mais jamais cette qualité ne se transforme en une valeur qui s'ajouterait à la prose pour la transfigurer, et dont celle-ci s'avouerait en quête. Une qualité telle devient le résultat fragile et temporaire d'un équilibre atteint ici et partout ailleurs autrement réalisé, selon une proportion chaque fois singulière d'éléments et de forces qui dessinent la ligne mobile d'une voix. Cette voix est ainsi une, d'être multiple, d'une multiplicité qui la fait avant tout variable, irréductiblement.

On reconnaîtra cette voix à plusieurs caractères, qui s'affirment ensemble et prennent corps dans *Qui je fus*, premier recueil. Ils se moduleront par la suite de livre en livre selon des inflexions, des proportions, des équilibres, des accents différents. Mais ils demeureront les processus de subjectivation propres à tout ce qu'écrit Michaux, se formant selon les trois régimes eux-mêmes entrelacés des modes expressifs, des genres littéraires, des voix énonciatives.

Le caractère le plus difficile à nommer est l'accent de simplicité qui ressort de la phrase — ou du vers libre, si libre — de Michaux. Jusque dans les moments où elle doit le plus visiblement sa force à des empreintes rhétoriques (c'est le cas, par exemple, de tout ce qui ressort de l'insistance, énumération ou répétition), cette phrase est comme lavée des présupposés de la langue littéraire. Elle semble naturelle. Comme l'est son humour, noir ou léger, toujours en tiers inclus. D'un mot anglais difficile à traduire, on dira cette phrase *casual* : quotidienne, fortuite, désinvolte, accidentelle, fût-ce pour saisir l'essentiel[1].

C'est que l'essentiel même est fortuit. « L'homme est une âme à qui il est arrivé un accident[2]. » Un accident qui n'a de sens

1. Parmi les critiques de l'époque, Jean Cassou a très bien souligné cette singularité de Michaux : « On est en présence d'un esprit neuf, intrépide, au regard de qui toutes choses sont égales et qui use d'une langue simple, nette, naturelle, si naturelle qu'elle reproduit le ton d'une conversation métallique, railleuse, où entre même parfois quelque pointe fanfaronne d'accent belge » (Cassou écrit cela à propos d'*Ecuador* — *Les Nouvelles littéraires*, n° 356, 10 août 1929, p. 10 —, mais ses articles sur *Qui je fus* et *Mes propriétés* vont dans le même sens).

2. I, p. 77.

qu'à éclater en de multiples et multiples accidents, effaçant jusqu'au souvenir d'une chute première, affirmant seulement leur prégnante et infatigable immanence. Ainsi, là où Breton veille à ne pas égaler aux « meilleures » ses « minutes de dépression, de faiblesse », là où il dit avec fierté : « [...] je ne fais pas état des moments nuls de ma vie[1] », Michaux commence à vivre et à écrire sans pouvoir faire cette distinction, sans avoir les moyens d'idéaliser des moments prélevés sur d'autres. Faute de n'être pas, de ne pas même pouvoir imaginer être, Michaux peut seulement chercher comment exprimer tous les moments qui le traversent. Écrire n'aura donc de sens ou plutôt de réalité qu'à faire interminablement le tour d'un « Moi » aussi haï que désiré, qui cherche à être mais se trouve sans cesse dénué de consistance, à travers une division et une prolifération défiant origine et identité. Si bien que par une illusion de ressaisie à peine moins trompeuse que d'autres, ce premier recueil semble tenir entier dans un échange imaginaire entre les trois « qui-je-fus » du dialogue inaugural, appelés en eux-mêmes à proliférer, et le « je » démultiplié de « Toujours son "Moi" », un des poèmes les plus saisissants. Celui-ci se parcourt, protéiforme, à travers de nombreux états que chaque « je » supporte, jusque dans les dérives de la paronomase : « enfoui et fuyant / fortune femme flamme / m'affole / s'affole ». Ainsi s'affirme-t-il dans son « affolement », « cet être de gaz et de mystification / avec son "moi, moi, moi" toujours et tout gros dans la bouche ; / on voudrait tant penser à autre chose // et vous autres aussi, allez, passez votre chemin / Monsieur est absent / Monsieur est toujours absent / adieu je vous prie, il n'y a ici qu'empreintes[2] ».

Ainsi s'enclenche un rapport à sa propre vie qui doit en fin de compte peu à la confession et à la rétrospection, bien que s'y trouvant engagé ; tout comme le projet, en début et en fin de recueil, s'arrête clairement très en deçà du roman qu'il convoque. Voilà ce que fait virer sur soi-même ce titre ambigu, *Qui je fus*. Le passé supposé qu'il nomme devient

1. *Manifeste du surréalisme* (1924), *Œuvres complètes*, Bibl. de la Pléiade, t. I, Gallimard, 1988, p. 314-315.

2. I, p. 113. C'est cette turbulence que Michaux charge le dessin d'exprimer pour la première fois en parallèle, lors de la publication antérieure du poème en revue, sous le titre « Essoufflement » (voir t. I, p. 136).

une masse disjointe de présents, se mêlant et s'entrechoquant, quelles que soient les pointes de passé qui affleurent, faisant surgir les traces d'une vie dont on peut doter le héros-sujet flottant qui se les prête. Mais on voit bien que c'est un peu peine perdue, même quand, de cette vie, il devient possible d'apporter les preuves. Car cette écriture de soi peut seulement se concevoir en associant des données qu'on devine ou qu'on sait chargées de réalité biographique à une infinité d'éléments qui ne relèvent pas d'une vérité du même ordre. Tout simplement parce qu'il n'y a plus vraiment d'index de la réalité biographique elle-même, dès l'instant où celle-ci se saisit comme une matière en expansion. C'est donc dans ce vacillement — Michaux dira : « un léger vacillement de la vérité[1] » — que ne cesse de s'inventer une fiction de soi. Elle tient à une capacité de transformer dans le présent de l'écriture tout ce que l'imagination de soi agglomère et conçoit comme réalité possible. C'est dire à quel point elle est indissolublement actualité et virtualité[2].

Le texte qui ouvre *Qui je fus* et lui donne son titre est à cet égard éloquent. C'est un des tout premiers écrits de Michaux, à peine postérieur à l'essai sur le rêve et à *Fables des origines*. Les trois comparses qui habitent le « Je », l'obligeant tour à tour à consigner des divagations que celui-ci amende pour leur donner une forme acceptable, sont présentés comme des voix déjà anciennes en lui[3]. Mais par la mise en scène ainsi adoptée, c'est au présent que ces voix parlent et écrivent à travers lui, et que le texte fictivement se compose. Le passé supposé des trois « qui-je-fus » « philosophes » et le présent sans réalité véritable de « moi qui suis », aspirant au roman — « À chacun son morceau du temps : vous fûtes, je suis. Je travaille, je fais un

1. *La nuit remue*, I, p. 512.

2. C'est dans *Différence et répétition* (P.U.F., 1968) que Deleuze substitue à l'opposition trop simple entre le réel et le virtuel une opposition entre l'actuel et le virtuel. Il souligne ainsi à quel point le virtuel « possède une pleine réalité », fait partie de l'objet réel. Le virtuel se distingue par là du possible, opposé au réel en tant qu'il le réalise ; alors que le réel peut être qualifié comme actualisation du virtuel. On trouve un exposé rapide et clair de la question dans le livre de Pierre Lévy, *Qu'est-ce que le virtuel ?*, La Découverte, 1995, p. 13-14.

3. « Vous avez vécu un an, deux ans dans notre commune peau et vous me faites la loi, à moi qui suis » (I, p. 79).

roman[1] » —, ces deux temps virtuels s'allient dans cet autre présent déjà futur où s'écrit ce qui n'est ni roman ni philosophie mais une forme imprévue de fiction réflexive.

À l'autre extrême, cette réflexion en acte surgit du langage forgé de « Glu et Gli ». Il suffit d'une série enchaînée d'allitérations, chacune soutenant une proposition, pour passer de « pas » à « papou » à « papas » à « papes » à « papier » ; et ainsi à deux voix qui prolongent celles des trois « Qui-je-fus » : l'une maudissant le papier qui demeure soumis à l'écriture, impropre à suivre l'envol de la pensée ; l'autre acceptant à contrecœur cette malédiction[2]. La force du processus tient ici à ce qu'il se trouve engendré par la pression propre du corps, du langage qui en jaillit, thématiquement et phoniquement. Cela s'opère à partir des mots-vers devenus fameux[3], qui ouvrent ce poème ouvrant lui-même la partie « Poèmes » de *Qui je fus*. On y a reconnu une sorte d'essence de Michaux et il s'y est lui-même accepté au point d'extraire de ce livre mis au purgatoire la première moitié de « Glu et Gli », pour le compter parmi les six extraits de *Qui je fus* retenus dans *L'Espace du dedans*.

Le corps est ce qui lie ces divers caractères propres à la voix de Michaux (la folie expressive vouée à s'emparer du corps se trouve encore, dans *Qui je fus*, contenue). La langue de Michaux naît vraiment du malheur du corps désarmé : voilà ce qui la rend si simple, directe, élémentaire, sans apprêt. Le corps est aussi avant tout le lieu de la fiction ; il est le support des événements, plutôt qu'il ne penche du côté de la confession, de la recherche de mémoire. C'est en lui que l'acte d'écriture à la fois se réalise et s'imagine. Pour toutes ces raisons, il ne peut être le support d'une image. Il est, toujours, plus fort, plus profond que l'image désireuse de le reproduire.

Une lettre de Gaston Gallimard, deux mois avant la parution de *Qui je fus*, montre que Michaux avait d'abord envoyé un dessin pour servir de frontispice à son livre destiné à paraître

1. I, p. 73.
2. « Oui ! je te suis bien pareil, papier, / toi et moi dominés et salis, victimes de notre éternelle anémie » (I, p. 111).
3. « et glo / et glu / et déglutit sa bru / gli et glo / et déglutit son pied / glu et gli / et s'englugliglolera » (I, p. 110).

dans la collection « Une œuvre, un portrait[1] ». Son éditeur fait donc remarquer à Michaux que la formule de la collection « oblige à donner à l'acheteur un portrait dont l'intérêt documentaire est égal à l'intérêt artistique » ; il demande « un autre portrait et, au pis aller, une photographie ». On ne sait quel dessin a envoyé Michaux, et aucune lettre de lui n'a été retrouvée, touchant cet épisode[2]. Mais il est clair qu'il cherche à inaugurer une stratégie à laquelle il sera fidèle : substituer à la photo ou à ses équivalents, surtout en couverture, une peinture ou un dessin[3]. Ceux-ci échappent en effet à la chronologie, au nom, à la réalité — bien au-delà du fait que Michaux ait répugné à dater ses œuvres plastiques et à les intituler. Leur chronologie appartient à l'épopée immémoriale du corps intérieur, qu'elles ne représentent pas, dont elles expriment seulement un état.

On ne peut rêver contraste plus clair entre ce vœu modeste de Michaux alors demeuré lettre morte, et la photo que choisit Breton de lui-même pour s'introduire dans *Nadja* après celles qu'il a déjà incluses. Elle éclate, impériale, éclairée par l'arrière, au revers d'une affiche lumineuse des ampoules Mazda d'où semble lui venir cette lumière. Elle porte en légende : « J'envie (c'est une façon de parler) tout homme qui a le temps de préparer quelque chose comme un livre[4]... »

1. Lettre du 29 juin 1927.

2. On sait seulement qu'il demandera encore, le 16 juillet, dans une lettre adressée à un employé des éditions Gallimard, une épreuve de son dessin. On ne sait pas non plus à partir de quelle photo de Michaux a été effectué le portrait gravé sur bois, réalisé, comme d'autres de cette collection, par G. Aubert. En revanche il existe un exemplaire du livre où le portrait a été rageusement rayé d'une croix et d'un « non », avec la signature de Michaux, confirmant son refus (cette image provient d'un exemplaire sur lequel le nom du dédicataire a été effacé ; il appartient aujourd'hui à Jean-Luc Steinmetz qui l'a trouvé dans sa famille ; l'image a été reproduite en couverture du volume *Méthodes et savoirs*). Plus largement, sur la question du portrait, voir le chapitre sur les Textes épars 1936-1938.

3. Ou à défaut une ombre, comme pour l'essai de Napoléon Murat, *Michaux*, « Classiques du XXe siècle », Éditions Universitaires, 1966, reprise du frontispice du livre de Robert Bréchon, réalisée en 1958 pour ce livre par Karl Flinker.

4. André Breton, *Nadja*, Gallimard, 1928, p. 204. Il s'agit de la disposition originale, modifiée en 1963.

Ecuador

(1929)

Ecuador, « journal de voyage », est le seul journal que semble avoir vraiment tenu Michaux. Quinze ans plus tard, pendant la guerre, un texte publié dans les *Cahiers du Sud*, « Pages d'un journal », esquisse par son titre un geste aussitôt déjoué : il s'agit de remarques variées sur les sujets les plus divers, comme Michaux commence alors à aimer en écrire, sans actualité obligée, et sans chronologie. Abandonnant plus tard ce titre, incluant des fragments de ce texte à l'intérieur d'un autre qui lui est contemporain, « Idées de traverse », Michaux montrera bien ce qu'il cherche à éviter[1] : le Journal, le vrai Journal, avec la cohérence indiscrète de ses dates. Pourtant son premier geste lui a fait reconnaître dans les mots qui lui viennent les « pages d'un journal » sans nom, entre le journal intime et l'actualité d'un seul. C'est dire combien tout ce qu'il écrit relève d'une visée du quotidien qu'il transforme, et finit par dissoudre, comme déjà son unique vrai-faux journal de voyage le montre.

Lorsque Michaux s'embarque à Amsterdam, le 28 décembre 1927, à bord du *Boskoop* avec son ami Alfredo Gangotena, il est plus que jamais vacant et dénué de ressources. Il vient de passer quelques mois, en partie à Marseille, à attendre un départ plusieurs fois remis. À la fin de l'été, il a publié *Qui je fus*. On ne sait s'il a lu juste avant de partir, ou s'il l'a seulement

1. Voir le chapitre sur *Passages*, p. 342-345, autour du texte « Idées de traverse ».

fait à Quito, le compte rendu élogieux de Gabriel Bounoure dans la *N.R.F.* Celui-ci a senti dans ce recueil « la somme d'une adolescence », un « livre-carrefour » et la promesse d'un écrivain rare. Mais à l'écho que suscite en Michaux ce texte, on sent que rien n'est alors en mesure de le rassurer, ni sur lui-même, ni sur son écriture et sur ce qu'elle augure de sa vie[1]. Il a laissé avant son départ de Paris des poèmes dont il ne cessera, dans des lettres anxieuses, de réclamer à Paulhan la publication promise. Il en annonce d'autres, et divers textes et projets, qu'il mènera ou non à bien pendant cette année de voyage. Mais c'est surtout son « journal » qui le préoccupe. Il l'envoie par tranches à Paulhan ; et on sent dans ses lettres comme dans son texte à quel point l'inquiétude lui vient à travers l'énergie, saturée d'ironie, de ce qu'il réalise : et dans sa vie qu'il prend le risque de « brutaliser »[2] ; et dans son écriture où il atteint, grâce au genre qu'il s'est apparemment choisi, à une sorte d'esthétique de la confusion que l'aventure du voyage lui permet de déplacer beaucoup plus loin en lui. Cette confusion est malaisée à décrire. Aussi constante qu'excessivement variable, aussi subtile et insidieuse qu'évidente, elle s'étend à des niveaux multiples, avec une impatience à les mêler. Dans une lettre datée du 15 mai 1928, Michaux s'en justifie par avance auprès de Paulhan : « Cette diversité de tons et d'objets n'est pas dans un journal un inconvénient. » *Ecuador* est en

1. Bounoure y commente ainsi le vers de « Glu et Gli » (« Ah ! Que je te hais Boileau ») : « Non, il n'a pas de haine, sauf pour le bedeau de la Déesse Perfection, lequel ne craint rien, protégé efficacement par la toute-puissante déité. Il ne s'agit que d'une querelle d'Arts Poétiques. Au total, Henry Michaux a plus de grâce que de haine : il a trop d'intelligence et d'ironie » (*La Nouvelle Revue française*, n° 172, janvier 1928, p. 127). C'était sous-estimer le sixième poème de *Qui je fus*, « Haine ». Voici comment Michaux réplique dans *Ecuador* : « Il a dit, ce monsieur le critique, que je n'avais pas de haine./ Ce vide, voilà ma réponse » (I, p. 189) ; le mot « haine », lié aux trois mots « trou », « vide » et « vent », trace ainsi la thématique du poème « Je suis né troué » (voir plus loin, p. 147). Michaux y revient un an plus tard dans « Je suis gong » : « Il y a haine en moi, forte et de date ancienne,/ Et pour la beauté on verra plus tard » (*La nuit remue*, I, p. 505).

2. « [...] je croyais peut-être confusément justifier mon existence en naviguant au long cours ou aussi en faisant le Napo (c'est un affluent de l'Amazone) en pirogue, en escaladant montagnes et volcans dans la Cordillère des Andes. Je me brutalisais. Je me faisais marcher, mais mon corps répondait mal aux aventures » (Bréchon, III, p. 1460).

cela un livre unique. Il y a *tout* dans *Ecuador*, littéralement et dans tous les sens. C'est le livre de l'instabilité, de la malléabilité. Calculs du langage parlé, abandons savants aux aléas du corps, ses effets de dérive sont mal saisissables. Ils n'en participent pas moins à une construction. *Ecuador* est un laboratoire : le livre où Michaux s'est trouvé[1], le premier par lequel il supportera de rester représenté. Évaluer en termes de précédents littéraires ce que réalise la forme ainsi travestie du journal, revient à dire par exemple que Michaux traite ici en un seul bloc effrité ce que Larbaud accumulait plus sagement, près de vingt ans plus tôt, dans les « Œuvres complètes » de A.O. Barnabooth, « c'est-à-dire un conte, ses poésies et son journal intime ».

Fragments

Là encore, comme y invitait déjà *Qui je fus*, il faut revenir au roman, au désir de roman, pour mieux saisir ce qu'*Ecuador* invente et détruit. L'image du roman troue étrangement ce journal. Un jour de février, Michaux écrit ainsi : « Dans quelque deux ou trois ans, je pourrai faire un roman. Je commence grâce à ce journal à savoir ce qu'il y a dans une journée, dans une semaine, dans plusieurs mois »[2]. Il est moins prudent dans ses lettres. Cinq mois plus tard (15 juillet), circulant à travers l'Équateur, il écrit à Paulhan : « Je fais un roman : des vues synthétiques, le contraire du délayage proustien, ne serait pas aux antipodes de *Sous l'œil des Barbares*[3]. Vient avec lenteur, sûreté et allure de définitif. Semble devoir s'achever dans quatre ou cinq mois — en quelque sorte classique. » À la fin de l'année, à l'issue de son long périple sur le Napo et l'Amazone, une carte postale du Brésil annonce encore : « Je vous remettrai à Paris la fin de mon Journal. Elle est faite de peu de pages mais de plus

1. Dans son compte rendu d'*Un barbare en Asie*, Eddy du Perron dit très bien : « Dans *Ecuador*, Michaux est peut-être devenu "Qui je suis" » (*Nieuwe Rotterdamse Courant*, 5 mars 1933 (repris dans ses *Œuvres complètes*, G.A. van Oorschot, Amsterdam, 1958, vol. 6, p. 70-72).

2. I, p. 163.

3. Il s'agit du premier volume de la célèbre trilogie de Barrès, *Le Culte du moi* (1888).

de substance que les précédentes./ J'y introduis beaucoup dans mon roman[1] ».

Ces mots un peu énigmatiques laissent entendre que la matière du journal servirait alors de cadre ou de substance au roman, selon un décalque classique entre expérience vécue et reprise fictionnelle (ce que vient par exemple de vivre Malraux avec *Les Conquérants*). On ne saura probablement jamais ce qu'il en fut vraiment. Mais il est clair que c'est dans la réalité l'inverse qui arrive : le rêve du roman donne au journal une énergie dont celui-ci semble avoir besoin, alors même qu'en s'écrivant il atteste l'impossibilité où se trouve son auteur de s'en tenir à une forme développée et suivie. Comme toujours, Michaux se fait l'écho du processus en cours. À l'instant précis où il a cru pouvoir dire qu'il commence, grâce à son journal, à maîtriser ou au moins à évaluer la consistance et la succession du temps. Il retourne sur-le-champ son affirmation : « C'est horrible, du reste, comme il n'y a rien. On a beau le savoir./ De le voir sur papier, c'est comme un arrêt[2]. » Ainsi, au moment où sa plume s'arrête après avoir tracé ces quelques lignes et avoir ainsi donné forme à un fragment de son journal, Michaux est saisi par ce « rien » qu'il voit, qui correspond à la façon dont le temps le traverse. Arrêt de mort : déjà le deuil du roman projeté (« dans deux ou trois ans ») ; arrêt de vie : le journal s'invente, s'abandonnant au pur présent qui devient son prétexte. Voilà ce que ce journal permet à Michaux, grâce à un temps en partie préformé par le voyage et l'expérience de la réalité qui en découle : tenu au présent de lui-même, il peut passer d'un qui-je-fus à un qui-je-suis découvrant la mesure de ce « rien » fait d'innombrables « riens » — « un de ces riens », comme il dit pour annoncer un de ses poèmes[3]. Ce(s) rien(s) du tout, ce tout du rien, c'est le fragment.

Non que Michaux le découvre dans *Ecuador* : son écriture en est comme spontanément faite dès l'origine. Mais dans ce livre, conçu exceptionnellement comme un ensemble continu, il fait, grâce à l'appui de la réalité extérieure, et quelque réserve qu'il en ait, l'épreuve d'une discontinuité

1. S.d. (décembre 1928).
2. I, p. 163.
3. I, p. 155.

radicale, par une démultiplication irrépressible du fragment. Fin du roman, naissance du fragment : cette transformation obscure implique une impatience de fiction qu'*Ecuador* ne peut combler, mais à laquelle il prépare Michaux[1].

Il y a ainsi dans *Ecuador*, qui n'est pas un gros livre, 151 mentions — de temps, de lieux — supposées correspondre à autant de temps d'écriture, ou fragments. Ces mentions ne suffisent pourtant pas à les démarquer. Les fragments ainsi délimités sont eux-mêmes en 40 occasions subdivisés par un signe typographique (une étoile noire), correspondant à un changement de sujet, de perspective, qui délimite ainsi autant de fragments internes au premier. Mais ces démarcations fortes sont encore insuffisantes : quinze fois, des sauts de lignes ménageant des blancs font vaciller le fragment sur lui-même, suggérant qu'il n'y a pas de limite réelle à sa définition. Ces blancs s'ajoutent à toutes les démarcations qu'entraîne le passage de la prose au poème, comme aux blancs que la tradition ménage, à l'intérieur des poèmes eux-mêmes, entre des équivalents de strophes dans une poésie irrégulière. Des lignes de points, enfin, touchant indifféremment vers et prose, témoignent encore, par trois fois, de franchissements d'écriture et de temps[2]. Ainsi, pour avancer, en parlant de tout et de riens, l'écriture ne cesse-t-elle pas, dans *Ecuador*, de s'interrompre et de recommencer, dans une confusion dont la typographie témoigne. C'est ce qu'ont bien senti ses premiers bons lecteurs. Hellens : « C'est une suite de réflexes, de bonds hors de lui-même, "d'évasions" comme dirait certaine psychologie. » Jean Cassou : « Étrange récit que ce chapelet de notes et de poèmes, d'observations futiles, de ricanements et de délires. » Ou Gide, tentant de cerner le « très singulier tour d'esprit » de Michaux : « Sensation ou pensée, il la suit, sans souci qu'elle paraisse étrange, bizarre ou même saugrenue. Il la prolonge et, comme l'araignée, s'y suspend à un fil de soie, laissant le souffle poétique l'empor-

1. Sur les commencements de la question du roman, voir le chapitre sur *Qui je fus*, p. 115-118, sur ses derniers signes, voir le chapitre sur les Textes épars 1936-1938, n. 5, p. 209 et p. 213-214.

2. I, p. 161, 219 et 232.

ter, il ne sait lui-même où, avec un abandon de tout son être[1]. »

Personnes

Dès le premier fragment s'ouvre cette règle de la non-règle, amateurisme suprême où s'engage un art, très nouveau, d'écrire. Déplions un instant ce mouvement, qui tient à la prégnance du détail. « Voilà deux ans qu'il a commencé, ce voyage. On m'avait dit : "Je t'emmènerai." Deux ans, une sorte de constipation et maintenant, c'est pour mardi matin. Je suis soumis toute la journée à une sorte de projection à distance. On cherche mon regard. Quel effort il me faut pour revenir à moi, et combien "impur" ce retour, comme quand on cède à une image de sexe dans la prière[2]. » La modulation de la confusion commence (c'est fréquent chez Michaux) au jeu des pronoms. C'est d'abord le voyage personnifié, premier acteur, avec son « il » engageant tout le livre. Un « on », vague, désigne ensuite l'ami, Gangotena, dont le nom est ainsi évité (et le sera constamment par la suite), après la dédicace qui lui offre *Ecuador* : à la faveur du pronom-complément tout juste introduit (« m'avait »), ce « on » est ici le premier véritable « je » (« je t'emmènerai ») s'adressant au « tu » de l'auteur qui reprend aussitôt son droit (« Je suis soumis »). Un deuxième « on », désignant une ou plusieurs personnes (« on cherche »), imprécise encore l'effet dont la nouvelle du départ frappe le héros incertain. Enfin, un mélange d'impersonnel et de personnel (« il me faut » ; « revenir à moi ») accentue le flottement de l'être qui se cherche et se confie à un troisième « on » (« on cède »), plus général mais aussi plus privé que le second, aidant à un retour vers le « moi » imprécis s'entourant de ces pauvres mots qui restent sa ressource. Le corps est là, dans sa contingence et sa crudité : « constipation », « sexe » ; ainsi qu'à travers une image

1. Respectivement : Franz Hellens, « Lettre de Belgique », *La Revue européenne* (nouvelle série), nº 11, novembre 1929, p. 470-473 ; Jean Cassou, *Les Nouvelles littéraires*, nº 356, 10 août 1929, p. 10 ; André Gide, *Découvrons Henri Michaux*, Gallimard, 1941, p. 15-16.

2. I, p. 141.

effacée dans le très court fragment suivant, lors de la réédition d'*Ecuador* en 1968 (« son urine quotidienne »[1]). Michaux désigne ainsi l'écrit, les « pages » que fera ce voyage, si « grand » dans sa visée mentale, se tuant sur-le-champ par ces mots sans lesquels il ne serait pas, pas plus que n'existerait son auteur, cet « homme qui ne sait ni voyager ni tenir un journal de voyage » mais se trouve contraint d'inventer l'un par l'autre.

Espaces-temps

Comme toujours, Michaux livre lui-même la méthode, dès le cinquième fragment : « Voyons, trente ou trente et un jours en décembre ? Est-ce depuis deux ou trois jours qu'on est en mer ? Dans l'anticalendrier de la mer ? Pauvre journal ! » Mais l'anticalendrier de la terre ne sera pas plus rassurant. Le lecteur cède vite au vertige des mentions de dates et de lieux qui amorcent chaque fragment et sont censées former le cadre du journal. Michaux donne ainsi soit un plein d'informations (date, jour, heure, lieu, action, etc.), soit seulement une de ces mentions ou d'autres, moins attendues. Il fait suivre la mention indécise (« *À bord* du Boskoop, *en mer* ») d'une notation soudain des plus nettes (« *4e jour de mer./16 heures* »). La journée d'un « *Dimanche matin* » (éclairée par la mention précédente : « *Samedi matin, fin février* ») s'étire au fil de cinq brefs fragments séparés chaque fois par les mots : « *Un peu plus tard* ». Le « *Jeudi 1er mars* », lui, se dilate et implose au fil de ses heures : « *3e, 4e, 5e, 6e, 8e, 9e, 10e, 11e heures* », « *12e heure.* », « *Heure 13e, heure 14e* », « *15e heure* », « *En mangeant* », « *17e heure* ». À l'opposé, parfois, l'événement seul est livré (« *Premier voyage en pirogue* »)[2]. L'effet de tremblement de la lecture est tel qu'on en vient à douter de la véracité des dates ainsi égrenées au fil du livre : or elles sont exactes[3]. Comme sont exacts les éléments d'une géographie distribuée

1. Sans doute pour gommer ce trop de corps impudique, et rendre la restriction autrement frappante. « Non, il fera des pages c'est tout [, son urine quotidienne]. » (*Ibid.*)

2. Respectivement, I, p. 142, 162-164, 167-169 et 211.

3. Au moins celles que le calendrier universel permet de vérifier. Le scrupule un peu pervers de Michaux le pousse à spécifier ses doutes sur les dates :

çà et là au fil d'une année de voyage, ainsi que les événements qui s'y inscrivent. Mais leur réalité se trouve davantage qualifiée par un vide dont ils surgissent par bribes, que par des pleins qui tendraient à les ordonner dans un tableau reconnaissable. Il s'agit toujours d'affirmer, au plus pressé, un point de vue partiel focalisé sur chaque instant ; quels que soient les prétextes, variables et illimitées, qui conduisent à s'y arrêter, pendant quelques lignes ou de brèves pages. C'est ainsi fonder autant que dénier l'espace et le temps en suivant le fil propre d'un tempo d'écriture qui invente lui-même sa respiration.

Prose, poésie

Ces variations de personnes et d'espaces-temps dessinent le cadre délié dans lequel Michaux fait varier de façon comparable les modes d'écriture, ménageant surtout un passage constant de la prose au poème. On relève dans *Ecuador* treize ruptures-glissements de la prose factuelle du journal à l'élan soudain du poème (on compte vingt poèmes grâce à quatre regroupements). Les écarts, nuances et conflits liés à ces passages touchent ainsi le corps matériel de l'écriture ; ils entrent dans ses rythmes et ses souffles ; ils portent sa modulation. Michaux aura tout ménagé pour relativiser et affoler la distinction entre prose et poésie sur laquelle est bâtie son livre et qui travaille, au-delà, tous ses livres, jusqu'à l'effacement dont elle finira parfois par devenir l'objet. Passant une première fois un peu gravement au poème pour saluer « L'arrivée à Quito », Michaux enchaîne coup sur coup trois poèmes, distingués par un titre en capitales et un changement de corps (un bas-de-casse inférieur à celui de la prose). En revanche, un quatrième fragment, « La crise de la dimension », en dépit de son titre en majuscule, reste en prose (le corps d'impression le suggère). Huit fois, la chose se répétera, par exemple pour les fragments « Sérénade à l'américaine », « Mort d'un oiseau » et

---

« Lundi (21 ? février) » (il s'agit du 20 février). Pour le lecteur, ce détail participe à l'effet de tourbillon de l'ensemble du texte.

« L'Amazone n'était pas d'une taille à se laisser voir avant le xxe siècle ». Cependant, par un fin jeu de balance, le découpage de certains de ces fragments de prose en très brefs paragraphes rythmés les rapproche parfois étonnamment des passages à la ligne du vers libre[1] (ainsi « Mort d'un oiseau »). Inversement, certains poèmes, d'un registre très quotidien, montrent, dans leurs débuts surtout, un ton de prose que rompent seuls le passage à la ligne du vers et une défaillance de la ponctuation[2]. Au point que c'est autant le code adopté par la typographie que la réalité matérielle du texte qui font parfois la différence. On est frappé aussi que le dernier poème ou groupe de poèmes d'*Ecuador*, sans titre et introduit par une simple mention de lieu et de temps, se trouve ensuite découpé par les mentions (« *Trois jours après* », « *Un peu plus tard* ») dont use constamment la prose la plus prosaïque du journal. C'était déjà, peu après le premier ensemble de poèmes célébrant l'arrivée à Quito, une façon de transformer deux titres, ceux d'un fragment de prose et d'un poème, indifféremment, en équivalents de simples mentions de temps et de lieu (« Les paysages de la terre » et « Vu sur un mur nu »). Ce dernier est le fragment que Michaux introduit comme « un de ces riens », déniant au poème, en dépit de ce qui le distingue, le privilège d'être ou d'incarner quelque chose de plus que le moindre fragment de prose.

Ainsi des écarts maintenus entre prose et poésie font-ils l'objet d'une variation continue, et tendent à se résorber dans la modulation d'une langue intermédiaire. De même que les titres et les mentions d'espace-temps, distincts par leur fonction et distingués par la typographie, ne cessent d'échanger leurs rôles, de dissoudre les codes dont ils sont porteurs. Au point que les écarts entre états et niveaux de langue semblent répondre en dernier lieu à une énigmatique variabilité des choses mêmes, aux effets qu'elles

1. I, p. 32-35, 69-71, 92-93, 169. Ce compte exclut la partie finale, « Préface à quelques souvenirs », hors-journal, où des fragments de prose se succèdent uniformément.

2. Par exemple le très court « Retour à Quito » (*ibid.*, I, 174) ou « Mort d'un cheval » (I, p. 199) : « À peine on venait de sortir / Tout à coup il est mort / Il a voulu sauter/ Et il est mort./ Moi j'allais devant/ Je ne pouvais rien voir/ Puis Gustave m'a rejoint. »

éveillent dans un corps tenu avant tout pour indice de réalité[1].

Fiction

Dans ce kaléidoscope d'instants documentaires, ce catalogue d'impressions, internes et externes, cette cavalcade d'états, ces essais cumulés de rationalisations impulsives, ces affects d'un lyrisme écartelé entre plainte, fureur et facticité, partout de la fiction ne cesse d'affleurer avec le charme d'une virtualité. Elle s'accroche à des objets, met en scène des situations, passe par des dialogues interposés. Elle n'empêche rien de rester véridique, mais colore bien des moments d'un excédent : une vibration d'incertitude, qui correspond aux glissements à l'œuvre entre les différents états de langue comme entre les humeurs et les rythmes du corps. Une fois, Michaux a dégagé cette force de la fiction pour elle-même, anticipant les rêveries motrices qui vont bientôt surgir dans *Mes propriétés* : c'est « Océan solide », une hypothèse contenue dans son titre, et travaillée dans une prose poétique d'une densité affichée, qui rapproche ce fragment exceptionnel du poème sans l'y assimiler[2]. Cette rêverie commence au conditionnel, qui la décolle ainsi du présent du journal ; mais elle entre bien vite dans son propre présent joueur ; de sorte que son temps, quoique distinct, s'apparente aussi à celui de tout ce livre dont elle concentre une dimension de fiction éparse, entre toutes difficile à cerner, mais constante.

1. Pour une image forte et ironique de ce rabattement du prosaïque sur le poétique, du point de vue d'une seule et autre langue, écoutons Michaux vanter l'utopie d'un avenir où on pourrait enfin « parler à un chien », se soucier de « ses impressions variées », aller même jusqu'à l'écouter nous parler « du produit de son intestin ». Car « tout nous intéresse ». Michaux se prend ainsi lui-même à revers, pour désigner ce à quoi il s'attaque et l'effet qu'il produit : « *C'est poétique*, ne manqueront pas de dire tous les journalistes et snobs et commères de ce temps-là » (I, p. 179).

2. C'est peut-être pendant cette traversée que Michaux écrit la première version de « Notes de zoologie » (repris fin 1929 dans *Mes propriétés*), si on en croit la date et la mention *Océan Pacifique*, Janvier 1928 » apposées à la fin du texte, lors de sa première parution dans *La Revue nouvelle* en avril 1929.

Écriture, peinture (musique)

Ainsi, de quelque côté qu'on se tourne, voit-on Michaux combattre l'effet de réalité de ce voyage comme celui d'une écriture qui en serait garante. C'est là ce qu'exprime une des formules où ressort le mieux la sourde violence de cet art de construire : « Déjà écrire d'imagination était médiocre, mais écrire à propos d'un spectacle extérieur ! » Elle a l'intérêt d'introduire dans cette œuvre la première référence explicite de Michaux à sa propre peinture : « Bas et bassement je m'étais dit aujourd'hui : Ce que tu as vu, tu pourrais encore le peindre en couleurs./ Mais le moi de moi n'a pas voulu et sur la toile sont apparus mes larves et fantômes fidèles, qui ne sont de nulle part, ne connaissent rien de l'Équateur, ne se laisseraient pas faire./ Allons, tout n'a point encore succombé[1]. » Ce passage forme en fait dans *Ecuador* le troisième temps d'une chaîne qui met en jeu écriture et peinture du point de vue de leurs relations respectives avec la réalité extérieure. C'est aussi un exemple frappant de la façon dont le sens ici se construit : par réseaux, entrelacs, déplacements. Dans un fragment tournant autour du « mimétisme » interne aux choses elles-mêmes, à la « nature », Michaux introduit la peinture, en s'attachant aux difficultés et malheurs propres à la nomination (et par là, implicitement, à l'écriture). Il insiste sur la difficulté du « nom » comme « objet à détacher » ; alors que la peinture la plus banale, elle, va droit aux choses, sans être assujettie à un effet-retard propre au nom (« valeur d'après-coup et de longue expérience », impliquant « un point de vue décidé »), équivalent au meurtre ou au moins au deuil de la chose[2]. Mais, du fait même des choses qu'elle capte, la peinture — celle des « fidèles copistes des choses extérieures » — reste en dernière instance tributaire du nom par l'effet de reconnaissance qu'elle induit chez son spectateur.

Un tel conflit ouvre donc sur la conception d'un art non réaliste, quoique lié à la nature, engageant par le corps la nature même : disons, une esthétique de la défiguration-refiguration. Dans un deuxième temps, Michaux choisit d'y revenir par la

1. I, p. 177.
2. I, p. 151.

lecture, qui prend ainsi le relais de la vision des tableaux. Il se décrit lui-même comme un très mauvais lecteur, « repoussant incessamment, avec haine, refus et mauvaise foi[1] ». Il prend comme exemple une étude sur les arts graphiques consacrée par un certain « Zeixe Man » au peintre Papazoff. Ainsi s'effectue la transformation d'une « lecture médiocre » en un « texte modifié », que Michaux livre à son lecteur : pastiche d'écriture automatique marqué par une obscure volonté de dérive[2]. Pourquoi prendre ainsi un texte sur un peintre pour parvenir au bord de l'« inintelligible », comme le fait chez lui, ajoute t-il, toute lecture ? Pour suggérer que n'ayant affaire ni aux « mots », ni aux « idées », ni aux « phrases » (tels sont les trois niveaux que Michaux qualifie en se fixant sur ce texte, dont il ne laisse que les phrases), la peinture telle qu'il la conçoit parvient beaucoup plus simplement à rester en deçà des équivoques entre sens et non-sens, avec lesquelles l'écriture doit ruser par d'autres moyens.

C'est pourquoi, troisième temps, le fragment suivant en arrivera par des détours à sa propre peinture, refusant le spectacle du monde extérieur par une refiguration directement entée sur la vision interne. Mais, au passage, Michaux n'en prend pas moins parti sur l'écriture, à travers les transformations auxquelles il soumet l'original. D'un côté, produisant ce texte arbitraire, en tout opposé à son propre art d'écrire, il semble que Michaux ait saisi l'occasion de se jouer à nouveau de l'automatisme surréaliste et de ses « cavalcades syntaxiques »[3]. De l'autre, par un effet sur-signifiant, il confirme que « son instinct lui fit geindre Mallarmé ». Cela résonne comme le refus ironique d'un autre hermétisme, propre à une vision de la littérature et du Livre, envers laquelle Michaux, une fois au moins, a marqué ses distances[4]. Mais que serait alors sa propre illisibilité, déterminée par son refus de se plier aux mots et aux idées

1. I, p. 176.

2. L'étude à laquelle se réfère Michaux est celle de Marc Seize, « Georges Papazoff », *Les Arts plastiques*, n° 6, avril 1926, article unique d'un numéro entièrement consacré à ce peintre d'origine bulgare, installé à Paris dans les années 1920. Sur le détail de l'extraordinaire travail de défiguration auquel se livre Michaux sur un passage de ce texte et sur le nom de son auteur, voir dans le t. I de la Pléiade la note 1 de la page 176 de l'appareil critique.

3. Voir le chapitre sur les Premiers écrits, p. 105-108.

4. Dans une lettre à Rolland de Renéville (s.d., 1926-1927 ?). Voir l'Introduction, p. 38-39.

des autres, ainsi qu'à toute espèce de réalité ? La singulière illisibilité de Michaux tient à sa capacité personnelle de mimétisme. Sa peinture, vite évoquée, en donne l'image : elle sert ici de modèle à ce que l'écriture réalise, avec ses moyens propres. Par son immédiateté même, sa simplicité, une telle écriture défie les saisies de la nomination, soumettant d'emblée toute réalité extérieure à la scansion tourbillonnaire d'un rythme intérieur du corps-pensée. Le fragment ne cesse d'en tracer la limite ; il en est la forme et la force.

Au point que le fragment lui-même se résorbe dans la force du mot. Dans une mimétique transformée, le mot échappe à la prescription du nom. Il concentre en lui la phrase ou vers naissant de la réalité la plus banale, pour en devenir le noyau volatile et variable ; mais c'est comme « musique ». Il s'agit alors d'autant de microsynthèses indécidables entre prose et poésie : soit que la phrase s'abolisse dans le mot (c'est l'exemple donné par le mot « volcan ») ; soit que celui-ci serve à l'enclencher (c'est l'exemple donné par « cheval »). Mais de toute façon, « Peu de phrases. Le gong fidèle d'un mot [1] ». Les trois mots-phrases ainsi brièvement développés apparaissent en italique : ils sont traités comme des citations, venant d'une autre voix. Le seul autre exemple dans *Ecuador* en est le texte transformé sur le peintre Papazoff. La musicalité opaque et minimale du mot-gong répond à l'illisibilité issue de la lecture. De même que Michaux, bien indirectement, répond à Mallarmé [2].

« *Moi de moi* »

Ainsi *Ecuador* n'en finit-il pas d'être la voix du « moi de moi ». Façon de dire, aussi bien : avoir « Toujours son "Moi" [3] »

1. I, p. 162.
2. La proposition de Mallarmé par rapport à laquelle il faudrait développer l'opposition entre deux visions de l'écriture, est la suivante : « Le vers qui de plusieurs vocables refait un mot toral, neuf, étranger à la langue et comme incantatoire, achève cet isolement de la parole : niant, d'un trait souverain, le hasard demeuré aux termes malgré l'artifice de leur retrempe alternée en le sens et la sonorité » (« Crise de vers », *Œuvres complètes*, Bibl. de la Pléiade, Gallimard, 2003, t. II, p. 213).
3. *Qui je fus*, I, p. 112-113. Voir le chapitre sur ce recueil, p. 125-126

ou en être dénué, être divisé entre un ou plusieurs moi, un moi et un non-moi. Un qui-je-suis pesant ou trop léger, suraffecté, désaffecté. Michaux a très bien exprimé cela dans un fragment où il cherche à situer sa « forte propension à l'ivresse ». Sept mois plus tard et quatre-vingt-quatorze pages après sa dérive autour de Papazoff, il en revient aux transformations que suscite en lui la lecture. Au désintérêt attaché à la clarté, il oppose la « grande satisfaction » qui lui vient du flou, de l'indéterminé : « Ici, les arbres sont fort éclairés et lumineux. Je ne les vois pas. Je regarde seulement leur éclat. J'ai toujours les yeux grands ouverts comme les nourrissons et ne les tourne que quand ça bouge, comme les nourrissons./Je peux difficilement m'expliquer. Quoique je parle plus souvent de malheur, j'ai aussi des tas de petites jouissances[1]. » Ainsi se cristallise une opposition fondatrice entre un moi général et des moi singuliers. Le premier implique un sens de la réalité achevé et fermé sur soi, un destin de l'humain en soi, soumis par là au manque, au « malheur ». Les seconds, au contraire, sur un mode éclaté, extérieur autant qu'antérieur à des identités déterminables, glissent vers un rapport ouvert et sans destin, par un branchement intermittent sur la diversité du vivant[2]. Ce sont là les « petites jouissances ». Elles sont infimes, sans territoire, ou ne l'occupent que le temps de s'en défaire, au rythme d'une capacité de déplacement qui est un mode de détournement et de reconversion du malheur. Le « moi de moi » donne vie dans le moi à l'avant-moi, que soutient l'image du nourrisson. Vacillation de soi devenant une force. Au fil de ce journal où il se cherche, sous la pression de l'événement qui afflue, Michaux a trouvé trois façons plus frappantes que d'autres de le faire sentir.

La première formulation touche au principe même de la contradiction, en développant une de ces devises dans lesquelles la puissance de Michaux se concentre : « La phrase est

1. I, p. 229. On peut rapprocher ces lignes d'une remarque à Paulhan, dans une carte postale de février 1928 (s.d.) : « Oui, c'est vrai que pour ma littérature, je suis très bébé. »

2. Cette tension entre deux régimes exclusifs mais complémentaires ressort chez Deleuze et Guattari, en des termes très proches de ceux de Michaux, de l'entrecroisement de quatre concepts opposés deux à deux : molaire et moléculaire, territorialisation et déterritorialisation (*L'Anti-Œdipe* et *Mille plateaux*, Minuit, 1972, 1980).

le passage d'un point de pensée à un autre point de pensée. Le passage est pris dans un manchon pensant. » C'est sur ses passages que l'écrivain est jugé, dans l'ignorance où on est du manchon. Mais « On oublie que dans son manchon il avait de quoi dire tout autre chose, et le contraire même de ce qu'il a dit[1] ». Ces deux virtualités sont exactement ce que Michaux sait rendre présent ou faire affleurer dans beaucoup de ses phrases : ses passages. Jusqu'au niveau du plus petit fragment, le moi peut être déplacé, contradictoire. Il ignore ou tourne l'exigence de non-contradiction, sans même se sentir contraint de le manifester.

Vient ensuite le temps de l'impression. Les plus fortes, les plus vitales, dit Michaux, sont refoulées très vite au profit des suivantes et oubliées, cela continuellement[2]. Un tel refoulement n'est pas de type psychanalytique, lié à des contenus particuliers, sexualisé ; il s'agit plutôt d'un fonctionnement global touchant au mécanisme intensif de la mémoire et de ses représentations, et relevant de la gestion d'une énergie ; il s'agit par là de se caractériser comme machine (« Je suis une bonne pompe »). Il s'ensuit un retournement et une dilution du temps, en particulier du temps biographique : celui-ci ne s'accumule pas comme avenir, ni ne va du présent vers le passé ; il est un présent limité, oscillant de l'instant à une masse limitée de temps[3]. Au-delà, quand « l'auteur » s'émeut de voir une année réduite au « si peu de pages » de son journal, et qu'il cherche, « il ne rencontre que brouillards[4] ». Il n'y a de moi que dissous, singularisé dans ses impressions, en deçà d'un seuil de réelle consistance. Ce temps de l'impression s'appelle aussi le fragment.

Enfin, il y a la nature de l'émotion. Michaux finit son livre en cherchant à rendre un spectacle qui l'a « ému comme aucun autre » (il précise : « par tout ce que je n'arrive pas à en dire ni même à en penser »). La scène se situe au Brésil, au jardin zoologique de Para[5] ; elle touche le rapport « tout à

1. I, p. 158-159.
2. I, p. 174.
3. I, p. 174. « Je n'ai jamais eu dans ma vie plus de quinze jours. D'une seconde à quinze jours, voilà toute ma vie. »
4. I, p. 173.
5. I, p. 187-188.

fait extraordinaire, unique », entre un chimpanzé et l'ouvrier qui lui donne à manger. L'air mauvais de cet homme, son mépris affiché des animaux intéresse Michaux : on peut donc dissocier le don de la bonté, du bonheur qu'on provoque, de la dépendance créée. Car n'en reste pas moins le lien pur, la sensation (« Peut-être aussi, avait-il cette sensation de l'amant qui sent qu'on colle à lui »). C'est là une émotion de la sensation, ramenée à la sensation, à sa force intransitive, présubjective, non humaine : un « devenir-animal[1] » s'affirme ici, comme dans les si nombreuses mentions et variations sur toutes sortes d'animaux peuplant ce journal de voyage[2].

« *Je suis né troué* »

Cette tentative aiguë d'autodéfinition se concentre dans le long poème « Je suis né troué[3] ». Une image en forme le centre, mais excédant et esquivant tout centre. Michaux dit tour à tour : un trou, un vide, un vent qui passe par ce trou, devient l'énergie de ce vide. Il emploie aussi, une fois, le mot « manque », qui vaut à la fois pour trou et pour vide, saisi comme il l'est entre ces deux mots qui se trouvent réitérés avec une sorte de compulsion rythmée. Mais ce manque n'est pas réellement le manque d'un désir impossible à combler ; il est ce qui affecte en Michaux le sensible même, dans son excès comme dans son indéfinition : « J'ai sept ou huit sens. Un d'eux : celui du manque[4]. » Ce manque est ainsi une dimension elle-même sensible de tout le sensible ; il se palpe et se touche « comme on palpe du bois ». Il a l'immensité d'une forêt ; il est

1. Sur le devenir-animal, voir Gilles Deleuze et Félix Guattari, *Mille plateaux*, *op. cit.* (en particulier les plateaux 2, « 1914 — Un ou plusieurs loups ? » et 10, « Devenir-intense, devenir-animal, devenir-imperceptible ») ; ainsi que *Kafka, pour une littérature mineure*, Minuit, 1975 (surtout le chapitre 2, « Un Œdipe trop gros. Double dépassement : les triangles sociaux, les devenirs-animaux »).

2. Sur la virtualité d'une communication avec les animaux (entraînant prophétie et rétrospection), sur la comparaison de l'homme et du chien (favorable à ce dernier), voir I, p. 76, 77 et 79, 80.

3. I, p. 94-96. Il a servi à Claude Lefort de point de départ à sa réflexion sur Michaux (voir l'Introduction, p. 28-29).

4. I, p. 189.

la force et la condition vivante de celui qu'il habite[1], en dépit de la dureté des mots qui cherchent à le qualifier (« Dans le trou il y a haine (toujours), effroi aussi et impuissance » ; « Mon vide est un grand mangeur, grand broyeur, grand annihilateur »). Mais ce vide est « ouate », aussi, et « silence/Silence qui arrête tout » : il devient toute chose en soi. L'essentiel est par là que cette force, dont témoigne aussi la profondeur du trou, soit étrangère à toute forme ; et que les mots deviennent impuissants à le situer[2], contraints à errer autour ce rapport impossible et interminable. Ainsi s'énonce pour Michaux la dure loi d'écrire, la seule qui convienne : il faut trouver une forme sans forme pour éviter d'emprisonner la force à l'intérieur d'aucune forme qui lui préexisterait ; il faut être plaque tournante, lieu de passage pour devenir objet-sujet d'une circulation sans fin entre intérieur et extérieur de soi.

Voyage

De cette dynamique, le voyage est un pourvoyeur. Une première fois, il a sauvé le jeune Henri Michaux de son enlisement dans une adolescence tardive, solipsiste et faussement confortable ; il a préparé le sursaut qui fait revenir « en lui le besoin, longtemps oublié, d'écrire[3] ». Mais le voyage, cette fois, sert d'appel spécifique et de motif à l'écriture : en se rendant mutuellement possibles, ils s'entre-détruisent d'autant. Dès la première page, l'écriture tue le voyage, mais rend possible de le dire ; elle permet tout au long de l'interroger, de s'en éloigner et d'aller jusqu'à le dénier, sans cesser jamais de s'en nourrir. Le point le plus fort qui fait croire que « ce voyage est une gaffe » est peut-être atteint lorsque finit par resurgir le motif de la rêverie immobile : « On trouve aussi bien sa vérité en regardant quarante-huit heures une quelconque tapisserie au mur[4]. » Michaux nous trompe ici pour se rassurer, mais surtout pour

1. « S'il disparaît, ce vide, je me cherche, je m'affole et c'est encore pis » (I, p. 189).

2. « Quoique ce trou soit profond, il n'a aucune forme./ Les mots ne le trouvent pas,/ Barbotent autour » (I, p. 190).

3. « Quelques renseignements », I, p. CXXXII.

4. I, p. 120.

toucher le cœur de sa double expérience. Le voyage immobile permet d'aller plus loin en soi puisqu'il évite la contrainte du « spectacle extérieur[1] » (Michaux l'a déjà expérimenté et va sous peu y replonger avec excès, dans « la chambre à punaise qu'il s'agira de trouver dans ce grand Paris[2] »). Mais le voyage réel est crucial, de par sa propre force comme par les effets à plus ou moins long terme qu'il induit. Sa vertu manifeste est d'éloignement : c'est la condition pour Michaux d'une échappée, ou comme il dit, d'une « expatriation[3] », qui ne touche pas seulement sa famille et la Belgique mais la France et plus largement l'Europe, tout ce qui tient à une trop proche et précise identité. Le voyage dans un pays lointain permet ainsi un élargissement documentaire. Par un hasard lié à l'amitié, cet « exotisme » est ici empreint d'une coloration poétique qui permet à Michaux de rejoindre en Amérique du Sud deux figures tutélaires de son écriture et de sa vie : Lautréamont et Supervielle. Mais c'est avant tout une géographie qui s'offre à lui, avec ses animaux, ses arbres et ses plantes, ses nuages et ses volcans, ses races et ses langues, selon une tout autre diversité du vivant. Le « vent terrible » que Michaux sent souffler dans sa poitrine évoque encore celui du pays de vent d'où il vient ; mais la forêt qui l'aide à qualifier son sens du vide et du manque « serait plutôt une grande forêt, de celles-là qu'on ne trouve plus en Europe depuis longtemps[4] ». Avec la passion du dehors où il plonge, si contradictoire et contrariée soit-elle, et à proportion même des conflits provoqués, le voyage est la condition qui donne à l'intérieur sa chance de pouvoir toucher des points toujours plus éloignés en soi.

On voit combien une telle expérience de soi a pu finir par se forger à l'opposé de l'illusion qu'elle a nourrie dans l'espace-temps même où elle a été vécue. Quand pour fuir « le délayage

1. « Déjà écrire d'imagination était médiocre, mais écrire à propos d'un spectacle extérieur ! » I, p. 177.

2. I, p. 203.

3. « Quelques renseignements », p. CXXXIII. Michaux utilise ce mot pour désigner ses voyages de l'année 1929, en Turquie, Italie, Afrique du Nord. C'est le second sous-titre du livre de Jean-Pierre Martin, qui réunit sous ce mot les effets de dérive et d'exil (« déterritorialisation », disent Deleuze et Guattari, auxquels il se réfère) au gré desquels Michaux s'ouvre aux « écritures de soi ».

4. « Je suis né troué », I, p. 189.

proustien », son premier modèle rêvé, Michaux invoque « des vues synthétiques » dont il croit cette fois voir dans Barrès un modèle qui prendrait la relève, il touche avec une rare exactitude le point de réversion à partir duquel il lui est possible d'écrire. L'autoportrait simulé, l'art de fiction-pensée, dans lequel malgré lui il s'engage et sur la nature duquel il s'égare encore, n'obéit en effet à aucun modèle connu, bien qu'il soit hanté par beaucoup. Il ne peut intégrer ni les certitudes du temps ni les garanties de l'espace. Il ne peut vouer au moi aucun culte, dont la culture, la mémoire, les croyances et les valeurs seraient garantes, fût-ce avec « une ironie supérieure »[1]. Il ne peut s'accorder l'illusion de vivre « sous l'œil des Barbares » dont il chercherait à s'extraire pour se savoir différent. Plus humblement, quel que soit l'orgueil qu'il y mette, il peut seulement tenter d'accorder la voix du barbare qu'il se sent être à l'égard de tout et de tous — ce qu'un autre voyage va l'aider à trouver.

1. Michel Beaujour, *Miroirs d'encre*, Le Seuil, 1980, p. 77. Voici comment se cristallisent quelques pages consacrées à la tentative de Barrès : « Ainsi s'accomplit de façon poignante l'autoportrait de l'homme occidental figé dans le miroir de sa culture » (p. 76).

« Braakadbar »

(1929)

Braakadbar a la force, rare, des héros qui reviennent. Dans la première phrase de son premier texte publié, en 1922, Michaux donnait à Braakadbar[1] la place de celui qui défie le Créateur et ouvre dans la création la voie de l'inhumain. Quelques années plus tard, dans un récit étrange et jamais repris, qualifié une fois de « conte fantastique[2] », Michaux accorde à Braakadbar la place du ou d'un Créateur. C'est pour en faire un créateur incertain, ruinant sa création autant qu'il est défait par elle, au gré de tensions sans issue entre les univers posés, les personnages qui les peuplent, les dieux qui les régissent, comme entre ces personnages et ces dieux eux-mêmes.

Michaux a lui-même daté « Braakadbar » sous sa signature : « Marseille, août 1927 ». Il est pourtant possible que ce soit ce même récit que Michaux signale à Paulhan dans une lettre du 15 juillet 1928, aussitôt après avoir mentionné son « roman » en cours[3]. Il l'aurait dans ce cas repris et achevé en Équateur, comme pourrait le confirmer le décor de volcans — les deux grands « entonnoirs » — qui servent en partie de cadre au récit (mais, aussi bien, Gangotena a pu les évoquer à son ami pendant la longue attente qui précéda leur

1. Le circonflexe, présent dans « Cas de folie circulaire » (Premiers écrits), a disparu ici.

2. Lettre à Paulhan (15 mars 1929, cachet de la poste).

3. Voir le chapitre sur *Ecuador*, p. 134-135. Michaux écrit : « J'ai terminé une longue nouvelle. L'ai envoyée déjà à une revue. Rapide, violente, automatique, votre comité de lecture ne l'aurait même pas lue. »

voyage[1]). Cette antidatation confondrait deux raisons : un de ces flottements de temps qui arrivent à Michaux, quand il s'agit de dates et de faits ; un désir, plus net, de dissocier ce texte à ses yeux déjà ancien de textes récemment parus et à paraître, qui apportent aux questions posées par « Braakadbar » de premières réponses[2], sur un autre versant que son voyage-journal d'Équateur, mais en partie grâce à lui et à travers lui.

Anne-Marie Dépierre et Jean-Pierre Martin ont consacré à « Braakadbar » deux études serrées. Elles font ressortir, la seconde surtout, le caractère d'impossible roman qui s'y avère ; et, de là, le processus éperdu de mise en abyme auquel Michaux se livre à l'égard de son propre désir de création, violent, mais inquiet, fluctuant[3]. Il s'agit en effet dans « Braakadbar » de conter une histoire, avec des personnages que le récit tente de lier par des actions en même temps qu'il cherche à les faire exister comme personnes. Mais on voit se ruiner cette histoire, ces amorces d'histoires qui ne parviennent pas à se construire, dans un monde où règnent ensemble Braakadbar, la nébuleuse Aachtab, une sorte de demi-dieu dénommé Torn Barar et des dieux plus abstraits comme le Dieu de la planète-terre, celui qu'on appelle « le fou » ou « l'Éternel distrait ». Aussi est-ce à l'instant unique où sont massés en une seule phrase les éléments jusque-là disjoints d'un récit en mal de prendre que celui-ci se trouve anéanti : « Les entonnoirs de 30 km de diamètre, la crête, la cabane, les habitants, le vieux ménage, le Norvégien, la fiancée, l'officier de marine, les paysans policiers et les autres et la végétation dont il n'avait guère été parlé et les bêtes qui néan-

1. Micheline Phankim a confirmé au cours d'une conversation cette attente en commun des deux amis, mais sans pouvoir préciser s'ils se trouvaient à Marseille ou au Havre, d'où ils partiront.

2. On pense en particulier à « Notes de zoologie » (bientôt repris dans *Mes propriétés*) que le hasard fait paraître dans *La Revue nouvelle* ce même mois où « Braakadbar » est publié dans *Nord*, en avril 1929 (voir aussi le chapitre sur *Ecuador*, n. 2, p. 141).

3. Anne-Marie Dépierre, « Henri Michaux : "Il se croit Maldoror". Figures et images », *Revue d'histoire littéraire de la France*, n° 5, septembre-octobre 1976, p. 794-811 ; et « "Braakadbar" d'Henri Michaux : énigmes d'une montagne creuse », *Les Lettres romanes*, vol. 37, n° 4, 1983, p. 321-340 ; Martin, « "Braakadbar" le récit-maelström », p. 204-213.

moins existaient, tout cela a disparu. L'anéantissement... presque, oui[1]. »

On peut délier de trois manières différentes la genèse d'une création impossible à laquelle Michaux s'adonne en laissant au passage s'accrocher des lambeaux de sa vie[2]. On peut tenter d'abord de suivre la logique d'une histoire se dérobant à elle-même. On est alors renvoyé avant tout à Braakadbar, « qui créa la grande nébuleuse Aachtab et qui forma non pas notre terre ». Ainsi ce personnage est-il l'auteur d'une création limitée vis-à-vis de laquelle il tente, paresseux autant qu'impatient, de continuellement se refaire « une virginité de création[3] ». Voilà ce qui construit l'histoire en la détruisant ; voilà aussi ce qui confère à sa création — la création en général — une réalité et une autonomie dont Michaux s'est dès l'origine avoué très inquiet, avec sa peur de se savoir manipulé et parlé par la voix des autres[4]. En Braakadbar, une « petite création subsidiaire » ne cesse de s'effectuer, de s'annuler, de se reprendre, de douter d'elle-même et de se réaffirmer selon sa force propre. Mais il y a aussi « Dieu », « le dieu de la planète terre, Terra stulta », « l'Éternel *distrait* » ou « *le fou* », dont se sont peu à peu éloignées ses créatures. Celui-ci est de même saisi par la lassitude ; c'est sur sa propre création que la création de Braakadbar se détache et tranche, en suscitant entre elles des effets de

1. I, p. 262.

2. On a pu déceler des traces d'autobiographie dans « Braakadbar ». Comme toujours, ce n'est qu'à proportion de ce que l'on connaît déjà de la « vraie » vie qu'on peut y insister. On limite ainsi l'effet de décalque autobiographique au peu qu'on sait, ce qui risque toujours de le rendre trompeur : à la fois trop exact et très limité. Brigitte Ouvry-Vial (p. 48) a ainsi relevé une allusion à l'accident qui entraîna le rapatriement de Michaux à l'issue de son premier grand voyage comme matelot ; cet accident frappe ici le Norvégien que son état de matelot fait facilement prendre pour Michaux (I, p. 258). Le capitaine en second, qui a d'abord été curé et « se croyait la vocation », permet d'autre part à Anne-Marie Dépierre de rappeler les tentations religieuses du jeune Michaux (art. cité, p. 337).

3. I, p. 264.

4. Il est frappant que le passage où cette peur est le plus crûment évoquée fasse état dans ses dernières lignes d'une confusion / distinction entre prose et poésie : « Qu'on se rappelle le cas de l'*Auberge du Levant*, à Conningue [...], où une vingtaine d'écrivains de différentes nationalités, [...] écrivirent d'inspiration la même histoire [...] dans ses grandes lignes ; et d'entre eux, trois sont poètes, et jusque-là, hors leur correspondance personnelle, n'avaient jamais écrit en prose » (I, p. 254).

contagion imprévisibles. Il y a enfin « les dieux », que le dernier chapitre réunit en concile. Leur statut est ambigu : variant en nombre, passant de quatre à dix, ils semblent composer une masse globale dont le Dieu de la terre aurait été une émanation ; tout comme Braakadbar, ils dérivent pourtant de ce dernier. Mais Braakadbar a cependant sur ces dieux assez de puissance personnelle pour dissoudre leur concile final. De sorte que : « Le problème divin par excellence, le problème de la création subsiste quasi entier[1]. » Au fil de ses torsions, il se circonscrit néanmoins entre polythéisme et monothéisme, comme entre le(s) dieu(x) et le(s) héros.

La deuxième façon de voir les choses est de cerner ce que gagne ici Michaux, en termes de théorie concrète de ses moyens de création. L'essentiel est « ce qui donne à réfléchir sur le corporel et l'incorporel », et ce que peut l'incorporel[2]. De la région telle qu'elle se présentait avant, c'est-à-dire ouverte au récit, à la psychologie, on passe alors au « pays de la sorcellerie ». Sa loi sans loi est la transformation généralisée, qui se joue des lois de la nature et des règnes. Il peut toujours y avoir plus de sorcellerie : passage « de la petite sorcellerie, de la sorcellerie du troisième degré », à « la grande sorcellerie, parfois immense, parfois de détails, mais qui coule inlassablement[3] ». Cette sorcellerie s'accroît encore au voisinage de la nébuleuse Aachtab. L'essentiel est sa force de singularité (il n'y a « *aucune généralité dans le miraculeux*[4] »). Deux conséquences en découlent : tout sujet se trouve ainsi projeté au-delà comme en deçà de lui-même, hors-soi[5] ; une autonomie de l'organe se constitue au détriment de toute identité, tant par rapport au corps entier qu'en regard d'une possible origine et d'une généalogie[6].

1. I, p. 267.
2. « […] un incorporel peut se rendre sensible à vous tout entier dedans et dehors » (I, p. 256).
3. I, p. 263.
4. I. p. 263. C'est Michaux qui souligne.
5. Cela s'annonce déjà dans les rapports du Norvégien et de la fiancée : « c'était un fluide qui unissait leurs racines au-delà du temps qui était mauvais, au-delà du lieu qui était effrayant, au-delà de la femme qui était fiancée, au-delà de l'homme qui était Norvégien et exténué à mourir. C'étaient deux enfants qui se soufflent dans la bouche » (I, p. 257-258).
6. « […] un organe n'a pas à savoir la version vraie et véritable de la faute originelle et de la crucifixion de Jésus et n'entre en rien et se refuse absolument

On peut enfin saisir dans « Braakadbar » des effets plus strictement textuels. Dans ce texte long de quinze pages et divisé en sept chapitres, dès le chapitre III un blanc est marqué dans la page pour délimiter « la première partie de l'histoire du Norvégien ». Au chapitre IV ce sont quatre blancs qui divisent cette fois la matière en fragments d'une relative autonomie (le premier de ces fragments, autre épisode de l'histoire du Norvégien, se donnant à nouveau comme un mini-récit particulier). Si bien que la seconde partie de « Braakadbar », plus réflexive dans ses envolées mythologiques, semble chercher à résoudre théoriquement ce que la première partie pose, concrètement, en termes d'unités matérielles de création. En cela, « Braakadbar » fait transition. Deux logiques parallèles s'y affrontent, dont le conflit présage une issue : d'un côté celle des « fables » dotant chaque chose d'une « origine » aussi mythique qu'arbitraire pour dire la folie d'un monde ; de l'autre celle des fragments qui se pressent inlassablement dans l'écriture intime du journal d'*Ecuador*. Voilà ce qui, à travers « Braakadbar », couve et commence à se négocier dans les textes à entrées multiples dont vont se composer les deux recueils cruciaux qui se préparent : *Mes propriétés* et *Un certain Plume*.

Braakadbar : on s'est peu intéressé à l'origine de ce nom, le premier que Michaux invente[1]. Il fait résonner l'arbitraire et la motivation de deux voix : celle qui dit « Abracadabra », le langage est tout et n'importe quoi, mais rythme et jeu ; et celle qui annonce : « mon bras a quatre bras », je suis partiel, un et plusieurs.

---

d'entrer dans des raisons qui ne sont pas de son état » (I, p. 260). Les lignes qui suivent développent ainsi une vue posée depuis *Les Rêves et la Jambe*.

1. Sauf Jean-Claude Mathieu qui entend, lui, « bric-à-brac et abracadabra » (« Avaler la langue, dilater la pupille », dans *Passages et langages d'Henri Michaux*, Jean-Claude Mathieu et Michel Collot éd., José Corti, 1987, p. 145 — abrégé par la suite en *Passages et langages*). Il y a dans « Braakadbar » une dérive généralisée des noms propres, qui attendra *Voyage en Grande Garabagne* pour s'épanouir. Elle s'offre à l'interprétation et y résiste, témoignant de ce qu'elle dépouille, et liquide : ainsi, le Aachtab qui viendrait d'une lecture « nébuleuse » de *Moby Dick* (Martin, p. 206) ; le Torn Barar et le Thorngold, peut-être issus du romancier Knut Hamsun, norvégien et marin (*ibid.*, p. 210) — ce dernier est cité une fois par Michaux dans une première publication en revue d'*Un barbare en Asie*, variante *a*, I, p. 319).

Un barbare en Asie

(1933)

Le désir d'Orient qui emporte Michaux à la charnière des années 1931-1932 n'est pas vraiment nouveau. Dès 1922, sa « Chronique de l'aiguilleur », s'attachant au « fait historique » des enfants mis « en pot » par les Chinois, les associe aux prophéties cursives de Michaux sur l'image visuelle et l'image mimique[1]. L'année suivante, la dix-septième de ses *Fables* s'attache à « L'origine du petit pied des femmes chinoises ». Il a été en 1926 un lecteur cursif de René Guénon[2]. Il apprend aussi l'annamite[3]. Dans *Qui je fus*, les Orientaux sont déjà opposés aux Européens à propos des transformations de l'âme[4] ; le héros au cœur souffrant du dernier fragment de « Tels des conseils d'hygiène à l'âme » y annonce : « Je sors, je vais aux Indes », sans que « le marteau » de son cœur lui

1. « Chronique de l'aiguilleur », I, p. 25, 26.

2. Michaux écrit en 1926 un bref compte rendu de son livre *L'Homme et son devenir d'après la Vedanta* dans *La Revue europénne*, t. I, p. 69-70.

3. C'est-à-dire le vietnamien. Ainsi ces mots, déjà brièvement cités : « Je ne m'intéresse en ce moment qu'aux alphabets et aux langues, l'annamite particulièrement. Je sais proférer les 43 sons, que sauf les initiés personne ne peut distinguer les uns des autres » (à Paulhan, s.d., 1926 ?).

4. Voir *Qui je fus*, I, p. 75 : « Les Européens ont pris l'habitude d'accroître les sensations, les équiformations, en nombre et en vitesse. Ils excellent dans la logique, l'imagination, et la représentation de surface des choses. Les Orientaux accroissent les équiformations en dimension, en profondeur, en fixité. Un Fakir, ayant pendant deux mois arrêté la pensée de son âme sur une statue, la forme mentalement avec une telle perfection, qu'un passant ne peut circuler dans un rayon de trente mètres sans que la statue ne s'impose à lui » (de même, p. 79).

laisse rien y voir[1]. Dans *Ecuador*, un jeu de brouillard attire un matin Michaux vers le Japon des peintres[2] ; et une confidence à Paulhan trahit le désir qu'il aurait de l'Inde[3]. Dans *Un certain Plume*, en 1930, la faiblesse de Plume est rapportée étonnamment au polymorphisme du Bouddha, dont le nom sert de titre à l'un des textes consacrés à ce héros flottant[4]. Enfin, parmi les « trois choses » que Michaux dira plus tard avoir reçues dans sa vie « par lecture », figure, aux côtés de Lautréamont et des mystiques chrétiens, Milarepa[5], le grand poète tibétain, que Michaux lit en Équateur, et présente à Paulhan comme « un fameux bonhomme[6] ! »

Le voyage en Orient est un classique. L'Orient, proche ou lointain, a touché aussi bien Chateaubriand que Nerval, Segalen que Claudel. Il frappe au tournant des années 1920 tous ceux qui ont été saisis par « le déclin de l'Occident », et eu la tentation d'une reviviscence qui emprunterait à l'Orient ses forces[7]. Mais l'apport de l'Orient se trouve en général réintégré trop simplement dans le désir ou la croyance de ceux qui en ont vécu l'expérience[8], ou seulement l'invoquent. L'originalité de

1. *Qui je fus*, I, p. 92.
2. *Ecuador*, I, p. 55.
3. « C'est les Hindous que j'ai toujours voulu connaître, et je viens en Amérique. Vous ne connaissez pas un prince hindou qui a besoin… enfin qui voudrait de moi » (15 mai 1928).
4. « Bouddha », texte non repris, En marge de *Plume*, I, p. 668. « Celui qui est fort est un homme. Mais celui qui est mou est sans limites. Il a toutes les formes, il est né partout. En vérité, c'est lui le Bouddha. » De même, Michaux dit de « A. », dont il fait le « portrait » : « De grosses lèvres de Bouddha, fermées au pain et à la parole » (*Plume*, I, p. 609). Sur les rapports de Plume et de A., voir le chapitre sur *Plume*, p. 234-235.
5. *Lettre-mémo*, I, p. 994.
6. 15 mai 1928.
7. Le livre de Spengler paraît entre 1918 et 1923. C'est en 1919 que Valéry écrit sa « Crise de l'Esprit » évoquée dans *Ecuador* (« Paul Valéry a bien défini la civilisation moderne, l'européenne ; je n'avais pas attendu les précisions qu'il fournit sur ses bornes pour en être dégoûté », I, p. 181). *La Tentation de l'Occident* de Malraux paraît en 1926. Sur ces points d'influence, de contexte, et une présence renouvelée de l'Orient, voir Didier Alexandre, « L'Orient perdu et retrouvé d'Henri Michaux », dans *Quelques Orients*, p. 31-52, et Martin, p. 373-375. On ne sait s'il faut reconnaître dans le titre de Michaux un écho détourné de ses démêlés anciens avec *Sous l'œil des Barbares* de Barrès (voir le chapitre sur *Ecuador*, p. 134).
8. Voici comment, d'un mot, volontairement ou non, Michaux liquide l'Exotisme de Segalen : « la Chine et le Sud étant depuis longtemps rincés de

l'Orient de Michaux, qui préfigure par exemple le mouvement plus ténu que tracera, quarante ans plus tard, le Japon dans la vision de Barthes[1], est de fournir à la pensée un ébranlement attendu, qui permet avant tout à celui qui le vit de se décrocher de lui-même et de se retrouver ainsi, à jamais, autre. Le voyage en Orient devient le vecteur d'une irréductibilité fondamentale de la sensibilité à l'égard de ses valeurs d'origine : il s'agit moins de les enrichir ou de les dénier que de pouvoir continuellement les contrer, les délier, les défaire, les transformer. L'Asie entre ainsi en Michaux comme le tiers inclus d'une comparaison continuelle qui lui permet, sinon de s'accepter, au moins de satisfaire à une force d'expatriation qui est sa chance de survie.

L'homme qui s'embarque avec détermination pour l'Asie n'est plus vraiment le même que celui qui accompagnait en Équateur son ami Gangotena. Comme il l'a toujours fait pendant ces années-là, en Turquie, au Maroc, en Espagne, en Italie, il part seul. Il a publié chez deux petits éditeurs deux livres importants, *Mes propriétés* et *Un certain Plume*, où il a dressé, sans très bien le savoir encore, un premier inventaire de ses lieux et de ses voix[2]. Il a réglé symboliquement son premier compte à la Belgique, au gré d'un petit texte enfoui, par une sorte d'ironie, dans une revue folklorique[3]. Il a gagné depuis deux ans, grâce à la mort de ses parents, une précaire indépendance financière qui va lui permettre de financer encore ce voyage, « enfin *son* voyage[4] » : il ne s'agit plus seulement de voyager « *contre* », mais avec, et de gagner là, comme Michaux l'a déjà fait en Équateur par rapport à son propre sentiment

---

leur exotisme » (*Qui je fus*, I, p. 49). Voir aussi Catherine Mayaux, « Michaux l'"anti-exote" en *Ecuador* », dans *Plis et cris*, p. 203-217 ; et Bruno Thibault, « Voyager contre » : la question de l'exotisme dans les journaux de voyage d'Henri Michaux » (*The French Review*, nº 3, février 1990, p. 485-491), qui rappelle ces mots de Sartre : « Puis vint Michaux qui, le premier, montra le Chinois sans âme ni carapace, la Chine sans lotus ni Loti » (« D'une Chine à l'autre », dans *Situations V*, Gallimard, 1964, p. 8).

1. Roland Barthes, *L'Empire des signes*, Genève, Albert Skira, 1970.

2. Voir les chapitres sur *La nuit remue* et sur *Plume*.

3. Il s'agit de « En Belgique » (voir la section « La question du royaume » dans le chapitre sur *La nuit remue*, p. 201-205, en particulier à propos du récit paraoriental « La jeunesse du prince Bradamine »).

4. « Quelques renseignements », I, p. CXXXIII.

interne, une vision de soi dont l'Asie déplace la donne, en allégeant par des passages au dehors beaucoup plus radicaux l'insupportable connivence entre soi et soi.

Pourtant, le livre qui ressort de cette expérience est de tous les livres écrits par Michaux celui avec lequel il a entretenu le rapport le plus difficile. C'est le livre qu'il a le plus repris et corrigé : le seul qui sous un titre inchangé aura connu quatre éditions, et des remaniements considérables, doublés d'aveux d'impuissance et de retournements. Dans sa brève préface à l'édition de 1945, Michaux apprécie simplement la distance que douze ans de vie ont introduite entre son livre et lui, mais précise déjà : « Il n'était pas une étude et ne peut le devenir, ni s'approfondir. Pas davantage être corrigé. » À ce livre qui « *a vécu sa vie* », il se limite donc à « changer quelques mots, et seulement selon sa ligne ». Il en va différemment de l'édition « revue et corrigée » de 1967, où Michaux double les quelques lignes écrites en 1945 d'une « Préface nouvelle », beaucoup plus longue, et acérée, dans laquelle il se retourne vraiment contre son livre, justifiant avec gêne aussi bien les nombreuses corrections apportées au texte que les « notes nouvelles » destinées à réparer ses points les plus fautifs. Michaux a remanié, entre 1963 et 1972, sept de ses grands recueils. Certains ont été peu touchés (*Plume*) ; d'autres l'ont été beaucoup plus (*Ailleurs*). Mais les remaniements ont tous été effectués avec la discrétion que Michaux affectionne : on peut les ignorer si on ne cherche pas à s'expliquer le libellé justifiant la nouvelle édition. Il est saisissant qu'*Ecuador*, ce premier livre de voyage dont Michaux a relevé l'« absence de savoir-faire[1] », ait été aussi peu affecté par ces remaniements, quand *Un barbare en Asie* l'a été de façon si frappante.

C'est que, dans son « journal de voyage », Michaux ne s'attache qu'à lui, bien que seul l'Équateur le permette. La vérité du pays qui l'accueille, et grâce auquel il se met à l'épreuve, reste liée au mouvement qui creuse l'intérieur de soi à proportion de l'afflux du dehors, pour faire glisser l'un dans l'autre et les confondre dans un tourbillon volatil. C'est fort de ce mouvement malaisé à tenir que l'auteur, en fin de parcours, se retourne sur son livre, ce journal qui s'achève le soir où il

1. Bréchon, III, p. 1461.

débarque au Havre : il cherche dans ses « souvenirs » où il ne saisit que « brouillards », pour ne pas laisser cette « grosse année » se réduire à si peu et offrir au moins au lecteur quelques aperçus plus tangibles sur le pays d'où il revient. Mais « alors », comme il dit dans les quelques lignes de « préface » censées justifier ces aperçus, « pour masquer son embarras, il prend une voix de pédagogue[1] ». C'est cette même voix, ou une voix très proche, qui lui aura semblé, très vite et de plus en plus avec le recul du temps, avoir fonctionné comme un piège, dans ce *Barbare en Asie* qui n'est ni un journal ni un vrai récit de voyage, mais plutôt un essai dont le voyage crée la forme et le rythme d'écriture[2]. Il y a ainsi deux raisons au moins pour lesquelles Michaux a fini par devenir si durement injuste avec ce livre, « ce détestable livre[3] », au point d'y voir plus un livre de journaliste qu'une œuvre d'écrivain[4].

Au gré d'une contradiction mal surmontable, il a dû d'abord accepter, là encore, d'« écrire à propos d'un spectacle extérieur[5] ». Face à l'Équateur, c'était sa façon d'exprimer, à rebours de la logique du voyage, l'exigence d'une écriture d'imagination qui lui apparaît, quelque réserve qu'il y mette, comme son lieu propre, ou le moins impropre. Paradoxalement, Michaux a dû accepter en Asie une extériorité accrue au contact de cultures dont l'apport sera susceptible de retentir très vivement et à long terme sur cette écriture d'imagination même. Il ne peut éviter le conflit entre le besoin d'une invention de soi et la réalité d'une utopie que l'Orient fait lever. Revenu à Paris, s'obligeant à travailler pour achever son livre, allant jusqu'à s'astreindre à des lectures en bibliothèque, Michaux sent à la fois se dissiper en lui la réalité du voyage et devoir rechercher son effet au-delà, dans une écriture à

1. *Ecuador*, I, p. 235.
2. Il est pourtant qualifié de « Journal de voyage », à la suite d'*Ecuador*, dans les œuvres « du même auteur » de *Plume* en 1938 ; et Michaux utilise à son propos le mot « Journal », comme il le fait à propos d'écrits très divers, dans ses lettres à Paulhan.
3. À Gaston Gallimard (20 janvier 1944), à l'occasion de la première réédition de 1945.
4. Entretien avec Micheline Phankim. Michaux dit bien dans sa « Préface nouvelle » de 1967 : « Ce livre qui ne me convient plus, qui me gêne et me heurte, me fait honte… » (I, p. 281).
5. *Ecuador*, p. 177 (voir le chapitre sur ce livre, p. 142 et 149).

retrouver[1]. Il doit donc chercher d'autant plus à s'expliquer l'Asie, si grand devient pour lui l'enjeu. Mais ce devoir de comprendre et de transmettre, sans pouvoir ni vouloir approfondir autant qu'il le faudrait, le met dans une fausse position dont il lui semble ne pouvoir sortir : il se sent, il se sait infidèle à l'Asie dont il ne peut que rester le barbare, ne serait-ce que par fidélité à ce qu'il imagine être soi ; alors qu'il aimerait pouvoir confondre la vérité improbable de l'Asie avec ce qu'elle est devenue pour lui au cours de ce voyage. Il faudra l'écriture de la drogue, bien plus tard, pour venir en partie à bout d'un tel rapport entre objectivité et subjectivité, intériorité et extériorité, expérience et vérité. Pour l'instant, pour sortir de l'impasse attachée à toute civilisation[2] — impasse devenue aussi celle de son livre —, Michaux n'a que la ressource d'un saut, dont témoigne un fragment ultime au milieu d'une page : il emprunte à la tradition du Bouddha mourant les mots confiés par celui-ci à ses disciples, se les prescrit lui-même comme mots de la fin en les tendant à ses lecteurs (« *Ne vous occupez pas des façons de penser des autres.* / Tenez-vous bien dans votre île à vous. / « COLLÉS À LA CONTEMPLATION[3] »).

S'ajoute à cela une conséquence propre à cette écriture d'objectivité relative : « débarquant là en 31 », écrivant aussitôt sur l'Asie, pressé par un besoin impératif de décentrement et de métamorphose, Michaux aura d'autant moins pressenti les mutations historiques spectaculaires qui ont depuis affecté ces pays ; au point qu'elles ont modifié en profondeur cet « homme de la rue » dont la variété a servi de fil rouge à son essai. Se reprochant d'avoir été dépassé par les ruses de l'Histoire qui ont depuis fait surgir des pays devenus très différents de ceux qu'il avait traversés, Michaux met en relief dans sa préface de

1. Le 20 août 1932, il écrit à Paulhan : « Le bilan de ces quelques jours à Paris n'est pas ultra satisfaisant. En voyage, je lisais, observais, étudiais, réfléchissais, méditais, sans aucune fatigue, dans les climats les plus tuants, avec une grande paix, en harmonie avec tout et avec Tao. Tao en Chine est simple comme tout — est l'évidence mais ici à Paris ça ne rend pas, pas assez du moins. » Dans une autre lettre, s. d., ce même été, il refuse pour raisons de travail une invitation de Paulhan à Port-Cros et ajoute : « J'ai hâte de finir cet ouvrage et d'enterrer cette préoccupation. J'ai de la poésie à faire péter. »

2. C'est le sens de l'avant-dernier fragment d'*Un barbare en Asie* (I, p. 408).

3. I, p. 409.

1967 trois traits ou modes de pensée sensible qu'éveille en lui toute intuition de l'autre, individu, peuple, race, culture ou continent. Le premier tient à sa vivacité de réaction, face à ce qu'il voit et ressent. Directe et comme sans calcul, parfois triviale dans son expression, une telle vivacité a pu paraître insultante[1]. Elle le serait si Michaux ne montrait une égale ou plus grande violence envers lui-même comme envers sa propre civilisation. Ce mélange entre exclusion et jugement touche dans *Un barbare en Asie* surtout le Japon, dont son rejet, alors, a été virulent ; au point qu'invité à Tokyo en 1983 pour une grande exposition, Michaux sentira le besoin d'une mini-préface spécifique qu'il ajoute encore, quelques mois avant sa mort, à « Un barbare au Japon ». Ce problème a longtemps embarrassé Michaux : on le voit dans ses portraits des années 1936-1938, jusqu'à ce qu'il trouve des solutions de fiction, en particulier dans la conception de ses pays imaginaires, de *Voyage en Grande Garabagne* à *Au pays de la magie*, mais aussi à travers sa peinture[2]. De telles réactions peuvent en effet se montrer d'autant plus vives qu'elles sont variables et contradictoires, cherchant à concilier deux forces équivoques, d'autant moins conciliables : l'instinct personnel et la connaissance typologique[3].

1. Il suffit de se trouver dans une situation de conférencier à Quito pour se rendre compte de l'humiliation que ressentent encore aujourd'hui les Équatoriens face à certains passages d'*Ecuador*, en particulier touchant les Indiens ou les Noirs (« Trapus, brachycéphales, à petits pas,/ Lourdement chargés marchent les Indiens dans cette ville », I, p. 153 ; « Le nègre a dans sa tête une étrange expression. Comme les orangs-outangs », p. 149). Sur ces effets induits par la liberté ambiguë de Michaux, voir Adriana Castillo de Berchenko, *Alfredo Gangotena poète équatorien (1904-1944) ou L'écriture partagée*, Presses Universitaires de Perpignan, 1992, p. 134-137. De même, invité chez Octavio Paz, alors en poste à Delhi, Michaux a suscité cette question de la part d'invités indiens : « Nous trouvera t-il aussi laids qu'il le dit ? » (entretien avec Micheline Phankim).

2. Sur ce point, voir les chapitres sur les Textes épars 1936-1938, où le problème est posé frontalement, par des exemples nouveaux ou retravaillés, et sur *Ailleurs*, où il est réabordé selon la perspective plus vaste des voyages imaginaires.

3. Michaux retrouve, autrement, le problème qui a par exemple été celui de Michelet, bien exprimé par Barthes : « Le corps humain — il vaudrait mieux dire le corps historique, tel que le voit Michelet — n'existe, on le sait, qu'à proportion des affections et des dégoûts qu'il provoque ; c'est à la fois un corps érotique (impliquant désir ou répulsion : pulsion) et un corps moral (Michelet

Le second trait tient à un désir d'utopie. Cherchant à justifier son aveuglement d'alors, Michaux souligne à quel point il aurait souhaité que ces pays, l'Inde et la Chine surtout, aient pu « s'accomplir nouvellement », sans devoir passer comme ils l'ont fait par l'occidentalisation, dont ils ont tant aidé Michaux à se déprendre. Enfin, parlant de ces pays, de ces peuples qui lui avaient paru alors, pour la première fois, être ou mériter d'être « réels » (il y insiste dans ses lettres à Paulhan et à Renéville), Michaux ajoute aussitôt : « Voyage réel entre deux imaginaires./ Peut-être au fond de moi les observais-je comme des voyages imaginaires qui se seraient réalisés sans moi, œuvre d'"autres". Pays qu'un autre aurait inventés [1]. » On voit le détour qui permet de situer, rétrospectivement, l'impression de l'Asie et la composition du *Barbare* entre deux grands moments d'imaginaire : d'un côté, *Mes propriétés* et *Un certain Plume*, de l'autre *La nuit remue* et *Voyage en Grande Garabagne*. On comprend surtout à quel point ces catégories — réel, imaginaire —, difficiles à éviter puisque Michaux s'en sert, peuvent être insuffisantes, et combien il les dépasse lui-même en s'exprimant ainsi. Les deux termes se trouvent en effet transposés sur un seul et même plan, où le plus chargé de réel devient imaginaire, et où l'inverse est vrai. S'étagent seulement sur une même carte différents degrés d'altérité ; ils paraissent autant de doubles du « barbare » que l'Asie transforme parce

---

est *pour* ou *contre*, selon des principes moraux avoués). C'est si l'on veut, un corps qui se tient tout entier dans l'espace d'une métaphore : par exemple, celle de la nausée, spasme physique et rejet philosophique » (« Aujourd'hui Michelet », *Michelet*, *L'Arc*, nº 52, 1973, p. 23) — On trouve ainsi dans la correspondance d'intéressantes affirmations-variations. Le 1er avril 1935, Michaux écrit à Paulhan, du Portugal : « J'ai trouvé le pays, la race (...) Il vaudra mieux que je fasse sérieusement l'article sur ma haine de l'Espagne, à ma sympathie pour le Portugal. » De même, à Claude Cahun : « Je me souviens que vous me disiez que les Espagnols étaient pour vous des étrangers, "d'autres animaux"... Pour moi aussi décidément » (6 octobre 1934) ; « Les espagnols me rendaient fou furieux. Les Portugais me conviennent tout à fait » (s. d. fin octobre 1934). Michaux écrit encore à Paulhan : « Le Portugal, le seul pays avec le Brésil qui rejoigne l'Extrême-Orient » (s. d. novembre 1934 ?). Mais le 17 novembre 1939 : « Le Brésilien vingt fois plus inintéressant que l'Argentin. Insupportable » — alors qu'il a tracé dans « Un peuple et un homme » un portrait de l'Argentin qui a provoqué dans le pays une violente polémique.

1. I, p. 280.

qu'il devient lui-même double de tout dehors qui le pénètre. Si ce livre a un ton, s'il se défend comme un personnage, dit Michaux, pour s'excuser de ne pouvoir plus l'amender, c'est qu'il intègre constamment des virtualités de personnages, circulant entre des lieux et des voix. Si, dans la voix du barbare qui parcourt ces lieux, risque de percer la « voix de pédagogue », celle-ci est en même temps dynamitée par la circularité des thèmes et de l'argumentation, l'effet de vertige produit par l'enlacement des sujets abordés, par la fragmentation qui comme toujours est à l'œuvre. C'est du reste pourquoi le « barbare » tend lui-même à devenir un personnage, le seul autre de cette œuvre avec Plume qui ait gagné une consistance extérieure, et permis un jeu de l'auteur avec sa figure[1].

L'opposition entre l'Europe et l'Asie, qui justifie la tentative, finit par disperser quelque peu son auteur dans l'exubérance des traits par lesquels il abstrait et qualifie tout ce qui constamment l'affecte. *Un barbare en Asie*, qui est à la lecture un livre séduisant, devient un livre difficile dès qu'on essaie, peut-être à tort, de le contraindre pour s'y retrouver. C'est à un imaginaire de la réalité sur laquelle la pensée est tentée d'exercer un contrôle — Michaux le fait bien sentir, et c'est là son trouble — qu'il s'abandonne en invitant à une rencontre inlassable de la singularité. On le voit bien dans sa préface à l'édition américaine du *Barbare* où, reprenant en 1949 l'idée du « médecin pour peuples » caressée en 1938[2], Michaux prend prétexte des peuples d'Asie, exaltés en regard de « la terrible monotonie occidentale », pour invoquer la science la plus utopique mais la plus urgemment nécessaire, celle qui montrerait « *comment créer des civilisations*[3] ». Par exemple une civilisation des mineurs, du pôle Sud ou, pourquoi pas, de la vallée du Tennessee. Pluralisme enchanté qui dans l'avancée de Michaux rejoint celui de ses pays imaginaires, au moment même où la préface d'*Ailleurs* (1948) souligne à quel point ces pays « un peu étranges (...) sont en somme parfaite-

1. Par exemple, à Guiette : « Excuse le Barbare » (20 décembre 1937) ; ou à Claude Cahun : « Beaucoup d'amitiés du Barbare » (15 janvier 1939). Et à plusieurs reprises dans ses lettres à Sylvia Beach, dans les années où elle en fait la traduction en anglais.

2. Voir « Un peuple et un homme », Textes épars 1936-1938, I, p. 543.

3. Préface à l'édition américaine d'*Un barbare en Asie*. I, p. 412.

ment naturels[1] », comme l'étaient vingt ans plus tôt tous les pays d'Asie plaidant pour « une variété sans fin de civilisations ».

Michaux découvre en Asie, en Inde, en Chine, non pas la multiplicité, dont il a toujours eu un sentiment intime, mais un exercice de sa légitimité, concrète et théorique. Sa puissance est d'autant plus grande qu'elle n'est pas semblable en Inde et en Chine : deux fois la multiplicité échappe à la pression d'une unité qui tient sa force de diverses modalités de la notion de centre. Dans leur divergence, dont Michaux se nourrit, s'installant dans un entre-deux, ces deux visions ont en commun d'échapper au monothéisme (chrétien surtout, mais aussi musulman et juif). C'est-à-dire à tout centre incarné transcendant, supposant un sujet en position de dépendance et de manque, dans la séparation et la souffrance.

En Inde, Michaux met en avant un polythéisme exacerbé, capable d'intégrer en lui toutes les religions — jusqu'à faire du Christ un dieu contingent parmi d'autres, une sorte de double de beaucoup d'autres dieux à l'intérieur d'une circulation intense et ininterrompue. De la religion hindoue, Michaux retient qu'elle est absolue, emplit l'être et le qualifie par une relation à la nature et au Tout dont il est une émanation. Cette religion de chaque instant est liée à la force ; elle vise à produire une énergie psychique dont la magie est l'expression, témoignant avant tout d'une efficacité de la pensée. Une note passagère, cela arrive dans ce livre, concentre au mieux des traits sur lesquels Michaux revient sans se lasser — tant il est pénétré de façons d'être conjuguant l'intérieur et l'extérieur de soi, selon un mode d'inclusion naturelle qui ne ramène pas le multiple à l'un, mais fait de l'un la réalité du multiple, en deçà de tout fondement identitaire et psychologique. « Pour eux, l'homme n'a pas deux bras. Il en a huit, il en a seize, il en a vingt, il est tout entier percé de bras./ Quelles cartes postales vend-on aux Indes ? Rien que des cartes postales représentant l'homme au point de vue magique. Des circonférences lumineuses au front,

1. *Ailleurs*, II, p. 3.

au nombril, au sexe... des fleurs, des puissances, voilà *leur homme*[1]. »

Face à une intensité du religieux qui sature en Inde l'expérience sensible, la Chine devient pour Michaux le lieu d'une excellence pragmatique où la multiplicité est plus proche d'une simple mais infinie diversité. Cela se reconnaît au mode de composition d'« Un barbare en Chine ». Pour saisir l'Inde, à laquelle il consacre la plus grande partie du livre, Michaux se livre à une variation sinueuse sur la prégnance du sentiment religieux dans tous les aspects de la vie indienne. En revanche, découpant sa vision de la Chine en fragments à première vue comparables, ceux-ci, bien que sans titres, visent chacun à dégager, après un portrait général, un ou plusieurs traits de la culture et de la civilisation chinoises : religion, musique, langue, amour, mort, peinture, théâtre, écriture, poésie, sagesse, honnêteté, invention, raison, imitation, gouvernement, trafic, sensualité, signe, style, saveur, sensibilité, idéographie. C'est ainsi largement par contraste avec l'Inde que se conçoit la Chine. Michaux le dit au moins une fois nettement, évoquant l'état de « ravissement », « obtenu par *équilibre* et *harmonie* », qui est pour le Chinois « une sorte de *paradis* » : « sentiment plus opposé encore à la paix exaltée hindoue qu'à l'énervement et à l'action européenne[2] ». C'est que le Chinois n'est pas religieux à proprement parler : c'est par une sorte d'« effacement » que « le Divin uni à l'illusion s'est glissé en eux[3] ».

Ainsi se dégagent peu à peu deux visions qui en s'opposant se complètent. D'un côté une Inde où la multiplicité immanente de l'ordre naturel se trouve aspirée dans une transcendance continue, sans cesser pour autant d'être diverse. De sorte que la conception d'un centre demeure elle-même multiple, irréductiblement[4]. C'est là, on l'imagine, ce qui étreint le plus Michaux,

1. I, p. 292.
2. I, p. 367.
3. I, p. 359.
4. « Chaque être couvé par ses sept centres » (I, p. 284). Ou ces lignes sur l'air de la respiration : « [...] le lancer c'est tout, dans les centres, les lotus, les centres de l'abdomen, les centres fiers, le centre frontal de la lumière blanche, et dans les pensées, dans l'amitié de toutes les pensées et dans l'au-delà de la pensée » (p. 313). Ou encore, la façon dont Michaux qualifie, inversement, « le Yogi » :

en ouvrant une sorte de reconversion de l'austère mystique chrétienne et de son ascèse du corps : la nature entière, le corps et sa jouissance sont ici saisis dans la transcendance du multiple. Cet ébranlement spirituel, avec ses diverses valeurs d'exemple, est le point fort de l'Asie de Michaux ; il deviendra à jamais une référence. Mais c'est aussi en quoi l'Inde l'irrite, comme un excès auquel il ne saurait vraiment participer. Voilà justement ce dont la Chine en partie le délivre, par une qualité unique de transcendance flottante, constamment résorbée, réabsorbée dans l'immanence, selon un ensemble varié de règles, conduites et pratiques qui relèvent aussi de l'efficacité, mais avec beaucoup plus de modestie et de saveur, et surtout infiniment d'art. En cela, la Chine apporte à Michaux plus que l'Inde, et il le transmet sans réserve. Elle lui offre une esthétique qui délivre de toutes les lourdeurs du sens accumulées par la raison occidentale. Cette esthétique, qui touchera au cœur son écriture et sa peinture, se définit par l'abstraction sensible et le signe, le vide et l'oblique, l'esquive et l'allusif, le subtil et l'indirect[1]. Là où le mythe et le logos n'auront cessé, dans la pensée grecque et à partir d'elle, de se fonder l'un l'autre en s'opposant, les régimes divers de croyance, d'expression et de connaissance qui en ont découlé sont tous demeurés tributaires d'un dédoublement de la réalité entre le sensible et l'intelligible, les phénomènes et leur idéalité, le monde humain et la métaphysique du divin. La pensée chinoise ignore ce dédoublement entre deux plans, au profit du « *détour* où l'un renvoie à l'autre et communique avec lui, parce qu'ils vont de pair et sont corrélés[2] ». Ce rapport de corrélation diffère en tous points du fonctionnement symbolique ; il n'implique aucun autre plan, ni aucun autre monde ; il ne suppose que des processus de liaison, d'allusion à ce qui est lié ; il ignore la vérité, mais pratique la voie : en cela il n'est pas transcendant.

Voilà ce qu'avec un égal ravissement Michaux trouve en Chine autant à s'opposer qu'à discerner en lui, tel ce « barbare

---

« N'atteint jamais le centre douloureux et vif de soi, et l'évite *volontairement* » (p. 302).

1. De tout cela, François Jullien a donné la mesure, opposant dans *Le Détour et l'Accès* (Grasset, 1995) les stratégies du sens en Chine et en Grèce.

2. *Ibid.*, p. 437.

des confins » autrefois pénétré par « l'éducation liée à la poésie »[1]. Il y a dans la pensée et l'art de sentir de Michaux quelque chose qu'on pourrait dire spontanément « chinois » : un sens inné de l'implicite, du détour et de l'indirect qui participe de son franc-écrire, son rare naturel. Dans le désir fait de nécessité où il s'est trouvé de devoir marquer des écarts entre des mondes, Michaux n'a donc pu que souffrir, en écrivant ce livre, d'avoir à démontrer et à argumenter, sans accepter vraiment les moyens de le faire. Pour cela, aussi, ce livre est retors, ménageant soudain un chapitre d'une autre espèce : « Histoire naturelle », qui sert de transition entre les chapitres sur l'Inde et celui sur la Chine. Un tel chapitre ne concerne plus un pays ou une portion de trajet, mais s'attache à une suite d'animaux, bien que quelques repères géographiques illustrent une vraie ou feinte continuité du voyage ; il tranche ainsi pour suggérer ce que bien d'autres passages ponctuent, en particulier grâce à de nombreuses évocations d'animaux : en Asie, en Inde comme en Chine, Michaux fait l'épreuve renouvelée d'une cosmologie. Dans la transcendance hindoue comme dans l'immanence chinoise, il s'agit d'éprouver la réalité de la nature et la multiplicité du vivant. C'était déjà la leçon d'*Ecuador*, de ses paysages, sa faune et sa flore, où le voyageur s'immergeait avec une avidité mi-railleuse mi-fascinée. Mais deux choses limitaient alors ce surgissement d'une emprise de la nature saisie dans son identité avec le mouvement de la pensée[2] : Michaux a été peu sensible aux Amérindiens touchés par la colonisation ; il est trop possédé par un souci de soi dont son journal devient le traitement. Alors qu'en Inde comme en Chine, sous les deux modes d'une spiritualisation intensive de la matière et d'une harmonisation des niveaux de réalité de l'univers[3], on sent à

1. *Ibid.*, p. 95, 97.

2. Comme on le voit dans les premiers vers du poème « Souvenirs » : « Semblable à la nature, semblable à la nature, semblable à la nature,/ À la nature, à la nature, à la nature,/ Semblable au duvet,/ Semblable à la pensée,/ Et semblable aussi en quelque manière au globe de la terre. » Il est frappant que l'une de ces litanies du semblable se formule ainsi : « Au mot Hindou, pour celui qui n'alla jamais où l'on en trouve dans toutes les rues » (*Ecuador*, I, p. 204-205).

3. Ainsi cette note dans laquelle Michaux semble une fois encore ressaisir l'essentiel de ce qui le transporte : « Le Chinois a toujours désiré un *accord universel* où le ciel et la terre *soient dans un état de tranquillité parfaite* et où tous les êtres *reçoivent leur plein développement* » (I, p. 367).

quel point l'intériorité malheureuse de la culture occidentale se trouve mise en question, de la tradition réflexive au narcissisme de l'écriture. Sur et sous la psychologie, vient la cosmologie, miroitant à tous les niveaux d'un sensible-intelligible fort d'une portée d'art autant que de pensée et de vie quotidienne. Enthousiaste de la langue chinoise parlée comme il le sera pour d'autres raisons de l'idéogramme, Michaux loue la formation souple de ces mots d'une seule syllabe qui « résonne avec incertitude », souvent comme un son de gong, et se trouve chantée, « pour être encore plus près de la nature ». Il ajoute : « Elle reste, elle joue encore en pleine nature[1]. » On sent l'utopie qui s'énonce : en un point d'équilibre virtuel entre nature et culture, une échappée de soi.

Mais vient encore, après la Chine et l'Inde, la Malaisie. La surprise est de voir Michaux, dans ce pays fait d'un méli-mélo de « races » (ou ethnies[2]), les préférer soudain avec une sorte d'emportement à « ces races originales » du Chinois et de l'Hindou. Comme si, « ayant tout ce qu'il faut pour que celui qui en parle en général se trompe », les Malais inspiraient d'autant plus à Michaux la fiction d'un trait par lequel il puisse les saisir, dont il se satisfait au point de s'exalter. Il a des mots d'une force rare pour dire comment et combien le touchent les Malais que les hasards du voyage lui permettront « à peine » de connaître ; de sorte que se marque là quelque chose de l'ordre de l'entraperçu, du fugitif, d'autant plus aigu : « Il n'y a pas une chose que je n'aime en eux[3]. » Et Michaux le nomade, dégoûté, il se plaît à le rappeler, à l'idée de rien posséder, mais attiré par le seul peuple qui fasse des constructions qui lui plaisent, va jusqu'à s'enquérir du prix d'une maison (ou cabane, corrige t-il, fidèle à l'éthique minimale de « Mes propriétés »). Cet amour du Malais, qui s'étend à tout ce qu'il est, montre et construit, se concentre dans un trait, ou

1. I, p. 361.

2. Michaux a tendance à confondre les deux mots, qu'il remplace souvent par ceux de peuples. Cet usage trivial du mot, avec ses connotations idéologiques inévitables, courant jusque dans les discours savants de l'époque, sera pulvérisé par la fiction de *Voyage en Grande Garabagne* (voir le chapitre sur *Ailleurs*, p. 302-306).

3. I, p. 399.

une forme que le kriss, « la seule arme vraiment belle », inspire à Michaux : la « forme ergot » dont la qualité se résume ainsi : « L'ergot est une des seules armes naturelles dans le règne animal qui soient placées dans le sens de l'arrière[1]. »

On a ainsi pu s'attarder sur cette « forme ergot ». Il s'agissait de l'éclairer afin de pouvoir la saisir rétrospectivement dans le reste du livre et la projeter sur l'ensemble de l'œuvre de Michaux dont elle serait un principe actif et offrirait une sorte d'image[2]. La « structure malaise » est une forme harmonieuse due à une tension entre l'avant et l'arrière. Elle est soulignée par Michaux de façon très prégnante : il la repère dans tout ce qu'il voit (de l'architecture au théâtre, des armes aux bateaux, du visage humain au règne animal). Cette forme sera partout réaffirmée, selon une tension entre différents termes attachés à l'expérience du monde comme aux stratégies de création, écriture et peinture, par lesquelles ce monde est saisi. Ces dualités qui s'étagent à partir de l'avant/arrière malais supposent une concomitance et un équilibre entre des poussées apparemment contradictoires : élan/retrait, mouvement/immobilité, saisie/dessaisie, parcours/rétroparcours ; de là, ces dualités en touchent d'autres, moins formelles, plus vastes : dedans/dehors, proche/lointain, sensible/intelligible, réel/spirituel. Elles affectent toutes l'antinomie fondamentale entre erreur et vérité que l'entreprise de Michaux s'attache en son fond à retourner et à dissoudre. Ainsi s'écrira la formule ludique d'un cogito déplacé, dont Michaux découvre en Asie la puissance d'orientation : « je "kriss" ergo(t) j'écris[3] ». Dans le droit fil de sa logique, cette image devenue forme puis principe permet de se retourner sur le livre qu'elle semble conclure, ouvrant sur l'œuvre qu'elle éclaire.

Cette analyse rejoint au moins sur un point ce que François Jullien souligne d'essentiel dans la vision chinoise, et que touche avec force Michaux. Les traits formels et sémantiques de la « forme ergot » ont pour principe « d'être binaires, sans pour autant être opposés, ou même dialectiques ». Ils se rap-

1. I, p. 401.
2. Pascal Loubier, « Croc, ergot, kriss : écrire pour s'orienter » (« Un barbare chez les Malais »), dans *Quelques Orients*, p. 87-116.
3. *Ibid.*, p. 113.

prochent ainsi d'une des formes de la « pensée de la relationnalité », propre à la tradition chinoise ; Jullien en trouve une confirmation dans la langue elle-même, qui use d'un rapport entre deux éléments pour désigner ce que la tradition occidentale traite par un terme unitaire (par exemple « montagnes-eaux » pour « paysage »)[1]. De même, il n'y a pas entre les contraires d'opposition logique, mais une tension immanente que le détour et l'allusion ont à charge de négocier. Toujours la quête de la voie plus que la recherche de vérité. Cela suppose que la Chine soit restée étrangère à la dualité fondatrice du mythe et du logos : il n'y a ainsi en Chine, cas rare, ni grand récit fabuleux, ni philosophie, au sens occidental. Voilà ce qui fascine Michaux. Dès qu'il commence à écrire, il se trouve saisi d'emblée entre la fable, parodie d'épopée (*Fables des origines*), et la philosophie ou au moins la pratique réflexive (« Les idées philosophiques de Qui-je-fus »). Il ne fera dès lors que chercher à les accomplir en les détruisant l'une par l'autre, à travers des mots-gestes portés par leur tension entre le concept et l'élément de récit. Forts de cette tension, ces mots-gestes deviennent essentiellement mineurs, dans la mesure où ils dérobent et se dérobent autant qu'ils cherchent à s'établir. On touche là le point le plus vif du ressentiment de Michaux envers un livre voué en apparence à raisonner et à déduire plus qu'à raconter et sentir. Alors que son auteur, ce barbare, a trouvé en Asie la force d'un programme implicite de vie et de pensée, en lui voué à l'écriture, et destiné à être éprouvé ailleurs, bien qu'il se réalise dans le livre même.

1. *Le Détour et l'Accès*, *op. cit.*, p. 435.

« Rencontre dans la forêt »
(1935)

Au cours de l'été 1934, Michaux est à Saint-Valery-en-Caux, à l'hôtel de la Plage, « en pleine forme ». Il écrit à Paulhan : « Mais pourquoi les premiers jours me suis-je mis à écrire des ignominies. Je n'y comprends rien. Ci-joint la page en question. Je l'ai donnée à Jolas pour *Transition*. Mais est-ce publiable. (Croyez-vous que je puisse être poursuivi (!) pour la publication de cela dont le titre véritable est "Viol dans la forêt" ??? Qu'en pensez-vous ? »

Ce poème ne sera pas repris lorsque « Dimanche à la campagne », publié aussi dans *Transition*, sera inséré trois ans plus tard par Michaux dans *Plume*. En 1952, « Rencontre dans la forêt » reparaît pourtant, grâce à René Bertelé, sous la forme d'une feuille de vélin d'Arches pliée en quatre, à cent cinquante exemplaires hors commerce, signés de l'elliptique et transparent monogramme « HM ». Le texte entre ainsi dans un jeu du montrer-cacher qui ne s'effraiera pas de virer au sérieux : inclus en 1971 dans un spectacle de lecture, avec des textes d'autres écrivains (Queneau, Prévert, Mandiargues, etc.), « Rencontre dans la forêt » était destiné à un disque né de ce spectacle ; mais Michaux, refusant après coup l'enregistrement, fit interdire et retirer le disque de la vente.

Cette réaction démesurée, en écho à celle qui titille Michaux dans sa carte à Paulhan, doit être saisie comme la rencontre, unique, de deux excès croisés : excès de langue, excès de sexe. Si le premier est chez lui plus fréquent que le second, peut-être en forme-t-il la réserve, et les deux choses s'excluent-elles, ou simplement s'ignorent, par une sorte de jeu de balance, qui une fois bascule, invitant à les situer ensemble.

Une des formes de l'excès de langue est chez Michaux la langue inventée, dont *Qui je fus* ouvre la voie, avec « Glu et gli » et « Le grand combat ». On s'est souvent et diversement attaché à cette « langue »[1], dont le premier trait est de n'être ni une langue ni même un langage. Le beau nom que lui a donné, le premier, René Bertelé, « espéranto lyrique »[2], a les avantages de son inconvénient. D'un côté, le mot touche le rêve un peu vague du jeune Michaux lorsque, effectuant un tour accéléré des idées modernes ou contemporaines, il oppose l'« ESPÉRANTO » au babélisme des « multiples langues » et des « centaines d'argots et de patois » conçus par l'homme à force de tourner sa langue dans sa bouche[3]. L'affinité qu'il suggère alors entre l'espéranto et le cubisme montre qu'il a très vite pressenti à quel point le « besoin actuel d'universalité et de simplicité » impliquait d'emblée une sorte de langue au-delà de la langue[4] : réalité, tactile-visuelle, d'une langue des signes, qui ne cessera pas, dont l'utopie ne s'apaisera pas, que mimera (en partie) sa peinture, et dont témoignent ses premiers « alphabets », contemporains de *Qui je fus*[5]. Mais d'un autre côté, ce désir

1. Sur ce point, quatre études tranchent. Dans « Sens et *Nonsense*, Glu et Gli et le grand combat » (*L'Herne*, p. 133-142), Michel Beaujour cerne, à partir d'une analyse de ces deux poèmes fondateurs, les conditions et les linéaments d'une poétique. L'étude de N. Gueunier, « La création lexicale chez Henri Michaux » (*Cahiers de lexicologie*, n° 2, 1967, p. 75-87), dresse, de *Qui je fus* à *La Vie dans les plis*, un état très détaillé des trois grands modes de formation-transformation du lexique (emprunt aux langues étrangères et aux vocabulaires techniques ; dérivation et composition ; « espéranto lyrique »). « Avaler la langue, dilater la pupille » de Jean-Claude Mathieu (*Passages et langages*, p. 133-146) effectue un parcours plutôt thématique des formes de l'oralité et de l'emprise d'une langue originaire. Enfin, Michelle Tran Van Khai développe au mieux l'intitulé de son étude, « Mouvements, passages, transgressions : de l'onomatopée à la mythologie » (*Passages et langages*, p. 147-164), avec une insistance sur le poème « Iniji » (*Vents et Poussières*, 1962, repris dans *Moments*, 1973).

2. Bertelé, p. 18.

3. « Chronique de l'aiguilleur », I, p. 13. C'est le second texte publié par Michaux, en 1922.

4. « Chronique de l'aiguilleur », I, p. 12.

5. Ils sont datés de 1927. L'un d'eux dédie à Jean Paulhan ces « essais d'écriture ». Ils sont reproduits dans le catalogue de la rétrospective du Musée

d'autre langue ne peut être que la langue d'un seul. Un lyrisme singulier l'emporte là où ne suffit pas la langue, là où sa propre langue comme langue des autres doit être avalée, déglutie, digérée, évacuée. « Glu et gli » mime en lui-même ce combat de l'incorporation forcée des autres et de leur langue, qui va jusqu'à l'autophagie, et au jaillissement qui en délivre. Procès d'une extrême violence dont tant et tant de textes de Michaux ont reformulé ensuite les phases, dans toutes leurs variations imaginables, et dont il a fini lui-même par livrer l'origine enfantine en des termes glaçants où il évoque son rejet de la nourriture[1]. La langue, les langages sont ainsi malaxés pour former un « langage concassé », un « langage en grumeaux », excrémentiel[2]. Ce langage informel, ou déformé (« déformel » ferait bien l'affaire), est le langage d'un combat entre vie et mort : c'est accepter ou non (avoir depuis l'origine accepté ou non) de manger, de parler, puis de lire et d'écrire, et retrouver chaque fois le théâtre entier du drame du corps, de l'accès douloureux que toute altérité ouvre à la sensation comme à la pensée. Ce chaos originaire et minimal dont Michaux se sent à la fois victime et héros, il s'agit de savoir comment y demeurer mais comment en sortir. Pendant huit ans environ, du « Grand combat » à « Rencontre dans la forêt » (l'un des tout derniers

---

national d'art moderne, Centre Georges-Pompidou, 1978, p. 10, 11, 15 ; et dans Alfred Pacquement, *Henri Michaux Peintures*, Gallimard, 1993, p. 22, 23. Michaux fixe ainsi dans « Glu et gli » le destin de l'homme : « il y a des siècles qu'il attend perdu dans des taillis de signes/s'affairant à de nouveaux alphabets » (*Qui je fus*, I, p. 111). C'est ce souci qu'apaise et ravive à la fois la révélation de l'écriture chinoise dans *Un barbare en Asie* (I, p. 364-365). On le retrouve à l'état brut dans le titre de l'ouvrage (sans lendemain) annoncé « en préparation », parmi les œuvres « du même auteur » recensées lors de la parution de *Plume* (1938) : « Rudiments d'une langue universelle idéographique contenant neuf cents idéogrammes et une grammaire ».

1. « Indifférence./ Inappétence./Résistance. [...] Le manger lui répugne./ Les odeurs, les contacts./ Sa moelle ne fait pas de sang./ Son sang n'est pas fou d'oxygène. » « Quelques renseignements », I, p. CXXIX.

2. Michel Beaujour, *op. cit.*, p. 135, 138. Celui-ci insiste bien sur la dimension ordurière du processus (le mot « ordure » revient quatre fois dans le poème) et sur la formule qui paraît le résumer : « Un homme qui n'aurait que son pet pour s'exprimer » (« Glu et Gli », *Qui je fus*, I, p. 111). On se rappellera la phrase de Michaux à Paulhan : « J'ai de la poésie à faire péter » (voir le chapitre sur *Un barbare en Asie*, n. 1, p. 161).

textes envahi de mots forgés[1]), l'espéranto lyrique aura été l'arête vive de ce dégagement.

On n'oubliera pas que cette impression d'une autre langue dans la langue a aussi chez Michaux une origine singulière. En pension, de sept à douze ans, « entouré de petits paysans puants » dont il n'entend « ni la brutalité, ni l'insensibilité ni la langue », il aurait appris le flamand qui devient sa deuxième langue, qu'il finit par parler « comme le français sinon mieux ». Il ajoute, énigmatiquement : « oublié depuis mais je pense souvent en flamand, ou du moins je ne pense pas toujours directement en français[2] ». Comment ne pas entendre la pression d'un processus à multiple détente ? Une première langue est refusée, puis acceptée par force : le français, ou plutôt le wallon. Une seconde langue est ingurgitée, de force : le flamand. Une troisième langue arrive plus tard à l'enfant-adolescent : le latin,

1. Une première série de textes en espéranto paraît dans *Qui je fus* en 1927 (cinq textes, à strictement parler), une seconde dans *La nuit remue* en 1935 (dix textes). Après cela et après « Dimanche à la campagne » (*Plume*, I, p. 171), les seuls textes qui en relèvent encore pleinement se trouvent dans *Voyage en Grande Garabagne*, en 1936 : « Les Rocodos et les Nijidus » (*Ailleurs*, II, p. 37-38) et dans « Tranches de savoir » (1950) (*Face aux verrous*, II, p. 451). C'est témoigner déjà d'un ancien mode, mais aussi d'une possibilité toujours ouverte. On ne sait de quand dater avec précision le poème inédit « Parlant population... », largement composé de noms forgés, qui a été situé dans *À distance* entre « Quelque part, quelqu'un » (1938) et « J'ai pris la boule pour faire la béante » (1942).

2. *Lettre-mémo*, I, p. 995. Ce point a été discuté par Victor Martin-Schmets qui a mené une enquête serrée sur les rapports concrets de Michaux et de la Belgique (*Les Ailleurs*, p. 12-13). Il conteste formellement, et de façon convaincante, qu'un enfant de la bourgeoisie bruxelloise ait pu, à cette époque, faire ses « études en flamand », comme Michaux l'affirme dans « Quelques renseignements ». Dans la Lettre-mémo, Michaux souligne qu'il apprend le flamand (« je l'appris »), sans dire pour autant que son enseignement aurait été dans cette seule langue. Dans le journal de Bertelé, qui recueille les premières confidences de Michaux, on trouve la formule : « Éducation mi-flamande, mi-française ». L'hypothèse d'un enseignement dans les deux langues est la seule (si elle est acceptable) susceptible de concilier les exigences de la recherche historique et un sentiment, chez Michaux, de cette expérience de l'autre langue, si fort qu'il a bien fallu une part de réalité pour pouvoir le construire. — L'importance de la situation du bilinguisme dans l'écriture a été bien mise en valeur par Elizabeth Klosty Beaujour, *Alien Tongues, Bilingual Russian Writers of the « First » Emigration*, Ithaca, New York, Cornell University Press, 1989. Un précieux appendice consacré à Beckett y touche un écrivain plus proche de Michaux que Nabokov ou Elsa Triolet. Michaux a connu cas analogue à travers son ami Gangotena, Équatorien écrivant en français.

« belle langue, qui le sépare des autres, le transplante : son premier départ[1] ». À travers ces langues passées comme à travers toutes les langues à venir, reste à gagner la langue ultime, sous condition de la ruiner en lui, pour retrouver toujours la violence première d'un apprentissage forcé : cette langue est le français, ou plutôt le français écrit, le français littéraire. Voilà le français là que Michaux soumet à l'irruption forcée des autres langues, de toujours l'autre langue, pour saisir la langue comme autre à détruire et à réinventer, à faire bégayer, comme dit Deleuze avec Proust, dans une langue à jamais étrangère[2]. C'est la belle série de « Glu et Gli », consacrée à « Messieurs les écrivains », dont la dérive mime en elle-même et la forme du processus et le sens qu'il suppose : « Ah ! que je te hais Boileau/ Boiteux, Boignetière, Boiloux, Boigermain,/ Boirops, Boitel, Boivéry,/ Boicamille, Boit de travers/ Bois ça[3]. »

Mais ce processus de transformation a aussi sa limite. Qu'il s'agisse d'emprunts ponctuels à d'autres langues ou langages, de création de mots isolés par dérivation et composition, ou de l'espéranto lyrique même, il ne s'agit jamais que de « segments additionnels, limités aux parties du discours dont l'inventaire est ouvert : substantifs, adjectifs, verbes[4] ». Si les radicaux, dans l'espéranto, n'appartiennent pas à la langue, les éléments de dérivation sont réguliers ; le niveau morphologique n'est pas touché, pas plus que ne l'est la syntaxe (ou pas plus qu'elle ne l'est ici ou là chez Michaux, par afflux divers, légèrement). L'espéranto lyrique reste ainsi porté par les différents modes (narratif, argumentatif, évocatif, invocatif) qui tressent les voix : en cela tient sa drôlerie parfois inquiétante, et sa force. Il est simplement l'autre extrême d'un Même dont il accuse d'autant la valeur de Différent : creusé en lui-même multiplement, continuellement.

En cela, l'espéranto lyrique de Michaux se rapproche, en s'en

1. « Quelques renseignements », I, p. CXXX.
2. C'est dans *Critique et clinique* (Minuit, 1993), en particulier dans le chapitre XIII, « Bégaya-t-il… », que Deleuze développe l'idée du bégaiement créateur comme langue étrangère intérieure à la langue même. Il met en épigraphe de son livre une phrase de Proust dans *Contre Sainte-Beuve* : « Les beaux livres sont écrits dans une sorte de langue étrangère. »
3. *Qui je fus*, I, p. 111.
4. N. Gueunier, *op. cit.*, p. 85.

distinguant, du langage *zaoum* des futuristes russes et de Khlebnikov entre tous. La comparaison vaut d'être ébauchée : Khlebnikov est un des plus grands mélangeurs de genres de ce siècle, en même temps qu'un de ses vrais esprits épiques. On trouve d'un côté, chez lui, de nombreux mots forgés par déclinaison de racines, obéissant donc à la raison de la langue, en particulier sur le plan morphologique (c'est « la pierre magique de la transformation de tous les mots slaves l'un en l'autre »). Mais cette virtualité du « mot comme tel » (ou « mot autonome ») se double d'un second mouvement : au-delà des racines et de leurs dérivés, il s'agit de trouver dans les mots mêmes des éléments susceptibles de faire miroiter « l'unité des langages du monde, en général, unité fondée sur les unités de l'alphabet »[1]. Khlebnikov s'est fasciné, par exemple, sur le destin des consonnes initiales, supposées former des constances sémantiques et ainsi rendre à une raison supérieure le langage transmental zaoum (qui « signifie — se trouvant au-delà des limites de la raison »). Cet alphabet revisité permet de repasser de la lettre au nom, à des formes imprévues de noms (« H n'est pas seulement un son, H est un nom, corps indivisible de la langue »), et ainsi d'une langue à toutes les langues : c'est pourquoi « le langage zaoum est, en germe, la future langue universelle »[2]. On voit ainsi se constituer chez Khlebnikov, entre la vision mallarméenne du « mot total » et le « procédé » roussellien ou brissetien[3], mais bien au-delà d'eux, l'utopie futuriste

1. Velimir Khlebnikov, *Choix de poèmes*, Honfleur-Paris, Pierre Jean Oswald, 1967, p. 39 (traduit et présenté par Luda Schnitzer). On peut également consulter, de et sur Khlebnikov : *Le Pieu du futur*, Lausanne, L'Âge d'Homme, 1970 (également traduit et présenté par Luda Schnitzer), et *La Création verbale*, Christian Bourgois, 1980 (traduit par Catherine Prigent, préfacé par Christian Prigent). Voir aussi Krystyna Pomorska, *Russian Formaliste Theory and its Poetic Ambiance*, La Haye-Paris, Mouton, 1968. Il y a un flottement entre les commentatrices sur l'extension exacte du « zaoum » : Luda Schnitzer l'oppose aux simples dérivations de racines ; Krystyna Pomorska inclut celles-ci dans une vision plus globale (p. 95-106). Un fragment de « Quant à soi », manifeste-confession de Khlebnikov (contenant, p. 39, la phrase citée ici), autorise les deux interprétations, soulignant la gradation entre le premier état et le second : « La voie vers la langue universelle zaoum ».

2. *Le Pieu du futur*, *op. cit.*, p. 238-240.

3. Chez Mallarmé, c'est le vers qui transforme les rapports de sons et de sens des mots dans une forme supérieure (« Le vers, qui de plusieurs vocables refait un mot total, neuf, étranger à la langue et comme incantatoire, achève cet

d'une langue de l'univers inscrite dans la langue elle-même. Grâce à l'ébranlement favorisé par la révolution de 1917, s'opère un double saut : transformation de la langue, remodulée à partir de ses diverses bases territoriales (folkloriques, archaïques, dialectales) ; mutation et extension de la langue, arrachée à son territoire propre, et étendue au monde en sa totalité. Ceci, au risque du retour de bâton de la Loi qu'induit tout délire collectivement investi — on l'a vu, dans des utopies poétiques d'un ordre comparable, quand la mise « en liberté » des mots de la langue (chez les futuristes italiens, Marinetti surtout) s'exalte et s'abolit dans la justification des pouvoirs totalitaires[1].

Alors que chez Michaux, ce rêve d'univers ne s'accorde une dimension sociale que parce qu'il est vraiment celui d'un seul[2]. Sa part d'utopie, quand s'affiche parfois une soif d'immédiat, vise toujours une virtualité de communication située au-delà des mots, portée par des signes émanant directement des corps. Si bien que la rupture de l'espéranto lyrique en reste

---

isolement de la parole », « Crise de vers », *Œuvres complètes*, Bibl. de la Pléiade, Gallimard, 2003, t. II, p. 213) ; alors que chez Roussel c'est le branchement hasardeux d'une transformation de phonèmes entre les mots qui permet de dévier et de dévider le récit ainsi perverti. Chez Jean-Pierre Brisset, qui est formellement le plus proche de Michaux, « c'est l'oreille d'abord qui mène le jeu, dès lors que l'armature du code s'est effondrée, rendant impossible toute traduction de la langue ; surgissent alors les bruits répétitifs comme noyaux élémentaires ; autour d'eux apparaît et s'efface tout un tourbillonnement de scènes qui, moins d'un instant, se donnent au regard ; inlassablement, nos ancêtres s'y entredévorent » (Michel Foucault, « 7 propos sur le 7e ange », préface à *La Grammaire logique* suivi de *La Science de Dieu* de Brisset, Tchou, 1970, p. XVII ; repris dans Michel Foucault, *Dits et Écrits*, Gallimard, 1994, t. II, p. 13-25). Foucault y emprunte à Deleuze la formulation du « procédé linguistique », lié à la psychose, que celui-ci propose à propos de Wolfson (préface à Louis Wolfson, *Le Schizo et les langues*, Gallimard, 1970, p. 23, repris dans *Critique et clinique*).

1. Christian Prigent marque cette tension portée par la langue zaoum, qui creuse ses deux dimensions : « Comme si une étrange exigence d'équilibre venait disposer sa balance autour de l'axe du langage courant : d'un côté le nadir animalisé, idiotique et magique du zaoum ; de l'autre, réalisant son assomption dans la plus absolue des transparences, le zénith de la communication verbale totalement socialisée ("universelle"), l'Incarnation, rationalisée en performance linguistique, d'une sorte de vaste espéranto poétique » (*La Création verbale*, *op. cit.*, préface, p. 13).

2. Ce qu'implique nettement la Postface de *La nuit remue* (voir l'Introduction, p. 24).

chez Michaux au premier moment du langage zaoum. Elle montre surtout une infinie souplesse, apparaissant, disparaissant, s'affirmant par des irruptions et des entraînements subits, cédant soudain le pas au langage le plus commun — cela dans le mouvement d'un même poème ou récit, au gré de passages orientés avant tout vers un détournement du sens. Michel Beaujour a bien montré comment « à rebours de la poésie qui *veut* remporter un surplus de sens sur l'insensé », chez Michaux « le sens et l'égo jouent à qui perd gagne »[1]. Il s'apparente ainsi, dans ses jeux de langage, à la tradition du « nonsense » (celle de Lewis Carroll, d'Edward Lear), qui vise à délier le sens, à induire et à multiplier des sens face à la rigidité de tout sens, plutôt qu'à d'emblée prendre sens dans l'insensé. Pourtant ces effets de « nonsense » ne se réduisent jamais chez Michaux à une recherche d'équilibre mesurée entre ordre et désordre. Vidant le sens, mais provoquant, diffusant par là d'autant plus des sens troubles et retors, dans un mélange de tous les instants avec des impulsions de gestes, d'actes, d'événements et d'arguments, Michaux prend le chaos à bras-le-corps, dans une étreinte mimant ce chaos pour chaque fois en ressurgir : Grand Combat, qui est la forme et la force d'une recherche singulière du Grand Secret[2].

Mais, curieusement, ce secret coûteux lové dans le corps a peu de liens avec la recherche du sexe et l'extrémité de l'amour. Michaux l'aura dit de plusieurs façons. « Rencontre dans la forêt » est chez lui une exception suffisante pour que soit justifié de situer ce qui permet de l'éclairer.

L'amour est pour une part chez Michaux une idéalité simple, dont l'expression est peu fréquente ; elle frappe alors par un lyrisme familier, aux tonalités douces-amères, soudain déchirantes. Une impossibilité du lien s'y avoue, sur un ton de confidence personnelle, dans un mélange de nostalgie et d'envie, aussi bien qu'à travers un goût des virtualités. Ce sentiment traverse « Adieu à une ville et à une femme » (*Qui je fus*), et « Amours » (*La nuit remue*), jusqu'à cet étrange instant du

1. Beaujour, *op. cit.*, p. 134, 140-142.
2. « Dans la marmite de son ventre est un grand secret (...)/On cherche aussi, nous autres, le Grand Secret » (« Le Grand Combat », *Qui je fus*, I, p. 119).

Barbare en Asie où le voyageur est séduit par le sourire muet d'une jeune Népalaise qui lui paraît le « miroir » de lui-même et aurait pu être sa « destinée »[1] ; ce même sentiment sourd dans « La Ralentie » de façon elliptique, et culminera autour de la perte dans *Nous deux encore*, que Michaux écrit après la mort de sa femme. Dans ces affects sentimentaux, et déchirés, mais simples, la femme désirée ou aimée ne devient jamais vraiment le prétexte d'une projection d'idéal ou d'une croyance, avec les effets de métaphore et de totalité qui en découlent : Michaux reste étranger à la longue tradition qui va du romantisme au surréalisme et au-delà. Il se situe plutôt dans une tonalité élégiaque.

Ce lyrisme du sentiment blessé va de pair avec un goût très vif des femmes et du féminin, qui emprunte deux voies contraires. Cette œuvre qu'on a dite chaste à un point rare[2], et qui l'est, n'est pourtant pas dénuée de franchise sexuelle, et même de brutalité (bien que le ton toujours très direct de Michaux tende à devenir d'autant plus implicite que la situation devient plus susceptible d'être tenue pour vraie). D'un côté, dans le registre auto(bio) graphique, on retient son éloge de la femme chinoise, qui oscille entre un portrait théorique et un récit d'expérience. Il en ressort un attrait profond de l'équilibre, physique et mental, pour lequel la femme chinoise semble avoir un don extrême, mystérieux, étranger au tragique comme au solipsisme de la relation amoureuse, et dédié sans partage à « ce qui serait tout de même si beau : être harmonieusement deux ». Ce point d'utopie, que permet d'entrevoir une autre altérité, oppose la femme chinoise à la femme arabe, et surtout à l'Européenne : celle-ci « vous aime avec transport, puis tout d'un coup, elle vous oublie au bord du lit, songeant à la gravité de la vie, à elle-même, ou à rien, ou bien tout simplement reprise par l'"anxiété blanche" »[3]. À cette

1. *Un barbare en Asie*, I, p. 396. Une bonne image de ce tournoiement d'affects surgit dans « Compagnons » : « Femmes aux cheveux blonds qui depuis si longtemps fûtes mes compagnes de rêve, de nuages et de secousse » (*La nuit remue*, I, p. 500).

2. Michel Beaujour, « Michaux et les cygnes », *L'Esprit créateur*, vol. XXVI, n° 3, automne 1986 : « Aucune œuvre de la modernité n'est plus obstinément chaste que celle de Michaux » (p. 96).

3. *Un barbare en Asie*, I, p. 361-362.

anxiété occidentale répond, dans maint texte, particulièrement au tournant des années trente, une agressivité intense et triviale prenant la femme pour objet, avec les effets de retour qu'on imagine : les relations de sexes sont ainsi installées dans une sorte de théâtre de la cruauté, hérissé de pulsions immédiates et partielles, qu'un humour effrayant accrédite et tempère[1].

Un texte est en cela révélateur : le premier que Michaux consacre à la drogue, « L'Éther »[2]. Une partie de l'expérience est menée en compagnie d'une femme, et le choc de l'amour se développe un moment en parallèle avec l'effet du stupéfiant. Mais celui-ci devient seul garant d'un dépassement qui les fait — homme et femme, issus d'une solitude qui les étreint pareillement et les met en rapport — se concevoir ensemble, dans une altérité évanouie dissipant toute agressivité et tout manque, le temps que dure l'expérience. « On est strictement jumeaux. Se distinguer, on n'y songe plus. Identité ! Identité[3]. » L'éther et l'amour ont de commun « la jouissance en cascade ». Mais l'éther réalise ce que ne peut l'amour (si « désespérément le même, le fit-on avec des femmes de toutes les races du monde[4] ») : l'éther permet comme l'amour d'engager le combat de l'homme contre le Temps ; sans que ce combat devienne aussitôt celui dont on ne peut qu'être victime ou bourreau, victime et bourreau.

Car il faut, semble-t-il, entendre ceci : l'amour ou le sexe (c'est alors tout un) n'offre, dans le combat qu'il ouvre, que bien peu de recours, en regard du combat originaire mené par le corps afin de s'arracher au chaos où il plonge. Michaux l'écrit diversement : « Ni deux cuisses ni un grand cœur ne peuvent remplir mon vide[5] » ; « Le jus de la joie se changeant en

1. Cette violence qui a une dimension banalement misogyne, mais aussi une franchise rare allant bien au-delà, éclate dans *La nuit remue* (surtout dans les textes suivants : « Nuit de noces », « Le livre des réclamations », « Mes propriétés », « Une vie de chien », « La simplicité », « Envoûtement », « Puissance de la volonté ») et dans *Plume* (en particulier dans plusieurs récits dont Plume est le héros et dans « Chaînes »). Cette violence forme aussi un des fils rouges de *Voyage en Grande Garabagne*.

2. *La nuit remue*, I, p. 449-457.

3. *Ibid.* I, p. 454.

4. *La nuit remue*, I, p. 73.

5. « Je suis né troué », *Ecuador*, I, p. 190.

brûlure,/ Les caresses en ravages lancinants, les organes du corps les mieux unis en duel au sabre, (...)/Les langues tièdes, promeneuses passionnées, se changeant soit en couteaux, soit en durs cailloux[1]. » Soit l'amour-sexe ne peut rien contre le vide où un combat plus radical se mène ; soit il vire à ce combat dont il devient une des formes, mais sans y posséder un privilège de principe. Le désir de vie, de survie, avec la force de destruction qu'il implique, ne peut être assimilé ou réduit à la sexualité, au désir sexuel tel que Freud le conçoit. C'était déjà, dans *Les Rêves et la Jambe*, dans plusieurs textes de jeunesse, l'intuition d'une surestimation du « morceau sexuel » freudien, en regard des fragmentations multiples et irréductibles du corps au travail[2]. Ainsi n'y a-t-il pas chez Michaux identité du désir et du sexe, et par là formation d'un tragique intangible de la sexualité entendue comme fondement du sujet et des sociétés humaines, tel qu'il se forme, par exemple, au même moment chez Bataille[3] ou Leiris. On trouve, ancré chez Michaux, un tragique de l'impossible rencontre sexuelle. Mais il reste second, par rapport au combat dont ressort la possibilité d'être, ainsi qu'en regard de l'infinie diversité des formes du vivant, à travers lesquelles ce combat constamment reprend et s'étend. Aussi l'image de la chose sexuelle échappera-t-elle parfois à ses formes humaines, trop humaines, pour migrer utopiquement, dans les pays inventés par Michaux, vers des formes animales floues, jusqu'à l'exclusion pure et simple de la femme : elle n'a plus le privilège ni de donner la jouissance ni d'y avoir accès, sans que pourtant celle-ci manque à l'homme et sans que soit suspendu même le fil des générations[4]. *Voyage en Grande Garabagne* fera ainsi l'inventaire ironique et désespéré des formes visant à coder l'impossible rapport de sexe, sous des formes moins douces que celles de la rêverie chinoise. Comme si leur multiplication créditait la sentence qui frappe de front les Cordobes : « Hommes et femmes au bord de l'abîme de l'amour, ne se rencontrant jamais[5]. »

1. « L'avenir », *La nuit remue*, I, p. 510.
2. Voir le chapitre sur les « Premiers écrits », p. 85.
3. Dans une lettre à Patrick Waldberg du 18 mars 1958, celui-ci trouve le poème de Michaux « admirable » (*Choix de lettres*, Gallimard, 1997, p. 475).
4. « La race Urdes », *La nuit remue*, I, p. 494.
5. *Ailleurs*, II, p. 50.

Voilà pourquoi, sans doute, il y a aussi peu de chevauchements entre le théâtre du sexe et celui de la langue. Comme si leur affrontement trop direct avait quelque chose d'excessif, d'insupportable. On en trouve, avant « Rencontre dans la forêt », quatre exemples, réductibles à autant de cas d'espèce. Dans « Amours », l'effusion du sentiment de la perte, au moment du départ pour l'Équateur, se négocie dans une forme d'espéranto doux, à partir du nom de la femme aimée, « Banjo »[1]. Un an plus tôt, un très court poème de *Qui je fus*, « Mariage », préfigure à la fois « Nuit de noces »[2], pour le thème, et « Rencontre dans la forêt », dont il semble une ébauche licite et drolatique (la composante agressive se mimant à partir d'une conjonction de mots réels et de vocables forgés qui dessinent la scène)[3]. Un récit de 1931, « La jeunesse du prince Bradamine », offre un exemple d'autant plus saisissant qu'il croise les deux séries autour de la présence ou de l'absence d'une seule lettre : les jeunes filles *ouashis*, a cru entendre le prince, « ont toutes de la beauté » ; mais il découvre, après s'être accouplé avec l'une d'elles, que *oashis* est le mot qu'il aurait dû entendre, car *ouashis* veut dire que ces jeunes filles ont toutes la lèpre[4]. Enfin, « Dimanche à la campagne », publié avec « Rencontre dans la forêt » (et repris, lui, dans *Plume*), a l'intérêt d'être en même temps le dernier texte inclus dans un recueil montrant une si forte proportion d'espéranto, et d'esquisser une petite saynète de flirt, d'une ironie timide, que seules les sonorités peuvent affecter d'une charge sexuelle[5].

1. « Demain ne l'aurai plus mon amie Banjo./ Banjo,/ Banjo,/ Bilabonne la bange aussi,/ Bilabonne plus douce encore,/ Banjo,/ Banjo,/ Banjo restée toute seule, banjelete,/ Ma Banjeby » (*La nuit remue*, I, p. 504).

2. *La nuit remue*, I, p. 432.

3. « Dochenilles, doaesse, doderies/ doberies, odournés, doterons et dots à venir/ La fille à marier n'a pas sitôt dit OUI qu'on la pousse dans le lit/ au lit, ohi, au lit ohi./ la pondera son petit humi/ la sentira son petit hihi/ la pleurera la victima ah, ah/ ah ! ah ! ah ! ah ! » (*Qui je fus*, I, p. 121).

4. Textes épars 1929-1931, I, p. 273.

5. « S'éboulissant de groupe en groupe, un beau Ballus de la famille des Bormulacés rencontra Zanicovette. Zanicovette sourit, ensuite Zanicovette pudique se détourna./Hélas ! la paricadicelle d'un coup d'œil avait tout vu. « Zanicovette ! », cria-t-elle. Zanicovette eut peur et s'enfuit » (*Plume*, I, p. 571). La fin du texte montre Zanicovette revenant un peu tard au village, épiée par les mauvaises langues. Ce texte est commenté par N. Gueunier (*op. cit.*, p. 86-87) :

Qu'arrive-t-il lorsque les éléments de langue portés par l'espéranto se trouvent à loisir mimer la rencontre sexuelle — sous sa forme la plus brutale, le « viol », dit Michaux à Paulhan, qui est le « titre véritable » ? Il se produit une déflagration. Le chaos originaire, pré-personnel, au fond duquel un corps se trouve impropre à se fixer dans ses organes et doit les parcourir dans une ronde affolée, de sorte que leur nomination serve de relais et d'espace de rejet à l'invention du texte — ce chaos est ici soudain fixé sur un organe, le sexe, et un acte, le viol qui l'exprime. Et cela, dans la langue dont la matière et la forme tentent de donner du chaos l'image la plus approchée, puisque au-delà du sens, des sens trop refermés sur eux-mêmes des mots, les vocables illuminés de l'espéranto voudraient toucher des sens multiples, ambigus, intermédiaires, en donnant à travers leurs pulsations phonétiques et rythmiques la réalité ou au moins l'idée du passage des sensations. Rarement trouble aura été aussi grand, du rapport des mots aux actes et aux gestes et aux parties du corps touchées et aux sensations éprouvées[1]. Il y a dans ce poème un désir fou : ressaisir dans le corps de l'autre, « l'introuvable Autre[2] », fixé dans une image et un corps de femme, toute l'énergie du chaos qui ouvre le combat, perpétuel en soi, des forces matérielles et mentales en présence, et vouloir les unir dans l'« Immense cuve d'un instant ! », en ayant accès dans ce corps à la Nature même (« Forêt, femme, terre, ciel animal des grands fonds ![3] /Il bourbiote béa-

celui-ci montre comment les néologismes (verbes et noms) s'intègrent à la syntaxe du français ; on pourrait même, ajoute-t-il, mesurant bien l'absurdité de la proposition, en esquisser une sorte de traduction, à partir du contexte offert par l'ensemble des éléments.

1. Par exemple dans cette séquence où il suffit d'un mot vraiment reconnaissable (bien que lui-même déjà dérivé : « déjupe »), pour donner à ceux qui suivent un pouvoir d'efficacité floue extrême : « Il la déjupe ; puis à l'aise il la troulache,/ la ziliche, la bourbouse et l'arronvesse,/ (lui gridote sa trilite, la dilèche) », I, p. 416.

2. « L'éther », *La nuit remue*, I, p. 451.

3. Dans sa réponse à l'envoi que lui fait Michaux de ce poème lors de sa réimpression discrète par Bertelé en 1952, Adrienne Monnier relève cette « admirable expression qui illumine le poème ». Ignorant la pudeur de Michaux qui évoque « une mauvaise rencontre d'il y a longtemps », renchérissant sur sa sa « blonde rêveuse un peu vatte », son amie enfonce le clou (« tout ce qu'il y a de plus vatte »), souligne la violence (« il pourrait la tuer ») mais y suppose

tement »). Mais la rencontre n'est qu'un viol. Elle l'est aussi parce que ce sont là deux logiques de désir sans mesure commune mais qui, ainsi âprement liées, voudraient être accordées pour l'une l'autre s'apaiser. Sous un possible désir de décence, qui mérite d'être compris chez un homme en général peu attentif au risque, voilà ce que trahit sans doute le jeu du montrer-cacher entretenu par Michaux avec ce seul et singulier poème.

jusque chez la femme un désir proprement infini (« le vagabond sait travailler (vous verrez qu'elle le regrettera) ») — tout ce qui fait de ce poème « une petite merveille » et « un digne pendant du "Grand Combat" » (Monnier, p. 28).

La nuit remue

(1935)

La nuit remue ouvre un cycle de grands recueils qui s'achève, dix-neuf ans plus tard, avec *Face aux verrous*, formant la première et la plus impressionnante partie de ce qu'on appelle, trop simplement, l'œuvre poétique d'Henri Michaux. Si *Qui je fus* n'entre pas dans ce cycle, qu'il préfigure, ce n'est pas seulement pour ne jamais avoir été republié. C'est qu'à côté des inédits jalonnant depuis lors, dans une proportion variable, la conception des différents recueils, *Qui je fus* est composé uniquement de textes déjà parus en revue. Il faut être attentif, à partir de *La nuit remue*, à la redistribution de recueils antérieurs, volumes ou plaquettes, dans de grands recueils destinés à Gallimard. C'est là un niveau second d'élaboration : il suppose de la part de Michaux une sorte de stratégie, conçue à partir de premiers ensembles publiés chez de petits — ou moins grands — éditeurs et des textes éparpillés en revue[1].

On ne parviendra sans doute jamais à ressaisir dans son détail l'extraordinaire agitation d'écriture qui s'est emparée de Michaux, à partir de son retour d'Équateur et pour dix années environ. Ses lettres à Paulhan, comme à divers correspondants (Renéville, Jean Ballard, etc.), montrent un homme à la fois indolent et pressé, souvent abrupt dans ses humeurs et ses avis, sûr d'une farouche énergie mais semblant ignorer où exacte-

1. On trouve en fin de chapitre (p. 205) des informations sur les aspects contractuels de la stratégie de publication de Michaux.

ment l'exercer, sachant se faire désirer et presque s'imposer, à proportion d'une faiblesse dont il est contraint de faire une arme, variant l'attaque autant que la défense. Dans ces années où *Un barbare en Asie* laisse traîner une contre-image ordonnée, Michaux conçoit de multiples projets, qu'il semble avoir vite abandonnés, et dont rien n'est resté[1]. Pour vivre, pour survivre, il publie dans un grand nombre de revues des textes de caractère très divers, qu'il rassemble d'abord, en bonne part, dans deux recueils, chez des éditeurs proches (*Mes propriétés*, 1929 ; *Un certain Plume*, 1930). Puis, les textes croissant en diversité et en nombre, il en regroupe à nouveau l'essentiel[2] dans deux nouveaux et importants recueils (*La nuit remue*, 1935 ; *Plume précédé de Lointain intérieur*, 1938), qui intègrent chacun un des deux recueils antérieurs, les transforment et s'y substituent. En frappant ainsi des coups en tous sens, dans un mélange saisissant d'improvisation et de préméditation, Michaux cherche alors vraiment « Qui il est[3] », comme jamais il ne l'a fait et n'aura plus, avec cette fureur extrême, à le faire. C'est que pour ses contemporains, aux yeux de ses lecteurs, encore rares mais fervents, à ses propres yeux étonnés, que rien ne peut suffire à rassurer[4], il devient « Henri Michaux » : « Quelque part, quelqu'un[5] » crie et écrit « pour tous et pour personne ».

Disposant après *Un barbare en Asie* d'un début de notoriété à laquelle ont beaucoup contribué *Mes propriétés* et *Un certain Plume*, pourquoi, plutôt que de réagencer ces deux recueils en un et d'en concevoir plus tard un second avec de nouveaux textes, Michaux choisit-il d'augmenter le premier d'inédits et de textes récemment publiés en revue, inventant ainsi *La nuit*

1. Au moins, dans l'état actuel des recherches. Voir par exemple les chapitres sur *Qui je fus* et sur les Textes épars 1936-1938, pour ce qui touche au roman et aux projets de récits, de portraits et de contes.

2. À l'exception des textes réunis dans *Voyage en Grande Garabagne* (1936), repris seulement douze ans plus tard dans *Ailleurs*.

3. C'est le titre du texte-préface de *Peintures*, en 1939 (I, p. 705).

4. Michaux écrit à Paulhan (s. d., automne 1933) : « Merci de vos lettres si sympathiques. Toutes ces critiques de X, Y, Z que vous me transmettez au sujet de "Mon Roi" sont pour moi dépourvues de toute signification. Elles s'appliqueraient si j'étais un mystique, un poète, ou un écrivain. Je suis seulement un noyé, pour qui toute planche est bonne, jusqu'à ce qu'il en trouve une autre (une autre mais certes pas un fauteuil). »

5. Voir le chapitre sur les Textes épars 1936-1938, p. 216-218.

remue, et de différer la reprise du second pendant plusieurs années, jusqu'à *Plume* dont l'architecture complexe agglomère des textes et plaquettes de tous bords autour d'un squelette central peu reconnaissable ? Il y a certainement des raisons d'éditeurs, d'argent, de tirages, d'état des stocks, des obligations de contrats et de délais, dont on n'a — pour l'instant ? — pas trace de façon assez exacte. Peut-être était-il seulement trop banal de mêler deux recueils déjà connus. Mais il faut surtout s'attacher à une logique qui dès *Mes propriétés* et *Un certain Plume* a commencé à se chercher. Des effets d'auto-organisation visent en effet à susciter, de livre en livre, de véritables dominantes, en dépit du caractère avant tout mobile d'une œuvre qui n'a cessé, fût-ce à travers deux récits de voyage faussement rassurants à cause de leur unité géographique, de se livrer au fur et à mesure comme une accumulation impulsive de fragments. Ainsi, ces deux grands et nouveaux recueils sont-ils, comme *Qui je fus*, deux livres du Moi, ou du Je. Mais *La nuit remue* apparaît comme le livre des *processus*, des *lieux* et des *états* ; et *Plume* plutôt comme le livre des *voix*. Même si tout s'y mêle, constamment, il y a là deux façons de rapporter un « Qui je fus » au « Qui je suis » qui en lui se confirme.

Michaux a suggéré ce qu'est *La nuit remue* dans un prière d'insérer que l'un de ses critiques du moment, complice d'écriture, s'est vu obligé de citer, faute de pouvoir faire mieux[1]. Ni « unité extérieure », dit Michaux, ni « genre connu ». Cela suppose une unité autre, interne, une force particulière que le mot d'unité est impropre à exprimer. Cela suppose aussi un genre hétérogène, au-delà, en deçà des genres. Michaux se montre là-dessus très retors. Sa liste de ce que contient son livre mêle des genres et sous-genres (poèmes, poèmes en prose), des catégories générales (récits), des choix de formes et de contenus (mots inventés, descriptions d'animaux imaginaires). « Etc. », se plaît-il à insister. Il ne craint pas la tension de termes contraires, opposant aux « imaginations extravagantes » de tel jour la sèche « analyse de soi » de tel autre, à laquelle un « poème en prose » se trouve répondre, plutôt que la « note » ou

1. On trouve aujourd'hui ce texte de René Daumal, daté « mai 1936 », sans autre indication, dans les *Cahiers René Daumal*, n° 4, 1990, p. 30.

« confession » qu'on attendrait. Il est d'autre part évident qu'aucune de ces désignations ne suffit, isolément, à désigner aucun des quatre-vingt-onze titres du recueil[1], eux-mêmes parfois morcelés en mini-chapitres ou fragments.

Il faudrait plusieurs termes chaque fois, et des termes variables, pour qualifier chaque moment. Les deux choses, du reste, concordent : caractérisations multiples, induisant une sorte d'indéfinition ; et insistance sur le « Temps » dont de « continuels changements d'humeur » qualifient seuls le « passage inégal ». Ainsi tous ces fragments à la fois découpés et enchaînés ne composent-ils pas, dit Michaux, un recueil, « mais plutôt un journal ». Ce mot de journal, fort mais biaisé, acquiert ici une portée beaucoup plus polémique qu'à propos d'*Ecuador*, où il flottait dans une exactitude relative. Il est repris pour, à rebours, jeter un trouble. Car il se trouve cette fois dissocié et métamorphosé, projeté dans des formes d'écriture qui semblent à l'opposé et qui pourtant répondent au souci du journal par un effet décapant de sismographie subjective : elles touchent, aux extrêmes, d'un côté le récit, la forme-événement, dans sa puissance de fiction ; de l'autre une expressivité, une forme-musique, qui peut aller jusqu'à des lambeaux de langue inventée[2].

Pour saisir une singularité qui s'affirme en autant d'états, de lieux, de processus, situons d'abord trois niveaux de glissements à l'œuvre dans un livre où le langage, si divers soit-il, « reste docilement au service de la pensée » (ainsi Daumal désigne-t-il la force de cette unité sans unité[3]). Là encore il faut cerner des équilibres instables entre prose et poésie ainsi que la variation des personnes (le paradigme volatil des pronoms personnels) ; il s'agit aussi de saisir, à travers ces oscillations, une modulation du Temps. Elle ouvre ce « journal » où « les dates manquent » à la pression plus elliptique mais autrement prégnante de tous les événements qui ponctuent, sans fin, une odyssée de soi.

1. C'est là le chiffre de l'édition « revue et corrigée » de 1967 ; celle de 1935 en compte un de plus.

2. Sur « l'espéranto lyrique », voir le chapitre sur « Rencontre dans la forêt » et l'Introduction, p. 42.

3. Il précise : « pour se reposer » la pensée permet bien au langage « de temps en temps quelques incartades. Mais jamais il n'essaie de supplanter son cocher ».

La nuit remue a été divisé par Michaux en deux parties qui montrent un mouvement semblable[1]. Deux fois, deux longues successions de textes en prose s'achèvent par deux suites de poèmes dont les titres s'alignent aujourd'hui à l'égal de ceux des textes en prose, après avoir été dans la première édition rassemblés sous ce seul intitulé : « Poèmes[2] ». Soulignant alors cette séparation entre des formes et niveaux d'expression, Michaux a cédé aussi à la force des effets de brouillage qui lui sont chers. Les deux derniers « poèmes » de « La nuit remue », « Icebergs » et « Vers la sérénité », reviennent en effet à des dispositions de prose : le premier de façon très invocante, les quatre paragraphes valant pour autant de strophes ou versets ; le second composant une sorte d'autoportrait, assez proche de textes antérieurs du recueil, en dépit d'une fluidité elliptique sur laquelle l'action narrative a peu de prise. Michaux a d'autre part osé une menue torsion dont il n'y a pas d'autre exemple : il a donné ce même titre, « Vers la sérénité », à deux textes différents de « La nuit remue ». Le premier n'est pas désigné comme poème ; mais il en a les qualités d'invocation et tranche par là sur les textes qui l'entourent (« Bonheur bête », fragment d'autographie très quotidienne, et « Déchéance », où le « je » est pris dans trois scénarios mythiques[3]). Ainsi le plus nettement poétique des deux textes n'est-il pas celui qui a été, jusqu'à la refonte de 1967, désigné comme « poème ». Voilà, parmi

1. Il a inversé l'ordre chronologique de composition et l'ordre matériel des parties, ouvrant le volume par « La nuit remue », composé de textes plus récents. Par là s'éclaire la datation équivoque du prière d'insérer : « Ainsi tout au long de trois ans ». Voilà un bel exemple de la force d'ambiguïté de Michaux : écrits en 1934, ces mots concernent *a priori* la partie « La nuit remue » dont les textes les plus anciens remontent à 1931 ; mais ils s'étendent aussi à l'ensemble du livre qui, sous le même titre, rassemble avec *Mes propriétés*, publié en 1929, des textes étalés sur huit ans. Ces mots deviennent donc, ambition de Michaux, à la fois vrais et faux. De même la « Postface », qui s'adresse *a posteriori* aux textes de « Mes propriétés », n'en devient pas moins celle de l'ensemble du livre qu'elle clôt, et pour lequel elle a été écrite.

2. Il y a dans la partie « La nuit remue » sept poèmes (explicites) sur trente-deux textes, et dans la partie « Mes propriétés » vingt et un sur cinquante-neuf.

3. L'effet frappe d'autant que ce premier « Vers la sérénité » s'achève sur deux vers contrastant à leur tour avec les suggestions plus étales qui les précèdent : « Oh ! Pays aux dalles tièdes ! / Oh ! Plateau du fin sourire ! » (I, p. 443).

d'autres, un exemple de glissement ambigu entre poétique et prosaïque au cœur d'une matière unique. Il entre en résonance avec la variation qui s'y propage continuellement entre les personnes.

Cela saisit le lecteur de *La nuit remue*, de façon plus trouble et mêlée que dans *Qui je fus*, en raison de la multiplicité des textes ou fragments. La personne qui prévaut est le « je » (seize textes sur trente-deux dans « La nuit remue », quarante sur cinquante-neuf dans « Mes propriétés ») : c'est aussi ce qui fait de ce livre un livre du Moi. Mais ce moi d'emblée fluctuant est formé aussi d'un nombre important de « il(s) » sans « je » (désignant des héros, des animaux, des populations : onze textes pour « La nuit remue », autant pour « Mes propriétés »). Quant aux textes restants (treize en tout), ils se répartissent selon deux « nous » et quatre adresses en « vous », et quelques textes qu'un glissement intensif entre pronoms (du « on » au « vous » au « ils » et jusqu'au retour du « je ») interdit de classer précisément. Ces textes indécidables aident à mettre en relief les nombreux cas d'interférence qui hantent beaucoup d'autres. Soit que les jeux du corps portés par le « on » ou le « il » soient référés soudain à un « je », réduit à une pure marque énonciative (« veux-je dire » ; « comment ai-je pu me tromper » ; « c'est ce que j'établirai plus tard » ; « vous dis-je[1] »). Soit qu'un partage délicat se trouve préservé entre la troisième personne et la première (dans « Dessins commentés » ou « L'Éther » par exemple). Soit qu'un texte au « je » assuré, « La nuit remue », s'ouvre par un fragment où le « je » des cinq fragments suivants se trouve encore en attente, sous la forme d'un « on », lui-même modelé par les événements multiples et encore impersonnels qui se pressent dès la première phrase au carreau de la chambre[2].

On voit aussi dans ce fragment inaugural comment se développe une modulation « chaosmique » du Temps[3]. « Tout à

1. Respectivement dans « Le Ciel du spermatozoïde », I, p. 434, « Dessins commentés », p. 439, « La Paresse », p. 473, « Terre ! », p. 508.

2. « La nuit remue », I, p. 419.

3. « Chaosmos » est le terme (repris à Joyce) employé par Deleuze et Guattari, en particulier dans *Qu'est-ce que la philosophie ?* (Minuit, 1991), pour cerner à travers l'art la virtualité d'un dépassement du chaos à partir du cosmos même. Le chaosmos est « un chaos composé » ; « l'art transforme la

coup » est le terme, la locution adverbiale qui ouvre la première phrase, soutenant le premier événement. Mais cet événement en suppose un second, simultané mais qui peut-être en découle (« L'édredon à ce moment a un cri »). Ce second en appelle un troisième, là encore grâce à un adverbe de temps (« ensuite le sang coule »). Et ce troisième se prolonge (« Les draps s'humectent, tout se mouille »). Et ainsi de suite, les faits s'ajoutant aux faits, soit par enchaînements directs soit par des percées latérales induisant elles-mêmes de nouveaux enchaînements ; cela toujours grâce à de nombreux adverbes et locutions de temps. De sorte qu'une brève fiction aux péripéties arbitraires s'est bien déroulée, selon une chronologie insistante quoique erratique. Il se dessine même à partir des premiers événements une sorte de bouclage temporel de l'action (« L'armoire s'ouvre violemment [...] La porte de l'armoire s'est refermée ») ; mais voilà aussitôt cet effet emporté dans un alliage d'infini et d'indéfini. C'est la force des deux derniers petits paragraphes ou versets. Le premier nourrit d'une soudaine prolifération anonyme cette scène en réserve d'acteurs tangibles (« On s'enfuit alors, on est des milliers à s'enfuir. De tous côtés, à la nage ; on était donc si nombreux ! »). Par là s'opère une fusion entre passé et présent que projette dans un avenir flou l'éternité énigmatique posée par la dernière phrase (« Étoile de corps blancs, qui toujours rayonne, rayonne... »).

Voilà donc un exemple de l'enveloppement réciproque des trois niveaux de modulation dégagés : les temps au travail dans le Temps ; les personnes ; les genres ou modes. On passe en effet dans ce fragment d'une accumulation narrative, servie par des phrases de prose, au suspens d'une formulation invocative ou poétique. Ce passage correspond à un glissement entre un temps sériel piqueté d'événements et le temps dilaté d'un pur rayonnement. Enfin il prépare, par une gradation des formes impersonnelles (« c'est », « il faut », « on ») le passage au « je » qui va dominer, à travers des logiques comparables, empilées et renouvelées, les cinq autres fragments de « La nuit remue ». Selon sa musicalité propre, ce texte devient la première varia-

---

variabilité chaotique en variété chaoïde » (p. 192). Voir aussi *Chaosmose*, de Félix Guattari, Galilée, 1992.

tion des quatre-vingt-onze textes de grandeur inégale dessinant à travers ce recueil la portée que trace une même voix dissemblable.

La nuit remue est une épopée du sujet[1]. Pour la première fois de façon aussi nette, s'accumulent en un même livre tous les *états*, les *lieux*, les *processus* qui n'ont cessé d'être préfigurés, qui vont se déplier jusqu'à *Face aux verrous* et au-delà[2]. Ce livre est la première coupe d'un Tout ouvert qui s'offre, dont chaque grand recueil rejouera, à sa façon, la donne.

Comment concevoir à la fois la singularité des lieux, des états et des processus, et leur circulation comme leur interpénétration, à l'intérieur d'un texte et de texte en texte ? Le corps, ainsi, est un lieu. Non seulement parce qu'il se déploie dans l'espace, mais parce qu'il est lui-même un espace qui se parcourt et se décompose. Il est un lieu et une succession de lieux. Il est également la proie d'une suite d'états, qui sont autant d'humeurs et d'affections changeantes, soumis à la pression irrésistible de l'événement. Il est enfin le théâtre de processus qui donnent forme et force aux événements, assurant aussi bien la transition entre divers lieux ou états que le passage réversible entre les lieux et les états. Il n'y a aucune antécédence du lieu, de l'état et du processus : ils se mêlent et s'entre-produisent, demeurant cependant distincts, malgré tous les recouvrements auxquels ils sont soumis. Un état produit (être « bétonné ») peut ainsi devenir le résultat brutal du processus général de métamorphose ; mais une modalité dérivée de ce processus — équivalence entre la forme du déboîtement de l'âme et la position initiale du corps — peut se trouver induite par un état global posé à l'origine (« la paresse[3] »). Enfin, la

1. Sur la notion d'épopée, voir l'Introduction, p. 55-59.

2. *La nuit remue* compte par exemple les deux premiers textes importants consacrés par Michaux à ses tentatives plastiques (« Dessins commentés ») et à son expérience de la drogue (« L'Éther »).

3. Il s'agit des deux textes « La Paresse » et « Bétonné ». Ils se succèdent, comme il arrive souvent chez Michaux qui travaille par séries sur une même lancée. Dans « La Paresse » (I, p. 473-474), l'énoncé de l'état impliqué par le titre suffit à induire le mouvement de nage par déboîtement prêté à l'âme ; le processus est isolé comme tel entre parenthèses et supposé devoir être fondé : « (Si votre âme s'en va quand vous êtes debout, ou assis, ou les genoux ployés, ou les coudes, pour chaque position corporelle différente l'âme partira avec une

distinction des lieux, états et processus permet de préciser et de réduire la généralité de la notion de « thème » — dont les lectures de Michaux se servent trop souvent pour amalgamer, dans une unité floue, des éléments propres à ces trois constituants, avec d'autres données touchant les personnes et personnages. La « boule », par exemple, est un lieu, même si elle devient support d'états que sa présence semble suffire à désigner (« la paix », « le calme », « l'un ») autant qu'à lier à un sujet, personnage ou narrateur-énonciateur.

Les lieux et les états sont par nature inégaux, variables en étendue comme en qualité de présence. Si le corps est un lieu, une infinité tourmentée de lieux, la nuit aussi devient un lieu, vaste, inquiétant et productif, chez l'homme impropre à « supporter le Temps[1] ». La chambre est un lieu, « ma petite chambre[2] » où la rêverie de nuit et de jour se poursuit et s'écrit ; le lit est dans la chambre le lieu où « le sportif » s'ébroue[3]. La forêt de pins, la mer, le lac, la jetée, le village, les icebergs, mais aussi bien la Normandie, le boulevard Edgar-Quinet, l'avenue de l'Opéra, la rue Saint-Sulpice, Honfleur, la Chine, le Tibet sont des lieux. Le « royaume de cendre », le « plateau du fin sourire » « mon royaume perdu », les « pays » de la race Urdes et des « Notes de botanique », la « région » des « Catafalques », le « vers l'Ouest » des « Insectes », le « Là » inaugural des « Notes de zoologie », des « Nouvelles observations » et des « Yeux », tous sont des lieux. Les livres, les dessins figurent à leur tour des lieux particuliers qui en appellent d'autres. « Tout étant dans l'espace[4] », l'espace se parcourt en devenant le temps variable de celui qui ne supporte pas le « cauchemar de

démarche et une forme différentes, c'est ce que j'établirai plus tard.) » Dans « Bétonné » (I, p. 474), la métamorphose du sang en poison et, de là, de tout le corps en béton est posée au départ du texte.

1. « L'Éther », I, p. 456.

2. « Mon roi », I, p. 422. Michaux n'a pas repris un texte d'*Un certain Plume* intitulé « La Chambre » (voir En marge de *Plume*, I, p. 675) : on y voit bien, peut-être trop bien, le mélange de réalisme et de fantastique dont la chambre est par excellence le lieu : elle vaut pour toutes les chambres (d'hôtel surtout) où Michaux a vécu, et devient aussitôt un espace mental, préposé aux transformations.

3. « Le Sportif au lit », I, p. 426-431.

4. « Mes propriétés », I, p. 468.

la contemplation de l'écoulement lent du Temps[1] » ; et cela jusqu'au Vide, à l'« Espace non stratifié » sur lequel *La nuit remue* se referme[2].

De même le corps se prête à tous les états. Ils suivent par exemple la logique nomade de « ce simple fil qui lie l'homme à l'âme » et par lequel « s'écoulent des volumes et des volumes d'une sorte de matière spirituelle ». « Jouissance sans fin », dit Michaux, comparant tour à tour cette matière à de la boue, du mercure, un gaz[3]. Cette jouissance, cet être intérieur de boue, de mercure, de gaz, sont des états. Ils naissent de « ces ondes de toutes parts qui s'enfantent, qui s'épaulent, qui font le contrefort et l'âme de tout[4] ». L'amour, le sexe, l'éther, le vent, la folie, la peur, la faiblesse, le froid, la solitude, la sérénité, la joie, la colère, le vide, le béton, la chaux, le bonheur, le malheur sont des états. États engendrant des états. Leur variabilité se définit par quatre caractères. Les états sont insistants, absolus ; ils ont la force de l'événement dont ils incarnent la dimension d'affect. Ils sont instables, passagers ; leur temporalité est courte, même s'ils portent à long terme des effets de destin (la faiblesse, le malheur). Ils sont réversibles, à proportion de leur instabilité même. Par exemple, le « grand frisson de bonheur » si « parfaitement pur », qui envahit tout à coup le sujet (« venant d'un centre de moi-même si intérieur que je l'ignorais »), se convertit bientôt, et « en quelques secondes », en « une souffrance atroce, un assassinat ». Mais il suffit de « quelques mouvements », de se coucher « sur le ventre et cela passe[5] ». Enfin, ces états absolus, quoique fugaces, se traduisent en termes de substances et de

1. « L'Éther », I, p. 457.

2. Ce sont les derniers vers de « L'Avenir » : « Oh ! Vide ! / Oh ! Espace ! Espace non stratifié… Oh ! Espace, Espace ! » (I, p. 510).

3. « La Paresse », I, p. 473-474 ; ce fil est aussi, on l'a vu, celui qui lie l'âme au corps (voir n. 3, p. 193).

4. « En respirant », I, p. 432. Évoquant sa respiration, avec laquelle se soulève le monde, Michaux suggère comment la « légère égratignure » provoquée par des bruits collabore à ces ondes : « (à la façon dont un millionième de millimètre collabore à faire un mètre) ». C'est dire la subtilité souvent propre aux états.

5. « Bonheur », I, p. 475. Ainsi peut-on imaginer la série ouverte par « La Paresse » prenant le relais. C'est en nageant sur le ventre que l'âme se déboîte et s'en va. « Bonheur » fait suite à « La Paresse » et à « Bétonné ».

forces matérielles[1]. Ils sont en même temps psychologiques et non psychologiques ; ils participent d'une infra-psychologie qui invente les entités mobiles propres à figurer son étrangeté.

Les états font ainsi l'objet d'un engendrement mutuel avec les lieux, qui suscite entre eux des effets tournoyants, à la limite de l'indécidable. C'est l'effet d'un criblage continu d'événements. Mais surtout de la force de capture des processus portés par ces événements. On ne saurait vraiment énumérer les processus : ils sont d'une plasticité concrète intense, empiètent sur les limites qu'on voudrait leur tracer ; comme les textes qu'ils éveillent, ils sont ouverts, à l'infini. Pourtant, ils montrent aussi une réelle précision — le dispositif de rêverie induit par « La Paresse » ; ou l'effet de pétrification dans « Bétonné », qui se répète sous la forme d'un « dépôt de chaux » dans « Un homme prudent[2] ». Michaux a ainsi choisi les titres de plusieurs textes — dans la partie « Mes propriétés » de *La nuit remue* surtout — d'après le terme abstrait du processus ou les effets induits[3]. L'exemple le plus net est celui des deux récits qui s'enchaînent à l'occasion d'un séjour à Honfleur : « Projection » et « Intervention ». Le premier accuse le caractère réaliste d'un spectacle construit comme une émanation mentale, au point que son autonomie submerge le héros désireux de s'en croire maître. Le second insiste sur la modification que l'intrusion délibérée d'un élément inattendu provoque à l'intérieur d'une situation : « du chameau » introduit par le narrateur dans « cette petite ville de pêcheurs de crevettes et de moules[4] ».

Les processus sont subis : par exemple les modalités affolantes du principe de métamorphose qui envahit le je-héros d'« Encore des changements » et de tant d'autres textes. Mais les processus sont aussi des actes : ils tiennent par exemple à la « puissance de la volonté » qui permet de guérir une blennorragie par la recréation mentale seize fois répétée de la

1. Max Bense dit très bien qu'il s'agit avant tout chez Michaux de « l'ébauche, de la conception de nouvelles substances, de leurs attributs et de leurs hasards » (« Esthétique et métaphysique d'une prose », *L'Herne*, p. 144).

2. I, p. 476.

3. « Envoûtement », « Encore des changements », « Magie », « Puissance de la volonté », « Projection », « Intervention ».

4. I, p. 487-488.

scène au cours de laquelle le symptôme a été contracté[1]. Une causalité semblable permet au malade de créer « lui-même sa compagnie » afin de déjouer la solitude ; ou au sujet de sortir de son crâne « un orchestre assourdissant » afin de crier librement dans sa chambre d'hôtel pour soulager son mal[2]. Les processus sont avant tout mentaux : d'où l'efficacité de leur « magie[3] ». Ils ont enfin la prégnance matérielle abstraite de la vie elle-même, de la Nature dans sa singularité : ainsi la pupille de la Parpue, plus sensible aux impressions qu'à la lumière, variant dans des yeux larges comme la main « pour chaque personne qui l'observe et devant toute nouvelle circonstance[4] ». C'est que la Nature elle-même est mentale, déployée dans l'être, au gré d'actions continuelles qui la confrontent aux personnes et personnages, dont les animaux font partie. Les processus sont l'actualité de la pensée, la réserve de sa virtualité.

Ils sont ainsi la force dynamique des états et des lieux. Ceux-ci deviennent alors les éléments intermittents que les processus précipitent dans un mouvement constant. Faisant office de carburant des processus qui les animent, les états et les lieux semblent réglés par ce seul fait qu'ils peuvent être identifiés — si difficile que ce soit parfois, puisqu'ils doivent à la malléabilité des processus d'être en constante formation. Ils sont par là les éléments actuels renouvelés de la virtualité des processus ; un peu comme les photogrammes d'un film dont les processus régleraient le défilement. Ce défilement est le fil d'une écriture (ce même fil de la paresse qui « lie l'homme à l'âme »), journal irrégulier d'une vie dont les processus deviennent les virtualités. Max Bense a exprimé cela, discernant en Michaux la « condition nomade d'une conscience progressive » et la puissance d'une « épique

1. « Puissance de la volonté », I, p. 485.

2. Dans ces deux textes qui s'enchaînent — « Conseils aux malades » et « Crier » —, le mal est dû à l'effet d'un panaris. On en trouve un écho dans une lettre à Guiette (s. d., mais datable de 1934). Voilà comment le fantastique mental de *La nuit remue* tient à l'événement de la vie quotidienne, faisant, comme le dit Michaux, de son livre « un journal », dont la référence vécue est active mais évasive.

3. Sur « Magie », voir le chapitre sur *Plume*, p. 220-223, pour la comparaison entre deux textes au titre semblable.

4. « La parpue », I, p. 490.

abstraite[1] ». Concrète comme une épopée, toute en poussées, en pointes, l'abstraction dans cette œuvre tient à la réduction et au déplacement qui s'y opère, de l'événement à sa conception, du monde au sujet qui s'en fait l'occupant, de la pensée sensible à ses conditions d'exercice. En cela elle est une épopée du sujet-monde.

Cette circulation entre les lieux et les états, les processus et le principe d'écriture, se concentre avec un humour *à blanc* et fondateur dans la fiction de « Mes propriétés ». Une chronologie du temps s'y donne, subjective, objective : trente ans, depuis l'enfance, en 1929, où le texte paraît, en revue puis en livre, c'est l'âge de Michaux et du « je » qu'il se prête[2]. Une ligne de partage est tracée là entre ce qu'il nomme « propriétés » puis « terrain », et « la vie extérieure » — d'où survient par exemple « une femme du dehors » avec des difficultés et tentations propres. De ses propriétés, si pauvres soient-elles, le héros risque ainsi toujours d'être détourné et de perdre le peu qu'elles lui donnent, le très peu qui est son seul bien et dont il lui faut faire « quelque chose ». Car son terrain, il y insiste, ne se confond avec aucun autre : « Il y a mon terrain et moi ; puis il y a l'étranger[3]. »

Ce terrain a ses lois, déconcertantes. Il pèche par défaut : un animal qu'on y introduit y perd sur-le-champ « quelques organes essentiels ». Mais surtout un rapport sans issue s'y développe entre singularité et multiplicité. Le narrateur dit ainsi à regret, à propos de cet animal, que sur ses propriétés « on ne se multiplie pas ». Et pourtant, aussitôt « un objet », ou « un être » ou « un fragment » formé, ils sont aussi bien mille ou cent mille. Cette multiplication immaîtrisable, sans rapport organique avec l'unité, est étrangère à toute organicité de l'espèce, de la reproduction et de la descendance. D'où

1. *Op. cit.*, *L'Herne*, p. 247 et 250. Voir l'Introduction, p. 61.

2. Avec un léger flottement, Michaux fait dire à son narrateur : « Je vais bientôt avoir trente ans » ; né en avril, il a trente ans passés quand le texte paraît en octobre dans la *N.R.F.* Mais peut-être la date d'écriture, inconnue, est-elle ici la référence exacte, comme elle l'a été de façon explicite et unique dans le « journal » d'*Ecuador*. C'est une des façons dont, entre vrai et faux, Michaux ménage un flottement qu'il fait miroiter.

3. « Mes propriétés », I, p. 467, et p. 465-469 pour toutes les citations qui suivent.

son défaut interne, selon lequel son invention se développe : les nombres et les parties (du corps, par exemple) s'y forment en séries incompatibles avec aucune instrumentalité[1]. Une dérive ou un délire s'installe en place de toute logique de la représentation.

D'autre part ce terrain a son histoire. Il n'a pas toujours été un terrain. Autrefois, ces propriétés, cherche à se rappeler le narrateur, « étaient tourbillonnaires » ; « la substance en était impalpable quoique fort dense ». Les mots évoquent cet « univers dense et personnel et trouble où n'entrait rien », cette « boule hermétique et suffisante » de l'enfance, ou même ces « atomes, petits dieux » issus des livres, au « mouvement infini, infiniment prolongé », dont l'expérience ouvre l'adolescence : autre récit de formation dans lequel au même moment Michaux s'engage avec « Le Portrait de A.[2] ». Ainsi devient-il clair que le terrain, saisi dans sa logique comme dans son histoire, est le texte lui-même : ce texte singulier, « Mes propriétés », en train de s'écrire et, pour le lecteur, de se lire, prenant une importance dont témoigne son titre, ensuite donné au recueil. Le terrain est aussi, en deçà, l'œuvre qui préexiste, dans un passé « fort récent, quoique cela me paraisse tellement ancien, et gros de plusieurs vies même ».

Une chose frappe, dans ce parcours qui finit par se projeter vers son passé et vers son avenir. « Auparavant, tout étant dans l'espace, sans plafond ni sol », écrit Michaux, tout être introduit dans ces propriétés « *disparaissait par chute* ». Alors qu'un

1. « [...] certains jours dans ma propriété j'ai là cent mille crayons, mais que faire dans un champ avec cent mille crayons ? Ce n'est pas approprié, ou alors mettons cent mille dessinateurs. / Bien, mais tandis que je travaille à former un dessinateur (et quand j'en ai un, j'en ai cent mille), voilà mes cent mille crayons qui ont disparu » (I, p. 466). Le paragraphe qui suit étend cette même logique à l'impossible réunion des parties du corps. Logique comparable à celle de la fameuse « encyclopédie chinoise » de Borges dont la taxinomie déréglée est le « lieu de naissance » des *Mots et les Choses* de Foucault (Gallimard, 1966, p. 7).

2. *Plume*, I, p. 608. « Le Portrait de A. » paraît dans le numéro d'« hiver » de *Commerce*, en 1929 ; « Mes propriétés » dans la *N.R.F.* d'octobre de la même année. On ne dispose d'aucune information sur la chronologie de la composition des deux textes. Mais il est passionnant d'essayer de penser leur genèse comme simultanée, répondant à deux âges en même temps successifs et enchâssés : deux formations héroïsée, deux plateaux subjectifs ouvrant ensemble sur un art d'écrire. Sur « Le Portrait de A. », voir l'Introduction, p. 19-22.

terrain, si précaire soit-il, autorise désormais d'autres espoirs : « bâtir », établir « une famille de travailleurs », une famille « immense ». Ces mots d'une ironie énigmatique supposent un désir d'arracher l'écriture, comme la vie qui lui est contiguë, à ce que le nouveau propriétaire appelle « une vie purement spatiale ». On peut pressentir aussi une aspiration à des formes susceptibles de réaliser un tel programme : le roman par exemple, dont le fantôme a hanté ces années[1], et dont le mirage semble avoir attendu une lettre tardive, en 1934, pour s'effacer vraiment, quand Michaux a déjà achevé de mettre au point *La nuit remue*[2]. Enfin, dans ce programme d'appel au bonheur (« je vais être heureux »), on peut voir une façon d'échapper par l'invention d'une famille généralisée à l'aridité de la famille nucléaire dont les lignes finales de « Mes propriétés » sonnent un premier glas[3]. Cette famille potentielle est formée par tous les vivants dont l'écrivain s'empare pour les incorporer aux processus qui les transforment en acteurs de sa création ; elle compose la société des lecteurs que par là il se donne : société à la fois restreinte et illimitée, à laquelle il s'adresse dans la Postface du recueil devenue aussi bien celle de *Mes propriétés* que celle de *La nuit remue*[4], le nouveau livre qui accueille l'ancien en élargissant la leçon.

Si la famille nucléaire, de *Mes propriétés* à *Un certain Plume*, et de *La nuit remue* à *Plume*, est définitivement mise à mal et comme évacuée, c'est bien par la capacité de l'écriture à constituer un terrain propre, une propriété. C'est aussi que ce terrain — cette œuvre — reste soumis au risque de l'espace, du tourbillon, de la chute, du fragment incertain et de la multiplicité. Mais cette chute s'accomplit maintenant dans un livre, elle s'étend en une succession de livres. C'est la façon dont cette

1. Les mots touchant cette famille immense semblent aller dans ce sens : « Vous en verrez de tous les types là-dedans, je ne l'ai pas encore montrée. Mais vous la verrez. Et ses évolutions étonneront le monde ». Sur la hantise du roman, voir les chapitres sur *Qui je fus*, p. 116-118, et sur *Ecuador*, p. 134-136.

2. Cette lettre à Paulhan date du 30 septembre 1934 ; voir le chapitre sur les Textes épars 1936-1938, p. 209 et n. 5. Le manuscrit du livre a été remis à l'éditeur en juillet.

3. « Mère m'a toujours prédit la plus grande pauvreté et nullité. Bien. Jusqu'au terrain, elle a raison ; après le terrain on verra. / J'ai été la honte de mes parents, mais on verra » (I, p. 469).

4. Voir l'Introduction, p. 60.

œuvre fait œuvre, se construit sans se solidifier jamais, échappe à une solitude qu'elle accomplit, devient une épopée mineure et fraternelle qui ne cesse de réfléchir ses conditions de réalisation, figurant la pensée dans sa virtualité. « Aussi », finissait par dire Daumal, lecteur fraternel autant qu'avisé, « est-ce un des rares livres que j'ai lus depuis deux ans, et il rendra des services ».

La question du royaume

Une suite de mots s'interpénètrent, de façon très aiguë, entre 1929 et 1935, désignant tous des lieux de proportions et d'identités variables : royaume, chambre, propriété, terrain, pays, patrie. Ils ont leurs équivalents en termes d'entités, collectives et individuelles : peuples, races, habitants, roi[1], prince, empereur (certains dotés de noms), « Je », « Moi ». Tous ont partie liée, comme les dieux et les héros de « Braakadbar », avec la création, la possibilité de l'écriture et de l'œuvre.

Autour de l'idée de royaume, s'associent trois textes non repris en volume, intimement liés à plusieurs textes de *La nuit remue* (1929-1934), de même qu'à l'épisode final de *Voyage en Grande Garabagne* (publié en revue fin 1935). Il s'agit d'« En Belgique » (1930), « La Jeunesse du prince Bradamine » (1931) et « Un royaume » (1934).

Le premier de ces textes met en scène un vrai terrain, dont on a un peu oublié, s'agissant de Michaux, qu'il était aussi un royaume, avec sa famille royale et son roi : la Belgique. Michaux a trop haï et déprécié, de façon presque uniforme, son pays d'origine, pour qu'il soit nécessaire de revenir sur ce rejet. L'intéressant est que ce pays « triste et surpeuplé où il a vécu » abrite ici, non seulement un peuple, mais une race : façon de qualifier d'autant plus violemment ce sol, ce territoire dont il faut s'arracher[2]. Outre l'emploi indu d'un tel terme, Michaux

1. Voir, pour de premiers emplois du terme, *Qui je fus*, I, p. 122 (et le chapitre sur ce recueil, p. 123-124) et *Ecuador*, I, p. 162 : « j'arrive doucement à me faire sacrer roi de plusieurs pays, ou quelque chose de ce genre ».

2. « Peuple » n'apparaît qu'une fois, face à six emplois de « race » en moins de deux pages. C'est le mot qui concentre la violence : « Race au nez luisant ! race infecte qui pend, qui traîne, qui coule, voilà la race au milieu de laquelle il

qualifie aussi cette race et ce peuple de « métisses », au nom d'une géographie qui ne les fait être « ni Nord ni Sud ». Une ironie de plus, qui eût rendu le texte par trop allusif, lui avait fait substituer « Sa patrie » au titre finalement conservé.

On sent aussitôt se presser, face aux mots saillants de cette évocation vindicative, tout un réseau de termes qui leur font écho. L'Équateur, par exemple, a été un Sud tropical opposé au Nord belge : on le voit au début d'*Ecuador*, où éclate un mouvement de haine face au froid et à la platitude de la « campagne flamande[1] ». On retrouve dans la fiction du prince Bradamine cette opposition, radicalisée : d'un côté il y a un froid trop violent vécu dans l'enfance (« tel qu'il l'empêcha de régner dans son pays »), et les royaumes de substitution qu'on offre vainement au jeune prince, « tous septentrionaux », caractérisés par un froid extrême ; de l'autre monte l'image impossible de son désir : « un trône, un palais bien chaud dans un pays tropical[2] ».

Bradamine est le fils d'un Roi absurde et décérébré qu'il fuira faute de lui succéder. Il délaisse territoire et identité, devenant plutôt le disciple d'un ermite qui l'amène à se confronter, sans grands résultats, avec la sorcellerie et la magie — c'est une de leurs premières formulations chez Michaux. Face à cette déterritorialisation un peu mélancolique, se situent les deux grandes territorialisations anarchiques et réussies qui se partagent l'espace de *La nuit remue* : celle de « Mes propriétés », où le « terrain » ouvert et glissant du « Je-Moi » fait face à « l'étranger », s'arrachant violemment aux emprises sociale et familiale autant qu'à toute raison d'ordre ; et celle de « Mon Roi », où le territoire se réduit à l'espace électif de la « petite chambre », commune à tant de textes du recueil. La force de ce texte célèbre est de pourvoir d'une métaphore somptueuse la figure du double dont le sujet devient l'émanation, dans un enlacement sans issue. Mais que ce double tout-puissant et maltraité soit un Roi ne tient pas seulement à une projection de l'image du Père qu'on s'est peu privé d'y lire.

---

est né » (« En Belgique », I, p. 269). Sur l'emploi par Michaux de la notion de race, voir les chapitres sur *Un barbare en Asie*, p. 169, et *Ailleurs*, p. 302-306.

1. *Ecuador*, I, p. 142.
2. « La Jeunesse du prince Bradamine », I, p. 271.

Dans l'analogie entre la chambre et le palais, la chambre et la Cour, il est plus riche de saisir d'un côté une réversion entre territoires et royaumes (opposant la Belgique et les vraies chambres — souvent d'hôtel et souvent parisiennes — où Michaux écrit), de l'autre les processus d'invention au gré desquels cette petite chambre devient le lieu perpétuel d'un grand combat mené avec tout l'Univers appelé à y comparaître — à travers ses animaux par exemple[1].

Le « royaume » est ainsi une forme sérieuse et ironique d'utopie. On ne voit pas sans sourire la jolie parabole « Un royaume » paraître en revue dans un ensemble consacré à « La Nouvelle Poésie française de Belgique », prenant ainsi à revers, quatre ans plus tard, le grinçant « En Belgique ». Un élément assure, dans ce texte apaisé, la régulation heureuse du « royaume immense, incomparable et presque indécouvert encore dont je suis l'irremplaçable roi » : la mer, qui envahit la capitale de son flot continu, sans affecter autrement des habitants « souriant sous les énormes avalanches d'eau ». L'utopie, ici, tient à l'espace circonscrit d'une terre mise en mouvement, sans cesse et dans une sorte de ravissement, par la mer qui n'est pas un territoire, n'appartient à aucun roi, et tient pourtant à ce royaume qu'elle bat « d'une aile auguste et frémissante à la fois mais qui ne peut rien de définitif[2] ».

Le territoire, lieu d'un règne, est ainsi le lieu d'une tension dont les extrêmes oscillent d'un récit à l'autre et souvent à l'intérieur d'un même texte. Un des deux « Vers la sérénité » de *La nuit remue* en offre la formule canonique, opposant deux royaumes à travers deux fragments. Le premier est « Le Royaume de Cendre » : situé « au-dessus » des conflits humains, c'est une étendue qui n'offre plus d'autre chemin que celui de « l'éternel regret ». Mais au-dessus encore, « Le Plateau du fin sourire » est « le royaume élu, le royaume du doux pelage ». Trois termes qualifient un tel privilège : les plis, les « petits plis » qui absorbent « dans un frisson » les aspérités de tout événement ; les vagues, autre figure de ces plis destinés à

1. « Mon Roi », I, p. 424-425. Sur le peuplement de la chambre, voir le texte qui succède à « Mon Roi » : « Le Sportif au lit », p. 426. Voir ici même, sur la chambre, p. 194 et n. 2.

2. « Un royaume », I, p. 416.

s'abolir ; le silence, qui est la fin de tous ces menus mouvements. Par une disposition qui confirme le soin avec lequel Michaux compose ses recueils, le texte suivant, « Déchéance », reprend cette perspective, selon une autre version de l'ambivalence, qui rappelle d'un trait la genèse de « Mes propriétés ». « *Mon royaume perdu* », dit le premier des trois fragments qui composent ce texte : « autrefois un royaume tellement grand qu'il faisait le tour presque complet de la Terre. / [...] Maintenant ce n'est plus qu'un lopin de terre, un tout petit lopin sur une tête d'aiguille[1]. »

On voit à quel point cette image du royaume, sortie droit de l'enfance et forte de son inscription sociale et historique, devient chez Michaux l'expression d'une métamorphose continue du travail d'écriture. Le royaume, tout royaume, immense ou ténu, immense et ténu, c'est l'œuvre, ouverte et fermée, territoire qui ne l'est pas vraiment, mais malgré tout en devient un, pour le meilleur et pour le pire. Tout royaume est ainsi d'un côté ce qu'il faut rejeter, de l'autre ce qu'on ne peut qu'acquérir. Une fois, développant jusqu'au bout l'image d'enfance et retrouvant la réalité géographique qui lui a fait traverser deux Empires, la Chine et le Japon, Michaux invente plus qu'un roi, un empereur : Dovobo, empereur de Grande Garabagne[2]. Il réunit ainsi en une image d'anarchie incandescente le Roi et le « Je-Moi » de « Mon Roi », et l'impose à l'issue de la première grande conception de ses pays imaginaires. En dix-sept jours de règne pulsionnel et suicidaire, Dovobo accomplit l'Empire qui n'existait pas avant lui et disparaît avec lui, comme l'œuvre toujours voudrait renaître d'elle-même. Mais elle n'est pas innocente du charme et de la terreur qu'elle exerce.

On sait le peu de goût que Michaux a montré sa vie durant à l'égard des prix littéraires. Une fois, pourtant, tenaillé par ses habituels besoins d'argent, poussé par Paulhan et son éditeur, il a laissé ceux-ci le présenter au prix Albert Ier, décerné à Paris à un écrivain belge, au nom du plus grand roi des Belges. Ironie supérieure du sort, Michaux aurait gagné ce prix, chacun ayant veillé au grain, si, au dernier moment, un des

1. « Déchéance, I, p. 443.
2. Pour une image plus développée de Dovobo, voir le chapitre sur *Ailleurs*, p. 308-309.

membres du jury n'avait soudain lu à voix haute « Mon Roi » et ajouté : « Il me semble qu'il y a là une grave injure à la famille régnante[1]. »

La question du contrat

Quand Michaux signe, le 25 avril 1927, à l'occasion de *Qui je fus*, son premier contrat avec Gaston Gallimard, il s'engage, outre ce livre destiné à une collection particulière, à « un droit de préférence pour l'édition de ses œuvres en prose à venir (romans et nouvelles) ». Ce droit de préférence s'étend à huit volumes, dont sont exclues les éditions à tirage restreint, faisant l'objet de contrats singuliers. Michaux reste donc libre en ce qui concerne « les ouvrages de poésie destinés à paraître en éditions à tirage limité ». Ce contrat semble avoir été longuement discuté, quelques lettres en témoignent. Au moment de signer, deux ans plus tard, le contrat d'*Ecuador*, Michaux se défend à nouveau, sur ce point pour lui essentiel, de pouvoir traiter librement avec d'autres éditeurs pour certains livres : il fait supprimer un alinéa qui entraverait cette liberté. Cela n'empêche pas le conflit, feutré, de se poursuivre, aussitôt après la publication d'*Un certain Plume*, en décembre 1930. Gaston Gallimard écrit alors à Michaux : « Je vois que vous annoncez *Un certain Plume* aux éditions du Carrefour. / Notre contrat prévoyait que vous nous réserviez tous vos ouvrages. / Il me serait désagréable d'invoquer entre nous des questions de contrat, mais je serais heureux de recevoir de vous l'assurance que désormais vous nous réserverez la priorité sur tous vos ouvrages. » Michaux lui répond aussitôt : « Je vous donnerai volontiers mes prochains ouvrages suivant votre désir. / D'autre part étant donné le grand nombre de poèmes en prose contenus dans le livre que j'ai fait éditer aux éditions du Carrefour, j'avais pensé qu'il ne vous intéressait pas de le publier, et qu'en tout cas, il était excepté des exigences de mon contrat (V. Contrat : *Qui je fus*) qui spécifie que vous vous réservez la priorité sur les Romans et Nouvelles seulement et non sur la poésie. / Mais, je vous le répète, mon intention est de vous

1. Sur le détail de cette anecdote, voir t. II, p. 1055, n. 3.

donner mes prochains ouvrages... si vous voulez bien, en cas d'acceptation de ceux-ci, les publier sans trop de délais, éventualité qui me décourage plus que nul écrivain[1]. »

Il y a là plusieurs choses, entre les précautions éditoriales et le désir d'auteur. On ne sait d'abord pas très bien si *Qui je fus*, publié dans une collection à tirage limité, mais engageant le contrat que l'on sait, fut alors tenu, tant par son éditeur que par Michaux, plutôt comme de la poésie ou plutôt comme de la prose, ou bien pour ce qu'il est : un hybride entre-deux. Il est toutefois certain que Michaux est alors considéré par son éditeur, et accepte de l'être, comme un possible auteur de romans et nouvelles, ce dont témoignent de sa part autant de rêveries-projets jamais réalisés. Mais ce même éditeur veut aussi publier — outre des récits de voyage qui défient à nouveau les prévisions et ainsi n'entrent pas dans le décompte des ouvrages dus — ces recueils composés de textes variés que Michaux trouve justifié de lui soustraire, arguant de son contrat, puisque la qualité particulière de leur prose les rapproche apparemment plus de la poésie que de la prose romanesque. Les catégories de genres se trouvent ainsi perturbées, comme elles le sont partout chez Michaux, au niveau même des accords de publication et de l'image d'écriture qu'ils sont censés attester.

S'ajoute à cela une chose essentielle, qui pousse Michaux à préserver sa liberté vis-à-vis d'un grand éditeur : la vitesse d'exécution. On ne sait exactement quels retards accumulés sur ses deux livres jusque-là publiés à la N.R.F. vise la chute de sa lettre du 9 février 1931 à Gaston Gallimard. Mais on voit Michaux, au moment de la publication de *La nuit remue*, s'adresser à nouveau à son éditeur en termes pressants[2], comme il le faisait, d'Équateur, dans ses lettres à Paulhan. Michaux cherche et cherchera toujours, chez de petits éditeurs, plus facilement complices ou amis, une promptitude à le publier qui rejoigne un peu celle de la revue. Il cherche ainsi à rapprocher deux

1. Lettres des 31 janvier et 9 février 1931.

2. « Vous seriez bien aimable de m'accorder d'urgence un entretien. Après avoir, depuis juillet, tardé, autant que possible, la composition de mon livre La nuit remue, on arrête mon bon à tirer à la Fabrication, où il dort et s'apprête à dormir encore quelques mois. / Je serais ravi d'entendre de votre bouche la liste des chefs-d'œuvre par vos soins publiés, qui empêchent la publication de mon livre » (10 février 1935).

temps qu'il voudrait idéalement voir coïncider : rédaction et publication. Utopie exigeante quand on se tient comme peu d'autres à distance de l'institution littéraire, cherchant à doter l'écriture du tempo de la vie. C'est cela, aussi, que Michaux appelle son royaume.

Textes épars
(1936-1938)

Un leitmotiv revient, dans les lettres de Michaux à Paulhan, entre 1932 et 1939 : le portrait. On est frappé qu'un texte décisif, publié en 1929 sous le titre « Le Fils du macrocéphale (portrait) », devienne un an plus tard « Le Portrait de A. » dans *Un certain Plume*. Or ce texte est avant tout un autoportrait. Ou plutôt, il figure un des moments forts par lesquels cette œuvre s'ouvre à l'autoportrait sans jamais s'y réduire, intégrant celui-ci comme dimension variable mais constante, de sorte qu'il y a en elle *de* l'autoportrait, de même qu'il y a en elle *de* l'épopée ou *de* l'essai[1]. De ce mouvement délicat, l'obsession du portrait est plus qu'un signe. Préfigurée jusque dans les mots en balance dans le titre de la collection où paraît *Qui je fus* : « Une œuvre, un portrait », elle désigne la circulation, effrénée, sans issue, entre la hantise de l'autre et le souci de soi.

Le mot apparaît dans les lettres de Michaux au moment où il annonce à Paulhan, de Chandernagor, l'envoi de la partie indienne d'*Un barbare en Asie*, pour laquelle il cherche encore un titre, et « qui se trouve être un portrait de l'Hindou, si je puis dire[2] ». Mais c'est au tournant de l'année 1936 que l'idée prend son importance. Michaux est dans les affres qui ont précédé la publication de *Voyage en Grande Garabagne*[3] ; il

1. Voir l'Introduction, p. 63-67.

2. 3 février 1932. Et à Renéville : « C'est bien sans le vouloir que j'écris un portrait de l'Hindou » (s. d., fin 1931-début 1932).

3. Rappelons que l'important décalage entre la publication de *Voyage en Grande Garabagne* et sa reprise en recueil (1936-1948) provoque des ruptures

propose à Paulhan « un bouquin pour Pâques », pour sa collection, « Métamorphoses », où le *Voyage* doit paraître ; il précise : « Près d'un tiers du volume terminé. [...] Il contiendra des *Portraits et récits*. En voici un » — c'est « Portrait d'homme » que Michaux demande à Paulhan de soumettre à *Mesures*[1]. Est-ce le même projet qu'il évoque, vers la fin de l'année, quand il prévient, d'Amérique du Sud, qu'il écrit des « contes burlesques » et aimerait les réunir à ceux d'*Un certain Plume* en un volume pour la N.R.F.[2] ? Est-ce bien là ce qui devient, en 1938, *Plume précédé de Lointain intérieur*, où on identifie aussi mal ces « contes burlesques » que les « portraits féroces » annoncés dans une autre lettre[3] ? On ne sait. Mais on voit Michaux publier en l'espace de deux mois, au tournant des années 1937-1938, « Portrait du chinois » et « Un peuple et un homme (Portraits) ». Comme « Portrait d'homme », ces textes ne seront jamais repris en recueil[4]. Appuyés par deux autres qui ont connu le même sort, ils permettent de mieux cerner la question épineuse que pose à Michaux ce mot de portrait : entre individuation et typage, psychologie et anthropologie, autographie et exographie, comme entre écriture et peinture. En même temps que tombe ainsi au passé la question du roman[5].

---

de continuité, difficiles à traiter, dans les chapitres sur les textes ou les volumes publiés entre *Un barbare en Asie* et *Ailleurs*.

1. S. d., fin novembre-début décembre 1935.

2. 10 octobre 1936. Dans deux lettres antérieures, Michaux mentionne déjà des projets de contes : fin 1935, où il parle de quatre contes en train et se dit prêt à en achever un dans les quinze jours, si cela intéresse Paulhan, pour le n° 5 de *Mesures* (s. d.) ; et le 8 juin 1936 : « Moi, pas grand-chose, frôlant (toujours frôler, jamais atteindre) du vraiment excitant (non, pas des poèmes, mais des contes... du vraisemblable). »

3. S. d., autour de 1937. À moins qu'il ne s'agisse des quatre nouveaux épisodes tournant autour de « Plume », ajoutés dans le recueil de 1938.

4. Le dernier fera cependant partie de la brassée de textes proposés (ou acceptés) par Michaux pour *L'Herne* en 1966.

5. Au sens où le roman a longtemps figuré en tiers dans d'autres termes par lesquels Michaux cherche à désigner ce qu'il écrit ou projette d'écrire, quand il évoque par exemple à Paulhan « un conte, qui est autant une épopée ou un roman » (s. d., 1926-1927). Prenant la suite des rêveries menées dans *Ecuador* et autour d'*Ecuador* sur le roman (voir le chapitre sur ce livre, p. 134-136), une lettre non datée (1929-1930 ?, à Paulhan) évoque encore un projet : « mon ouvrage, sorte de roman, s'appellera *Fils de fourmi* », où le mot « fils » permet

« Portrait d'homme » reste un titre ambigu, même si l'expression semble claire dans la tradition picturale. On peut croire que ce ne serait là ni le portrait d'un homme ni le portrait de l'homme, mais la quête de l'homme dans un homme, si singulier soit pourtant l'homme dont on fait ici le portrait. Mais il s'agit vraiment d'un homme, non d'un type. D'un autre, comme tel. Un autre qu'on ne peut s'empêcher d'assimiler plus ou moins à Michaux, grâce à ce qu'il a suggéré partout d'une identité propre, quoique terriblement diverse et souvent comme impersonnelle, au gré de l'incessante « intériorisation du dehors » qui informe chez lui le « thème hallucinatoire des Doubles[1] ». Mais cet autre si proche n'en est pas moins un autre, dont l'image réelle flotte.

On sait pour une fois clairement qui est cet autre. Il s'agit de Jacques-Olivier Fourcade, éditeur de *Mes propriétés* et ami le plus proche de Michaux. Voici ce qu'écrit Michaux à Paulhan, dans cette même lettre où, on vient de le voir, il lui envoie « Portrait d'homme » : « Sauf l'histoire du moineau et du genou, tout, paroles et actions, est inventé. / Seuls subsistent du modèle (?) quelques traits physiques d'ailleurs faussés pour la plupart et l'allure générale. [...] Même reconnaissant en lui le point de départ de ce portrait, je ne pense pas que J. F. puisse s'en froisser. Puisque *tt est faux*, et d'ailleurs pas antipathique, je crois, ni fait avec méchanceté. On se trompe aisément en ces trois ordres de choses. Qu'en penses-tu ? (Je pourrais supprimer la phrase (en page 1) concernant ses

---

d'entrevoir une analogie avec ce qui deviendra « Le Portrait de A. ». Mais c'est quatre ans plus tard que semble sonner le glas d'un désir de roman dont n'est demeuré aucun autre signe : « Mon roman ? Bien aimable à vous de m'en parler. Définitivement rejeté. Panier. Plus copies. / Le reste va : mon journal et des poèmes. / Suis-je capable d'autre chose, non. C'est décourageant. Tant pis. Allons-y » (à Paulhan, 30 septembre 1934). Plus précisément, c'est sans doute à propos de ce qu'il considère comme l'échec de « Portrait d'homme » que Michaux semble avoir été traversé une dernière fois, de façon toute négative, par l'idée du roman : « J'aurais aussi bien fait un romancier (ou conteur) parasite de la vie des autres » (à Paulhan, s. d., 1936-1937). Sur la genèse du désir de roman, voir le chapitre sur *Qui je fus*, p. 115-118.

1. Sur le traitement de ce thème par Deleuze, voir le chapitre sur les Premiers écrits, p. 92 et n. 1.

yeux / biffé : l'œil / ou la modifier). » Un lecteur ignorant du modèle trouve dans ce texte une collection de traits qui lui paraissent confirmer ce qu'il a déjà appris de Michaux : par exemple son sens de la précarité physique et des métamorphoses corporelles[1] ; ou la tentation, par l'animalité, de « se libérer de sa nature humaine[2] » ; ou encore son dégoût de l'Europe, sa « grande sympathie pour les Hindous[3] ». Enfin, parmi d'autres traits qui font de cet homme une loque, un sportif et un sorcier[4], figure un fragment, souvent cité et devenu emblématique, sur les écrivains : Michaux y souligne de façon particulièrement aiguë l'insuffisance de la littérature, un désir de voir ses inventions réalisées par leur « passage dans la vie », bref une aspiration à la « magie[5] ». De fait, le seul trait prêté par Michaux à son « homme » dont on peut sans aucune ambiguïté le délier, en termes de pure réalité, est le cadre familial qui sature le récit : comme Fourcade, son héros est doté d'une femme et d'enfants, un garçon et une fille. Pour le reste, en dépit du déni de Michaux dans sa lettre, on se trouve devant un mélange qu'il est aussi impossible que vain de démêler.

La question du portrait pose en effet celle du modèle. C'est sans doute son flottement qui met mal à l'aise Michaux. D'un côté, il y a la gêne, personnelle, de l'emprunt ou du vol effectué au détriment d'un autre, ici un ami proche. Plus profondément, s'impose le trouble de l'image de soi saisie dans l'actuel et le virtuel de l'autre : l'autoportrait inscrit dans le portrait, devenant d'autant moins saisissable. Enfin, il y a la caractérisation

1. L'épisode des yeux jetables, « Portrait d'homme », I, p. 532, auquel Michaux fait allusion dans sa lettre ; la compression d'une vache en citron, p. 534, qui donne lieu à un « principe » ou « tranche de savoir » ; sa capacité à descendre dans son genou, p. 535.

2. Ici, un hennissement de cheval, I, p. 533, et le jeu qui fait le héros tour à tour chenille, fourmilier, tapir, éléphant et chien, p. 536.

3. I, p. 535.

4. I, p. 536.

5. L'assimilation entre les deux hommes devient d'autant plus nette que les deux moments de la lettre où Michaux parle à Paulhan de Fourcade sont séparés par cette phrase : « T'enverrai dans quelques jours des pages de "Magie" » — il s'agit presque sûrement du texte qui ouvre *Entre centre et absence* et se trouve repris au début de *Plume* (voir le chapitre sur ce recueil, p. 220-223).

psychologique supposée propre à un individu, parallèle à celle du typage socio-ethnologique. Elle vole ici en éclats : le mythe individuel du névrosé, que cette évocation frôle sans jamais s'y arrêter[1], est évidé de l'intérieur par les lignes de fuite et les accidents imprévus qui composent de cet homme, de fragment en fragment, un vivant noyau de singularités : une sorte de figure rhizomatique[2], irréductible à toute logique œdipienne (ses relations avec sa femme et ses enfants sont aussi séduisantes qu'extravagantes).

« Portrait du Chinois » prolonge à l'inverse un mouvement qu'ouvre *Ecuador* et que fixe *Un barbare en Asie* : la quête du type[3]. À travers l'Indien sud-américain comme à travers l'Hindou, le Japonais ou le Malais, Michaux cherche à cerner des sortes d'essences, aussi floues et changeantes soient-elles à cause des multiples prédicats dont chaque type fait l'objet. *Un barbare en Asie* est ainsi un catalogue de l'Autre, des autres, dans leur universalité nombreuse, trop nombreuse. On sait les contradictions d'une telle entreprise, le retournement de Michaux contre lui-même et son livre qu'elle a fini par susciter[4]. Cette difficulté propre au typage, dont la langue et l'esprit sont comme irréductiblement porteurs, est exprimée d'emblée dans « Portrait du Chinois ». Par là ce texte cherche à se démarquer de ce qu'un livre a déjà tenté, mais aussi du mouvement même par lequel son auteur incline à y revenir encore, comme s'il pouvait dire à la fois plus et moins. « On n'explique ni un peuple, ni un homme. Pas de portrait à partir d'un point raisonné, d'où l'ensemble entier se développe. / Des dizaines, des milliers de "vertus" physiques et psychiques s'interdéterminent, chacune rayonnante, cause et effet. Notion plus évidente encore lorsqu'il s'agit du Chinois[5]. » Si bien que le texte

1. Sur « le mythe individuel du névrosé », voir l'Introduction, p. 60-61.
2. Rhizome est le terme employé par Deleuze et Guattari dans *Mille plateaux* (Minuit, 1980) : indice de la multiplicité, le rhizome, opposé à la racine, procède par capillarité et surface, non par ramification et profondeur. Sur les « caractères approximatifs » du rhizome, voir *Mille plateaux*, p. 13-16.
3. Michaux écrit par exemple : « Je ferai un jour le portrait de l'Équatorien », *Ecuador*, I, p. 203.
4. Voir le chapitre sur *Un barbare en Asie*, p. 159-162.
5. « Portrait du chinois », I, p. 539.

qui suit développe cette contradiction vibrante. Le propre du Chinois dont on prétend esquisser le portrait est en effet de défier plus que tout autre la saisie de trop de « vertus » enchâssées les unes dans les autres. C'est là son essence paradoxale, et ainsi le défi posé à l'écriture. Michaux tente pourtant de suivre un fil autour de l'idée de « Nature ». Il oppose sur ce plan le Chinois au Blanc, et un instant au « Nègre ». Mais on voit aussi comment cette idée, à laquelle il se tient, se fragmente et se dissocie, dérive, soulevant chaque fois plus d'inconnu qu'elle n'assure de savoir. Ce texte court ne compte pas moins de trente-quatre paragraphes : il est tout en sauts et en pointes. Tout y est ménagé pour infirmer autant que confirmer sa proposition initiale.

Ainsi, que la réalité de référence soit floue et masquée, comme dans « Portrait d'homme », ou qu'elle vienne au premier plan, dans le portrait des peuples, s'impose la pression d'un modèle extérieur dont l'écriture serait supposée transmettre une vérité alors qu'elle ne cesse de la laisser fuir. La question occupe si fort Michaux qu'il conçoit même un texte pour fixer ce débat, commun aux héros singuliers et aux ensembles collectifs. Ce sera donc « Un peuple et un homme », dans sa division nette en deux sections (« I. Un peuple » ; « II. Un homme »), et son sous-titre unitaire : « Portraits ». Il s'agit là de deux portraits de caractère négatif. On reconnaît le « peuple », à quelques signes, comme celui d'un pays d'Amérique du Sud où voyage Michaux dans la seconde moitié de l'année 1936 — il s'agit de l'Argentine[1]. Quant à l'homme, il peut cette fois sans détour passer pour Michaux : un état, une coupe d'une vision de Michaux par lui-même (les gages factuels d'authenticité tiennent à des repères plus ou moins travestis[2]). Le premier volet ouvre une critique de civilisation. La variété des signes-symptômes énumérés et la diversité des expressions

1. « Rien à voir en Argentine », écrit-il à Paulhan (s. d.). « Un peuple et un homme » a suscité une vive indignation dans la presse argentine, suivie d'une violente réaction de Michaux (voir t. I, p. 1235-1237).

2. « [...] à plus de trente-neuf ans » (I, p. 547) : « Un peuple et un homme » paraît dans *Mesures* en janvier 1938 ; il a été écrit vers la fin de l'année 1937 : Michaux a un peu plus de trente-huit ans. Ou bien la calvitie : « ours chauve aux extrémités moites » (p. 548).

choisies pour les traduire en rendent le contenu difficile à résumer. Mais on peut dire que ces « *blessés de la face* » ne montrent ni les certitudes centrées de la vieille Europe ni les forces divergentes de l'Asie ; il leur faut donc (c'est la chute et le diagnostic) « *un médecin pour peuples* »[1].

D'autre part, le portrait individuel cherche à évoquer un homme dont l'image vaine a sans doute été pour Michaux une façon d'exorciser la dimension maladive de caractères qui font aussi sa force : son obligation de métamorphose, sa plasticité expressive[2], sa faiblesse face à « son mortel démon de l'écriture », bref tout ce qui le retient d'être « maître du "non[3]" ». Mais on voit bien qu'en dépit d'une vraie force ponctuelle et d'une grâce du détail par lesquelles Michaux sait toujours saisir son lecteur, le double projet de ce texte s'épuise dans une psychologie et une ethnologie également impraticables. L'une et l'autre sont en effet comme bloquées entre invention et savoir. Ces deux portraits sont négatifs non seulement par les réalités dont ils cherchent à rendre compte mais aussi par la manière dont ils les visent, selon un double jeu du montrer-cacher qui ne les délivre pas des pressions contraignantes du modèle extérieur — le modèle fût-il soi-même. La division en deux volets témoigne surtout d'un tel blocage, avouant un appel implicite adressé aux deux formes sous lesquelles on peut envisager de comprendre, ensemble, un peuple et un homme : l'essai et le roman. Mais « on n'explique ni un peuple ni un homme », comme le « Portrait du Chinois » le laisse entendre (au point que ce texte paru quelques semaines avant « Un peuple et un homme » semble le prendre à revers). Et ni le roman ni l'essai, tels que Michaux a pu rêver l'un et réinventer l'autre, ne sont plus pour lui des formes possibles. C'est ce deuil là, deuil allègre, dont il fait sourdement le récit dans ces « portraits » qui l'entravent — alors qu'il s'est déjà largement libéré de leur hantise.

1. I, p. 543 et p. 546.

2. « Artiste, comme on est bègue, irrépressiblement, pas inventeur, mais copiste [...]. / Jamais lui-même. / Vide et Protée, envahi périodiquement par les formes artistiques, sans être jamais atteint. [...] / Toute expression le met en mouvement (musique, peinture, littérature)... Il marche sur tous les courants » (I, p. 546-547).

3. I, p. 549.

Une première liberté lui vient de la peinture. Elle se cristallise l'année même où la question des portraits se précise, en 1936[1]. Elle en prend aussi le relais, effaçant jusqu'à l'idée même du modèle ; elle permet d'entrevoir, au-delà, une fusion concrète et implicite entre espace individuel et espace social. C'est ce que Michaux nommera : « *faire le portrait des tempéraments*[2] ».

Une réponse a déjà été trouvée, en ces mêmes années 1934-1936, dans *Voyage en Grande Garabagne*[3] — préfigurée puis amplifiée à travers toutes les peuplades inventées qui, de *Mes propriétés* à « Lieux pour une planète petite[4] », ont servi à Michaux de motifs encyclopédiques de la raison déraisonnable. Sous la figure d'autres virtuels, irréductibles à toute réalité observable, ces peuples deviennent autant d'actualisations de l'impossible, autant de points d'éparpillement d'une identité livrée à l'anticipation et à la parodie conjuratoires. La vaine recherche de vérité, qui s'est proprement incarnée dans l'essayisme subjectif du *Barbare*, s'effondre ainsi une première fois. Seule la fiction d'un délire, qui dissout la pression du modèle, donne sa chance détournée à la psychologie des peuples, comme à celle des individus. Un partage singulier entre la masse des peuples évoqués et un dernier chapitre

1. Voir le chapitre sur *Peintures*, p. 247 et n. 3

2. C'est Michaux qui souligne : « En pensant au phénomène de la peinture », II, p. 320 (voir sur ce texte le chapitre consacré à *Passages*, p. 345-347). À la fin de l'année, en décembre, paraît dans *Confluences*, de façon exceptionnelle, un dessin hors-texte de Michaux (voir la revue *Plume*, n° 8, oct. 1995, p. 1). Dans deux lettres à René Tavernier, Michaux s'attarde sur le titre à donner ou non à ce dessin (qui parut finalement sans titre) : « Ma femme me demande si (?) ce que veulent mes lecteurs, comme titre, ne serait pas "Chemins de fer de Provence" ou "Soir d'orage". / Je propose plutôt celui-ci, j'espère qu'il vous conviendra : "Homme défendu par ses lassos" ou "Portrait d'homme gardé par ses lassos" » (25 novembre 1942) ; « Je propose comme sous-titre au dessin, s'il en faut un : "Portrait d'homme gardé par ses lassos" » (1er décembre 1942).

3. Y concourt le projet utopique, jamais réalisé, d'un *Atlas de Grande Garabagne*, avec cartes, croquis et portraits. Dans son compte rendu d'*Ailleurs*, où il signale ce projet (mené en collaboration avec le fictif James Fitzgerald), Maurice Saillet définit la nature de l'art du portrait chez Michaux, « maître d'un art tout classique, qui joint la solidité des vieux peintres flamands [...] à la sûreté de trait et à la vivacité d'esprit d'un Saint-Simon » (« Henri Michaux et le voyage imaginaire », *Mercure de France*, n° 1022, octobre 1948, p. 317). Saint-Simon est un des écrivains appréciés de Michaux.

4. 1966, t. III, p. 291-298. Voir aussi le chapitre sur ce texte.

consacré à l'Empereur de *Voyage en Grande Garabagne*[1] atteste cependant la prégnance de la division entre « un peuple et un homme ». Cette division devra subir la crise des portraits et l'épreuve « réaliste » du texte de 1938, avant qu'*Au pays de la magie*, second voyage imaginaire, ne consomme en 1941 sa disparition.

Quant au portrait psychologique, il lui faut plus d'autographie, et d'autobiographie fictive (comme dans « Le Portrait de A. »), de sens épique et de jeu narratif (comme dans *La nuit remue* ou dans *Plume*), pour échapper à une sensation de fausse vérité par laquelle Michaux s'est senti contraint, dans l'image de soi comme dans son rapport à l'autre[2]. Voilà ce dont témoignent, dans ces mêmes années, par des excès inverses à celui du portrait, mais entrant avec lui dans un tableau d'ensemble, deux textes : « Première page de ma vie » et « Quelque part quelqu'un ». Ils touchent à deux extrêmes, passant de l'odyssée la plus intime à l'éventail social des signes et des voix par lesquels un homme est peuplé, laissant monter en lui l'écho de tous les hommes.

Le premier est une auto-fable des origines, qui procède par régression mythique et parodie de roman familial. Elle réalise un degré zéro de l'image de soi comme enfant d'enfants naissant à l'ombre d'une métaphore animale[3].

1. Sur « Dovobo, empereur de Grande Garabagne », voir les chapitres sur *La nuit remue*, p. 204, et sur *Ailleurs*, p. 308-309.

2. Michaux écrit ainsi à Supervielle bien des années plus tard, à l'occasion d'un numéro d'hommage que lui consacre en 1954 la *N.R.F.* et auquel Michaux participe avec son texte « Mille neuf cent trente » : « Dans l'amitié, la joie de se laisser aller & l'enchantement partagé, c'est presque le contraire de voir clair, de s'observer, de se "faire le portrait" l'un de l'autre » (s. d.). Michaux n'en reste pas moins attaché de façon ambiguë à ce mot de « portrait » : il transforme « Portraits de jeunes filles » (*Verve*, n° 1, 1939) en « Visages de jeunes filles » lors de la reprise dans *Passages*, en 1950 ; inversement, il ajoute « portrait » au simple titre *Meidosems* (1948) lors de la reprise du recueil dans *La Vie dans les plis* (1949). Quelques années plus tard (1955), le mot réapparaîtra dans les deux derniers fragments de « La Troupe et nous » : Portrait de l'un », « Portrait de l'autre ». Le premier met en scène « un type d'homme » défini par un caractère animal (« C'est un aigle. Non c'est un homme ») ; le second a pour héros une grenouille qui « *va* jouer un personnage » — les titres ont été supprimés lorsque ces deux fragments ont été accolés, à la fin du texte « Vents et poussières », dans un recueil portant ce même titre (1962).

3. « JE SUIS NÉ D'ENFANTS » : la première phrase, en capitales, introduit un bref développement sur des parents impropres à leur rôle ; la dernière

L'identité s'y resserre ainsi autour d'un point nul et absurde, d'où peut surgir rien aussi bien que toute vie. Le second texte, au contraire, se saisit d'une identité de hasard jetée au gré d'une première phrase (« Quelque part quelqu'un est chien et aboie à la lune »), pour ensuite varier et volatiliser toute identité au gré de cent soixante et une propositions, cent quarante-neuf se trouvant introduites par le pronom « quelqu'un » affecté de l'événement sommaire qui le caractérise[1]. Qu'induit une telle disposition, dans son parti pris de répétition, surprenant et exténuant ? Une sorte de portrait de l'humanité. Ce portrait est aussi arbitrairement limité qu'illimité. Il passe par une série de « biographèmes[2] » et de propositions qui font écho à autant de positions dans l'œuvre de Michaux[3]. Et, pour l'essentiel, il retrouve, mais

---

implique directement la mère à qui cette phrase s'adresse : « Qu'est-ce que tu peux bien espérer mettre au monde, petite souris ? // Je naquis » (« Première page de ma vie », 1936, I, p. 538).

1. « Quelque part, quelqu'un » (1938, I, p. 550-555). Grâce à une série d'écarts avec le « quelqu'un » matriciel, douze propositions moins pures mettent ainsi tour à tour en jeu : le principe d'inclusion d'un second ou de plusieurs « quelqu'un » (quatre occurrences) ; la reprise de l'énoncé initial « quelque part quelqu'un » (trois occurrences, avec le « quelqu'un » repoussé une fois à l'intérieur du vers) ; l'énoncé « quelque chose quelque part » (une occurrence), l'énoncé « Monsieur » (une occurrence), une inversion (« Il aspire au silence, quelqu'un »), et des complications (deux occurrences, dont voici un exemple : « Quelque chose détermine quelqu'un et quelqu'un télécommande quelqu'un et il s'ensuit que quelqu'un n'est plus quelqu'un comme autrefois »). — C'est dans le début de « La Ralentie » (en 1936, dans *Entre centre et absence*) qu'on trouve, de façon beaucoup plus fluide, la première pression de cette litanie orchestrée autour du pronom « quelqu'un ». Michaux a tenu à le rappeler dans son texte de 1938 : « Quelqu'un quelque part s'appelle Lou » (I, p. 552).

2. « [...] si j'étais écrivain, et mort, comme j'aimerais que ma vie se réduisît, par les soins d'un biographe amical et désinvolte, à quelques détails, à quelques goûts, à quelques inflexions, disons : des "biographèmes", dont la distinction et la mobilité pourraient voyager hors de tout destin et venir toucher, à la façon des atomes épicuriens, quelque corps futur, promis à la même dispersion ; une vie trouée, en somme, comme Proust a su écrire la sienne dans son œuvre » (Roland Barthes, *Sade, Fourier, Loyola*, Le Seuil, 1971, p. 14).

3. Par exemple : « Quelqu'un a trop de "quelqu'uns" » (multiplication annoncée au même moment, dans la Postface de *Plume*, avec la proposition : « On veut trop être quelqu'un » — voir le chapitre sur ce recueil, p. 242-244) ; « Quelqu'un est difficile sur la poésie des autres » (I, p. 554) ; ou une proposition qui réintroduit subrepticement l'espéranto (« Quelqu'un Fili, golli, golla », p. 555).

avec quelle dérision et quel arbitraire, une vertu épique proche de celles de l'énumération des bateaux de la flotte grecque dans *L'Iliade* et de la classification des baleines dans *Moby Dick*.

Plume

précédé de

Lointain intérieur

(1938)

Trois ans après *La nuit remue*, livre des processus, des lieux et des états, *Plume* est le livre des voix. Non que les processus aient une efficacité moindre, ou que les lieux soient moins présents, que les états diffèrent. Mais ils sont cette fois affectés surtout à des personnages. Cela suppose autant de redistributions, que l'adoption d'un genre, par exemple, détermine : la lettre, dont Michaux use ici pour la première fois ; ou le théâtre : *Plume* réunit les deux seules pièces que Michaux ait écrites. Elles accusent cette ronde des voix, que la « Postface » se donne en fin de parcours comme objet de pensée.

Plume est le recueil le plus complexe agencé par Michaux. On le voit dès qu'on dénombre les éléments qui ont permis de le former : trois plaquettes, des textes parus en revue, plusieurs inédits, et un livre vieux de huit ans, *Un certain Plume*, qui permet celui-ci ; les voix s'y affirment déjà, mais il paraît brouillon face à la rigueur sinueuse avec laquelle Michaux a su créer ici une variation et une ordonnance sans les faire sentir.

Entre centre et absence est le premier ensemble de textes composites publié par Michaux depuis *La nuit remue*[1]. La façon dont il réaménage sous ce titre la première section de son nouveau recueil montre la stratégie à l'œuvre : trois poèmes

1. *Voyage en Grande Garabagne*, publié deux mois plus tôt, est en effet d'une très forte unité d'inspiration et de lieux ; il attendra d'autres ensembles comparables pour entrer dans un livre d'une portée plus large (*Ailleurs*, 1948).

déplacés rejoignent une section « Poèmes » (la sixième de *Plume*), qui gagne sur ce mode la clarté d'une voix ; un autre texte, « La Ralentie », qui s'est depuis deux ans beaucoup développé, forme désormais à lui seul la seconde section du livre, faisant sourdre la voix de plusieurs voix mêlées ; enfin, le second texte du recueil d'origine, « Entre centre et absence », saute de la seconde à la dernière place.

« Magie », « Entre centre et absence » : ces deux textes suffisent à donner une image des processus qui font de ce premier moment de *Plume* une suite directe de *La Nuit remue*, avant l'entrée en scène des voix et des personnages. La section « Entre centre et absence » compte dix-sept textes : douze en « je » ; cinq en « ils », héros plus ou moins proches du « je » flottant qui se prête une fois un nom qu'on cherche à lui voler[1]. Ainsi se module un portrait en creux, proche de tous les « ils » et de tous les « je » du livre antérieur (locataire de la petite chambre de « La nuit remue » ou habitant du terrain instable et salvateur de « Mes propriétés »). Mais une chose frappe, dès la première phrase de « Magie », la première du livre : « J'étais autrefois bien nerveux. Me voici sur une nouvelle voie[2]. » C'est poser d'emblée une temporalité de l'expérience. Elle implique maturation et mutation, passage d'un Michaux à un autre, à travers bien d'autres. Défiant toute progression ordonnée, de type romanesque autant que « journalière », et ainsi toute cohésion psychologique, cette épique flottante se prête néanmoins à une évolution ; elle se prête des évolutions[3].

Michaux ne cesse de mettre en jeu, par à-coups, des tempo-

1. Cela, comme pour lui prêter une vie indépendante du « je » dont il dépend : « On veut voler mon nom », I, p. 567 (ce nom est Barnabé). Les cinq personnages ou groupes de personnages des textes en « il » sont successivement : une femme et un homme qui se lavent les mains (« Vision ») ; « un nerveux » ou « un timide » qui se casse une jambe (« Prêcher) ; les « faibles », dilués dans un « il » de généralité (« La nature, fidèle à l'homme ») ; Moore, l'héroïne d'un rêve » (« Rêve de Moore ») ; la population de « Dimanche à la campagne », avec son héroïne Zanicovette (voir le chapitre sur « Rencontre dans la forêt », p. 183 et n. 5).

2. I, p. 559.

3. Dans une lettre-document des plus étranges, accompagnée de dessins, datée du 25 juillet-1er août 1936, René Daumal, lecteur avisé de *La nuit remue* (voir le chapitre sur ce recueil, p. 188 et n. 1), s'est amusé, après lecture de *Entre centre et absence*, qu'il aime, à répondre à Michaux point par point sur deux colonnes, en deux pages serrées. À la première proposition de Michaux (« J'étais autrefois bien nerveux »), il réplique : « Vous l'êtes encore. »

ralités à plusieurs étages, autorisant fusions et confusions. Il s'agit d'affirmer la référence d'un passé, pour mieux cerner, par différence, une réalité présente des états et des événements. Cette antériorité flotte librement, d'un passé reculé au passé immédiat. Elle est, faut-il le rappeler, multiple. Ces états, ces événements passent aussi bien pour les accidents d'une réalité biographique librement interprétée que pour les élaborations psychiques d'une suite de virtualités. L'expérience d'écriture elle-même est alors souvent prise en écharpe, dans une indécidable autonomie par rapport aux événements dont elle est le moteur, la forme et l'écho. Si bien que l'antériorité qui cherche ainsi à s'exprimer concerne une position, un stade, un moment, un niveau — on ne sait comment dire —, un point déjà touché et plus ou moins fixé dans l'écriture ; de sorte que ce point participe aussi d'une évolution, malgré le flou de ses contours. À travers chaque poussée d'écriture, Michaux cherche à se ressaisir dans la vibration d'un nouveau présent. Un présent dont les coupes successives, si délicates à démêler soient-elles, dessinent cependant le parcours d'une sorte d'histoire, au confluent d'une pluralité et d'un perpétuel émiettement d'histoires.

Ainsi la Magie devient-elle un processus majeur qualifiant cette histoire[1]. Il s'agit là du cas unique d'un même titre donné à deux textes dans deux recueils différents. Que dit le premier « Magie », dès *Mes propriétés*, en 1929 ? « Chacun doit avoir sa méthode » pour « obtenir des créations mentales ». « Je » dessine mentalement, patiemment, élément par élément, le « tableau » nécessaire à l'apparition d'une grenouille. Un trait atteste le tournant surréel de l'expérience : une baguette plongée dans l'eau, « si elle se mouille », autorise à poursuivre le tableau, jusqu'au point où on peut enfin s'y promener la nuit parmi le coassement des grenouilles[2]. Que répond à cela le texte de 1936 ? Entrer dans la « tranquillité » d'une pomme

1. « Toute une histoire », insiste Michaux, à propos du premier des cinq exemples que développe « Magie » (I, p. 559).

2. *La nuit remue*, I, p. 135. Élaborant des processus fictifs, Michaux aime se tenir au plus prés de leur vérité « scientifique » : après la vision, composante la plus simple de l'hallucination, il passe par la modification sensible (la baguette), stade déjà plus avancé, avant d'en arriver au plus difficile à induire, dans la suggestion hypnotique par exemple : l'hallucination auditive.

qu'on a posée sur une table n'est pas simple, demande détour et apprentissage. En essayant de renoncer à « mille sensations » qui affluent, on peut tenter de s'unir à l'Escaut, ce que rend incertain un fleuve qui s'écoule. Mais si le processus, écrit Michaux, revenant à la pomme, est difficile à « expliquer », il peut se qualifier d'un mot : « *Souffrir* ». La tranquillité ainsi obtenue se paie : l'abandon du moi à l'objet, à son unicité, est signe de froid et de mort (« Quand j'arrivai dans la pomme, j'étais glacé »[1]). Telle est l'ambivalence de l'image fameuse de la boule qui hante tant de textes, forte d'une apparente aspiration à l'unité : on la retrouve dans le troisième acte de « Magie », donnant au moi qui s'y trouve engagé « l'immobilité d'un caveau »[2]. « L'impossible miracle » invoqué comme « passage dans la vie » des inventions de l'écrivain, et qualifié au même instant, dans « Portrait d'homme », de « magie »[3], n'est donc pas sans ambiguïté ; pas plus que ne saurait suffire la méthode de projection mentale et d'animation proposée avec une sorte d'alacrité dans le texte de 1929[4].

On peut proposer là trois sortes de réponses : s'étageant comme autant de cercles concentriques inégaux sur la surface de *Plume*, elles tiennent toutes à l'usage de la multiplicité.

La première s'annonce à la fin de ce texte même, « Magie ». Pour le sujet en danger perpétuel qui lutte et se transforme (« Je suis tellement faible (je l'étais surtout) »), il s'agit de veiller à ne coïncider avec aucun autre (« être toujours bien exclusivement moi[5] »). Mais en dépit de la faiblesse et de la fatigue, il n'y a de moi que déjà multiplié, selon une oscillation sans issue

1. I, p. 560.

2. I, p. 560. « Je suis parfois si profondément engagé en moi-même en une boule unique et dense (…) / Une émotion étrange me saisit à ce témoignage du cercle qui m'isole » (I, p. 560).

3. « Portrait d'homme », I, p. 534. Voir le chapitre sur les Textes épars 1936-1938, p. 211 et n. 5.

4. Mais, comme souvent, Michaux anticipe ce retournement. Dès le premier « Magie », après avoir fini de produire l'image, y avoir ajouté le son, il conclut : « Cela ne vient rien faire ici. Mais il faut que je le dise, c'est là devant moi, cela vient : *Je vais être aveugle.* » *La nuit remue*, I, p. 484. Dans une lettre à Gaston Gallimard, en novembre 1928, Michaux annonce pour la fin de l'année un possible recueil de nouvelles, intitulé AVEUGLE !, dont il n'existe pas d'autre mention.

5. I, p. 562. Daumal réplique finement à cette revendication du « moi » : « Ce n'est pas votre "moi" ici, c'est le "contre-autre", c'est le "non-non moi", c'est

entre deux grands principes qui échangent leurs risques, se renvoyant la balle du sujet : l'identité par absorption, dans tout être, tout objet (ici, la pomme ou l'Escaut) ; et l'indéfinition par dissémination dans le flux du divers (« l'Escaut et mille sensations »). Voilà ce que Baudelaire nommait, de deux mots dotés par Michaux d'une force renouvelée : centralisation et vaporisation du moi[1].

La deuxième réponse tient dans l'énigme d'un texte et d'un titre : « Entre centre et absence ». Les cinq fragments qui le composent déclinent autant de temps-événements : ils alignent des nappes de passé resurgissant en pointes de présent pour culminer dans le dernier fragment, improbable issue de l'histoire : « C'était à l'arrivée, entre centre et absence, à l'Euréka, dans le nid de bulles[2]... ». On ne sait si l'Euréka, ce qui est trouvé, doit quelque chose à la grandiose conception atomiste de Poe dans sa dernière œuvre[3]. Mais deux tensions résultent de cette arrivée, rare chez Michaux, vers un point paraissant se concevoir lui-même. La première ressort de ce que le « entre » désigne : d'un côté, un centre, c'est-à-dire un point fixe, quel qu'il soit ; de l'autre une absence, mais de quoi ? De centre ? Sans doute, mais à condition de donner au mot « absence », ici

l'"anti-anti". Ce n'est pas vous positivement, vous quand il n'y a pas de spectateur, réel ou imaginaire, du dehors » (lettre citée).

1. C'est la fameuse phrase d'ouverture de *Mon cœur mis à nu* : « De la vaporisation et de la centralisation du *Moi*. Tout est là » (Bibl. de la Pléiade, Gallimard, 1975, t. I, p. 676). Elle a été développée par Laurie E. Edson, dans « Henri Michaux : Between Center and Absence », *French Forum*, vol. 7, nº 1, janvier 1982, p. 58-69.

2. I, p. 572. Voici les propositions initiales des quatre premiers fragments : « C'était à l'aurore d'une convalescence, la mienne sans doute, qui sait ? » ; « C'était à la porte d'une longue angoisse » ; « C'était à la fin de la guerre des membres » ; « C'était pendant l'épaississement du Grand Écran » (p. 571-572). Le dernier fragment est le seul qui se trouve réduit à l'énoncé de la proposition. Aux trois derniers fragments du texte, Daumal réplique encore : « Oui. Et après il faut payer son passage. Voyance oblige. Vous en savez ou saurez quelque chose » (lettre citée).

3. Michaux a bien lu Poe, qu'il cite à plusieurs reprises (voir *Les Rêves et la Jambe* dans les Premiers écrits, I, p. 24 et n. 1, et plus loin ici même n. 1, p. 234 et n. 4, p. 236), mais dont l'inspiration s'est diffusée plus largement. Sur *Eurêka*, l'idée d'un centre onirique du sujet qui écrit, lié à la matière en expansion d'un centre de l'univers, voir Jean Louis Schefer, « Eurêka », in *La Dernière Œuvre*, catalogue de Cinéma et Littérature 10, CRAC, Valence, 1992, p. 19-22.

non qualifié, une valeur intransitive générale, positive autant que négative ; l'absence dynamisant ce à quoi on l'oppose et on la mêle, à l'intérieur d'un « entre » sur lequel porte la seconde tension. Il y a bien, à la fin du texte, un nid refigurant une sorte de centre soutenu par la forme de la bulle. Mais c'est là une figure même du multiple. Et les bulles sont légères, comme des plumes que l'image du nid appelle ; elles sont fragiles, flottantes, évanescentes, entre solide, liquide et gazeux, essentiellement « entre ».

La troisième réponse tient à l'enlacement qui se trame, de là, entre toutes les voix de *Plume*. Elles sont dissemblables en qualité, en mode, en niveau et en extension. Elles composent un éventail de possibles, dont il y a peu d'exemples aussi prégnants.

C'est pour avoir touché d'emblée un indicible de la voix, une et plusieurs, que « La Ralentie » est sans doute devenu le texte le plus récité de Michaux[1]. Il s'opère là une confusion inégalée dans la coulée d'une même invocation, d'un unique récit. L'essentiel est joué dès le premier fragment. La voix prend appui tour à tour, en deux paragraphes, sur deux pronoms indéfinis (« on » et « quelqu'un ») — que l'usage accorde au masculin. Le premier est ici accordé au féminin, le second au masculin. Soulignant cette opposition d'accords dans deux énoncés semblables (« On n'est plus *fatiguée* »/« Quelqu'un n'est plus *fatigué*[2] »), un même mot, un seul, assimile ainsi les deux sexes en les différenciant, dans une ambiguïté indécidable. Mais deux forces, ou deux personnes, sont pourtant suggérées : « L'un crie. L'autre obstacle. » (avant-dernière phrase du second paragraphe). Et le « quelqu'un », jusque-là masculin, glisse pourtant (dernière phrase), bien que sous forme interrogative, vers un nom de femme, qui serait « la ralentie » (« Quelqu'un roule, dort, coud, est-ce toi, Lorellou ? »)[3]. Par cet effet

1. C'est aussi l'un de ceux dont l'histoire est la plus retorse, au gré d'une publication étagée en trois temps sur environ deux ans, entre 1936 et 1938, suivant le fil et les heurts de la vie.

2. I, p. 573. C'est nous qui soulignons.

3. Outre le titre, « Ralentie » est le premier mot du texte (« Ralentie, on tâte le pouls des choses »). La soixante-quatrième proposition de « Quelque part quelqu'un » tranche à sens unique : « Quelqu'un quelque part s'appelle Lou »

soudain d'adresse, un être s'affirme : une voix d'homme qui énonce, mais comme de l'intérieur d'un corps et d'une voix de femme. De là, une analyse délicate, comme infinie, pourrait s'engager[1]. Elle détacherait, au niveau des identités personnelles et sexuée qui innervent ce texte, trois centres (mais le mot est trop fort tellement ces sources de la voix sont plus soustraites qu'imposées, grâce à un extraordinaire pouvoir de flottement entre les modalités dont la langue les affecte, en particulier par un glissement presque impossible à suivre entre les pronoms). Ces centres sont ainsi : une première femme, Lorellou, qui serait « la ralentie » ; une seconde femme qui paraît vers la fin, Juana ; et, coulant de l'une à l'autre, un « je », une sorte d'énonciateur : d'abord incorporé à la voix et aux capacités de métamorphose de « la ralentie » dont il rejaillit par instants, il s'établit fragilement comme voix propre dans un deuil nostalgique de la seconde femme. La chose forte et nouvelle est que s'amorce ainsi, avec un pouvoir de frayage que dénote la bouleversante qualité de tremblé du texte, un vrai « devenir-femme » de Michaux[2]. Il se confirme, cette même année 1937 où s'achève « La ralentie », par un texte aussi rare qui devient une voix nouvelle. Cette fois une femme parle ou plutôt écrit : « Je vous écris d'un pays lointain » paraît s'engouffrer dans l'espace douloureux ouvert à la fin de « La Ralentie », inversant la donne du déplacement ethnographique

(I, p. 576, voir le chapitre sur les Textes épars 1936-1938, n. 1, p. 217). Mais cela, évidemment, ne prouve rien — ou ne suffit pas à prouver quelque chose.

1. Elle a été tentée par Jacques Kermabon dans son mémoire de maîtrise *Approches de « La Ralentie » de Henri Michaux*, Université de Paris 7, 1982 (inédit). Dans ce travail très complet, en particulier au niveau de la recension des images, des jeux de personnes et des rythmes, la puissance du « on » est rapportée (un peu trop simplement) à une position originaire maternelle dont le « je » se dégage pour acquérir ou retrouver une masculinité qui se confirme à travers la séparation ultime d'avec la femme aimée.

2. Gilles Deleuze et Félix Guattari, *Mille plateaux* (Minuit, 1980). Le « devenir-femme » voisine avec d'autres dans le dixième plateau consacré aux devenirs. Ils se qualifient réciproquement : devenir-enfant, devenir-animal, devenir-moléculaire, devenir-imperceptible. Ils sont les instances aussi actuelles qu'utopiques d'une désymbolisation généralisée. Sur la figure féminine chez Michaux, voir les chapitres sur « Rencontre dans la forêt », *Tu vas être père*, *La Vie dans les plis*, *Face aux verrous*. Il faut remonter au tout premier texte de Michaux pour en trouver l'amorce, dans la seconde et troisième partie de « Cas de folie circulaire » (voir le chapitre sur les Premiers écrits, p. 90).

conçu dans *Voyage en Grande Garabagne*. Là où, au contact d'un lointain dehors, un voyageur faisait ressortir l'inhumanité d'un espace du dedans voué à s'en étonner, c'est du dehors même, « du bout du monde » que revient cette voix de souffrance et d'étrangeté, selon laquelle l'écrivain se trouve divisé entre homme et femme. Si le ton de ce texte est d'une extrémité si déchirée, comme par un effet de nostalgie introvertie, c'est que Michaux n'y témoigne pas seulement d'un lyrisme affectif attaché à la femme (comme dans « Amours » par exemple). Au-delà de toute femme possible ou impossible, c'est la femme, le principe féminin en lui qui écrit, libérant et étranglant sa voix.

« La Ralentie » — ainsi couplée avec « Je vous écris d'un pays lointain » — est une bonne occasion de mesurer les porosités de la critique biographique, et la difficulté induite par l'existence d'une réalité de référence, avec laquelle Michaux entretient des jeux de cacher-montrer retors. On peut y voir en effet l'histoire d'un homme pris entre deux femmes. Lorellou, transformant Marie-Lou, lors de la reprise des fragments successifs en plaquette, « est » évidemment Marie-Louise Ferdière, que Michaux rencontre en 1935-1936, et qui deviendra sa femme pendant la guerre. Le diminutif « Lou » était utilisé par Marie-Louise elle-même[1]. La transformation du nom a été demandée expressément par Michaux dans une lettre à son éditeur Guy Lévis-Mano : « Si je n'étais revenu de voyage au moment de la mise en train de "la ralentie", voulez-vous faire la correction suivante. Partout (c'est-à-dire en 5 ou 6 environ) où se trouve le mot Marie-Lou, lui substituer le mot [Lorelou biffé] suivant : *Lorellou*. (...) Ne dites pas que ce mot est plus ou moins bien. Le changement a lieu pour des raisons [motifs biffé] extra-littéraires plutôt[2] » (s.d.). De façon plus ponctuelle, il est possible que la note « Une délirante parle », qui accompagne la troisième partie du texte publiée en juillet 1937 dans la *N.R.F.*, fasse écho à la tentative de suicide de Marie-

1. Une de ses lettres est signée « Lou Michaux » : 2 février 1946 (Monnier, p. 16).

2. Sur un tout autre plan, le nom transformé permet aussi d'introduire Lorelei, figure romantique à laquelle Michaux était sensible (voir dans *Passages* « Les Fées du Rhin », II, p. 392). On peut également recourir au jeu hypothétique des « influences » et références : les *Poèmes à Lou* et « La Loreley » d'Apollinaire.

Louise[1]. Remerciant Jacques Maritain qui a pris soin d'elle, Michaux lui écrit en des termes proches du sentiment que cette partie du poème surtout communique : « Une véritable sublimation de sentiment, dont elle avait d'ailleurs eu, elle aussi peut-être le désir, et à quoi vous et l'approche de la mort certes l'ont aidée. (Car je suis allé la voir la veille de mon départ. Elle est calme mais comme quelqu'un qui a touché un seuil... parce que trop reculé, mais avec moi. / Cette "dévotion" à mon égard (car je ne vois pas d'autre mot) par sa démesure, semble fait d'ailleurs pour un autre objet, surhumain, ou pour me toucher dans un [au] delà de moi. Après cela, croiriez-vous, mon cher Maritain, que j'ai parfois... presque peur[2]. »

Quant à Juana, son hispanité laisse reconnaître Susana Soca que Michaux rencontre en Argentine lors de son voyage à l'automne 1936, et dont il a été amoureux et sans doute aimé[3]. La fin du texte, évoquant la séparation par un voyage en mer, est transparente. On sait peu de chose de cette histoire, si ce n'est qu'il y eut peut-être une demande en mariage, et un rapport qu'on imagine à la mesure de la personnalité intense de

1. Sans doute début mai. Michaux en fait le récit détaillé dans une lettre à Supervielle (s. d).

2. 24 mai 1937.

3. Des lettres en témoignent : de Michaux à Paulhan (10 octobre 1936), de Paulhan à Supervielle (19 janvier 1937). — Susana Soca (1907-1959), née à Montevideo, est la fille unique d'une aristocrate locale et d'un clinicien réputé, élève de Charcot. Susana Soca a partagé sa vie entre l'Uruguay et la France, où elle s'installe en 1938 et restera toute la guerre. Elle fonde à Paris, en 1947, la revue *La Licorne*, dont s'occupent avec elle Roger Caillois et Pierre David, un des gendres de Supervielle. À son retour à Montevideo, en 1953, la revue continue sous le titre *Entregas de la Licorne*. Comme autrefois dans *Commerce* ou *Mesures*, on trouve là le meilleur de la littérature française et internationale. Susana Soca meurt tragiquement le 18 janvier 1959 dans un avion qui explose en vol, entre Paris et Montevideo. Jouhandeau cite à ce propos sa lettre adressée à Supervielle, reprise dans son *Journalier 1957-1959* : « J'imagine les dernières nuits de sa mère, éclairées par cette torche vivante et je pense à Henri Michaux. Les femmes qui lui appartienent doivent se méfier. Il n'y est sans sans doute pour rien, mais c'est magique » (Gallimard, 1961, p. 78-79) ; sur la mort tragique de Marie-Louise Michaux, voir l'Introduction, n. 2, p. 47, et le chapitre sur *Tu vas être père*, p. 26. Trois livres, de poèmes et de proses, de Susana Soca, sont parus après sa mort. En 1961, un dernier numéro de *Entregas de la Licorne* lui est consacré. — Il est possible que le nom de Juana, choisi par Michaux pour « La Ralentie », soit repris de la célèbre mystique mexicaine Sor Juana Iñes de la Cruz, dont Susana Soca a présenté des textes dans le numéro 3 de sa revue en 1948.

chacun. « Une jeune femme effrayée et farouche au point d'en être bouleversante », dit Caillois[1] ; et Cioran : « *L'adieu* était le signe et la loi de sa nature, l'éclat de sa prédestination, la marque de son passage sur terre ; aussi le portait-elle comme un nimbe, non point par indiscrétion, mais par solidarité avec l'invisible[2]. » Susana Soca était liée à l'écriture, aussi[3] ; et il est d'autant plus possible, ainsi, de recevoir « Je vous écris d'un pays lointain » comme une incorporation fantastique de la voix de l'autre, l'absente, en soi revenant, sous la forme de cette étrangeté extrême, au moment où Michaux écrit « La Ralentie »[4]. Cela fait mieux comprendre que Michaux puisse invoquer son amie lointaine de façon étrange, et extrême, dans une lettre adressée alors à sa grande amie Aline Mayrish, dite « Loup »[5], bouclant ainsi, du même coup, un cercle implicite de femmes, ou de fantômes féminins spiritualisés : « De me sentir naturellement lié à vous, comme d'une autre façon aussi à l'américaine dont je vous parlais, m'est le seul témoignage par le sentiment, l'art excepté, de faire vraiment partie du monde humain[6]. » Il vaut à ce point de citer une autre lettre, tout aussi extraordinaire, à Aline Mayrisch, au moment où « La Ralentie » s'achève et paraît, d'abord en revue et plaquette : « ... mais moi aussi je regarde la "Ralentie" avec vos yeux. (Ceux de votre

1. « Souvenir de Susana Soca », *La Nouvelle Revue française*, n° 79, juillet 1959, p. 169.

2. « Elle n'était pas d'ici... », *Exercices d'admiration*, Gallimard, 1986, p. 200.

3. Michaux y insiste dans le texte, resté inédit de son vivant, qu'il a écrit sur Susana Soca, dont les termes rejoignent ceux de Caillois et Cioran : « Prêtant à autrui sa rareté, elle aura circulé parmi nous, paraissant toujours chercher quelqu'un d'autre, aura parlé avec nous paraissant attendre de parler à quelqu'un d'autre, avidement distraite./ (...) Il lui est arivé aussi de jeter dans un cahier d'écolier, hors des lignes, en travers de la feuille, à des pages ne se suivant pas, des fragments aux mots inlisibles, mais que, commençant n'importe où, d'une précieuse voix musicale, elle lisait si bien, mais plus souvent les reniant, les perdant, les arrachant, ne tenant pas à les reconnaître, quelques poèmes, quelques branches en rêvant, arrachées à la forêt » (*En essayant de revoir...*, La Maison des Amis des Livres, 1996, p. 17).

4. « Je vous écris d'un pays lointain » paraît en avril 1937, entre les deux livraisons de « La Ralentie », en mars et juillet.

5. Une lettre de Gide, du 20 mai 1921, dit ainsi : « Chère amie Loup ». Elle-même signe « Loup. M » ses lettres à Rivière. Son amie Annette Kolb l'appelle : « Lou Mayrish » (*Colpach*, Luxembourg, Les Amis de Colpach, 1978, p. 129 ; 179-181 et 189).

6. 16 février 1937.

carte n° 1) / Pire, avec de la haine. / Je jure et, sur mon agenda (!) je trouve mon serment répété, que je n'entrerai plus jamais dans un état pareil. C'est vous dire… / D'ailleurs pas besoin de me forcer, la peinture semble avoir libéré toutes mes forces et mes activités — théâtre où l'on vit, se bat, se tue (quelles preuves !) récits de violence etc… / Est-ce seulement la vérité des "phases"… que j'expérimente ? / Car même la passivité (du moins celle de la ralentie) est "violence" à la nature. Violence qui maintenant va ailleurs[1]. » Ces formulations sont en partie énigmatiques. Mais on en retient deux impressions fortes. D'un côté le trouble hors du commun dans lequel ce texte, « La Ralentie », précipite Michaux, à la mesure d'une mixité nouvelle de corps dérobés et de voix tressées, selon un véritable transvestisme spirituel. De l'autre, on est frappé que semblant toucher ainsi une sorte d'infigurable, Michaux invoque, pour la première fois peut-être de façon aussi nette, la peinture, théâtre et récit d'une autre sorte, appelée à rendre possible ce que les mots-voix ne font jamais toucher qu'à travers un trop de souffrance et de dépossession.

Les choses pourraient être encore un peu plus retorses. Au cours de ce même voyage où il rencontre Susana Soca, Michaux, se serait pris de passion pour une autre « Américaine » : Angelica Ocampo[2]. Si bien qu'au lieu du décalque trop simple qui appelle, sous « Lorellou », Marie-Louise Ferdière et elle seule, on peut penser que la figure indécidable de « la ralentie » — qui s'infléchit pendant l'hiver et le printemps 1936, aussitôt Michaux revenu en France, allant jusqu'à susciter de sa part les mots presque effrayants adressées à Aline Mayrisch — pourrait associer les deux femmes dont la « menace » semble avoir le plus directement pesé sur lui : Marie-Louise et Susana saisies dans une spirale

1. Sans doute le 20 juillet 1937.

2. Angelica Ocampo (1891-1980), est la sœur cadette d'un an de sa sœur Victoria, la fondatrice de la grande revue argentine *Sur*, avec qui Michaux se lie d'amitié lors de son voyage à Buenos Aires. Il aurait alors vécu avec Angelica une relation passionnée, au point de la demander en mariage. Mais il était inconcevable qu'un homme de sa position sociale puisse être accepté par la famille Ocampo. Michaux a néammoins conservé avec Angelica des rapports complices et affectueux, dont témoignent les cinq lettres pour l'instant retrouvées qu'il lui adresse entre 1937-1938 et 1942.

commune, dessinant, ensemble, une identité d'autant plus floue. De sorte que la seconde figure, Juana, mêlerait, elle, d'autre part et conjointement, les deux femmes étrangères, sud-américaines et réellement lointaines. Mais de façon à figurer ainsi, au-delà, toute femme émanant du lointain et comme le lointain de toute femme, d'autre façon que Lorellou ne peut l'incorporer. Ainsi paraissent s'unir plus encore ces deux textes uniques écrits en même temps et comme l'un à travers l'autre : « La Ralentie » et « Je vous écris d'un pays lointain ».

Il y a d'autre part dans *Plume* toute une série de voix qui s'étagent, à travers trois sections. Ces voix se trouvent soit couvrir chacune une section (« Animaux fantastiques », « L'insoumis »), soit s'étager à l'intérieur d'une autre (« Difficultés ») : elles ont la forme et la force d'une variété que Michaux a fini par regrouper, avec toutes les sections précédentes, autour de l'idée-sensation du « lointain intérieur »[1]. Les processus, lieux et états s'y déploient chaque fois autour de personnages-clefs. Les animaux, si présents dans cette œuvre[2], sont ainsi le devenir propre du malade, du fiévreux, qu'ils occupent interminablement, selon une loi de métamorphose monstrueuse (« Dans le monde des animaux, tout est transformation[3] »). Le malade devient ce personnage, passager mais fondateur, dont l'animal est la création inlassable, signe confus et turbulent d'une autre vie, de fièvre et de nuit, intérieure à la vie (« Alors, tu es rentré

1. Il suffit de regarder la table des matières du recueil pour voir qu'il n'y a évidemment pas de correspondance terme à terme entre voix et sections, bien que celles-ci servent aussi à délimiter celles-là. D'autre part, le titre-sous-titre ambigu « Lointain intérieur », qui n'a aucune autre existence propre, désigne dans le recueil l'ensemble des chapitres précédant les trois derniers formés par « Un certain Plume » (soit les récits dont Plume est le héros) et les deux pièces de théâtre. Cet ensemble flou, « Lointain intérieur », recouvre ainsi les sept premiers chapitres du livre, soit : « Entre centre et absence », « La Ralentie », « Animaux fantastiques », « L'insoumis », « Je vous écris d'un pays lointain », « Poèmes », « Difficultés ».

2. Ils apparaissent dès les premiers textes (« Cas de folie circulaire », *Fables des origines*), s'établissent dans *Ecuador*, sont mis en valeur dans le chapitre « Histoire naturelle » d'*Un barbare en Asie*, et envahissent un nombre important de textes de *La nuit remue*. Ils sont aussi omniprésents dans *Voyage en Grande Garabagne*.

3. I, p. 584.

dans la vie, petit. / Innocent et bientôt oublieux... et jusqu'à la prochaine[1] »).

La voix qui lui succède est celle de « l'insoumis » : l'homme ou le non-homme opposé à l'homme défini par « sa défaite : le quotidien[2] ». L'insoumis joue un rôle plus constant que le malade ; en un sens il l'englobe. Il est en effet défini par une oscillation plus large et systématique entre deux régimes : l'humiliation de la vie journalière « parmi les étrangers qui se disent ses proches et ne le connaissent pas » ; et « l'autre côté », à propos duquel Michaux accumule les qualificatifs, au gré des fluctuations de l'expérience que son héros cherche à renouveler, en des termes au moins une fois très baudelairiens[3]. Dilater le Temps, jusqu'à faire librement d'un instant l'équivalent de « plusieurs heures de vol » : telle est la voie de l'insoumis, qui définit ainsi « sa vie »[4].

Pourquoi avoir choisi de réunir ensuite sous le titre « Difficultés », conçu à l'occasion de *Plume*, sept textes issus de trois parties différentes d'*Un certain Plume* ? Michaux conçoit ainsi un éventail de voix, avant de les fixer en un seul personnage : Plume. Il s'agit d'une série de portraits, variant entre deux extrêmes : l'autobiographie ou l'autoportrait (« Le portrait de A. ») ; la fiction (« Naissance »). « Le portrait de A. » est une biographie épique, une sorte de mythe d'origine que Michaux se construit à un point tournant de sa vie, au moment où après *Mes propriétés* et avec *Un certain Plume* il devient vraiment écrivain. Il peut annoncer à la fin de son récit la mort de son héros, afin qu'un Michaux un peu plus réel se mette à écrire et naisse à une autre vie. Ce « portrait », le premier nommé tel, virera à l'autoportrait au fur et à mesure que Michaux en attestera, au fil du temps et de son œuvre, le caractère

1. I, p. 586.
2. I, p. 587.
3. « Cependant, il se demande comment il pourrait rentrer dans le paradis perdu (et qu'importe que ce soit parfois un enfer) » (p. 588). C'est le « Enfer ou Ciel, qu'importe ? » de l'avant-dernier vers des *Fleurs du mal*. Pour qualifier cet autre état pour lequel « tout est drogue », aussi bien le café, la fatigue, l'imagination, le fluide du désir, Michaux a diverses formules : « le balcon où défilait le Monde » ; « le grand vide admirable où l'on avait séjour » ; « le barattement du lac de l'émotion » ; « son être galvanisé attend la révélation » (I, p. 587-589).
4. Ce sont les derniers mots du texte : « Telle est sa vie », I, p. 589.

« vraisemblable »[1]. Les six textes qui suivent développent ainsi, chacun à sa manière, des virtualités de ce devenir-écrivain. Deux fois, c'est l'homme de nuit qui revient[2], « l'homme » face à la nuit et à sa terrible « souplesse » (« La nuit des disparitions »), en proie à une folie de transformations encore plus extravagante que celle d'« Animaux fantastiques » (« La nuit des embarras »[3]). Avec la figure de Pon, la pure fiction touche à son origine : la « naissance » en effet s'y multiplie, processus et état se transformant en écriture par multiplication des lieux (il y a vingt-trois naissances de Pon, qui naît vingt et une fois de sources improbables, et deux fois d'une femme). Après tous ces parcours en « il », « Chant de mort » et « Destinée » accomplissent deux biographies paraboliques à la première personne. Un clivage entre « fortune » et « malheur » y rappelle celui de « L'insoumis ». C'est enfin sur « l'être intérieur », facteur commun et somme de ces « difficultés », que se clôt ce parcours d'identités, de personnages-voix (« Mouvements de l'être intérieur »). Des mots le qualifient : colère, immédiat, zones, vitesse, combat, mouvement, hibernation, Peur, désespoir, fatigue. Tout ce que Plume, lui, vit comme de l'extérieur, sur le mode unique d'un personnage unique, seul capable de resurgir pendant treize années d'existence.

On connaît la confidence à Robert Bréchon : « Avec *Plume*, je commence à écrire en faisant autre chose que de décrire *mon* malaise. Un personnage me vient. Je m'amuse de mon mal sur lui. Je n'ai sans doute jamais été aussi près d'être un écrivain. Mais ça n'a pas duré. Il est mort à mon retour de Turquie, aussitôt à Paris. À Paris, je redeviens moi-même et prends à

1. Jusqu'au point tournant d'authentification que constitue « Quelques renseignements sur cinquante-neuf années d'existence » (voir I, CXXIX). Sur « Le portrait de A. », voir l'Introduction, p. 19-22. Et le chapitre, consacré au portrait, des Textes épars 1936-1938.

2. Il devient ainsi à la fois antérieur et postérieur au héros fluctuant emblématisé par le titre *La nuit remue* : les deux « nuits », réunies dans *Un certain Plume* en 1930, semblent désormais succéder au recueil de 1935.

3. Le texte est fait d'une accumulation d'hypothèses dont un humour prégnant parfois s'empare : « Et si aux pauvres on offre des tartes à la compote de boulons, qui ne se vantera d'être riche ? » (I, p. 615).

nouveau l'écriture en suspicion[1]. » Mais Plume ne meurt pas si simplement. C'est sans doute une des raisons qui a poussé Michaux à exclure de son recueil de 1938 une des deux « mort de Plume » du recueil de 1930 et à modifier le titre de l'autre[2]. Il n'a pu s'empêcher de laisser son héros renaître en l'associant à d'autres épisodes de sa vie (voyages au Maroc, en Argentine, en 1935-1936, etc.). Une chose est ainsi assurée : rassemblant dans une section du nouveau livre tous les exploits de Plume dont le nom claque comme titre, situant cette section après une succession de personnages épisodiques et flottants et avant ses deux pièces de théâtre, Michaux confère à Plume sa stature et le détache, à nouveau, autrement, effaçant presque jusqu'aux traces de cette genèse[3]. Il favorise le sens commun qui dit : mais Plume, c'est Michaux.

Dubuffet ne s'y est pas trompé : figurant deux fois Plume (« Monsieur Plume pièce botanique » décembre 1946 ; « Monsieur Plume, plis au pantalon », janvier 1947), il ajoute entre parenthèses, chaque fois : « Portrait d'Henri Michaux ». La première des deux images, de surcroît, montre une figure en tous points identique aux autres portraits de Michaux que Dubuffet peint au même moment (« Michaux griffures blanches », novembre 1946 ; « Henri Michaux acteur japonais », décembre 1946[4]). Comment entendre cette affirmation d'identité que Michaux a une fois accepté de confirmer, en termes aussi forts qu'il est souvent flou et fuyant : « Oui, à cette époque de ma

1. Bréchon, III, p. 1461. Michaux écrit aussi, sommairement, évoquant les « personnages-tampons » suscités par le voyage : « (Plume disparut le jour même de mon retour de Turquie où il était né.) » (*Passages*, II, p. 350).

2. « Ire mort de Plume » y devient « On cherche querelle à Plume ». Ces deux morts fermaient le cycle dans la « Première partie » d'*Un certain Plume*, exclusivement consacrée à Plume. Mais la situation est plus compliquée. Mourir deux fois semble déjà une mort de trop : dans le recueil de 1930, Plume revit au début de la « Deuxième partie », à travers deux textes, « Bouddha » et « Rupture », eux aussi supprimés en 1938.

3. Une comparaison poussée des deux recueils permet pourtant de la retrouver, tellement chez Michaux tout n'est jamais que transition, enchaînement, passage, recomposition d'un moment dans un autre.

4. Dubuffet, qui a dessiné et peint Michaux comme personne, est l'un des peintres auxquels Michaux s'est le plus intéressé, en particulier en tant que chef de file et animateur de l'art brut. Ils ont été assez proches dans les années d'après-guerre pour passer un Noël ensemble.

vie, Plume — tout Plume — était moi-même, Henri Michaux »[1] ?

Il faut d'abord refaire à travers les textes un petit parcours biographique. En mars 1930, Michaux annonce à Paulhan la mort de son père, dans une lettre où il se prépare aussi à la mort de sa mère qui a perdu la raison, et mourra quelques jours plus tard. Il justifie son désir de voyage et ajoute en post-scriptum : « Merci de faire passer mes Nuits. / Oui, je reprends mon prénom véritable qui est Henri. » Michaux désigne par ses « Nuits » trois textes enchaînés, sous-titrés « Scénarios de cauchemars ». Les deux premiers, « La nuit des embarras » et « La nuit des disparitions », repris depuis dans « Difficultés », figuraient antérieurement dans la « Troisième partie » d'*Un certain Plume*. La troisième nuit, en revanche, perdant son titre original (« La nuit des assassinats »), devient « L'arrachage des têtes » et se trouve alors agrégée aux textes consacrés à Plume dans la « Première partie » d'*Un certain Plume*. Mais il n'y a pas trace de Plume dans ce texte : seulement deux héros anonymes (« ils »), plus bourreaux que victimes, et l'ami Pierre et sa femme à qui on arrache la tête. Seule cette insertion du texte dans la section « Plume » (confirmée en 1938) l'attache à son héros.

On ne peut manquer d'être frappé par la conjonction entre la mort du père, la reprise du « prénom véritable » (au lieu du « Henry » anglicisé jusque-là utilisé par Michaux), et la publication de ces « Nuits » qui l'atteste, avant l'expatriation du voyage en Turquie où Plume s'invente. Cependant, les « Nuits », qui paraissent en avril 1930 dans la *N.R.F.*, ne sont pas le premier texte signé « Henri » ; mais bien, fin 1929, « Le fils du macrocéphale » qui devient dans *Un certain Plume* « Le portrait

1. C. A. Hackett, « Michaux and Plume », *The French Review, vol. XVII*, n° 1, janvier 1963, p. 40-49. L'auteur fait dans ce même texte état des confidences de Michaux sur les origines de Plume : le nom a été emprunté au récit d'Edgar Poe, « Le Système du docteur Goudron et du professeur Plume », une des *Histoires grotesques et sérieuses*. Michaux accepte aussi une suggestion de Hackett qui lui rappelle la fameuse scène de *La Ruée vers l'or* où Charlot crève des oreillers de plumes envahissant sa cabane ; il fait seulement remarquer qu'à l'époque où il conçoit Plume son intérêt pour le cinéma a déjà diminué (sur Michaux et Charlot, voir « Notre frère Charlie », I, p. 43, le chapitre sur les Premiers écrits, p. 103, et l'Introduction, p. 36).

de A. »[1], recueil où ce personnage-héros, A., entretient avec Plume, on l'a vu, les liens les plus sournois. On voit ce qui peut s'en conclure, sans forcer la note du scénario œdipien : le fils du « macrocéphale » (celui qui a une grosse tête) conduit à cette « nuit des assassinats » transformée en « arrachage des têtes ». L'assimilation, ensuite effacée, de A. et de Plume, le maintien étrange de ce texte sans Plume dans les récits dont Plume est le héros vont dans le même sens : en acquérant son nom de Plume (son identité d'écrivain), se rendant du même coup le Henri qui est sien, Michaux accomplit bien une sorte de meurtre du père. Mais son originalité, même là, reste entière : ce meurtre ne peut être a priori dit symbolique, puisque le père meurt vraiment, et que la mère meurt de même. Sur la scène multiple qui devient la sienne, Plume souffre du reste plus qu'il ne triomphe de ce passage de générations, puisqu'il est avant tout victime de tout et de tous, y compris de la violence distraite qu'il exerce. Sa force, en revanche, sera de durer, et de rendre Michaux plus écrivain qu'il n'avait pu le croire[2].

Ainsi, une fois dans sa vie, et comme pour toute sa vie, Michaux a eu besoin d'une image, d'un nom, d'un héros pour se sentir défini, aussi indéfini que soit son personnage, c'est la force ambiguë de Plume. Un tel besoin semble répondre à l'apostrophe rageuse : « mais bon Dieu ! qu'on me donne donc un substantif/ un maître qualificatif où je puisse me coller à jamais[3] ». Ce vœu, surgi d'une ténuité d'être, éparpillement volatil dont « Je suis né troué » offre la torturante

1. Des « Poèmes » parus dans *Échanges* en mars 1930 réaffirment entre-temps le « Henry » avant sa disparition définitive, histoire de montrer que ce n'est pas si simple (« Il s'agit de « Repos dans le malheur », « Sang » et « Nuit »). Le « Henri » est déjà apparu, apparemment sans signification particulière, dans « La chaise », en 1924. Il y aura aussi çà et là, dans des anthologies par exemple, des ressurgissements du « Henry », dus plutôt à la négligence. Il y a aussi des doublés, liés à la transition (voir ainsi « La jeunesse du prince Bradamine », en 1931, signé « Henry » sur la couverture de la revue et « Henri » en fin de texte).

2. Ce n'est peut-être pas sans un rien d'ironie que Michaux a fait une fois de Plume un Danois, quand il le met dans la situation d'être séduit par la Reine et de se trouver surpris avec elle par le Roi, selon un scénario qui confond Hamlet et Œdipe, faisant ainsi écho à Freud et anticipant le livre d'Ernest Jones (*Hamlet et Œdipe* [1949], Gallimard, 1967). Une seconde mention, plus indirecte, met aussi Plume en relation avec l'attaché militaire du Danemark (« Ire mort de Plume »).

3. Dans « Toujours son "Moi" », *Qui je fus*, I, p. 112.

approche[1], restera passager chez celui dont le nom est de « gaspiller les noms »[2]. Mais pour qu'une telle désymbolisation soit possible, pour que Michaux ne cesse d'échapper au jugement du nom, il aura fallu ce nom très léger et le suivi d'histoires qu'il agrège : un minimum donné à la consistance du double et à l'autoréférence de soi. Par la métamorphose à peine sensible d'une lettre (y/i) dans un pseudonyme jamais vraiment ressenti comme tel[3], Michaux regagne son nom, son vrai nom enfin devenu nom de plume : la beauté de ce tour de force est d'être aussi un tour de faiblesse acceptée. Avec une précision diabolique, Michaux choisit, ou emprunte ce nom, Plume, à une fiction déréglée qui a la folie de la raison pour théâtre et la dérision du livre comme fin[4]. On comprend que, par une subtilité logique poussée à son terme, il soit allé jusqu'à prendre une fois Plume comme pseudonyme plus que comme héros, pour enfin s'en débarrasser. Fidèle à son titre de 1930 (*Un certain Plume*), le premier de ses livres où le « Henry » s'efface au profit de « Henri », Michaux signe ainsi anonymement en 1943 « D'un certain Plume » un court récit imprimé chez un éditeur complice. Il boucle ainsi la boucle avec élégance, avec un sens sûr du symbole dont il fait éclater l'excès (même s'il y a d'autres raisons à se choisir un pseudonyme en temps de guerre). C'est à la première personne du singulier que parle « un certain Plume », le héros de *Tu vas être père* ; de sorte que la consonance très autobiographique de certains détails imprègne le caractère allégorique du récit. Un homme, sur le point d'être père, acceptant plutôt mal cette idée, le devient ; jusqu'au jour où son enfant déjà âgé de trois ans tombe par un mauvais hasard dans les pattes d'un ours. « Peut-être me serais-je fait un jour à l'idée d'être père[5]. » Ces mots de la fin adressés à l'enfant

1. Voir le chapitre sur *Ecuador*, p. 147-148.

2. C'est une des affirmations les plus fortes de Michaux : « Je n'ai pas de nom/ Mon nom est de gaspiller les noms » (*Épreuves, exorcismes*, I, p. 780).

3. Sur le sentiment d'insatisfaction profond que laisse à Michaux son nom, auquel il ne parvient à substituer aucun pseudonyme, voir « Quelques renseignements », I, p. CXXXII.

4. « Bien que j'aie cherché dans toutes les bibliothèques de l'Europe les œuvres du docteur *Goudron* et du professeur *Plume*, je n'ai pas encore pu, jusqu'à ce jour, malgré tous mes efforts, m'en procurer un exemplaire », Poe, *Œuvres en prose*, Bibl. de la Pléiade, Gallimard, 1956, p. 939.

5. *Tu vas être père*, I, p. 750.

mort s'adressent aussi à l'œuvre dont Michaux, à travers Plume, en Plume, accepte, aussi légèrement qu'il est possible, d'être père et reconnu l'auteur. Treize ans après avoir dû une première fois l'accepter en concevant son seul vrai personnage aussitôt après la mort réelle de son propre père[1].

Tel est le privilège qui a provoqué chez Michaux une identification singulière avec son héros. Comme le Barbare, mais de façon moins narquoise, Plume est un nom que Michaux se prête, dans des dédicaces ou dans des lettres — celles surtout à son amie Aline Mayrisch de Saint-Hubert avec laquelle il est entré dans un rapport de vérité intime d'une intensité rare[2]. Mais ce jeu personnel est évidemment en proportion de ce que Plume agite et résout dans l'œuvre dont il est devenu le signe. Héros d'une distance maîtrisée, Plume concentre en Michaux le pouvoir du conte et du portrait dont il a été obsédé pendant ces années où les deux mots jalonnent ses titres et ses lettres[3]. Le cycle de Plume tient ainsi à jamais lieu du roman dont le mythe et la réalité se sont peu à peu effrités. À partir du centre fictif qu'il forme, littérairement et psychiquement, Plume rassemble en les dispersant toutes les qualités dont sont affectés chez Michaux les autres personnages et personnes. Il en est, en devient sans fin la surface narrative de redistribution et d'enregistrement[4].

1. C'est sur cette note que s'achève avec « Plume et les culs-de-jatte », dans le remaniement de 1938, le cycle de Plume. Les culs-de-jatte y disent à Plume : « Pour la tombe de votre père, achetez un petit chien » (I, p. 642). Ironie, donc, de la formule qui fait, banalement, de Michaux « le père de Plume » (Claude Roy, « Michaux, le père de Plume », *Action*, 14 février 1947, republié sous le titre « Henri Michaux » dans *Descriptions critiques*, Gallimard, 1949, p. 309-310).

2. Fait unique avec une telle insistance, huit des lettres de Michaux à Aline Mayrisch sont signées « Plume » ou votre « Plume » ; elle nomme elle-même Michaux « Plume » dans quelques lettres et dans son journal intime.

3. Voir le chapitre sur les Textes épars 1936-1938, p. 209.

4. On a beaucoup écrit sur Plume. Outre l'étude de C.A. Hackett (voir plus haut, n. 1, p. 234), le texte séminal est celui de René Micha, « Plume et les anges » (*L'Herne*, p. 143-158). Plume y est décrit comme « le maître du mécanisme, l'enchanteur caché » (p. 143). Micha recense d'abord longuement les sources (l'enfance et ses rêves, les *habitudes belges*, Lautréamont, les mystiques, les voyages *contre*, Chaplin, Klee), pour trouver finalement dans l'idée d'ange voyageur le mode de circulation poreuse de Plume. On doit à Jean-Claude Mathieu l'approche de loin la plus importante : « Légère lecture de "Plume" » (*Ruptures*, p. 101-157). L'idée la plus forte de cette étude qui recense tous les

On voit ainsi comment se bâtit ce recueil, *Plume*, installant progressivement des personnages, épousant leurs voix, pour finir par se concentrer sur la force d'un seul, jusqu'à l'épuisement du principe flottant qui le soutient, de station en station, tel un Christ léger et sans loi. On comprend que Michaux, cherchant à ordonner les matériaux variés d'un troisième livre du Moi, ait imaginé de le clore sur les deux pièces de théâtre dont il disposait : les voix, si rudimentaires soient-elles, s'imposent alors directement, par un passage obligé à l'extérieur, dans des corps qui ne sont pas pourtant dotés d'une réalité beaucoup plus substantielle.

Michaux s'est dit tenté par le théâtre[1], même s'il en a beaucoup moins parlé que du roman et a fini par y céder, là où

effets sériels de « Plume », en particulier au niveau narratif, est celle d'un Plume pris « au pied de la lettre », lieu de passage des lieux communs, des jeux de mots et des clichés. Il devient ainsi le héros de l'extériorité, sous une forme non réductible à la dialectique entre dedans et dehors ; « il est un dehors qui produit le dehors dans le texte » (comme Deleuze, souligne Mathieu, l'a fait surgir à propos du personnage d'Alice chez Lewis Carroll, dans *Logique du sens*). « L'effet Plume » se produit ainsi au croisement de la série des choses et de celle des mots, dans une pure réflexion de signes (parmi ces signes, Mathieu accorde soudain, oubliant le principe de surface qui l'anime, un peu trop d'importance et de sens aux signes de la castration).

1. Comme toujours, c'est surtout à Paulhan qu'il confie ses projets. Dès 1929, dans une lettre non datée, peut-être antérieure à la conception ou à la finition du *Drame des constructeurs* (*Bifur*, juillet 1930), Michaux écrit : « Il faudra que vous me parliez un jour du théâtre. C'est la vraie bouteille d'encre pour moi et pourtant je veux en faire. » Dans deux lettres également non datées (1936-37), il annonce : « Ma courte pièce pratiquement finie et je fais des portraits féroces » (il s'agit vraisemblablement de *Chaînes* et des portraits reéunis dans les Textes épars 1936-1938, voir le chapitre correspondant) ; puis, envoyant *Chaînes* en suppliant Paulhan de ne pas perdre sa pièce et de ne pas la prêter parce qu'il a oublié d'en faire un double, il lui demande ce qu'il en pense et ajoute : « Une autre pièce en train. Je voudrais faire quelque chose de vraiment *désarmant*. » Une lettre du Lavandou, le 10 septembre 1941, annonce encore la composition d'une nouvelle pièce de théâtre. Il faut ajouter à cela, en 1922, son projet d'une « pièce nègre », et le titre *L'évêque voit loin (théâtre)* dans les œuvres du même auteur annoncées dans *Plume* en 1938. Sur toutes les formes de théâtre, au sens large, chez Michaux, voir Pierre Loubier, « Henri Michaux et l'arrière-théâtre », dans *Plis et cris*, p. 313-332 (ainsi que sur la théâtralité en deçà du théâtre, Arnaud Rykner, « Henri Michaux : la voix de l'autre, les voix du Moi », *Poésie 95*, n° 59, octobre 1995, p. 38-45).

l'obsession du roman s'est diluée en d'innombrables fragments de fiction. Mais il arrive au théâtre ce qui frappe tout genre approché par Michaux : il l'incorpore aux fluctuations de son drame plus qu'il ne cède à ses normes. Théoriques, ces deux pièces (*Le Drame des constructeurs*, 1930 ; *Chaînes*, 1938) le sont *a priori*, car un trop de présence réelle les menace : cela motive l'attirance de tant de gens de théâtre à vouloir les représenter, espérant par là se saisir du corps de l'écrivain ; et la réticence aussi vive que presque continuelle de celui-ci à l'accepter (pour la première pièce plus encore que pour la seconde).

À sept ans de distance ses deux pièces s'accordent à jouer la partition des deux grandes formes psychiques entre lesquelles l'œuvre oscille. La première est la névrose dont l'Œdipe est le cœur. *Chaînes* le met en scène avec une franchise désarmante : le meurtre symbolique du père, exigé par la jeune fille et accepté avec douleur par le jeune homme qui tranche ainsi ses liens, en forme le noyau. De sorte qu'ici tout se dit. Il n'y a rien à interpréter qui ne soit évident, dans la lutte engagée pour se défaire de l'Œdipe. La jeune fille dynamique dont la conquête ouvre ce processus est dotée d'une cruauté énigmatique, due sans doute à sa réalité de théâtre. La figure de Damidia est ainsi sans équivalent chez Michaux. Elle s'associe aux figures de « La Ralentie » et de « Je vous écris d'un pays lointain » pour composer à travers *Plume* la constellation, unique, d'un devenir féminin de l'homme et de l'œuvre ; celui-ci entre dans une stratégie concertée d'évitement — détournement-dépassement de la névrose[1]. L'énergie que produit la jeune fille est même une fois rapportée au personnage-signe, Plume, qui devient l'autorité de cette œuvre mais en la

1. Portée souvent par des forces de dispersion et des intensités variables, cette stratégie s'exprime aussi par des aspirations fortes à l'unité, dont la figure féminine devient parfois garante. Ainsi dans le poème « Chaînes enchaînées » : le titre anticipe celui de la pièce, ouvrant un monde d'ambiguïtés autour d'une opposition virtuelle entre des chaînes « enchaînées » et d'autres qui seraient « déchaînées ». (« Ne pesez pas plus qu'une hune et tout ira bien./Une hune dans le ciel, une hune de corsage./Une et point davantage,/ Une et féminine, /Une. » *La nuit remue*, I, p. 500.)

délivrant, par son être et son nom, du trop de poids qu'elle pourrait prendre[1].

La seconde forme psychique est la psychose : schizophrénie positive des constructeurs, du profond de leur drame[2]. Là encore, Michaux a finement ordonné les choses, faisant passer la plus ancienne des deux pièces à la fin du recueil ; de sorte qu'elle annonce la postface et ses formulations, par-delà l'Œdipe et ses névroses, quant aux rapports de la pensée, de la subjectivité et de l'œuvre. « Adultes, penseurs, persécutés », ces huit hommes, entourés de gardiens anonymes dont l'approche suffit à les disperser, « parlent en partie pour eux-mêmes, en partie pour l'Univers[3] ». Ils sont des constructeurs de villes et de mondes ; mais ces mondes immenses se réduisent aussi bien à des « sauts de puces ». La série qui se met là en place est exemplaire : A., jouant aux dés, construit ainsi une ville, avec la difficulté à y loger des Anglais ; B. conseille de se faire d'abord la main sur des puces ; C. admire qu'on loge des Anglais dans une puce. Les engendrements réciproques entre le minuscule et l'immense ne cessent ainsi de dissoudre les entités solides et constituées, physiques et psychiques, prises dans une circulation qui les fragmente et les délocalise[4]. Trois termes bornent ainsi ce drame de la construction-création, orchestrée par huit

1. « Je sens que tu vas me délivrer. Damidia, tu ne pèses qu'une plume [...] toi, petite plume » (I, p. 651).

2. Plume est le médiateur entre ces deux formes psychiques qui se mêlent et explosent en lui, comme elles le font en Charlot. Il est frappant de voir à quel point la nouvelle de Poe, déjà citée, sert ici de matrice globale : Michaux y emprunte le nom de Plume, qui se trouve délié de tout « système », fût-ce celui du délire ; mais il y trouve aussi l'argument de son *Drame des constructeurs*. L'action se passe en effet, chez Poe, dans un asile où s'opèrent nombre de constructions et de métamorphoses, en particulier animales, ainsi que des permutations ravageuses entre gardiens et fous.

3. I, p. 656. C'est la formulation corrigée par Michaux en 1963. Les trois états précédents, de 1930 à 1938, énoncent plus crûment : « Les fous parlent, en partie pour eux-mêmes, en partie pour les autres fous présents, en partie à l'Univers. »

4. C'est là ce que Deleuze et Guattari ont formulé dans leur opposition entre les entités molaires de type paranoïaque et les flux intensifs moléculaires de type schizo. Sur cette opposition entre molaire et moléculaire, voir *L'Anti-Œdipe*. Le meilleur exemple de la confusion des proportions et des genres est celui de « H » : « Mon ami, Œil de Cade, construisit une mouche de la taille d'un cheval. (...) Mais qu'est-ce qu'une mouche-cheval comparée aux cent mille choses que j'ai construites, qui peuplent l'univers et en bien des endroits les

« fous ». De A. à H. — du héros éponyme des petits atomes de la langue, A. « le fils du macrocéphale », à Henry-Henri l'écrivain, sa source et son double —, ils valent ainsi pour l'alphabet dont ils incarnent la passion. D'un côté on trouve Dieu le père. C'est l'un des leurs ; mais toujours en excès, il les incarne aussi tous et exprime tout en chacun : il est leur énonciateur délirant, surchargé de la création que chacun invente en lui-même. On trouve d'autre part « D. » (peut-être abrégeant Dieu encore), en qui le tragique de l'œuvre-vie se concentre, sous la forme de la déchéance qui menace le schizo créateur d'être soudain réduit au rôle d'une « entité clinique »[1] : « Moi qui ai tellement construit dans mon œil que je vais bientôt perdre la vue ! (...) Il ne faudrait pas, qu'après avoir souffert ce que j'ai souffert, on vienne encore m'enlever mon bien[2]. » Enfin, surtout, cette construction ne concerne pas seulement des choses mais aussi des mots, devenant des concepts parce qu'ils incarnent des forces et des mouvements dont la pureté défie et emplit le temps. Ainsi F., qui veut « construire "courir" »[3]. Tous ces fous constructeurs sont ainsi les adultes penseurs persécutés dont *Plume* déborde, et que la « Postface » cherche à cerner, d'une dernière voix de commentaire.

Mais il y a, auparavant, une voix encore à ressaisir : celle des « poèmes ». Ce n'est pas une voix pareille aux autres, parce qu'elle n'affecte aucun personnage, si ce n'est le « je », le « il » ou le « on » qui s'y déploient, comme à travers les proses de « Entre centre et absence »[4]. Disposés au beau milieu du livre, ces treize poèmes perturbent l'ordonnance trop simple de la variation des personnages. Ils rappellent que le glissement des personnes à l'intérieur d'un genre équivaut à celui qui se

constituent uniquement » (I, p. 659). Il y a aussi des « baleines à détente » destinées à peupler une ville construite dans une oreille (I, p. 661).

1. Voir sur ce point les schémas de la relation paranoïa-schizophrénie dans *L'Anti-Œdipe*, *op. cit.*, p. 335-336.

2. Sur l'aveuglement, voir plus haut, n. 4, p. 222.

3. I, p. 658.

4. On retrouve trois poèmes d'*Entre centre et absence* (recueil) dans la partie « Poèmes » de *Plume* : ce déplacement permet de graduer selon une relative homogénéité les proses de « Entre centre et absence » (partie initiale du recueil).

produit partout ailleurs entre les personnages et à travers eux — la disposition versifiée et la force d'invocation marquant un pôle poétique en regard de la prose et de ses valeurs épiques-narratives. C'est la façon dont la pensée se forme, dans sa difficulté à être la vie même, exprimant dans la langue qui sépare mais conjure, un mouvement sans cesse revenant du plus lointain dehors comme du « lointain intérieur ». Michaux a su concentrer tout cela avec légèreté dans un de ses plus beaux poèmes, « Pensées ». Ces « poussières pour nous distraire et nous éparpiller la vie » glissent, un peu comme les paroles des « fous », « en nous, entre nous, loin de nous ». Elles sont la matière du processus que Michaux cherche à nommer dans les trois premiers vers, en une des rares formulations paraissant faire écho à toute son œuvre : « Penser, vivre, mer peu distincte ;/ Moi — ça — tremble,/ Infini incessamment qui tressaille[1]. »

La Postface de *La nuit remue* avançait trois idées : l'écriture et la pensée relèvent, comme tant d'activités singulières, d'une quête de santé (le « cinéma » de la folie tient aussi à cette santé) ; rien n'a été construit dans *Mes propriétés*, tout s'est fait par paresse, abandon, sauvegarde ; enfin, cette expérience qui semble née de l'égoïsme possède une valeur sociale : « n'importe qui peut écrire *Mes propriétés* »[2].

Quatre ans plus tard, la Postface de *Plume*[3] prend acte de ce « n'importe qui ». Avant tout est n'importe qui celui qui est multiple. On touche là le noyau de la pensée-Michaux, éclatant, polyvalent. Cette Postface est le texte critique autospéculatif le plus important qu'il ait écrit avant les proses de *Passages* et les analyses des livres de la drogue. La façon dont il y construit une progression du multiple est frappante. Le mouvement commence aux « passages » du père, pour s'élargir aux membres de la famille connus, puis inconnus, au « *trop de Mères* », et de là aux amis, aux contemporains, aux autres, tous les autres, grands et petits, dont « moi » se nourrit et qu'il élimine (c'est diluer l'Œdipe dans une généralité qui l'excède, ne

1. I, p. 658.
2. *La nuit remue*, I, p. 512. Voir l'Introduction, p. 24-25.
3. I, p. 662-665.

lui laisse sur le sujet qu'une prise réduite). On glisse ainsi jusqu'à des conclusions ouvertes que l'œuvre de Michaux réalise, pas à pas, constamment : « MOI se fait de tout. Une flexion dans une phrase, est-ce un autre moi qui tente d'apparaître ? Si le OUI est mien, le NON est-il un deuxième moi ? Moi n'est jamais que provisoire. (...) *Il n'est pas un moi. Il n'est pas dix moi. Il n'est pas de moi.* MOI *n'est qu'une position d'équilibre.* (Une entre mille autres continuellement possibles et toujours prêtes.) Une moyenne de "moi", un mouvement de foule. Au nom de beaucoup je signe ce livre. »

Cette subjectivité de foule, où rien n'est « propriété » (ainsi roulent les mots, d'une postface à l'autre), implique une image de la pensée. Les pensées, dit Michaux, ne sont peut-être que « contrariétés du "moi", pertes d'équilibre ». Il nomme cela « phase 2 », assignant à une « phase 3 » les « recouvrements d'équilibre » du « mouvement du "pensant" ». La « phase 1 » seule suppose l'équilibre, inconnu, inconscient. Ce mot étrange d'équilibre implique la réalité d'un monde préalable au « moi » qui en surgit, dont celui-ci incarne, en tant qu'être ou sujet pensant, le déséquilibre, sous la forme d'équilibres variés sans cesse reconstruits et perdus. Que veut dire Michaux, ajoutant que « le véritable et profond flux pensant se fait sans doute *sans pensée consciente*, comme sans image » ? On est tenté de rapporter ce flux pensant au monde naturel présubjectif mais individué de la « boule hermétique et suffisante » de l'enfance, si fortement touchée dans « Le portrait de A. »[1]. Mais ce flux traversant la boule, sur lequel celle-ci se referme dans une énigmatique unité suspensive, est prélevé lui-même sur une énergie générale qui est la multiplicité à l'état intensif et anonyme, inaffectée encore à tout sujet. Ce que Michaux nomme partout : la nature, la terre ou la vie.

On voit combien il se sépare à nouveau de la vision freudienne, fondée sur l'idée d'un affleurement logique des processus inconscients à travers les dédales du refoulement et de la censure. Michaux pose au contraire une coupure et une continuité absolues entre ce qu'il nomme les phases 1 et 2,

1. I, p. 608. Cette image a souvent été reprise sous d'autres formes, en particulier dans les « Rêves, sans images sans mots » de « Quelques renseignements » (I, p. CXXIX).

c'est-à-dire des processus extérieurs au sujet mais dont celui-ci surgit, aussi multiple qu'ils le sont eux-mêmes : ils sont ensemble une même matière qui ne peut que perpétuellement s'ignorer, malgré tous les efforts de connaissance. Surtout, attaquant avec furia les pensées de la phase 3 et « l'histoire de la Philosophie » qui les rassemble (elle est « l'histoire des fausses positions d'équilibre conscient adoptées successivement »), Michaux revendique au-delà de toute logique[1] la possibilité d'une pensée s'ignorant elle-même liée comme elle l'est à la vie du corps, prise dans le déséquilibre et l'afflux permanent des pensées. Seule une « extrême multiplicité » peut tenter de répondre à « ce monde si largement vascularisé ».

Le lecteur que Michaux apostrophe enfin tient donc entre ses mains « *un livre que n'a pas fait l'auteur*, quoiqu'un monde y ait participé ». Renouant, dispersant une dernière fois les fils épars de cette nébuleuse (« signes, symboles, élans, chutes, départs, rapports, discordances ») entre lesquels il a poussé sa vie, cet auteur dit à son lecteur : « Tu pourrais essayer, peut-être, toi aussi ? » C'est là, comme dans la Postface de *La nuit remue*, une invite. Mais il vient à l'esprit que devenu et par ce livre même, *Plume*, plus auteur qu'il ne l'a été jusque-là, Michaux suppose moins un « n'importe qui » enclin à imiter sa démarche qu'il ne sollicite un lecteur vraiment capable de le lire.

1. « Sa pensée "logique" ? Mais elle circule dans un manchon d'idées paralogiques et analogiques… » Michaux retrouve ainsi l'idée de la phrase comme « manchon pensant », « passage d'un point de pensée à un autre point de pensée ». Voir le chapitre sur *Ecuador*, p. 145-146.

« L'Étrangère raconte »
(1939)

Il y a deux façons d'aborder un tel texte, isolé, oublié, apparemment fermé sur soi.

Il faut d'abord l'inscrire dans la lignée dont il relève, qui trace un sillon si fort dans l'œuvre : les poèmes ou récits dont le véritable héros est une voix de femme. Textes rares et forts : en amont, « Je vous écris d'un pays lointain » (1937) ; en aval, « L'Espace aux ombres » (1952). Dans ces deux textes, une étrangère à la terre s'adresse, d'un pays de fiction, à un habitant supposé de cette terre, dont l'écoute justifie et acclimate la voix. Alors qu'ici « l'étrangère raconte », comme dans un conte personnifié, les événements dont elle est la proie. Cas unique, en fait, puisque dans les corps de récits formés par les voyages imaginaires, *Voyage en Grande Garabagne* (1936) ou *Au pays de la magie* (1941), c'est un narrateur-homme, un terrien, occupant une position analogue à celle des destinataires de la voix dans « Je vous écris d'un pays lointain » et dans « L'Espace aux ombres », qui fait d'autant mieux ressortir l'étrangeté des pays traversés. Quel serait donc le modèle ici avancé, et aussitôt abandonné ?

Quand ce texte paraît, Michaux est au Brésil depuis six mois. Il y écrit, vers la fin de l'année 1939, une bonne part d'*Au pays de la magie*. On ne sait si « L'Étrangère raconte » est antérieur aux premiers de ces fragments, ou saisi dans leur flot ; le texte pourrait être même antérieur au voyage, dont pourtant son étrangeté paraît témoigner. L'intéressant est que cette magie dont les quatre fragments témoignent — avec leur exotisme dévoyé, leur fantastique dénué de sens apparent, leurs inventions verbales mesurées, proches de celles de ses grands voyages imaginaires — présenterait ainsi une solution alternative et vite abandonnée au modèle fort destiné à triompher dans *Au pays de la magie*, et en général dans *Ailleurs*, modèle qu'aurait inversé l'action d'une voix féminine interne, dénuée de toute forme d'adresse extérieure.

Une autre façon de toucher l'extrême singularité de ce texte, à l'intérieur d'un tel réseau de narrateurs, de mondes et de sexes, est l'incidence biographique. Au Brésil, comme dans « La Ralentie », Michaux se trouve à nouveau en proie au pouvoir virtuel de plusieurs femmes. Celle qui deviendra bientôt sa femme, Marie-Louise-Lou-Lorellou, se trouve avec lui au début de ce voyage, et peut-être repart en France avant qu'il ne s'enfonce vraiment « au pays de la magie ». Puis il y a ces deux femmes d'un pays lointain, Juana-Susana Soca et Angelica Ocampo, que Michaux irait peut-être revoir en Argentine s'il obtenait le visa que les autorités du pays lui refusent — sans doute à cause du texte désobligeant écrit deux ans plus tôt, « Un peuple et un homme », peu après son voyage de 1936 à Buenos Aires, voyage au cours duquel il a pu croire un moment devenir le mari de l'une ou l'autre. Deux mariages qui avortent dans des conditions fantastiques, voilà précisément ce que raconte l'étrangère.

Non que le fantastique, ainsi, se réduise à un réel qui en serait la condition. Mais plutôt, dans la mesure où il est toujours premier, comment il s'infléchit et se modèle au gré des schèmes et des événements que la réalité lui tend. Au point de faire osciller les virtualités du voyage entre les sexes et les voix.

Peintures
(1939)

On est saisi que dès son premier texte Michaux fasse naître la peinture, d'un geste immémorial qui annonce le sien[1]. Il ne semble pas qu'il ait lui-même très tôt dessiné ou peint, ni même griffonné. Le souvenir le plus ancien qu'il livre est « une première impression d'art — ineffacée[2] », devant les monuments et peintures des Égyptiens, dont on lui montra de grandes reproductions, vers l'âge de treize ans. Plus tard, il fixera l'histoire de sa naissance à la peinture[3], et la genèse d'un désir qui ne cessera de combattre en lui le désir d'écriture, au point de s'être cru parfois assez fort pour s'y substituer. Dans

1. Dans le fragment « Origine de la peinture » de « Cas de folie circulaire » (I, p. 7-8). Voir le chapitre sur les Premiers écrits, p. 91.

2. *Lettre-mémo*, I, p. 995.

3. En particulier dans « Quelques renseignements » (1959, I, CXXXII), et surtout dans *Émergences-résurgences* (1972). Une lettre à Patrick Waldberg (30 mai 1956) cadre une première fois cette vue rétrospective : « Max Ernst et Paul Klee m'ont à peu près en même temps, lorsque j'avais vingt-quatre ans, fait naître à la peinture. Jusque-là, je la rejetais avec hostilité. Je haïssais les peintres plus que n'importe quels gens comme étant les auxiliaires bénévoles de l'encombrante réalité et de ses apparences qui ne sont que trop apparentes et couvrantes. (Les cubistes même ne les avaient jamais dépassées, tout au contraire.) / Enfin par Ernst et Klee, je voyais quelque chose comme le dessous des cartes. C'était une voie, un espoir. De la peinture occidentale, jusque-là "en service", on pouvait donc faire quelque chose. » — Citées par Patrick Waldberg dans son livre sur Max Ernst (Jean-Jacques Pauvert, 1958, p. 300), ces lignes ont été reprises en particulier dans le catalogue d'une exposition à la galerie Thessa Herold, *Henri Michaux. Le Langage du poète et du peintre*, 1994, p. 81. — Dans la lettre en forme de déclaration envoyée par Michaux à Waldberg, le mot « occidentale » figure en note, appelé par un astérisque.

Peintures, ce désir s'affirme une première fois ouvertement, au présent : « Il peint depuis peu », celui que ses livres « ont fait passer pour poète », et qui annonce dans une brève introduction « Qui il est », tranchant par là sur un « Qui je fus » dont l'écriture pourrait sembler destinée à devoir supporter la charge.

Les premières peintures et dessins de Michaux datent des années 1925-1927. Dans ces œuvres encore rares et éphémères, on pressent, tant du point de vue des techniques utilisées (encre de Chine, aquarelle, dessin à la plume, huile) que du répertoire formel (affleurements, ambiguïtés de la figure), les gestes très divers qui seront caractéristiques de son œuvre peint[1]. Cela rappelle la façon dont ses premiers écrits ont valeur de matrice. Il est frappant aussi de voir à quel point le souci de la peinture et du dessin innerve avec précision plusieurs textes de Michaux, avant les années 1936-1937 où il se met vraiment à peindre et dessiner[2]. Ce mouvement se fixe alors en trois gestes : enrichir pour la première fois un de ses recueils par ses propres dessins (*Entre centre et absence*, 1936)[3] ; exposer des peintures et dessins (Librairie-Galerie de la Pléiade, 1937 ; Galerie Pierre, 1938) ; publier ce livre d'une conception plus énigmatique qu'il ne semble, *Peintures*.

Contrairement à ce qu'il préférera dire par la suite, Michaux a été dès 1922 et son ébouriffante « Chronique de l'aiguilleur » frappé par des peintres dont il ne reparlera pas, ou peu et plutôt avec réserve (Kandinsky, les cubistes, Picasso étant l'excep-

1. Alfred Pacquement, catalogue *Henri Michaux*, Centre Georges-Pompidou, 1978, p. 11. Voir aussi, plus largement, du même auteur, « Henri Michaux : Peintures », dans le livre portant ce titre, Gallimard, 1993. Et le récit aussi cursif qu'aigu d'Adrienne Monnier, « Les Peintures d'Henri Michaux » (*Les Lettres nouvelles*, nº 2, avril 1953, repris dans Monnier, p. 39-43).

2. Il écrit à Paulhan, le 5 janvier 1936 : « Et depuis le 1er janvier je fais de la gouache. Oui, ce 1er janvier fut le jour de mon *Eurêka*. J'ai trouvé ma façon de peindre (*id est* : se servir de pinceau et d'eau) ! et on verra… ce qu'on verra. » Ou, à Aline Mayrisch : « la peinture semble avoir libéré toutes mes forces et mes activités — théâtre où l'on vit, se bat, se tue (quelles preuves !) récits de violence etc. » (s. d., 1937).

3. Le premier texte « illustré » d'un dessin en regard est « Essoufflement », publié en revue en 1927, et transformé dans *Qui je fus* en « Toujours son "Moi" » (voir *Qui je fus*, I, p. 112 et En marge de *Qui je fus*, p. 136).

tion[1]). Ils participent alors à ses yeux d'une force globale de « l'image mimique » (Michaux nomme ainsi l'image qui développe dans l'image visuelle la puissance du geste, à la façon du cinéma) ; comme la littérature enfantine et l'art nègre, l'œuvre de ces peintres répond aussi à un « même besoin actuel d'universalité et de simplicité que l'Espéranto[2] ». Sur cette idée vague et turbulente d'un utopique espéranto, Michaux a su prélever le désir concret d'un espéranto personnel, fait de langage semi-inventé[3] : il commence à le pratiquer dans les années où apparaissent ses premiers essais de peintures et dessins, en particulier ses « alphabets » opérant à la charnière rêveuse des deux modes d'expression qu'il a vite sentis s'allier et se combattre en lui.

Il y a dans la réinvention de la langue comme dans l'abandon sauvage aux lignes et aux couleurs un même désir crucial d'affranchissement à l'égard de « l'encombrante réalité ». Un désir de n'écrire et de ne peindre-dessiner qu'à proportion du filtrage opéré par le corps-conscience envers toute extériorité. On le voit bien dans *Ecuador* où la pression du « spectacle extérieur » sur la volonté d'écriture est attestée comme une menace humiliante : la peinture se trouve alors garantir en retour une intégrité du « moi de moi » dont ce singulier journal de voyage devient le laboratoire[4]. C'est que, au prix d'infinies nuances et au gré de régimes très divers, Michaux ne va cesser, sa vie durant, de poursuivre son œuvre double d'écrivain et de peintre en affirmant et en faisant sentir deux choses, divergentes mais liées. Il y a dans le dessin et la peinture une force expressive directement ancrée dans le corps et le geste, extérieure à celle qui soutient l'écriture. Entre les mots et les images, « le visible et l'énonçable[5] », existe une

1. Voir « Le Peintre et le Modèle », fragment du texte « Écriture d'épargne », *La Vie dans les plis*, II, p. 200.
2. « Chronique de l'aiguilleur », I, p. 12.
3. Sur l'« espéranto lyrique », voir le chapitre sur « Rencontre dans la forêt ».
4. *Ecuador*, I, p. 176-177 (voir le chapitre sur ce livre, p. 173-175).
5. Ce sont les termes que Foucault oppose dans les strates ou formations historiques du savoir (dans *Les Mots et les Choses*, Gallimard, 1966) et retrouve dans l'œuvre de Magritte (« Ceci n'est pas une pipe », *Les Cahiers du chemin*, n° 2, janvier 1968 ; repris dans Michel Foucault, *Dits et écrits*, Gallimard, 1994, t. I). Cette opposition entre lisibilité et visibilité, spontanéité du langage et réceptivité de la lumière, suppose un primat du langage. Il ne s'agit pourtant

fissure, irréductible, dont Michaux prend la mesure avec une allégresse tourmentée. De ce constat de différence que *Peintures* pose simplement, Michaux glissera souvent vers l'aveu d'une préférence accordée à la peinture : elle touche, toucherait une vie plus immédiate en lui. Mais un deuxième mouvement paraît à l'opposé de cette vue trop simple. Écriture et peinture montrent en effet dans la pratique de cette œuvre une autonomie de nature si semblable à l'égard de toute réalité représentable que la force qui les sépare devient aussi bien celle qui concourt à les concilier. Une telle force ménage entre les régimes expressifs ce qu'on peut appeler avec Michaux, faute de mieux, des « passages ». Des passages dont l'inventaire est sans cesse à reprendre, tant ils sont variables et tourbillonnants. Leur point de fuite est l'utopie du signe. Car telle est la vision insensée que Michaux mime avec ses « alphabets », et dont l'écriture chinoise lui fournit à travers l'idéogramme, dès *Un barbare en Asie*, un modèle rêveur : l'idée d'un espéranto instinctif et cultivé, à la fois dessiné et motivé, dont le cratylisme flottant serait offert à chacun quand bien même il exprimerait la vérité vibratoire du corps d'un seul.

Ce va-et-vient entre visible et énonçable éclate avant *Peintures* sur trois modes. Le premier est dû à la mimétique picturale qui frappe certains textes, rapportant leur valeur de processus à l'expérience de la toile ou du papier autant ou plus qu'à celle de la page blanche[1]. Pensons par exemple aux deux textes intitulés « Magie[2] ». La méthode que préconise le héros pour « obtenir des créations mentales » consiste à se mettre « mentalement à peindre un tableau ». L'opération décrite

---

pas d'une réduction, mais d'un conflit entre réalités irréductibles se hantant l'une l'autre, de part et d'autre d'une « fissure centrale ». Deleuze a donné de cette « bataille » une analyse approfondie dans son *Foucault* (Minuit, 1986) : Michaux y devient en fin de parcours le héros du combat qui se livre des deux côtés de la fissure et comme à l'intérieur de la fissure elle-même, où il dessine une « ligne de vie ».

1. Prenant à revers, là encore, une image mallarméenne, Michaux a repris dans *L'Herne* (1966), sous le titre « La Page blanche », « La Lettre du dessinateur », publiée dans *Labyrinthes* (1944) et écartée d'*Épreuves, exorcismes* (voir En marge d'*Épreuves, exorcismes*, I, p. 848-849).

2. Voir le chapitre sur *Plume*, p. 220-223.

passe par des choix de motifs et de couleurs, tangibles au point que le héros peut agir dans le cadre ainsi créé et produire l'effet qui a inspiré sa recherche : faire apparaître des « grenouilles sautant et plongeant ». Mieux encore, modifiant l'éclairage, il crée la nuit, et provoque le son : car circulant ainsi dans la campagne avec une lanterne, « il est rare qu'elles tardent à coasser ». Ambiguïté, manifeste, du processus : la peinture y est prise comme un cadre lui-même excédé, puisque du vrai mouvement semble s'y produire comme à l'intérieur d'un film d'animation. Pourtant ce mouvement n'est jamais que de mots. Mais il doit à l'idée de peinture, et plus largement de création d'images, de pouvoir exister. Toute sa « magie » pourrait s'effondrer s'il n'y avait plus de vue interne aux mots mêmes, comme le suppose la chute abrupte de ce bref récit, par laquelle soudain le héros s'imagine « *aveugle*[1] ». C'est que l'idée même de peinture sert à soutenir un refus initial et global de *mimesis*. Quant au second « Magie » (celui d'*Entre centre et absence* et de *Plume*), où l'effet du premier se déplie sous la forme d'une confusion entre le corps du sujet et l'objet de sa perception, on est frappé que la « pomme » en soit le motif : la pomme, nature morte incarnée, induisant une magie qui excède la peinture, mais sans laquelle celle-ci n'aurait pas lieu.

La seconde façon de tresser le visible et l'énonçable est la description ou le commentaire d'images. Michaux part ainsi en 1934 de quelques-uns de ses dessins au crayon retrouvés dans un tiroir, « surpris comme à un spectacle jamais vu encore, ou plutôt jamais compris, qui se révélait[2] ». Dans le premier des « tableaux-descriptions[3] » dont la pratique deviendra chez lui une sorte de genre ou sous-genre évocatif parallèle à la narration épique[4], Michaux saisit la façon dont sa propre matière, griffonnée, puis livrée au silence, lui revient comme une fiction hypothétique. Celle-ci sera fragmentée au gré des dix dessins

1. « Cela ne vient rien faire ici. Mais il faut que je le dise, c'est là devant moi, cela vient : *Je vais être aveugle* » (*La nuit remue*, I, p. 484).

2. « Dessins commentés », *La nuit remue*, I, p. 436.

3. Dans l'analyse de Foucault par Deleuze (voir plus haut, n. 5, p. 249), le tableau-description s'oppose à la courbe-énoncé, opposition qui développe celle de la visibilité et de la lisibilité (p. 86-88).

4. Voir, en fin de ce chapitre, les Éléments sur les dessins et peintures de Michaux (1), p. 257.

retrouvés, selon un étagement de motifs naviguant entre la question, l'association et la vision tranchée. La force du processus, ici, est d'entraîner vers le récit des éléments de description. Cette reconnaissance passionnée d'états visibles se nourrit d'une incertitude des images et des actions. « Tel est mon dessin, tel il se poursuit. » Un temps d'écriture cherche à correspondre à un temps de vision ; mais la linéarité de l'écriture devient d'autant plus précaire qu'elle tient simultanément de la vision globale d'un instant éclaté et des visions que la langue interpose dès ce premier instant. Voici comment on peut par exemple suivre et décomposer ce processus[1] :

« Ce sont trois hommes sans doute ; [...] Un visage assoiffé d'arriver à la surface part du profond de l'abdomen, envahit la cage thoracique, mais à envahir il est déjà plusieurs, il est multiple et un matelas de têtes est certes sous-jacent et se révélerait à la percussion, n'était qu'un dessin ne s'ausculte pas » (1) ; « Tête hagarde régnant difficilement sur deux ou trois lanières (sont-ce des lanières, des bouts d'intestin, des nerfs dans leur gaine ?) » (2) ; « Mais comme il vogue ! Comme il prend l'air, ce corps semblable à une voile, à des faubourgs, semblable à tout... » (3) ; « Le cerf fait la bête. D'ailleurs ce n'est qu'un daim, comment ai-je pu me tromper jusqu'à dire que c'était un cerf ? » (7) ; « Est-ce pour regarder qu'ils sont venus sur cette page, ces deux-là ? Ou pour s'effrayer, pour être glacés d'épouvante à cet étrange spectacle qu'ils voient, qu'ils sont seuls à voir ? » (10) « Ce serait bien une flamme, si ce n'était déjà un cheval, ce serait un bien bon cheval, s'il n'était en flammes. [...] heureusement que je l'ai dessiné. Sans quoi jamais je n'en eusse vu un pareil. Un tout petit cheval, vous savez, une vraie idée "cheval" » (6).

De l'image au texte, du texte à l'image retournant au texte, une nomination sans cesse provoquée est ici toujours différée. Voilà qui permet à Michaux de ressaisir le processus intime de son invention d'écriture, en s'étonnant de sa capacité à en tracer une voie parallèle sous forme d'images. Ainsi affleure, pour la première fois de façon aussi vive, la perspective du catalogue de signes personnels, supposant l'utopie d'une langue au-delà

1. Les numéros entre parenthèses dans les citations du paragraphe suivant sont ceux des fragments numérotés de 1 à 10 par Michaux.

de la langue[1]. On le sent bien à travers ce fameux petit cheval, « idée » qui se déploie dans une mise en fiction. Le cheval franchit même deux fragments du texte, se liant avec le cerf qui ne serait qu'un daim. Michaux dit encore de ce cheval, qui pousse aux métaphores et aux fantaisies : « mon cheval, un cheval que personne ne montera jamais [...] Naturellement ce n'est pas un cheval qu'on puisse voir sous le harnais... [...] Pourtant aucun cheval ne ressemble plus à un cheval que lui[2] ». Frappant Michaux de sa vertu diverse, il connaîtra un destin rare : après avoir été un des « dessins commentés » invisibles de *La nuit remue* (1934 / 1935), on voit son image apparaître en marge du texte « Un tout petit cheval[3] », d'abord en revue (1935), puis dans *Entre centre et absence* (1936) où l'animal figure aussi en couverture du recueil ; cette image disparaît ensuite, comme toutes celles du recueil, lors de la reprise dans *Plume* (1938) ; mais elle resurgit dix ans plus tard, seule, sur la page finale de *Peintures et dessins* (1946).

Le troisième mode de cette implication entre texte et image est l'illustration — faute d'un meilleur mot. *Entre centre et absence* inaugure une suite de treize recueils ou plaquettes illustrés par Michaux[4]. La question qui se pose d'emblée est la motivation. Le dessin illustre-t-il le texte, et à quel degré ? Reconnaît-on bien dans l'image ce que le texte avance ? Permet-elle même de fixer ce que le texte laisse incertain et flou ? Ou au contraire suspend-elle en lui des sens trop clairs, puisqu'ils ont chacun deux façons antagonistes mais aussi analogues de définir comme d'indéfinir ce qu'ils proposent ? Les réponses seront variables. Mais dès *Entre centre et absence* on

1. Ainsi le titre de l'ouvrage (sans lendemain) annoncé « en préparation », parmi les œuvres « du même auteur » recensées lors de la parution de *Plume* (1938) : « Rudiments d'une langue universelle idéographique contenant huit cents idéogrammes et une grammaire ».

2. *La nuit remue*, I, p. 439.

3. Ce texte développe une hypothèse plus fictionnelle que les éléments de description-évocation des fragments 6 et 7 de « Dessins commentés » : une femme, Hélène, est indisposée par le crottin de ce cheval, qui ne dépasse pourtant pas cinquante-trois centimètres ; le cheval ne cesse aussi de se transformer de façon inquiétante, au risque de paraître se tromper sur sa nature ; il se désespère d'une unicité qui ne permet à aucune femelle de répondre à ses appels (*Plume*, I, p. 564).

4. Voir les Éléments sur les dessins et peintures de Michaux (2), p. 858.

voit que l'intérêt tient à une oscillation incessante dans le cours d'un même recueil. On y passe en effet sans transition d'une motivation directe à une motivation floue possédant elle-même ses degrés, du semi-reconnaissable au quasi-méconnaissable. Mais jamais on ne passe le seuil du pur méconnaissable, tant au niveau de la figure elle-même qu'à celui du rapport induit entre texte et image. L'indétermination fantastique des récits, dans le traitement des corps et de leurs affections, rencontre toujours un écho, plus ou moins virtuel, dans telle forme attachée par le dessin à la figuration d'êtres humains (ou d'animaux, d'objets, etc., et d'autant d'êtres intermédiaires), de mouvements qui les traversent. Et jamais le reconnaissable, si net paraisse-t-il parfois, ne demeure sans zone d'ombre : ombre portée du visible sur le lisible, et faisant retour du texte à l'image ; ombre seconde, qui renchérit sur l'ombre propre aux incertitudes et aux ambiguïtés de la figuration, dans le texte comme dans l'image. L'exemple du « petit cheval », dont la virtualité peut s'étendre à bien des cas intermédiaires, engage aussi à bousculer la vision uniforme d'une illustration allant trop simplement du texte vers l'image, comme on peut le supposer face à de tels livres.

Peintures paraît dans ce contexte, ajoutant au trouble. Il s'agit cette fois des petits tableaux aux couleurs vives sur fonds noirs qui ont fait l'essentiel des deux premières expositions de Michaux en 1937 et 1938. Pourquoi reprendre certaines de ces toiles en plaquette, reproduites en noir et blanc, et choisir de surcroît d'en assortir sept de textes pour garder à neuf autres une qualité de silence ? Dans la conception de *Peintures* entre un désir de reconnaissance comme artiste[1] ; cela n'est pas sans incidences financières, puisque Michaux commence dès lors très progressivement à vendre ses œuvres. Mais il indique surtout avec un pragmatisme elliptique dont il est coutumier le tournoiement d'une question. La cause est cette fois claire : à l'inverse des dessins qui depuis *Entre centre et absence* paraissent illustrer les textes sans qu'on puisse jamais être certain que ceux-ci n'en soient pas le commentaire, ici des textes

1. Le livre est ainsi introduit par un avant-propos de Louis Chéronnet, qui est aussi la première approche de Michaux « peintre » (I, p. 1307-1308).

viennent prolonger des tableaux. Michaux croit pourtant ces textes assez autonomes pour publier cinq d'entre eux en revue avant de les réaccoler à leurs images dans *Peintures*[1]. Cela témoigne de la difficulté éprouvée par Michaux à laisser alors vivre seuls ses tableaux, sans émotion de mots, sans évocation-récit qui les accompagne[2]. Par là s'ouvre un rapport, ou le rapport d'un non-rapport qui deviendra de plus en plus essentiel à son œuvre, ce qui s'y trame par des variations continues entre sensation, fiction et pensée.

Le parti pris de la brève introduction de *Peintures* est net, et dit en une fois ce que Michaux ne cessera de moduler sous des formes diverses : « Le déplacement des activités créatrices est un des plus étranges voyages en soi qu'on puisse faire. / Étrange décongestion, mise en sommeil d'une partie de soi, la parlante, l'écrivante (partie, non, système de connexions plutôt). On change de gare de triage, quand on se met à peindre. La fabrique à mots, mots-pensées, mots-images, mots-émotions disparaît, se noie vertigineusement et si simplement. Elle n'y est plus. Le bourgeonnement s'arrête. Nuit. Mort locale. Plus d'envie, d'appétit parleur. La partie de la tête qui s'y trouvait la plus intéressée, se refroidit. C'est une expérience surprenante[3]. » Cette coupure sur laquelle insiste Michaux se trouve en même temps déjouée dans son livre par les textes qui naissent des tableaux, font face sur la page aux sept premiers d'entre eux et les débordent de leur éloquence, témoignant d'une sorte de primat du langage que le mouvement du livre cherche ensuite à désavouer grâce aux neuf tableaux muets supposés se suffire à eux-mêmes. L'intérêt de la confrontation est d'autant plus grand que les textes eux-mêmes oscillent entre des frontières indécises de prose et de poésie, d'invocation et de récit. Ce double jeu atteindra son point culminant avec *Peintures et dessins* (1946)[4], avant de céder à une répartition assez

1. Il reprend pour trois d'entre eux la même formule appliquée aux dessins non montrés de 1934 : « Quelques tableaux commentés ».

2. Voir les Éléments sur les dessins et peintures de Michaux (3), p. 258.

3. « Qui il est », I, p. 705.

4. Proposé à Michaux par Bertelé, qui y construit un va-et-vient parfois presque trop explicite entre de nombreux dessins et peintures de Michaux et des citations extraites de ses divers textes et recueils, ce volume luxueux est précédé d'un essai crucial de Michaux, « En pensant au phénomène de la

nette, avec les glissements et les ambiguïtés qu'on imagine : d'un côté, la peinture, gagnant en force et en indépendance, devenant un corps propre grâce auquel un certain Michaux se déprend ou croit se déprendre de son adversaire de langage ; de l'autre, les dessins, chargés d'assurer un aller-retour équivoque entre écriture et image, et de travailler le rapport d'un non-rapport dont ils sont les signes flottants.

La chose intéressante est que ce soit pour déclarer sa dissidence à l'égard du langage que Michaux se trouve engagé à distinguer les vecteurs définissant sa « fabrique à mots ». À la tripartition « mots-pensées », « mots-images », « mots-émotions », il ajoutera en 1950 un quatrième terme : « mots-motricité ». On ne peut articuler terme à terme ces divisions avec les quatre grands régimes expressifs distingués chez Michaux : le narratif, l'argumentatif-déductif, le descriptif-évocatif, l'invocatif (avec ses pertes syntaxiques, sa rythmique accentuée, ses inventions de langue)[1]. Dans une vision idéale (celle des « poétiques » utopiques), on imaginerait plutôt de projeter la quadripartition de Michaux sur chacun de ces quatre régimes. Mais des passerelles se tendent plus simplement entre les deux grands modes d'invention que Michaux va mêler intensément. « Mots-émotions » et « mots-motricité » visent ensemble, chacun avec leur dominante, ce qui ressort de l'action et de l'affection : soit les registres mélangés du narratif, du descriptif et de l'invocatif, dont la peinture de Michaux réalise avec ses composants propres une fusion. « Mots-images » est une appellation très ambiguë : elle recouvre ce qu'on désigne dans la tradition littéraire moderne par le terme d'image (comparaison, métaphore, etc.), en particulier le rendu de la sensation qui s'y opère. Mais le terme touche surtout la force de l'image, sans laquelle le langage serait impuissant à se concevoir lui-même : une force qui passe tant par la vision que par l'énigmatique intériorité du corps. De l'une comme de l'autre force, la peinture offre une manifestation plus immédiate que le langage littéraire. Quant aux « mots-

---

peinture », plus tard repris dans *Passages* (voir le chapitre sur ce recueil, p. 342-347).

1. Voir l'Introduction, p. 44-45, et le chapitre sur *Qui je fus*, p. 124-125.

pensées » (que recouvre pour une part le régime discursif), c'est eux que la peinture semble à la fois exclure et apaiser, s'ouvrant d'une façon autre à la pensée de la sensation pure.

Neuf ans avant *Entre centre et absence*, douze ans avant *Peintures*, Michaux trace une ligne. C'est dans un numéro d'hommage à Léon-Paul Fargue[1] ; il préfère ainsi, cas unique chez lui, dessiner qu'écrire pour s'adresser à un autre écrivain. Cette ligne semble d'un seul tracé, tortueux, enchevêtré ; elle se tient au bord d'une figuration délicatement projective. On peut choisir d'y lire un grand corps couché, avec deux taches noires esquissant des yeux, et au second plan des populations-objets qui s'étagent d'un mouvement confus. Cette image, riche des ambiguïtés du schématisme, Michaux l'a reproduite, plutôt qu'une autre de ses œuvres anciennes ou que toute autre, au début d'*Émergences-résurgences* (1972). Elle condense, en elle-même et dans le souvenir que Michaux avait pu en garder, quelque chose d'un transfert, d'un passage très tôt senti : aller-retour entre deux grands régimes que son œuvre, seule dans l'histoire de la littérature comme dans celle de la peinture (occidentales), a vécus avec cette profusion extrême et cette endurance, et une égalité telle dans la création.

Éléments sur les dessins et peintures de Michaux

1) Michaux n'a jamais cessé de décrire, d'écrire des tableaux. Suivent, après « Dessins commentés » et *Peintures : Lecture de huit lithographies de Zao Wou-Ki* (1950), « Leurs secrets en spectacle » (1956), *En rêvant à partir de peintures énigmatiques* (1964), *Les Ravagés* (1976), « Essais d'enfants, dessins d'enfants » (1982). Un texte sur ses propres dessins et une plaquette à partir de ses tableaux sont ainsi eux-mêmes suivis par deux textes sur des œuvres de peintres (Zao Wou-Ki, Magritte), trois sur des œuvres d'enfants et d'aliénés. Il faut citer aussi *Quatre cents hommes en croix*, sous-titré « Fragments du "Journal d'un dessinateur" » (1956). Le livre consacré par Michaux à l'ensemble de son aventure plastique, *Émergences-résurgences* (1972), montre à cet égard des contours plus généraux et plus

1. *Les Feuilles libres*, n° 45-46, juin 1927, p. 113 (voir ce dessin, I, p. 959).

flous. De même, *Vigies sur cibles* (1959), en regard des eaux-fortes de Matta.

2) Le compte des « livres illustrés » qui s'étend jusqu'à *Par des traits* (1984), la dernière œuvre de Michaux, exclut les volumes où le dessin se réduit à un frontispice, comme *Le Lobe des monstres*, les œuvres inspirées par la mescaline, qui posent des problèmes propres, *Par la voie des rythmes*, où il n'y a plus de texte, *Émergences-résurgences*, le livre conçu par Michaux sur son œuvre de peintre, enfin *Peintures et dessins* où c'est, on vient de le souligner, le (très peu de) texte qui illustre l'image. On a de même ignoré tous les catalogues d'exposition, les rares œuvres d'autres écrivains illustrées ou accompagnées de dessins de Michaux, ainsi que le cas (unique) où un texte de Michaux s'est trouvé singulièrement interprété par quelqu'un d'autre (Michel Tapié dans *Poésie pour pouvoir* ; repris dans *Face aux verrous*). Il s'agit donc de : *Entre centre et absence* (1936), *Peintures* (1939), *Exorcismes* (1943), *Labyrinthes* (1944), *Apparitions* (1946), *Meidosems* (1948), *Mouvements* (1952), *Quatre cents hommes en croix* (1956), *Vents et poussières* (1962), *Saisir* (1979), *Comme un ensablement* (1981), *Par des traits* (1984).

3) Voici comment se pose la question des titres de tableaux. Michaux en a peut-être dans un tout premier temps mis lui-même quelques-uns, puis accepté ensuite un certain nombre au gré de rapprochements fixés par des livres (par Bertelé pour *Peintures et dessins*) ou à l'occasion de telle exposition (chez René Drouin, « Parcours », 1956 — Geneviève Bonnefoi, qui a réalisé le dépliant, confirme que les titres ont été donnés par Michaux). Le catalogue de la grande exposition du Centre Pompidou, en 1978, précise qu'il n'apparaît de titre que lorsque Michaux l'a choisi ou approuvé : on y découvre par exemple deux œuvres intitulées « Préhistoire II » et « Bataille », à la date de 1952. À ces exceptions près, qui demeurent significatives, Michaux a préféré de façon générale ne mettre aucun titre à ses peintures et dessins. Quelques lignes récemment retrouvées — mais qui pourraient être tardives — en témoignent (s. d.) : « Les peintures et dessins exposés n'ont pas de titre et n'en sauraient avoir. Improvisations sans objet, témoins non de constructions mais de circulation, ils devraient, s'il leur fallait un titre, s'appeler : moment 1,

moment 2, moment 3, moment 4, 5, 6 *et cetera*. Moments dans l'écoulement du temps, moments et rythmes de séquences, où, même s'il arrive que l'on reconnaisse une forme, ce n'est qu'un passage, un instable incertain en suspens, moins qu'une apparition, un appel muet entre deux vagues… muet[1]. »

1. Catalogue « Namur-Bruxelles », 1995, p. 9.

Arbres des Tropiques

(1942)

L'arbre des tropiques est pour Michaux un arbre d'expatriation. Un cas minime et parfaitement réussi d'expatriation[1]. En route vers le Brésil déjà il en rêve[2]. Dans un pays où une fois encore il n'aime pas les hommes[3], Michaux voit dans cet arbre générique « presque un homme », qu'il oppose à « l'adulte-né », le hêtre, vomi « de tout le refus » de son enfance. Il aura suffi, pour un tel rejet du hêtre, associé à l'orme et au chêne, que l'enfant en ait eu « des forêts pleines à quarante minutes » de chez lui[4]. Mais cet écart des distances et des temps ne suffit pas à rassembler dans l'arbre des tropiques revisité les deux grands voyages de Michaux, le Banian des Indes et le Matapalo de l'Équateur[5]. L'arbre des tropiques a aussi des feuilles « larges

1. Voir le chapitre sur *Ecuador*, p. 149 et n. 3.

2. « Heureusement j'attends les arbres du Brésil avec confiance, sans quoi… » (à Supervielle, carte postale s. d.). Il écrit aussi à Aline Mayrisch : « Paris n'a pas retrouvé sa prise sur moi. La joie de partir pour le Brésil cependant m'envahit » (s. d.). Michaux s'embarque pour le Brésil en juillet 1939 ; il en revient en janvier 1940.

3. « Le Brésilien vingt fois plus insignifiant que l'Argentin. Insupportable » (à Paulhan, 17 novembre 1939).

4. Déjà, dans « En Belgique », Michaux évoquait la forêt d'arbres « unijambes » (Textes épars 1929-1931, I, p. 268).

5. Un long passage d'*Ecuador* (I, p. 169-171) apparaît comme une première version d'*Arbres des Tropiques*. Cela frappe d'autant que cette évocation, pourtant en prose, dans ce livre qui vire si souvent au poème, revêt soudain un caractère prononcé d'invocation (« Arbres des Tropiques, à l'air un peu naïf, à grandes feuilles, mes arbres ! »). L'opposition avec le hêtre y est aussi déjà formulée (« ô hêtres que j'ai tant maudits »). Voir aussi, sur le Matapalo

comme des oreilles de grande bête », des racines comparables aux « boas ». Ses fleurs ressemblent à des sexes (Michaux le suggère en passant, avec un rien de perfidie, par le biais du regard des « filles »). Bref, l'arbre des tropiques a quelque chose d'animal. Continuellement il passe du végétal à l'animal et à l'humain. C'est son humaine inhumanité. « Père des Indes », comme l'arbre Banian, ou « grand-père tolérant jusqu'au pathos », que tout oppose à ce « grand pilier dur » du hêtre, l'arbre des tropiques est un arbre antiœdipien. Ses racines mêmes dessinent ainsi un rhizome[1]. Il est, dit Michaux pour finir, « tout geste[2] », en mouvement perpétuel. C'est cette geste du divers que fixent les dix-huit dessins auxquels introduit son texte-préface.

Ces dessins à la plume ont en commun de tous être porteurs de fins déséquilibres. Ce sont comme des masses aériennes qui glissent, au gré d'une cohorte de dissymétries et de suspensions ironiques. Ces dessins sont aussi très littéraux, telles des essences de situations variables : ils montrent à la fois des arbres incarnés et de purs signes d'arbre. Michaux écrit par exemple à Paulhan : « Je dessine des arbres plus fous que ceux de la forêt vierge. Mais la peinture ? Pourquoi ? C'est comme s'encombrer d'une maison en ce moment[3]. » Les circonstances — le voyage, les débuts de la guerre en Europe — conviennent alors peu à la peinture dont le poids, chez Michaux pourtant si léger, est alors jugé excessif. Mais s'affirme comme en contrepartie la folie prêtée à ces dessins d'arbres auxquels Michaux s'attachera si fort, désirant soudain voir publiée aussitôt la

---

comme « Grand Roi », « La question du royaume », dans le chapitre sur *La nuit remue*, p. 201-205.

1. Sur le rhizome, voir le chapitre sur les Textes épars 1936-1938, n. 2, p. 212. Sur l'opposition entre l'arbre (le livre-racine) et le rhizome, voir Deleuze et Guattari, *Mille plateaux* (Minuit, 1980), p. 11-20. Chez Michaux, c'est tout l'arbre, tendant au rhizome, qui devient image du texte. On trouve dans les quelques pages consacrées par Jean-Pierre Martin à *Arbres des Tropiques* un inventaire assez complet de l'image de l'arbre chez Michaux (p. 404-406). On peut y ajouter le bananier et le palmier albinos d'*Au pays de la magie* (*Ailleurs*, II, p. 89), recueil que Michaux écrit au Brésil. Le caractère *a priori* fantastique de tels arbres dissout le conflit encore à l'œuvre à travers la dualité ici présente entre deux ordres d'arbres.

2. I, p. 725.

3. 17 novembre 1939.

« plaquette » qui les réunit, au début de l'année 1941 où il finit d'organiser son livre *Au pays de la magie* (il mentionne du reste pour la première fois son « Voyage imaginaire » dans la même lettre à Paulhan où sont évoqués les dessins qui donneront naissance deux ans plus tard au projet d'*Arbres des Tropiques*). Si bien que la « folie » attachée à ces arbres serait double. D'un côté elle tient visiblement à la fissure que ce petit livre met en évidence entre les mots et les images, destinés à cerner par des moyens différents une même réalité[1]. On ressent cet écart de façon plus aiguë au moment où pour cerner la nature changeante de l'arbre des tropiques, le texte de Michaux passe de la prose au verset, au gré d'une énumération invocative qui se rapproche du poème et cherche à mimer par les mots la variété du mouvement que les images développent[2]. Ainsi, le dessin plus que la peinture vise-t-il toujours tant à atténuer qu'à faire miroiter la pression de cette fissure, en regard de l'utopie flottante d'une langue des signes. Mais d'un autre côté, la fissure serait désignée : on peut imaginer que ces arbres conçus au Brésil, dans la poussée qui voit naître *Au pays de la magie*, deviennent en même temps un élément virtuel du décor de ce livre, la part la plus souriante du profond dérèglement qui l'anime.

Dans la dernière des lettres à Jean Ballard attachées à l'histoire tumultueuse de la publication de sa plaquette, Michaux défend son texte contre une comparaison suggérée par Ballard arguant des difficultés que vient de rencontrer Breton dont la censure a refusé la publication d'un poème accompagné d'illustrations. Usant de termes assez déplaisants quoique drôles pour décrire les raisons susceptibles de rendre l'homme public que fut Breton « justement suspect » à la censure, Michaux écrit ainsi : « Son poème, sans le connaître, on peut le dire peu intelligible, trouble et par là suspect. De même, pour la même raison, le dessin accompagnateur, vraisemblablement à symboles sinon à clef, ou dangereusement pénétré d'érotomanie. En un mot, il a du point de vue que vous craignez, tout contre

1. Sur cette fissure, voir le chapitre sur *Peintures*, p. 249 et n. 5.

2. « Arbre blasphémateur. Arbre après la transe. Épouvante-arbre. / Arbre hurleur, tripes dehors, tripes de la lamentation. / Arbre à lance [...] », etc. (I, p. 724).

lui. / Tout à l'opposé, mon texte, clair à souhait, d'ailleurs en prose, ne parle rigoureusement que d'arbres, les arbres tropicaux étranges ou non (les arbres tropicaux ne doivent tout de même pas avoir l'air de tilleuls) sont ni plus ni moins des arbres et dépourvus de tout symbole, de toute possibilité de mésinterprétation. » La « folie » propre des arbres de Michaux tient ainsi à leur clarté même, au jeu à double fond qu'ils mènent avec une autre littéralité : celle du langage, qu'*Au pays de la magie* pousse jusqu'à la déraison, en attendant la déraison plus grande d'*Ici Poddema*.

Tu vas être père
(1943)

Si la question du père est à travers *Plume* si prégnante, le problème du fils, dans *Tu vas être père*, vient au premier plan. Le héros, qui n'a rien à voir avec Plume, mais abrite plutôt une figure de l'auteur issue « D'un certain Plume », se rapproche déjà, par cette généalogie, d'un certain Michaux soumis à un temps et frappé par un événement.

Il ne sert qu'à demi de savoir, grâce à des témoignages[1], que Michaux a risqué au moins une fois dans sa vie d'être père ; et que ce texte, d'un tel risque, est l'exorcisme. Par ruse, évidemment[2]. Il s'agit d'un accident vrai, que seul un récit peut traiter. On le sait avant même de le vérifier. Il s'agit d'un accident banal, mais d'une dimension *a priori* fantastique ; au point que Michaux n'y a touché vraiment que deux fois, presque au même moment, selon deux modes qui s'emboîtent : le réalisme travesti de *Tu vas être père*, et le fantastique horrifique-ironique d'*Ici, Poddema*[3].

Il y a trois façons d'aborder ce texte. Il permet d'abord de bien voir comment l'événement, sitôt surgi dans le réel, mobilise des références que la biographie permet d'avérer, et devient en même temps l'objet d'un scénario fantasmatique, qui rend possible l'intégration rêveuse de ces références. *Tu vas être père*

1. En particulier un entretien personnel avec Micheline Phankim.

2. Sur les deux sortes d'exorcismes, voir la préface d'*Épreuves, exorcismes*, I, p. 773-774, et le chapitre sur ce recueil, p. 277 et 289-291.

3. Au centre d'Oklaha, on propose au voyageur-narrateur un enfant « au pot », « un sourd [...], tellement moins cher » (*Ailleurs*, II, p. 112).

invite aussi à dégager la ligne de violence qui circule, à travers plusieurs textes, envers une personne singulière : la femme que, cette année même, 1943, Michaux épouse, après presque dix ans d'une liaison difficile et deux longues années de vie commune. Enfin, on verra comment cette ligne dure laissera place à un idéalisme frémissant, auquel il faudra la mort et l'absence pour se confirmer.

On ne sait exactement quand Michaux écrit *Tu vas être père* ni quand le texte parvient à Pierre Bettencourt, qui l'imprime. On ne sait pas plus quand Michaux apprend que sa femme est enceinte, ni quand a lieu la fausse couche par laquelle, contrairement au récit que l'événement inspire, est écarté cet enfant que la femme, classiquement, désire, et que l'homme refuse plus ou moins. Rien ne garantit même que le texte n'ait pas anticipé le risque de l'événement, bien qu'on sache à quel point Michaux — il a tenu tôt à le confirmer — aime écrire « à partir de faits personnels toujours réels[1] ». Mais une chose est sûre, et montre bien comment la réalité est négociée : depuis le début de l'année 1943, Michaux entreprend des démarches multiples et insistantes pour obtenir un sauf-conduit ; il veut quitter le Lavandou où il périt d'ennui et regagner Paris. Il projette d'abord d'y revenir avec Marie-Louise, mais de s'installer seul, au moins un temps, chez son ami Fourcade, à Meudon, dans son studio-garage ; il arrive en fait seul à Paris, les premiers jours de juillet, et le reste jusqu'à l'automne[2]. Ce voyage est évoqué dans le second fragment de *Tu vas être père* : le sauf-conduit est mentionné ; le choix du lieu d'habitation prévu, « près des usines Renault », désigne seul Paris, et ainsi l'origine des bombardements éventuels susceptibles de venir à bout du « fœtus » : c'est dit en toutes lettres, avec une ironie lourde et glissante. C'est là une façon de qualifier les bombardements qui ont eu lieu à Meudon, chez Fourcade, depuis le début de l'année (et dont diverses lettres témoignent), de même que ceux susceptibles de se produire là où la mère enceinte devait résider à Paris. Les paragraphes deux et trois du deuxième fragment traduisent d'une autre façon la vacillation géographique

1. *Ecuador*, I, p.162.
2. Ces divers éléments proviennent de lettres à Fourcade, Parisot et Tavernier.

de l'endroit où la mère a fini par rester (Le Lavandou) : tour à tour à 980 kilomètres et à deux cents lieues des bombes. Tout cela, avec cet effet de décalque comme de transposition fantastique, peut suggérer que ce texte aurait été écrit, précisément, dès juillet, chez Fourcade, dans la liberté retrouvée de la solitude du garage. On y voit éclater, comme les bombes, le désir de mort de l'enfant, que la fantasmagorie du récit ensuite réalise, par le biais de l'ours prédateur dévorant — avec, partout, la violence faite à la femme, que ce texte et d'autres, ces années-là, confirment.

Trois textes au moins font résonner cette violence. Deux d'entre eux trop directement, sans doute, pour avoir été repris dans *Épreuves, exorcismes* : « Ni ma lampe ni ma tour » et « Pendant que tu parles[1] ». Il ne sert à rien de citer ces poèmes ; il suffit de les relire dans cette perspective, pour les sentir vibrer d'une sorte de force obscène qui se substitue au flou relatif dans lequel on peut sinon les tenir — tellement l'adresse devient directe, et gagne à être ainsi référée[2]. Le second, en particulier, donne, à la limite du mépris (« Liane de balivernes autoritaires / toi-même tu te balaies »), la mesure brutale d'une insuffisance affective et d'un intense déficit de proximité. Ces textes font écho à divers témoignages portés par des amis sur le couple imprévu que Michaux formait avec Marie-Louise : outre une part superficielle et mondaine, celle-ci manifestait une nervosité inquiète dont Michaux a souffert — sans parler de sa difficulté propre à partager sa vie avec quiconque. Il faut souligner que ces poèmes, venant, dans la composition originale d'*Exorcismes*, après « Immense voix » et « Lazare, tu dors ? », directement inspirés, eux, par la situation de guerre, comptent ainsi parmi les exorcismes purs : ceux qui, du fond du « presque-désespoir », dit la préface, permettent vraiment de se « délivrer d'emprises », par le martèlement du rythme, grâce auquel le « poème du prisonnier » devient une « sorte de tourelle de bombardement ». C'est dire la violence de la double guerre — individuelle et collective, et l'une développant

1. Voir En marge d'*Épreuves, exorcismes*, I, p. 828 et 830. Brigitte Ouvry-Vial a insisté sur ces deux textes, dans cette perspective biographique (p. 169-170).

2. Les épreuves corrigées de « Pendant que tu parles » montrent que dans une première version l'adresse était beaucoup plus directe.

l'autre — dans laquelle, alors, Michaux se trouve et se sent pris. Un troisième texte, « À l'hôpital » (repris, lui, dans *Épreuves, exorcismes*, et cette fois venu du *Lobe des monstres*, troisième recueil dont le livre se compose[1]), met en scène, si on veut bien le lire en ce sens, l'épreuve de la vie partagée avec une femme tuberculeuse : le « je » héros y construit la fiction réaliste d'une chambre où on l'a isolé avec « une tousseuse ». Entre les déferlements de monstres et les grands textes paraboliques sur l'écriture (« Il écrit », « La Vie double »), cette évocation — qui paraît, dès qu'on y pense, d'un réalisme autobiographique extrême — n'est pourtant pas, comme les deux poèmes, et malgré la violence des termes utilisés[2], innervée par le reproche existentiel et le conflit psychique. C'est que la souffrance du corps, serait-ce celle d'un corps autre, ouvre, comme celle de l'écriture, sur une rédemption possible — l'une permettant l'autre.

Michaux a ressenti très durement la maladie de Marie-Louise, qui s'est ajoutée, dès la guerre, aux relations tourmentées que le couple semble avoir très tôt connues (et dont « La Ralentie » a été un haut lieu de résonance[3]). Michaux écrit ainsi à Aline Mayrisch : « Je suis tout perdu. Ce ne serait plus le même homme que vous avez connu, qui vous écrivait, c'en est un autre, tout empêtré dans la vie médiocre à deux, je veux dire à trois, avec une maladie plus encombrante qu'un bébé et beaucoup moins humaine. Finies les évasions, les pensées d'évasion, ni vers la lune ni vers la transcendance ou la paix. Un crime eût libéré. Mais les devoirs sont ce qui perd[4]. » Cette violence, où passe un étrange écho de *Tu vas être père* (enfant, désir de mort), sera rédimée, très précisément, de façon rétrospective, un an après l'horrible mort de sa femme par le feu et la déploration de *Nous deux encore* (1948) — un des seuls textes de Michaux qui réponde aussi directement, comme à nu et à découvert, à la dureté de l'événement. Dans le poème « Agir, je

1. Ce texte pourrait être l'indice qui pousse Michaux à voir dans ce recueil « le déguisement d'une affaire personnelle » (voir l'appareil critique, I, p. 1348).

2. « [...] une tousseuse qui me dilacère mes rarissimes moments de paix et effiloche désastreusement le peu de continuité que j'arrive encore à garder en ce terrible harcèlement du mal » (*Épreuves, exorcismes*, I, p. 819).

3. Voir le chapitre sur *Plume*, p. 226-230.

4. 19 juin 1946 (cachet de la poste).

viens », Michaux semble enfin avoir accepté l'idée qu'il fut alors aussi un mari aimant et dévoué[1]. « Je t'apaise / Je fais des nappes de paix en toi / Je fais du bien à l'enfant de ton rêve[2]. » On voit le renversement qui s'opère, prenant en écharpe jusqu'à l'image de l'enfant[3]. Michaux a accordé dans son poème une telle valeur à la volonté amoureuse, qui aurait presque — « poésie pour pouvoir » — un effet dans la guérison réelle[4], qu'il est revenu, bien plus tard, sur la réalité de cette expérience vécue. Dans « Pouvoirs », où Michaux commente la « Genèse des trois "poèmes pour pouvoir" »[5], il explique ainsi son désir, alors, d'un « poème-action » à la magie duquel on sent qu'il aurait aimé, et aimerait toujours pouvoir véritablement croire, comme à toute force psychique induisant un effet réel. Mais surtout, plus modestement, Michaux invoque ce que ce désir de croyance même, à travers le secours apporté dans la réalité, aurait alors produit : « d'autres prolongements en elle, et en moi une sorte de guérison, début d'une nouvelle alliance entre nous[6] ». C'est dire qu'il découvre, dans ces années 1945-1946, et redécouvrira, deux ans plus tard, dans les moments si douloureux des visites à l'hôpital évoquées dans *Nous deux encore*, une forme de lien sensible, au-delà des froissements et des conflits de personne, dont une lettre à Gide, peu après la mort de Marie-Louise, dit la réalité : « Sur la souffrance, sur

1. « … quelle épreuve pour Henri ! Il l'a ressenti je crois, encore plus violemment que moi et il m'a veillée jours et nuits avec un dévouement qui fait mon admiration — et un cœur si angoissé que j'étais torturée de le voir ainsi. Mes progrès vers la guérison lui rendent cependant l'espoir et la paix » (Marie-Louise Michaux à Jacques Maritain, 15 avril 1946).

2. « Agir je viens », troisième et dernier poème de « Poésie pour pouvoir », dans *Face aux verrous*, II, p. 445.

3. Ce renversement fait ainsi écho à la phrase finale de *Tu vas être père*, alors d'autant plus improbable que l'ours a déjà étouffé l'enfant : « Moi ? Eh bien ! de quoi qu'il s'était mêlé ce damné ours ? / Peut-être me serais-je fait un jour à l'idée d'être père ? » (I, p. 750).

4. « J'ai ma force dans son corps, insinuée / […] La maladie ne trouve plus son trajet en soi / La fièvre t'abandonne » (« Agir, je viens », *Face aux verrous*, II, p. 446).

5. C'est le sous-titre donné à ce commentaire en prose lors de sa première parution originale en revue en 1958, soit neuf ans après la publication originale, en 1949, de deux des trois poèmes de *Poésie pour pouvoir*, en un volume singulier et massif (voir t. II, p. 1224 et suiv.). « Pouvoirs » a été repris dans la nouvelle édition augmentée de *Passages* en 1963.

6. « Pouvoirs », *Passages*, II, p. 376.

l'affection, j'ai appris des choses en cette vie, et sur l'amour, que peut-être je ne mettais pas assez haut[1]. »

Ainsi se dessine la ligne-femme qui, passant à travers *Tu vas être père* et les recueils de guerre réunis dans *Épreuves, exorcismes*, éclate au plus près dans *Nous deux encore*, se ramifie dans *Meidosems* et « Vieillesse de Pollagoras[2] », assurant le passage entre ses deux figures extrêmes : la délirante voilée de « La Ralentie » et la sœur-ombre de « L'Espace aux ombres[3] ».

1. 11 mars 1948. De même, ces notes du Journal (inédit) de Bertelé rapportant des propos de Michaux, le 21 février 1948 : « Je tirais toute ma force d'elle depuis qu'elle était malade… c'est-à-dire de l'effort que je devais faire pour l'aider, la soutenir… maintenant je ne trouve plus devant moi que le vide… je n'ai plus rien à maintenir… j'ai perdu ce qu'elle me donnait : son amour : j'étais aimé… » « Pourtant, dit-il, je ne suis pas bon… et chaque fois que j'entrais dans sa chambre, je lui enlevais la moitié de sa souffrance… »

2. *Meidosems* (1948) est repris dans *La Vie dans les plis* (1949) où figure aussi « Vieillesse de Pollagoras ».

3. Ce texte de 1952 est repris dans *Face aux verrous* (1954).

« Trois pages du livre des rencontres singulières »
(1943)

Il y a un mystère des textes non repris. Mystère léger et partiel, mais irrésolu, en l'absence de traces motivant ces rejets[1]. Sans parler des motifs liés à l'histoire propre de chaque texte (désir de discrétion, effets circonstantiels d'une publication), il semble qu'on se trouve devant au moins cinq raisons différentes. La plus manifeste serait la qualité du texte. C'est là un critère difficile à manier, et qui peut différer de l'auteur au lecteur. On a vu maintes fois Michaux se défier de lui-même, accuser tel ou tel de ses textes d'une sorte d'insuffisance, et en appeler, avec un mélange de provocation et d'anxiété, au jugement d'un lecteur du moment[2]. Rien ne témoigne clairement que, au moins à partir des années 1930, les textes écartés aient tous été de moindre

1. Ceci ne concerne pas les plaquettes comme *Nous deux encore* ou *Tu vas être père*, pour lesquelles la volonté de discrétion est évidente, ou comme *Peintures*, qui a fait l'objet de solutions ambiguës entre textes et images. De toute façon, les plaquettes, même difficiles à trouver, existent, ne serait-ce que comme items de nombreuses bibliographies. Il s'agit ici strictement des textes publiés en revue, et demeurés pour la plupart enfouis, au moins jusqu'à la mort de Michaux, dans un demi-silence (même si la plupart se trouvaient recensés dans *L'Herne*).

2. C'est le cas des lettres à Paulhan au sujet de « Portrait d'homme » (texte non repris en recueil — voir le chapitre sur les Textes épars 1936-1938), à René Tavernier au sujet d'« Ecce homo » (repris dans *Exorcismes*, 1944, puis dans *Épreuves, exorcismes*, 1945) et à Adrienne Monnier au sujet de « L'Espace aux ombres » (publié dans *Nouvelles de l'étranger*, 1952, puis dans *Face aux verrous*, 1954 — voir le chapitre sur ce recueil, n. 2, p. 377).

qualité que beaucoup d'autres, pourtant pris et repris dans des recueils.

On peut penser aussi à un embarras ressenti devant des textes écrits, comme Michaux faisait souvent, « pour voir », et manquant finalement à ses yeux d'une réalité assez définissable pour être confrontés à d'autres mieux cernés. Mais, là encore, ce ne semble pas un critère de démarcation assez précis.

On comprend mieux la raison tenant aux difficultés d'intégrer tel ou tel texte à l'intérieur d'un ensemble. Il suffit de voir les nombreuses suggestions que fait Michaux, entre *La nuit remue* et *Plume*, concernant différents ensembles possibles de contes, portrait, récits, etc., pour s'expliquer, au moins partiellement, comment ont pu demeurer par exemple dans un semi-abandon les textes réunis pour l'édition de la Pléiade dans la section des Textes épars 1936-1938, tous remarquables, sur des modes divers.

Il y a aussi la répétition. Michaux en a fait une force. Il est possible qu'il ait veillé à ne jamais la laisser se convertir en faiblesse, et que ç'ait été là une forme particulière de jugement de qualité.

Enfin, il y aurait l'oubli. Si on songe à la distraction légendaire comme aux nombreux voyages et déménagements de Michaux, en particulier dans les années 1930, on peut s'étonner même qu'il n'ait pas oublié ou perdu plus de textes, tant qu'il n'a pas eu d'éditeur-conseiller veillant à les lui remettre en mémoire, comme le feront Henri Parisot puis, surtout, René Bertelé.

Il y aurait ainsi eu un livre, dont trois pages auraient été écrites, ou arrachées, et oubliées. À un tel livre, aucun titre publié de Michaux ne correspond ; de même qu'aucun texte n'approche vraiment la formule ici essayée. On sait à quel point Michaux a multiplié, depuis ses tout débuts, une écriture fragmentaire — par exemple dans *Qui je fus*, « Énigmes » ou « Principes d'enfants » — qui connaîtra des fortunes variées à travers ses « idées de traverse », « tranches de savoir » et « poteaux d'angles ». Mais que le fragment soit dénoté par un simple blanc ou par un signe typographique, il a en général pour règle une autonomie que la répétition n'épuise pas, tant l'attaque est à chaque coup variée et déroutante. De plus, si délicat soit-il d'invoquer un régime global propre à tant de fragments divers, ils semblent tous hésiter entre deux extrêmes dont le mélange forme la plupart : l'événement, qui fait récit ; l'argument, qui entre dans une logique — ou plusieurs, entre sens et *nonsense*. C'est plutôt par des excès de clartés, qui s'entrechoquent, que le fragment perturbe et enchante son lecteur. Alors qu'ici, dans les dix-sept fragments d'un ou deux paragraphes, souvent creusés de dialogues internes, qui couvrent ces « trois pages », il reste peu de ces équilibres fragiles. Une sorte d'arbitraire de l'arbitraire semble avoir procédé à ces assemblages de rencontres entre des objets, des êtres et des lieux ; sans qu'on puisse de l'une à l'autre ni à l'intérieur d'aucune adopter une position. Cela permet de mieux comprendre, contre-exemple, à quel point Michaux presque toujours nous retient, sait où chercher son « lecteur inconnu », et se trouver, avec lui, moins seul. C'est sans doute là, dans la prose narrative, le texte où Michaux frôle le plus une illisibilité manifeste dont il s'est toujours défié — qu'on retrouvera, du côté du poème et des afflux d'images, quelques années plus tard, dans *Veille*. Jamais Michaux ne s'est montré plus proche de certains effets d'un surréalisme honni, d'une application des théories de l'image et des provocations verbales[1]. Est-ce le temps de guerre, reconnaissable à quelques signes évidents, dont l'angoisse immaîtrisable conduit à ce décalque de l'absurde, au revers des essais de poésie « engagée » qui s'accumulent au même moment[2] ?

Cela n'empêche pas, dans le dernier fragment, un retour des qualités mêmes qui ont semblé ici se dérober et qui innervent, malgré tout, ces rencontres (« Mots simples, mots sûrs, quand on sait vous placer, vous placer au bout d'une âme exténuée[3]... »). Ou, deux fragments plus haut, soudain, une irruption narrative par laquelle se noue un petit drame, autour du seul personnage nommé et d'un scénario fort d'un embryon de virtualité. Dans ce nom, « Palan », on

1. C'est aussi le sentiment d'Anne-Élisabeth Halpern, dans la notule dont elle a accompagné une première réédition du texte (*Pleine marge*, n° 19, juin 1994, p. 39).
2. Voir le chapitre sur *Épreuves, exorcismes*, p. 277-283.
3. I, p. 756.

retrouve en effet un des peuples les plus absurdes du *Voyage en Grande Garabagne* ; et, dans l'appel à un fils survivant qui serait ce Palan, ou dont Palan serait le père, un écho de ce qui se trame cette même année dans *Tu vas être père*.

Épreuves, exorcismes, 1940-1944

(1945)

La guerre a touché Michaux doublement. Depuis seize ans déjà exilé volontaire, établi à Paris qu'il n'aura cessé de quitter pour de plus ou moins longs voyages, Michaux devient, quelques mois après son retour du Brésil au début de l'année 1940, un exilé de l'intérieur. Il a eu de vagues désirs d'engagement, qui ne dureront pas[1]. Citoyen étranger, « Belge, de Paris[2] », il est vite assigné à résidence par le gouvernement de Vichy, au Lavandou, dans le Var, d'où il ne bougera que pour de brefs déplacements à l'intérieur de la zone Sud. Il s'y installe avec Marie-Louise Ferdière, qui partage dès lors durablement sa vie. Il reste ainsi trois ans presque immobile, rongé par « une envie de revoir Paris [...] invariablement immense[3] ». C'est là que la guerre l'atteint, frappant son écriture qui ne peut se soustraire au choc d'une Histoire plutôt entrevue jusque-là sous les dehors de la psychologie culturelle et de la géographie, quand elle n'était pas disséminée dans les avatars illocalisables de la chronique ou de l'épopée personnelles.

Une image peut servir de date et de transition, tant elle est elle-même étonnamment datée : le « Dragon » de *Peintures* qui surgit un jour avec « effort » de Michaux, avec ses « cent queues

1. Il écrit en ce sens du Brésil à Paulhan, le 27 octobre 1939, annonçant son retour en Europe. Il en reparle, le 17 novembre : « que faire d'utile en France, avec ma maladie de cœur [...] et une damnée disposition à être dans la lune. »

2. *Peintures*, I, p. 705.

3. À Henri Parisot, carte postale du Lavandou (27 février 1942, cachet de la poste).

de flammes et de nerfs ». « C'était parce que tout allait si mal, c'était en septembre (1938), c'était le mardi, c'était pour ça que j'étais obligé pour vivre de prendre cette forme si étrange. / Ainsi donc je livrai bataille pour moi seul, quand l'Europe hésitait encore[1]. » Dès cette image du dragon, un parallèle est tracé entre deux monstruosités hétérogènes, qui entrent en résonance et pourront se mêler au point de parfois n'en paraître qu'une : monstruosité de l'Histoire qui se concentre dans la guerre ; et monstruosité de la continuelle odyssée de soi[2]. Elles n'ont certes pas attendu ce moment pour marquer des points de friction sur la toile de fond d'une visible antinomie[3]. Mais la guerre accélère « un conflit ancien entre la petite histoire du sujet et la grande Histoire[4] » ; elle mêle leurs voix. De là, surgissent plusieurs voix. Certaines sont nouvelles ; d'autres, déjà connues, sont réaccentuées sous l'effet d'une poussée sans précédent.

Cela s'accomplit en un livre, lui-même né de trois recueils qui scandent la période (*Exorcismes*, 1943 ; *Labyrinthes*, 1944 ; *Le Lobe des monstres*, 1944). C'est la première fois qu'une reprise s'effectue dans un délai aussi bref, sans presque aucune adjonction d'autres textes (à peine un inédit et un texte isolé

1. *Peintures*, I, p. 714.

2. Celle-ci est tellement attachée à toute l'œuvre qu'un auteur comme Gilbert Lascault a pu dresser une sorte d'état des monstres chez Michaux sans pourtant citer une seule fois de façon significative *Épreuves, exorcismes* (« Les Monstres et l'*Unheimliche* », *L'Herne*, p. 214-226).

3. Dès la fin d'« Un barbare au Japon », où la violence l'a frappé, Michaux s'arrête sur l'image de la guerre (« Y aura-t-il encore une guerre ? Regardez-vous, Européens, regardez-vous », *Un barbare en Asie*, I, p. 398). Cette image contraste avec l'appel à la contemplation, l'exigence de « l'île » en chacun, sur laquelle se clôt le livre. En 1936, Michaux écrit son premier poème « engagé » : « Allons, jeunesse, guerre, embrouillez-moi tout ça ! » ; il y apostrophe l'« Histoire toujours bien éteinte » (I, p. 682). Deux ans plus tard, treize des cent soixante et une propositions litaniques de « Quelque part, quelqu'un » s'arrêtent sur l'image de l'île ; mais la onzième insiste : « Quelqu'un, en 1938 plus d'îles, mort aux îles, tous en uniforme » (Textes épars 1936-1938, I, p. 551) ; plusieurs de ces propositions interpellent les idéologies par lesquelles l'Histoire en arrive à la guerre ; l'une d'elles s'arrête sur la guerre d'Espagne (p. 553) ; une autre sur la folie hasardeuse de positions individuelles (« Quelqu'un quelque part crie "Vive la guerre" puis elle monte en première », p. 555).

4. Martin, p. 496. C'est le motif central de la longue analyse à laquelle tout son livre conduit. Elle se développe en particulier à travers deux lectures très fouillées de « La Lettre », « La lettre dit encore » et « La Marche dans le tunnel ».

publié en revue). *Épreuves, exorcismes* est aussi le seul recueil de Michaux où des dates sont attachées au titre[1]. 1940-1944 : c'est bien délimiter les années de guerre et d'enfermement. C'est aussi insérer ce livre entre deux recueils développant la stratégie majeure du voyage imaginaire : stratégie depuis longtemps mise en avant pour pallier le trop de réalité du « journal » ou de l'essai de voyage, de même que l'insuffisance des moyens pourtant si divers prêtés aux variations épiques et lyriques de la légende individuelle ; stratégie faite pour répondre aux pressions de l'Histoire avant même qu'elles ne gagnent en ampleur et en précision[2]. Le voyage imaginaire revient avec la guerre. Mais il l'encadre, lieu de prophétie et de résonance. Michaux a pratiquement terminé *Au pays de la magie* (1941) quand il regagne la France en 1940 ; et c'est dans les premiers mois de 1945, au moment où il conçoit l'agencement final d'*Épreuves, exorcismes*, qu'il commence à envoyer à des revues des fragments d'*Ici Poddema* (1946). Il publie aussi çà et là, entre 1942 et 1944, mais plutôt moins que d'habitude, des textes soumis à d'autres vitesses, qui réapparaîtront plus tard — par exemple les « Idées de traverse » recomposées dans *Passages* — ou qu'il préférera abandonner ; il lance sous le nom de Plume, dans un illusoire anonymat, la petite plaquette *Tu vas être père*, qui le lie à la guerre par l'histoire et le fantasme personnels. Enfin, Michaux se livre à ce premier grand retour sur lui-même que devient par la force des choses son recueil anthologique, *L'Espace du dedans*, au titre emblématique en ces années de guerre.

Mais *Épreuves, exorcismes* cadre avant tout cette période et en fixe les dates, permettant de délimiter, de limiter aussi ce qui s'y joue. Peut-être cela éclaire-t-il l'énigmatique note liminaire de *L'Espace du dedans*, impliquant que, selon le vœu de leur auteur, les ouvrages dont sont extraits les textes choisis pour ce livre ne seront pas réimprimés. La guerre, ainsi, fermerait le passé. Curieusement, de tous ses grands recueils recomposés chez Gallimard dans la collection « Blanche », *Épreuves,*

1. *Nous deux encore* fait aussi exception, soulignant la violence de l'histoire privée, ainsi, avec une belle ironie, que *Quatre cents hommes en croix*.

2. Culminant d'abord avec *Voyage en Grande Garabagne* en 1936, les tentatives de voyages imaginaires commencent dès *Mes propriétés* en 1929, après de premières formulations dans *Qui je fus* (voir le chapitre sur *Ailleurs*).

exorcismes est aussi le seul auquel Michaux ne touchera pas lors des nouvelles éditions, revues et corrigées, échelonnées entre 1963 et 1972. Comme si ce livre-là demeurait fixé à son temps, pour le meilleur et pour le pire. Il forme également le seul recueil dans lequel tous les titres de nombreux textes s'alignent de façon uniforme, sans rappel d'origines et de répartitions antérieures. Ils semblent ainsi parler d'une même voix alors qu'ils en font entendre plusieurs qu'il faut patiemment démêler — comme Michaux y invite déjà par la distinction trouble qu'il construit dans sa préface entre l'exorcisme, « véritable poème du prisonnier », et les rêves nocturnes ou éveillés de l'« exorcisme par ruse ».

Il existe un dessin énigmatique sur lequel figurent en sous-titre, écrits d'une main inconnue, les mots : « Bandeau pour "Immense voix" d'Henri Michaux[1] ». On y voit des lignes de collines partagées par deux routes : entre ces routes menacées, des êtres aux allures de signes tendent les bras. Sur la droite, une tête aux yeux noirs émergeant d'un début de corps semble acculée entre la plus grande des routes et les collines ; un bras, une main tendue en surgissent, cherchant sans doute à atteindre cet être. Quel livre de Michaux aurait-il dû s'intituler « Immense voix », justifiant ce qui semble un projet de bandeau ? *Exorcismes*, où le poème ainsi nommé vient en seconde place, après la parabole des « Sphinx » ? *Épreuves, exorcismes*, où « Immense voix » ouvre le recueil (de même que « La nuit remue » ouvre *La nuit remue*) ? Serait-ce un autre livre projeté et avorté, comme il y en a plusieurs exemples ?

L'intérêt de ce dessin est de mettre l'accent, par l'image, comme Michaux l'a fait dans *Exorcismes* et *Labyrinthes*, sur le motif qui gouverne le texte initial du recueil et s'étend à travers le livre, s'imposant à d'autres textes (« Voix », « La Marche dans le tunnel »), traversant plusieurs autres. Cette « immense voix » de la guerre qui absorbe les voix est défiée par celui qui lui soustrait sa voix (« tu n'auras pas ma voix ») et la renvoie à la relativité de l'Histoire (« Tu passeras, grande voix »)[2]. Et

1. Ce dessin, sans mention d'origine ni de date, figure en couverture de la Bibliographie Imbert. Il est signé « H. Michaux ».

2. « Immense voix », I, p. 776.

pourtant cette voix de l'Histoire innerve bien la voix de l'écrivain s'ouvrant à l'emprise de l'événement : il le fixe et s'en déprend ou au moins en distend la pression ; bref, il l'exorcise. Cette voix dévorante s'empare alors de la voix de nostalgie subjective de la lettre — voix jusque-là féminine et flottante issue d'« un pays lointain » — pour l'ouvrir à la gravité d'un « je » indéfini passant au « nous », au « ils » et au « on », touchant l'ici et le maintenant de l'espèce humaine et presque la facticité d'un pays réel allégorisé[1]. La France et Paris ne sont jamais vraiment nommés (« Pauvre pays », « pays autrefois clair », « pays du manteau et de l'ombre », « Cité du Temps interrompu », « Capitale à la foule endormie[2] ») ; mais ils sont supposés, mots-images soudain frappés de valeurs de croyance et de réalité, tels que l'œuvre de Michaux n'en a pas montré d'équivalents. De même, cette voix recense avec un mélange d'exactitude et de fluctuation les principaux traits, moments et événements de la vraie guerre en cours[3]. Cette « immense voix » qu'on ne peut s'empêcher d'entendre suscite ainsi sa réplique, pour échapper au « presque-désespoir » vécu « dans la réalité ». Telle est la voix de l'exorcisme proprement dit, « réaction en force, en attaque de bélier », qui, avec sa « magnifique violence » et son « martèlement des mots[4] », éclate dans les quatre poèmes d'ouverture et se diffuse en s'ouvrant à des

1. Voir « La Lettre » et « La lettre dit encore... » (I, p. 793-794 et 794-796). C'est sans doute par souci d'unité que Michaux n'a pas repris dans *Épreuves, exorcismes* les deux autres lettres de *Labyrinthes* : « La Lettre du voyageur », où affleurent les tonalités du *Voyage en Grande Garabagne*, de « Je vous écris d'un pays lointain » et d'*Au pays de la magie* ; et « La Lettre du dessinateur » — transformée plus tard en « La Page blanche » — où réapparaît le souci de la création plastique, qui ne cessera plus (voir En marge d'*Épreuves, exorcismes,* I, p. 842 et 848).

2. « La marche dans le tunnel », I, p. 802, 793, 794, 795.

3. Ceci, dans « La Marche dans le tunnel » essentiellement : ainsi le très dur hiver de 1939-1940 (« Il fit froid, cette année », I, p. 799 ; « Il fit froid pour tous cette année. Ce fut le premier hiver total », p. 800) ; la persécution antisémite (« Le peuple prédestiné, lui aussi, et le premier, pâtit. [...] on l'accusait de l'origine des malheurs », *ibid.* ; « Beaucoup regardaient leur nez, leur nom », p. 802) ; le rationnement (« Il fallait un permis pour recevoir une bouchée de pain », p. 801) ; la guerre d'Afrique (début du chant cinquième) ; les revers allemands de 1943 (l'affaiblissement du « Grand peuple puissant », p. 802) ; l'entrée de l'Europe dans la quatrième année de guerre (« Cependant le quatrième automne approche », p. 804).

4. Préface, I, p. 773.

formes épico-bibliques dans « Ecce homo » et « La Marche dans le tunnel ».

Dans ces deux textes plus développés, dans le second surtout, « inachevé » — c'est le seul explicitement qualifié comme tel dans l'œuvre de Michaux[1] —, la violence de l'attaque est dilatée dans les formes alourdies du verset, sur lesquelles reposent les partis pris de réalisme et les inévitables effets idéologiques induits par la mise en perspective historique. Jean-Pierre Martin porte au crédit de Michaux la tension qui s'y manifeste entre un retour de la rhétorique poétique traditionnelle et la façon dont est dénoncée « l'incongruité d'une poésie de la guerre » : celle-ci ne sait comment négocier le divorce entre l'abjection à laquelle est alors confrontée la langue et une exigence supposée propre à la parole poétique[2]. Cela est juste. Mais c'est oublier que Michaux n'est si grand écrivain que parce qu'il a presque toujours su inventer les moyens neufs d'une écriture irréductible à toute définition préformée du « poétique », même s'il en frôle les voies. C'est à cette invention qu'échoue « La Marche dans le tunnel », contrairement aux textes en prose d'*Épreuves, exorcismes,* y compris ceux qui en sont proches du point de vue de la sensibilité historique, comme « La Lettre » et « La lettre dit encore… ».

Michaux s'est trouvé ainsi projeté, sans y être impliqué directement, dans un débat sans issue entre « l'honneur » et « le déshonneur des poètes ». Une plaquette rassemblant des poèmes parus clandestinement à Paris pendant l'Occupation a été publiée à Rio de Janeiro, en 1944, sous le titre *L'Honneur des poètes*[3], provoquant une réplique cinglante de Benjamin

1. La seule autre mention comparable qualifie en 1935 un texte disparu : « Le profond sommeil de mon mari, inachevé » (I, p. CI).

2. Martin, p. 515.

3. Ce « Choix de poèmes de la Résistance française » (avec une introduction de Michel Simon, Atlantica Editora, tirage hors commerce à 200 exemplaires, achevé d'imprimer du 14 juillet 1944) a été établi pour une part à partir du célèbre recueil clandestin publié en France par les éditions de Minuit sous le titre *L'Honneur des poètes*, « le 14 juillet 1943 / Jour / de la Liberté opprimée ». Le titre du texte de Maurice Blanchot, « L'Honneur des poètes », concernant en partie *Épreuves, exorcismes* (*L'Arche*, n° 16, juin 1946, p. 162-174), a été évidemment choisi par allusion au recueil des éditions de Minuit, et peut-être au conflit ouvert par la polémique surréaliste ; mais il n'en dit mot, et demeure extérieur à toute problématique de l'engagement.

Péret, alors en exil à Mexico, *Le Déshonneur des poètes*[1]. Péret y dénonce en particulier l'alliage de la rime et de l'alexandrin classique avec des motifs religieux et patriotiques, en particulier chez Loys Masson, Éluard et Aragon. Il souligne chez ce dernier, parmi d'autres figures régressives, l'invocation du « tombeau de Lazare » (on retrouve cette figure chez Michaux dans « Lazare, tu dors ? »). Par bien des détails comparables, par des retours de rhétorique lourde concentrés dans « La Marche dans le tunnel », Michaux n'a pas évité d'être pris en tenaille dans un tel débat. Cela paraît tout à son honneur. On peut aussi penser que Michaux aurait pu, ou dû, rester étranger à ce conflit, dans la mesure où il ne montrait pas les moyens, que du reste personne n'eut vraiment, de passer au-delà et d'inventer, comme il l'a fait partout ailleurs — dans *Ailleurs* justement —, une langue de circonstance, au plein sens du terme[2].

L'histoire même de « La Marche dans le tunnel », les transformations infinies dont ce texte a fait l'objet, les variantes massives par lesquelles Michaux a cherché en vain à le transformer, tout témoigne d'une difficulté particulière, dont il n'y a dans son œuvre pas d'équivalent. Michaux a pressenti ce risque lorsque, dès 1935, il envoie deux de ses poèmes à Rolland de Renéville, s'inquiétant de leur qualité, lui demandant conseil, craignant que la revue (*Les Cahiers du Sud*) qui les a refusés ne les juge « mauvais (genre Aragon 2e manière)[3] ». Un an plus

1. La référence de publication de ce livre — Mexico, Poésie et Révolution, 1945 — est fictive. C'est la première des publications de K Éditeur, à la même date, à Paris.

2. Voir le beau texte de Jean de Boschère, « Henri Michaux, le poète d'après le voyage au pays de la magie » (*Les Cahiers du Sud*, nº 284, 2e semestre 1947), où on lit par exemple : « Michaux est encore le plus grand de nos poètes parce que de tous il est le plus désengagé » (p. 607).

3. « Allez y carrément, moi je ne sais plus » (lettre du 6 décembre 1935, cachet de la poste). Il s'agit des poèmes « Allons, jeunesse, guerre, embrouillez-moi tout ça ! » (En marge de *Plume*, I, p. 682) et « Mais toi, quand viendras-tu ? » (*Plume*, I, 602). C'est aussi une lettre de doute sur la qualité de son texte qu'il envoie en mai 1943 à René Tavernier, diecteur de la revue *Confluences* où va paraître « Ecce homo ». Notons aussi, à propos d'une seconde publication de « La Marche dans le tunnel » (à Buenos Aires en janvier 1944, sous le pseudonyme Pâques-Vent, dans les cahiers trimestriels *Lettres françaises*), ces mots d'Isabelle Waldberg : « Sous-Pot [...] prétend que le poème de Pâques-Vent [...] est de Henri Michaux et en effet il y a certaines similitudes » (Patrick Waldberg,

tard, lors de son intervention au congrès des P. E. N.-Clubs, Michaux tranche publiquement dans le vif et dénonce Aragon comme un « médiocre poète », dont les « poèmes de combat ont perdu toute vertu poétique[1] ». Il anticipe ainsi une part du jugement qu'on peut porter (et qu'il a peut-être porté lui-même) sur ses poèmes « engagés » — d'« Allons jeunesse, guerre, embrouillez-moi tout ça » à « Une fois de plus, venez », publié anonymement dans la revue *Traits* aux côtés d'autres poèmes résistants. Ce pourrait être la raison qui a dissuadé Michaux de toucher à *Épreuves, exorcismes* lors des rééditions ultérieures, ainsi que celle d'une datation aussi nette et exclusive.

Comme on peut s'y attendre, Michaux n'a pas manqué de laisser affleurer les termes du conflit. Il écrit ainsi à René Tavernier : « Loys Masson, le vrai poète de ces années-ci[2]. » Quand François Lachenal lui envoie *Poèmes d'ici* de Loys Masson, Michaux lui répond : « Ce poète est pour moi un des seuls d'à présent qui ait une voix. Et elle va droit en moi[3]. » Mais Michaux confie en revanche à Lachenal : « Les poètes sont toujours en retard sur l'événement. On digère très lentement. [...] Deux voix (≠ renouveau poétique) : P [ierre] E [mmanuel] — L [oys] M [asson] [...] plus dans l'actuel, le besoin présent[4]. » Il paraît ainsi clairement que devoir coller au présent historique n'est pas garant d'invention et de renouveau, de quelque « avenir de la poésie ». Lachenal rapporte aussi dans son livre ces mots de Michaux : « Le mal à combattre me paraît toujours trop monstrueux pour que ne l'atteignent les mots[5]. »

Le mal qui perce dans la « grande voix », « immense voix », fait aussi de cette voix celle d'Hitler lui-même, le « Dominateur », qui cherche « une nouvelle ascension-puissance,

---

Isabelle Waldberg, *Un amour acéphale*, Correspondance 1940-1949, Michel Waldberg éd., Éditions de la Différence, 1992, p. 230). Des similitudes : rien de plus.

1. « L'Avenir de la poésie », I, p. 967.
2. Lettre du 10 juin 1943.
3. 7 avril 1943, dans François Lachenal, *Les Éditions des Trois Collines*, Genève-Paris, I. M. E. C.-Éditions, 1995, p. 57
4. Extrait du Carnet de François Lachenal, p. 61 (communication personnelle).
5. *Ibid.*, p. 70.

prélude de nouveaux bannissements, de nouveaux carnages[1] ». Comme celui du chant vingtième de « La Marche dans le tunnel », le programme énoncé dans « Voix » sonne bien comme une parodie de discours : « J'entendis une voix en ces jours de malheur et j'entendis : "Je les réduirai ces hommes, je les réduirai et déjà ils sont réduits quoiqu'ils n'en sachent encore rien[2]." » Michaux distingue cette voix, qui donne le frisson, et qu'il dit admirer « pour sa sombre détermination et son projet vaste quoique apparemment insensé » ; mais il la dilue vite dans cent autres voix promises au même office[3]. Michaux semble en fait avoir été fasciné par l'idée d'une confrontation directe avec Hitler, qu'il appelle tour à tour dans une lettre à Paulhan « le peintre *[un mot illisible]* de Berchtesgaden » et « le médium allemand à petites moustaches[4] ». Mais une telle confrontation aurait supposé qu'il s'engage par exemple, selon une voie comparable à celle qui a donné naissance au personnage de Plume, sur une ligne parodique proche de ce qu'invente alors Chaplin avec *Le Dictateur* (1940) — Chaplin, salué en 1924 dans « Notre frère Charlie », et dont Michaux se réclame encore dans son intervention aux P.-E.-N.-Clubs en 1936. Mais l'écriture elle-même, ou du moins l'écriture « poétique », n'a pas vraiment eu alors cette force en lui. C'est sans doute aussi pourquoi la peinture et le dessin, dès la fin des années 1930 et pendant toute la période de la guerre, se développent autant et semblent prendre en partie un relais. Ainsi, détail éloquent, Michaux remplace-t-il, dès la reprise d'*Au pays de la magie* dans *Ailleurs* (1948), le nom d'Hitler par celui de Gilles de Rais[5] — pour fonder un hors-temps plus juste que le temps. Car c'est dans l'écriture du voyage fantastique, dans la stratégie propre qu'elle engage, qu'une horreur véritable et comme insoutenable a pu et pourra être dite, touchée, par un

1. « La Marche dans le tunnel », chant septième, I, p. 803.
2. « Voix », I, p. 786.
3. « Voix », I, p. 787.
4. 18 septembre 1938. Dans une autre lettre à Paulhan, du 30 mai 1940, il propose de combattre Hitler, « mauvais peintre », et les armées allemandes, par des « moyens d'imagination pure » ; et, le 6 juin 1940, il s'ouvre à Adrienne Monnier de fictions comparables (*Trois agendas d'Adrienne Monnier*, transcrits par Maurice Saillet, Bibliothèque littéraire Jacques Doucet, 1960, p. 33).
5. *Ailleurs*, II, p. 75.

détour et un art immense des ruses, à la mesure de l'événement.

Mais la force paradoxale, positive, de cette voix transformant ainsi la voix de l'Histoire, sans pouvoir comme dans « La Marche dans le tunnel », ni la faire ni s'en défaire, a été de libérer par un effet second de résistance, à travers les trois recueils recomposés dans *Épreuves, exorcismes*, tout un éventail d'autres voix. Elles offrent autant de variations de ce que Michaux nomme avec duplicité « l'exorcisme par ruse ». Ces voix ne se trouvent pas, comme dans *Plume*, délimitées et enchaînées au gré de leurs correspondances avec tel personnage ou tel genre, répartis par chapitres. Bien que répondant souvent à des regroupements de textes, ces voix sont discrètement imbriquées les unes dans les autres ; elles dessinent une variation composée, délicate à saisir, ouvrant sur divers accents et plusieurs destins.

La première de ces voix anciennes et nouvelles est la voix épique d'une biographie ou autographie à entrées multiples, réagencée par une ouverture sur la parabole. Les textes qui s'étagent entre les quatre poèmes d'ouverture et « Ecce homo » décrivent pour la plupart des situations et des états semi-énigmatiques, des « équilibres singuliers[1] », saisis dans des mutations temporelles peu localisables. Celles-ci se précisent parfois : les vingt ans de « craquements » qui ont rythmé depuis la fin de l'adolescence « ce siècle mauvais[2] » ; les phases qui soumettent à la traversée de plusieurs guerres l'odyssée des « hommes en fil ». La violence historique de la « Voix » y perce même d'une actualité soudain vibrante (le texte « Voix » se situe parmi cette série de courts récits en prose). Mais dans l'ensemble, à revers de l'Histoire, ces textes aux accents jusque-là peu entendus manifestent une indéfinition et une rétroversion du temps. Avenir et passé s'y replient dans le présent qui les conçoit, en deçà, au-delà du temps de guerre, dans un temps étranger aussi au temps quotidien des accidents-événements de *La nuit remue* ou de *Plume*. Il s'agit plutôt d'un temps légendaire incertain, aux frontières poreuses, piqueté

1. C'est le titre du premier texte qui ouvre la série.
2. « Les Craquements », I, p. 781-782.

d'énigmes coupantes. Se dessinent avec une certitude assurée les contours d'univers infigurables au gré de trajets biographiques et spirituels entrecroisés. Ces textes ouvrent ainsi sur la parabole ; ils sont sans doute ce que Michaux a écrit de plus proche de certains courts récits ou fragments du journal de Kafka[1]. La densité des mots y est colorée d'une douceur cruelle ou de mélancolie métaphysique. Mais ces paraboles sont sans secret ; leur vérité est sans appel car rien ne s'y assure qu'un pouvoir de dire et de retourner le temps au profit des énigmes mêmes qu'il s'agit d'arriver à formuler. Ceci afin de pouvoir peut-être exhaler parmi « tant de plaintes [...], la sienne, celle qui n'était qu'à lui ». « Terrasse » est le plus extrême de ces itinéraires ; c'est aussi le seul à passer soudain du « je », qui domine ces textes, au « il » qui soudain s'en empare. Comme pour décoller de soi ce qui soudain se trouve atteint et mis en jeu : un point sans âge, du temps hors du temps. De sorte que le héros en Michaux parvienne face à « Ce qu'il est interdit à l'homme de contempler »[2].

Une autre voix devient par là celle du sage. Elle se profile de façon aussi assurée pour la première fois à travers la figure du Maître de Ho. Michaux en a savamment ménagé l'apparition : c'est un bon exemple de la façon dont il opère des regroupements de textes et les situe dans ses recueils à des points stratégiques. Les quatre textes dont le Maître de Ho est le héros ont des origines diverses : le premier vient d'*Exorcismes* (il ouvre ce recueil), le second de *Labyrinthes* (il le ferme) ; les deux autres sont dus à la partition du seul texte d'*Épreuves, exorcismes* publié d'abord en revue (« Le Dit du Maître de Ho »). L'ensemble se situe au centre du livre : après le premier flot d'Histoire porté par « Ecce homo » et les deux « lettres » ; avant le second formé par « Annales » et « La Marche dans le tunnel ». Entre ces deux moments où la voix cède à l'impossible de l'Histoire, les sentences du Maître de Ho ouvrent une oasis de sens

1. Ainsi les textes réunis par leur traducteur Jean Carrive sous le titre *Paraboles*, publiés par Marc Barbezat à l'Arbalète en 1945, un an à peine après *Le Lobe des monstres*. Sur cette proximité entre Michaux et Kafka, voir en particulier sa conférence « Recherche dans la poésie contemporaine », I, p. 978-980.

2. « Terrasse », I, p. 783.

vacant, en accumulant des énigmes autour de termes dont Michaux a usé et surtout usera beaucoup : l'empierrement qu'il faut toujours défaire, en tout, à tout instant, pour survivre au temps ; le « labyrinthe » auquel rien n'échappe[1] ; le « Monde » dont on peut espérer des effets de présence sans gage, et parfois « le calme ». La voix échappe à la narration. La phrase de récit et de prose tend au rythme plus égal du verset, mais sous une forme retenue, lapidaire. Une fois même, dans « Labyrinthe », le phrasé se fige dans la coupe du vers (les deux premiers sont ainsi de purs alexandrins). Michaux touche ici une sorte d'exorcisme par distance, par apaisement[2].

C'est en s'arrachant aux « statues » léguées par les siècles que se libère une autre voix encore : celle du corps fantastique et des monstres. Aussitôt après « Annales » (où elle s'installe) et après « La Marche dans le tunnel » (où elle se développe), l'Histoire se trouve, à peine advenue, faire dans « Mes statues » l'objet d'une pétrification généralisée, aussi bien que d'une transmutation en termes d'épopée subjective. L'Histoire est renvoyée à une origine inconnue et se perd « dans la nuit » de la vie du sujet : histoire personnelle que les histoires les plus monstrueuses peuvent désormais briser. La voix des monstres n'est certes pas nouvelle. Mais sa gravité, son insistance tiennent ici au fait que l'épopée s'y reforme, en des termes plus matériels que dans les récits énigmatiques de la première moitié du livre ; de sorte que se trouve transposée à l'intérieur du corps la violence issue de la guerre : une nouvelle violence du corps, servant de parade et d'écran, permet de se soustraire à la

1. Le changement de titre apporté à « La Marche dans le tunnel » (d'abord intitulé « Chant dans le labyrinthe ») pourrait viser à distinguer l'état conjectural lié à la circonstance historique de la vue métaphysique portée par le Maître de Ho. L'Histoire n'est pas un labyrinthe ; elle est un tunnel : on marche ainsi dans le tunnel, alors qu'on pouvait espérer chanter dans le labyrinthe. On retrouve cette image du tunnel dans un poème non repris publié en 1945, « In memoriam » (I, p. 759-760). C'est redonner paradoxalement sa force à l'opposition mallarméenne entre action générale et action restreinte, et à la formule fameuse : « on traverse un tunnel — *l'époque* — » (Mallarmé, « Quant au Livre », *Œuvres complètes*, Bibl. de la Pléiade, Gallimard, t. II, 2003, p. 217).

2. Cet apaisement passager mais nécessaire de la voix du sage fait résonner une affirmation de « La Marche dans le tunnel » : « La race de la Sagesse ne fut pas épargnée » (I, p. 800).

violence générale. Comme si Michaux retrouvait son terrain propre, mais soumis cette fois d'emblée à une division profonde, partagé par ce « grand canal » qu'il suppose avoir tracé dans sa vie [1]. Une seconde biographie fictive s'élabore. Elle suppose une mort emportant son héros au plus près de soi (« au calendrier secret de moi-même »), imposant une renaissance et recomposant ainsi de texte en texte une vie (« dans les horizons étroits et formés où la vie humaine, pour être ce qu'elle est, doit se passer [2] »). Il faut ici devenir particulièrement attentif à l'organisation des textes, à l'esquisse de plan qu'ils forment sans le dire : « Après ma mort » succède à « J'ai tracé dans ma vie un grand canal » et précède « Dans la compagnie des monstres ». Les trois font suite à « Mes statues » ; ils ouvrent sur « Le Lobe à monstres ». Cette vie inhumaine plus qu'humaine, propre au héros depuis l'adolescence, se déploie à travers sept récits. Ils ont le monstre comme centre mobile et proliférant, à partir de ce « lobe » qui en devient le lieu de production imaginaire autant que théorique : ce lobe « à monstres » ou « des monstres » dont la désignation a d'abord servi de titre au troisième recueil composant *Épreuves, exorcismes* [3].

Mais pour trouver sa règle, la raison de sa déraison, cette vie « dans la compagnie des monstres » doit elle-même se reformuler en suivant la logique d'une voix qui est plus qu'une voix : un processus majeur dont dépendent les lieux et états du sujet, et dont l'œuvre tient son principe de dégagement perpétuel. C'est « La Vie double ». Celle-ci est appelée, une fois déclinée la panoplie des monstres, par un titre qui pose le rapport de façon très frontale : « Double-tête ». *Deux* plutôt qu'*un*, toujours, avec une dérive spécifiée (« Une pour penser » ; « Une à l'autre bout pour évacuer [4] »). Car ce n'est pas la dualité, mais la multiplicité sans

1. « J'ai tracé dans ma vie un grand canal », I, p. 812.
2. « Après ma mort », I, p. 812-813.
3. On peut déjà déceler à l'intérieur de la première biographie, dans la première partie du livre, une présence ponctuelle de la variété monstrueuse : c'est « l'homme à la tête diverse » du texte « J'ai vu » (I, p. 788). Mais il s'agit d'une monstruosité extérieure, que creuse « le lit de l'histoire » (I, p. 810), plutôt que de la monstruosité intime qui se développe à revers de cette monstruosité panoramique de l'Histoire.
4. « Double-tête », I, p. 817.

appel. Dès la première biographie saisie dans le tremblement de la guerre, cette thématique des doubles a été convoquée par une image étonnante qui en dit long sur la persistance conceptuelle et sur l'art de narrateur de Michaux : « l'unique, le Roi au cerveau-œil, à la plume bifide[1] ». « Ceux qui sont venus à moi » est un des récits les plus tourmentés de cette première épopée de soi. Il est en particulier difficile de saisir les rapports entre ce Roi, « moi » et les « Princes », « le Prince… le prince-juge à l'œil unique » dont les attributions varient sans cesse. Le Prince est-il plus du côté du « moi » ou de celui du Roi, ou bien est-il le principe qui assure entre eux médiation et circulation ? La question du royaume, plutôt conçue jusque-là entre des forces opposées (le rejeter / y aspirer), se trouve effritée, par des appels dissociés à une parabole absente. Mais ce roi-compagnon aux attributs énigmatiques[2] resurgit dans « La Vie double » comme « l'ennemi ». Ce texte d'une simplicité désarmante est un des plus forts de Michaux. L'ennemi, le double, est tout ce dont la vie et la pensée se composent, par accumulation, incurie, distraction, obstination. Il est comme une statue personnelle, face aux « statues » de l'Histoire déposées dans le sujet, dont il devient une sorte d'équivalent. Mais il ne durcit pas, comme elles, obscurément. Sa plasticité irréductible et dévorante rend vain d'espérer un jour s'en séparer. Tangible autant qu'immatériel, « récolte toujours bifide d'une vie double », il est l'intimité de soi réfractée dans l'immensité de l'univers.

Pourtant, ce double même, posé ainsi dans son principe, est encore un effet de la force fatale qui le fait être voix des voix, même s'il en règle le cours. Michaux a fait précéder « La Vie double » d'un court texte : « Il écrit ». Il a trouvé là une des formulations les plus exactes de ce qu'au gré de tant de tours et détours il ne cesse de vouloir qualifier. Écrire, c'est pressentir sur le papier devenu une table immense « la victime éloignée qui lui est dévolue ». C'est prêter une oreille extrême à la

1. « Ceux qui sont venus à moi », I, p. 787. Le double est aussi annoncé sur un mode rythmique-ironique dès le premier poème du recueil : « Je ris, je ris tout seul dans une autre / dans une autre / dans une autre barbe » (« Immense voix », I, p. 775).

2. Voir « La question du royaume » dans le chapitre sur *La nuit remue*, p. 201-205.

suite d'ondes qui rapprochera peu à peu la victime. C'est enfin accepter une division, du regard et de la main, ou du corps et de la conscience, qui se résout dans une action double et une : sélection, appropriation qui nourrit la vie double et du même mouvement cherche à s'en défaire. « Couteau depuis le haut du front jusqu'au fond de lui-même, il veille, prêt à intervenir, prêt à trancher, à décapiter ce qui n'est pas, ne serait pas sien, à trancher dans le wagon que l'Univers débordant pousse vers lui, ce qui ne serait pas "SA" victime[1]... »

Mais pour saisir pleinement l'issue de ce texte majeur, il faut le rapporter à un autre récit, « Alphabet », son pendant à l'intérieur de la première « biographie ». Là encore, on admirera une capacité à préserver des équilibres de composition ; ils montrent au fil d'un livre fragmentaire une modulation fondée sur une progression : une sorte d'histoire qui pour se lire aussi bien à rebours ne s'en développe pas moins selon ses « équilibres singuliers ». *Épreuves, exorcismes* se lit en cela comme une odyssée : cinq années de guerre se dévoilant selon leurs strates successives. Dans ce texte, « Alphabet », le héros se fixe, comme dans « Après ma mort », sur la vision d'une mort expérimentale ; il veut, d'un dernier regard porté sur les êtres, conserver l'essentiel, « quelque chose que même le Mort ne put desserrer ». L'alphabet singulier qui se trouve ainsi produit par réduction « eût pu servir dans l'autre monde, *dans n'importe quel monde*[2] ». La beauté de l'image tient à cette transformation matérielle exercée à partir du sensible, dont les deux pages de dessins illustrant « Alphabet » dans *Exorcismes* tentent de donner la mesure[3]. Mais c'est la virtualité de l'opération qui saisit : l'écriture, processus de sélection et d'appropriation meurtrières, est aussi, en cela même, la force intransitive d'un monde au-delà de tout monde, bien qu'il soit ébranlé par le monde dans son Histoire et par l'effort pour se soustraire à cette Histoire au nom d'un combat personnel[4].

1. « Il écrit », I, p. 819.
2. « Alphabet », I, p. 785.
3. Ces deux pages figurent dans *Peintures et dessins*, I, p. 931 et 933.
4. Ce combat personnel mené à des niveaux divers d'invention fantastique n'exclut pas pour autant des textes nourris par une affabulation plus directement autobiographique. Dans ce qu'on appelle ici la première biographie, fondée pour l'essentiel sur des textes issus d'*Exorcismes*, Michaux a supprimé

Mais il y a une voix encore, de même qu'il y a un dernier texte : « La Mer ». Cette voix autobiographique fait retour à un temps où Michaux ne sait pas encore qu'il sera écrivain. Marin, il s'étonne que sur les bateaux on fasse autre chose que regarder la mer. Devenu chômeur, il garde en lui sa présence. Mais ajoute, finalement : « Quelle mer ? Voilà ce que je serais bien empêché de préciser[1]. » Voilà l'empêchement qui quelques mois plus tard saisira Michaux dans sa « folie circulaire », faisant de lui un écrivain.

Comment comprendre par rapport à cet étagement des voix l'opposition tranchée, mais comme à l'ordinaire floue, que Michaux introduit dans sa Préface entre deux formes d'exorcisme ? La première est donc « le véritable poème du prisonnier », qui se libère par une « réaction en force » s'exerçant dans « le lieu même de la souffrance et de l'idée fixe ». Il s'agit d'un renversement : la langue opposant sa violence, en particulier par le « martèlement des mots », aux blessures infligées par la réalité ; de sorte que « le mal progressivement dissous est remplacé par une boule aérienne et démoniaque — état merveilleux ! ». Michaux nomme ainsi « exorcisme » des formes qu'il a déjà pratiquées, dont « l'espéranto lyrique » peut être tenu pour une modalité particulière, souvent mêlée avec des procédures d'allitération et de martèlement[2]. Tout au plus Michaux s'oriente-t-il ici vers des formes plus directes d'échos sonores et de répétitions verbales, traitées avec un souci rythmique accru et une recherche de sens plus précise. D'où le caractère magique, électrique, « comme supra-humain de l'exorcisme ».

---

deux poèmes : « Ni ma lampe ni ma tour » et « Pendant que tu parles », évoquant ses rapports difficiles avec « celle qui sera bientôt sa femme » (« Quelques renseignements », p. CXXXIV) — voir sur ce point le chapitre sur *Tu vas être père*, p. 266).

1. « La mer », I, p. 821. Ce sont les derniers mots du livre. Michaux rajoute dans *Épreuves, exorcismes* la première phrase, « Ce que je sais, ce qui est mien, c'est la mer indéfinie », qui donne tout son sens à la dernière.

2. Par exemple dans le début de « L'Avenir » : « Quand les mah, / Quand les mah, / Les marécages, / Les malédictions, / Quand les mahahahahas » (*La nuit remue*, I, p. 509).

Curieusement, Michaux prête un « effet libérateur pareil » à l'exorcisme par ruse dont la nature lui paraît cependant « parfaitement différente ». Il qualifie peu, du reste, ce second exorcisme, s'attachant plutôt au premier avec insistance et exaltation. L'exorcisme par ruse, dit-il, procède selon deux voies : le rêve et le rêve éveillé, dont la ruse est seulement plus concertée. On reconnaît la posture d'abandon libre défendue dans la Postface de *La nuit remue*, traitée seulement ici avec un peu plus de volontarisme. Beaucoup de poèmes contemporains, ajoute Michaux, relèvent de ce deuxième exorcisme. Quant à lui, qualifiant son propre recueil par rapport aux deux modes qu'il vient de distinguer, il oppose finalement « les poèmes du début de ce livre » à « la plupart des textes qui suivent », dans lesquels il reconnaît « en quelque sorte des exorcismes par ruse ».

Il y a là quelque chose d'étrange[1]. Cet exorcisme pur dont Michaux parle tant se limite donc, au sens strict, aux quatre poèmes liminaires. On en décèle ensuite seulement les traces ici et là — en particulier dans « Ecce homo » et « La Marche dans le tunnel », où l'énergie de l'exorcisme cède devant des moyens plus traditionnels d'expression et de contenu. Ainsi s'explique la formule imprécise : « la plupart », appliquée au reste du recueil ; en revanche, il s'agit alors de « textes » et non plus de poèmes. Michaux semble ainsi se distinguer, finement, deux fois, des poètes dont il suggère l'existence, dont on pourrait le croire proche. Il le fait une première fois en se qualifiant seul par rapport au véritable exorcisme, dans la mesure où il prête inversement à nombre de poèmes contemporains une pratique de l'exorcisme par ruse. Et il se distingue une seconde fois en qualifiant ses propres exorcismes par ruse de « textes » : il souligne ainsi leur qualité de prose par rapport à ceux des poètes (sans doute est-ce là ce que vise « en quelque sorte », pour renvoyer de toute façon ses textes à une sorte d'indéfinition). C'est dire qu'aux extrêmes de l'invocatif et du descriptif-narratif, Michaux fait

1. Le statut équivoque et tourbillonnaire de cette Préface éclate d'autant mieux si on se rappelle qu'à l'origine elle concernait seulement *Exorcismes*, et que Michaux n'y a pratiquement rien changé lors de la conception du volume final.

de l'exorcisme *sa* forme. Mais cette forme en lui est soumise à une tension, tant parce que ces extrêmes se trouvent ici touchés que parce qu'ils sont modulés au sein d'une même coulée.

Ailleurs

(1948)

Ailleurs s'intitula d'abord « Voyages imaginaires », puis « Le Livre du voyageur ». Les trois petits livres qui le composent ont connu eux aussi des flottements de titres. *Voyage en Grande Garabagne* s'appela un temps « Mœurs et coutumes des tribus et des peuples de Grande Garabagne ». *Au pays de la magie* est annoncé à deux reprises comme « Un voyage imaginaire » ; l'intitulé « Voyage au pays de la magie » apparaît aussi bien dans une lettre qu'en revue, et pour un projet d'édition de luxe. Quant au titre *Ici, Poddema*, il ne s'est allégé qu'au dernier moment de mentions tournant autour des idées de voyage et de « notes » ; le raccourci est alors étayé par le sous-titre adopté : « Extrait du Livre du voyageur ».

Ces flottements attirent l'attention sur le titre. Tous les titres des grands recueils de Michaux qualifient sous une forme ramassée des processus, des états, des lieux déterminants, parfois un personnage ou une voix. *Qui je fus* est le livre de l'identité rendue à son passé. *Mes propriétés* situe ce mouvement personnel dans un présent indéfini qui deviendra celui de tous les livres. *Un certain Plume* est le seul titre attribué à un personnage. Cette formulation en fait un être flou dont le nom se détachera ensuite, *Plume*, sur le fond d'un lieu sans bords, le « lointain intérieur » qui l'absorbe. *La nuit remue* unit d'un trait le lieu, l'état, le processus. *Épreuves, exorcismes* lie l'état et le processus qui le transfigure. *Ecuador* livre l'exotisme d'un nom que le sous-titre (« Journal de voyage ») transforme en lieu d'écriture. *Un barbare en Asie* ouvre un lieu plus vaste, tournant au processus par la disparité qu'introduit le faux personnage du « barbare ». Mais *Ailleurs*, avec ses trois recueils égrenés en sous-titres, ses trois pays voués à un lieu irréalisable que seul ce livre réalise ? Qu'est-ce que cet « ailleurs » ? « ailleurs (où ?) » [1] ? Pays qui n'est pas un pays mais une utopie intérieure investie dans une géographie sans limites.

« ailleurs ! / ailleurs ! / ailleurs ! », s'écrie la voix, laissant dans la page un blanc entre l'adverbe psalmodié et le vers qui précède (« je, j'ai, je suis // ailleurs ») ; « je » qui rit « dans une autre barbe », ailleurs, s'arrachant à l'« immense voix » de l'Histoire qui n'aura pas sa voix[2]. « Il est et se voudrait ailleurs, essentiellement ailleurs, autre. Il l'imagine. Il faut bien qu'il l'imagine[3]. » « Ailleurs » est un état, actuel-virtuel, réel par virtualité[4]. Une imagination active permet seule une altérité que les « fugues » et les voyages réels favorisent. Jusqu'au point où c'est de l'écriture que ces voyages finissent par dépendre ; celle, surtout, dont l'imagination est la plus « autre ». Un mois à peine après la publication de *Peintures*, un voyage sans enthousiasme au Brésil suscite aussitôt le contre-feu d'*Au pays de la magie*[5].

L'écriture déclenchée par le voyage n'est pas seulement une activité de fuite et de protection opposée à une réalité

1. Comme il est demandé dans le prospectus qui annonce la parution de *Plume* (voir I, p. 256).

2. Voir « Immense voix », *Épreuves, exorcismes*, I, p. 775-776, et le chapitre sur ce recueil, p. 277-279. Ce poème paraît six mois après la publication d'*Au pays de la magie*.

3. *Peintures*, I, p. 705 (dans la brève autobiographie liminaire « Qui il est »). Et aussi bien, dans ces mêmes années : « je me voudrais ailleurs » (*La Vie dans les plis*, II, p. 232) ; « Et mon *ailleurs*, vous pouvez me le secouer aussi. Ne sera jamais assez loin » (lettre à Michel Cournot, 24 avril 1948).

4. C'est dans *Différence et répétition* (P.U.F., 1968) que Deleuze substitue à l'opposition trop simple entre le réel et le virtuel une opposition entre l'actuel et le virtuel. Il souligne à quel point le virtuel fait partie de l'objet réel. Le virtuel se distingue ainsi du possible, opposé au réel en tant qu'il le réalise ; le réel peut alors être qualifié comme actualisation du virtuel. On trouve un exposé rapide et clair de la question dans le livre de Pierre Lévy, *Qu'est-ce que le virtuel ?*, La Découverte, 1995, p. 13-14.

5. « Prépare-toi donc à recevoir en manuscrit *Un voyage imaginaire*, celui que je fais ne me plaisant pas du tout, pas du tout » (à Paulhan, 27 octobre 1939).

extérieure démultipliée[1]. Elle est aussi une réplique des portraits obligés de la réalité dont Michaux n'a cessé d'éprouver la pression épineuse : de la « voix de pédagogue » d'*Ecuador* à l'essayisme du *Barbare*, dont il a souffert au point de se montrer injuste envers ce livre. Comment dire la réalité extérieure — « le panorama autour de votre tête » du jeune Michaux[2] —, qui détourne de soi, mais où on court aussi le risque de ne retrouver que soi : « le panorama dans votre tête » ? Comment y aurait-il la moindre vérité de l'autre, si elle est préformée par un besoin irréductible de « l'autre de tout autre », « ailleurs » engageant le déplacement de soi en soi, garant de la seule identité tolérable ? C'est là une tension première, qui ne cessera pas. Elle se cristallise au fil des années qui conduisent à l'idée d'*Ailleurs*, premier recueil purement « thématique », et celui qui affiche le plus long délai entre un premier ensemble, *Voyage en Grande Garabagne* (1936), et le livre final (1948).

Michaux a toujours inventé des pays et des peuples imaginaires. On le voit dès *Fables des origines* (1923). Réinventant le monde grâce à une déclinaison de personnages arrachés aux contes et légendes d'un primitivisme environnant, il y conçoit déjà des noms fictifs de tribus et de territoires[3]. Mais interprétant aussi l'« origine du petit pied des femmes chinoises », il peut dénier ensuite la qualité de « poète » liée à ces fables et se revendiquer plutôt comme « essayiste » en quête de l'« humainement vrai », là comme dans son essai sur le rêve[4]. Cette tension s'accroît au fur et à mesure que l'œuvre se développe, selon ses deux versants, essayisme et fabulation. Ils sont distincts mais réversibles, c'est toute la difficulté ressentie par Michaux. Ainsi s'annonce la formule du « déplacement-dégagement », dans le premier récit conçu selon une dérive

1. « Mes pays imaginaires : pour moi des sortes d'États-tampons, afin de ne pas souffrir de la réalité. / En voyage, où presque tout me heurte, ce sont eux qui prennent les heurts, dont j'arrive alors, moi, à voir le comique, à m'amuser. / Mes "Émanglons", "Mages", "Hivinizikis", furent tous des personnages-tampons suscités par le voyage » (*Passages*, II, p. 350).

2. Dans « Surréalisme », I, p. 61. Voir le chapitre sur les Premiers écrits, p. 106-107.

3. Les « Gwis » et les « Diphis », le « Wough » où vivent les Diphis (ou les « Owoughi dans le Ouolof »), *Fables des origines*, I, p. 30-33.

4. « Lettre de Belgique », I, p. 54. Voir le chapitre sur les Premiers écrits, p. 113-114.

géographique : « Au point de vue moral, un séjour que ferait Paris au milieu des peuplades de l'Afrique Septentrionale ne serait pas fâcheux[1]. » Puis le voyage même devient l'objet d'un tel enchâssement. Le journal d'*Ecuador*, où Michaux se débat entre expression intime et extériorité documentaire, suscite sur-le-champ son envers fantastique : commencé le jour de Noël 1927, le journal est doublé, avant l'arrivée à Quito fin janvier, par la première version des « Notes de zoologie »[2]. Naissant pour une part du voyage réel, vers l'Équateur puis en Turquie, *Mes propriétés* et *Un certain Plume* sont aussi des répliques fictionnelles aux risques d'objectivation tenant à la réalité des pays traversés. De même, le voyage en Asie et l'essai qui en naît accélèrent une plongée dans les fictions de la nuit — « La nuit remue », « Mon Roi » sont rêvés ou écrits dans le mouvement où s'achève le *Barbare*[3] —, puis dans la difficile aventure du *Voyage en Grande Garabagne* dont la composition puis la publication l'occupent, dans une vie marquée par de constants déplacements (en Belgique, en Espagne, au Portugal), de la fin de 1934 au début de 1936.

Mais la tension issue d'un tel conflit ne se relâche pas après la réussite de ce premier voyage imaginaire. Elle prend au contraire un tour crucial avec l'affaire des « portraits », qui se précise au fil des années 1935-1939. Le portrait pose en effet de plein fouet la question de la vérité, ou au moins d'*une* vérité, par le rapport qu'il instaure avec son modèle, que celui-ci soit individuel ou collectif — « Portrait d'homme » ou « Portrait du Chinois » : la force de l'intitulé « Un peuple et un homme (Portraits) » est d'assembler les deux sans pouvoir les unir[4]. Entre la tentation de la psychologie individuelle et celle de la psychologie collective, il s'agit de savoir ce que peut l'écriture (dont la peinture désormais supporte une part de la charge). Comment est-il possible à la fois de sentir et de connaître, de penser et de raconter ? Comment se ressaisir dans une invention de réalité conçue à partir de l'inépuisable réalité du monde — son

1. « Villes mouvantes », *Qui je fus*, I, p. 95.

2. Michaux date leur composition et la localise, pendant la traversée : « *Océan Pacifique*, Janvier 1928 » (le texte figure dans *La nuit remue*).

3. « J'ai hâte de finir cet ouvrage et d'enterrer cette préoccupation. J'ai de la poésie à faire pèter » (à Paulhan, s. d., environ été 1932).

4. Voir le chapitre sur les Textes épars 1936-1938.

histoire et sa géographie comme chacune de ses sciences — et, par là, du point de vue impossible d'une virtualité dont l'expérience ne cesse de renouveler les données ? Comment le portrait de l'humanité passée, présente, à venir, peut-il devenir aussi bien portrait d'un seul, qui s'inquiète de la folie d'une telle question, jusqu'à devoir en rire ? « Comme après mes voyages aux Indes, en Chine, en Équateur, une fois de plus à présent, j'en suis à ce désespoir de n'avoir pu traduire toute la personnalité de ces peuples étranges, impression que connaissent tous ceux qui sont plutôt explorateurs qu'écrivains[1]. » Mais une telle description aidera pourtant « à mieux se connaître tout lecteur sensible et scrupuleux[2] ». Car l'excès du voyage imaginaire rend l'explorateur plus écrivain que jamais. L'impossible objectivation de tout réel préexistant permet l'actualisation virtuelle d'un réel impossible. Par là, le voyage imaginaire s'oppose au journal ou à l'essai de voyage réel, dont il prend le contre-pied ; mais il se distingue aussi des modalités épique et lyrique de l'invention de soi. Mieux, c'est par rapport à ces genres et modes qu'il définit un espace projectif critique : il dessine leur perspective antagoniste comme ligne de fuite généralisée.

Cela explique que la concrétion du voyage imaginaire marque l'œuvre dès ses débuts, accompagne sa formation, se cristallise avec *Voyage en Grande Garabagne* au moment le plus vif, entre *La nuit remue* et *Plume*. Ainsi cette écriture singulière a-t-elle pu servir de bornes au conflit qui oppose, avec la venue de la guerre, l'« immense voix » de l'Histoire présente et les voix personnelles d'une histoire acharnée à contenir cette Histoire pour la métamorphoser : *Au pays de la magie* (1941) et *Ici, Poddema* (1946) entourent *Épreuves, exorcismes* (daté 1940-1944, et dont les premiers textes publiés remontent à 1942)[3]. Cela éclaire ce volume, *Ailleurs*, conçu

1. « Introduction » à *Voyage en Grande Garabagne*, supprimée lors de la reprise du livre dans *Ailleurs* (En marge d'*Ailleurs*, II, p. 133).

2. Prière d'insérer, dû à Paulhan, de *Voyage en Grande Garabagne*, II, p. 1056.

3. Voir le chapitre sur *Épreuves, exorcismes*, p. 275-276. La datation indiquée par Michaux pour ce recueil (1940-1944) est un peu trompeuse : elle vise en effet à couvrir la période de la guerre ; mais les deux textes parus le plus tôt (« Immense voix » et « Lazare ») datent de 1942.

pour désigner le lieu de l'impossible réel virtualisé. Au gré de transformations et d'états intermédiaires, ce mouvement aimanté par l'« ailleurs » traversera encore les grands recueils suivants, *La Vie dans les plis* (« Portraits des Meidosems ») et *Face aux verrous* (« Nouvelles de l'étranger », « L'espace aux ombres »). Il se poursuivra, par intermittences, parallèlement aux livres de la drogue qui recueilleront le plus clair de cette exigence d'excès : on y voit à quel point cette vue d'un « ailleurs » suppose une exacerbation des modalités du langage et une exploration méthodique des fonctionnements de la pensée[1]. Quelques textes postérieurs à *Face aux verrous* (1954) relèveront encore de la posture du voyage imaginaire : « Les Visps » dans « La troupe et nous », 1955 ; *Vigies sur cibles*, 1958 ; « Cahiers d'Orga, signés d'Orga » dans *Vents et poussières*, 1962 ; « Lieux sur une planète petite », 1966, l'année même du dernier livre globalement inspiré par la drogue : *Les Grandes Épreuves de l'esprit*. Cette puissance du voyage imaginaire fait comprendre que le voyage d'écriture, inspiré par le voyage réel dont la vie de Michaux a toujours été innervée, n'en dépende aussi que de loin, au gré d'une indifférence supérieure dont la figure elliptique du narrateur, commune aux trois livres d'*Ailleurs*, est la meilleure image.

C'est un homme sans âge et sans visage. Sa nature d'Européen s'affirme grâce à quelques rappels disséminés. Ainsi dans *Voyage en Grande Garabagne* : « Pas de ces petites mêlées comme en Europe ». Ou dans *Au pays de la magie* : « Ce que ne savent pas toujours les ouvriers et les sculpteurs d'Europe » ; « À présent en Europe, persiste encore parfois l'illusion » ; « ces idées qui, en Europe, vous traversent la tête continuellement[2] ». Quelques références culturelles, à Néron et Gilles de Rais, à l'architecture de « nos immeubles », au Christ et aux saints[3], contribuent dans *Au pays de la magie* à un va-et-vient

1. Dominique Noguez a souligné « *l'entraînement de langage* » et de « tout le psychique » à l'œuvre dans ces livres de voyage, et le lien très direct noué par là avec les livres de la drogue dont ils sont une préfiguration (« Les voyages imaginaires de Michaux », *Liberté* [Montréal], vol. 11, n° 6, novembre-décembre 1969, p. 14-17).

2. II, respectivement p. 61, 77, 79-80, 88.

3. II, respectivement p. 75, 93, 96.

modeste, inexistant dans *Ici, Poddema*. Une phrase suggère même un lien flou avec le voyage réel au Brésil : « une de ces formidables décongestions atmosphériques, comme on n'en trouve que çà et là dans les tropiques[1] ». Enfin, dans la préface de l'édition de 1948, l'auteur se dit « revenu à Paris » (comme il était de « retour en Europe » dans l'Introduction supprimée de *Voyage en Grande Garabagne*) ; il est simplement « revenu chez lui » dans l'édition de 1967[2]. La figure d'un être elliptique lesté de ces rares références transparaît ainsi au fil d'un parcours saisi dans le glissement continu entre les trois « personnes » dont le jeu garantit la fiction : le narrateur, l'auteur, le voyageur[3]. Le premier se livre à travers un ensemble d'adresses au lecteur fictif : le « je » est la plus nette, constamment relayé par le « vous » et le « on ». L'auteur est l'écrivain « perçu par le lecteur réel », dont le narrateur est une modalité d'expression parmi d'autres[4]. Enfin, le voyageur est le narrateur actif, jouant un rôle dans l'histoire, affecté par divers événements[5]. Ces trois

1. II, p. 78.
2. En marge d'*Ailleurs*, II, p. 133 ; II, p. 3.
3. S'inspirant de la distinction classique de Benveniste entre histoire (niveau de l'énoncé) et discours (niveau de l'énonciation), Delphine Todorova a distingué ces trois postures dans *Voyage en Grande Garabagne* — mais ceci vaut pour les autres voyages (« La structure linguistique du narrateur », *L'Herne* p. 108-114).
4. Delphine Todorova a détaillé certaines de ces modalités — absence de verbes, symétries rythmiques et syntactiques, absence de transitions logiques, combinaisons sémantiques, absence d'articles — à propos d'un exemple, « Les Cordobes », *L'Herne*, p. 122-127.
5. Sans pouvoir s'arrêter aux marques les plus fluctuantes de narration indirecte (« vous », « on », tous les embrayeurs de temps et de lieu), il est utile d'apprécier avec une précision relative la quantité d'interventions du narrateur direct (celui qui dit « je ») comme celle du voyageur (« je » impliqué, plus ou moins affecté) : leur intermittence savamment graduée est garante de l'effet d'implication distancée que ces récits engendrent. Le « je » du voyageur est présent dans douze des trente et un textes autonomes de *Voyage en Grande Garabagne* (mais ce sont de loin les plus longs ; l'effet de graduation entre présence et absence se reproduit alors au niveau des fragments : ainsi, « Chez les Hacs », le voyageur intervient dans sept fragments sur onze, et seulement dans deux fragments sur trente-cinq chez « Les Émanglons »). Le « je » du narrateur paraît dans quatre textes ; et trois textes associent les deux niveaux de « je ». Une proportion à peu près similaire s'affirme dans *Au pays de la magie* (quarante-deux fragments-textes en « je » sur un total de quatre-vingt-onze : trente prêtés au voyageur, huit au narrateur et quatre à leur mélange) ainsi que dans *Ici, Poddema*.

instances malaisées à démêler assurent une pression constante du discours sur l'histoire ; leur intégration permanente permet de faire du discours « une histoire au deuxième degré », rapprochant ainsi le pays inventé de la réalité du récit qui l'évoque[1].

L'identité vacillante du voyageur, avant tout en posture de témoin et d'observateur, s'esquisse çà et là, confirmant des traits reconnaissables et marquants de la figure « Michaux », telle qu'elle ressort des livres antérieurs : ignorance ou défaut de maîtrise des codes sociaux ; timidité, peur et attrait des femmes ; faiblesse d'être, incapacité de faire apparaître comme d'autres un halo[2] ; don de transmutation du désir physique en bonheur extatique ; plaisir à se trouver proche d'un peuple esquivant la force des noms ; fascination devant celui qui « siffle une source » et se montre capable de mener sans mélange et sans perte son modeste ruisseau en travers d'un grand fleuve — c'est la parabole du Berger d'eau, où on reconnaît une image d'autonomie chère à Michaux. Le Berger d'eau doit à « son charme personnel » d'être distingué parmi d'autres « petits métiers » que la fiction propose sans s'y arrêter : le poseur de torches, le charmeur de goitres, l'effaceur de bruits[3]. La virtualité de ces métiers suffit à délester la parabole dont le métier retenu est porteur, si forte et investie soit-elle (« je collais à lui, fasciné ») ; l'œuvre ne continue pas moins d'errer, au gré de la rêverie même qui pourrait lui servir de point d'ancrage. La passagère et trompeuse identité du voyageur se trouve ainsi soumise à tout ce que l'auteur, dont il est une émanation, ne cesse d'inventer sous le couvert du narrateur chargé de rapporter ce qu'il a vu, et dont il a partagé l'expérience, feignant toujours de ne s'étonner qu'à demi pour mieux nous ébahir, nous ravir et nous effrayer.

On a dit et redit, après Gide qui le premier a su le dire avec simplicité, à quel point ces inventions « d'une gratuité totale, parfaite » pouvaient différer de celles de Rabelais, de Swift ou de Samuel Butler, dans la mesure où elles sont sans

1. Voir Delphine Todorova, premier article cité, p. 114.
2. II, p. 110. L'opération se passe dans une chambre, devant une « plaque-juge ».
3. II, p. 72-73.

pédagogie et sans utopie. On n'imagine aucun revers à ces descriptions minutieuses de peuples si divers, de tant de mœurs et de coutumes sans accord. D'où « un malaise indéfinissable », tenant à l'art singulier montré par Michaux de « nous faire sentir aussi bien l'étrangeté des choses naturelles que le naturel des choses étranges » ! Car « tout cela, qui n'existe pas, pourrait être ; et tout ce que nous savons qui est pourrait bien ne pas avoir beaucoup plus de réalité[1]. » S'inspirant de cette impression vivace, Blanchot a accentué l'effet de la coupure dont Michaux devient l'étrange héros par bien des aspects de son œuvre et dans ses fictions de voyages. Plus encore que de mêler l'imaginaire et le réel, sa force propre est d'isoler l'imaginaire et d'entrer ainsi « dans une région qui échappe à tout intérêt humain, [...] en dehors de toute référence au destin de l'homme ». S'arrêtant à la clarté extrême mais sans justification de ces rêveries, Blanchot resserre ainsi son approche : « Ces fictions que nous comprenons ne sont pas écrites pour nous. Ainsi se forme l'idée d'un mystère totalement dépourvu d'énigme, d'un fantastique nouveau sans finalité, plus capable qu'aucun autre de dépayser l'homme, de lui donner une profonde image du désarroi et du malaise qui le saisirait s'il pouvait soutenir la pensée d'un monde où il ne serait pas[2]. »

On s'est parfois mépris sur le sens de cette exclusion de l'homme. En des termes qui ne sont pas encore nietzschéens mais qui le deviendront, il s'agit de mesurer l'échec désormais inéluctable des formes anciennes et nouvelles d'humanisme et de chercher à ressaisir dans cette sorte de fin annoncée la condition d'une survie du monde et de l'espèce. Ce monde dans lequel l'homme ne serait pas, que Michaux amène son lecteur à concevoir, répond ainsi à ce que Nietzsche appelait le « surhomme » : « ce qui libère la vie dans l'homme même, au profit d'une autre forme »[3]. Voilà ce que Michaux nomme l'« ailleurs », « essentiellement autre ». Sa

1. André Gide, *Découvrons Henri Michaux*, Gallimard, 1941, p. 38-41 ; *Essais critiques*, Bibl. de la Pléiade, Gallimard, 1999, p. 744-745.

2. Maurice Blanchot, « L'ange du bizarre », *Faux pas*, Gallimard, 1943, p. 266-267. Ce texte prend pour point de départ la plaquette de Gide.

3. Gilles Deleuze, *Foucault*, Minuit, 1986, « Annexe sur la mort de l'homme et le surhomme », p. 131-141.

force est d'être en tout « semblable à la nature »[1]. Ces pays, Michaux y insiste, sont « parfaitement naturels » ; non seulement au sens où leur étrangeté ne serait qu'illusoire, mais aussi « Naturels comme les plantes, les insectes, naturels comme la faim, l'habitude, l'âge, l'usage, les usages, la présence de l'inconnu tout près du connu[2] ». Aussi ces pays inquiétants mais séducteurs deviennent-ils l'ultime et intime utopie d'un monde désormais sans utopie[3] : inhumains d'apparence puisque leur inhumanité doit faire échec à l'inhumanité toujours plus vaste et radicale du monde qui les détermine.

Aussi les trois livres d'*Ailleurs* visent-ils avant tout à « tourner la Loi dans laquelle le réel s'énonce[4] ». Michaux évoque par exemple les Hivinizikis — les plus proches, parmi les peuples de Grande Garabagne, de l'écrivain qu'il est —, assaillis par « une multitude de clartés surgissant hors de propos, logiciens effrénés, mais criblés de fuites et de départs intuitifs, prouvant, par raisonnement, l'existence ou la non-existence de tout ce qu'on veut[5] ». Face à une démesure aussi librement ménagée, il devient un peu illusoire de cerner avec une précision significative les moyens par lesquels Michaux parvient ici à un

1. C'est le leitmotiv d'un poème d'*Ecuador*, où le « semblable » s'étend à toutes choses à partir d'une adresse inaugurale à la nature ; de sorte que ses lignes de force ressortent de la poussée d'un flux matériel, à la fois divers et global : « Semblable à la nature, semblable à la nature, semblable à la nature, / À la nature, à la nature, à la nature, (...) Semblable à la pensée, / Et semblable aussi en quelque manière au globe de la terre/ (...) Semblable à moi enfin, / Et plus encore à ce qui n'est pas moi » (I, p. 204-205).

2. Préface d'*Ailleurs*, II, p. 3 Les fins assez dissemblables des préfaces de 1948 et 1967 font sentir à quel point Michaux unit sous ce signe du « naturel » les mouvements les plus variés qui le relient au monde.

3. Dans sa longue analyse d'*Ailleurs* (p. 415-487), Jean-Pierre Martin range Michaux sous la catégorie de « l'utopie déceptive moderne », aux côtés de divers écrivains, de Kafka à Queneau, de Calvino à Pinget. Mais pour mieux qualifier l'extrême « déterritorialisation » à l'œuvre dans *Ailleurs*, il emprunte surtout à Foucault la catégorie d'hétérotopie, que celui-ci développe à propos de Borges, pour l'opposer à l'utopie, dans la préface des *Mots et les Choses* (Gallimard, 1966, p. 9). C'est par là que « *l'utopie du sujet énonciateur* est la condition première de l'hétérotopie » (p. 465).

4. Claude Lefort, « Sur une colonne absente », dans le livre homonyme, Gallimard, 1978, p. 169. Sa brève évocation du *Voyage en Grande Garabagne*, en particulier des Émanglons (p. 166-168), est une des plus aiguës consacrées au voyage imaginaire.

5. II, p. 57.

dérèglement dépassant toute attente[1]. C'est qu'il n'a recours à aucun « procédé », n'entre dans aucun système grâce auquel le détail deviendrait garant d'un ensemble. Tout, à tous les niveaux, tend toujours à varier : chez les Cordobes, la « colère aux cent expressions » ; à Poddema, les cinq registres de souffrance, les mille cent quarante sortes de malaises, leur extraordinaire « gamme de frissons », les espèces de femmes de Darridema : « À Darridema, [...] on ne fait plus que quatre espèces de femmes, les "trente-sept" autres ayant été rejetées comme impropres au bonheur des hommes, sans toutefois les faire disparaître entièrement. / Cinq en effet ont été gardées, excellentes pour la propagation de l'espèce, toutefois tenues à part, comme fastidieuses. Trois sont réservées pour l'éducation. Des autres, mais pas de toutes, on garde quelques spécimens. Ce sont des formes-reliques. On en a d'ailleurs perdu quelques-unes, et définitivement, par suite du désintérêt général[2]. »

Faisant varier la variété, Michaux détourne pour l'essentiel de leur cours quatre formes littéraires et scientifiques, aux frontières souvent poreuses ; il s'en est déjà joué auparavant, mais elles trament ici une partition inédite, s'attirant, se ruinant l'une l'autre. La première est le voyage imaginaire à proprement parler, avec sa consonance plus ou moins utopique et morale, de Thomas More à Cyrano de Bergerac, de Swift à Voltaire — tradition déjà renversée en contre-utopie, de Swift à Butler, de Huxley à Orwell et au-delà. La seconde forme est celle des journaux ou récits de voyage, parmi lesquels il faut compter ceux de Michaux en Équateur et en Asie, mais on n'oubliera pas ses incursions passées dans plusieurs pays imaginaires. La troisième est le compte rendu ethnographique, aux variations parfois si proches du récit, dont les traditions française et anglo-saxonne de l'anthropologie ont donné tant d'exemples depuis le début du siècle[3]. Le discours de la

1. On l'a fait, soit en essayant de classer, toujours trop sèchement, les grands modes expressifs adoptés par Michaux (Delphine Todorova), soit en les évoquant dans un désordre obligé qui tente avec difficulté de serrer au plus près le mouvement des textes (Jean-Pierre Martin).

2. II, respectivement, p. 49, 107, 109 et 111.

3. L'Introduction de 1936 fait ainsi état de « la partie proprement technographique et linguistique » (En marge d'*Ailleurs*, II, p. 133). Dans une lettre du

science même, sociologie, ethnologie, est ainsi mis en abyme par un prière d'insérer annonçant « une contribution précieuse à la science de la mentalité primitive[1] ». Enfin, les livres de vulgarisation, qui mêlent tous ces genres avec des fortunes diverses. Leur intérêt ambigu est de faire sourdre, à la mesure de ce qu'ils transmettent, le lieu commun et le stéréotype, le mythe au sens bâtard : ce que Flaubert nommait « idées reçues » et que Barthes appela « mythologies ».

La stratégie qui consiste à mêler, ruiner et métamorphoser les unes par les autres ces formes d'écriture, de recherche et d'information, a pour effet deux résultats déterminants — sans parler de l'humour, vrai fil rouge de la démarche, qui garantit autant d'alliages et de décalages qu'on en peut rêver. Michaux dynamite d'abord au gré d'un nomadisme généralisé toutes les représentations qu'il approche : psychologiques, culturelles, sociales, politiques. Il dissout en particulier la question si sensible de la qualification des races humaines. Celle-ci a oscillé entre deux formulations : une inégalité de principe, postulée par Gobineau avec la triste postérité que l'on sait (jusqu'au tournant fatal de ces années 1930 où Michaux écrit) ; un pluralisme égalitaire légitimé par l'anthropologie comme par l'abstraction démocratique de la raison universelle. La nomination même des races, peuples et tribus, comme celle des nations, régions ou provinces, si pressante dans *Voyage en Grande Garabagne*, les classifications problématiques auxquelles ces nominations se heurtent, les solutions ou conclusions absurdes et détournées qui en ressortent, les observations contradictoires esquissées en chacun des cas développés, tout vise à affoler ici jusqu'au délire l'ambiguïté qui sera fustigée comme « le péché originel de l'anthropologie » : la « confusion entre la notion purement biologique de

---

1er novembre 1935, Michaux demande par exemple à Paulhan de lui envoyer « le volume de Jan Welzl *La Vie des Esquimaux* » : il s'agit d'un livre, d'abord paru en 1928, traduit du tchèque chez Gallimard en 1934 (dans la section Monographies de la collection « Géographie humaine »), et dont l'auteur, une sorte d'aventurier, raconte comment il a été pendant dix ans le chef d'une tribu.

1. C'est le titre du célèbre ouvrage de Lévy-Bruhl : *La Mentalité primitive* (1922).

race » et « les productions sociologiques et psychologiques des cultures humaines »[1].

Mettant de surcroît en doute le critère biologique du point de vue de la génétique moderne, Lévi-Strauss appuie en particulier sa critique sur la disproportion de nombre entre cultures humaines et races humaines, « puisque les unes se comptent par milliers et les autres par unités[2] ».

À l'opposé, mimant le sens commun, spontanément « raciste », Michaux donne une étendue plus large à la notion de race pour mieux en jouer. Le texte exemplaire est à cet égard « Les Rocodis et les Nijidus » : « Ce qui étonne en eux, c'est un fond rin-rin. Cependant la race rin-rin n'existe pas. C'est seulement le fond de l'âme des Nijidus qui est rin-rin. Et le fond de l'âme des Rocodis est tout pareil. » De là, les qualifiant brièvement par quelques traits, Michaux conclut : « Pour ne pas m'éloigner davantage de ma pensée, les Nijidus sont des barnes et des rippechoux, plus dépourvus de brillant que n'importe quoi, et yayas et gribelés[3]. » Recourant à son espéranto (pour l'occasion bien peu « lyrique ») esquissé par le mot « rin-rin », Michaux se joue ainsi du rapport entre race(s), peuple(s), types et traits. Des Mastadars, à peine effleurés en cinq lignes, il écrit : « C'est la grande race, la Race[4]. » Les Ourgouilles, eux, vivent « dans un climat qui fait fondre et verdit les autres races (...), les Carasques, les Ratavestes et les Cliffets »[5]. Les classifications de peuples ou tribus sont soumises aux mêmes tourniquets, disjoignant celle de la race ou des races. Michaux conclut ainsi contre toute logique apparente son long texte sur les Émanglons : « En somme, les Émanglons sont des Yoffes[6]. » Et de même le texte sur les Cordobes : « Aux Cordobes se rattachent aussi les Ébelleux, les Écreux, les Ficres et les Pajaris[7]. » Mais aussi celui consacré aux Arnadis : « Les Arnadis ne sont pas plus importants que les

1. Claude Lévi-Strauss, *Race et histoire*, Unesco, 1952 (Gallimard, coll. « Folio-essais », nº 58, p. 10).
2. *Ibid.*, p. 11.
3. II, p. 37-38.
4. II, p. 43.
5. II, p. 47.
6. II, p. 29.
7. II, p. 50.

Nijidus. Tout ratatinés. Je mets ensemble les Bévins, les Souvgattes et les Arnavas. Ils se distinguent entre eux, paraît-il. Peut-être[1]. » Cette incertitude de la distinction fait ressortir une assurance effarante à propos des « Murnes et Églanbes », exaspérée par un retour d'espéranto : « Les Murnes : prétentieux, goborets, gobasses, ocrabottes, renommés pour leur bêtise repue et parfaitement étanche, comme les Agres et les Cordobes pour leur jalousie, les Orbus pour leur lenteur, les Ridieuses et les Ribobelles pour leur peu de vertu, les Arpèdres pour leur dureté, les Tacodions pour leur économie, les Églanbes pour leur talent musical[2]. » Et ainsi comme à l'infini[3].

Faisant cela, étendant cette confusion à toutes sortes d'entités, de territorialités matérielles et culturelles, Michaux finit par gagner sur plusieurs tableaux. Il prend d'abord à rebours les efforts tourmentés d'évaluation-classification des races et des sociétés qui ont hanté si vivement tant d'écrivains européens et beaucoup de Français entre les deux guerres, jusqu'au délire antisémite de Céline. Michaux ouvre ensuite une autocritique des moyens dont il a lui-même usé, en particulier dans *Un barbare en Asie*, pour venir à bout du problème posé par le « tempérament » des peuples ou de la race — comme il l'écrit avec une sourde ironie à la fin d'un parcours où tant de races ont été malaxées[4]. Cela implique des réactions précipitées autant que des convictions établies : c'est-à-dire la sympathie et l'antipathie éveillées par les peuples chez celui qui les traverse. On voit ainsi la tâche impraticable que suppose, dès lors, la recherche d'une vue cohérente chez qui veut avant tout demeurer personnel, ou pulsionnel, sans cesser pour autant d'être au moins correct. Dans *Un barbare en Asie*, le chapitre si

1. II, p. 38
2. II, p. 54-55.
3. On peut voir là un écho amplifié de la lecture que fit le jeune Michaux de Haeckel, et en particulier de son fameux tableau taxinomique des douze espèces et des trente-six races humaines, elles-mêmes scindées en une multitude de sous-races et toutes hiérarchisées, selon les vues spontanément racistes du biologisme post-darwinien et de la génétique des populations (voir sur ce point André Pichot, « Racisme et biologie », *Le Monde*, 4 octobre 1996, p. 14 ; et sur Haeckel, voir le chapitre sur les Premiers écrits, p. 96).
4. C'est la dernière phrase du *Voyage* : « En Grande Garabagne, on est conduit par le tempérament de la race plutôt que par des chefs » (II, p. 65).

profondément remanié sur le Japon, jusqu'à la préface tardive et embarrassée de 1984, témoigne bien de ce problème délicat et douloureux plusieurs fois rencontré par Michaux, en Équateur, en Argentine[1]. Reste donc la fiction, qui déplace et radicalise l'affect autant que le problème. Dans *Un barbare en Asie*, seul le dernier chapitre, « Un barbare chez les Malais », sut en un sens poser et traiter ce conflit avec un bonheur égal. Non seulement à cause du coefficient sensible qui pousse Michaux à tout aimer chez les Malais, mais grâce à la conception d'une forme, précise et volatile (« la forme-ergot »), qui dote d'une force fictionnelle tout ce par quoi le voyageur est touché[2]. Cette puissance élevée à l'état pur permet de penser dans *Ailleurs* l'humanité comme fiction.

Michaux parvient ici — c'est le second résultat déterminant — à une homogénéisation de genre encore chez lui sans équivalent. *Un barbare en Asie* excepté, tous ses livres comportaient jusque-là au moins un chapitre ou une petite section de « poèmes », en général groupés sous cet intitulé[3] : tel est le moyen de formaliser ce qu'assure dans *Ecuador* le passage net et constant de la prose au poème, doté d'une nouvelle liberté dans les transitions sans parties d'*Épreuves, exorcismes*. Rien de tel dans *Ailleurs*, où tous les textes relèvent d'une énonciation comme d'une disposition de prose. Une fois, dans la seconde partie d'un texte souvent remarqué, « Les Omobuls[4] », la narra-

1. Voir le chapitre sur *Un barbare en Asie*, n. 1, p. 62, en particulier, et celui sur les Textes épars 1936-1938, p. 212-214. C'est la conclusion du compte rendu signé « Petrus » dans *D'Artagnan* : « Lisez *Un barbare en Asie*, et vous comprendrez le grand problème de races qui va se poser devant l'humanité » (nº 321, 25 février 1933).

2. Voir le chapitre sur *Un barbare en Asie* p. 169-170. Voir aussi, p. 164, les références faites à la préface de l'édition américaine du *Barbare*, écrite presque au même moment que celle d'*Ailleurs*, supposant entre pays imaginaires et réels une même ligne de fuite.

3. C'est le cas de tous les recueils, de *Mes propriétés* à *Plume*, à l'exception d'*Un certain Plume* où des poèmes forment toute la « cinquième partie » sans recourir à cet intitulé (un très court poème, « Les Ouroubous », se trouve aussi en fin de la « troisième partie »). Il arrive que des textes plus importants correspondant eux-mêmes à des chapitres se présentent clairement comme poèmes (« Adieu à une ville et une femme » dans *Qui je fus*), ou montrent un état ambigu (« La Ralentie » dans *Plume*).

4. Voir le premier article cité de Delphine Tororova, p. 111-112, celui de Dominique Noguez, p. 11-12, et le livre de Jean-Pierre Martin, p. 453.

tion vire à l'évocation par quelques procédés visibles (raréfaction des articles et des verbes, multiplication des alinéas). Ce glissement frappe d'autant que le nom de ce peuple, au féminin comme au masculin, permet un jeu trouble d'identités entre genres et sexes à travers un mot cher à Michaux (bulle), tout en faisant l'objet d'un travail poussé d'allitérations et d'assonances[1]. Mais ces poussées d'invocatif, relayées par des instants d'espéranto, demeurent ici incorporées aux deux modes majeurs de la narration et de l'argumentation. De même, l'extraordinaire invention des noms de peuples et de tribus obéit au principe d'un enchaînement forcené d'histoires devenant autant de provocations pour la pensée. Cette invention forme, dans *Voyage en Grande Garabagne* surtout, une couche d'espéranto d'une logique et d'une portée propres, aux motivations parfois évidentes (ainsi les Halalas et les Omanvus) et plus souvent obscures. *Ailleurs* n'appartient par là à aucun genre, les absorbant tous et donnant plus que jamais l'impression d'un « genre Michaux[2] » qu'il serait vain de qualifier par des mots lourds de distinctions préétablies. S'attachant ici à des peuples et des tribus dotés de dimensions archaïques et légendaires dont il joue, Michaux se montre en fait moins proche de l'épopée ou du mythe qu'il ne l'est dans beaucoup de textes voués aux étapes et aux mouvements d'une individuation subjective. Comme s'il transformait alors plus directement que jamais deux genres dont il a jusque-là trop attendu (c'est net au moment tournant où il conçoit *Voyage en Grande Garabagne* dans un mélange d'exaltation et de difficulté) : d'un côté l'essai, dont l'expérience d'*Un barbare en Asie* le détourne ; de l'autre le roman, qui aura toujours fait défaut[3]. En cela, aussi, Michaux s'engage par une multiplication de fictions vers la fiction de la pensée. Une pen-

1. « Quelques Omobuls obèses causent eaux et climats. Une Omobulle en voiture respire les vapeurs enivrantes d'une cassolette » (II, p. 30).

2. Voir l'Introduction, p. 32. Bien que soulignant la position de Todorova, pour qui *Voyage en Grande Garabagne* appartient à tous les genres, Barbara Labuda veut faire dire à celle-ci qu'elle tient malgré tout ce livre pour un récit de voyage, et finit par le classer elle-même dans le genre « "littérature morale" (didactique) » (p. 77-90 de son article « Les signaux génériques dans le *Voyage en Grande Garabagne* d'Henri Michaux », *Zagadnienia rodzajòw literackich*, vol. 14, nº 2, 1972, p. 73-92).

3. Sur la tentation du roman, voir les chapitres sur *Qui je fus*, p. 115-118 ; *Ecuador*, p. 134-136 ; et les Textes épars 1936-1938, p. 209 et n. 5.

sée qui jamais n'est ici distincte de la sensation — du corps, de la nature. Il s'agit bien de la sensation de pensée, à l'œuvre dans les mécanismes contradictoires, provocants, de chaque proposition avancée par le narrateur-auteur-voyageur à propos de ses peuples. Les mots que le narrateur d'*Ici, Poddema* oppose aux civilisations, en regard de leur « savoir-faire », pourraient en être la formule : « savoir sentir », capable, pense-t-il, d'harmoniser « toute la société[1] ».

Chacun des trois recueils qui composent *Ailleurs* participe ainsi d'une force globale : elle n'a, comme telle, été égalée par aucun autre livre de Michaux. C'est que l'homogénéité de cette force est l'hétérogénéité même : une explosion de sens filant vers le « nonsense[2] », sans cesse et par tous les moyens, dans le détail et par son accumulation. Elle n'est cependant pas uniforme d'un recueil à l'autre : étagés sur dix ans d'écriture et de vie, ces trois livres diffèrent aussi beaucoup, par leur insistance sur tels aspects de cette force comme par leurs données territoriales et leur humeur.

Héros ténu, au fil de *Voyage en Grande Garabagne*, de trente et un textes découpant autant de territoires incertains, égrenant soixante-trois noms de peuples et de tribus — beaucoup sont tout juste cités — variant au gré de leurs « mœurs et coutumes » et d'états incertains de civilisation, le voyageur-narrateur disparaît pour laisser place dans un dernier récit au seul vrai personnage qui puisse lui être opposé et par rapport auquel soudain l'ensemble du premier recueil se pose : Dovobo, empereur de Grande Garabagne. Dégagé du rapport d'implication et de double direct qui affecte le Roi de « La nuit remue », « Mon Roi » psychique et projectif, Dovobo est un des personnages les plus forts de Michaux. Il appartient au passé de l'Empire, il en signe la fin[3] ; mais il dote aussi cette histoire d'un mythe rétrospectif qui ressemble fort à une parodie du mythe œdipien et devient un éloge de la vie primitive. Il faut

1. II, p. 108. « Savoir-sentir » est mis par Michaux entre guillemets.
2. Sur le *nonsense* propre à l'« espéranto lyrique », voir le chapitre sur « Rencontre dans la forêt », p. 179.
3. « Après lui, il n'y eut plus d'Empire. On y renonça tout naturellement » (II, p. 65).

« la mort de son père, de sa mère, de ses frères, de ses oncles et de douze de ses cousins » pour que ce « sauvage » soit porté au trône dont il va, héros du « Non ! », détruire un par un les codes. Irrespect de toute hiérarchie, grossièreté, goût de la provocation, proximité du peuple, appétit sexuel (« dormant avec deux ou trois femmes, prises selon sa fantaisie »), vigueur incomparable : tous les traits liés en Dovobo jusqu'à sa mort violente après seulement dix-sept jours de règne en font le héros d'un désir libre de toute entrave. L'écriture même devient en lui héroïque et monstrueuse, physique : sa signature « d'une seule lettre, mais grosse comme la paume de la main » ; les mots qu'il appose sur la grande porte du palais du vice-roi « en lettres comme des pains : MAISON MAUDITE ! ». Bref, tout incarne en Dovobo une utopie individuelle au ton d'anarchie et d'enfance, venant doter, comme en pure perte, d'un sens rétrospectif et d'une unité mythique joueuse le délire accumulé pendant tout ce recueil avec lequel il disparaît.

L'utopie qui ressort du délire accru concentré au fil des quatre-vingt-onze épisodes d'*Au pays de la magie* est d'une autre nature. Elle tient au processus même. Préfigurée par les micro-mythèmes ironiques de *Fables des origines* et surtout par les degrés de « sorcellerie » de « Braakadbar[1] », la magie fait une entrée forte chez Michaux avec « Un barbare en Inde ». Cette magie dont la pensée indienne est pleine, qui requiert « l'Efficacité » et suppose la chasteté, donne pourtant dans la réalité « des résultats insuffisants » ; elle seule sépare des dieux les hommes cherchant par un accroissement de leur force psychique à s'en approcher[2]. Une des voies tient à « la magie des mots[3] ». Tel est le programme que réalise *Au pays de la magie*,

1. Voir les chapitres sur les Premiers écrits, p. 108-113 et sur « Braakadbar », p. 154.

2. Voir *Un barbare en Asie*, I, p. 287-288, 289, 300, 306 (« Un homme tue plus vite d'un coup de sabre que par magie. (...) le premier imbécile venu peut se servir d'un sabre, et on peut réunir plus facilement vingt mille imbéciles que vingt bons mages »), 311 et 330.

3. « Ils savent, ils savaient surtout, autrefois, ce qu'est la magie des mots. / À la seule époque de Sangham, on cite 192 poètes considérables, dont 57 agriculteurs, 36 femmes, 29 brahmes, 17 hommes des montagnes, 13 gardes forestiers, 7 marchands, 13 rois Pandyas, etc., un potier et un pêcheur. » Dans une longue note au mot « magie », Michaux cite l'exemple de Tulsï Dâs, l'auteur

après les deux textes intitulés « Magie », dans *La nuit remue* et dans *Plume*, et une suggestion forte de « Portrait d'homme » (« c'est donc plutôt à la magie qu'il aspire »)[1]. Tel est l'écart suscité entre « ici » (l'Europe) et « ailleurs », ce pays où on a établi « le *grand barrage*[2] ». Dans son exercice actif, attirant et souvent terrible, la magie est vraiment, par les mille et une manifestations d'un pouvoir incontrôlable, la loi sans loi de ce voyage dont le voyageur est pour finir expulsé, magiquement, comme il y est entré sans crier gare. Il y a bien, dans ce pays, quelques mentions erratiques de peuplades, de provinces ou de villes[3] ; on y trouve même la seule référence historique datée d'*Ailleurs*[4]. Mais rien qui rappelle la taxinomie géographico-démographique de la Grande Garabagne. Il n'y a ici que des Mages et des objets magiques. Ceux-ci, dont « Les premiers, non les principaux, sont au nombre de douze », autorisent seuls une « communication véritable avec les gens de ce pays[5] ». Cette taxinomie fait rêver : elle se tient sur le fil du rasoir entre sens et *nonsense* (ainsi « le chaos nourri par l'échelle », le « chariot de nerfs » ou « le rayon de paille ») ; elle oscille entre une liberté de l'imagination poussée aux limites de l'arbitraire et les contraintes d'une subjectivité qui se repose ainsi de devoir toujours compter avec elle-même. Une telle magie devient la force neuve qu'avant de repartir vers l'Europe en guerre Michaux oppose à ce qui l'attend, après qu'elle a servi

du *Ramayana* et de *Hanuman*, libéré de prison par Hanuman et une armée de singes nés de ses méditations. « Quel est le poète européen qui en puisse faire autant ? Lequel fera surgir pour le défendre seulement une souris ? » (*Un barbare en Asie*, I, p. 342).

1. « Portrait d'homme », Textes épars 1936-1938, I, p. 534. Voir les chapitres sur *Plume*, p. 220-222, et sur *Peintures*, p. 250-251.

2. II, p. 88.

3. « [...] les Hassais qui s'approchaient trop souvent des côtes de leur pays » (II, p. 77) ; « des ennemis venus de l'Ouest » contre lesquels on emploie la « province-estomac » (p. 79) ; « les K... » et « les E..., leurs voisins » (p. 90) ; les provinces de Norr, de Gornoba et de Caréla (p. 96) ; la ville d'Iniaho (p. 100), la ville d'Oboar (p. 103).

4. « [...] en l'an 493 de la troisième siriade de leur ère », II, p. 103.

5. II, p. 102-103. Cette taxinomie répond à celle des qualités que doit posséder un disciple, dans un des livres sacrés hindous (*Un barbare en Asie*, I, p. 302-303). La table des matières *d'Au pays de la magie* compose elle-même une liste comparable.

contre le pays réel, le Brésil, où son livre naît, dans un voyage au-delà du voyage où l'écrivain en lui touche au plus près ce qui le fait écrire.

On parque déjà les étrangers dans des camps, chez les Émanglons, « aux confins du territoire ». On y met aussi, « dans des camps en pleine campagne, ou avec des enfants », l'Émanglon qui a passé plus de deux ans à l'étranger. Dans ce temps de transit, il arrive qu'il disparaisse : « Les Émanglons se contractent tellement vite. Le caillot formé, le sang ne remonte plus à la tête.[1] » Mais c'est dans *Ici, Poddema*, écrit vers la fin de la guerre, dans la seconde partie surtout, « Poddema-Nara », où ses effets s'impriment plus visiblement, que le délire du voyage imaginaire tente d'approcher le délire de la réalité auquel le langage du témoignage cherche au même moment à faire face, à travers *L'Univers concentrationnaire* de David Rousset[2] et *L'Espèce humaine* de Robert Antelme[3]. Dans *Ici, Poddema*, le « ici », avec ses airs de téléphone et de radio, transforme l'ici de l'Europe opposé auparavant à l'ailleurs de la magie : ici, à Poddema, en Europe, suggère-t-il, comme le fait la préface d'*Ailleurs* pour justifier l'étrange naturel de ces pays imaginaires[4]. Tout ce qui touche aux chambres multiples, à « Poddema Ama » — chambre des mensonges, chambre de détection des crimes à venir, chambre des projets secrets, chambre des provocations, chambre d'oubli, chambre aux malaises, chambre des halos —, se trouve ainsi pris dans un langage à double entente : d'un côté l'image des chambres où

1. II, p. 28.

2. Corbeil, Éditions du Pavois, 1946 (republié aux Éditions de Minuit en 1965).

3. Au début de son Avant-propos, Antelme insiste sur la situation de « véritable délire » dont les déportés ont été la proie à leur retour, dans la mesure où le langage dont ils disposaient ne leur permettait pas de rendre compte de l'expérience qu'ils avaient vécue et qu'ils vivaient encore : « Nous avions [...] bien à faire à l'une de ces réalités qui font dire qu'elles dépassent l'imagination. Il était clair désormais que c'était seulement par le choix, c'est-à-dire encore par l'imagination que nous pouvions essayer d'en dire quelque chose » (*L'Espèce humaine*, Éditions Robert Marin, 1947, p. 11 ; Gallimard, coll. « Tel », 1978, p. 9).

4. « Il traduit aussi le Monde, celui qui voulait s'en échapper. Qui pourrait échapper ? Le vase est clos » (II, p. 3).

l'imagination de Michaux a toujours pris forme (« petite chambre » de « La nuit remue »[1]) ; de l'autre les chambres à gaz dont l'image commence alors à s'imposer[2]. Avec la conception des « enfants "au pot" » une sorte d'horreur systématique s'ensuit, évoquant aussi bien les manipulations génétiques nazies sur les races « inférieures » que les mutations provoquées par la bombe atomique — Michaux anticipe aussi les recherches de la médecine et de la génétiques contemporaines. Cette horreur est portée par un humour atroce mais allègre, touchant « l'espèce humaine » en son principe[3], à travers les noms et les traits qualifiant tour à tour les diverses espèces de « Poddemaïs au pot », opposés aux « Poddemaïs naturels », tous faisant entendre leur nom de plante hallucinant et dérisoire. La conception de ces enfants « semi-artificiels » apparaît dans *Ici, Poddema* à la fin de « Poddema Ama », avec les centres de Karina et de Vidari, « centre de vingt mille pots ». Les Poddemaïs au pot, développés ensuite dans « Poddema-Nara », par anomalie, par nom de race ou sous-race et par région ou par ville, sont l'occasion d'un délire taxinomique à entrées multiples : Igapanouas, Poddemaïs en espalier, Poddemaïs d'Errimane, Poddemaïs hahas, Poddemaïs de cave, Poddemaïs de race de maître, Gussaïs[4].

Quelle est donc l'utopie qui ressort cette fois de l'horreur touchée en son fond ? Ni une subjectivité archaïque-héroïque, ni un processus porteur d'un pouvoir ; tout simplement la langue et la force de son mystère. Il n'y a pas de réflexion

1. *La nuit remue*, I, p. 420.

2. « Poddema-Nara » s'ouvre ainsi : « Leur moyen-âge fut terrible./ On n'obtenait plus de remords que par les gaz » (II, p. 113).

3. « À Nianoura. / L'espèce humaine y a une première puberté à l'âge de six ans » (II, p. 120).

4. Voir, dans En marge d'*Ailleurs*, II, p. 138-145, d'autres noms encore, dans les fragments d'*Ici, Poddema* supprimés en 1967. La conception des enfants au pot, très ancienne chez Michaux, remonte à « Chronique de l'aiguilleur » (1922, t. I, p. 10). La paternité de ce « fait historique » est alors curieusement attribuée aux Chinois. Il est difficile de préciser la logique confuse de ces quelques paragraphes ; mais ils concourent sur un mode cocasse à l'idée générale du chapitre consacré aux mutations de la physiologie et de la sensibilité. Le « pot » a ensuite été pris plus banalement comme thème, à travers *Fables des origines*, dans « L'origine de l'anthropophagie » et « L'Homme qui mange son fils » (I, p. 33-34 et 36-37).

propre sur la langue dans *Voyage en Grande Garabagne* : l'invention effrénée des noms, quelques injections d'espéranto, l'écriture sauvage de Dovobo en tiennent lieu. De même, au pays de la magie, la force d'affirmation du processus est telle que la langue n'est touchée qu'en passant, pur rappel d'un rapport obligé entre la surnature propre à la magie et les rares mots-signes qui l'évoquent[1]. À Poddema, en revanche, la langue se trouve elle-même saisie dans la dérive du délire logique dont elle tente d'être l'expression[2]. Chaque mot proposé du « parler » des Oudemaïs (il y en a environ une douzaine) qualifie un principe général d'importance variable ; mais il est impossible de lier en un ensemble cohérent les termes proposés dans une sorte de tableau narratif. Il suffit pourtant d'une variation de phonème, comme dans la vraie langue, pour désigner deux choses sans rapport — « dans les cas de désignation dite lourde » l'absence de répétition de « Barahi » par « le parleur ou l'écrivain » justifie la méfiance ; « Balahi », d'autre part, est un mot sans signification, qu'il est de bon ton de jeter dans la conversation. Une linguistique en creux s'ouvre ainsi sur une poétique ou une prosaïque virtuelle. Trois traits surtout semblent la spécifier. Un des trois niveaux différenciés de cette langue, la « langue de considération » se trouve être mieux parlée par une race de Poddemaïs au pot, « ceux de Kanabelle », que par les Poddemaïs naturels

1. « Un costume a été conçu pour prononcer la lettre "*R*". Ils ont aussi un costume pour prononcer la lettre "*Vstts*". » Pour le reste on peut s'en tirer, à l'exception toutefois de la lettre « *Khng* » (II, p. 67) ; « l'on sort en criant "Mja !" et l'on se jette en courant dans la rue » (p. 71) ; « La foule après son émoi se répandit sur le sol redevenu tranquille, contemplant avec stupeur le creux passage en S de la queue furieuse du dragon » (p. 103).

2. Ces remarques linguistiques couvrent deux longs fragments, II, p. 220-222. Elles comptent dans *Ailleurs* parmi les plus beaux exemples de parodie de textes antérieurs. D'un côté, elles évoquent les travaux de l'anthropologie naissante, telle qu'elle est transmise par les notes de savants voyageurs, par exemple l'admirable *Voyage en Laponie* de Linné — une note elliptique de *Passages*, II, p. 347, évoquant les publications de la « London Linnean Society » permet de penser que Michaux connaissait peut-être ce livre. De l'autre, ces fragments rappellent les moments les plus forts de rêverie linguistique de Swift dans les *Voyages de Gulliver* : à l'Institut des langues, au cours du « Voyage à Balnibarni », ou à l'occasion de considérations sur la langue des Houyhnhnms (respectivement p. 194-195 et 242 de l'édition de la Bibliothèque de la Pléiade établie en 1965 par Émile Pons et qui pourrait être un des livres de base pour une lecture vigilante de Michaux).

eux-mêmes : ainsi, la langue des victimes, qu'on imagine née de leur sort monstrueux, d'une souffrance longuement évoquée, prend le pas sur celle des maîtres. D'un autre côté, si la réception de cette langue dépend de son code, ce code dépend à son tour de signes naturels (« le signe de la plaine ou de la cascade », etc.). Enfin, une opposition clôt ce parcours : il y a *Nag* (« c'est comme un dieu, c'est la force pure, (...) c'est aussi la méditation ») et *Hag* que bouche *Nag*. « Et qu'est-ce que *Hag*, présent dans presque toutes les phrases ?/ C'est la syllabe d'incertitude[1]. » Michaux disait de la langue chinoise, de ses mots courts d'une seule syllabe, que « cette syllabe résonne avec incertitude[2] ». On voit le glissement qui se produit de la langue réelle, mais autre, « essentiellement autre », à la langue fictive : l'incertitude qui libère d'un côté la langue d'un excès de sens et d'une lourdeur propres à trop de langues devient de l'autre le trait omniprésent destiné à être transfiguré au profit d'une force supérieure. Aussi l'écrivain-voyageur peut-il passer lui-même de l'écriture induite par la réalité documentaire à l'écriture inspirée de l'ailleurs. Celle-ci peut enfin, dans *Ici, Poddema*, affronter l'Histoire avec des moyens distincts et renouvelés, passant outre au rapport tourmenté formulé trois ans plus tôt entre l'exorcisme comme « poème du prisonnier » et les formes autographiques modifiées de l'exorcisme par ruse[3].

L'écriture de l'ailleurs a ce pouvoir : sa fiction lui permet d'échapper aux incidences trop directes en prenant une sorte de hauteur baroque. Elle s'incorpore ainsi aux virtualités de sa propre épopée, prenant toute actualité à revers pour l'attirer et la dissoudre dans les cercles de sa puissance. La dernière chambre de *Ici, Poddema* accomplit ce transfert. Au nom de la « recherche » à mener, « des spectateurs de la race des ordonnateurs sont entrés dans la chambre aux transformations, où pourtant fréquemment des accidents graves ou la mort même atteignent l'adulte qui s'y expose, entré là dans l'espoir d'une

1. II, p. 120.
2. *Un barbare en Asie*, I, p. 361.
3. Sur l'opposition entre les deux formes d'exorcismes, l'un répondant par une sorte d'engagement à la réalité concrète de la guerre, l'autre s'en détournant par des transformations de l'épopée personnelle, voir le chapitre sur *Épreuves, exorcismes*, p. 277 et 289-291.

rénovation. / Un obscurcissement de l'ancienne personnalité y est presque fatal. Mais ils s'y livrent sans regret, pour l'exaltant culte de la Métamorphose qui pétrit chairs et terre[1] ». Cette passion, ajoute l'auteur-voyageur-narrateur, « unit petit à petit Poddemaïs au pot et Poddemaïs naturels » ; elle les transfigure et leur donne un éclat qui subjugue les étrangers. Ils deviennent par là les héros d'une recherche que n'arrête aucune « espèce nouvelle », jusqu'à former l'image de celui « qui, biffant son œuvre et la retriturant, jettera dans le Monde une nouvelle race, de nouveaux destins[2]. » Saisie jusque-là dans son horreur encore actuelle, l'Histoire se trouve ainsi, sinon excusée, au moins détournée et dissoute dans un Temps plus fort qu'elle : une sorte de Temps intemporel, propre à l'Histoire comme Genèse des civilisations, et défiant jusqu'au jugement parce qu'elle se love déjà dans le temps de l'œuvre à venir, qui ne connaît ou croit ne vouloir que son propre temps[3].

C'est qu'au moment même où il essaie péniblement de venir à bout d'*Ici, Poddema*, Michaux est déjà engagé dans *Liberté d'action*, y retrouvant avec une force nouvelle les méandres et les explosions de son épopée personnelle. « Ma LIBERTÉ D'ACTION », écrit-il en un raccourci saisissant à l'un de ses dédicataires, « celui de mes livres que je préfère »[4].

1. II, p. 130. Dans le fragment qui précède ce fragment final d'*Ici, Poddema*, les « spectateurs » invoqués sont les vrais spectateurs d'un cinéma virtuel qui programme parfois des « séances à rayons de mort ». Une analyse attentive montrerait comment *Ailleurs* boucle ainsi la boucle : parti « Chez les Hacs » de la multiplicité des spectacles que le voyageur tend constamment à prendre pour la réalité, le livre se clôt sur ce spectacle supérieur de la chambre aux transformations à travers lequel se parachève une image de l'œuvre.

2. II, p. 131.

3. « Ne nous jugez pas : vous avez vu Poddema sous un signe. Elle a vécu sous d'autres. Elle vivra sous d'autres encore. Métamorphose ! Métamorphose, qui engloutit et refait des métamorphoses » (II, p. 131).

4. Dédicace de *Liberté d'action* au libraire belge José David. De même la dédicace à Rolland de Renéville : « Liberté d'action/ pour ceux qui ne l'ont plus. » Le lien entre les deux livres ressort bien d'une lettre à Henri Parisot (s. d., 1945) : « Voici les épreuves de Poddema. Quand celles de liberté d'action ». La prédilection de Michaux pour ce titre ressort des deux dédicaces, beaucoup plus tardives, de *Liberté d'action* au docteur Julian de Ajuriaguerra, l'une dans la plaquette elle-même (« La seule liberté »), l'autre à l'intérieur de *La Vie dans les plis* (« en amitié, en liberté »).

La Vie dans les plis

(1949)

Qu'est-ce qu'un pli ? Que sont un repli, un dépli ? Le nouveau recueil que Michaux conçoit, un an à peine après *Ailleurs*, lui emprunte son titre. Le douzième fragment d'*Au pays de la magie* développe en effet une vision du pli. Elle commence à l'enfance, frappant tout enfant : « L'enfant, l'enfant du chef, l'enfant du malade, l'enfant du laboureur, l'enfant du sot, l'enfant du Mage, l'enfant naît avec vingt-deux plis. Il s'agit de les déplier. » Une vie d'homme s'accomplit ainsi comme un dépli. Mais peu parviennent à la mort « sans avoir encore quelques plis à défaire ». C'est que l'homme forme aussi « un noyau ». Michaux saisit là l'occasion d'un tour subtil, propre à sa dérive calculée des races et des peuples, pour opposer aux « races inférieures, comme la race blanche », qui « voient plus le noyau que le dépli », le Mage qui « voit plutôt le dépli [1] ». Déplier jusqu'au bout, sans cesse, afin de déjouer l'emprise du noyau, c'est vivre selon le sens de la vie. C'est par exemple écrire, faire au moins ce que l'écriture peut et doit, pour se maintenir à hauteur de la magie, seule propre à la justifier.

La pensée développée par Deleuze sur le pli à travers la philosophie de Leibniz est d'autant plus éclairante pour le lecteur de Michaux que son œuvre y est prise comme une référence forte,

1. *Ailleurs*, II, p. 70. Pour une image antérieure du pli, associé aux vagues, voir « Vers la sérénité », dans *La nuit remue*, p. 442-443, et le chapitre sur ce recueil, p. 203-204.

et qu'il est alors crédité de « réminiscences leibniziennes[1] ». Pour la seconde fois Michaux se trouve associé au pli par Deleuze. Esquissant dans son livre sur Foucault la topologie d'un « penser autrement », Deleuze délimite, après les formes du savoir et les rapports de forces du pouvoir, un troisième état de la pensée : le soi, « l'affect de soi par soi ». Dans l'expérience moderne de la subjectivation, toute conception d'un « dedans » dépend du « dehors » qui le détermine : le dedans double sans fin ses mouvements, « les plis et plissements », jusqu'à n'être plus que « le dedans *du* dehors », dont l'intimité sera l'extériorité même. De sorte que « cette affection de soi, cette conversion du lointain et du proche, va prendre de plus en plus d'importance en constituant un *espace du dedans*, tout entier co-présent à l'espace du dehors sur la ligne du pli[2] ». Ainsi, sans être nommé encore, Michaux devient-il le héros de ce retournement de l'extérieur sur l'intérieur, grâce à l'effet d'un titre censé exprimer au plus près la réalité de son œuvre[3]. Le dehors du dedans, dont ce dernier dépend, est ce que Michaux appelle l'« ailleurs » ; le dedans de cet ailleurs devenant sa matière est ce qu'il nomme, passant d'un bord à l'autre d'une même visée, « la vie dans les plis ». Voilà ce que Deleuze héroïse à nouveau quand, pour cerner « la grande fiction de Foucault », il conclut son parcours en invoquant « la ligne de Michaux » : ligne « terrible » qui se tient « sur la ligne du dehors elle-même », mais

1. Deleuze cite le titre du fragment d'*Ailleurs*, « Les Vingt-Deux Plis de la vie humaine », et ajoute : « Le thème du pli hante toute l'œuvre de Michaux, écrite, dessinée, peinte, comme en témoignent le recueil *La Vie dans les plis*, ou le poème "Emplie de" ("Emplie des voiles sans fin de vouloirs obscurs. / Emplie de plis, / Emplie de nuit, / Emplie des plis indéfinis, des plis de ma vigie"). Les réminiscences leibniziennes sont nombreuses chez Michaux : la brume et l'étourdissement, les hallucinations lilliputiennes, les petites perceptions à grandes vitesses et petite surface, la spontanéité ("une vague toute seule, une vague à part de l'océan… c'est un cas de spontanéité magique" [*Ailleurs*, II, p. 67]) », *Le Pli*, Minuit, 1988, p. 124. Une référence à Leibniz a été avancée par Max Bense autour de l'idée de « mondes possibles », dans sa préface à l'édition allemande de *Passages* : « Esthétique et métaphysique d'une prose », *L'Herne*, p. 245. Voir aussi Madeleine Valette-Fondo, « Le dépli du pli ou les "vingt-deux plis" de l'enfant Mage », dans *Plis et cris*, p. 247-262.

2. Gilles Deleuze, *Foucault*, Minuit, 1986, respectivement p. 111, 103, 104, 126.

3. Publié en 1944, *L'Espace du dedans* restera jusqu'au petit *Choix de poèmes* (1976), de bien moindre portée, le seul livre anthologique de Michaux, avec une édition largement augmentée en 1966.

devenant par cet excès « une ligne de vie qui ne se mesure plus à des rapports de forces, et qui emporte l'homme au-delà de la terreur ». Trois titres de Michaux se trouvent ainsi servir de fil à cet éloge de la vie associant processus et lieux dans une « singularité sauvage » : « un espace du dedans, mais coextensif à toute la ligne du dehors. Le plus lointain devient intérieur, par une conversion au plus proche : *la vie dans les plis* [1] ».

Quand Michaux réapparaît dans *Le Pli* comme une des figures du Baroque moderne que Leibniz permet à Deleuze de déployer en un panorama vertigineux[2], une analogie plus précise se dessine, autour des trois termes de pli, dépli et repli. Dans le chapitre « La Perception dans les plis », la référence à Michaux aide Deleuze à dégager le caractère *a priori* hallucinatoire de la perception enfouie dans les plis et dépliée en eux ; et il reprend ainsi « l'ensemble de la théorie du pli » : « L'opération de la perception constitue les plis dans l'âme, les plis dont la monade est tapissée du dedans ; mais ceux-ci ressemblent à une matière, qui doit dès lors s'organiser en replis extérieurs. On se trouve même devant un système quadripartite de pliage, [...] puisque la perception chevauche les micro-plis des petites perceptions et le grand pli de la conscience, et la matière les petits plis vibratoires et leur amplification sur un organe récepteur[3]. » Mais si, chez Michaux comme chez Leibniz, « les plis dans l'âme ressemblent aux replis de la matière », ils ne les dirigent pas pour autant chez Michaux : ils sont plutôt absorbés, dispersés par l'âme et en elle, comme dans le corps qui les réalise. En ce sens, il n'y a pas chez lui d'écart net entre

1. *Foucault, op. cit.*, p. 128-130. Voir aussi *Pourparlers*, Minuit, 1990, p. 151-153 : Deleuze y suppose que la conception du pli chez Foucault aurait pu être inspirée par Michaux — ce qui est peu vraisemblable (on trouve à peine deux mentions rapides de Michaux dans l'ensemble des *Dits et écrits* de Foucault). Il puise ainsi chez l'un et l'autre comme par cette mise en rapport des éléments nourrissant sa propre pensée. Plus généralement, sur Michaux et Deleuze, voir l'Introduction, p. 71-77.

2. « Le critère ou le concept opératoire du Baroque est le Pli, dans toute sa compréhension et son extension : pli selon pli. Si l'on peut étendre le Baroque hors de limites historiques précises, il nous semble que c'est toujours en vertu de ce critère, qui nous fait reconnaître Michaux quand il écrit "Vivre dans les plis", ou Boulez quand il invoque Mallarmé et compose "Pli selon pli", ou Hantaï quand il fait du pliage une méthode » (*Le Pli, op. cit.*, p. 47).

3. *Ibid.*, p. 132-133.

le pli et le repli, pas plus qu'il n'y en a vraiment entre l'actuel et le réel, le virtuel et le possible[1]. Le repli n'est jamais que l'insistance du pli, le pli du pli, pli encore et encore de l'âme-corps indissociée jusque dans ses partages. Et le dépli est bien « le mouvement qui va des uns aux autres[2] », des plis macroscopiques de conscience aux plis microscopiques d'inconscient, repliés les uns sur les autres et les uns dans les autres. Et cela, en dépit de la pression que semble exercer chez Michaux la poussée d'un sujet survolant de la conscience, toujours reprojeté dans le circuit hallucinatoire des doubles[3]. Deleuze a un mot, qui semble adressé à Michaux, pour désigner la « zone d'inséparabilité qui fait charnière, couture », entre les deux étages de la monade, les plis et replis que Leibniz différencie et que Michaux mélange et brasse dans son nomadisme effréné : « l'entre-pli[4] », processus, lieu, état du dépli de l'âme-corps.

La Vie dans les plis commence à s'écrire quand *Épreuves, exorcismes (1940-1944)* s'achève, avec la guerre, et qu'*Ailleurs*, livre à venir, se referme sur son troisième volet. *Ici, Poddema* (qui clôt *Ailleurs*) et *Liberté d'action* (qui ouvre *La Vie dans les plis*), publiés la même année 1945, sont dynamiquement liés ; et il se peut que l'élan du second ait aidé le premier à s'achever, à travers les difficultés que Michaux semble alors avoir éprouvées[5]. La « liberté d'action » est cette liberté que s'est toujours donnée Michaux, de *Qui je fus* à *La nuit remue* et à *Plume*, de saisir comme variations d'une épopée spontanée les accidents-événements d'une vie se multipliant à l'infini. *Épreuves, exorcismes* continuait en partie ce mouvement, mais contrarié, innervé par la dévastation de l'Histoire ; on y sentait donc une gravité particulière et nouvelle, due à la force propre de la

1. Sur le rapport des plis de la matière et des replis de la forme avec les deux couples actuel-virtuel et réel-possible, voir *ibid.*, p. 139-140 (voir aussi le chapitre sur *Ailleurs*, p. 293 et n. 4).

2. *Le Pli*, *op. cit.*, p. 124.

3. Sur le circuit des doubles, voir le chapitre siur les Premiers écrits, p. 91-92 et n. 1.

4. *Le Pli*, *op. cit.*, p. 163. Deleuze montre à la fin de son livre comment, dans la « nouvelle harmonie » du Baroque moderne, la perte des deux conditions de la monade, clôture et sélection, transforme la monadologie en « nomadologie » (p. 188-189).

5. Voir le chapitre sur *Ailleurs*, p. 315 et n. 4.

parabole comme à un effet de décantation des processus mis à nu et captés en eux-mêmes[1]. Les trois recueils soudés par le voyage dans *Ailleurs* déplaçaient en revanche d'emblée le faux-semblant d'un tel contrat autographique par un face-à-face biaisé entre le voyageur et la virtualité excessive de ses pays imaginaires. On comprend qu'avec *Liberté d'action* et *Apparitions* (1946), Michaux ait dû s'inventer à nouveau une autre vie possible et terriblement personnelle, avec une allégresse et une fureur rajeunies, retrouvant jusqu'à la matière de « Mes rêves d'enfant ». « Cela commença quand j'étais enfant. Il y avait un grand adulte encombrant. » Ainsi s'ouvre « La Séance de sac » qui ouvre elle-même *Liberté d'action* et *La Vie dans les plis*, déchaînant une suite de processus en cascade, liés souvent à des machines et plus drastiques les uns que les autres, processus machiniques servant de titres aux textes et donnant le ton : « Les Envies satisfaites », « La Fronde à hommes », « Instrument à conseiller : le tonnerre d'appartement », « La Mitrailleuse à gifles », « La Philosophie par le meurtre ». Un « Je » très offensif reprend l'initiative (dans quinze textes sur dix-neuf), relayé par des « on », « nous » et « vous » qui déploient son rayon d'action, par un effet de projection et d'enveloppement entre le narrateur-héros-auteur et son lecteur[2].

1. Par exemple dans « Il écrit » ou « La Vie double ». Voir le chapitre sur *Épreuves, exorcismes*, p. 286-288. On perçoit dans *La Vie dans les plis* (*Apparitions*) un écho de cette dimension parabolique grâce au poème en prose « Tahavi » : il fait entendre sur un mode plus autographique un même air de sagesse que la série consacrée dans *Épreuves, exorcismes* au Maître de Ho.

2. Ce compte vaut pour *Liberté d'action* tel qu'il est repris en 1949, augmenté du texte éponyme, dans *La Vie dans les plis*. Témoignant d'un tournant réel dans la vie de Michaux, installé depuis la fin 1943 à Paris avec sa femme et ne faisant plus que quelques brefs voyages ici et là (par exemple en Égypte en 1947), ce texte ajouté quatre ans plus tard répond de façon très directe à *Ailleurs* (paru au printemps 1948) : « Je ne voyage plus. Pourquoi les voyages m'intéresseraient-ils ? / Ce n'est pas ça. Ce n'est jamais ça. / Je peux l'arranger moi-même, leur pays » (II, p. 164.) Cette réplique aux voyages imaginaires, écho des voyages réels, touche aussi les voyages antérieurs : « Moi, je mets la Chine dans ma cour. » (II, p. 164.) — Ce « je » ramassé sur lui-même et sur ses pouvoirs retrouvés coïncide pourtant une fois avec l'Histoire : elle est ressaisie alors en son point le plus douloureux, aussitôt remétamorphosée, comme à la fin d'*Ici, Poddema*, mais selon une vision ironique propre à l'épopée personnelle : « Cependant qu'ils sont livrés au dernier supplice, je fais du trapèze », dit « le surveillant du camp » (tel est le titre de ce texte de deux brefs paragraphes). « Et je tourne et tourne infatigable

Apparitions prolonge un tel mouvement et semble le retourner sur lui-même, faisant venir au premier plan la machine du corps souffrant, labouré par d'autres machines dont il tient aussi une liberté d'action. Michaux écrit là quelques-uns de ses textes les plus définitifs sur la douleur du narcissisme, si délié soit-il de complaisances psychologiques (« moïques », « surmoïques »). Là encore, la datation est claire (« La guerre venait de finir et je cessais de me remparer, quand la peur qui n'attend qu'un soulagement pour paraître, la peur entra en moi en tempête et dès lors *ma* guerre commença[1] ») ; et le lieu du processus est manifeste : toujours le corps, corps propre immense et divers, objet d'une circulation prêtant aux agressions les plus sournoises, les plus inventives[2]. Michaux atteint un sommet d'ironie visionnaire dans un court récit théorico-épique, « N'imaginez jamais » — qu'il faut lire associé à deux autres : « Le Danger des associations de pensée » et « Quelle usine ! ». « Je te vois, je te détruis », dit le thermocautère au « style simple ». Cet « admirable instrument à qui veut parcourir de façon intéressante le corps humain » devient tour à tour « exaltant dans le "Je-Tu" » et « terrible dans le "Tu-Moi", ou même dans le "Je-moi" ». Il fait résonner comme destin propre du « dialogisme[3] », de toute logique des doubles, la formule

---

autour de la barre, faisant comme je peux avec de pauvres moyens l'astre qui gravite imperturbable dans la nuit des siècles. » (II, p. 171.)

1. « En circulant dans mon corps », II, p. 173.

2. Là encore, on peut citer quelques titres : « La Constellation des piqûres », « L'Assaut du sabre ondulant », « L'Appareil à éventrer », « L'Atelier de démolition », « Le Trépané », « Les Mains coupées ». Dans un bref compte rendu de *La Vie dans les plis (Paru*, n° 53, août-sept. 1949, p. 38-39), Aimé Patri a opposé *Liberté d'action* (« une méthode pour la purgation des passions sadiques ») et *Apparitions* (« Culture du masochisme physique inverse et complémentaire de la précédente »). La finesse de la remarque a deux inconvénients : refermer sur Michaux la tenaille d'un « sado-masochisme » en termes préconstruits (Deleuze a montré les enjeux réducteurs de cette notion dans sa *Présentation de Sacher Masoch*, Minuit, 1967) ; restreindre la portée d'*Apparitions*, recueil ou section plus complexe que *Liberté d'action*, en particulier à cause de deux regroupements de poèmes, au milieu et à la fin (stratégie encore peu utilisée par Michaux dans des recueils d'ampleur limitée).

3. Chez Mikhaïl Bakhtine, le dialogisme est en particulier l'organisation des « voix » multiples selon lesquelles un récit s'organise (voir Tzvetan Todorov, *Mikhaïl Bakhtine, le principe dialogique*, Le Seuil, 1981).

plus terrible encore d'un *Je-tue-moi* : principe de la moindre faiblesse concédée à la force de l'imagination et, en elle, de l'écriture s'en faisant le support. Cette imprudence qui précipite dans « le lit du malheur[1] » est celle de la pensée même et du danger de ses associations, par exemple celle d'une scie et d'une poitrine : « comme c'est misérable, une poitrine sous une scie qui approche imperturbable, comme c'est misérable, surtout si c'est la vôtre, et pourquoi vous être arrêté la pensée sur la scie alors qu'il n'y a que votre corps qui vous intéresse, dont la scie par ce fait approchera fatalement ? » L'écriture devient ainsi ce sillon (« sillon qui ne servira à personne ») tracé dans le corps (« votre corps perdu, fatalement perdu à présent[2] ») : corps de l'auteur passant dans celui du lecteur à la faveur de l'adresse en « vous » qui unit ces deux textes-préceptes semblant n'en faire qu'un. C'est que le corps est une « usine » (« Quelle usine ! »), véritable atelier d'existence créatrice, comme on le voit dans ce résumé-manifeste à épisodes : on y passe de la tête charbonnant sous la pression du noir du « cauchemar » au circuit des « têtes dentées » esquissant une sorte de machine sociale, des « soins corporels » appelant une reconversion du narcissisme[3] à un éloge du devenir-animal exténuant l'homme dans l'homme et ouvrant l'accès au repos[4].

Le quatrième des cinq fragments de « Quelle usine ! » (« Sous les doigts du potier »), permet de voir où passe la limite qui transforme l'horreur de l'écriture. Il annonce à rebours cette autre force, la peinture. Depuis longtemps déjà elle double, tempère l'écriture ; elle a gagné, dans ces années de guerre et d'après-guerre, à la fois plus d'autonomie et des capacités de liaison-déliaison nouvelles avec les textes, dans les plaquettes

1. Voir « N'imaginez jamais », II, p. 174.
2. « Le danger des associations de pensée », II, p. 176.
3. « Quel drôle de Narcisse je fais : je me scalpe. Je m'écorche. Des pieds à la tête, des pieds au front, que je m'arrache comme une souffrante pelure. Ainsi je me martyrise. Pourquoi ? Besoin d'activité. Que faire alors ? Je m'écorche. Je n'ai pas l'imagination du bonheur » (« Quelle usine ! », II, p. 195.) La suggestion proposée à la fin de ce fragment (« en écorcher un autre que moi ») est celle que réalise *Liberté d'action*. Preuve que les deux séries (masochisme et sadisme) sont liées, mais aussi bien indépendantes, logiquement et chronologiquement.
4. « L'important est fait. L'infernal effort pour demeurer toujours homme, m'en voilà libéré » (II, p. 196.)

préalables aux grands recueils[1]. L'imagination du malheur, dans ce fragment de « Quelle usine ! » comme dans plusieurs autres textes d'*Apparitions*, prend pour image la sculpture. Elle est une sculpture, faisant de l'écrivain le pot autant que le potier, soudés dans l'image clé du « sillon » ; sculpture qui opère dans l'épaisseur du corps, dans la « meule de chair[2] » dont les mots, en dépit de leur transparence immatérielle autant qu'à cause d'elle, ne cessent de figurer le travail et les combats. En revanche, la peinture et le dessin ne sont pas soumis de la même façon aux associations de pensée fatales à l'imagination. Ils les projettent en surface ; ils en miment, avant même que ces dernières ne prennent forme, les gestes par le geste ; ils induisent un avant-corps du corps promis au découpage individué des mots, à la nomination des actes et des processus. Les frottages d'*Apparitions*, par exemple, en dépit du caractère effrayant de leurs traits fantomatiques, ont une force douce faite d'indécision, de flottement, qui semble apaiser l'horreur suggérée dont les textes accumulent les effets. Michaux a tenu à dater de façon insistante, dès 1945, ce nouveau tournant de la peinture en lui, souligné l'année suivante par la conception de *Peintures et dessins*, un livre qui consacre son image de peintre en tissant le réseau de plus en plus serré des rapports induits dans son œuvre entre mots et images[3].

Dans le dernier texte de *Liberté d'action*, « Homme-bombe », le héros apparaît comme un homme enfoncé « dans le tuer » ; mais ce court récit vire soudain pour s'achever sur une confession : « Mais il est temps de me taire. J'en ai trop dit. / À écrire on

1. Voir les textes et dessins reproduits En marge d'*Épreuves, exorcismes*, I, p. 826-851 (en particulier, « La Lettre du dessinateur », devenu « La Page blanche »), et En marge de *La Vie dans les plis*, II, p. 235-258. Voir aussi les divers projets de livres illustrés liés à *Ailleurs*, II, p. 1072-1076.

2. Voir respectivement « N'imaginez jamais », II, p. 174 et « Sous les doigts du potier », p. 195. Michaux a supprimé trois des huit fragments de la première version de « Quelle usine ! » lors de la reprise en volume, opérant ainsi un recentrage du texte autour de la destruction narcissique attachée au sujet humain. Le septième fragment concernait d'autre part directement la peinture (« Contrariétés pour qui voulait peindre », voir En marge de *La Vie dans les plis*, II, p. 243).

3. Voir le chapitre sur *Passages*, p. 345-347, à propos du texte « En pensant au phénomène de la peinture », qui a d'abord servi de préface à *Peintures et dessins*.

s'expose décidément à l'excès. / Un mot de plus, je culbutais dans la vérité. / D'ailleurs je ne tue plus. Tout lasse. Encore une époque de ma vie de finie. Maintenant je vais peindre, c'est beau les couleurs, quand ça sort du tube, et parfois encore quelque temps après. C'est comme du sang. » Un jugement violent et restrictif sur l'écriture est ainsi associé à un éloge de l'expression en peinture. À l'intérieur d'une chronologie mythique, celle-ci semble même un moment devoir remplacer l'écriture. Mais le dernier mot, « sang », allie de nouveau autour du meurtre les deux modes expressifs, soulignant à quel point ils se trouvent unis dans une énigmatique simultanéité[1]. La « liberté d'action » que se donne Michaux dans une odyssée personnelle retrouvée substitue aussi, on l'a vu, une magie directe à la médiation du voyage[2]. C'est qu'une telle liberté d'écrire, désormais, passe ouvertement par la peinture. *La Vie dans les plis* est le premier grand recueil que celle-ci hante vraiment, s'incorporant parfois dans l'écriture d'une façon troublante qui tempère mais réactive une division si souvent marquée par Michaux.

Ce partage délicat est aussi l'écho d'un profond déchirement, divisant ce recueil comme nul autre. Un soir de janvier 1948, dans l'appartement de la rue Séguier où Michaux et sa femme viennent d'emménager, celle-ci est seule ; Michaux est parti en Belgique. Elle fait un feu, sa robe de chambre en nylon s'enflamme ; elle ouvre affolée la fenêtre et le feu qui redouble la brûle atrocement[3]. Un mois plus tard, le 23 février, elle meurt à l'hôpital d'une embolie pulmonaire provoquée par ses brûlures. Michaux a évoqué deux fois, de façon assez directe, les moments de cette souffrance et de cette mort : presque sur-le-champ, dans *Nous deux encore* et, vingt-quatre ans plus tard, dans *Émergences-résurgences*.

1. « Homme-bombe », II, p. 171. Michaux avait écrit en 1945 : « comme de la sève ». La correction lors de la reprise en volume, en 1949, rétablit un lien ambigu, alors que la première rédaction mettait en scène une opposition.

2. À propos du texte « Liberté d'action », ajouté quatre ans plus tard au recueil lors de son inclusion à l'intérieur de *La Vie dans les plis*, voir plus haut, n. 3, p. 322.

3. Ces précisions nous ont été données lors d'une conversation avec Micheline Phankim. Elles s'accordent aux suggestions fuyantes de *Nous deux encore* (II, p. 150-151) ; on peut donc supposer que d'autres indications données par Michaux dans l'évocation de cette scène sont également « vraies ».

Le recueil que Michaux se décide à composer dès le début de l'année 1949 est partagé par cet événement. D'un côté *Liberté d'action*, *Apparitions* et « Lieux inexprimables », publiés avant la mort de sa femme ; de l'autre *Meidosems* et « Vieillesse de Pollagoras ». Pourtant, lorsque, pour la première fois depuis *Qui je fus* et *La nuit remue*, Michaux choisit de numéroter ces sections pour ordonner son livre, il modifie sans raison apparente l'ordre chronologique d'écriture, faisant passer « Lieux inexprimables » après *Meidosems* rebaptisé « Portrait des Meidosems ». Il donne ainsi une place centrale à ce recueil, le seul projet apparemment — à part *Nous deux encore*, demeuré semi-confidentiel — conçu pendant l'année de deuil, où la peinture a surtout permis de répondre à la catastrophe[1], Michaux confirmant plusieurs fois à Paulhan son désir de ne pas ou de peu écrire. « Portrait des Meidosems » se trouve ainsi éloigné de « Vieillesse de Pollagoras », texte un peu ultérieur et l'un des plus autobiographiques de Michaux. Non seulement la mort de sa femme y est évoquée, avec un désarroi très simple, mais toute la vie y reflue, du point de vue du héros vieux et fatigué dont il endosse la fiction, jugée à partir d'une enfance prenant à travers l'œuvre le relais de celle du « Portrait de A. ». « Vieillesse de Pollagoras » fait ainsi écho au premier texte du recueil, « La Séance de sac », au prix d'un contraste très vif entre énergie d'agression et mélancolie. Enfin, cette répartition des cinq sections de *La Vie dans les plis* permet de rapprocher « Portrait des Meidosems » de quelques textes ouvertement poétiques ajoutés à *Apparitions* lors de la composition du livre, et surtout de la suite de fragments « Quelle usine ! ». *Meidosems* y naît en effet une première fois[2], avant de devenir cet ensemble unique et

1. Michaux a évoqué dans *Émergences-résurgences* le surgissement soudain des aquarelles au cours des mois de février-mars 1948 (III, p. 562-567). Voir aussi, dans le catalogue de l'exposition d'avril 1948 chez René Drouin, les textes de Michel Tapié, « Au pays d'Henri Michaux », et de Henri-Pierre Roché, « Les Gouaches de Henri Michaux » (il s'agit en fait de la série d'aquarelles). Roché évoque bien le « moment d'hypersensibilité où il [Michaux] vient de produire 300 gouaches en 40 nuits » (non paginé).

2. Voir plus haut, p. 322-323. « Quelle usine ! » devient ainsi un pivot entre les sections de *La Vie dans les plis* autant qu'entre écriture et peinture. Son intérêt est de montrer que la conception des Meidosems, antérieure à l'événement de la mort, prend à partir d'elle une ampleur dont on ne peut plus aujourd'hui la délier.

suspendu dans l'œuvre de Michaux : un voyage sans voyageur, un espace transfiguré par la douleur, hanté par la peinture, texte entre tous intermédiaire.

C'est en un sens le dernier peuple dont Michaux fait le « portrait ». Ce mot, ajouté lors de la reprise en volume, neuf mois à peine après le recueil original, témoigne de l'extraordinaire enlacement qui s'est produit, dans le texte comme dans la réalité, entre une folle irruption d'aquarelles et une succession de soixante-dix fragments réunis sous un même thème [1]. Il y a bien sûr les lithographies une première fois tentées pour *Meidosems*. Mais il paraît clair que les flux de plis, replis, déplis de couleurs et de traits, les enlacements vibratiles, aériens, de formes évanescentes et déchirées qui saturent les aquarelles, sont plus proches de ceux que trace « Portrait des Meidosems », au gré desquels cette population tremble sa vie plus qu'elle ne la vit. Sans doute, depuis quelques années, Michaux a déjà peint des aquarelles ; de même qu'il a inventé un an plus tôt les Meidosems et leurs « enfants d'âme ». Tout tient donc plutôt à une prodigieuse accélération. Creusée par la douleur, dynamisée par le décentrement de la peinture, cette vitesse crée un texte sans réel précédent.

Du point de vue de la qualité expressive, « Portrait des Meidosems » se situe entre « La Ralentie » et *Ailleurs* [2], une poussée invocative proche du phrasé poétique et un élan narratif fort, nourris par un pouvoir de description qui rappelle « Dessins commentés » ou *Peintures*. Quant aux thèmes, aux figures, on distingue plusieurs lignes de force, si délicates soient les distinctions face à cet univers de fluides et de glissements dont le mot « âme », surprésent, tient lieu de principe. On est frappé

1. Alors que Michaux se dérobe devant les offres de Paulhan et lui oppose sa volonté de ne pas publier « en revue » (lettre s. d.), ses lettres à Bertelé montrent qu'entre février et avril 1948 l'essentiel du texte est écrit et la conception des lithographies du recueil arrêtée. — Pour la première fois Michaux conçoit une suite aussi importante de fragments sans titres propres, distingués plus tard dans la table des matières par leurs incipit (disposition qu'il adopte également, dans *La Vie dans les plis*, pour « Lieux inexprimables » et pour les quatre fragments de « Vieillesse de Pollagoras »). Cela rapproche encore ces fragments coulant comme un seul flot de la masse des aquarelles sans titre.

2. Le lien formel avec *Ailleurs* est exprimé dès l'attaque déconcertante du premier fragment du recueil : « D'ailleurs, comme toutes les Meidosemmes [...] » (II, p. 201).

d'abord par l'affirmation réitérée de cette fluidité impalpable des Meidosems dont la formule pourrait être : « D'une brume à une chair, infinis les passages en pays meidosem[1]... » Il est clair aussi que nombre de fragments s'apparentent à des évocations de peintures ou dessins, virtuels ou réels, que cernent avec insistance des adverbes de lieux, de nombreux indicateurs de description. Beaucoup d'entre eux font apparaître des processus de figuration matérielle qui sont autant de défigurations, internes à l'écriture autant qu'à la peinture :

« Quelques ballots tombés d'une charrette, un fil de fer qui pendille, une éponge qui boit et déjà presque pleine, l'autre vide et sèche, une buée sur une glace, une trace phosphorescente, regardez bien, regardez. » — « Sur ses longues jambes fines et incurvées, grande, gracieuse Meidosemme. [...] Et elle s'élance éperdue dans un espace qui la boit sans s'y intéresser. » — « Des coulées d'affection, d'infection, des coulées de l'arrière-ban des souffrances, caramel amer d'autrefois, stalagmites lentement formées, c'est avec ces coulées-là qu'il marche » — « Un nuage ici fait un nez, un large nez tout répandu, comme l'odeur autour de lui, fait un œil aussi, qui est comme un paysage, son paysage devant lui, et maintenant en lui, dans la géante tête, qui grandit, grandit démesurément » — « Il y a de longs entretiens meidosems dans les murs, sur Cela qui serait sans murs, sans limites, sans fin et même sans un commencement » — « C'est être Meidosem que de se muer ainsi en moires changeantes[2]. »

Apparitions, disparitions, surgissement, effacement, sans cesse : le si « étrange naturel des Meidosems » semble mimer le processus de production des aquarelles[3] qui se fixe selon un autre mouvement, se relance dans l'écriture. On remarque aussi l'élément féminin, plus présent ici que dans tout autre

1. II, p. 214. « L'élasticité extrême des Meidosems » (p. 203) ; « Ces centaines de fils parcourus de tremblements électriques, spasmodiques » ; « le peu de forme fixe qu'elles avaient » (p. 204) ; « Si grande que soit leur facilité à s'étendre et passer élastiquement d'une forme à une autre, ces grands singes filamentaux en recherchent une plus grande encore » (p. 208) ; « Un jeune Meidosem se plie, se replie, s'efface tant qu'il peut (p. 216).

2. Respectivement II, p. 203, *ibid.*, 208, 213, 220 et 217.

3. « Son inspiration était si drue que parfois il jetait à terre de sa main gauche la gouache terminée et que sa droite sans s'arrêter en traçait une nouvelle » (Henri-Pierre Roché, dans le catalogue Drouin, *op cit.* — gouache est ici employé pour aquarelle).

texte de Michaux depuis « La Ralentie » et « Je vous écris d'un pays lointain » : les Meidosemmes y ont une qualité de présence insistante, déliée, que n'accordait aux femmes aucun des peuples antérieurs. La formation de l'adjectif correspondant à l'étrange nom propre y participe[1] ; dans les accords au féminin, la qualité d'âme se diffuse[2], au gré d'un naturel magique impliquant des glissements, des flottements de sexes. Dans la première moitié du recueil surtout, qui s'ouvre sur l'image d'une Meidosemme, cette féminité paraît comme absorbée dans l'évocation floue de l'accident et de la souffrance évoqués dans *Nous deux encore*. L'intense variété des formes expressives et des métamorphoses suggérées semblent à la mesure du besoin presque impossible d'approcher et de conjurer la réalité supposée de l'expérience : une femme brûlée, défigurée, gisant sur un lit d'hôpital.

L'image devient omniprésente dès qu'on accepte d'y penser, sans pour autant fixer le texte dont elle n'est pas le secret, mais un fil inducteur. L'évocation peut être très directe, au détour d'un fragment (« Toute mobilisée pour souffrir, pour tenir[3] »). Elle donne parfois sa forme implicite au fragment, par des glissements forts, par exemple du masculin au féminin (« Meidosem à la face calcinée. / Et qu'est-ce qui t'a brûlé ainsi, noiraud ? / [...] Et elle en veut à tous. / Calcinée comme elle est, n'est-ce pas naturel[4] ? »). La destruction d'un corps aimé et en particulier de son visage suscite une reprise généralisée de la thématique du corps souffrant, saisi dans la projection d'un « ailleurs » dont s'éclaire ainsi quelque peu la consistance si particulière. Le second très bref fragment du recueil paraît condenser d'emblée la transfiguration d'une situation concrète, avec les connotations qui s'y greffent : « Et pendant qu'il la regarde, il lui fait un enfant d'âme[5]. »

Il faut invoquer ici la force unique d'une image composée en

1. Ainsi : « palissade meidosemme » (II, p. 209) ; « entretiens meidosems » (p. 220) ; « germination meidosemme », « bourrasque meidosemme » (p. 222).

2. Évoquant la mort de sa femme, Michaux écrit dans « Vieillesse de Pollagoras » : « Ce quelqu'un était femme, c'est-à-dire propre à s'insinuer dans tous les couloirs de l'âme » (II, 233).

3. II, p. 205.

4. II, p. 210.

5. II, p. 201.

marge des aquarelles comme des lithographies du recueil, et qui peut-être conte ce regard : un dessin, intitulé « Meidosemme » (on sait la rareté des titres dans l'œuvre picturale de Michaux pour y prendre garde[1]). Il montre une esquisse de corps surplombée par deux yeux d'où un tracé descend pour toucher cette forme fluide. La référence est claire : un regard impersonnel, réduit à une essence, tombant d'en haut pour pénétrer un corps de femme, c'est une Annonciation dont l'ange a été soustrait. C'est ainsi la spiritualisation d'un corps qui est livrée en même temps qu'une pénétration. L'« enfant d'âme » qui tient et ne peut tenir qu'à ce seul regard, dans la situation de souffrance que *Meidosems* recueille, est aussi bien l'enfant de la légende sainte que le dernier des enfants tourmentés des récits nés au fil de la guerre, de *Tu vas être père* à *Ici, Poddema*[2].

L'expérience personnelle ainsi transfigurée n'a cependant de sens qu'à entrer dans une vision flottante de l'Histoire. Captés par des processus volatiles mais tranchants, les Meidosems occupent aussi des lieux dont, sur la fin, le narrateur caché cerne l'étrangeté : « Il faut le dire, ils vivent surtout dans des camps de concentration[3]. » Le mot est prononcé, avec une trivialité que permet la fiction. Mais ces camps dans lesquels certains Meidosems pourraient ne pas vivre sont aussi, par un revers tragique extrême, le recours torturant de ceux qui préfèrent la rigueur des supplices à l'ennui du « dehors ». De là, d'autres lieux se déroulent : tous lieux d'énigmes, jusqu'à ce lieu sans lieu qu'est le tourbillon où certains Meidosems croisent parfois des « Meidosems de l'air », dans un ciel peuplé de « chutes de Meidosems[4] ». Alors qu'ont été dits « pareils, Meidosems et oiseaux[5] », l'image finale (« des ailes sans têtes, sans oiseaux, des ailes pures de tout corps[6] ») devient celle d'un désir d'ange, d'envol (« Silence. Envols »). Désir propre à emporter vers un « ailleurs » la terre dans les plis de laquelle la vie ne cesse d'affluer.

1. Voir sa reproduction t. II, p. 1128.
2. Voir les chapitres sur *Tu vas être père*, et sur *Ailleurs*, p. 311-312.
3. II, p. 218.
4. II, p. 222.
5. II, p. 221.
6. II, p. 223.

Qu'est-ce vraiment qu'un Meidosem ? C'est une hypothèse. Une synthèse discrète et floue de l'ailleurs. Ce nom de peuple est celui qui unit le plus intimement processus, états et lieux[1]. Il oscille comme aucun autre entre figuration et défiguration, féminin et masculin, nom et adjectif, qualifiant toutes choses. C'est un mot inventé, sans motivation assignable, paraissant les permettre toutes[2]. Comme une apparition de mot. C'est un corporel-incorporel, un corps-âme. Né d'entre les plis, Meidosem est un nom pour « l'entre-pli ». Dans la première version d'un fragment parmi les plus forts, Michaux écrit, de ces « coulées d'affection, d'infection » parcourant l'éponge douloureuse du corps : « c'est le sang des souvenirs, du percement de l'âme, de la fragile chambre tachée, c'est la personne du noyau central, luttant dans l'étoupe, c'est l'eau rougie de la vaine mémoire, coulant sans dessein, mais non sans raison en ses petits boyaux qui partout fuient ». Quand il reprend ce texte après quelques mois, Michaux fait, parmi d'autres, une première correction : cette « chambre tachée, personne du noyau central », fait place à « la fragile chambre centrale ». Plus tard, lors de la réédition de *La Vie dans les plis*, « veine » viendra, au lieu de « vaine », dissoudre un lieu commun et transformer la mémoire cruelle en un flux arraché au jugement[3]. Ainsi finit par être préféré, là aussi, dans ce Pays d'une magie plus ellip-

1. Sur ces trois termes, voir le chapitre sur *La nuit remue*, p. 193-198.

2. Voilà quelques exemples de dérives associatives engendrées par le nom : « on y entend le mot grec *eidos* qui désigne l'espèce et l'essence, complété d'un préfixe et d'un suffixe répétant l'initiale du nom même de Michaux (Jean-Michel Maulpoix, « L'Amour des Meidosems », *Europe*, p. 60) ; « *eidos*, *idem* : la forme de moi-même dans la langue de l'autre » (Jean-Claude Mathieu, « Le Nom de l'autre », *ibid.*, p. 97) ; « Meidosem, *eidos*, sème, médium, et en remontant la fin à l'envers *meso* qui confirme médium. *Eidos*, la forme, sème l'élément simple du sens ; *medium* ou *meso*, ce qui marque le milieu, ce qui est entre » (Jean-Pierre Giusto, « Henri Michaux : l'échappée belle », dans *Sur Henri Michaux*, Presses universitaires de Valenciennes, 1988, p. 18) ; Michel Collot, rappelant le préfixe grec privatif *Me* et *Medeis* (personne), propose de combiner ce sens avec ceux qui découlent de *eidos* (lors de la soutenance de la thèse de Jérôme Roger, le 15 mars 1996). Enfin, prenant en écharpe aussi bien « Emme » que les « Émanglons », Jean-Claude Mathieu s'est livré à une étourdissante variation sur le « M » commun à Marie-Louise et à Michaux (« Portrait des Meidosems », *Henri Michaux* ; *Littérature*, n° 15, septembre 1999, p. 17-18). Mais je ne crois pas que quiconque ait cru tout simplement entendre dans la fin de « Meidosem », au féminin surtout, le mot « aime ».

3. Voir II, p. 208-209. On trouve les variantes de tout ce fragment II, p. 1133.

tique encore, le dépli au noyau[1]. Cette chambre centrale est la même que Deleuze retrouve à propos de Michaux-Foucault[2] et dans *Le Pli*, à travers la réalité de la monade transformée en entité nomade. Chambre nomade. C'est la chambre centrale, mais sans noyau, toute tapissée de plis.

1. Ainsi encore, sur le noyau à diviser, déplier : « Le farouche noyau pétré attend, sur un corps vague, étranger, hétérogène, le clivage salutaire qui l'ouvre et le soulage enfin » (II, p. 211.)

2. « C'est la chambre centrale, dont on ne craint plus qu'elle soit vide, puisqu'on y met le soi. » Elle succède ainsi, la transformant, à la chambre centrale dont est en quête le héros de Melville (dans *Pierre et les ambiguïtés*, Bibl. de la Pléiade, Gallimard, 2006, p. 964), « avec la peur qu'il n'y ait personne, et que l'âme de l'homme ne révèle un vide immense et terrifiant » (*Foucault, op. cit.*, p. 130-132).

Lecture de huit lithographies de Zao Wou-Ki

(1950)

Michaux aime décrire, absorber par ses descriptions. Il fait par là virer, plus ou moins, les traces d'évocations en invocations ; de sorte que la voix, face aux choses dites, se dépose en rythmes. Ainsi Michaux a-t-il toujours aimé commenter des images. Il a commencé par les siennes, soustraites au regard (« Dessins commentés[1] »), ou offertes (*Peintures*). Puis il est passé aux peintures et dessins des autres, d'abord de façon ponctuelle et elliptique — par exemple dans « Écriture d'épargne », où il « effeuille » des visions de Picasso[2] —, puis de façon éclatante, dans des livres rares où il s'affronte à des œuvres de peintres proches, comme Matta[3], ou le devenant à cette occasion, comme Zao Wou-Ki.

On connaît la vérité de légende transmise par le peintre : peu après son arrivée à Paris, avant d'opter pour la peinture à l'huile, il s'initie à la lithographie dans le même atelier où un an plus tôt Michaux a gravé ses « Meidosems » ; on montre à

1. Dans *La nuit remue*, I, p. 436-440. Voir le chapitre sur *Peintures*, p. 251-253.

2. Voir *La Vie dans les plis*, II, p. 200. Il faut citer, dans un ordre d'idées comparable, un poème resté inédit, « Le Dessin du Catalan », d'après un tableau de Salvador Dalí (publié dans *Henri Michaux, Le langage du poète et du peintre*, Thessa Hérold, 1994, p. 139, et t. III, p. 1426).

3. Voir plus loin ici même, pour le second, *Vigies sur cibles*. On trouve un recensement rapide de ces œuvres d'évocation-description dans le chapitre sur *Peintures*, p. 257.

Michaux ces images inconnues, qui suscitent aussitôt en lui des poèmes-lectures[1].

Que dire de cette expérience, à laquelle se sont peu arrêtés tant les lecteurs de l'écrivain que ceux du peintre[2] ? Elle est avant tout littérale. Michaux décrit avec une exactitude scrupuleuse et savoureuse les événements, les motifs, les tonalités, les couleurs de ces images largement figuratives. Ainsi, lithographie numéro 4, la lune est bien bleue, et bleu l'œil à peine perceptible du loup figurant sur la droite, opposé au loup « noir et décidé »[3]. De même, numéro 7, il y a bien une charrette « traînée par un cheval maigre » ; et les mots qui insistent (« tirant/ tirant/ allongé dans l'en avant jusqu'à y choir / presque ») traduisent bien le repliement de la bête sur elle-même, prête à s'effondrer. Et derrière cette charrette, il est clair que « quelques formes noires suivent ». Ainsi Michaux décrit, se reposant, s'abritant dans l'image, chacune de ces huit images, traduisant en mots ce qu'elles lui tendent. Il leur offre « l'escorte des mots la plus fidèle[4] ».

Mais il est clair qu'il les interprète aussi, par glissements plus ou moins accentués, selon la fatalité que les mots semblent se prêter à eux-mêmes, aussitôt prononcés. Par exemple, s'attachant à cette même lithographie numéro 7, il émet d'emblée une hypothèse simple, devant le rouge qui attaque les troncs et

1. Voir, pour un récit détaillé, Zao Wou-Ki et Françoise Marquet, *Autoportrait*, Fayard, 1988, p. 81-82, et t. II, p. 1444-1445.

2. Exemple frappant, l'étude de Peter Broome, « L'Abstraction dynamique : Henri Michaux vers Zao Wou-Ki » (*Art Criticism by French Poets since World War II, Dalhouse French Studies*, vol. 21, automne-hiver 1991), recensement méthodique, presque démesuré, des correspondances et parentés d'inspiration, avérées ou supposées, entre Michaux et Zao Wou-Ki, comporte une seule allusion à leur livre commun (p. 29). Et encore s'agit-il seulement d'une proposition générale relevée dans « Lecture », rien qui touche la relation des poèmes aux lithographies. De son côté, Gérard de Cortanze, très attentif à la présence de Michaux dans la vie et l'œuvre du peintre, n'en dit mot dans sa contribution au livre-somme qu'il a conçu avec Yves Bonnefoy sur Zao Wou-Ki (La Différence / Enrico Navarra, 1998).

3. On peut suivre le pas à pas des mots du texte en regard des images des huit lithographies dans le t. II, p. 264-279.

4. Jean Starobinski remercie ainsi Michaux, le 3 mai 1980 : « Merci de m'avoir fait partager ce bonheur de rêver dans les espaces soulevés par les vallées de Zao Wou-Ki. J'aime de longue date cet artiste, dont j'avais acheté l'une des premières lithographies. Vous lui offrez l'escorte des mots la plus fidèle » (archives Michaux).

couvre de nombreuses branches : « on dirait que les arbres saignent ». Mais les deux vers qui suivent sont plus énigmatiques : « en effet / il y a des drapeaux pas loin ». Faut-il en déduire que Michaux introduit là l'idée d'une scène issue de quelque désastre de la guerre, dans laquelle les deux motifs rouges se symboliseraient l'un l'autre ? Il termine cependant son poème sur ce vers isolé : « Il y a aussi du tonique dans le petit drapeau », arrachant par là le motif à sa connotation funeste. Ainsi Michaux prend-il plaisir, naturellement, à une force propre aux images, force qu'il tend lui-même, constamment, à accroître à travers ses mots, leur polysémie.

Celle-ci est parfois visée comme une énigme, quand la figuration, souvent très nette, sombre dans une ambiguïté qui force d'elle-même l'interprétation, ou au moins induit une suggestion. Par exemple, Michaux se concentre pour finir, numéro 6, sur une part essentielle de l'image, qui défie la saisie : des masses, des taches rouge sombre répandues entre les arbres et s'accumulant au premier plan. Il propose de voir dans ces couleurs-formes un « troupeau humain / foule des absents d'eux-mêmes / foule des futurs encore mal formés ». Il ajoute, ayant suggéré la présence de corps indécidables : « impossibles en effet de saisir les visages // il faut attendre ». Ainsi s'ouvre soudain la double perspective familière à Michaux : des visages incertains, toujours en formation, et l'utopie d'un autre temps (« l'époque met au monde // elle n'est pas encore signée »).

Aussi ce qui s'ajoute, peut-on dire, à l'image, obéit-il à différents ressorts. Il y a d'abord le supplément verbal de traduction. Dans la seconde image, la lune, les troncs des arbres et les corps des amants sont plus ou moins envahis de rouge. Michaux écrit : « Il n'y a pas d'au-delà des âmes entourées du cordon rouge. » Cette image du cordon, qui n'est pas dans la lithographie, est la réponse littéraire au rouge qui parcourt l'image mais ne la ceint pas. Vient ensuite l'interprétation plus franche : pourquoi, face à la première image, dès la strophe initiale de sa « lecture », Michaux reconnaît-il dans les poissons des « croiseurs de la méditation de la faim » ? De même, numéro 3, « l'homme modeste » vient prolonger comme une parabole un drame dénué « d'êtres humains ». Intéressants sont aussi les moments où la création d'images verbales semble une façon de rendre compte de la nature même de l'image peinte, de ses valeurs de plan : ainsi, numéro 5, Michaux parle d'un oiseau indécidable qui traverse « le haut de la plaine ». Alors qu'il y a dans la gravure, nettement, un sol, des arbres et un croissant de lune, soit un haut et un bas dont l'ensemble de l'évocation s'inspire ; ces mots sont une façon de traduire l'impression d'à plat que le dessin communique. De même, dans le numéro 7, l'expression « vouloir-vert sans verdure », pour qualifier le fond vert aqueux sur lequel se détachent les motifs (arbres, charrette, etc.), inscrits dans des espaces blancs : c'est le travail de la couleur et de l'eau jetées sur la pierre que Michaux traduit là.

Enfin, on est touché par ces moments où les images de Zao Wou-Ki semblent permettre à Michaux de rejoindre, mais en les apaisant par leur humeur et leur qualité propres, des motifs chez lui très prégnants. Ainsi l'union des amants sous la lune et les arbres, numéro 2, résonne-t-elle comme une version apaisée de « Rencontre dans la forêt ». Ainsi les poissons incarnent-ils un état de nature dont l'eau matérialise l'utopie, comme étendue et comme formes (« le rêve de vie complète / muette / s'accomplit dans les gouttes / sphères / repoussant des sphères »). Ainsi les arbres, numéro 8, se trouvent-ils soustraits à la dichotomie qui réglait *Arbres des tropiques*, l'arbre belge et œdipien, l'arbre tropical gorgé d'un désir fou ; on trouve simplement ici un arbre « pour qui / sucer la terre et le dur gravier // c'est déjà la vie en rose ».

Reste la mise en pages et en vers. Elle a l'intérêt tout particulier d'inventer un rythme propre à ces lectures, mais surtout de suggérer que ce rythme est une hypothèse s'adressant aux images. C'est un parcours possible des dessins pour l'œil que miment les passages à la ligne et, singulièrement, les blancs, dans la mesure où une image se lit à la fois toute, d'emblée, puis par sautes et circuits. Michaux rejoint donc par cette disposition ce qu'il énonce dans sa brève préface : il n'y a pas de trajet dans le tableau, parce qu'il y en a mille. Et les quelques-uns qu'il nous livre justifient l'interpellation que, comme autrefois dans la postface de *Plume*, et depuis en diverses occasions, il adresse à ses lecteurs : « Tu pourrais essayer, peut-être, toi aussi[1] ? »

1. *Plume*, I, p. 665.

Passages

(1950, 1963)

Passages, le mot semble à lui seul contenir tout Michaux. Comme *Mouvements* semblera le faire, un an plus tard. Le mouvement est cependant lui-même une des formes du passage. Même quand il naît de « l'être intérieur », dans le geste d'écrire ou dans celui de peindre[1], le mouvement induit l'espace. Mais, pris dans le « passage », il devient déjà du temps, en même temps que le regard qui l'incorpore. « Passages », comme « Ailleurs », est plus qu'un processus : un universel singulier. Mais plus qu'« ailleurs », supposant au moins la virtualité d'un déplacement, « passages » qualifie, sur un mode aussi trivial qu'infini, toute opération de pensée, d'écriture, devenant sa propre virtualité. En même temps, le mot ouvre, comme pour Walter Benjamin, une pluralité d'orientations et d'impulsions, dans un fractionnement des niveaux de réalité.

Dès *Ecuador*, Michaux a fixé une formule du passage : « La phrase est le passage d'un point de pensée à un autre point de pensée. Le passage est pris dans un manchon pensant[2]. » Cela implique aussitôt l'idée d'une réserve de passages, constante, illimitée, puisque dans son manchon l'écrivain « avait de quoi dire tout autre chose, et le contraire même de ce qu'il a dit ». Cette autre chose et ce contraire, devenant à leur tour pas-

1. Voir « Mouvements de l'être intérieur », *Plume*, I, p. 620, et *Mouvements*, publié en 1951, un an après la première version de *Passages*, et repris dans *Face aux verrous*, II, p. 435-441 et 531-599 (pour les dessins et la Postface).

2. *Ecuador*, I, p. 138. Voir le chapitre sur ce livre, p. 145-146.

sages, participent de ces « contrariétés du “moi” » ou « pertes d'équilibre » que, dans la postface de *Plume*, Michaux affecte au « mouvement du “pensant”[1] ». Quand il ouvre ainsi cette Postface : « J'ai, plus d'une fois, senti en moi des “passages” de mon père », il désigne par son rayon d'action et par son mode de formation une sorte d'être du passage dont un autre livre, *Passages*, deviendra l'inventaire. Le *passage* est le pli de la pensée allant à la rencontre de son histoire et devenant, bien que déjà action de scénario, déjà rythme et invocation, regard sur ces événements rapportés à leur singularité comme à celle de l'écrivain, qu'ils traversent et qui s'en saisit.

Voilà ce que René Bertelé le premier a cerné, dans l'encart accompagnant le livre dont il fut l'initiateur[2] : « après le Michaux poète, conteur, moraliste, le Michaux *critique* ». Il sait à quel point la catégorie qu'il cherche à définir est fuyante, fragile, combien son « après » est plutôt un « à côté » ou un « avec », impliquant une dimension interne à toute l'œuvre, seulement plus ou moins marquée. Dans son besoin d'explication, Bertelé sent bien que l'unité des textes variés réunis dans ce livre tient au fait qu'ils sont attachés à des objets dotés d'une certaine extériorité — comme les différents domaines de la création artistique, dont la moitié de ces textes font leur matière. Mais il est clair que ces objets, du plus global au plus particulier, existent par l'effet d'une description vécue « *de l'intérieur* ». Ainsi, le récit, d'abord assez factuel, d'une découverte de la musique (dans « Premières impressions »), peut-il glisser vers le poème, sans « rupture de ton entre la notation expérimentale et l'effusion lyrique ».

On touche avec *Passages* le moment où cette œuvre approche au plus près la réalité de l'essai. D'abord, sous l'angle très banal

1. Ce mouvement permanent de déséquilibre (que Michaux nomme « phase 2 ») s'effectue entre deux équilibres : d'un côté les « recouvrements d'équilibre » ou « équilibre aperçu (phase 3) », « le plus mauvais, celui qui après quelque temps paraît détestable à tout le monde » ; de l'autre la « phase 1 » (« le véritable et profond flux pensant »), qui « reste inconnue, inconsciente », désignant la limite obscure d'une pensée sans sujet (*Plume*, I, p. 664 ; voir aussi le chapitre sur ce recueil, p. 243-244).

2. Bertelé a poussé Michaux vers ce livre dans lequel celui-ci, attiré, craignait surtout de voir se profiler « la voix de pédagogue » tellement redoutée depuis *Un barbare en Asie*. Micheline Phankim confirme que *Passages* n'était pas aux yeux de Michaux un bon livre, et que Bertelé le lui aurait arraché.

d'une pensée vouée à son objet, définie par ce *sur* quoi elle s'exerce, et visant par là, au travers d'une expérience personnelle, un certain savoir. Au sens où *Un barbare en Asie* est ou serait un essai sur l'Asie[1]. Mais il s'agit surtout de la tradition de l'essai ouverte par Montaigne, traversée par une logique de l'autoportrait dont Michel Beaujour a développé la fortune transhistorique à travers les métamorphoses de quatre siècles d'écriture et de pensée[2]. On cherche ainsi à qualifier une pensée s'essayant sur soi-même et, s'appliquant à toutes choses, tentant de se concevoir comme telle : connaissance ou quête de soi dont l'écriture est le lieu de rassemblement et de dispersion. Mais cette dimension d'essai prend chez Michaux une force pressante et singulière ; on la reconnaît au vœu qu'il exprime, et dont pour ses lecteurs il remplit le contrat, d'« avoir fait de la pensée expérimentale[3] ». Car « ce n'est pas la forme classique de la pensée expérimentale, l'essai, qui y naît, mais plutôt des formes abrégées qui, au contraire de ce qu'il en est chez Montaigne ou Bacon, ne dirigent pas de-ci de-là les pensées, les rapports des choses, les thèmes, mais morcellent, agrandissent ou rapetissent, en bref, agissent comme des réseaux et des lentilles alors que le classique essai correspondrait au kaléidoscope[4] ». C'est là une des façons d'exprimer la réversibilité à l'œuvre entre les deux grands pôles de l'invention épique et de l'argumentation réflexive, qui nourrissent l'expression de Michaux et paraissent à Bense s'allier, dans *Passages* surtout, en une « épique abstraite[5] ». La particularité de Michaux veut

1. Cette position de l'essai est chez Michaux une position d'origine. Elle se ramasse dans la formule : « Il est essayiste », que Michaux oppose dès 1924 à l'image trop simple du « poète ». Voir l'Introduction, p. 62-63, et le chapitre sur les Premiers écrits, p. 100-104 et 114. Cette notion d'essai a été mise au premier plan dans le livre de Jérôme Roger.

2. *Miroirs d'encre*, Le Seuil, 1980 (voir aussi l'Introduction, p. 63-68).

3. « Penser ! Plutôt agir sur ma machine à être (et à penser) pour me trouver en situation de pouvoir penser nouvellement, d'avoir des possibilités de pensées vraiment neuves. / Dans ce sens, je voudrais avoir fait de la pensée expérimentale. / J'en ai conscience, c'est surtout un "je voudrais" » (II, p. 349).

4. Max Bense, dans sa belle préface à l'édition allemande de *Passages*, « Esthétique et métaphysique d'une prose », *L'Herne*, p. 241-250.

5. Il écrit ainsi : « Épique et réflexion sont en tout cas des processus d'intégration verbale, elles ont un caractère englobant, elles aiment les extensions suffisantes, la consommation, l'absorption et la divagation et il appartient pour ainsi dire à leur être d'avoir une tendance naturelle à effacer la frontière qui les

que la postulation de l'essai, avec ce qu'elle implique d'incursion spéculative, soit toujours innervée — mais plus ou moins, là gît l'ambiguïté — par la fiction, des ouvertures incessantes de fiction. Ces deux forces étant elles-mêmes d'emblée — et là encore, plus ou moins — tributaires de qualités d'invocation rythmique allant jusqu'à la prosodie avérée du poème. Cela suggère qu'en retour, si fictive et invocative soit-elle, l'invention reste toujours empreinte d'une volonté de savoir ; de sorte que si « ce qui pourrait être raconté est réfléchi[1] », l'inverse est également vrai : ce qui est réfléchi ne cesse d'être raconté. Car jamais ni fiction ni réflexion ne se laissent le temps de consister isolément : leurs vitesses réciproques, faites d'échanges et de permutations, font qu'elles se construisent ensemble en se détruisant l'une l'autre comme postures autonomes. Par là, le mouvement de l'essai chez Michaux s'éloigne de ce qu'il est chez Montaigne, tout comme en tant qu'autoportrait il en détourne et déplace la donne. Si bien qu'il devient plus exact de dire qu'il y a chez Michaux et *de* l'autoportrait et *de* l'essai, constamment et partout. Leur variabilité même interdit de risquer une définition, de croire que l'on puisse en arrêter une vision équilibrée et par là incarner ce mouvement dans un livre, celui-ci plutôt que tel autre.

On tient peut-être la raison de la méfiance de Michaux devant un tel livre[2]. Faisant surgir l'essai, de l'essai, dans un livre où il rassemble des écrits paraissant réfractaires à une harmonisation comparable à celle de ses autres recueils[3], Michaux peut croire trahir d'autant la fiction, l'invention de soi

sépare » (*ibid.*, p. 243). Il ajoute : « Il existe une "épique abstraite" dans la mesure où justement, comme chez Michaux, est tenté selon l'épique, l'accomplissement d'une réflexion métaphysique, de raconter le "quelque chose" » (*ibid.*, p. 250).

1. *Ibid.*, p. 245.

2. C'est aussi, paradoxalement, la raison qui l'a poussé à l'amplifier et même à envisager de lui donner une suite pour qualifier certains des essais provoqués par les expériences hallucinogènes. *Passages II* : tel fut un moment le titre envisagé pour *Connaissance par les gouffres*, publié deux ans avant la version augmentée de *Passages* (1963).

3. Presque tous les textes, cas unique, sont ici datés et référencés. Michaux adopte d'autre part un ordre de composition plutôt chronologique, même s'il ne s'y tient pas vraiment ; il opère aussi, quitte à les rompre, des regroupements thématiques (par exemple sur la peinture).

posée comme règle intangible. Alors même qu'il l'accomplit, montrant dans *Passages*, de façon plus serrée que jamais (au moins depuis *Ecuador*), de quoi, ici même et partout ailleurs, une telle fiction est faite. Elle tient en effet au décalage par lequel l'invention efface ou non, et toujours plus ou moins, la réalité attestable d'un point de réflexion qualifiant l'individu Henri Michaux dans une relation d'intériorité projetée sur des objets extérieurs reconnaissables. Ce point de réflexion, on peut en dessiner la ligne, assurée autant que brisée, de « Chronique de l'aiguilleur » à *Ecuador*, des *Rêves et la Jambe* à *Un barbare en Asie* ; ou encore, implicitement, des « Idées philosophiques de Qui-je-fus » à « Portrait d'homme », et, explicitement, de *Peintures* à *Arbres des Tropiques*, ainsi qu'à travers les préfaces ou postfaces des grands recueils, de *La nuit remue* à *Ailleurs*. Mais une chose est claire : ce « je », un peu plus nettement « Henri Michaux » que tant d'autres disséminés parmi les récits et les poèmes, est seulement la forme manifeste d'un effet survolant de conscience : il ressort dans tout texte de Michaux de l'effet de pliure des énoncés, les uns sur les autres ou dans les autres. Cet effet de pliure subjective tient à une extension illimitée de la thématique des doubles[1], dès qu'on accepte de la lire dans les déboîtements d'actions et d'assertions aussi bien que dans les translations de personnages et de personnes au travers desquels s'élabore, sur le mode du clignotement et de l'intermittence, un sujet ou quasi-sujet. Disons, comme on dit *de* l'essai ou *de* l'autoportrait : *du* sujet, ou *de* la subjectivation.

De sorte que les « pertes d'équilibre » du moi se trouvent osciller sans fin par rapport au degré de réalité des objets, selon que ceux-ci sont plus proprement inventés - - « inventés "nerveusement"[2] » — ou déjà préconstruits par la réalité matérielle et culturelle. Mais tous ne relèvent pas moins du régime unique et variable par lequel ils se trouvent également soustraits aux « recouvrements d'équilibre ». Ainsi la vie, la « vraie vie » de Michaux, devient-elle — pour lui comme pour son lecteur pris à témoin — le référent insaisissable qui lie jusqu'à

1. Voir les chapitres sur les Premiers écrits, p. 91-92 et n. 1, et sur les Textes épars 1936-1938, p. 210-211.
2. Postface de *La nuit remue*, I, p. 512.

la confusion, sans cesse, ces deux niveaux de réalité des objets dont l'œuvre induit la formation autant que la transformation. Tout est passage dans le « manchon pensant ». Car tout devient phrase ou peut l'être, au gré des variations pneumatiques, rythmiques autant que narratives et logiques, qui assurent aux phrases de Michaux leur qualité de glissement perpétuel : du mot-phrase à son dévidement, du vers très libre au verset et à la strophe, et, le plus simplement du monde, de la phrase à la phrase, selon un phrasé malléable, aux écarts presque insaisissables.

On peut être tenté de définir le passage comme une forme, ou comme la forme des formes : « la forme-passage [1] ». Mais que ce soit du point de vue de la malléabilité des phrases, de la variété des états et des étants [2] visés par le mot dans ses emplois disparates, cette forme est si nombreuse, si peuplée, qu'elle fait surtout résonner l'être volatil de l'absence de forme du passage. Plus et plutôt qu'une forme, le passage est une force, un processus. Processus des processus, il devient le processus même. Il est aussi bien, dans *Passages*, l'expérience que l'écrivain vit grâce à d'autres arts, peinture, musique, cinéma, que toutes les modalités de glissement entre ces arts ; aussi bien tout ce qui (se) passe dans la tête (idée, image, phrase) que ce qui (se) passe dans le monde extérieur (événements, accidents) ; aussi bien la transition difficile de l'état de sommeil à l'état de veille que de l'état d'enfance à l'âge adulte ; aussi bien les discours résiduels par lesquels se sent obligé de passer un écrivain (préfaces, postfaces, notes et commentaires au statut équivoque) que la toute-puissance des pensées dont celui-ci devient, tels les fleuves devant lesquels il s'accoude, lieu de passage, dans la nature et la surnature [3]. Le mot, dans son excès, Michaux l'a

1. C'est la formule adoptée par Jérôme Roger.

2. Bense rappelle à quel point le monde de Michaux est un monde de substance dont la plus haute qualité est la condition plasmatique. « Le *plasma* comme substance propre de l'être, *comme substance archaïque du monde*, c'est de cela qu'il s'agit chez Michaux ; il a pour ainsi dire ramené la nouvelle plasticité des mots à la condition plasmatique de tous les étants » (*L'Herne*, p. 248).

3. « L'eau coule. Moi, je m'accoude » (c'est le plus court fragment de « Notes au lieu d'actes », II, p. 384). Ce thème très présent de l'eau est repris, dans *Passages*, dans « Nature » et dans « Les Fées du Rhin ». On reconnaît aisément les autres thèmes en feuilletant simplement la table des matières du recueil.

déjà qualifié grâce aux « Meidosems » : « D'une brume à une chair, infinis les passages en pays meidosem[1]... » Cela ne laisse pas entendre, comme Michaux a pu le craindre, que les passages céderaient à la finitude dès qu'ils touchent aux savoirs et à l'encyclopédie du monde, ou à la nature tangible d'un sujet se supposant lui-même dans une prétendue réalité. Mais plutôt qu'ils virent insensiblement d'une nature à une autre au sein d'une même nature. Si le pays meidosem est le pays des passages, c'est que le point convergent des passages — ce livre — est aussi un pays meidosem.

Michaux choisit d'ouvrir *Passages* par un texte, « Idées de traverse », dont le titre a l'impact des lieux communs détournés : d'un côté boire, écrire ou penser de travers ; de l'autre prendre des chemins de traverse. Mais ce titre en cache aussi un autre : « Pages d'un journal ». Comme le roman, quoique de façon moins projective, plus prégnante, le journal a été une des tentations de Michaux. L'idée de journal personnel informe plus ou moins deux des grands genres incertains qu'il a traversés : le journal de voyage (*Ecuador, Un barbare en Asie*) et le voyage imaginaire (les trois livres d'*Ailleurs*). De même, *La nuit remue*, lorsque Michaux présente son livre au public, « ne constitue pas un recueil, mais plutôt un journal[2] ». À cette idée, toujours un peu métaphorique, du journal intérieur croisant le récit et le

---

Voici quelques exemples de l'extrême malléabilité du mot « passage » lui-même (employé, tel quel, onze fois dans le livre). À propos d'un pompier soulevé par une explosion jusqu'au sixième étage d'une maison : « Il la regarda au passage » (p. 286) ; « cet inattendu liquide, ce passage porteur, en soi, toujours et *qui était* » (p. 334) ; « et presque tout des choses, / sauf le passage des choses » (p. 336) ; « Cet art [la musique], parce qu'il reproduit en l'auditeur la trace même du passage subi par le compositeur [...] » (p. 367) ; « Trajets et passages, rien de mieux pour exprimer une attitude » (p 369) ; « un délire m'attend venant du rapide passage d'hommes inconnus » (p. 389-390).

1. *La Vie dans les plis*, II, p. 214.

2. Voir le chapitre sur *La nuit remue*, p. 188-189. Dans ses lettres à Paulhan, Michaux emploie d'abord le mot « journal » pour qualifier ses livres de voyage en cours. Dans les années 1934-1935, « journal » ou « journal de voyage » qualifie à plusieurs reprises le projet de *Voyage en Grande Garabagne*, opposé ainsi au « roman », abandonné, et aux « poèmes » (30 septembre 1934). Début 1941, une dernière mention du mot journal associe « un nouveau voyage imaginaire [*Au pays de la magie*], un journal [sans doute le futur « Pages d'un journal »], une pièce de théâtre.

poème, s'associe la réalité du vrai journal, qui aura au moins effleuré Michaux, avec ambiguïté et dérision[1]. Son idée place l'œuvre sous le regard de « l'universel *reportage*[2] », envers du journal intérieur, mais dont celui-ci moud sans cesse le grain, par un passage réversible entre l'actualité du monde et l'actualité de soi.

Les dernières mentions actives de ce mot de journal, dans la correspondance de Michaux, ont l'intérêt de nouer ces enjeux. Il est au Lavandou, immobilisé par la guerre. *Au pays de la magie* vient de paraître ; *Arbres des Tropiques* est sous presse. Les premiers poèmes d'*Exorcismes* (« Immense voix », « Lazare, tu dors ? ») sont composés ou vont l'être. Michaux écrit, par fragments, brefs ou plus développés, ce qui lui passe par la tête, filtrant les nouvelles du monde selon des choix impulsifs et savants. Deux fois, au fil de l'année 1942, il intitule cela « Idées de traverse » ; une autre fois : « Pages d'un journal »[3]. S'agit-il du journal d'un voyage immobile ? De celui d'un homme penché sur son « bassin intérieur[4] » ? Mais aussi du journal, dans sa vulgarité indispensable et universelle ? L'intérêt de ce titre sera d'éclater, de se diffuser et de disparaître. En avril 1942, pressé par Henri Parisot de donner une sorte de préface pour le carton de son exposition d'aquarelles à la galerie de l'Abbaye, Michaux envoie à celui-ci « 67 lignes » qu'il extrait de « Pages d'un journal » (tout juste publié par les *Cahiers du Sud*), donnant soudain dans plusieurs lettres une publicité inattendue à l'idée de « journal de l'auteur[5] ». Quatre ans plus tard, la seconde partie de « Pages

1. « Dommage que je n'aie pas mis au point ce projet de reporter de journal. Quel reportage j'aurais fait malgré ou plutôt grâce à ma déception » (à Paulhan, de Tenerife, le 22 août 1934).

2. Mallarmé, « Crise de vers », *Œuvres complètes*, Bibl. de la Pléiade, Gallimard, 2003, t. II, p. 212. Mallarmé désigne par ces mots l'action générale (l'Histoire), opposée à « l'action restreinte » de la littérature, aussi bien que, « entre les genres d'écrits contemporains », le journal où l'action générale s'avère. Mais « la feuille hâtive ou vaste du journal » (*ibid.*, p. 376) présente, par son usage même de la langue et par ses effets de mise en page, une capacité particulière de réverbération virtuelle du Livre.

3. « Journal » est d'autre part le sous-titre de l'une des deux publications portant ce titre « Idées de traverse », recombinées dans *Passages*.

4. « Le portrait de A. », *Plume*, I, p. 609.

5. « J'ajouterai en tout cas (en petits caractères) une page extraite de mon "Journal" qui explique mes portraits… » (9 avril 1942) ; « On m'assure que cet extrait de mon Journal [*un mot abrégé, peu lisible*] est exactement le genre de

d'un journal » devient le début de la longue préface qui ouvre *Peintures et dessins* : « En pensant au phénomène de la peinture ». Plus tard encore, en 1950, la première partie de « Pages d'un journal » se fond dans les deux séries des « Idées de traverse » réunies, rejoignant dans *Passages* le grand texte sur la peinture qui se trouve lui-même augmenté.

Il y a deux leçons à tirer de ces passages de textes qui évoquent les courses de relais — mais Michaux est le seul coureur, et passe tous les témoins à la fois. La première est l'importance, dans ce livre, des textes qui mêlent les éclairs-récits de pensée et les éléments de l'encyclopédie du monde. « Idées de traverse », « Observations », « À hue et à dia », « Notes au lieu d'actes » : autant de textes éclatés. Leur nature fragmentaire, leur art de la dérive, leur ton de quotidienneté font entrer le lecteur dans l'intimité flottante d'un don aigu d'observation, d'un désir éperdu de connaissance. Ces textes font ainsi mieux comprendre à quel point ce sont là chez Michaux des qualités prégnantes, ailleurs disséminées, participant de ses nombreuses postures d'invention. Il y a en ce sens *du* journal partout chez Michaux, comme il y a *de* l'essai et *de* l'autoportrait. Ces genres ou modes ne sont pas interchangeables : ils ne se situent pas au même plan. Ils servent dans la tradition littéraire à désigner autant de livres réels singuliers ; mais ils deviennent chez Michaux des accents plus ou moins prononcés de tous ses livres. Aussi ni en théorie ni au plan terminologique n'est-il possible chez lui de les démêler.

La seconde leçon de la transformation de « Pages d'un journal » est de montrer comment l'épreuve quotidienne de l'encyclopédie du monde et de la rêverie intérieure se double spontanément d'une réflexion sur les autres arts, dont l'écriture semble ainsi dépendre. Deleuze a développé cette conception dans son dernier livre[1] : un langage hanté par son dehors, fait de visions et d'auditions non langagières que pourtant seul il rend possibles. Mais si les écrivains deviennent, selon leurs

choses que le public désire se voir expliquer par un peintre » (17 avril 1942) ; « Il la faudrait imprimer en très petits caractères [la préface] et bien indiquer qu'il s'agit d'un extrait du journal de l'auteur » (18 avril 1942).

1. Gilles Deleuze, *Critique et clinique*, Minuit, 1993.

mots mêmes, des coloristes et des musiciens, cette métamorphose est d'autant plus extrême quand elle est vécue par celui qui est vraiment peintre, aurait voulu devenir musicien, et cinéaste même. *Passages* se rassemble autour de cet échange. Sans parler des remarques dispersées, au rythme implicite du « journal » faisant le lien de tout, huit textes sur vingt-deux, et parmi les plus longs, prennent les arts de front : deux sur la musique et six sur la peinture, que le cinéma creuse ici et là[1].

Le « fantomisme », proclamé dès 1942 avec un air de manifeste désiré et dénié, désigne l'essentiel de l'esthétique créatrice par laquelle Michaux cherche à se saisir comme peintre, avant que les vitesses supérieures induites par les hallucinogènes n'appellent d'autres formulations[2]. Michaux le nomme aussi « psychologisme », donnant au terme une ampleur qui rappelle la « psychologie des foules » de Gustave le Bon : « Foule infinie : notre clan[3]. » Par-delà un clivage de principe et des recouvrements entre écriture et peinture qui ne cesseront plus de se développer, dans le droit fil des propositions de *Peintures*[4], le fantomisme peut se ramener à sept grandes dispositions. Les visages humains dont part Michaux, fort d'un doute entre identité personnelle et altérité[5], s'associent en un flux jusqu'à former une continuité : « une instantanée synthèse[6] ». Ce flux au gré duquel le sujet s'associe à d'autres et se défait en eux réalise

1. Ces huit textes se trouvent mêlés aux deux textes sur la poésie que Michaux a également recueillis dans *Passages* (« Les poètes voyagent » et « Pouvoirs »), augmentés à leur tour des « idées de traverse » et autres notations sur l'acte d'écrire et la vie d'écrivain.

2. On les trouve, à l'intérieur de *Passages*, dans « Dessiner l'écoulement du temps » (1957), écrit un an après *Misérable miracle* et l'année même de *L'Infini turbulent*.

3. « En pensant au phénomène de la peinture », II, p. 321.

4. On les retrouve dans *Passages* sous le titre « Peindre », version sensiblement modifiées de l'introduction de *Peintures*, « Qui il est ». Voir le chapitre sur ce recueil, p. 255-257.

5. « Est-ce moi, tous ces visages ? Sont-ce d'autres ? [...] Ne seraient-ils pas simplement la conscience de ma propre tête réfléchissante ? » (« En pensant au phénomène de la peinture », II, p. 320.)

6. « [...] comme si l'on formait constamment en soi un visage fluide, idéalement plastique et malléable, qui se formerait selon les idées et les impressions, automatiquement, en une instantanée synthèse, à longueur de journée et en quelque sorte cinématographiquement » (II, p. 321).

dans le « portrait [...] un compromis entre les lignes de forces de la tête du dessinateur et la tête du dessiné[1] » : plutôt que d'être « de structure avec le modèle », la ressemblance devient ainsi « presque hallucinatoire ». Le troisième caractère de cet « être fluidique », grâce auquel Michaux espère « pouvoir dessiner les effluves qui circulent entre les personnes », est ainsi de dissoudre la frontière entre intérieur et extérieur : c'est l'homme intérieur « en dehors de lui » qui se trouve saisi. La vitesse est aussi devenue une condition renforcée du processus, le rapportant autant qu'il est possible à un inconscient du geste : « À peine une aquarelle est-elle faite (en dix à quinze minutes), voilà que j'étale une nouvelle feuille de papier sur ma planche, et avec beaucoup d'eau, les couleurs, les rouges surtout, pour crier, crier malheur, crier détresse, crier délire, crier tout ce qui crie à ce moment et veut se jeter au-dehors [...][2]. » La conjugaison de ces quatre caractères aboutit à un cinquième : l'utopie d'une réversibilité désormais sans écart entre le corps-pensée le plus interne et la réalité incertaine du monde[3]. Cette utopie est corollaire, sixième caractère, d'une spiritualisation ou transsubstantiation dont le mot « âme », depuis « Portrait des Meidosems », est devenu plus que jamais dépositaire[4]. C'est donc à une espèce de vision télépathique, actualisation du désir ancien de magie, que la peinture amène Michaux. Enfin, de cette « instantanée synthèse », il écrit qu'elle se déploie « en quelque sorte cinématographiquement ».

L'image du cinéma, auquel Michaux n'a jamais consacré de texte à proprement parler, est chez lui discrète mais vive. Depuis *La nuit remue* les processus psychiques de tout un cha-

1. II, p. 325. P. 322-325 pour les citations qui suivent.

2. II, p. 329. Ces lignes font partie des pages ajoutées en 1950 par Michaux (p. 327-331) au texte publié dans *Peintures et dessins* : elles prennent donc en compte la crise créatrice liée à la mort de sa femme, dont témoigne l'exposition faite chez Drouin au printemps 1948 (voir le chapitre sur *La Vie dans les plis*, p. 324-329).

3. « Ô monde que je ne sentais plus qu'à peine et fuyant, tu reparais à nouveau, jaillissant ! Et moi aussitôt, tel un infirme désemparé, suis renversé en Ta Présence » (II, p. 325).

4. Voir le chapitre sur *La Vie dans les plis*, p. 324-329. Mais l'emploi du mot est ancien chez Michaux : « Partage de l'âme » fut sans doute le titre d'abord envisagé pour *Mes propriétés* (t. I, p. 1184). Voir aussi, dans *La nuit remue*, « La Paresse » (« L'âme adore nager », I, p. 473).

cun s'y trouvent rapportés[1]. En plusieurs occasions, Michaux s'est référé à la situation du spectateur et à la projection de films comme à un équivalent matériel proche entre tous de l'activité inconsciente[2]. Il a ici des formulations fortes, liées au mot même de « passages ». Il aime ainsi dans l'aquarelle le « flash » : « Le petit tas colorant qui se désamoncelle en infimes particules, ces passages et non l'arrêt final, le tableau. » Il en conclut : « En somme, c'est le cinéma que j'apprécie le plus dans la peinture[3]. » Est visé là un art d'autant plus idéal qu'il se trouve pratiquement hors de sa portée, dont le nom serait cinéma : excès de mouvement capable en lui-même, et virtuellement pour Michaux, de « dessiner l'écoulement du temps[4] ». Aussi les références faites au cinéma dans *Passages* ont-elles l'intérêt de lier dans une sorte d'ailleurs les deux formes d'art pratiquées par Michaux, bien que très inégalement, peinture et musique : elles se répartissent dans ce livre tels deux pôles, à la fois à l'intérieur et au-delà de l'invention d'écriture. « Voici le véritable *"passe-temps"*, [...] / Déroulement du film psychique, du ruban émotionnel, du chant perpétuel dont le musicien a attrapé un bout, une courte séquence [...][5]. »

1. « Ce cinéma est pour sa santé. Et il change suivant ses besoins » (*La nuit remue*, I, p. 512). Michaux écrit aussi : « Elle avait disparu du film de cette terre » (*Nous deux encore*, II, p. 151).

2. Ses premières références au cinéma datent de « Chronique de l'aiguilleur » et de « Notre frère Charlie », autour de la puissance de « l'image mimique » (voir le chapitre sur les Premiers écrits, p. 104-108) ; d'autres touchent au trop de réalité de l'image-cinéma, de son dispositif d'histoire et de croyance (*Face aux verrous*, II, p. 476-477), ou plus tard « Une foule sortie de l'ombre », dans *Déplacements, dégagements* (III, 1985).

3. « En pensant au phénomène de la peinture », II, p. 329.

4. Michaux dit : « Dessin cinématique » (« Dessiner l'écoulement du temps », II, p. 371). Micheline Phankim confirme que, dans les différents arts, c'était selon lui pour la musique qu'il aurait été le plus doué. Mais il disait aussi : « Si j'avais vingt ans, je ferais du cinéma. » Voir plus loin le chapitre sur le film réalisé en collaboration avec Michaux par Éric Duvivier sur les expériences mescaliniennes : *Images d'un monde visionnaire* (1963). — Sur Michaux et le cinéma, voir Maurice Mourier, « Michaux cinémane et cinématicien », dans *Méthodes et savoirs*, p. 43-62 ; et Jean-Jacques Lebel, « Tempo de l'infinie turbulence », dans le catalogue *Henri Michaux. Œuvres choisies 1927-1984* de l'exposition conçue par Claire Stoulig (Marseille, Valencia et Genève, 1993-1994), p. 30-41.

5. « Un certain phénomène qu'on appelle musique », II, p. 365.

À la façon dont la peinture libère des mots et du sens, la musique semble libérer de l'image elle-même, ouvrant la voie d'un langage vraiment délié de tout sens[1]. Michaux part des sons proprement dits la première fois qu'il évoque son désir d'entrer pour lui-même dans « ce phénomène qu'on appelle musique[2] ». Trois mots sont aussitôt associés pour qualifier son expérience. L'idée d'eau, avant tout, de liquide, de fluide, chez lui toujours si prégnante : c'est de n'avoir pas assez joué, enfant, avec le sable des plages, que vient ce désir de « jouer avec les sons[3] » (« On devient capitaine d'un *FLEUVE* » ; « On met en circulation une monnaie d'eau »). Cette fluidité de sa musique est aussi faite de silence (« du silence avant tout [...] signe sans m'épuiser » : là encore l'envers de tout langage.) C'est qu'elle est, enfin, temps à l'état pur, presque pur : « Quand rien ne vient, il vient toujours du temps. » De là, cette musique ne retenant que le passage et le fluide des choses ouvre sur une vision ascendante et magique, qui rappelle l'angélisme du dernier fragment de « Portrait des Meidosems », et suggère à un point, semble-t-il, jamais atteint encore, un désir de magie et d'efficacité personnelle[4]. Deux choses se conjuguent dans cette idée d'une musique à soi, au statut équivoque. Issue comme du corps même, encore plus directement que le geste du peintre,

1. « [...] fatigué d'images, je joue pour faire de la fumée » ; « Il ne faudrait pas que jamais j'oublie. J'étouffais. Je crevais entre les mots » ; « Mots, mots qui viennent expliquer, commenter, ravaler, rendre plausible, raisonnable, réel » (« Premières impressions », II, p. 339, 340, 341).

2. « Un certain phénomène qu'on appelle musique » (1958) est le second texte consacré par Michaux à la musique, neuf ans après « Premières impressions ». Une première référence forte à la musique apparaît, sur un mode dépréciatif, comme l'est l'ensemble du texte, dans « Un peuple et un homme » (1938 ; I, p. 547).

3. « Premières impressions », II, p. 334 (pour les citations qui suivent, p. 334-335). Dans *L'Espace du dedans*, Michaux a choisi le titre « Jouer avec les sons » pour isoler un long fragment de « Premières impressions » ; avec deux autres fragments extraits des textes consacrés à la peinture, c'est tout ce que Michaux garde de *Passages* dans son anthologie. Il évoque tour à tour dans « Premières impressions » son piano et son tam-tam ou tambour africain, sur lesquels il se livre à autant d'improvisations.

4. Le « torrent d'anges » appelé avec tant d'insistance par Michaux (« Lâchant tout respect humain »), va jusqu'à ressusciter « la morte » (il s'agit évidemment de sa femme) : ce moment (« Premières impressions », II, p. 337) est un des plus extrêmes de la ligne brisée qui se poursuit à travers tant de textes depuis « Portrait des Meidosems » (voir le chapitre sur *La Vie dans les plis*, p. 324-329), et ici jusqu'à « Chandelier ».

une telle musique devient l'instrument idéal de tous les « contre » dont Michaux dresse à la fin de « Premières impressions » une liste étourdissante — ils sont, de façon générale, attachés aux diverses formes et figures de la culture occidentale. Empruntant au tam-tam son rythme, cette liste cherche à rapprocher la litanie et le martèlement de mots se réclamant de l'antijugement, de l'anti-Vérité et presque de l'anti-réalité, des sons réellement produits pendant ces improvisations sauvages et hasardeuses. Elles touchent l'idée même d'œuvre et d'art, « ces improvisations qui ne deviennent pas des œuvres » et qu'on le pousse, dit-il, à enregistrer : ce qu'il fait et en même temps hésite à faire, dont il pourrait un jour se fatiguer, ne pouvant « se décider à faire musique d'homme et surtout pas de compositeur, et surtout pas d'Occidental et plutôt faisant musique de moineau[1] ».

Que veut dire exactement Michaux, avec sa façon d'aller droit en marchant de travers ? Il tresse ainsi trois motifs, d'importance variable.

Il s'agit d'abord de sa capacité, en tant qu'artiste, à inventer vraiment de la musique, quelle qu'elle soit. Il ne semble pas injuste de dire qu'il ne l'a pas pu, et du même coup pas voulu[2]. Il y a en tout cas renoncé, au moins publiquement. S'il y eut en lui déception, à l'égard d'un désir de création, cette déception reste positive : la musique, en effet, non seulement requalifie toute création artistique, écriture ou peinture[3], d'une idée

1. « Premières impressions », II, p. 340-341.

2. Pierre Boulez fut assez proche de Michaux dans les années 1950. Michaux, dit-il, lui a fait entendre certains de ses enregistrements de percussions, par lesquels il s'est montré peu convaincu ; Michaux dès lors ne lui en a plus jamais parlé (entretien personnel). Boulez est depuis revenu sur ce point : « j'ai écouté de sa part des bribes d'improvisation de percussions plus ou moins calquées, autant que je m'en souvienne, sur les langages codés des percussions d'Afrique centrale. […] Chez Michaux, ce fut sans doute une pratique passagère plus discrète que secrète ; je suppose qu'il était trop exigeant pour se contenter du côté impulsif, proprement amateur, d'une décharge affective et nerveuse : rien à voir avec son utilisation de la peinture et du dessin, de mieux en mieux, professionnellement, maîtrisés » (« Pour pouvoir », dans *Henri Michaux. Catalogue BNF / Gallimard*, Jean-Michel Maulpoix et Florence de Lussy, éd., 1999, p. 130).

3. Mircea Eliade évoque ainsi une conversation avec Michaux, le 20 juin 1959 : « quand il a sacrifié la musique et a renoncé à composer (notamment des "recherches avec le tambour") afin de pouvoir se consacrer exclusivement à la

ou image, mais le fait en touchant la création entière. Le deuxième motif tient donc à la musique même, sur laquelle Michaux revient, dans une vision imprégnée de son expérience : on retrouve au début de son second texte l'image de l'enfant et du sable augmentée de celle des vagues ; il y redit plus amplement le caractère incomparable de magie fluide et d'archaïsme aérien propre à ce « phénomène » à l'intérieur des cultures humaines. Il manifeste ainsi un amour extrême, unique, de la musique, tant comme réalité que comme modèle[1]. Mais un troisième motif semble faire virer le second sur lui-même. Le phénomène de « l'imitation (musicale) chez les oiseaux » en fournit le support. L'oiseau imite bien, même très bien ; les « timbres, les intonations, les onomatopées l'intéressent, mais *bruts* », « il n'est pas tenté » par « notre composition[2] ». Michaux engage ainsi, dans le flot d'un éloge, une critique des quantités toujours mesurables des trajets musicaux. Il écrit, avec un humour duplice : « sauts, chutes, montées, descentes jamais vagues [...]. On évite les petites unités, la fluidité des passages ». D'abord presque technique, un moment ambiguë, en particulier par rapport au terme de « passages », cette critique ouvre sur une véritable mise en cause de la musique comme art d'identification de masse — le texte se clôt là-dessus[3]. Cette critique n'a pourtant d'intérêt réel que second : à travers la notion de rythme et la question

---

peinture, il a remarqué que sa peinture prenait un "rythme musical". Il sentait le "rythme" dans le bras quand il peignait » (*Fragments d'un journal*, Gallimard, 1973, p. 275).

1. Cet amour a été énoncé de façon intense dans la *Lettre-mémo* : « Exception : musique — Le seul art, le véritablement naturel, et qui me paraissait comme physiologique — / Celui où j'ai goûté le + d'œuvres, et sans bouder mon plaisir — et de tous pays et de tout genre (sauf l'opéra et l'opéra-comique), et par lequel je ne me sens plus étranger ou opposé aux autres hommes, comme il m'arrive presque toujours dans d'autres activités, et sur lequel j'ai le moins varié / — La 1re chose que je fasse en voyage, aux Indes ou au Mexique, c'est d'aller écouter *leur* musique. — 1er Renseignement indiscutable — 1er [et pas seulement *biffé*] pour en [avoir ?] d'autres — » (I, p. 995). On trouve aussi, dans une note supprimée de la Postface de *Plume* (1938), l'idée de la « pensée-musique » (voir t. I, p. 1290, la variante de la p. 664).

2. « Un certain phénomène qu'on appelle musique », II, p. 368-369.

3. « Dire que tant d'hommes sont morts en entendant *La Madelon*, me disais-je, enfant, et j'étais accablé » (II, p. 370).

des unités décomposables, sa force est de reconduire au point de vue de l'oiseau, du moineau, auquel Michaux se place. C'est-à-dire du côté d'un artiste réfractaire à tout art, ou incarnation naturelle de cet art même, sans la conscience, les accords et les efforts de l'art. Il faut réentendre ses mots pour saisir de quel affect est chargée dans « Premières impressions » la musique qu'il aurait, lui, Michaux, désiré pouvoir inventer : « musique de moineau, de moineau pas très décidé, perché sur une branche, de moineau qui essaierait d'appeler un homme[1]... »

Sous l'humour, circulaire, s'affirme ici une dimension essentielle de *Passages* : la revendication d'un état de nature. Toujours prégnante chez Michaux, elle prend une force propre dans un livre aussi largement ouvert sur la culture. Illusoire, ressenti comme tel, cet état n'en est pas moins désiré, et très vivement exprimé. Il y a dans *Passages* une philosophie de la nature, interne à celle de la vie dans les plis. C'est pourquoi Michaux a tenu, aussitôt après les « Idées de traverse » ouvrant son livre, à mettre en valeur ce texte bref, « Nature » ; né comme une de ces « idées », il en a été extrait pour devenir visible[2]. Et c'est pourquoi, surtout, succède à « Nature » le texte « Enfants », condensé dans ces mots mis en exergue, d'une ambiguïté sans issue : « L'enfant plus homme que l'homme. » Sans doute Michaux croise-t-il là un motif nostalgique devenu lieu commun depuis le romantisme ; il y retrouve aussi le monde de la réminiscence proustienne. Mais à deux différences près, qui vont en des sens opposés. La première tient à une insistance sur le « Temps physiologique » de l'enfant, donné pour « complètement perdu ». Michaux revient ainsi sur ce dont il a déjà livré une image d'une grande violence dans une des « idées de traverse » : à travers un cas d'enfants-loups, développé avec une sorte de rage, il touche, par le biais d'une culture renversée, un excès de nature, exprimant la

1. « Premières impressions », II, p. 341.
2. Il existe déjà un texte intitulé « La Nature », dans *Un certain Plume* (voir En marge de *Plume*, I, p. 674-675), mettant plutôt en jeu des mouvements que des essences. Voir aussi les références faites au poème d'*Ecuador*, « Souvenirs » (« Semblable à la nature »), dans les chapitres sur un *Un barbare en Asie*, n. 2, p. 168, et sur *Ailleurs*, p. 301 et n. 1.

revendication et la puissance du devenir-animal. La seconde différence, au contraire, traduit une demande utopique réadressée à la création artistique, à la culture. Il s'agit de l'art du dessin, en son état minime, spontané et entier, chez l'enfant : « [...] et ce signe, c'est la tentative la plus jeune et la plus vieille de l'humanité, celle d'une langue idéographique, la seule langue vraiment universelle que chaque enfant partout réinvente[1] ».

On voit comment Michaux sans fin s'égare et se retrouve, d'un bord de la nature à l'autre : culture dans laquelle il réinjecte autant de nature qu'il est possible pour y survivre et y participer, dans une sorte de vacillation anthropologique. Deux textes jamais publiés jusque-là, et par exception non datés, sur lesquels l'édition augmentée du recueil se clôt, en balisent les extrêmes. Le premier pourvoit le héros d'un « chandelier » qui permettrait de tout illuminer, les morts et les vivants, et jusqu'au plus lointain passé, dans une « merveilleuse méditation panoramique ». Un voyage, ainsi, se dessine, dans l'intimité de l'Asie et de l'Afrique, près des femmes, mais aussi « parmi les bêtes sauvages » et, plus loin, jusqu'aux « hommes du paléolithique supérieur », « à la recherche des origines humaines », suivant un arbre généalogique qui serait « arbre de la science ». Et cela, pour lequel on lâcherait « l'art même[2] », s'étendrait aux époques futures, aux côtés des « jeunes hommes de l'avenir » et jusque « dans les astres ». Voilà tout le primitivisme ou naturisme de Michaux projeté en utopie de l'avenir. Le deuxième texte, « Les Fées du Rhin », est aussi une rêverie. La nature glissant sous la culture pour fondre celle-ci en elle et lui conférer une nature virtuelle, seconde, on se trouve finalement, chose encore rare chez Michaux, devant un quasi-mythe de conciliation. Penché sur les eaux du Rhin, Michaux-« je »-promeneur entend des « murmures de jeunes filles » : voix des filles des eaux, des fées, ondines et sirènes, « attirantes, *incroyablement*[3] ». Le trouble est que cette rêverie, presque contempo-

1. « Enfants », II, p. 302. Voir aussi le projet de livre déjà cité, annoncé en 1938 et jamais réalisé, *Rudiments d'une langue universelle idéographique contenant neuf cents idéogrammes et une grammaire*.

2. « Sans regret, comme je lâcherais relations, livres, mes sottises aussi et l'art même » (« Chandelier », II, p. 390). Pour les autres citations, p. 389-390.

3. « Les fées du Rhin », II, p. 393. Ces voix répondent ainsi aux « Visages de

raine de la réflexion la plus extrême sur la littérature[1], ouvre chez Michaux un de ses très rares appels sans ambiguïté au poétique et aux poètes : au point que leurs voix, quoique anciennes, revenant du passé, semblent alors pouvoir se fondre et circuler en lui[2]. Magie des équilibres indécidables : c'est doter, en fin de parcours, un livre en apparence trop enclin à la prose et à l'essai, d'un supplément d'affectivité manifeste, qui pourtant le traverse, on l'a compris, de part en part.

Mais il y a encore, dans *Passages*, un texte non daté, dont le caractère d'énigme fait ressortir la position qui est peut-être chez Michaux la plus médiane et la plus fondamentale, entre confession et invention, référence et fiction. « Je fais apparition » conte l'histoire simple mais désarçonnante d'un homme poursuivi au téléphone par une « femme d'un type entreprenant », qui voudrait le « rencontrer davantage », le « rencontrer plus directement ». Un beau soir, lassé de cette insistance qui menace ses nuits, il se laisse aller à une formidable contre-volonté qui produit instantanément chez la femme une sorte d'hallucination : dans sa chambre, le narrateur lui apparaît, hostile, menaçant. Au point que, le matin venu, elle l'accuse, au téléphone, et sans entrevoir ses raisons, d'user contre elle de « magie ». Surpris, mais au fond de lui-même ravi d'avoir pu exercer un pouvoir aussi

---

jeunes filles » célébrés, dans le même livre, presque vingt-cinq ans plus tôt : « Les Fées du Rhin » semble avoir été écrit en 1962-1963, lors d'un voyage à Bâle, après une promenade au bord du Rhin (entretien avec Micheline Phankim).

1. *Le Livre à venir* de Blanchot paraît en 1959, s'ouvrant par un chapitre intitulé « La Recherche de l'imaginaire », consacré au chant des sirènes. Le texte avait pour titre « Le Chant des sirènes » lors de sa première parution dans la *N.R.F.* en juillet 1954.

2. Il se trame à travers « Les Fées du Rhin » un double circuit affectif, personnel et culturel. On y passe en effet de la Loreley (une héroïne-fée du Rhin non citée dans ce texte, mais dont Michaux aimait la légende, selon Micheline Phankim) à Lorellou-Lou, une des deux héroïnes de « La Ralentie », et par là à sa femme « Lou », dont la perte est déplorée dans *Nous deux encore*. La référence culturelle met évidemment en jeu Apollinaire : des *Poèmes à Lou* à « La Loreley » (et plus largement, dans *Alcools*, toute la série des « Rhénanes »). Un lien fort unit ainsi « Les Fées du Rhin » et « Chandelier… » : l'objet magique est supposé avant tout pouvoir la faire revenir « elle » (« Chandelier pour voir passer l'absente », II, p. 389). Sur Lou-Marie-Louise Michaux, voir les chapitres sur *Plume*, p. 224-230, et sur *Tu vas être père*, p. 265-269, ainsi que ceux sur *La Vie dans les plis*, p. 324-328, et sur *Face aux verrous*, p. 376-378.

surprenant, le narrateur-Michaux s'abandonne à l'idée, exaltante mais dangereuse, de pouvoir montrer « d'autres fois et mieux » un tel « concentré d'énergie psychique », d'apprendre « un peu de… cet art que brut et sans le savoir je viens d'exercer[1]… »

Le premier intérêt de cette histoire est de nous renvoyer, à travers le mot de « magie », à l'exemple unique dans cette œuvre de deux textes portant le même titre, dans *La nuit remue* et dans *Plume*[2]. Il s'agit alors avant tout d'« obtenir des créations mentales[3] », au risque d'avoir à « *Souffrir*[4] » de l'expérience, comme Michaux le rappelle avec d'autres mots à la fin de « Je fais apparition[5] ». De façon générale, une telle activité traduit la postulation première d'une « magie » selon laquelle ce singulier écrivain, au lieu de se « gargariser » de ses inventions, voudrait « voir l'impossible miracle, c'est-à-dire leur passage dans la vie[6] ». Mais, au-delà, plutôt que de rêver dans l'absolu sur les moyens d'attenter à l'insupportable réalité ou de la métamorphoser en un « pays de la magie » où ce rêve s'actualise, il s'agira de fonder un pouvoir s'exerçant de personne à personne dans une supposée « réalité ».

D'où le second intérêt de l'histoire : que son héroïne soit « vraie », qu'on puisse, de façon même hypothétique, lui prêter une identité. Tout laisse en effet penser que cette femme est Unica Zürn. Son destin fut d'être, à sa façon particulière, « folle » de Michaux, si l'on peut dire. Dans *L'Homme-Jasmin*, le récit admirable de sa vie de « folle[7] », Unica Zürn a résumé d'une formule, qui résonne au fil des pages à travers un grand nombre d'autres, la projection délirante et mythique dont Michaux est devenu pour elle l'objet, dès qu'elle l'a rencontré, après son arrivée en France aux côtés de Hans Bellmer à la fin

1. « Je fais apparition », II, p. 378-379.
2. Voir sur ces deux textes le chapitre sur *Plume*, p. 220-222.
3. « Magie », *La nuit remue*, I, p. 484.
4. « Magie », *Plume*, I, p. 560.
5. « Mais en magie — si c'en est — qui n'est pas fort est victime. Pour une offensive, j'aurais vingt fois à être sur la défensive, et soixante-dix-neuf fois serais distrait. » (« Je fais apparition », II, p. 379.)
6. « C'est donc plutôt à la magie qu'il aspire », « Portrait d'homme », I, p. 534.
7. C'est le mot par lequel elle se qualifie elle-même, en jouant du rapport entre air de folie dans la vie quotidienne et maladie mentale (*L'Homme-Jasmin*, Gallimard, 1971, traduction de Ruth Henry et Robert Valençay, p. 33-51 — selon sa traductrice, ce livre a été achevé dans les années 1965-1966).

des années 1950 : « L'Homme Blanc (H. M.) est comme l'on sait l'image fidèle de la vision de l'Homme-Jasmin qu'elle a eue dans son enfance[1]. » Il suffit de lire attentivement ce livre pour ordonner le réseau mystérieux et pourtant clair de signes qui convergent autour de l'Homme Blanc et de son regard bleu[2]. On trouve d'autre part une confirmation de cet état de choses dans les lettres pressantes que Bellmer envoie à Michaux, dès l'automne 1961, quand l'état mental de sa compagne se dégrade et qu'il faut faire face à la réalité d'un séjour en clinique. Il écrit ainsi à Michaux ces lignes fortes et douloureuses : « J'ai fini par saisir [...] que *tout* en elle se fixait autour de "HENRI MICHAUX", sauveur-chevalier à travers ses connaissances par les gouffres. [...] Je désirerais vous demander une pauvre chose (sachant que vous savez ce qu'une demande pareille peut me coûter) : Essayez d'aller voir Unica — de caresser sa main à travers la grille. Elle en sera *heureuse*[3]. »

Mais, quoi qu'il ait pu faire dès lors pour secourir Unica Zürn[4], Michaux ne s'en est pas moins dérobé à l'insistance de

1. *Ibid.*, p. 129. Le récit de *L'Homme-Jasmin* est à la troisième personne, comme du reste les tentatives autobiographiques plus triviales d'Unica Zürn réunies dans *Vacances à Maison Blanche. Derniers écrits et autres inédits*, présentation et traduction de Ruth Henry, Éditions Joëlle Losfeld, 2000. Elle y évoque d'autre façon « l'Homme blanc au jasmin, devenu Dieu » (p. 150).

2. N'en égrenons que les plus manifestes : la chaîne qui unit l'Homme-Jasmin rencontré à Paris à la vision de son enfance, avec ses variations sur le chiffre 9 conduisant vers « l'homme [...] né en 99 » (p. 15-16) ; une citation déformée de « La Ralentie » suivie de la mention d'un cahier de dessins envoyé à « l'"Homme Blanc" » (p. 28) ; la mise en relation entre l'Homme Blanc et « son pays lointain » (p. 47) ; deux autres citations, de *Plume* et de « Premières impressions » (p. 69 et 99). On trouve aussi, dans le premier volume des *Œuvres complètes* d'Unica Zürn publiées en Allemagne (8 volumes, 1988-2001, Berlin, Brinkmann und Bose), parmi les anagrammes dont Unica Zürn s'était fait une spécialité, de nombreux anagrammes conçues à partir de phrases de Michaux, vers 1957.

3. Lettre du 27 septembre 1961, dans *Pour Unica Zürn : lettres de Hans Bellmer à Henri Michaux & autres documents*, Ypsilon, 2009, p. 24-26. *Connaissance par les Gouffres* est paru en mai 1961, et les « Situations-Gouffres » du chapitre V ont déjà été partiellement publiées en avril-mai-juin 1960 dans *La Nouvelle N.R.F.*

4. Après l'internement d'Unica Zürn à Sainte-Anne, en septembre 1961, Michaux fera aussitôt jouer ses relations avec les psychiatres. Il ira voir Unica Zürn à l'hôpital, lui apportant un cahier de dessins, s'occupant, semble-t-il, de le recueillir ensuite, puis s'entremettra avec d'autres auprès de son galeriste Jean Hugues en vue d'une exposition, qui aura lieu au début de l'année

la présence réelle. C'est-à-dire à entrer, on l'imagine, et quoi qu'il en ait su, dans ce personnage déraisonnable de l'Homme-Jasmin dont Unica Zürn écrira qu'il est « cause de sa maladie mentale[1] ». Lisant ce livre dont Michaux devient le héros cryptique, où éclate partout le don extraordinaire d'Unica Zürn pour les apparitions, les projections et les interventions psychiques, et un talent de s'y abandonner qui rappelle un peu la « folie » de Nadja, on ne peut s'empêcher de penser que Michaux a été vivement troublé par une façon d'être qui n'est pas sans rapport avec son propre sens de la « magie » ; bien qu'il ait toujours su, quant à lui — c'est son art, et la défense qu'il permet —, en contenir la déraison dans des limites raisonnables. Telle est sans doute la double condition de l'expérience qu'il ne peut s'empêcher de conter, comme pour l'exorciser. Il le fait au gré d'un déplacement qui, sous couvert de discrétion, l'aide à se soustraire au risque et à la cruauté, en un sens à la beauté de l'enjeu : insistant plutôt, vis-à-vis du personnage de femme qu'il met en scène, sur le caractère trivial d'une demande excessive, il peut d'autant mieux faire de la croyance à « l'apparition » qui lui est offerte par l'autre la marque de sa propre capacité de pouvoir et d'intervention. Capacité dont l'écriture, faute de mieux, doit au moins conserver la trace, signe de son pouvoir unique et singulier.

On remarquera aussi que, dans la composition apparemment labile de *Passages*, « Je fais apparition » succède à « Pouvoirs ». C'est là le texte au fil duquel Michaux esquisse, dans un contexte autobiographique très privé, puisqu'il s'agit de sa femme malade, une vision du « poème-action » ou « poème dirigé, un poème qu'on voudrait réellement bien-faisant, effi-

---

suivante. Mais il gardera toujours ses distances. Un nouvel internement d'Unica Zürn à Maison Blanche en avril 1970 sera suivi de peu par son suicide en octobre (elle écrit alors encore au docteur Ferdière, qui fut le premer mari de Marie-Louise Michaux : « Amoureuse depuis 17 années, de H. Michaux "1 certain Plume" » (Hans Bellmer, Unica Zürn, *Lettres au docteur Ferdière*, Séguier, 1994, p. 120).

1. *Vacances à Maison Blanche*, p. 136. Elle écrit dans *L'Homme-Jasmin* : « avec l'apparition de l'Homme Blanc *en chair et en os* [...], avec son apparition la folie a commencé » (p. 104).

cace[1] ». Faute de participer à la guérison proprement dite, le poème produit chez celui qui l'a ainsi conçu « une sorte de guérison, début d'une nouvelle alliance entre nous ». Concluant sur ce processus, Michaux ajoute : « [...] sans une certaine extrême, extrême concentration, il n'y a pas action directe, massive, permanente, magique de cette pensée sur celui qui l'a pensée[2]. » C'est bien la même force, mais opposée par refus, qui se manifeste dans « Je fais apparition », supposant chaque fois une sorte de télépathie réimprimée en soi à travers l'autre : le pouvoir d'une virtualité, indissolublement psychique et verbale, lovée dans l'écriture. C'est aussi, notons-le, une virtualité diffuse d'ordre comparable qui s'avère dans nombre des fragments que Michaux dispose, entre « Je fais apparition » et « Chandelier... », changeant leur ancien titre pour en faire des « Notes au lieu d'actes[3] ».

Ainsi se dessine, dans la dernière partie de *Passages*, une seconde ligne-femme chez Michaux. Déclinée sur un mode mineur, elle prend la suite de la ligne majeure de fiction intime développée de *Plume* à *Face aux verrous*[4]. Cette seconde ligne glisse de la présence opposée de deux femmes dans « Pouvoirs » et « Je fais apparition », jusqu'à « Chandelier... » (« Chandelier pour voir passer l'absente ») et aux « Fées du Rhin » : ligne plus incertaine, touchant aussi une réalité plus immédiate, ouvrant une méditation sur les pouvoirs d'écrire.

Passages est sans doute le livre qu'aura le moins voulu Michaux. Ce sera devenu peut-être, juste et injuste retour des choses, celui par lequel il (s')est défini le plus. C'est que grâce à son disparate même, *Passages* rejoint bien, pour le faire aussitôt dériver, l'essayisme absolu de Musil, tel que celui-ci le

1. « Pouvoirs », II, p. 376-377. Voir le chapitre sur *Tu vas être père*, p. 268.
2. II, p. 377.
3. Plusieurs fragments de « Notes au lieu d'actes » avaient auparavant été publiés sous le titre « Affaires impersonnelles ».
4. Voir plus haut, n. 2, p. 353. Il faut ici être attentif aux dates : cette fin de *Passages*, livre conçu en deux temps (1950, 1963), regroupe des textes tous postérieurs au dernier grand recueil de ce qu'on peut nommer la seconde période de Michaux (*Face aux verrous*, 1954) ; ils sont ainsi pris dans le mouvement de la période d'expérimentation des hallucinogènes. En témoigne, dans la table de *Passages*, leur regroupement final après « Dessiner l'écoulement du temps », le seul texte du recueil pour une part consacré aux effets de la drogue.

reconnaissait, chez « ces maîtres du flottement intérieur de la vie », en particulier à une façon de se situer « entre l'*amor intellectualis* et le poème ». Mais si, chez Michaux comme chez Musil, l'essai est bien « la forme unique et inaltérable qu'une pensée décisive fait prendre à la vie intérieure d'un homme [1] », son entreprise n'a de sens qu'à défaire la forme unique qui ferait prendre cette pensée dans *un* livre, fût-il inachevé. D'un inachèvement tout autre, de chaque livre par un autre, et de tous par chacun, *Passages* témoigne avec une irremplaçable alacrité. C'est que le passage est aussi, simplement, le passage terrestre et presque clandestin par lequel « quelque part, quelqu'un », un jour, sur terre est passé.

1. Robert Musil, *L'Homme sans qualités*, Le Seuil, p. 305 (voir aussi, plus largement, le chapitre LXII, consacré à « l'utopie de l'essayisme »).

Veille
(1951)

Ce texte au sort étrange frappe par une qualité négative rare dans l'œuvre de Michaux : sa « poéticité ». Entendons par là non sa grâce dans l'évocation ou l'invocation, ni ses valeurs de rythme ; mais la puissance d'agressivité propre à tant d'œuvres de la poésie moderne, si bien située par Barthes dans *Le Degré zéro de l'écriture*[1]. Cette puissance tient à un usage intransitif du langage, au caractère arbitraire des images, à l'incohérence, au moins apparente, des événements. En cela, un tel dérèglement est plus vif quand il prend nettement la forme du poème, marquée par des retours à la ligne constants, que lorsqu'il s'attaque à des phrases de prose, comme cela arrive, plus rarement encore, chez Michaux, par exemple dans « Trois pages du livre des rencontres singulières[2] ».

Michaux semble avoir qualifié, sinon la règle, au moins un effet certain de son poème, quand il écrit, dans une strophe où les propositions s'accumulent sans vraiment se coordonner : « Mots obscurs rédigés dans un langage blindé[3]. » Par ses thèmes qui s'entrechoquent, par ses rythmes, ses reprises, ses sautes ou ses embardées, *Veille* ressemble à un exorcisme qui aurait perdu son objet, dont l'emprise ne tiendrait ni dans une idée localisable, ni dans des images construites, ni même dans

1. Roland Barthes, *Le Degré zéro de l'écriture*, Le Seuil, 1953, dans le chapitre « Y a-t-il une écriture poétique ? ». Voir l'Introduction, p. 41-42.

2. Voir le chapitre sur ce texte (1943), où est posée la question délicate des textes non repris par Michaux.

3. II, p. 414.

des mots porteurs de l'obsession à dénouer. On sent bien, au début, un prophétisme qui ne manque pas de force, lié à des états de peur, à d'obscures et nouvelles dépendances. On reconnaît, à la fin, dans le martèlement quatre fois repris d'un appel (« Ce sera pour demain »), l'idée, toujours si forte chez Michaux, de mutations à entrevoir. Mais on sent peu selon quelle logique, de sons ou de sens, on parvient de ce début à cette fin. Tel pourrait être le problème de *Veille* : texte trop long par rapport au manque de cohésion de ses propositions, si diverses et si disloquées. Il s'agit en effet d'un des poèmes les plus longs de Michaux, un de ses quelques longs poèmes. Mais il n'a ni la rage systématique de « Quelque part, quelqu'un », ni l'unité de vision des poèmes de la guerre (« La Marche dans le tunnel », « Ecce Homo », dans *Épreuves, exorcismes*), ni la force de la coulée de pensée qui dès la fin de cette même année s'imposera dans « Mouvements » (*Face aux verrous*), ou plus tard dans les grands poèmes de la drogue et de son au-delà (« Paix dans les brisements », « Vers la complétude », réunis dans *Moments*).

Veille donne ainsi l'impression de flotter, faisant entendre une voix qui n'appartiendrait à personne et aurait, du même coup, un peu perdu son lecteur. On y retrouve évidemment, ça et là, des accents, des images, des pensées, des vues propres à Michaux. Mais ce n'en est pas moins un de ses rares textes qui pourrait faire douter de l'identité de son auteur, si elle ne nous était livrée. Parmi les raisons obscures qui ont poussé Michaux à ne jamais reprendre en recueil tel ou tel de ses textes, ce pourrait être la plus claire.

« Lorenza reçoit une dernière visite »

(1951)

Ce bref récit est l'un des textes les plus énigmatiques écrits par Michaux.

Il entre en effet, d'abord, dans la catégorie des textes, rares, dont l'énonciation est prêtée à une voix de femme. Ainsi « Je vous écris d'un pays lointain » (1937, dans *Plume*) ou « L'étrangère raconte » (1939) ; ou peu après « L'Espace aux ombres » (1952, dans *Face aux verrous*)[1]. Mais dans chacun de ces cas dissemblables, l'étrangère appartient bien à un pays lointain autant qu'indécidable. Alors qu'ici, curieusement, un pays réel est donné, l'Italie, avec ses villes, Venise et Vérona, et le train qui les relie. Et l'étrangère a un nom, un prénom italien, dont il n'y a pas d'autre écho chez Michaux : Lorenza[2].

Mais le plus surprenant est le régime de ce court récit, qu'exprime bien son titre. Il ressemble en effet à s'y méprendre à un court début de roman, le dernier à surgir ainsi sous la plume de Michaux, à une époque où cette ancienne obsession paraît depuis longtemps tarie[3]. En dépit du caractère

1. Voir le chapitre sur *Plume* où apparaît le « devenir-femme » de Michaux, p. 224-230, ainsi que ceux sur « L'étrangère raconte » et sur *Face aux verrous*, p. 376-378.

2. On rencontre étonnamment le prénom « Lorenzo », dans l'un des textes, « Iniji », où se cristallisera une dernière fois, sous une forme renouvelée, proche de « La Ralentie », le devenir-femme de Michaux (« les liens liant les lieux Lorenzo », *Moments*, p. 87). Voir le chapitre sur *Vents et poussières*, p. 472.

3. Sur la hantise du roman, voir les chapitres sur *Qui je fus*, p. 115-118, *Ecuador*, p. 135-136, et les Textes épars 1936-1938, p. 209 et n. 5.

fantastique de la situation, celle-ci est assez clairement définie : un inconnu vient un soir vers minuit annoncer à Lorenza qu'elle doit partir sans délai pour un autre continent ; mais, alors qu'elle se prépare et vient retrouver cet « homme encore jeune[1] », elle acquiert la conviction qu'on l'a ainsi éveillée pour qu'elle vive sa dernière nuit.

On ne sait que penser de ce deuil d'une femme qui fait évidemment songer à la mort si présente dans les écrits de Michaux depuis la mort réelle de sa femme, au début de l'année 1948. Un élément retient, et trouble : l'homme a autrefois connu la mère de l'héroïne et, à quelques-uns de ses gestes, il remarque : « tout à fait votre mère », provoquant l'effroi de Lorenza à l'idée d'une perte d'identité. Un second élément surprend : l'autre continent serait l'Amérique du Sud. On sait à quel point, depuis « La Ralentie », ce continent familier a été imprégné pour Michaux par l'image ombreuse et improbablement mortelle de Susana Soca[2]. Enfin, ces deux images floues consonnent avec une troisième qui se construit au fil de ces quelques pages : l'inconnu se saisit dans la bibliothèque d'un « portulan italo-portugais », puis d'autres cartes ; au point qu'il en traîne bientôt « dans toutes les pièces, et que les notes écrites s'amoncelaient sur un immense itinéraire ». Ainsi un homme écrit-il en marge d'images de voyage tandis qu'un voyage annoncé se confond peu à peu pour une femme avec la mort même. Jusqu'à cette dernière phrase : « Il fallait la main sur les cartes dérisoires, parlant d'évasion, me laisser prendre ma vie... » Comme si les réalités s'échangeaient, entre les sexes et les continents, et qu'à travers la mort programmée de la femme, dont l'image remonte ainsi jusqu'à la mère[3], cette énonciation faite femme désignait quelque chose du pouvoir d'écrire et d'imaginer. Les cartes des pays réels se confondent alors avec celles des pays imaginaires, et l'Atlas rêvé de Grande Garabagne avec le Brésil inspirateur du Pays de la magie. Cependant qu'une

1. II, p. 419-421, comme pour les citations qui suivent.
2. Voir le chapitre sur *Plume*, p. 227-229.
3. On pense à l'assimilation, par Adrienne Monnier, en mars 1952, de la femme et de la mère, à propos d'une première version de « L'Espace aux ombres » que Michaux lui a fait parvenir (voir t. II, p. 1242-1243).

forme romanesque de transvestisme spirituel, tout juste esquissée, ouvre la voie aux échanges mythiques destinés à se fixer bientôt dans le monde ultime de « L'Espace aux ombres ».

Face aux verrous

(1954)

Dans *Face aux verrous* un monde se ferme. Il n'y aura plus chez Michaux de recueil vraiment comparable, conçu selon une formule instable tentée dès 1927 avec *Qui je fus*, et fixée en 1935 avec *La nuit remue*. L'idée est aussi simple que malaisée à cerner : il s'agit chaque fois d'une coupe opérée en un moment flottant du temps, dont surgit, grâce à un plan construit mais très déconcertant, un état des voix affectant le sujet, liées par des processus en nombre incalculable.

« Coups dans le piège » : tel fut, presque jusqu'à la fin, le titre de *Face aux verrous*. Quels sont ces verrous face auxquels Michaux se retrouve ? Quel est le piège dont sa lucidité s'émeut ? Tout simplement, sans doute, un risque de répétition. En un recueil, cinq ans plus tôt, il a bouclé la boucle d'un recommencement de la guerre interminable qu'il se livre : de « Liberté d'action » à « Vieillesse de Pollagoras », les plis ont été dépliés, redépliés, d'une reprise d'agression à une vision endeuillée dont une mort réelle a fixé la tonalité. Le « vieil avare attaché à la vie » a fait ainsi retour sur tous les « barrages » édifiés au temps de sa « défense folle », dans ses « années effrayées » : il loue même, c'est bien la seule fois, l'« œuvre magnifique du courageux petit bâtisseur » qu'il fut, longtemps capable d'opposer sa « nuit » au « jour insupportable des autres » ; mais il se pense désormais sans force, sinon sans voix, puisqu'il nous parle face à une nouvelle nuit qui gagne, absorbant au fur et à mesure les « quelques fusées » qu'il lâche encore[1].

Si bien qu'il faut voir dans *Face aux verrous*, où rien ne laisse présager le tournant qui va suivre avec les années mescaliniennes, un livre où toutes les fusées possibles sont lâchées, avec une violence souvent inégalée, mais au prix d'une sorte de conscience interne des limites touchées : il est clair qu'il est devenu impossible à Michaux de sortir d'un cercle dont chaque portion de circonférence a été inventée et parcourue. De sorte qu'une montée aux extrêmes s'accompagne ici d'un sentiment de déjà-vu, exprimé tant par Pollagoras-Michaux que par certains de ses lecteurs-critiques, un peu paralysés devant une invention extrême dressant avec rage, ironie et mélancolie, les limites nouvelles de son toujours même domaine[2]. « Encombré de batailles déjà livrées, horloge de scènes de plus en plus nombreuses qui *sonnent*, tandis que je me voudrais ailleurs. / Ainsi, tel un manoir livré au Poltergeist, je vis sans vivre, lieu de hantises qui ne m'intéressent plus, quoiqu'elles se passionnent encore et se refassent tumultueusement en un fébrile dévidement que je ne puis paralyser[3]. »

Un point extrême est touché d'emblée avec « Mouvements », au confluent de deux forces : l'une très affirmée, l'autre plus impulsive et trouvant dans l'insistance de la première une énergie renouvelée. Une fois encore, par la violence en acte de la litanie-martèlement, il s'agit d'opposer à toute raison d'écriture le mouvement des signes nés du rêve trop longtemps

1. « Vieillesse de Pollagoras », *La Vie dans les plis*, II, p. 233-234.

2. Ainsi Philippe Jaccottet : « Aujourd'hui, c'est "la fin du domaine", éternellement les mêmes luttes, les mêmes peurs, les mêmes colères. Michaux reprend sa phrase comme on taperait avec rage sur un clou, comme s'il voulait à tout prix faire tenir quelque chose qui jamais ne tiendra, ou frapper à coups de poing contre cette porte verrouillée à laquelle il arrive » (« À tant d'années de la naissance... », *La Nouvelle Revue* [Lausanne], 17 mai 1954). Ainsi le compte rendu anonyme du *Bulletin critique du livre français*, très positif, très fin, où l'auteur regrette un peu la composition plus organique d'*Ailleurs* ou de *La Vie dans les plis*, et suggère qu'une « ombre de déception » serait due à « l'attente d'un renouvellement ». Ainsi Claude Roy, pourtant l'un des critiques les plus complices de Michaux, l'estime dans *Face aux verrous* plus continuateur de lui-même qu'explorateur ; mais il excepte de sa critique « Fin d'un domaine », le seul texte du recueil qui sera supprimé par Michaux lors de la nouvelle édition de 1967 (« Le soleil de la poésie », *Libération*, n° 3011, 8 septembre 1954, p. 2).

3. « Vieillesse de Pollagoras », *La Vie dans les plis*, II, p. 232.

caressé d'une idéographie personnelle devenant, plutôt, « formes "en mouvement" », éliminant toutes « formes pensées », tous « caractères de composition »[1]. Michaux rappelle bien dans sa Postface ce que sont les « compositions d'idéogrammes » qu'on le pousse à reprendre : un « objectif qui semble en effet dans ma destinée, mais seulement pour le leurre et la fascination ». Il oppose à cette utopie du signe encore liée à l'écrit les signes dessinés du corps composant « une écriture inespérée [...] loin des mots, des mots, des mots des autres ». Trois ans plus tard, dans « Signes », l'année même de *Face aux verrous*, Michaux revient sur ses « signes » récents : il les appelle plutôt « gestes », « mouvements » ou même « émiettements de mouvements », marquant ainsi leur fonction de « dérobade devant le signe ». Il précise : « Le signe, sans la représentation de l'homme, le signe "de situation" », « permettant de recevoir comme de donner »[2]. Il s'agirait donc là de signes d'échange, avec leur part propre de code, plutôt que du signe restreint à la seule expression personnelle. C'est projeter l'idée-vision du signe naturel, d'où ce texte prend son départ : « Toute la nature est signe, signes sur signes, macle de signes. » Ainsi finit par s'énoncer, autour de l'idée de « penser en signes », l'utopie d'une équivalence entre nature et culture, permettant un dépassement des oppositions entre écriture et peinture, langue et idiolecte, subjectivité et société : « on échangera des secrets en quelques traits "nature" pareils à une poignée de brindilles ». Mais il n'empêche que dans *Mouvements* Michaux a pu céder, sur le versant de la peinture-dessin faite signes, à un emportement comparable à celui qui est né deux ans plus tôt au contact de la musique[3]. Porté par l'énergie des « signes, tâches et mouvements », mots-mana auxquels son poème s'accroche comme aux « trois attributs interchangeables d'un nouvel archaïsme de la conscience[4] », Michaux trouve la voie d'un exorcisme auquel

1. Voir la Postface de *Mouvements*, où Michaux commente les soixante-sept pages de « signes » non reprises en recueil (En marge de *Face aux verrous*, p. 598-599, de même pour les citations qui suivent). Voir aussi, sur l'espéranto lyrique, le chapitre sur « Rencontre dans la forêt ». Rappelons que le projet d'une langue universelle idéographique date de 1938.

2. « Signes », Textes épars 1951-1954, II, p. 431.

3. Voir « Premières impressions », II, p. 334-343, et le chapitre sur *Passages*, p. 347-351.

4. Max Bense, « Esthétique et métaphysique d'une prose », *L'Herne*, p. 247.

la fureur de sa guerre interne donne un « élan en flèche, fougueux et comme supra-humain[1] », supérieur à celui qu'autrefois il revendiquait face à l'anxiété de la vraie guerre.

Une force semblable s'étend aussitôt dans *Face aux verrous* à un autre champ de la lutte intérieure, auquel Michaux a donné le nom très parlant de *Poésie pour pouvoir*[2]. Toujours enclin à penser selon deux registres ce qui s'invente en lui, il est revenu de façon inhabituellement détaillée sur l'expérience des trois exorcismes d'un nouveau genre qui composent ce bref ensemble. Il s'agit, pour les deux premiers (« Je rame » et « À travers mers et désert »), d'une forme particulière de magie : la « magie de malédiction », destinée à canaliser l'énergie d'un affect, ici la colère, pour en faire « une matière » qui est aussi une « sorte d'antimatière » et dont le principe est « avant tout martèlement, martèlement, martèlement » ; « deux attaques, conclut Michaux, qu'on appela poèmes, deux poèmes appuyés[3] ». Le troisième, « Agir, je viens », tout aussi appuyé, est cette fois un poème d'amour transformé en « poème-action » : il permet la transformation d'une « pensée-sentiment » en « action directe, massive, permanente, magique de cette pensée sur celui qui l'a pensée ». Par là, l'écriture induit, d'elle-même et sur le moment, une conversion du rapport personnel dont elle surgit et à l'intérieur duquel elle s'établit (« Ce don, quoiqu'il ait été insuffisant [...], début d'une nouvelle alliance entre nous[4] ») ; elle

---

Les trois termes liés rythment la progression de l'analyse de Bense comme celle du poème de Michaux où il les relève. Bense y voit, à propos de *Passages*, recueil auquel son texte sert de préface dans l'édition allemande du livre, la condition de « textes somatiques » (p. 249).

1. *Épreuves, exorcismes*, Préface, I, p. 773.

2. Mais, à l'inverse de l'ordre adopté pour le recueil, dans la chronologie, *Poésie pour pouvoir* (1949) précède *Mouvements* (1951).

3. *Passages*, II, p. 355 et 376. Ces références croisées à *Passages* et à *Face aux verrous* s'expliquent par les circonstances de rédaction des deux textes à travers lesquels Michaux revient sur cette expérience : « Note sur les malédictions », et « Pouvoirs ». Sur « Pouvoirs », dont le premier titre fut « Genèse des trois poèmes pour pouvoir », voir le chapitre sur *Passages*, p. 356-357.

4. « Pouvoirs », *Passages*, p. 377 et 376. C'est l'une des très rares fois où Michaux — à l'occasion de ce poème écrit aux côtés de sa femme tout juste remise d'une grave tuberculose, fin 1947-début 1948 —, insiste à ce point sur les circonstances personnelles de la composition d'un texte.

devient ainsi capable de maintenir une force par laquelle la mélancolie du souvenir attaché à la perte reste transfigurée. Michaux désigne là ce que l'énergie frontale du poème conçu comme « efficace » permet seule à ses yeux de négocier, selon une rythmique qui emprunte à l'idée de la musique la puissance de transferts d'affection touchant le plus énigmatiquement intime, le plus réel des corps. « EFFICACE / Efficace est mon action » : tels sont les derniers vers d'« À travers mers et désert[1] ». C'est visiblement une telle force matérielle que Michaux a voulu susciter en menant à bien avec Michel Tapié la publication initiale de *Poésie pour pouvoir* dans un livre-objet d'une expressivité presque agressive, et en particulier en concevant lui-même l'idée des trente-deux têtes de clous enfoncés dans la couverture en bois. Un des derniers vers d'« Agir je viens » évoque la libération, répondant au titre final du recueil, qui peut-être en découle : « Où étaient les verrous est l'océan ouvert[2] ».

Un second extrême est atteint avec « Tranches de savoir ». Comme si chacune de ces propositions, souvent réduites à quelques mots, et excédant rarement quelques lignes, avait pour objet de faire sauter *un* verrou : que ce soit une image, une idée, un cliché, une figure, un enchaînement de sens et de son(s). Il s'agit avant tout de faire ressortir l'impossibilité de maintenir une frontière étanche entre argumentation et fiction. Ces deux forces s'enclenchent ici à travers des logiques multiples, ambiguës, imparables. Mais elles ont en commun de jouer d'un facteur indécidable entre une relation de sens découvrant la virtualité d'une histoire (du récit à la « blague »), et la fantaisie d'un événement cédant aux sens qui le saisissent, s'ouvrant à un infini d'un autre ordre. « On crie pour taire ce qui crie. Le montreur de girafes cache un nain. Le montreur d'ours cache un chauve. » « "Venez céans", dit le squale, et il le mangea. Le squale était mangeur d'hommes, mais l'époque était polie[3]. »

1. II, p. 445.
2. II, p. 447. Michaux donne à cette fin la forme du très classique alexandrin, forme appuyée par une inversion réglée de syllabes et de sons : verr / ous / / ou / vert.
3. II, p. 450.

Les plus drôles et les plus violentes de ces propositions sont évidemment celles qui soudent d'un trait les deux bords de l'événement et du raisonnement en un alliage concentré de sens et de *nonsense* : « Des chevaux qui à la place de queue auraient un fouet ne se feraient pas cochers. » « La chemise de l'apiculteur pique. » Elles vont parfois jusqu'à y saisir leur lecteur : « Faites pondre le coq, la poule parlera[1]. » Mais la chose importante est que toutes ces « tranches » dessinent ensemble comme un monde complet, une encyclopédie renversée. Jusqu'à la dernière, qui retourne le parcours sur lui-même en prenant à nouveau le lecteur par la main et au corps : « Ne faites pas le fier. Respirer c'est déjà être consentant. D'autres concessions suivront, toutes emmanchées l'une à l'autre. En voici une. Suffit, arrêtons-la[2]. »

À rebours des nombreuses suppressions opérées de la plaquette au recueil — suppressions souvent énigmatiques, plutôt motivées, semble-t-il, par des raisons de rythme et d'endurance de lecture que de qualité —, Michaux a ajouté en 1954 trois fragments parmi les plus longs et les plus élaborés de l'ensemble (sur l'Univers, l'Œdipe, la vie captée à travers le rapport entre enfants et adultes). C'est bien tout le savoir humain qui se trouve ici débité en tranches, comme un jambon, ou tel ce foie de veau sans veau qui fait le délice des Mages[3].

Michaux retrouve ici une disposition familière à son œuvre depuis ses débuts, depuis « Énigmes » et « Principes d'enfants[4] ». C'est que la « tranche », découpant le savoir dont elle appelle une étincelle passagère et déflagrante, est interne à la substance d'une œuvre qui ne cesse de tendre vers la limite de son plus petit fragment. Par là, elle confère à chacun de ses innombrables fragments, virtuels comme réels, une capacité d'irradiation susceptible de perpétuellement détruire ce qui se construit, et de reconstruire, autrement, ce qui se détruit. Il y a, chez Michaux, à tous les tournants de texte, au moins de prose,

1. Respectivement II, p. 450, 452, 454.
2. II, p 471.
3. *Ailleurs*, II, p. 71.
4. Ensembles repris dans *Qui je fus* et datant tous deux de 1925. Voir Waclaw Rapak, « L'Écriture d'épargne de Michaux », dans *Désirs d'aphorismes*, Christian Moncelet, éd., Association des Publications de la Faculté des lettres et sciences humaines de Clermont-Ferrand, 1998, p. 291-300.

des tranches incluses, dont les tranches détachées de *Face aux verrous* deviennent les chutes visibles. On est frappé que Michaux rassemble ces tranches, en revue puis en plaquette, l'année même où paraît *Passages*, qui en compte à sa façon plus qu'aucun de ses recueils antérieurs. Il les y a nommées « Idées de traverse » ou « Observations » ; il s'agit de tranches plus mesurées, intérieures à des propositions plus amples. Si bien qu'il y a aussi dans le geste de la « tranche », érigée en principe, un art de balancer et de ruiner la voix de l'essayiste que *Passages* amplifie de façon inusitée. Portant le genre essai à sa limite, Michaux se prend lui-même comme genre à dilapider. Comme il le fait des traditions qu'il mêle, accomplit et détruit les unes par les autres : des préceptes confucéens ou taoïstes aux fragments et maximes des moralistes du grand siècle (Pascal ou La Rochefoucauld), de Novalis à Lichtenberg, et jusqu'aux proverbes surréalistes. La tranche — mot polyvalent, désignant toute chose qu'on coupe mais aussi l'instrument propre à le faire et, en argot, jusqu'à la tête de celui qui le fait — la tranche devient le mot rêvé pour se confronter au savoir, être à la hauteur de ses fulgurances pour en devenir le déchet. La tranche finit ainsi par croiser l'espéranto[1] ; de même que celui-ci avait infiltré, pour l'exemple, une des propositions de *Voyage en Grande Garabagne*. Elle emporte par là jusque dans des mondes inventés l'utopie rageuse de la langue et son vain désir de connaissance.

La troisième limite qu'atteint *Face aux verrous* est plus difficile à cerner. Les neuf sections qui s'échelonnent après les poèmes et les « tranches » composent une masse mixte d'où émerge une figure réitérée de l'ailleurs, ou plutôt un éventail de figures, paralysées et pourtant intérieurement renouvelées. Un flottement terrible en devient le principe sans principe, tant les niveaux d'étrangeté se mêlent, sous l'effet de poussées dépressives et exaltées, d'un texte à l'autre et souvent à l'intérieur d'un même texte. En 1952, deux ans avant *Face aux verrous*, où il reprendra d'abord en bloc cet ensemble de textes, Michaux publie *Nouvelles de l'étranger*, qui doit son titre au

1. « Quand vous ameroseriez des bastres à clivettes, encore que cafouette n'en dore, venez glytons, venez gelés et lovogrammes, l'heure d'Orque a sonné, grand Listafu ! » (II, p. 451).

plus bref des sept textes qui le composent. Envoyant le livre à son ami Fourcade, Michaux évoque « la vieille toile d'araignée d'un ami ». Dès les premiers mots de « Nouvelles de l'étranger », à travers la « *chambre de vision* » où se concentre désormais toute la vue d'un peuple[1], passe l'écho des chambres folles de « Poddema-Ama », de toutes les chambres qu'elles condensent : celles où « la nuit remue » pour un seul, celles où se nouent dans une histoire-géographie inventée les destins de l'humain et de l'inhumain. Pourtant, dans ce qui fait retour, un déplacement sournois se prépare. « Il y a en train, présentement, une guerre subhumaine. Peu probable que vous vous en aperceviez, et pourtant[2]... » Ces mots annoncent un état des choses improbable : des nouvelles souvent vagues et contradictoires arrivant de pays de plus en plus indéterminés. Le mot même d'étranger, touchant le lieu autant que la personne, condense une telle indétermination. D'un côté, l'étranger est celui à qui on envoie des nouvelles de ces pays enfouis dans une guerre aux repères obscurs, guerre d'après la guerre, dans laquelle l'humanité s'enfonce. De l'autre, il est lui-même un habitant de ces pays : non plus le voyageur d'*Ailleurs*, impliqué, mais toujours extérieur ; plutôt celui ou celle qui, sans plus envoyer comme autrefois des lettres (« Je vous écris d'un pays lointain » ; « La Lettre du voyageur[3] »), participe de la vie floue et cruelle dont on témoigne à un habitant de la terre, lecteur plus ou moins proche à qui on s'adresse. L'étranger de toujours, le « Belge, de Paris », donne ainsi tout simplement de ses nouvelles, à l'issue de quelques années où il a moins écrit, ou du moins veut le croire[4], et voudrait surtout nous écrire, à nous, ses lecteurs indéfinis que peut-être il aimerait toucher. La majeure partie de *Face aux verrous* se maintient ainsi sur une ligne de crête indécise, plongeant sur tous ces versants à la fois, et les unissant comme malgré eux, minant plus que

1. II, p. 513.

2. II, p. 499. C'est le début de « L'étranger parle » en 1954, et, en 1952, celui du recueil *Nouvelles de l'étranger*.

3. Le premier de ces textes se trouve dans *Plume* (il date de 1937), le second dans En marge d'*Épreuves, exorcismes* (il date de 1944), I, respectivement p. 590-595 et 842-848.

4. Cette résistance à l'égard de l'écriture ressort plus ou moins nettement de ses lettres à Paulhan, depuis la mort de sa femme.

jamais toute identité, par mille liens ténus, glissants, métamorphiques.

S'ajoute à cela une confusion d'un autre ordre : dans trois brèves sections de *Nouvelles de l'étranger* ont été réunies des suites de fragments. Leurs titres font entendre d'emblée un écho différent de celui des quasi-récits soudés par leurs incursions dans les espaces d'un « ailleurs », si confus ces espaces soient-ils. « Faits divers » appelle à nouveau l'actualité du journal ; « Personnel » (intitulé d'abord « Quelques faits personnels »), la dimension d'un journal plus intime ; « ...rait » ouvre à partir de ces mêmes prémisses le pur conditionnel de la virtualité comme catégorie de sensation et de pensée. Aussi, les fragments de ces trois sections rappellent-ils souvent les « Idées de traverse » et le « je » essayiste plus direct de *Passages*. Mais les noms de pays, les références, les abréviations elliptiques de personnes et de lieux, toutes les précisions flottantes dont ils sont parsemés lient en même temps très directement beaucoup de ces fragments à ceux des autres titres de *Nouvelles de l'étranger*. Il s'opère ainsi entre tous ces textes une fusion difficile à capter. Le mot de « zone », avec ses connotations si nombreuses, étendues aux divers aspects de la vie matérielle et psychique, en devient l'emblème. Mot déjà ancien chez Michaux[1], mais qui culmine ici, dans « L'étranger parle » et surtout dans « L'Espace aux ombres ». La zone, ce serait le lieu même du pli étendu à tous ses déplis, entre ici et ailleurs, comme entre pensée, expression et savoir. Les différents modes d'« ailleurs » ayant captivé désormais tout « ici » sous leur dépendance, avec l'angoisse décuplée qui naît d'une dépossession aussi entière et les appels d'autant plus excessifs lancés vers un illimité. La voix qui troue le mur du texte, jusqu'au blanc des pointillés typographiques, à la fin de « L'étranger parle », en offre une sorte d'image[2].

Dans cet espace de l'ailleurs ainsi remodelé, menacé çà et là par la répétition, à la lisière d'*Ailleurs*, de *Passages* et de *La Vie dans les plis*, l'écriture de Michaux touche trois seuils qu'elle ne retrouvera plus, ou seulement plus tard, et pas vraiment de

1. Voir le chapitre sur *Plume*, à propos de « Mouvements de l'être intérieur », p. 232.
2. II, p. 508-509.

la même façon. Le premier seuil est atteint par une sorte de « Rapport », « Le Secret de la situation politique » qui s'accole de façon singulière à toutes ces chroniques de l'ailleurs. Ce texte, le plus ancien de tous ceux de *Face aux verrous*, a d'abord été publié, significativement, dans un quotidien[1], avant d'être repris, telle une monstrueuse « tranche », à la suite des deux cent trente et un fragments de la première édition de *Tranches de savoir*. Sous l'invocation ironique de Voltaire (« Soyons enfin clairs » — on aimerait que ces mots viennent de l'*Essai sur les mœurs* dont le relativisme culturel a pu être une des sources sérieuses de *Voyage en Grande Garabagne*), Michaux déroule là une parabole effrayante : il mêle allègrement des éléments d'anthropologie tribale africaine aux souvenirs encore tout frais de la guerre, les effets dérégulateurs des politiques coloniales au contexte de la nouvelle diplomatie internationale de l'avant-guerre froide. Il a glissé avec finesse le nom de l'empereur libertaire et enfantin de Grande Garabagne dans le plus insensé des noms de peuples et de tribus qui s'affrontent en une joute de conflits sans origine et sans fin : les Dovoboddédoménés de Bonnada. Un critique avisé criait gare, lui aussi dans un quotidien, consacrant à ce texte la moitié d'une « brève[2] », et retrouvant les accents d'un Jean de Boschère à propos d'*Au pays de la magie*. Si Michaux, écrivait ce dernier, est « le plus grand de nos poètes parce qu'il est de tous le plus désengagé », c'est que « son Globe qui, en vérité, est le nôtre » s'offre par là même « en entier, à une prospection absolument différente dans son sens, dans son outillage, dans son vocabulaire[3] ».

Le deuxième texte touche l'acmé du devenir-animal chez Michaux. Devenir non-humain, subhumain s'il en fut, que cet accouplement monstreux, jouissif, prolongé et réitéré du « je » voyageur avec une et plusieurs chenilles. La révélation qui suit la première nuit est d'envergure : « je pourrais dorénavant, ayant

1. *Combat*, 18 octobre 1946.

2. Jean-José Marchand : « Henri Michaux nous explique la situation politique dans *Face aux verrous*. C'est très mauvais signe. La dernière fois qu'il le fit, ce poète, à l'exceptionnelle sensibilité, avait trop bien deviné ce qui nous pendait au nez (Auschwitz, etc.) » (*Rassemblement*, 6 mai 1954).

3. « Henri Michaux, le poète d'après le Voyage au pays de la magie », *Cahiers du Sud*, n° 284, 2e semestre 1947, p. 605-613.

enfin atteint le fond, regarder en face la nature entière, les bêtes, la terre ». Un devenir-nature, enfin. Ce désir sans psychologie ne va pourtant pas sans agressivité : « d'agacement, d'énervement », l'homme tue un beau matin la chenille, lui arrache un fragment de cervelle et le mange. Le désir libéré se qualifie ainsi entre les femelles qu'on mange (mais il faut alors, dit le chef, les prendre vierges) et celles qui conviennent aux « délires de la nuit ». De là, l'agressivité peut s'étendre vers un renversement des codes les mieux balisés : chasse à l'homme et aux enfants, menée par le héros « à califourchon sur le corselet d'une volante à quatre ailes ». Il n'y a ni moralité ni fin à cette liberté dirigée soudain gagnée au fil de la nature. Mais elle entraîne un renversement d'un autre ordre : l'attaque, un jour, d'un « immense ichneumon femelle », « mère obstinée » cherchant à violer-féconder le héros — soudain dans la situation de Gulliver ferraillant contre les guêpes qui ont envahi sa cage au pays de Brobdingnac. Ainsi l'excès de sens toujours attaché à l'humain et le sens libéré du non-humain s'enlacent-ils, comme s'étreignent l'homme et l'animal dans ces « Quelques jours de ma vie chez les insectes[1] ».

Quant au troisième texte, sur lequel s'achevait *Nouvelles de l'étranger* et se clôt désormais *Face aux verrous*, le devenir-femme de Michaux s'y accomplit. Mais cette fois comme devenir-ombre.

Deux lignes mènent à « L'Espace aux ombres ». La première est une féminité absente et torturée, mais non psychologique. Elle est créatrice d'images et d'univers, dont les figures semblent proches de l'innervation induite par Frieda chez K dans *Le Château*. Si ce n'est qu'à travers ces figures féminines, la sexualité est chez Michaux comme défaite, littéralement volatilisée en menus éléments du monde naturel et psychique emportés dans des tourbillons, des glissements, des mutations, des passages. La seconde ligne est l'espace lui-même, où cette féminité se déploie.

L'espace a toujours hanté Michaux, de sa difficulté à être habité. « L'Espace du dedans », titre anthologique, en a suggéré la formule par une illusion de synthèse. À la fin de *La nuit remue*, le poème « L'Avenir » (1929) se refermait sur l'effet de

1. II, p. 510-512.

« l'*Épouvantable-Implacable* » menant au « Dernier souvenir » des « petites vies punctiformes » de chaque homme et de chaque animal : « Oh ! Vide ! / Oh ! Espace ! Espace non stratifié... Oh ! Espace, Espace[1] ! » Telle était la réplique générale au vide formateur fatal du « trou » par lequel Michaux alors se conçoit[2]. Vingt-cinq ans plus tard, un cri formé entre l'obsession et le mauvais rêve lui répond : « Oh espace, espace abstrait[3]. » « L'espace, mais vous ne pouvez concevoir cet horrible en dedans-en dehors qu'est le vrai espace[4]. » Toujours, il s'agit d'habiter l'espace. C'est là ce que « L'Espace aux ombres » tente à travers les « zones » de son pays d'outre-monde et de mort vivante, avec leurs noms abrégés elliptiques et leurs qualificatifs fuyants[5]. C'est ce que dit la voix, peu avant de se taire : « Notre espace, pour qui a cessé d'y être aveugle, est plein de signaux, de points d'attirance, de zones fortes, de zones faibles, de piqûres, de messages[6]. » Cette phrase répond à un passage antérieur, comme tout, dans ce texte circulaire, continuellement se répond : « Mais j'ai tort de parler. J'ai tort de penser. L'aveugle jure dans la chambre aux échos. L'imprudent ! Voilà ce qu'il ne devait pas faire[7]. » Il s'agit ainsi de la possibilité même de concevoir et d'écrire[8]. Dans ce monde magique et terrifiant, il s'agit toujours de convertir l'espace en temps. Michaux a nommé ce processus : l'ombre.

L'ombre, sur laquelle on pourrait s'attarder, couvre matériellement et immatériellement tout le champ de la présence du double[9]. Le double comme présence flottante mais

1. *La nuit remue*, I, p. 509-510.

2. Dans « Je suis né troué », poème daté du 25 avril [1928] dans *Ecuador* (voir le chapitre sur ce livre, p. 147-148).

3. « Après l'accident », II, p. 490.

4. « L'Espace aux ombres », II, p. 525.

5. « Zone J... », « Zones F... », « la première zone », « des zones si on en parlait », « les zones avoisinantes », « des zones d'attente », « zones fortes [...] zones faibles » (respectivement II, p. 516, 521, 522, 523, *ibid.*, 525, 526).

6. II, p. 526.

7. II, p. 518.

8. Ce rapport à la conception est littéral, dans les mots qui précèdent : « Le fœtus se veut dehors. Toujours le caché cherche abominablement à voir le jour... » (II, p. 518).

9. En voici trois occurrences, qui vont de la force animale à une irréductible multiplicité et jusqu'aux formations de la pensée : « Les ombres-hyènes » (II, p. 516, 522) ; « Innombrables sont les ombres, innombrables les catégories

certaine. L'effet de ce dédoublement est singulier, puisque tout fait ombre dès qu'il y a lumière ; ainsi s'agit-il bien de toute chose, et aussi bien de l'ombre de la femme qui parle que de celle de l'homme à qui elle s'adresse. Et ainsi passe-t-on ici sans fin d'une lumière tue à l'ombre qui la parle, à l'ombre faite langage. Le langage : ou ce qui fait ombre et temps. L'ombre ne cesse donc de stratifier l'espace, mais aussi de convertir ses strates en ondes[1]. Au monde fini de la terre, où tout est « débité en tranches[2] », s'oppose, réponse d'une ironie supérieure aux « tranches de savoir », un monde dont Michaux avance la formule qu'on n'a cessé d'entendre comme celle de son œuvre même : « Savoir, autre savoir ici, pas *Savoir* pour renseignements. *Savoir* pour devenir musicienne de la Vérité[3]. » L'espace aux ombres est celui de ce temps, de sa virtualité, et pourtant de sa vraie impossibilité.

C'est que le temps voudrait ici revenir de la mort même, en permettre la transsusbtantiation. La ligne-femme le dessine, emportant tout l'espace. Il y a chez Michaux de multiples instances de féminité oscillant par degrés d'une sexualisation agressive à une idéalité dont la jeune fille fournit l'image[4]. Mais il y a une seule ligne-femme, qui se trouve aussi tracer l'arête vive de la forme de la lettre et plus largement de l'adresse par laquelle le lecteur est perpétuellement invité à entrer dans cette œuvre. « La Ralentie » et « Je vous écris d'un pays lointain », la même année 1937, dessinent une première fois la trame de cette ligne-femme, entre perte et absence et à travers plusieurs

---

d'ombres » (p. 521) ; « l'appétit de dominer n'est pas devenu ombre » (p. 526). On aura noté l'appui que le son apporte à l'idée, d'« innombrables » à « ombres ».

1. Ainsi « Lumière et langage », les deux strates du savoir, du visible et de l'énonçable, se trouvent-elles, par-delà leur disjonction, réunies par la force qui circule « au-dessus de la fissure » ; mais c'est au prix d'une menace dont l'ombre est le corps beaucoup plus que le signe (sur ces termes employés par Deleuze dans son livre sur Foucault, voir le chapitre sur *Peintures*, n. 5, p. 249).

2. « [...] l'infini et l'avant-coureur d'infini est un tel soulagement ici que, pour rien au monde, je vous le jure, pour rien au monde je ne voudrais regagner le vôtre, qu'on n'a pas oublié, allez, débité en tranches, en tranches inégales et surprenantes, monde de la distraction, la racine jamais abreuvée » (II, p. 519).

3. II, p. 524.

4. Ainsi « Visages de jeunes filles » dans *Passages*. Sur tous ces points, voir le chapitre sur « Rencontre dans la forêt ».

niveaux d'ailleurs[1]. Il a fallu l'événement de la mort vraie et le travail du deuil pour qu'au-delà des *Meidosems* et de « Vieillesse de Pollagoras » réponse soit donnée à l'appel de *Nous deux encore*. « Ne me répondras-tu pas un jour ? » C'est une sorte d'ombre, « devenue comme un air de temps de neige » entrant par la fenêtre, que Michaux imagine alors, dans la présence la plus humble de la sensation terrestre équivoque, signe d'un espace en attente où il pourrait se joindre à sa femme morte[2]. « L'Espace aux ombres » est cet espace d'où la voix imaginée lui revient — mais comme sa voix propre, écrivant pour lui parce qu'il se pense et écrit en elle[3]. « Une voix qui imite la sienne », suggérait Blanchot pour désigner ce centre le plus dérobé de Michaux[4]. C'est ce centre dont on s'approche ici en s'écartant toujours[5], et que semble un instant vraiment toucher la fiction prise dans un aller-retour vertigineux de voix. Un « homme du lointain autrefois » y parle ainsi à la femme-ombre rapportant elle-même ces paroles à son interlocuteur terrestre, l'écrivain Michaux, qui invente en lui, comme sa voix la plus lointaine et la plus intérieure, cette voix-femme qui l'appelle : « "La paix vient, ma sœur. Il y a près de seize cents ans qu'il ne se passe plus rien pour moi. Cette répétition indéfinie de temps m'assure enfin, moi si douteur, de l'*être* dont je n'arrivais jamais

1. Voir le chapitre sur *Plume.*, p. 224-230.

2. *Nous deux encore*, II, p. 155. Recevant une première version de « L'espace aux ombres » de la part de Michaux, très désemparé par son texte, Adrienne Monnier insiste sur la rencontre, à ses yeux capitale, qui s'y joue pour Michaux entre sa femme et sa mère. On ne sait si elle devine cette double présence à travers la figure féminine indéfinissable de « L'espace aux ombres », ou si le texte présentait à l'origine deux femmes distinctes (sur ce point, voir t. II, p. 1242-1243, ainsi que le chapitre sur « Lorenza reçoit une dernière visite »). L'intéressant est que ce soit, comme dans « La Ralentie », un composé de femmes qui, explicite ou non, devienne de cette évocation la nervure (voir les pages, citées dans la note précédente, du chapitre sur *Plume*).

3. Dans la partie « Adieux d'Anhimaharua » de *Face aux verrous*, figurent plusieurs textes dont les héroïnes sont des femmes, et dont deux se trouvent énoncés au féminin : « Toujours se débattant » et « Morte-Moronne ». On remarque que les textes de cette partie ont été déplacés dans *Face aux verrous* entre 1954 et 1967 : ils prolongent d'abord « L'Espace aux ombres », et ensuite l'annoncent.

4. « Mort du dernier écrvain », *Le Livre à venir*, Gallimard, 1959, p. 270.

5. « [...] quoique loin de terre, je suis plus loin encore du centre » (II, p. 520) ; « Toujours périphérie chercher centre ! » (p. 524) ; « Pris aussitôt par l'avalanche vers le centre » (p. 525).

à être certain sur terre. / Il m'est presque impossible à présent de douter. Sûrement, il doit y avoir autre chose qu'accidents. J'en ai la quasi-certitude. Même moi, il faut assurément que je sois[1]." » Le temps en expansion est ainsi constamment au bord de se nier lui-même pour absorber l'espace dans une sorte de point-éternité : la subjectivité enfin apaisée d'elle-même. Mais ce serait dénier le droit imprescriptible de l'accident-événement, ici la mort même. Au moment le plus fort, le plus doux, de l'appel vers l'« aimé »[2], le texte s'effrondre à nouveau dans un de ces blancs parcourus de pointillés dont Michaux a de plus en plus le secret. À la fin d'un parcours sismographique hanté de puissances impersonnelles, dont les pronoms mêlés comme jamais figurent et refigurent les incidences possibles, cette femme en Michaux qui lui écrit enfin s'écrie : « JE VAIS ÊTRE ENGLOUTIE[3]... »

1. II, p. 518.
2. II, p. 517.
3. II, p. 527. Dans la première disposition du recueil, où la section « Fin d'un domaine » succédait à « L'Espace aux ombres », le livre se terminait sur les derniers mots de « Dans le cercle brisant de la jeune magicienne » : « mais tu pars, amour, et tu disparais... » (p. 498).

Misérable miracle[1]
(1956)

L'Infini turbulent
(1957)

L'homme qui entre dans une tourmente hallucinogène — pour six, douze, dix-huit ou vingt et un ans même, selon le compte qu'on préfère — cet homme a confié à une ombre de femme, deux ans auparavant, son cauchemar de finir englouti[2]. Les raisons, à jamais difficiles à estimer, du choix qui a poussé soudainement, et si longtemps, si excessivement, Henri Michaux vers « la drogue », sont sans doute liées à la peur rageuse, mélancolique, piétinante, qui passe dans les derniers textes de *Face aux verrous*[3] comme dans quelques autres de ces mêmes années, non repris par lui en volume[4]. La seule chose sûre est que la drogue ouvre de façon imprévue un passage vers une aventure de vivre et de créer à laquelle ni l'écriture ni la peinture ne semblent suffire — bien que Michaux

1. Ce chapitre traite conjointement de *Misérable miracle* et de *L'Infini turbulent*, la problématique des deux ouvrages étant étroitement liée. Pour ne pas risquer de confusion, nous avons précisé les références avec les titres abrégés en MM et IT.

2. Sur « L'Espace aux ombres », voir le chapitre sur *Face aux verrous*, p. 374-378.

3. Sur l'accueil critique fait à *Face aux verrous*, voir le chapitre sur ce recueil, n. 2, p. 365. Le 21 avril 1954, Michaux écrit à Alain Bosquet, à la suite de l'article consacré par celui-ci à son livre (« Étranger à lui-même, Henri Michaux », *Combat*, n° 2667, 29 janvier 1953, p. 7) : « Toujours je cherche des au-delà... Suis-je arrivé à un au-delà ? Ce doit être encore au-delà, il me semble » (cité par Alain Bosquet, *La Mémoire ou l'Oubli*, Grasset, 1992, p. 192).

4. Par exemple « Dans l'ultime moment » : « mais c'est toujours une ombre / qui chasse une ombre, pour rejoindre les ombres » (voir Textes épars 1951-1954, II, p. 432).

tente alors vivement de les saisir l'une par l'autre pour cerner des issues possibles. Affrontant une « peut-être dérobade devant le signe », « Signes » trace ainsi dans ces années une utopie du « signe de situation » susceptible de dépasser la représentation de l'homme et de permettre enfin de « penser en signes[1] » ; « Aventures de lignes » prend appui sur Klee pour demander aux lignes « pénétrantes » de trouver « non dans un trait du visage, mais dans l'intérieur de la tête le point névralgique, où un œil inconnu veille et garde ses distances[2] ». Michaux en est à de tels flottements quand, au début du mois d'août 1954, il envoie à Paulhan quelques lignes évoquant pour la première fois un mode de voyage destiné non seulement à se substituer aux voyages réels antérieurs, mais à retourner leur efficace de l'extérieur vers l'intérieur en modifiant les points d'appui de l'écriture et de la vie : « Si tu m'en trouves (de la mesc) je suis ton homme. / Si tu le désires, ton compagnon de voyage et mon appartement notre plage d'envol[3]. »

Ainsi, pendant six ou sept ans Michaux se livre-t-il intensément à diverses substances parmi lesquelles la mescaline reste reine. Il est impossible de dire exactement selon quel rythme et jusqu'à quand ces expériences se prolongent. Comme toujours, Michaux l'énonce avec sa précise imprécision, livrant par exemple la même indication chronologique lors d'une publication en revue et lors de la reprise du texte en volume, un an plus tard[4]. Quoi qu'il en soit, il lui faudra douze ans pour parvenir au terme d'un cycle de cinq livres que clôt, en 1966, *Les Grandes Épreuves de l'esprit*, où apparaissent d'autres expériences. Mais il n'est pas quitte d'une écriture qui revient sur le livre initial, *Misérable miracle*, et l'enrichit d'Addenda, datés 1968-1971. Enfin, sans mettre même en jeu « Par surprise », rechute de

1. « Signes », II, p. 431. Sur ce texte, voir le chapitre sur *Face aux verrous*, p. 366.
2. *Passages*, II, p. 361.
3. Lettre s. d., antérieure au 5 août 1954.
4. « L'auteur du présent écrit a, depuis cinq ans, expérimenté la plupart des démolisseurs de l'esprit et de la personne que sont les drogues hallucinogènes, l'acide lysergique, la psilocybine, une vingtaine de fois la mescaline, le haschisch quelques dizaines de fois, seul ou en mélange, à des doses variées… » (« Situations-Gouffres », *N.R.F.*, n° 88, avril 1960, p. 626 ; *Connaissance par les gouffres*, 1961, III, p. 96).

presque hasard, ni « Le Jardin exalté » (1983), où on peut lire avec une sorte de certitude que Michaux recourt alors une dernière fois, de façon légère et heureuse, à un « produit préparé » (du haschisch), on ne peut oublier qu'en 1975 trois textes réunis dans *Face à ce qui se dérobe* font encore état d'« expériences » menées grâce à « une substance déroutante, agissant singulièrement sur l'esprit, la vue, l'ouïe » [1].

Il faudra aussi remonter le temps. 1935 : c'est le texte, alors unique, consacré à l'éther, stupéfiant auquel Michaux ne semble pas être revenu [2]. 1927-1928 : ce sont les mentions de l'éther et de l'opium, peu apprécié, dans *Ecuador* [3]. Enfin, 1923, dès son premier livre, il écrit : « Certaines substances (chanvre indien, pavot) normalement endorment profondément le corps, procurent une sensation délicieuse ou désagréable à la région du nombril ou au bas-ventre. Ces régions restent éveillées et enfantent les beaux rêves [4]. » La chose remarquable, ici, est que cette mention des hallucinogènes surgisse de visions sur le rêve avec lequel se noue un étrange rapport : les parties du corps doivent en effet demeurer éveillées dans un corps qui s'endort pour produire des rêves que Michaux cherche dans son premier essai à soustraire aux logiques de l'emprise freudienne. Il livre un an plus tard le titre de l'ouvrage par lequel il espère alors, naïvement, face à Freud qui « n'a vu que la petite partie », « démontrer [...] la "grosse partie" : *Rêves, jeux, littérature et folie* [5] ». C'est là le mouvement que relance *Misérable miracle* et qui s'étendra jusqu'au nouveau livre sur les rêves (*Façons d'endormi, Façons d'éveillé*, 1969). Car, se livrant à une

1. Il s'agit de « Relations avec les apparitions », « Dans l'eau changeante des résonances », « Survenue de la contemplation » ; la note explicative de Michaux se trouve p. 887 (III) de *Face à ce qui se dérobe*.

2. Voir le chapitre sur « Rencontre dans la forêt », p. 181.

3. « 10 mai. / Un mot rond, et qui couvrait presque toute mon idée de l'Asie, et que ma jeunesse emplit d'une vraie hantise : Opium. Je te connais maintenant... et tu n'es pas des miens. / Cette perfection sans surforce ne m'est rien. Plutôt l'éther, plus chrétien ; arrache l'homme de soi. / L'opium reste dans mes veines. Il y met contentement, satisfaction. / Bien. Mais qu'ai-je à faire de cela ? Ça m'embarrasse. / Et, mes nerfs étouffés, qu'est-ce qui me reste ? » (*Ecuador*, I, p. 193). — Michaux précise, à la fin de *Misérable miracle*, en 1956 : « J'ai dû, il y a vingt-cinq ans, ou plus, essayer sept ou huit fois l'éther, une fois le laudanum et deux fois l'affreux alcool » (II, p. 767).

4. *Les Rêves et la Jambe*, I, p. 21.

5. « Réflexions qui ne sont pas étrangères à Freud », I, p. 50.

forme autre d'auto-analyse, c'est bien une vue directe et globale du psychisme humain que Michaux cherche par là, sinon à fonder, au moins à éprouver suffisamment pour changer le cours de sa vie de façon à en reformuler l'expérience.

Pensées à plusieurs voix

La singularité de Michaux est si vive qu'elle attire jusqu'à ses commentateurs dans son cercle. Cherchant à rendre compte d'un livre collectif né d'un colloque, un de ses fins lecteurs soulignait combien chacun s'y révèle « à sa façon, mis à vif par la peau de requin de cette pensée poétique[1] ». Insistant sur les attitudes diverses suscitées à cette occasion par les expériences de Michaux sur la drogue, Claude Mouchard parlait, sans le dire, aussi pour lui-même, auteur d'une étude déjà ancienne (1976), et sans doute la plus achevée, consacrée à ces livres dont il a comme incorporé le mouvement et les possibles[2]. Il n'a fait alors que suspendre un moment une poussée qui s'est depuis accélérée, chaque nouvelle lecture cherchant par ses propres moyens à se rendre plus proche l'effet que produisent ces livres peu comparables à d'autres, aussi bien en eux-mêmes qu'à l'intérieur de l'œuvre de Michaux où ils sont de surcroît, à l'exception des deux premiers (ici traités ensemble), peu comparables entre eux.

On doit à Maurice Blanchot le premier article important consacré aux deux livres publiés à un an d'écart par Michaux sur la mescaline, *Misérable miracle* et *L'Infini turbulent*[3]. Vertigineux, comme tout essai de Blanchot, celui-ci le devient à proportion de l'« acte secrètement punissable » qui lui fait lire ici « ensemble », et finalement presque l'un contre l'autre, Michaux et Borges. Comme le dit son titre, il s'agit de qualifier deux infinis : d'un côté « l'infini de la littérature » qu'il « soupçonne Borges d'avoir reçu », de l'autre cet infini que Michaux

1. Claude Mouchard, « Michaux diffracté », *La Quinzaine littéraire*, n° 506, 1-15 avril 1988, p. 18.

2. Claude Mouchard, « La "Pensée expérimentale" de Michaux », dans *Ruptures*, p. 160-208.

3. Maurice Blanchot, « L'Infini et l'Infini », *La Nouvelle Revue française*, n° 61, janvier 1958, p. 98. Sur ce texte, voir aussi l'Introduction, p. 80-81.

dit devoir à la mescaline. Le défi qui consiste à résumer Blanchot tient surtout cette fois au fait qu'il témoigne un respect intense pour la démarche de Michaux, dont il a depuis longtemps et si fort accueilli l'invention, tout en ne pouvant s'empêcher, alors, de s'en défier, marquant ainsi une limite que Michaux aurait touchée en s'ouvrant sur l'illimité. Aussi vaut-il de longuement citer Blanchot citant Michaux et s'aider de ce mouvement pour mieux comprendre et la nature du débat et celle des deux livres qui l'engagent :

« Pourtant, il est arrivé que, contre la mescaline, puis dans un accord secret avec elle, Michaux a écrit deux livres parmi les plus beaux. Je remarquerai, dans ces livres, le rôle joué par les dessins, l'écriture et les annotations en marge ; ces paroles marginales donnent à la lecture une dimension nouvelle. Michaux dit qu'elles suggèrent "les chevauchements, phénomène toujours présent dans la mescaline, et sans lequel c'est comme si l'on parlait d'autre chose". Il ajoute : "On n'a pas utilisé d'autres 'artifices'. Il en aurait fallu trop." Il ajoute encore ceci, qu'il faut lire attentivement: "Les difficultés insurmontables proviennent : 1° de la vitesse inouïe d'apparition, transformation, disparition des visions ; 2° de la multiplicité, du pullulement dans chaque vision ; 3 ° des développements en éventail et en ombelles, par progressions autonomes, indépendantes, simultanées (en quelque sorte à sept écrans) ; 4° de leur genre inémotionnel ; 5° de leur apparence inepte et plus encore mécanique : rafales d'images, rafales de 'oui'et de 'non', rafales de mouvements stéréotypés." »

« On ne sait s'il faut regretter ou admirer la sagesse de Michaux qui, esquissant ici une forme nouvelle de la littérature, y a renoncé par dégoût de l'artifice. Comme si l'artificieuse mescaline ôtait lucidement ce qu'elle donne, ennemie de tous et d'elle-même, infatigable ennemie, jusqu'à cette secrète amitié pour laquelle elle exige le secret. *Artifices*, je me rappelle que Borges a donné ce titre à l'un de ses recueils où sa pensée joue avec l'infini. Je présume qu'il attire l'attention sur l'artifice, par modestie, par respect de l'art, par ruse aussi, connaissant ce perfide, ce merveilleux pouvoir de renversement qu'est la littérature, artificielle là où on la veut naturelle, incomparablement vraie, quand elle demeure en deçà de la vérité et donne cours à l'erreur propre à l'infini. D'une des

Enquêtes de Borges, je retiens cette affirmation : "La musique, les états de félicité, la mythologie, les visages travaillés par le temps, certains crépuscules et certains lieux veulent nous dire quelque chose, ou nous l'ont dit, et nous n'aurions pas dû le laisser perdre, ou sont sur le point de le dire ; cette imminence d'une révélation, qui ne se produit pas, est peut-être le fait esthétique." Ainsi nous a-t-il suggéré, avec sa discrétion nonchalante, ce qui pourrait être son propre secret : que l'écrivain est celui qui vit avec fidélité et attention, avec émerveillement, avec détresse, dans l'imminence d'une parole qui n'est jamais que la pensée de l'éternelle imminence[1]. »

La réserve, ferme et feutrée, qui se précise ainsi finalement, passe par bien des nuances. Le risque de maîtrise encouru par Michaux dans l'épreuve qu'il s'est choisie et qui plus d'une fois aura semblé le dépasser, tel est le fond du doute de Blanchot. La folie touchée, en particulier lors de la fameuse quatrième expérience de *Misérable miracle*, avec son erreur de dosage, cette folie que Michaux nomme d'abord, suivant les psychiatres, « schizophrénie expérimentale », puis simplement « folie mescalinienne[2] », cette folie serait, comme la folie même pourrait l'être, simplement « décevante », ou alors « peut-être folie deux fois folle dans sa duplicité redoublée ». Comment comprendre ces mots difficiles ? Blanchot souligne, de *Misérable miracle* à *L'Infini turbulent*, un glissement selon lequel Michaux ne viserait plus seulement l'infini dans son immanence, « mais devenu lui-même l'infini réalisé (sa transcendance substantielle) ». Il note ainsi, d'un livre à l'autre, trois modifications. La faiblesse des doses n'empêche pas des effets plus démesurés. Le mot lui-même, « infini », quoique très présent dans le premier livre, tend désormais « vers une réalité autre, une région extrême qui est là-bas et qu'on pourrait aborder ». Blanchot souligne enfin que Michaux, toujours si méfiant et lucide, en appelle à une « confiance » envers l'infini, qui ne serait pas une façon autre de demeurer lucide, mais viserait à « dépasser la lucidité » même. Si bien que dans ce mouvement qui ressort de *L'Infini turbulent*, « le poison [...]

1. Il s'agit de la fin du texte de Blanchot, p. 109-110. Toutes les autres citations se situent entre les pages 102 et 109.

2. MM, II, p. 766.

ne serait plus le poison, mais l'esprit lui-même, changé en l'irréalité de la puissance ». Tel est le cœur de la réserve de Blanchot, qui vise avec hésitation le choix par Michaux de la mescaline comme révélateur ou médiateur privilégié. Il s'arrête sur l'excessive pureté de toutes les opérations mentales produites par la drogue, cette mécanisation de l'esprit cernée par Michaux à travers la formule : « la métaphysique saisie par la mécanique[1] », et suggère enfin que la mescaline aurait « partie liée avec l'atroce analyse ». Dans ces mots d'une grande force, on ne sait s'il faut entendre aussi la psychanalyse lovée dans la science sur laquelle Blanchot s'arrête pour en désigner la folie propre : un infini borné par la puissance, auquel le désir de l'art demeure ou devrait demeurer étranger.

Ainsi, de ces « deux livres parmi les plus beaux », Blanchot récuse avec une gêne sensible deux forces auxquelles il se garde de les réduire, mais qui se mêlent dans sa crainte d'une pure puissance de l'esprit. D'un côté se trouve visée, plus que l'ambition ou le désir de savoir, la trop entière abstraction à laquelle la mescaline conduit ; de l'autre, ce qu'avec son art inimitable Blanchot désigne comme une « dimension autre, qu'on peut nommer, à la légère, spirituelle ». C'est dire sans le dire l'expérience mystique, envers laquelle il a ces mots profonds, quand pour approcher les deux livres il s'arrête d'abord sur le moment devenu célèbre de la troisième expérience de *L'Infini turbulent*, là où Michaux dit avoir rencontré les Dieux, « LES MILLIERS DE DIEUX[2] » : « Quelqu'un que nous avons toutes raisons de croire a donc rencontré les dieux. Révélation unique. Mais est-ce que nous nous rassemblons autour de cette rencontre ? Est-ce que nous délaissons nos occupations, nos pensées, pour nous interroger sur une affirmation aussi importante ? Nullement. Même les admirateurs de Michaux signalent l'incident sans s'émouvoir. Je note d'abord cette indifférence. » C'est que cette expérience serait trop intérieure, coupée du monde et des hommes, chez celui qui « n'attend rien que du dévoilement de son esprit » et à qui, en cela, l'art même et la façon qu'il a de s'adresser aux autres seraient devenus lointains.

1. MM, II, p. 738.
2. IT, II, p. 852.

« L'Infini et l'Infini » est le dernier des six textes que depuis 1944 Blanchot a écrits sur Michaux[1]. Il n'en a conservé, dans *Le Livre à venir*, que la part concernant Borges ; et s'il a accepté que son essai soit repris en entier dans le *Cahier de l'Herne* consacré à Michaux[2], c'est en le chapeautant de quelques lignes extraites de « Mort du dernier écrivain[3] », les plus justes jamais écrites sur Michaux. Comme si, par ces lignes amenant son texte, il s'agissait de corriger une impression par l'autre, d'opposer sans le dire un Michaux à un autre, devenu trop lointain. Blanchot dira encore, dans une lettre tardive : « Michaux le magnifique, qui m'a beaucoup accompagné[4]. » Et pourtant, passé 1958 et cette approche des deux livres de la drogue, Blanchot n'écrit plus sur Michaux, le Michaux qui renaît de sa longue expérience, celui de *Moments* par exemple ou de ses nombreux derniers livres. Cela frappe dans *L'Entretien infini* où tant de textes démêlent et associent au cœur de l'expérience littéraire poésie et philosophie, Blanchot retraversant ainsi ce qui semble les entours de Michaux : Rimbaud, Nietzsche, Artaud, Char, Roussel, les romantiques allemands, Breton et le surréalisme. On y croise aussi l'ombre de Beckett et même Supervielle ; mais Michaux n'est mentionné qu'une fois[5]. Comme si cet autre Michaux

1. Voir les chapitres sur *Épreuves, exorcismes* (n. 3, p. 279) et sur *Ailleurs* (p. 300).

2. Il souligne alors, dans une lettre au directeur de ce volume : « peu d'écrivains me sont aussi proches que Michaux » (*L'Herne*, p. 88). Les textes de Blanchot consacrés à Michaux ont été réunis en plaquette sous le titre *Henri Michaux ou le Refus de l'enfermement*, Tours, Farago, 1999.

3. *Le Livre à venir*, Gallimard, 1959, p. 270. « Admirable Michaux, il est l'écrivain qui, au plus près de lui-même, s'est uni à la voix étrangère, et il lui vient le soupçon qu'il a été pris au piège et que ce qui s'exprime ici avec les soubresauts de l'humour, ce n'est plus sa voix, mais une voix qui imite la sienne. Pour la surprendre et la ressaisir, il a les ressources d'un humour redoublé, une innocence calculée, des détours de ruse, des reculs, des abandons et, au moment où il périt, la pointe soudaine, acérée, d'une image qui perce le voile de la rumeur. Combat extrême, victoire merveilleuse, mais inaperçue. » « Mort du dernier écrivain » a été publié dans la *N.R.F.* en mars 1955.

4. À Jean-Jacques Brochier, à l'occasion de la reprise de son article sur *Au pays de la magie* dans le dossier Michaux du *Magazine littéraire*, n° 364, avril 1998 (communication personnelle).

5. « [...] nous nous approchons, par l'image, de l'espace même de l'image, de ce dehors qu'est son intimité, *"cet horrible en dedans-en dehors qu'est le vrai espace"*, selon les termes de Michaux qu'on ne peut guère oublier, lorsqu'on les

n'était plus assez proche, ou au contraire approchait trop l'image du « dernier écrivain » pressenti par Blanchot dans sa grande hypothèse d'une disparition de la littérature. Ou, pour le dire autrement, comme si la poésie ou la littérature était devenue chez Michaux en même temps trop sûre et trop incertaine, redevable surtout d'un passage deux fois impur : un excès de savoir propre à la science ; la croyance ou au moins la posture mystique.

Tel est ce qui ressort d'une façon tout autre dans l'étude de Max Loreau, « Henri Michaux. La poésie à l'épreuve de la mescaline[1] ». Bien des années plus tard, s'appuyant en particulier sur les Addenda de *Misérable miracle* où s'exprime au mieux la distance positive prise par Michaux à l'égard de ses expériences, Loreau insiste sur le revirement produit dans l'œuvre par l'exploration de la mescaline. Il y voit une « véritable conversion », dont la poésie est l'enjeu. Et dans la résistance longtemps manifestée par Michaux à l'égard de sa drogue d'élection, il reconnaît une « résistance à la poésie », qui a dû être levée pour laisser pleinement la poésie s'avouer comme telle, dans une sorte d'essence trouvée ou retrouvée.

Faisant retour sur la « poésie antérieure » de Michaux, sur son œuvre antérieure aux livres de la mescaline, Loreau retient le « trou », le vide béant, impuissant, haineux d'*Ecuador*[2], l'humour terrible et constant que ce vide ne cesse d'appeler en réponse ; il souligne aussi une postulation, rare encore, mais

---

a saisis » (*L'Entretien infini*, Gallimard, 1969, p. 475 — il s'agit d'un passage de « L'Espace aux ombres », dans *Face aux verrous*, II, p. 525). En fait, le dernier signe connu adressé par Blanchot à Michaux le sera après la mort de celui-ci : très touché par le texte publié par Michaux en 1971 après la mort de Paul Celan (« Sur le chemin de la vie, Paul Celan »), Blanchot dédiera à Michaux son propre texte sur Celan, « Le Dernier à parler », à l'occasion de sa réédition en plaquette, en 1984, chez Fata Morgana, peu après la mort de Michaux. Michaux et Blanchot ont aussi collaboré tous deux au livre de Vadim Kosovoï (*Hors de la colline*, Hermann, 1984), le premier illustrant le livre, le second en donnant un commentaire libre, « La Parole ascendante ou Sommes-nous encore dignes de la poésie ? (notes éparses) », tournant surtout autour de Mallarmé.

1. *Po&sie*, n° 38, 3e trimestre 1986, p. 117-126. Le texte a été ensuite repris dans *Passages et langages*.

2. Voir « Je suis né troué », I, p. 189-190, ainsi que le chapitre sur *Ecuador*, p. 147-148.

essentielle, vers le « Grand », « l'absolument grand[1] ». C'est l'impuissance dans laquelle Michaux s'est longtemps trouvé de pouvoir s'unir à la poésie qui se trouve mise en jeu et métamorphosée à travers l'expérience de la mescaline, dans *Misérable miracle* et dans *L'Infini turbulent*. Du premier livre, Loreau retient les pages où Michaux réfléchit, comme contre lui-même, sur les rapports antagonistes de la mescaline et de la poésie[2]. La mescaline, dit Michaux, est antipoétique, parce qu'elle détruit les images et condamne à l'abstrait. Ainsi s'énonce un lien central entre la poésie et les images qui permettent aux mots et aux idées de se fixer. Nul repos dans la mescaline, que « ce courant sans images qu'il appelle l'abstrait ». Tel est le point sur lequel Loreau retourne alors l'argument de Michaux, qui reproche en fait à la mescaline de lui offrir précisément ce qu'il a toujours cherché : le flux, le pur passage. Il peut ainsi, tour à tour, ridiculiser la drogue au nom des résistances de son moi et de sa poésie passée, et l'exalter pour en faire au contraire l'instance d'un « temps vrai retrouvé ». Loreau invoque aussi bien les Addenda de *Misérable miracle* où Michaux célèbre le changement de niveau « indiscutable » introduit dans sa vie par la rencontre de la mescaline[3], que les pages de *L'Infini turbulent* où un tel « événement » trouve à se fonder : le surgissement du « blanc » et l'apparition des Dieux[4]. « Le langage n'est plus expression d'une image, ni circulation entre les images ou passage d'une image à l'autre. Il est ce qui advient et monte du vide démesuré auquel Michaux vient de s'ouvrir, s'est exposé, livré. Et la poésie autrefois aux

1. Il s'agit d'« Après l'accident », dans *Face aux verrous*, II, p. 490-491. Ce pourrait être aussi bien, le « Grand Secret » du « Grand Combat » de *Qui je fus* (I, p. 119).

2. Il s'agit des pages 673-676 ou plus largement 673-681 de *Misérable miracle*.

3. Il s'agit essentiellement du premier des Addenda, MM, II, p. 769-775, qui s'achève en poème, sur des accents, alors encore assez rares chez Michaux, de pure affirmation mystique. Michaux écrit ainsi : « Ce qui m'arrive à présent est à un autre niveau, et pourtant vient à destination, étrangement à destination. » (P. 770.)

4. Dans la troisième expérience de *L'Infini turbulent* : le passage du blanc (ici d'abord ressenti comme douloureux) aux Dieux s'effectue p. 852. Le long passage sur le blanc fabuleux se trouve dans le même livre, II, p. 840-842. On en trouve déjà un premier dans *Misérable miracle*, II, p. 624-625.

prises avec des mondes intérieurs peuplés d'êtres hostiles, de monstres, donc avec des images, est désormais par-delà toute image[1]. » Si bien que Loreau peut déplacer au profit de la poésie la proposition initiale de Michaux faisant de la mescaline « l'explorée » de son entreprise[2], et invoquer « *le poétique pur a priori* » comme pleine mesure de cette exploration. Il souligne ainsi le paradoxe créateur d'un flux vide demeurant flux, d'un rien qui s'affecte lui-même, devenant « pur rapport à soi », mais ne cessant jamais d'être aussi rupture, digression : bref, un « infiniment même qui se substitue à lui-même sans cesser de rester le même ». Ainsi s'affirme « une nouvelle conscience poétique ». Elle suppose une ouverture au « regard théorique » qui lui est intérieur, l'affirmation d'une force excessive s'exerçant au détriment de tout parti pris de la volonté — c'est-à-dire de toute espèce de défense et donc de tout humour —, et ainsi l'acceptation d'une « forme de sagesse ».

Mais il est une chose que la pressante argumentation de Max Loreau passe quasiment sous silence, comme si elle allait de soi, et que signe pourtant avec éclat l'entrée de Michaux dans la drogue : son abandon désormais de la fable, de l'invention d'événements et de la forme épique. Cette ellipse est d'autant plus aisée que Loreau, avec quelque légèreté, réduit à la dimension trop simple de la poésie l'œuvre antérieure de Michaux, en assimilant comme il le fait poésie et images, croyant sur ce point suivre Michaux lui-même dans *Misérable miracle*. Mais il y a image et image. Il y a l'image qui procède de l'imagination de mots et de l'événement de leurs rapports ; il y a l'image qui s'ouvre d'emblée aux événements que ces mots organisent, et qui de là s'étend, sous forme de récits et par la conception de mondes. De cette image-là, liée par une force autrement profonde à l'imagination proprement dite comme faculté, Michaux a accepté l'emprise aussitôt qu'il commence à écrire, avec regret mais avec une conscience immédiate. Rappelons-nous les mots par lesquels, en ces mêmes années traversées par la mescaline, il évoque un temps d'adolescence : « Première composition française. Un choc

1. Max Loreau, *op. cit.*, p. 122.
2. MM, II, p. 619.

pour lui. Tout ce qu'il trouve en son imagination ! Un choc même pour le professeur qui le pousse vers la littérature. Mais il se débarrasse de la tentation d'écrire, qui pourrait le détourner de l'essentiel. Quel essentiel ? Le secret qu'il a depuis sa première enfance soupçonné d'exister quelque part et dont visiblement ceux de son entourage ne sont pas au courant[1]. » Il y eut donc, au nom d'une croyance inquiète que l'image des saints et les lectures des mystiques ont un moment fortifiée, refus de la littérature et de son insuffisance flagrante. Puis, l'illusion de la croyance une fois dissipée, et les tentatives d'action avouant leurs insuffisances propres, se vivra un retour vers cette « tentation d'écrire », mais toujours, dès lors, sentie, conçue comme défaut. Répondant au souci de l'adolescent rivé en lui, Michaux fixera un jour en une formule terrible la logique d'une telle aventure : « N'imaginez jamais[2]. » Le destin de soi comme puissance obligée de fiction se trouve ainsi défini, conjuré et continué d'un même mouvement. La conjonction abstraite des trois termes « Je », « Tu », « Moi », en dessine, dans ce récit théorique, le glissement fatal, autour de l'image centrale d'un « sillon » déchirant le corps humain : ils orchestrent d'un seul tenant la matrice du corps-sujet forgé par ses doubles, le théâtre en recul de la conscience inscrit en eux et l'écriture en acte qui leur donne vie dans une mise à mort[3].

Tel est le destin de fiction, ouvert en abyme sur son infini circulaire, que Michaux va se trouver conjurer grâce à la mescaline, sans s'y être le moins du monde attendu, mais en l'ayant toujours follement désiré. « Ma surprise fut énorme. Se répandant en moi sans s'occuper de moi, elle m'éjecte de ma niche, me renverse. Je dégringole de mon âge, de tout âge. L'arrachement inattendu est plus que puissant. Tout est démentiellement secoué. Tout ou à peu près tout, car au même instant, une nouvelle vigilance inconnue auparavant est là, installée, observatrice, réfléchisseuse, à la fois en tiers et pourtant purement

1. « Quelques renseignements », I, p. CXXX-CXXXI.
2. C'est le titre d'un texte de *La Vie dans les plis*, II, p. 174.
3. Sur ce texte, voir le chapitre sur *La Vie dans les plis*, p. 321-322. On peut se reporter aussi à « Il écrit », dans *Épreuves, exorcismes* : sans que le mot soit prononcé, l'image du sillon y apparaît spectaculairement liée au processus d'écriture (voir le chapitre sur ce recueil, p. 287-288).

moi, moi à part, moi irréductible, à côté de l'autre maltraité, fragmentaire, intermittent[1]. » Si l'on cherche dans l'œuvre antérieure une formulation équivalente à cette partition selon laquelle Michaux se décrit sous l'emprise de la drogue, on la trouve, parmi bien d'autres, dans la sentence initiale d'une des digressions fictives de « La nuit remue » : « Nous sommes toujours trois dans cette galère. Deux pour tenir la conversation et moi pour ramer[2]. » On y reconnaît les trois personnes-instances (Je, Tu, Moi) qui ouvrent le passage à l'infini des doubles en y inscrivant le survol de la conscience à la fois comme personnage et comme principe d'humour. À l'opposé, dans l'état-mescaline, l'instance observatrice demeure en se déployant dans une dimension nouvelle : elle n'est plus vraiment « en tiers » dans un trio dont elle participe, mais se détache désormais, comme souveraine, face à « l'autre » qui a résorbé en lui seul l'infini des doubles, au prix d'une fragmentation sans précédent d'où émerge, sans plus laisser prise ni place à la distance inventive de l'humour, une intuition ou un sentiment d'infini d'une tout autre nature. Michaux déclenche en effet par la mescaline une fantastique expérience d'accélération dans laquelle les images vont s'opposer directement à l'imagination. Celle-ci suppose le temps de la rêverie paresseuse si souvent évoquée par Michaux, de la Postface de *La nuit remue* à la section finale de *Façons d'endormi, façons d'éveillé* sur « les rêves vigiles ». Les images s'y forment et s'y déforment pour donner une consistance au vide antérieur dont elles surgissent, mais sans pouvoir en transformer l'être irréductible. « Les mots ne le trouvent pas, / Barbotent autour[3]. » Dans le délai incertain et surtout variable qui conduit des images de la rêverie aux mots du texte, constamment des épisodes se pressent, des scénarios s'esquissent, des récits s'élaborent. Alors que dans la mescaline et à partir d'elle, ce vide longtemps formateur, mais resté inchangé en son ultime fond, se trouve reconstitué virtuellement comme une force propre. La violence sans précédent des opérations incessantes de démultiplication et de broyage auxquelles se trouvent soumises toutes les repré-

1. MM, II, p. 769.
2. *La nuit remue*, I, p. 421.
3. « Je suis né troué », *Ecuador*, I, p. 190.

sentations ne laisse plus aucun sursis à la formation des images et à leur retraitement narratif.

« Vitesse et tempo », écrit dans le voisinage de *L'Infini turbulent*, livre une vue précieuse sur cette transformation[1]. Michaux confie là son désir immémorial de « dessiner la conscience d'exister et l'écoulement du temps ». Sur le fond de son obsession ancienne des dictionnaires de signes, il retrace de façon implicite la genèse de *Mouvements* et rappelle la « morpho-création » qui ainsi se déploie, à la lisière d'une humaine animalité. Mais il s'agit là seulement, selon l'expérience commune, de « maintenir son tempo ». Alors que la mescaline et l'acide lysergique, évoqués par contraste dans la seconde partie du texte, font perdre à l'homme son tempo, dans l'entraînement de « l'inhumaine vitesse ». À travers ces pages elliptiques et glissantes, centrées sur l'opposition des « tempi », Michaux n'introduit pas l'image qui s'est imposée dès *Misérable miracle* comme une figure centrale de son expérience : « l'inoubliable sillon », plein d'un fluide, qui s'inscrit dans la vitesse des transformations. « Où exactement, ce sillon ? C'est comme s'il me traversait le crâne, du front au sinciput. Pourtant je le vois. Sillon sans commencement ni fin, qui m'atteint en hauteur, et dont la largeur moyenne est sensiblement égale en bas comme en haut, sillon dont je dirais bien qu'il vient du bout du monde, qu'il me traverse pour repartir à l'autre bout du monde[2]. » Michaux revient quatre fois dans son livre sur l'« image privilégiée » du sillon : vingt jours après l'expérience, il en constate la rémanence, le comparant à « des images et un *film* », et ajoute : « le sillon demeurait le problème central » ; il le retrouve au cœur de la quatrième et décisive expérience qui le porte aux abords de la folie : dans le passage littéral d'une seconde à une autre, le sillon devient l'inscription du temps. Deux suites de dessins semblent s'y rapporter[3], préfigurant le double sillon du dessin et du poème de *Paix dans les brisements*. On comprend que, par-delà les utopies tressées

1. Ce texte, repris dans *Passages* sous le titre « Dessiner l'écoulement du temps » (II, p. 371-374) paraît à l'été 1957 ; *L'Infini turbulent* est publié en juin.

2. MM, II, p. 625-626. Les références qui suivent se situent p. 649, 679, 696, 733.

3. MM, II, p. 633-640 et 683-690.

autour du signe, c'est bien le désir primordial d'un « dessin cinématique », évoqué dans « Vitesse et tempo », qui est ici touché, livrant comme conscience le pur flux du temps. Un tel mouvement-force n'aura plus besoin d'être imaginé, et dilapidé par là même en d'innombrables inventions et métamorphoses, tel le sillon mortel autrefois figuré par le thermocautère, celui qui dit, de son style simple et sûr : « Je te vois, je te détruis[1]. » Au lieu d'être fatalement exorcisées une par une dans les dérives de la rêverie, les images, réduites désormais au fractionnement infini et intolérable de leur vitesse expérimentale, laissent surgir en elles le sillon nouveau qui s'impose comme « image privilégiée ». De sorte que ce sillon-là sera évoqué-pensé-dessiné plutôt que vraiment raconté : il n'appartient plus au temps de la fable, mais à l'évocation de sa propre expérience.

Voilà où en arrive par un autre bord Laurent Jenny, dans une approche plus récente de *Misérable miracle*[2]. S'attachant cette fois au livre même en tant que récit, il le situe dans le droit fil d'une « tradition moderne de la relation aux drogues », dont Thomas De Quincey a été le grand initiateur avec ses *Confessions d'un mangeur d'opium* (1801). Tradition continuée jusqu'à Aldous Huxley, inaugurant avec *Les Portes de la perception* l'approche littéraire de la mescaline (1954), l'année même où Michaux se livre à ses premières expériences[3]. Le trait commun

1. « N'imaginez jamais », *La Vie dans les plis*, II, p. 174.

2. Laurent Jenny, « Récit d'expérience et figuration », *Revue française de psychanalyse*, n° 3, 1998, p. 937-946.

3. Le livre désormais le plus complet sur la littérature considérée dans ses rapports avec la drogue est l' ouvrage de Max Milner, *L'Imaginaire des drogues. De Thomas de Quincey à Henri Michaux*, Gallimard, coll. « Connaissance de l'Inconscient », 2000. Ces pages étaient déjà presque achevées quand il a paru, et il n'a pas été possible d'en tenir compte dans le corps du texte. L'analyse de Milner, historique et esthétique, se limite pour l'essentiel à la France et à l'Angleterre, avec quelques incursions marginales en Allemagne et en Russie. Elle dégage ainsi vraiment une tradition, qui coïncide avec l'institution de la littérature, au sens romantique et moderne du terme. Le chapitre final sur Michaux, très important (p. 368-435), est l'étude la plus approfondie consacrée aux écrits de la drogue depuis celle de Claude Mouchard. La description de chacun des livres de Michaux y est très sûre, ainsi que l'évaluation des thèmes essentiels permettant de situer ce que Milner nomme bien « un ensemble à la fois touffu et aigu » (p. 384). Il se montre aussi très sensible à la proximité

de ces chroniques, qui renvoient par défaut aux récits mythiques attachés à l'usage sacré des drogues, sera de tenter « l'aventure d'une initiation sans rituel » et dont le récit « incombe individuellement » à leurs auteurs. Jenny montre ainsi comment Michaux n'échappe pas au schème du récit initiatique, dont la composition étagée de *Misérable miracle* déploie autant d'étapes progressives, jusqu'à l'interprétation finale des Addenda. Mais il s'agit surtout de qualifier les modes de figuration auxquels a dû recourir ce récit afin de demeurer fidèle au caractère extrême de l'expérience dont il veut témoigner. Comme tous les commentateurs, Jenny souligne l'importance des cahiers hors texte composés de dessins et de notes manuscrites prises par Michaux en cours d'expérience. Mais il a mieux vu que d'autres à quel point, en offrant par nature des parcours multiples et sensitifs là où le récit ne peut que chercher à ordonner, le dessin possède « une fonction critique vis-à-vis du discours » ; et combien, se saisissant des mots dans leur apparition désarmante, ces pages qui les montrent ni tout à fait encore ni déjà plus des mots mais presque des signes graphiques, contribuent à faire basculer le livre dans un espace indécidable entre le lisible et le visible. Jenny insiste aussi sur l'effet des notations marginales déroulées par Michaux en colonnes erratiques, qui deviennent « une forme supplémentaire de *continuum* entre hors-texte et texte » ; elles offrent une sorte d'image mimétique du dérèglement vécu que la raison du texte peut simplement nommer. Et de ce côté même, dès qu'on s'arrête étroitement au texte, à son « style », on voit bien à quel point, par ses moyens propres, ses liaisons-déliaisons, ses sautes, ses associations, ses embardées, ses rythmes, bref, par toute sa machine de langage, il broie sans discontinuer la règle du récit auquel il se confie.

Tels sont, des plus massifs aux plus fuyants dans leur détail, les processus mêlés qui amènent Laurent Jenny à postuler fina-

---

qu'ont pu avoir Deleuze et Guattari avec « cette conception de la pensée » (p. 393). On peut ajouter à ce livre le nº 50 de la revue *Yale French Studies*, *Intoxication and Literature*, 1974, qui offre un riche panorama de la question. Michaux y est présenté dans le sommaire au titre de la « detoxication », à travers un article de Reinhard C. Kuhn, par ailleurs remarquable exégète de *Paix dans les brisements* (voir le chapitre sur ce livre, p. 442-443), « The Hermeneutics of Silence : Michaux and Mescaline ».

lement, du point de vue du récit auquel il se place, une analogie mesurée entre les effets de figuration du livre de Michaux et le processus thérapeutique de la psychanalyse. Car ni l'un ni l'autre ne ressemblent dans leur réalité à un récit dont pourtant la fonction demeure simulée, comme pour être mise à mal et ouvrir à d'autres enjeux. Ceci l'amène à conclure : « Si une telle analogie a quelque validité, c'est sans doute que toute une part de l'écriture littéraire trouve sa finalité non pas dans la littérature elle-même, mais dans la fidélité à l'expérience. »

On ne peut s'empêcher de rêver à la façon dont, quarante ans plus tôt, Blanchot s'arrêtant sur ces livres suggérait, par une indécision volontaire de termes, une équivalence possible entre les effets de la mescaline et « l'atroce analyse ». Mais il revient aussi que la formulation de Jenny fait écho, sans qu'il s'y réfère, à la Postface de *La nuit remue*. On se souvient comment Michaux y liait plusieurs termes : disant écrire « par hygiène », pour sa « santé », il liait « cette expérience » à celle de certains malades recourant à des identifications fantastiques, « [...] selon leur force déclinante, sans construction, sans le relief et la mise en valeur, ordinaire dans les œuvres d'art, mais avec des morceaux, des pièces et des raccords où seule s'étale ferme la conviction avec laquelle ils s'accrochent à cette planche de salut[1]. » Michaux nommait déjà « cinéma » cette activité mentale dont il avait donné quelques années plus tôt, dans « Le Drame des constructeurs[2] », une analogie fantastique. D'une telle expérience d'imagination, quasi involontaire, menée sans ordre ni méthode, Michaux disait surtout deux choses encore : elle est produite « dans un léger vacillement de la vérité » ; et semblant « toute venue de l'égoïsme », elle est pourtant « sociale », puisque chacun peut y prétendre si le besoin s'en fait sentir. Ne serait-ce — comme le suggérera la Postface de *Plume* — qu'en glissant en tant que lecteur sa propre expérience dans celle de l'autre.

Dès lors, comment entendre au plus près la dissemblance entre deux formes de fidélité à l'expérience, dont témoignent aussi bien les œuvres antérieures de Michaux que ses livres de la drogue ? D'abord, ce « vacillement de la vérité » qui a

1. *La nuit remue*, I, p. 511.
2. *Plume*, I, p. 656 et suiv.

longtemps été sa loi sans loi implique la fiction, une ouverture continuelle et intermittente sur la fiction. C'est ce qu'on retiendra du titre de Borges, *Artifices*, relevé par Blanchot pour pointer chez Michaux le dégoût des artifices qui auraient pu lui être nécessaires pour se tenir, dans la conception de son livre, plus près encore de son expérience. Mais que faut-il comprendre ? Quelle est cette « forme nouvelle de la littérature » que Michaux aurait ici esquissé et à laquelle il aurait renoncé ? Seraient-ce d'autres formes de fiction, leur pluralité que suppose l'exemple de Borges, lui qui a réuni sous ce mot, *Fictions*, deux de ses recueils où elles s'exaspèrent, *Artifices* et *Les chemins qui bifurquent*[1] ? Ou Blanchot, aussi bien, viserait-il une transformation extrême de l'expression même, un travail poétique sur la langue et la page, dans une sorte de vision mallarméenne de l'écrit où le dessin aurait sa part — vers quoi Michaux tendra un peu plus tard avec *Paix dans les brisements* ? On sent bien que la réticence tourmentée de Blanchot tient alors au prix rare de cet écrivain qui a comme nul autre rapproché littérature et expérience : c'est l'admirable de Michaux, d'être justement « l'écrivain qui, au plus près de lui-même, s'est uni à la voix étrangère ». Mais il est aussi, comme une sorte de nouveau Rimbaud, moins radical et par là plus préoccupant, l'écrivain qui pourrait en dernière instance préférer ce qui ressort de l'expérience aux moyens jusque-là mis en œuvre pour la métamorphoser.

C'est avant tout que l'expérience de la drogue induit un rapport en partie nouveau avec la vérité, à proportion de son excédent de réalité, impliqué par son artificialité. La vérité ne s'y trouve pas conduite uniquement à vaciller sans cesse et par principe, comme Michaux l'indiquait autrefois ; elle n'est pas plus destinée à demeurer uniquement la « musicienne » d'une quête de savoir, comme dans l'entre-monde de « L'Espace aux ombres[2] ». À rebours de l'effondrement radical où elle précipite le sujet, l'expérience de la drogue se rapporte en effet au monde

1. Même si, comme le rappelle Jean Pierre Bernès (Borges, *Œuvres complètes*, Bibl. de la Pléiade, Gallimard, 1993, t. I, p. 1539 et 1542), Borges n'en a pas souhaité le titre, qu'il trouvait trop explicite.

2. On peut en rappeler la formule célèbre : « Savoir, autre savoir ici, pas *Savoir* pour renseignements. *Savoir* pour devenir musicienne de la Vérité » (*Face aux verrous*, II, p. 524).

d'un savoir plus ou moins objectif dont elle reçoit et auquel elle apporte des « renseignements ». Mais surtout, ruinant par sa violence les équilibres retors du vacillement, elle ménage en retour, du cœur de ses accélérations éperdues, des révélations de vérité dont la substantialité aura été chez Michaux jusque-là sans égale. C'est que l'hallucination, par exemple, dont la trace persiste en dépit de la plus intense des vacillations perceptives, s'impose, sinon comme preuve, au moins comme empreinte ou impression de vérité. Ainsi la vision insistante des « MILLIERS DE DIEUX », dont Michaux pourra dire seulement et inlassablement : « PUISQU'ILS ÉTAIENT LÀ ! » — « litanie de la Vérité[1] ».

C'est un retour de la prégnance des thèmes et des contenus liés à une telle vision qu'a essayé de mesurer Jean-Luc Steinmetz dans « Le Démon d'Henri Michaux[2] ». Il rappelle en particulier que « l'évidence de la sainteté », transmise au jeune Michaux par des lectures mystiques auxquelles il est resté fidèle[3], n'a pas manqué d'inscrire en lui « la conscience du mal ». Il en éprouve à nouveau la pression dans l'expérience de la drogue, après un long parcours au cours duquel la sainteté est apparue comme le motif d'une postulation ancienne plutôt que comme une exigence du présent[4]. De sorte que d'innombrables démons ont pu être librement conçus, au bord de l'inhumain, sous une forme humaine, très humaine, trop humaine. Mais plongé de façon réitérée dans l'infini vibratile de la drogue, Michaux retrouve les grandes oppositions du Bien et du Mal, du Oui et du Non. Cherchant une nouvelle plénitude de l'Un, de l'être rassemblé, qui s'est appelé Dieu, il affronte le multiple diviseur du Démon, Satan qui s'appelait « Légion » ; il pose ainsi, face à l'extase bienheureuse, la puissance démoniaque. Entre les trois modes de

1. IT, II, p. 852-853, 859.

2. « Le Démon d'Henri Michaux », *Les Ailleurs*, p. 187-197. L'auteur a en particulier bien situé l'émergence de l'expérience de la drogue à partir de certains textes et thèmes antérieurs, dans les dernières pages d'une étude plus ancienne, « Le Passage de la ligne » (*Passages et langages*, p. 237-241 — ce texte a été repris depuis, un peu modifié, dans Jean-Luc Steinmetz, *La Poésie et ses raisons*, Corti, 1990).

3. Voir le texte autobiographique « Quelques renseignements », I, p. CXXXI, et le chapitre sur les Premiers écrits, p. 93-95.

4. Voir en particulier « Saint », *La nuit remue*, I, p. 485, et « Le Portrait de A. », *Plume*, p. 608.

l'Infini que Michaux distingue avec soin dans *L'Infini turbulent*: le pur, le diabolique, et le démentiel[1], s'affirme le contraste entre le premier et le second, qui acquièrent dans la transe hallucinogène une qualité de présence indiscutable, comparable à celle qui s'affirme dans l'expérience mystique. Face à la vision souveraine des DIEUX s'impose « LE VISAGE HIDEUX GRIMAÇANT », et en lui « *le problème du démoniaque*[2] ».

Il vaut ici de citer longuement Steinmetz tentant de ressaisir la pleine conséquence pour l'œuvre de Michaux de cette insistance nouvelle sur le démoniaque. « Ce passage à la limite permet de voir en accéléré une certaine configuration psychique à partir de laquelle il serait judicieux de former un commentaire rétrospectif sur les livres antérieurs. Non que ces textes résulteraient mécaniquement du seul démoniaque. Mais il est pensable qu'ils aient été puissamment manœuvrés par les composantes de la tension structurale que seulement maintenant Michaux est à même de décrire. Son usage des hallucinogènes le conduit à considérer dans l'homme une dualité qui, dans un premier temps, pourrait décevoir notre attente, puisque, en apparence, elle reconstitue la logique oppositionnelle de la pensée occidentale dont ailleurs il voulut tant se libérer en insistant sur la variabilité des moi qui nous composent: « Moi n'est jamais que provisoire[3] ». Or la découverte objective du démoniaque l'engage à distinguer désormais un moi *correct* et un moi *pervers*, simples qualificatifs qu'il faut mettre au crédit autant de sa sincérité que de sa modestie. Cette présence de deux moi dessinerait un être double[4]. Elle induirait à relire en ces termes la plupart des textes, situés dans un état de précaire équilibre. On comprendra toutefois que les pluralités du moi chères à Michaux ne se trouvent pas remises en cause pour autant, mais

1. IT, II, p. 815. Michaux dit: « Le bienheureux infini, le pervers et satanique infini, l'horrible et traumatisant infini. »

2. Ces mots en marge introduisent les lignes consacrées à « l'Autre », IT, II, p. 917-922. C'est aussi le titre d'une des deux prépublications de *L'Infini turbulent*.

3. C'est la formule célèbre de la Postface de *Plume* (I, p. 663; voir aussi le chapitre sur ce recueil, où elle est commentée, p. 242-244).

4. Steinmetz rappelle aussi que dans le passage de *L'Infini turbulent* où Michaux fait cette distinction, il ajoute: « En dehors de ces deux, il y a des "moi" éphémères, ou mal tranchés. On pourrait en faire vivre bien davantage. On les a en puissance. » (IT, II, p. 918.)

que là où il y a tenue du moi provisoire (que nous appellerons *correct*, en suivant ici la terminologie qu'il propose) il existe toujours un moi dissolvant cherchant à le détruire, un *double*[1]. »

À travers cette dualité qui pourrait sembler se fermer sur elle-même, Steinmetz dégage la présence insistante du démoniaque dans la pensée de Michaux, sous ses divers noms et modalités. Mais c'est pour finir par lui opposer, quasiment née de sa puissance même, la violence positive d'un « principe démonique ». Il en trouve l'image dans les divinités tutélaires des *daimones* grecs autrefois réduits par le christianisme à l'emprise de Satan, unifié dans son éparpillement maléfique. La référence figure aussi chez Michaux, assimilant dans *Connaissance par les gouffres* subconscient et *daimon*, selon une vue libre de l'inspiration psychanalytique[2]. Steinmetz reconnaît surtout l'exemple du démonique dans *Une voie pour l'insubordination*, où Michaux prendra, bien plus tard, le parti des forces énigmatiques du « Poltergeist », au point d'y trouver une image de sa propre écriture. Le démonique apparaît ainsi comme la conversion du démoniaque : une capacité de réduire l'agressivité infinie du principe démoniaque, que celui-ci soit concentré en une figure extrême ou vibrant sous la forme d'une « nuée corpusculaire » — ainsi Steinmetz englobe-t-il la pluralité infinie, la dissémination irrépressible des doubles à travers l'œuvre antérieure, autant que l'accélération et le fractionnement inouïs des représentations et des rythmes dans l'expérience hallucinogène, communs au mode diabolique et au mode démentiel. Dans cette évocation qui suit au mieux la courbe de l'œuvre de Michaux, on conçoit malgré tout trop peu ce qu'un tel mouvement d'apaisement doit à l'inspiration née du « bienheureux infini ». Plutôt que d'intégrer le mot, « abusif et finalement restrictif », de *sainteté*, dont, pour s'accorder à Michaux, Steinmetz était parti, il préfère en effet revenir avec raison au vieux mot de *santé* avancé dans *La nuit remue* afin d'évaluer ce qui s'est déplacé « au terme de tels antagonismes [...], le démonique ayant assimilé le démoniaque au point de le transformer en instrument de sauvetage et de réparation ». Mais il s'agit là d'une possibilité de « santé » bien différente,

1. « Le Démon d'Henri Michaux », *op. cit*, p. 190.
2. *Ibid.*, p. 192 ; *Connaissance par les gouffres*, III, p. 152.

dans son fond comme dans ses choix de création. À travers les grands livres de la drogue et au-delà d'eux, la condition d'une telle santé sera d'aborder tour à tour et tout ensemble la réflexion, la description, l'évocation, l'invocation. Mais plus, ou presque plus, comme auparavant et selon la courbe immense qui a mené jusqu'à *Face aux verrous*, l'invention nerveuse et paresseuse d'autres mondes.

Pour finir de situer l'enjeu de ce déplacement, il faut citer encore quelques lignes d'un autre texte de Steinmetz où il semble presque répondre à l'ancien essai de Blanchot sur *Misérable miracle* et *L'Infini turbulent*. Il y commente l'avancée extrême qui porte Michaux sur le sillon ou la ligne, la « colonne vertébrale » de l'Infini : « Quand nous en venons à de tels instants, nous voyons vaciller le concept même de littérature. La littérature a-t-elle été faite pour cela, pour que l'Infini puisse être annoncé ? Une réponse rapide nous conseillerait un retrait, comme quelqu'un se porte à la fenêtre pour ne pas voir ce qui se passe à l'intérieur de la pièce. Mais je crois que l'Infini, si démesuré soit ce mot, si outrageusement superlatif, est bien à l'intérieur de la littérature, c'est-à-dire que la littérature nous permet, entre autres, de le concevoir, jusques et y compris par le défaut qu'elle en exhibe. L'entreprise de Michaux n'a rien des œuvres de maîtrise. Elle témoigne et crée. Elle crée à partir d'un témoignage. Le plus fort témoignage tire le fil d'une fiction par quoi, en fin de course *du réel* à nouveau est touché. Une annonce se produit. Elle a trait à la nouvelle de l'infini, à l'espace intérieur, mais tout aussi bien antérieur qui continue de s'ouvrir en nous[1]. »

Mais quel est ce réel ainsi touché, comment nous est-il adressé ? S'arrêtant sur les mots d'*infini turbulent*, Blanchot remarquait à quel point Michaux avait peu cherché à savoir comment la mescaline modifiait ses rapports avec le monde et les hommes : « [...] le dehors est en lui ; l'expérience est toute intérieure ; le visage voilé, il n'attend rien que du dévoilement de son esprit[2] ». Cette image très forte justifie l'impression qui saisit dans ces livres. Michaux a partagé, à l'origine, son expérience avec d'autres, comme plus tard il s'y est adonné devant

1. « Le Passage de la ligne », *op. cit*, , p. 241.
2. « L'Infini et l'Infini », *op. cit.*, p. 106-107.

des médecins. Il suffit de lire le bref récit qu'a donné Paulhan de l'une de ces expériences pour sentir, au simple effet de quelques phrases, combien Michaux y existe, comme être et comme corps[1] ; alors que tous les « autres », dans l'évocation réflexive de Michaux, deviennent soit des signes neutres et factuels, soit déjà des fonctions internes à la vision de son esprit. Il faudra trente années d'expériences et de vie pour que Michaux retrouve, dans *Le Jardin exalté*, métamorphosée, une situation de partage et d'échange avec l'autre à travers la drogue, telle qu'il l'a autrefois approchée grâce à l'éther. Dans *Misérable miracle* et dans *L'Infini turbulent*, comme dans *Connaissance par les gouffres* et dans *Les Grandes Épreuves de l'esprit*, « l'espace du dedans » ne se livre plus selon la réciprocité quasi osmotique qui permettait d'y reconnaître la réverbération continuelle d'éléments d'un monde extérieur, que celui-ci relève de la réalité documentaire ou de la fiction pure. De même, la folie ici touchée n'a plus apparemment avec le monde le même rapport qu'avait autrefois la folie inventée du « Drame des constructeurs » : les huit fous qui s'y entretiennent avec Dieu le Père, cela est dit d'emblée, « parlent en partie pour eux-mêmes, en partie pour l'Univers »[2]. Alors que dans la mescaline, l'Univers tout entier, le dehors, semble devenu la drogue elle-même ; le monde extérieur est seulement l'indice de transformations qui se développent à l'intérieur du sujet sans plus le renvoyer vraiment au monde d'où il vient ni le porter à en concevoir d'autres[3]. Tout tient à l'immédiat du corps, mais comme esprit, devenant l'esprit de ce corps, chaque événement ou instant s'intégrant au pur enroulement sensitif-réflexif que leurs visions se renvoient. En ce sens, le « voyage » de la drogue mérite pleinement son nom. Il se substitue aussi bien au journal de voyage des vrais pays traversés qu'à celui des pays imaginaires (Michaux, on s'en souvient, aimait à user de ce mot si trouble de « journal » pour nommer indifféremment ces deux

1. Ce texte, intitulé « Rapport sur une expérience », et daté de 1957, a été publié dans les *Œuvres* de Jean Paulhan, Cercle du Livre Précieux, 1969, t. IV, p. 422-426. Voir aussi, dans la Pléiade, t. II, p. 1279-1280.

2. Voir le chapitre sur *Plume*, p. 239-241.

3. On ne saurait être plus clair que ces mots ouvrant la litanie qui mène au « poème sans mots » : « L'écran des actualités, il n'y avait plus rien dessus. / L'écran de l'histoire, il n'y avait plus rien dessus. » (IT, II, p. 859.)

sortes d'écrits, et aussi bien *La nuit remue* dans son ensemble que les notes éparses rassemblées dans *Passages* [1]).

Ainsi Michaux vient-il à bout, au moins provisoirement, d'un démon dont il a fixé l'être dans des termes d'une cohérence rare, lorsqu'il écrit, face au « visage hideux grimaçant » : « Le démon est ce savoir, cette impression, mise en image, mise en personnage... par suite de l'opération involontaire de l'imagination réalisante qui l'exprime en une figure. / Par figuration, automatique peut-être, incoercible certainement, l'homme en état second "projette un démoniaque" visage, qui *se réjouit de destruction* [2]. » Telle est la dernière assomption logique du « N'imaginez jamais ». Face à l'image démoniaque qui est pur excès d'elle-même aussi bien que puissance d'images s'offrant au jeu fatal et infini de l'imagination, l'image souveraine des milliers de Dieux semble être enfin devenue une image sans image. Image destinée, elle seule, à s'abolir dans « le poème aux vers idéalement beaux sans rimes, sans musique, sans mots qui sans cesse scande l'Univers [3] ».

C'est pourquoi résonne si fort le mot « antérieur » par lequel Steinmetz double celui d'« intérieur », quand il essaie de situer la nouvelle de l'infini qui s'ouvre en nous. Comment nommer cet « espace intérieur » qui s'excède sans fin, comme au-delà, en deçà de tout monde ? Dans un autre encore de ses textes consacrés à Michaux, Steinmetz inventait le néologisme « l'indéfinitif » : il cernait ainsi chez Michaux la rigoureuse incomplétude d'une naissance toujours à reprendre, dont il voyait une image cruciale dans la série unique et resserrée des « monstres » d'*Épreuves, exorcismes* [4]. Pour saisir ces images d'une « anatomie antérieure » prise dans l'imagination du corps interne et qu'il

1. Sur le « journal », voir les chapitres sur *Ecuador* et sur *La nuit remue*, p. 132-134 et p. 188-189, ainsi que le chapitre sur *Passages*, p. 342-344. On trouve une seule fois le mot « journal » utilisé en ce même sens dans l'ensemble des livres de la drogue, à la fin de l'avant-propos de *Misérable miracle* (« je trouve, dans mon journal, ces mots..., II, p. 621).

2. IT, II, p. 920-921.

3. IT, II, p. 860.

4. Jean-Luc Steinmetz, « L'Indéfinitif », dans *Méthodes et savoirs chez Henri Michaux*, Gérard Dessons éd., Poitiers, La Licorne, 1993, p. 145-150. Daté de 1993, ce texte qui concerne un moment antérieur de l'œuvre de Michaux se situe entre les deux essais du même auteur plus ou moins consacrés aux expériences hallucinogènes.

qualifie de « préœdipienne », il risque alors une hypothèse plus ou moins psychanalytique : il associe le monstre à la mère, si « l'être se rattache peut-être simplement au ventre dont il est né ». Se référant avec prudence à Freud et à son inconscient « sous-sol » pour ne rien perdre de l'étrangeté anomique du monstre de Michaux « dans l'escalier », Steinmetz suggère comment cette figure quasiment innommable désigne un lieu-temps énigmatique, antérieur à la division des sexes. D'autre part, il prend Rimbaud à témoin (« Le poète doit se rendre monstrueux ») ; laissant ainsi flotter l'injonction du « dérèglement de tous les sens », il étend ses suggestions aux expériences de la drogue qui assurent chez Michaux le dépassement d'une « ontologie limitée ». Mais que faut-il entendre par un tel *antérieur-intérieur* ? Qu'est-ce que cette transcendance, fuyante mais prégnante, abolissant le souci de l'esprit qui s'y cherche, au profit d'un *ici-au-delà* auquel les traditions mystiques ont donné tant de noms ? Peut-on même, à l'entendre, vouloir l'interpréter ?

C'est tout le paradoxe des écrits de la drogue, et une autre façon de les toucher, quitte à raviver l'inquiétude ancienne de Blanchot. Alors que les nombreux commentateurs de Michaux, de façon générale, ont observé envers la lecture psychanalytique de son œuvre une prudence égale ou presque au rejet qu'il a lui-même réitéré de la vision freudienne, il est remarquable que son « œuvre hallucinogène » ait fini par susciter la seule approche psychanalytique vraiment délibérée.

Le travail d'Anne Brun présente d'abord l'intérêt d'introduire un vrai parallèle entre Freud et Michaux, à partir du rôle moteur joué historiquement par les hallucinogènes dans l'élaboration d'une perspective clinique[1]. Entre Moreau de Tours et Michaux, qui peut à tant d'égards en paraître une reprise moderne[2], surgit le Freud trop oublié des écrits sur la

1. Anne Brun, *Le Corps halluciné, approche psychanalytique de l'œuvre hallucinogène d'Henri Michaux*, Les Empêcheurs de penser en rond, 1999 (ce livre est issu d'une thèse pour le doctorat de psychopathogie fondamentale et psychanalyse de l'université de Paris VII, soutenue en 1995).

2. Disciple d'Esquirol, médecin à Bicêtre et à la Salpêtrière, Moreau de Tours (1804-1884) a ouvert la voie d'une comparaison systématique entre les effets induits par la drogue et certains états délirants, en se prenant lui-même comme objet d'expérience. En cela, comme Anne Brun le souligne, il est le vrai

cocaïne[1], avec lequel il est d'abord utile de confronter Michaux. Par là, s'ouvre un parallèle plus large : si Freud permet globalement d'interpréter et ainsi, pour partie, d'ordonner l'œuvre de Michaux, il se trouve affecté lui-même par ce qui ressort de l'interprétation. Dans la mesure où Anne Brun emprunte l'essentiel de sa vision à des concepts par lesquels la psychanalyse se porte à ses limites — ici, surtout, « la sensorialité pensée » et les « pictogrammes originaires » de Piera Aulagnier —, il est clair que l'apport singulier de Michaux, par la nature de son expérience et des textes qu'elle suscite, est de contribuer à un déplacement et d'entraîner la théorie freudienne vers d'autres limites. Adoptant la perspective d'une « pensée des sens », Anne Brun fait de l'activité sensorielle la condition d'émergence des représentations et des processus de leur mise en forme, en poésie comme en peinture, en mots comme en signes ou traces. Se proposant par là de lire dans le corpus hallucinogène un document sur les différentes étapes du processus de la création chez Michaux, elle vise aussi à mettre la psychanalyse à l'épreuve de cette capacité créatrice.

Mais il reste que, pour la première fois, Michaux est ainsi interprété et soumis à la question franche d'une hypothétique « vérité ». Il ne sert à rien de souligner le détail, sinueux et savant, de cette perspective. Le soin avec lequel est menée l'analyse, tout ce qu'elle découvre et dénoue dans ces livres difficiles, les formulations les plus justes sur lesquelles on pourrait s'attarder, au niveau de passages choisis comme à celui de

---

précurseur de la tentative de Michaux. Son livre *Du haschich et de l'aliénation mentale* (1845) a largement contribué à fonder l'idée d'une origine organique des psychoses, et la possibilité d'un alignement de la psychiatrie sur la neuropsychiatrie. Cette perspective, prise à revers par la découverte freudienne, n'a cessé depuis d'inspirer la recherche contemporaine, aussi bien dans certains secteurs de la psychiatrie que de façon plus générale dans la neurobiologie et les « neurosciences ». De façon générale, il y a souvent concordance d'observation et de termes dans les pages de Moreau de Tours et de Michaux sur ces premiers effets de la drogue. Si celui-ci ne s'y réfère explicitement qu'une fois, il faut souligner que le nom de Moreau de Tours, accompagné de transcriptions d'extraits, apparaît à plusieurs reprises dans les « Carnets de la drogue » (voir à ce sujet le chapitre sur *Connaissance par les gouffres*, p. 450 et n. 5).

1. Sigmund Freud, *De la cocaïne*, écrits réunis par Robert Byck, Bruxelles, Éditions Complexe, 1976.

mouvements d'ensemble, tout cela ne peut empêcher qu'on ait ici affaire à une *traduction*, dans laquelle Michaux se trouve pris, au-delà de lui-même et quoi qu'il en ait dit[1]. La logique de la théorisation psychanalytique s'impose, sous la forme d'une compétition cohérente avec les lignes de fixation et de fuite que Michaux trouve de son côté dans le conflit, mené de front et comme sans issue dans ses quatre grands livres, entre une vision psychiatrique, neurobiologique et physiologique du sujet humain, et une vue métaphysique-spirituelle, pour parler, comme dit Blanchot, à la légère. S'il ne s'agit jamais de mettre à jour « l'inconscient de Michaux », les processus et les états de création censés en émaner se trouvent pris, sinon dans une grille, au moins selon une perspective reconnaissable : de la conception des fantasmes originaires à celles des grandes instances œdipiennes, préœdipiennes et archaïques. Jusqu'à cette interrogation ultime et risquée en dépit de tout (qui fixe une intuition flottante de Steinmetz) : serait-ce au prix du meurtre de la mère que la création deviendrait possible, si la tentation du silence découvre le vœu d'un retour ultime à un état fusionnel originaire ?

Si bien que la question revient, par son autre bord : pourquoi ces livres de la drogue sont-ils les seuls à susciter une réponse telle, comme à revers des autres livres de Michaux, dont ils sont pourtant une suite et la reprise par les moyens d'une accélération-déplacement sans précédent ? Leur part franche de théorie, la mimétique qu'ils en créent, l'usage par Michaux de références extérieures, de notes et d'un corps de livres savants, y est sans doute pour beaucoup. Leur façon d'aller vers eux-mêmes en se coupant du monde, de sa réinvention, et ainsi de formes fictives d'imagination de soi, l'absence d'humour qui s'ensuit, tout cela rend ces livres plus « vrais » et justifie l'emprise extérieure d'un discours de vérité. Se déliant de l'épopée, des jeux avec le mythe, collectif et individuel, ces livres laissent face à face, en Michaux, la posture de l'essai, qu'il a toujours craint mais où cette fois il s'engage

1. Par exemple dans sa lettre à François Trotet : « La lecture "Taoïste" vaut mieux que la lecture psychanalytique, ou linguistique. / Elle apprend davantage de ce qui compte. » (François Trotet, *Henri Michaux ou la Sagesse du vide*, Albin Michel, 1992, p. 329.)

éperdument, et la part de l'autoportrait, qui s'infléchit ici dans une forme singulière d'auto-analyse. Ainsi, l'esprit qui se contemple et s'éprouve libère, comme l'a vu Loreau, une possibilité poétique. Inscrivant dans le « corpus hallucinogène » *Moments*, le seul recueil de Michaux qu'on puisse dire à proprement parler composé de « poèmes », Anne Brun ne s'y est pas trompée.

Mais il ne faut pas renoncer à prendre aussi ces livres pour ce qu'ils pourraient être. Non pas les traces d'une auto-analyse impliquant une référence à son modèle princeps, celui de Freud et de la psychanalyse, grâce auquel s'est comme à jamais fixée une vision de vérité. Plutôt, se dégageant de la psychanalyse au point d'être malaisément exprimés par elle, on peut voir dans ces livres une manière d'évoquer et de théoriser d'une façon nouvelle les rapports du corps et de l'esprit, suivant une vue philosophique pour une part inspirée par les mutations de la science. Ce serait par exemple comprendre comment la vision centrale de la « table schizophrénique » des *Grandes Épreuves de l'esprit* a pu être un des modèles proposés au début de *L'Anti-Œdipe*, où ses auteurs opposent à la psychanalyse une conception autre[1]. Il ne s'agit pas alors d'appliquer au texte de Michaux des concepts qui lui sont extérieurs pour le traduire au nom d'une autre vérité dont il deviendrait redevable[2]. Mais plutôt de supposer une équivalence, historique, théorique, expressive, entre deux ordres ou désordres de discours, l'un recevant de l'autre une part de son inspiration.

1. Gilles Deleuze et Félix Guattari, *L'Anti-Œdipe*, Minuit, 1972, p. 18-19. On trouverait dans une brève intervention de Deleuze la manière peut-être la plus juste de situer la relation entre psychanalyse et drogue. S'interrogeant sur la *causalité spécifique* de l'une et de l'autre, il définit la première par sa capacité à « montrer la manière dont le désir investit un système de traces mnésiques et d'affects ». Alors que dans la drogue « le désir investirait directement le système-perception. Ce serait donc tout à fait différent. Par perception, il faut entendre les perceptions internes non moins qu'externes, et notamment les perceptions d'espace-temps ». Deleuze cite ainsi communément les recherches de Michaux, de la beat-generation et de Castañeda (« Deux questions », dans François Châtelet, Félix Guattari, Claude Olivenstein *et alii*, *Où il est question de la toxicomanie*, Alençon, Bibliothèque des mots perdus, 1978, non paginé, repris sous le titre « Deux questions sur la drogue », dans Gilles Deleuze, *Deux régimes de fous*, David Lapoujade éd., Minuit, 2003, p. 138-141).

2. Voir l'Introduction, p. 69-77.

Cela, sans doute, n'aurait pas suffi à apaiser, devant ces livres, l'inquiétude subtile de Blanchot.

La « pensée expérimentale » de Michaux

À quoi tient l'empathie particulière de l'essai de Claude Mouchard[1] ? Tout simplement à sa capacité d'écoute. Ce texte entend toutes les voix, ne s'arrête à aucune. Il trouve, au fil glissant de son commentaire, une façon d'être avec Michaux qui ne l'autorise ni à prendre une position délibérée ni à se satisfaire d'aucun des points de vue auxquels sa lecture l'entraîne. Aussi ne s'agit-il pas de réduire ce texte à une idée ou thèse qu'il n'avance pas vraiment ; mais au mieux de transmettre un peu de l'action qu'il produit, en choisissant de ne jamais choisir entre les deux postures par lesquelles il imagine saisi le lecteur des livres de Michaux sur la drogue, comme l'a été leur auteur : un abord esthétique, un abord théorique, ou scientifique. Précisant cela, Mouchard affine sa perspective, qui présente aussi l'intérêt d'être historique, et dont des travaux plus développés ont pu depuis faire leur miel[2] : « La spécificité de la littérature s'est affirmée dans le même temps où se posaient aux sciences des problèmes de division à la fois entre leurs champs respectifs et par rapport aux autres pratiques sociales. Domaines apparemment simultanés, et qui pourtant ne sont peut-être en rien comparables ; frontières contraignantes et hétéroclites. La littérature, si originale qu'elle se soit voulue, est hantée de questions sur les sciences — de questions et d'appétits toujours déportés et qu'il est impossible de fixer en termes de relations ou d'échanges clairs[3]. »

Aussi Mouchard peut-il d'abord repérer chez Michaux, tant

1. Voir plus haut, p. 382, et n. 2.

2. Ainsi le livre d'Anne-Élisabeth Halpern : l'auteur y rend hommage au geste fondateur du travail de Mouchard. Ce livre est le premier consacré aux rapports chez Michaux entre poésie ou littérature et science ; un chapitre porte sur le « gouffre hallucinogène ». De même, il faut signaler l'important chapitre sur les livres de la drogue, « La Désaliénation des savoirs », dans l'ouvrage de Jérôme Roger.

3. Claude Mouchard, « La "Pensée expérimentale" de Michaux », *op. cit.*, p. 162 ; les nombreuses citations qui suivent se succèdent de peu au fil de cet article.

au fil des voyages imaginaires que dans un fragment de *Passages*, des traces du « savoir dans la fiction ». Ils se partagent d'emblée selon deux versants : savoir positif et savoir mystique. Savoirs qui se désassurent l'un l'autre, comme le font la fiction et l'essai, s'enroulant mutuellement sans laisser place à aucune assurance. Tel est le mouvement qui semble bien se radicaliser avec *Misérable miracle*, alors même que le savoir l'emporterait sur la fiction. Mouchard emblématise la tension d'un tel flottement à travers la façon dont s'affrontent, au seuil même du livre, ses deux épigraphes : une phrase jetée en préambule pour souligner l'insuffisance de toute l'entreprise d'écriture-lecture dans laquelle Michaux se lance[1] ; et la formule chimique de la mescaline. « [Elles] s'opposent, mais non pas comme deux termes fixes (et qui seraient, dans le premier cas, l'impossibilité de tout langage de la pure intimité, et, dans le second, des symboles appartenant à un système parfaitement objectif). L'une et l'autre épigraphe, en fait, sont en mouvement, mais selon deux directions opposées : la première entraîne l'inexprimable dans la quête d'un langage de machine, et la seconde happe les symboles chimiques dans un contexte où ils produisent un effet esthétique. »

C'est que Michaux ne cesse de multiplier et de faire bouger les positions, passant par toutes, ne se fixant à aucune, et les contaminant l'une par l'autre. Ainsi ces trois grands rôles qu'il emprunte et pousse à l'extrême, mais en destabilisant chaque fois ce qu'ils pourraient avoir de convenu : le médecin (qu'il aurait voulu être), le poète (qu'il ne peut s'empêcher d'être) et le fou (dont il pressent l'être). Si bien qu'on se demande, dans ce tournoiement, quel devient dans ces livres l'objet à connaître. Mouchard avance prudemment : « les effets de la drogue sur *soi-même* ». Mais c'est pour souligner à quel point

1. MM, II, p. 617-618 (« ... et l'on se trouve alors, pour tout dire, dans une situation telle que cinquante onomatopées différentes, simultanées, contradictoires et chaque seconde changeantes, en seraient la plus fidèle expression. »). Mouchard commente d'autre part ainsi le titre même du livre, montrant bien les effets auxquels Michaux entraîne : « Resserré, âpre et cristallin, évoquant le nom même de la mescaline, annonçant les titres ultérieurs ("Le Merveilleux normal"), il est un nœud de relations (Mis... acle = Mescali ; ou encore Mi... rable / Miracle : similitude phonétique soulignant l'opposition sémantique ; et peut-être même, entre Misérable et miracle, le nom de Michaux, happé à la mitan du titre). »

jamais ce souci de soi ne cède à la narration autobiographique ni à la reconstruction d'une histoire individuelle. En fait, Michaux n'a sans doute jamais été moins « personnel » (il a déjà soumis ce mot à une étrange désagrégation dans une section de *Face aux verrous*) que dans ces livres où il semble ne parler que de lui. C'est que son « introspection forcée », « surtendue, distendue… », « transfigurée », vise à cerner par des moyens nouveaux la nature de la pensée, déjà directement visée, près de trente ans plus tôt, dans la Postface de *Plume*, ou plutôt du « penser », comme Michaux préfère dire maintenant. Mouchard indique bien comment Michaux se trouve alors, tel un philosophe, tenter « une nouvelle version du jeu empiriste reconstituant la pensée ». À ceci près que les moyens variés et constamment imprévisibles qu'il utilise pour le faire — brèves séquences formées de sauts et d'ellipses, rythmes soumis sans fin aux risques de l'événement — produisent un corps forcené d'expérience plus qu'ils ne retracent ou constituent une genèse. S'arrêtant à ces rythmes sans cesse saisis par Michaux, Mouchard souligne à quel point ils sont déterminants : sous les images affluant dans la drogue, et dont le sens peut toujours donner matière à interprétation, induisant par là une psychologie, il y a en effet leur rythme interne qui relève, lui, d'une physiologie. « Nouveau miracle du rythme : le dedans et le dehors y trouveraient une exacte coïncidence. La vieille alternative rabâchée entre introspection et observation extérieure semble tomber au profit de la double évidence vécue-enregistrée des éléments rythmiques. » Tenté de référer cette posture à la tradition qui, au XIXe siècle, chez les romantiques allemands ou chez Balzac, cherche à convertir « le plus intime de la subjectivité en matière spirituelle, en fluides, en électricité et magnétisme », Mouchard relève aussitôt combien Michaux s'en détache : les données observables de la science, par exemple les ondes enregistrables de l'activité cérébrale, correspondent, plutôt qu'à quelque intériorité subjective, à la défaillance même du sujet.

Tel est donc le sujet, avant tout paradoxal, observant-observé mais d'emblée ruinant cette dualité même, que Mouchard s'acharne à cerner dans tous ses avatars, ses conquêtes apparentes et ses flottements. C'est l'essentiel de son approche : dérouler les palinodies au gré desquelles, entre science et illumination, déroute et savoir, extase et scepticisme, perte et maîtrise, un sujet passe par des positions sans compromis et sans issue les unes par rapport aux autres. Positions qui peuvent s'affirmer jusque dans une même phrase. Il faut demeurer attaché à la variabilité incessante du texte, à son style, à son « tonus », pour saisir qu'il n'y a ici aucun principe unifiant du discours, qu'on est en permanence dans « une juxtaposition de types de discours ». Ainsi le discours scientifique dont la consistance, attestée par le nombre des références, a pu sembler à certains excessive ou aliénante, se trouve-t-il surtout flotter, face à un sujet « trop présent ou trop défaillant » ; il est renvoyé à l'urgence d'un « imaginaire savoir immédiat » pouvant aller, écrit Mouchard, jusqu'à la « fantasmagorie ». Le mot est adroit et sert au passage à désigner l'écart avec la production de fiction des textes antérieurs, dans lesquels la fiction se livrait comme but à la lecture. Alors que dans les écrits de la drogue, « ces poussées de l'imaginaire sont au contraire données pour un fait lui-même observé et enregistré par l'auteur. La fiction enveloppait l'auto-observation, mais, par un nouveau tour, la seconde réenveloppe la première, et ainsi de suite, en brisures et ambiguïtés... ».

Si bien qu'il n'y a pas, pour ce commentaire acéré, de possibilité réelle de conclure, au sortir d'un dédale de contradictions et d'incertitudes pointées avec une émouvante précision. Tout au plus, pour déplacer le clivage énoncé d'entrée entre volonté de savoir et désir d'expression, peut-on retenir la formulation dénotant qu'à travers ces livres « la pensée même est esthétiquement perçue ». Mais là encore, Mouchard suggère à quel point cette appartenance esthétique ne saurait se satisfaire de soi, remise aussitôt en jeu comme elle l'est par les spasmes du sujet, dans « une consommation-éclair de sa propre position ». Il parle ainsi très bien d'une « mobilisation perpétuellement dissociante, qui est peut-être le seul trait constant des écrits de Michaux ». D'où la fragilité de l'indication qui pousse enfin Mouchard à reconnaître que ces livres de la drogue s'orienteraient en dernière instance « dans les parages d'une révélation mystique ». Il le fait cependant, comme il est juste de le faire, mais avec la réserve qui s'impose. Fidèle à la lettre du texte qui l'a contraint à autant de détours à plusieurs voix, il remarque par exemple avec quelle acidité dérangeante une note, et même une double note, vient prendre à revers, au nom de la pure activité classificatoire, le moment du plus absolu poème de *L'Infini turbulent*, « litanie de la Vérité » surgie de la vision des « DIEUX ». Tel est le double excès, grand écart devenant presque extérieur aux artifices coutumiers de la fiction comme à l'humour qui les suppose, que visait sans doute au plus près la réserve de Blanchot.

Pour ajouter à la confusion qui ressort d'une remarquable lecture, on est tenté de conclure à nouveau par une image conflictuelle. Essayant de cerner comment la visée scientifique ne cesse de céder à la fiction propre aux instincts du corps, Mouchard rappelle ce moment où, dans *L'Infini turbulent*, Michaux se tourne vers sa vieille chienne. Comme autrefois dans *Ecuador*[1] à travers l'image d'un chien aux vertus théoriques, et comme si souvent à l'égard de tant d'animaux, Michaux cherche alors auprès de sa chienne un réconfort aussi utopique qu'existentiel. Il s'avise qu'après avoir vu s'agiter comme jamais son maître sous l'emprise de la drogue, l'animal a remis tranquillement sa tête entre ses pattes : « Allons, ce ne doit pas être grave alors, mais comme j'aimerais apprendre ce qu'*elle* a remarqué en moi[2]. » De même, cherchant à ramasser en un trait la nature si neuve de son expérience, pour l'exposition « Description d'un trouble » consacrée aux dessins de *Misérable miracle*, Michaux se compare à un chien. Et « redevenu homme », il chercherait à donner de sa « vie canine » un signe ; mais un signe, dit-il, toujours ambigu à dessein, qu'il aurait commencé en tant que chien, même si c'est finalement l'homme qui le livre[3]. Et pourtant, dès 1961, l'année de *Connaissance par les gouffres*, au cours de l'un des rares entretiens-conversations qu'il ait donnés, Michaux confie à John Ashbery, pour cerner d'une image la profonde transformation produite en lui par l'aventure hallucinogène : « Mais depuis la mescaline je ne peux plus éprouver de sens de la fraternité avec les animaux. Le spectacle de mon propre esprit au travail m'a d'une manière ou d'une autre rendu plus conscient de mon esprit. Je ne peux

1. *Ecuador*, I, p. 179 ; voir aussi l'Introduction, p. 40.
2. IT, II, p. 843.
3. Voir le texte complet de « Description d'un trouble », t. II, p. 1291.

plus ressentir d'empathie envers un chien, parce qu'il n'en possède pas. C'est triste[1]... »

Vues extrêmes

Mais il y a encore d'autres façons de voir. On a pu par exemple reprocher à Michaux d'être si peu « Junkie[2] ». D'être trop peu Burroughs. Ou même, pourquoi pas, on y pense aussi bien, De Quincey décomptant dans son « livre incomparable[3] » les énormes quantités de gouttes ou de grains quotidiens qui font de lui, à compter de 1813, après sept ans d'usage modéré et pour huit ans d'abus, « un authentique mangeur d'opium confirmé », finalement contraint à tenter de réduire ses doses, au risque d'en mourir, tellement sa mort par la drogue lui semblait programmée. La réaction critique de Philippe Venault à l'égard de Michaux s'exprime en quelques mots : raideur, prudence, distance désormais « prise à son propre piège. Elle [la distance] s'identifie à elle-même. Elle devient "infini". » On pense au risque de maîtrise qui faisait le fond de la réserve de Blanchot. Venault relève que, dans les notes marginales des deux premiers livres ou dans « Tapis roulant en marche », l'un des « poèmes » de *Connaissance par les gouffres*, « tout est dit, montré et démontré » selon « le règne du désordre, c'est-à-dire de l'ordre sans le pouvoir », alors que le corps du texte lui-même rend trop à la dure raison. « En dernier lieu c'est l'autorité de l'écriture qui reprend le pouvoir. » Le reproche s'accorde à demi avec la critique faite aussi à Michaux d'admettre une équivalence trop simple entre recherche de connaissance et simultanéité de l'expérience. Mais on comprend que l'expérience elle-même apparaît de toute façon d'emblée trop mesurée, trop peu sauvage : Venault remarque que Burroughs n'a presque jamais pu écrire sous

1. John Ashbery, « An Interview with Henri Michaux », dans *Reported Sightings, Art Chronicles, 1957-1987*, David Bergman éd., New York, Alfred A. Knopf, 1989, p. 399.

2. Philippe Venault, « Pour en finir avec les "voyages" de Michaux », *Magazine littéraire*, n° 85, 1974, p. 16-17.

3. Baudelaire, *Les Paradis artificiels*, « Le Poème du hachisch », *Œuvres complètes*, Bibl. de la Pléiade, Gallimard, 1975, t. I, p. 404.

l'influence de drogues, ne serait-ce qu'à cause de l'effet de doses sans proportion avec celles que se choisit Michaux. Cela n'empêche pas Burroughs de nous en dire long « sur le mode de fonctionnement de la pensée soumise aux hallucinogènes ». Ainsi se creuse un écart, qui se veut irréductible : d'un côté la drogue est saisie de l'intérieur, comme une rupture de vie qui s'incorpore la pensée selon une nouvelle donne existentielle ; de l'autre, elle agit comme « révélateur mental » de la pensée pour elle-même, chez un homme qui ne s'abandonne à la drogue ni par recours contre la douleur (c'est la longue tradition qui unit De Quincey et Artaud), ni par besoin proclamé de rupture avec l'ordre existant (c'est par exemple la génération américaine des années 1960). Ces deux lignes s'entrecroisent sans fin, à divers niveaux de réalité, et se confondent au mieux dans la quête qui conduit admirablement Artaud à la recherche du peyotl des Tarahumaras. Une ombre les menace : la dépendance et ses risques, qui forment comme le label du sérieux de la drogue. En regard de ces fatalités, Michaux, « buveur d'eau [1] », se démarque, quels que soient les dangers personnels dans lesquels il s'engage. Comme si on ne pouvait ni cerner ni justifier sa position, trop singulière. Là se situe le trouble qu'il provoque. D'où le rejet, la distance ou l'ironie, parfois, même de la part des plus proches.

« Un homme aussi lucide, se leurrer à ce point. Mais il avait des accès de "scientificité". Étrange ! Nous fréquentions des documentaires scientifiques au Grand Palais ! Il *croyait* à la science. D'ailleurs, il était, il est, minutieux comme un savant. Son œuvre aurait pu être écrite par un entomologiste angoissé, à l'esprit corrosif. Il y avait en lui *du Swift*. C'est pour cela qu'il n'est pas un vrai poète. C'est un *observateur* et non un *visionnaire*. Entre le document et l'hallucination. / Personne de moins insensé, de moins fou. Un halluciné *dans un laboratoire*. J'ai songé à propos de lui à ce mot méchant de Forain : "Un ermite qui connaît l'heure des trains." / "*At once terrifying and boring* [2]", écrivait un critique anglais sur un des livres de M. sur la mescaline [3]. »

1. MM, II, p. 767.
2. « À la fois terrifiant et ennuyeux. »
3. Cioran, *Cahiers 1957-1972*, Gallimard, 1997, p. 812.

Que faut-il retenir de cette vue aussi juste que limitée au regard de l'effet des grands livres de la drogue ? Non pas, sans doute, ce qu'ils apporteraient ou croient apporter à la science, mais plutôt ce qu'ils livrent à la philosophie, une philosophie informée de la science et aussi libre d'elle. Il est frappant que dans ses livres comme dans ceux qu'il conçoit avec Guattari, Deleuze n'ait cessé, touchant Michaux, de confondre deux mouvements. Le premier tient au fait que, dans sa visée d'une « schizophrénisation de la pensée[1] », Deleuze mêle librement, aux incursions qu'il fait dans l'œuvre antérieure de Michaux, des références aux livres de la drogue, soulignant ainsi à quel point les lignes de fuite y sont communes, seulement plus accusées dans ces derniers[2]. Le second mouvement est plus intéressant encore : dans leurs appels à d'autres horizons de subjectivation, convoqués par exemple à travers l'idée du « corps sans organes », Deleuze et Guattari empruntent aussi bien à Artaud, dont ce concept leur vient, qu'à Michaux ou à Burroughs, qui en développent des implications, chacun à leur manière[3]. Ainsi l'extrême singularité de la position de Michaux, face à la drogue, entre-t-elle au plus près en résonance avec les effets majeurs issus d'autres postulations.

Un écrivain très singulier a su trouver les mots, si obscurs semblent-ils, pour qualifier ce que Michaux traverse grâce à sa résistance aux drogues. Il s'agit de l'histoire même de son corps, d'un rapport de l'esprit au corps édifié sur une tension entre abandon et méfiance. Retrouvant un mot nietzschéen, celui-là même qui conduit Deleuze dans sa lecture[4], Charles Duits part chez Michaux de « la profonde antipathie que lui

1. C'est le thème de la recherche menée par le philosophe brésilien Peter Pal Pelbart sur l'œuvre de Deleuze (voir son livre *O tempo não-reconcilado*, São Paulo, Perspectiva, 1998).

2. On le voit par exemple dans la page finale de son *Foucault*, Minuit, 1986, p. 130.

3. Ainsi Deleuze associe-t-il, dans « Deux questions », article déjà cité, « Artaud, Michaux et Burroughs, qui s'y connaissaient », par leur façon de s'opposer communément à « l'entreprise suicidaire » de la drogue, réduite à un seul flux, par opposition à « l'expérimentation vitale », dans laquelle « le flux destructeur ne se rabat pas sur lui-même, mais sert à la conjugaison d'autres flux, quels que soient les risques » (*Deux régimes de fous*, *op. cit.*, p. 140).

4. Gilles Deleuze, *Nietzsche et la philosophie*, P.U.F., 1962.

inspirent les Forces[1] ». Il écrit par exemple : « Est CONTRE. / Contre les hommes, contre les choses, mais surtout : contre démons, esprit, dieux, Dieu. » Et encore : « Nulle différence entre les ouvrages consacrés aux explorations mescaliniennes et les autres. De nouveaux personnages, Mesc. ou Ha., qui l'obsèdent comme autrefois les Bulgares obsédaient Plume. » Mais, fort de l'expérience qui l'a lié lui-même des années durant au peyotl, autant que des éclairs et des dévorations mystiques dont il est la proie, Duits a la capacité rare de s'ouvrir à la vraie singularité d'où lui semble venir, chez Michaux, la poussée : mélange d'implication et de dégagement, d'enracinement et d'indépendance dans les plis de son expérience. « Il faut devenir nuage : éléments parmi les éléments, se soumettre à toutes les suggestions de la Force [...] : plus on est docile, accueillant, passif, plus l'expérience est profonde, belle. » Duits dégage ainsi la valeur paradoxale du témoignage de Michaux à proportion de son incomplétude : « Les saints, les fous, les visionnaires se sont trompés. Il est parfaitement possible de dire ce qu'ils sont unanimes à qualifier d'indicible : c'est ceci qui donne au témoignage de M. un intérêt si prodigieux. [...] Le prix du témoignage de Michaux réside précisément dans l'opiniâtreté avec laquelle il s'est défendu contre la dissolution : donnant ainsi à l'horreur de déployer l'éventail complet de ses mirages. / Ces mirages, Michaux les a si minutieusement décrits qu'il enlève à tout jamais à l'horreur l'un de ses principaux atouts : la *surprise*. »

Un autre écrivain, enfin, a su voir dans ces livres le meilleur de Michaux. Il est le seul à l'avoir exprimé ainsi. Sa vision en un point rejoint celle de Cioran, quand celui-ci fait de Michaux, avant tout, un *observateur*. Dans la capacité de Michaux s'observant vivre et penser mué en corps expérimental, Philippe Sollers devine son geste le plus sûr d'écrivain[2]. Il

1. Charles Duits, « H. M. et le grand tourbillon », dans *Le Pays de l'éclairement*, Denoël, 1967, rééd. Le Bois d'Orion, 1994, p. 103-107.

2. Il s'agit d'une intervention dans le cadre du magazine télévisé *Metropolis* (Arte), « Sollers lit Michaux », entretien réalisé par Dominique Rabourdin, le 2 janvier 1999. — « C'est ça le journal de l'aventure réelle. [...] C'est plus beau. [...] Ça va plus vite, ça change, ça se transforme. Il a besoin d'une mutation accélérée. C'est le livre des mutations. Dans ses récits, il se sent freiné, il a besoin d'aller plus vite. Pour ça il a besoin d'expérimenter une rapidité qui ne

admire, comme chez Picasso dessinant, ce geste à la fois ininterrompu et toujours repris, sériel, emporté, hâché, selon lequel du temps livré presque tel quel se trouve métamorphosé en temps irrépressible d'écrivain. Plus que dans les événements des proses de fiction, Sollers voit dans ces pages d'accidents pressés l'événement d'écrire à l'état pur, dans sa qualité d'immanence et d'indéfinition.

Dans la longue aventure de la drogue que deux volumes inaugurent ainsi coup sur coup au milieu des années 1950, l'essentiel aura donc tenu pour Michaux à un abandon plus ou moins consenti de la fable, à la conversion de la fable en expérience programmée de soi et par là en formes de connaissance, ainsi qu'à des possibilités renouvelées d'expression, en particulier du poème, selon une vue contemplative ou mystique.

Il faut d'abord remarquer que cet abandon ne va pas de soi. L'année même où *Paix dans les brisements* (1959) semble marquer l'acmé d'un déplacement que souligne le titre d'un poème à la fois commenté et dessiné dans un livre-objet d'un format unique, Michaux conçoit avec Matta *Vigies sur cibles*, dans lequel ses anciens mondes de fiction affleurent au contact ambigu des figures et des formes du peintre. Et un autre recueil, *Vents et poussières* — daté avec une précision rare « 1955-1962 », marquant ainsi le temps qui mène de *Misérable miracle* à *Connaissance par les gouffres* —, composera encore, sur un mode fragilisé, une sorte d'équivalent minime des grands recueils antérieurs.

Mais pour ressaisir au plus vif ce qui s'efface, ce que Blanchot souligne par le doute qui l'étreint face aux deux livres sur la mescaline, on pourra rappeler comment il s'enchantait, quinze ans plus tôt, dans son premier article consacré à Michaux, d'une invention parvenue à sa forme la plus pure au « Pays de la magie ». « C'est un des rares dons d'Henri Michaux que cette sorte d'humour qui consiste à prendre le langage à son plus bas niveau pour lui faire exprimer des êtres et des

lui est pas naturelle. Il est embarrassé par son corps. [...] Il est devenu plus audacieux en vieillissant, et en prenant les produits qui pouvaient lui permettre d'aller plus loin. »

objets qui correspondent à des inventions métaphoriques fabuleuses[1]. » Avec sa merveilleuse exactitude, Blanchot touchait les trois points dont l'écriture de la drogue, pour l'appeler ainsi, produira la disparition, ou au moins un effacement certain : le langage à son plus bas niveau, l'humour, et l'invention métaphorique fabuleuse. Dans « L'Infini et l'Infini », on l'a vu, Blanchot préférera comparer Michaux à Borges plutôt que Michaux à lui-même pour évaluer un écart entre deux façons de se lier à la littérature. Il reconnaissait par là dans Borges un « homme essentiellement littéraire », trois ans à peine après avoir entrevu, grâce à Michaux plus qu'à tout autre, l'image menaçante du « dernier écrivain[2] ». Comment une telle image mythique se trouve-t-elle en quelque sorte ravivée pour Blanchot à travers les livres de la drogue ? Un peu comme si Michaux avait donné corps au geste de Rimbaud tout en continuant à demeurer à l'intérieur de l'écriture.

Comment traduire en d'autres mots ce que Blanchot exprime avec difficulté ? Il semble en effet déplorer que Michaux ait cru enfin possible d'échapper à lui-même, et que, pour ainsi se sauver, il n'ait pu concevoir cette survie que pour lui seul, brisant quelque chose du pacte, si indirect soit-il, qui lie l'écrivain à sa société et à son histoire. Pacte que garantit, à sa façon, le pari propre à la fable, la fiction, la parabole, ce que Blanchot nommait, avec Borges, l'artifice.

On peut lui répondre, je crois, ceci. La brutalité de Michaux, si l'on veut, tient en peu de mots : à l'âge où d'autres se resserrent sur la vocation ou le centre dérobé de leur œuvre, il a voulu par la drogue *changer de corps*, autant qu'il est possible de le faire sans s'anéantir. Et par là son témoignage si solitaire devient très historique, d'une anticipation vraiment contemporaine. Cherchant la « causalité spécifique » de la drogue, Deleuze supposait que « le désir investirait directement le système-perception ». Avec la violence qui en découle. Il faut seulement savoir aussi se garder, pour rester du côté de « l'expérimentation vitale[3] ». C'est ce qu'a fait Michaux, par un

1. Maurice Blanchot, *Le Journal des débats*, 15 juillet 1942, repris dans *Magazine littéraire*, dossier Michaux, nº 364, avril 1998, p. 46-47.
2. Voir plus haut, n. 3, p. 386.
3. Voir plus haut n. 1, p. 406, et n. 3, p. 414.

retournement et une accélération prodigieuse de son œuvre antérieure. Ses inventions métaphoriques fabuleuses ne pouvaient y survivre. Elles deviennent d'autant plus précieuses d'avoir dû être ainsi peu à peu abandonnées, ou transformées, au profit d'une expérimentation nouvelle par laquelle leur auteur devient plus étroitement tributaire de la mutation de son corps-esprit, par là lieu de passage de sa propre fable.

Quatre cents hommes en croix

(1956)

Il aura donc fallu trente et un ans à Michaux pour tenter de venir à bout d'une image déjà tombée au passé lorsqu'en 1925 il l'associait avec une acuité extrême à deux noms élus d'écrivains : « J'ai aimé sans restriction ni explication deux hommes : Lautréamont et Ernest Hello. Le Christ, aussi, pour dire vrai [1]. »

Quelle est la vérité demeurant à extraire de cette image du Christ devenue presque idée mais persistant en tant qu'image ? Elle appelle d'abord à un retour sur soi, au moment du désarroi peut-être le plus grand qu'ait connu Michaux depuis l'époque où il se décide à écrire, tournant le dos à sa foi inquiète d'adolescent. Cette foi a été assez forte pour lui inspirer encore des mots éloquents : « Uni à Lui, entouré des images de Lui en croix, trouvant toute vie profonde en Lui, par Lui, avec Lui, préférablement à tout autre être au monde, mais cela il y a longtemps, c'était dans les années graves de ma vie, dans mon adolescence [2]... » Un tel retour implique aussi une reconnaissance : si, faute de pouvoir jamais incarner proprement une valeur, l'écriture a pour destin de se substituer à la croyance, elle en conserve au moins pour une part le souci et les formes. Son invention reste une imitation ; et l'image du Christ, celle avant tout du Christ crucifié, le modèle auquel l'imagination de soi n'aura pu que se conformer. En cela, Michaux s'inscrit

1. « Le Cas Lautréamont » (Premiers écrits), I, p. 68.
2. II, p. 802.

dans une longue tradition[1]. De saint Augustin à Montaigne comme de Rousseau à Nietzsche et, plus près de nous, de Michel Leiris à Roland Barthes (ou, chez les cinéastes aussi bien, de Federico Fellini à Jean-Luc Godard), la forme malléable de l'autoportrait a permis de transmuer la passion de soi en corps de l'œuvre, modulant les stations du chemin de croix selon des modes imprévus de résurrection. Si bien que le mouvement même de la vie et de l'œuvre peut sembler un instant se ressaisir, chez Michaux, dans cette plaquette conçue au milieu des années 1950, au moment où il s'enfonce dans la longue aventure de la drogue.

Sa genèse est difficile à dater avec précision, et d'autant plus intéressante. Michaux livre un élément, soulignant au seuil de son livre, d'un tir de formules groupées, que ces « fragments » du « Journal d'un dessinateur » se rapportent à des « dessins entrepris en 1953 ». Il écrivait aussi, signant et datant le manuscrit du livre confié à Pierre Bettencourt : « Entrepris en 1952 ». D'autre part, il ne dément pas l'affirmation d'Alain Jouffroy qui, au cours d'un entretien, situe cette expérience antérieurement à celle de la drogue[2]. Mais c'est seulement en 1956 que Michaux confie à Pierre Bettencourt un manuscrit qui paraît environ un an après *Misérable miracle* et précède ainsi d'à peine six mois la publication de *L'Infini turbulent*. Si bien que, s'étendant sur quatre années au moins, le souci dont témoigne ce petit livre s'inscrit aussi bien dans le mouvement qui va des textes tourmentés de *Face aux verrous* (et des poèmes non repris qui les accompagnent, tel « Dans l'ultime moment »[3]) à *Misérable miracle*, que dans celui qui mène du premier des livres de la drogue

1. Voir Michel Beaujour, *Miroirs d'encre, Rhétorique de l'autoportrait*, Le Seuil, 1980 ; et, sur la façon dont Michaux s'inscrit dans cette logique, les pages consacrées à l'autoportrait dans l'Introduction, p. 63-67.

2. Entretien avec Michaux publié dans *Arts*, n° 746, 28 octobre-3 novembre 1959, repris sous le titre « Conversation avec Henri Michaux », dans Alain Jouffroy, *Avec Henri Michaux*, Éditions du Rocher, 1992. La formulation de Jouffroy, à laquelle Michaux répond de façon elliptique, pose un lien entre les deux : « C'est une expérience antérieure à celle de la mescaline qui, elle, vous a occupé trois ans. L'auriez-vous tenté de la même manière depuis (il me fait tout de suite signe que non) ou bien la mescaline vous a-t-elle donné une vue plus lucide sur vous et sur vous-même ? » (p. 36-37).

3. Textes épars 1951-1954, II, p. 432.

au second, où les vieux dualismes chrétiens semblent faire retour pour s'affronter à la révélation mystique[1]. Il semble aussi que la composition de *Quatre cents hommes en croix* se soit faite en deux temps, si l'on en croit le texte même. D'abord, Michaux aurait tenté de retrouver la figure du Christ par des dessins dont seuls trois ont subsisté (on les découvre dans le livre, au gré des exemplaires), peut-être les éliminant au fur et à mesure de ses descriptions-commentaires ; ensuite, il aurait tenté, vainement, d'y revenir encore, comme il le dit, sans qu'on puisse mesurer la durée que ces mots visent : « Long arrêt. Des mois. / Je viens de recommencer et... recommence aussitôt leur répugnance à se mettre en croix[2]. » Michaux commente à nouveau ce mouvement, peu après la parution du livre, dans une lettre à Paulhan qui a été deux ans plus tôt son compagnon de mescaline : « Pour l'homme en croix, il a cessé complètement de m'intéresser dès les derniers dessins. C'est après la description de ces derniers qu'il m'a semblé que, si n'ajoutais pas comme Il avait été important pour moi, je ne ferais rien comprendre de mon affaire. Les deux pages supplémentaires étaient donc uniquement pour les autres, me remettant *pour eux* dans un état de trente ans antérieur. M'y remettant trop. Je n'ai jamais su composer ! Mais il n'y eut pas de lendemain. Tout était vraiment au tombeau[3]. »

Le Christ doit se comprendre chez Michaux dans son rapport à deux autres figures : le saint et Dieu.

Du premier, dans le droit fil de ses lectures de Hello, Michaux n'a cessé de faire l'éloge. Il relève que, si le saint part d'une erreur initiale, sa croyance, « il achève magnifiquement l'homme », soulignant d'emblée en celui-ci sa radicale insuffisance et une aspiration à penser plus grand et plus haut[4]. Le saint, dont Michaux a ainsi toujours

1. Voir le chapitre sur *Misérable miracle* et *L'Infini turbulent*, p. 397-400.
2. II, p. 799.
3. 10 janvier 1957. On note à nouveau le glissement énigmatique entre « derniers dessins » et « description de ces derniers ». Le mot « tombeau » souligne bien, par antinomie, que cette fois il n'y a pas de résurrection, du moins dans cette croyance et sous cette forme-là.
4. *Lettre-mémo*, I, p. 997.

donné des exemples ayant valeur d'incitation — d'*Ecuador*, par exemple, en 1929[1], à *Une voix pour l'insubordination*, 1980 —, devient ainsi presque un modèle abstrait, une idée à rejoindre, quand il n'est pas un simple équivalent du Christ à travers la souffrance proclamée du corps, ou une image encore colorée par la confuse nostalgie de la foi antérieure (comme dans « Le Portrait de A. », en 1929-1930).

Dieu, lui, ouvre deux représentations. Il est d'abord le nom d'une énigmatique unité antérieure et d'un désir non moins énigmatique de retour vers cette unité, que Michaux a un jour appelée « la boule[2] », puis approchée sous d'autres noms. Dieu est par là aussi le nom d'une perfection invoquée[3]. Ainsi devient-il, en proportion de ce vœu même, l'objet d'un délire. Il incarne cette unité directement regagnée à travers la folie sous la forme de la toute-puissance : c'est la théomanie, donnée dans la Postface de *La nuit remue* comme un équivalent de la recherche de santé entrevue par Michaux dans la création littéraire[4] et parfaitement incarnée en « Dieu le Père », un des huit fous du « Drame des constructeurs[5] ». On la retrouve bien plus tard dans le chapitre « Commerce avec l'Infini. *Homo metaphysicus*. Théomanie » de *Connaissance par les gouffres*, la septième des « Situations-Gouffres » définies comme les « Difficultés et problèmes que rencontre l'aliéné », sur lesquelles ses expériences de la drogue livrent à Michaux un aperçu.

Face à ces deux images diversement idéales, le Christ incarne d'emblée l'humanité du corps souffrant. Il induit ainsi un rapport immédiat et personnel. Ce « compagnon bouleversant » qui date et explique notre histoire, et définit « l'homme après la chute[6] », est aussi celui dont l'image survient quand le sujet s'avoue dans son intime identité : « Je me suis bâti sur une colonne absente. / Qu'est-ce que le Christ aurait dit s'il avait été

1. Ainsi son éloge du curé d'Ars, de Saint-Joseph de Cupertino et de Ruysbroeck l'admirable (I, p. 178).

2. « Le portrait de A. », I, p. 608-609, 613. Il dit aussi, dans « Entre centre et absence » : « l'Euréka », « le nid de bulles » (I, p. 572).

3. « Savon parfait, Dieu que nous appelons à grands cris. [...] Oh ! Dieu parfait ! (« Mon Dieu », *La nuit remue*, I, p. 509).

4. *La nuit remue*, I, p. 511.

5. *Plume*, I., p. 659.

6. « Le Portrait de A. », I, p. 609-610.

fait ainsi[1] ? » Michaux est ainsi un Christ plus que Christ dont la souffrance propre suppose une redéfinition. Le Christ devient le terme comparatif de la quête par laquelle le sujet s'éprouve, par exemple à travers une première expérience réfléchie de la drogue : dans son besoin d'être vaincu, l'homme « a un Christ qui veille en soi[2] ». L'expression a ceci de fort que le Christ participe alors aussi bien d'une définition de la conscience que d'une position matérielle du corps : c'est chez Michaux la détermination même du double[3]. Bien sûr, le Christ sert largement, de ce fait même, à caractériser une histoire de l'Occident à laquelle Michaux n'a cessé d'opposer les religions et pensées de l'Orient, dans *Un barbare en Asie* surtout, celui de ses livres où la référence au Christ aura été la plus fréquente. Il l'utilise encore, complément obligé, comme instance d'un exotisme renversé dans ses pays imaginaires[4]. On est d'autant plus frappé que l'image du Christ surgisse, autrement, comme instance d'identification pour l'un des êtres de la population la plus souffrante et la plus malléable qu'ait conçue Michaux : « Pas seulement le Christ a été crucifié. Celui-ci aussi l'a été, Meidosem inscrit dans le polygone barbelé du Présent sans issue[5]. » À travers le destin d'un être fictif issu d'une population de doubles, le Christ se trouve soutenir la perspective d'une identification corporelle exemplaire : son image-idée répond ainsi de chaque état transitoire du corps, et par là s'incorpore au principe de multiplicité qui est celui de l'œuvre même. Telle est l'ouverture que *Quatre cents hommes en croix* radicalise, par son propre passage à l'infini.

Pourquoi « quatre cents hommes » plutôt que cent ou mille, Michaux n'en dit rien. Mais il ouvre ainsi un rapport, s'arrêtant à trente et une figures. Après quelques évocations libres, celles-ci sont numérotées de façon erratique, de 42 à 260.

1. « Je suis né troué », *Ecuador*, I, p. 189.
2. « L'Éther », *La nuit remue*, I, p. 449.
3. Sur la logique du double, voir l'Introduction, p. 27, le chapitre sur les Premiers écrits, p. 91-92 et n. 1, et celui sur *Épreuves, exorcismes*, p. 286-287.
4. « "Comment ! Il est mort depuis deux mille ans, dites-vous, et il vous vampirise toujours !" Je les voyais peinés pour nous et aussi comme terrorisés » (« Au pays de la magie », *Ailleurs*, II, p. 96.)
5. « Portrait des Meidosems », *La Vie dans les plis*, II, p. 210.

Trente et une figures sont ainsi réfractées, dans la première et majeure partie du texte, en autant de fragments. De trente et une à quatre cents, on passe à l'infini. D'autant qu'une véritable société humaine ainsi se forme, par la résistance que chacun de ces héros d'un instant montre à se maintenir sur la croix ou même à y apparaître, selon son corps ou sa psychologie — tel trait de l'un ou de l'autre se trouvant retenu comme au hasard dans ces portraits flashés. Michaux entre par là dans le dernier de ses sytèmes de doubles vraiment élaborés. La règle flottante qu'il lui donne l'inscrit formellement entre la litanie de « Quelque part, quelqu'un » (1938) et les *Meidosems* (1948), dont il soulignera, dès leur reprise en volume, qu'il a dessiné le « Portrait ». On ne compte parmi ces doubles aucun Christ-femme, contrairement aux glissements de sexes qui affectent les Meidosems, ou à l'inverse d'une image antérieure fixant à travers un des « lieux inexprimables » de *La Vie dans les plis* la violence transgressive et unique d'une femme en croix[1]. Mais on ne sent pas moins dans cette succession d'hommes en croix la force intrinsèque du principe de prolifération : acte d'abandon aussi salvateur que fatal, sitôt que la chute dans l'imagination est choisie avec l'écriture au détriment de la méditation centrée sur « l'essentiel[2] ». Un humour singulier et corollaire y participe ; autant ou plus qu'aux termes et aux motifs choisis, il tient aux blancs à l'œuvre entre les fragments, c'est-à-dire à l'effet de série. Mais ces blancs sont aussi internes aux visions proprement dites. Malgré leur force et leur ironie, elles semblent décolorées par la difficulté que le dessinateur-écrivain reconnaît avoir éprouvé à remplir les termes de l'étrange contrat passé avec lui-même : « Dans *Quatre cents hommes en croix*, vous avez tenté de rejoindre le sens et la réalité du Christ. Vous avez échoué, pourquoi ? / — Je m'y suis mal pris. J'avais choisi les images de quelques christs primitifs. Mais ce n'est pas cela qu'il fallait faire. J'aurais dû partir d'une idée du

1. « Un grand rapace crocheteur aux plumes gonflées contemple dans la clairière la femme arquée sur une croix, que la terreur sodomise. [...] Étrange, une femme ; étrange, et comme ça ressemble à des boyaux ! » (*La Vie dans les plis*, II, p. 229.)

2. « Quelques renseignements », I, p. CXXX-CXXXI.

Christ, me refaire une idée du Christ, plutôt que de contempler des images[1]. »

Michaux reconnaît aussi, dans ce dialogue, de façon elliptique, qu'il aurait approché cette idée autrement à partir de son expérience de la drogue. Mais sa tentative de « dessinateur », elle, n'a sans doute pas été sans effet sur le développement de cette expérience. Du « miracle » d'abord qualifié de « misérable » (en dépit des révélations sur la folie de la quatrième expérience) aux révélations d'un nouvel « infini » touché au cœur de la turbulence, un saut s'est effectué chez Michaux. D'un côté on le voit réactiver de grandes oppositions anciennes et traditionnelles, entre le Bien et le Mal, le « moi correct » et le « moi pervers », qui se situent dans le droit fil de la méditation chrétienne et de sa vision dualiste[2]. À l'opposé, pourtant, la percée spirituelle ou mystique qui s'affirme aussi dans *L'Infini turbulent* passe d'emblée au-delà des tensions incarnées entre dualité et unité, propres à l'eschatologie chrétienne ; elle se fixe, à travers l'image bouleversante et absolue des « milliers de Dieux[3] », sur une tension plus énigmatique entre unité et multiplicité ou pluralisme et monisme[4]. Si imprécise que soit sa contextualisation, cette force indélébile prend plutôt comme références la mythologie et la pensée hindoues, comme autrefois dans *Un barbare en Asie*[5]. On peut ainsi se demander jusqu'à quel point la tentative de *Quatre cents hommes en croix* aurait fourni à la révélation mescalinienne un appoint essentiel, à travers la figure du Christ même démultipliée de façon humaine, trop humaine. Rappelons-nous Michaux suggérant

1. Alain Jouffroy, *Avec Henri Michaux*, *op. cit.*, p. 36.

2. Voir Jean-Luc Steinmetz, « Le Démon d'Henri Michaux », dans *Les Ailleurs*, et le commentaire qui en est fait dans le chapitre sur *Misérable miracle* et *L'Infini turbulent*, p. 397-400.

3. *L'Infini turbulent*, II, p. 852-860.

4. On peut renvoyer encore une fois (voir l'Introduction, p. 50) à la formulation précieuse de Gilles Deleuze et Félix Guattari dans *Mille plateaux* (Minuit, 1980, p. 31) : « Arriver à la formule magique que nous cherchons tous : PLURALISME = MONISME, en passant par tous les dualismes qui sont l'ennemi, mais l'ennemi tout à fait nécessaire, le meuble que nous ne cessons de déplacer. »

5. Par exemple : « Je colle à la divine perfection de la continuation de l'Être à travers le temps, continuation qui est tellement belle, belle à s'évanouir, si belle que, comme il est dit dans le *Mahabaratta*, les dieux jaloux viennent l'admirer. » (*L'Infini turbulent*, II, p. 857.)

autrefois avec une ironie perçante combien la vision hindoue pouvait s'approprier la figure christique : « La plupart aiment sincèrement Jésus-Christ, regrettent qu'Il ne se soit pas incarné chez eux, ou qu'Il ne s'y soit pas incarné une seconde et une troisième fois, voudraient demander de ses nouvelles[1]. » De façon analogue, le travail de sape accompli par la démultiplication iconoclaste de *Quatre cents hommes en croix*, réfracté comme il a pu l'être par la violence mescalinienne, n'aurait-il pas pour une part induit la réactivation des dualismes et leur dépassement, dans une perspective étrangère à toute croyance, visant avant tout à métamorphoser les formes de pensée que la croyance avait pu antérieurement se donner ?

En cela, la modestie pragmatique de Michaux pourrait être plus efficace que la volonté de puissance nietzschéenne, dont elle est si voisine. On sait comment *Ecce homo*, dans la dernière année de la raison de Nietzsche, devient cet autoportrait explicite, synchronique et exemplaire, par lequel « Nietzsche se proclame à la fois l'anti-Luther et l'anti-Jésus, tout en revendiquant le statut d'Homme-Dieu martyrisé[2] ». Ce texte-miroir, au gré duquel la figure christique se trouve renversée avec allégresse au nom de la transmutation de toutes les valeurs, appelle encore un supplément ultime, le dernier opuscule de Nietzsche, écrit cette même année 1888 : *L'Antéchrist*. La pression est si forte et le renversement d'une telle violence que Nietzsche ne peut se soustraire au corps à corps d'une étreinte du même dont il produit une figure inversée. Il lui faut accomplir le christianisme pour le prendre à revers et le détruire en lui. Achevant le projet d'une Renaissance païenne, il en renaît à travers l'écriture comme corps glorieux, par une incarnation-résurrection qui a nom Dionysos.

Alors que Michaux, prétendument à la recherche d'un Christ ancien en lui, se trouve pas à pas en défaire l'idée et l'image. Sous sa plume faisant écho à son fusain, le corps du Christ s'effrite dans des identités partielles, successives : ici « insecte », là « voyou », « cherche-querelle » ou « déserteur », « oublié sur la croix » ou « mort pour rien », « fantôme », « pen-

1. *Un barbare en Asie*, I, p. 342.
2. Michel Beaujour, *Miroirs d'encre*, *op. cit.*, p. 321 (sur *Ecce homo* dans son ensemble, p. 320-325).

seur » ou « gibbon rasé[1] ». Chaque homme-Christ est ainsi un fragment d'identité, une possibilité parcellaire d'être, brièvement cerné par des traits physiques ou psychiques sans véritable proportion avec un destin exemplaire ; de sorte que leur caractérisation demeure constamment extérieure au processus d'identification dont le supplice de la croix tend à l'espèce humaine l'image universelle. Paradoxalement, c'est au travers de l'imagerie déceptive née du désir de cette image extrême que Michaux semble, pour la première fois, se soustraire de façon aussi nette au modèle du corps personnel et souffrant qui fait d'une grande part de son œuvre, jusqu'à *Face aux verrous* et à « L'Espace aux ombres », un « Ecce homo » exemplaire, modeste ou minimal, cruel et foisonnant[2].

S'appuyant sur la logique des doubles, selon laquelle une imagination fatale n'a cessé jusque-là de se développer de façon effrénée, *Quatre cents hommes en croix* en suspend aussi à sa façon l'exercice en s'attaquant au corps de la figure qui la modelait implicitement. Comme si, à travers l'émiettement du corps du Christ, Michaux en arrivait à une exténuation de la souffrance de son propre corps de légende. *Quatre cents hommes en croix* est ainsi un point d'orgue, et l'anti-*Ecce homo* même. Michaux et Nietzsche, si étrangement proches, quoique partis de points très

1. II, p. 790, 791, 789, 790, 797 et 796. — Michaux retrouve ici deux traditions, qui sont probablement l'écho de ses lectures mystiques adolescentes (voir le chapitre sur les Premiers écrits, p. 93-95 ; *Ecuador*, I, p. 178 — voir plus haut, n. 1, p. 422 — et *Un barbare en Asie*, I, p. 292, où Michaux fait de nouveau l'éloge d'une série de saints qui, « à force d'être rien et disponibles, étaient happés par la divinité »), ainsi que des recherches menées en 1938 pour le numéro spécial consacré par *Hermès* aux mystiques flamands, dont il a assuré la coordination. La première tradition est celle du Christ comme corps de misère, sur laquelle a beaucoup insisté Georges Didi-Huberman, à la suite de *La Légende dorée* de Jacques de Voragine (voir « Un sang d'images », *Nouvelle revue de psychanalyse*, n° 32, automne 1985, p. 129, et « Le Visage entre les draps », *ibid.*, n° 41, printemps 1996, p. 21-54, ainsi que *Devant l'image*, Minuit, 1990, p. 243-247, où il commente longuement un feuillet anonyme allemand du XIVe siècle, présentant le Christ effondré comme « tache », selon un mode assez proche des dessins de Michaux dans *Quatre cents hommes en croix*). La seconde tradition, selon Didi-Huberman, est celle du Christ multiplié, sérialisé jusqu'au travers des portraits de ses saints, par exemple dans la peinture italienne du XIVe siècle (communication personnelle).

2. Le texte de Michaux portant ce titre dans *Épreuves, exorcismes*, longue litanie sur l'humanité en guerre, n'entretient au contraire que très peu de rapports avec le mythe personnel.

différents, semblent accomplir des trajets inverses. *Ecce homo* marque chez Nietzsche l'irruption de son propre corps dans l'œuvre et comme œuvre. Inversant le modèle du mythe chrétien incorporé dans un autoportrait au seuil de la folie, il produit, un peu comme Michaux l'a toujours fait, les rubriques mythiques d'une hygiène et d'une physiologie[1]. À l'opposé, *Quatre cents hommes en croix* soumet à un effritement sans retour la possibilité du mythe et de ses métamorphoses, appelant chez Michaux, au-delà du souci de soi, une nouvelle équivalence entre corps et corpus, et un affrontement mesuré avec la folie. Par là, ce petit livre énigmatique fait parfaitement la transition avec les livres de la drogue entre lesquels il s'insère. Le corps qui se soumet à l'expérience hallucinogène ne sera plus vraiment le corps souffrant et imaginatif de l'autoportrait et de ses fictions. D'un côté, c'est un corps devenu expérimental, biologique et psychique, se proposant ainsi sans plus de détours à une interrogation de la pensée ; de l'autre, c'est un éventuel corps mystique, qui tend à la pensée l'image alternée d'une plénitude et d'un vide. Mais c'est aussi un nouveau corps expressif, grâce auquel l'écrit et le dessin se toucheront comme ils ne l'avaient jamais fait jusque-là.

Là encore, *Quatre cents hommes en croix* infléchit un mouvement. Les années mêmes (1952-1953) où Michaux dit avoir entrepris les dessins de son « drôle de retour du crucifié[2] », il oscille, en regard du dessin, entre plusieurs poussées. Il a fixé dans *Mouvements*, dès 1951, dans la ligne de ses premières compositions des années 1920, une sorte d'immense alphabet des postures de l'animal humain qualifiées tour à tour, dans le poème cherchant à les ressaisir, de « mouvements », de « taches », de « gestes », et enfin de « signes ». Ce dernier mot lui sert à fixer un instant l'idée de langue transitoire personnelle, comme celle d'une « écriture directe », arrachée au poids des images[3]. « Signes », au début de 1954, évoque la limite atteinte par ces mouvements ; Michaux ajoute, de façon elliptique : « Après je fis des émiettements de mouvements[4] ». On n'ose

1. Beaujour y insiste, *Miroirs d'encre*, *op. cit.*, p. 323.
2. C'est la dédicace du livre à René Bertelé.
3. *Face aux verrous*, II, p. 440-441. Voir le chapitre sur ce recueil, p. 365-367.
4. « Signes », Textes épars 1951-1954, II, p. 431.

penser qu'il s'agisse des hommes en croix ; d'autant que le texte bifurque, au-delà, sur l'idée du « signe, sans la représentation de l'homme » ou « signe "de situation" », ouvrant sur l'utopie d'une langue-pensée en signes grâce à laquelle l'homme toucherait la réalité de la nature. Enfin, cette même année, s'arrêtant devant Klee, Michaux se concentre, au-delà des couleurs, sur les lignes, « lignes-signes [1] » et bien d'autres.

Ce mot de « signe » frappe, au seuil de *Misérable miracle* : « Par les mots, les signes, les dessins. La Mescaline est explorée. » Pourquoi faire figurer « signes » ainsi, entre « mots » et « dessins », alors qu'il ne s'agit pas réellement dans ce livre de signes, ni dans le jeu typographique, ni à l'intérieur des dessins, ni dans les glissements qui se produisent entre mots et images — sauf à penser aux signes qu'ils se font les uns aux autres, au jeu qu'ils trament ensemble. « Signe » serait ainsi, comme dans le texte qui porte ce titre, un nom pour la ligne de fuite et d'utopie portée par l'expérience.

Cela invite à se rappeler que la croix, elle, est bien un signe, et que Michaux l'aborde comme tel dans *Quatre cents hommes en croix*. Il commence par dire : « Je ne peux pas toujours placer la croix d'abord », « parfois c'est l'homme qu'il faut étendre avant tout [2] ». On imagine ainsi que sous ses dessins antérieurs, ceux de *Mouvements* par exemple, mais aussi bien toutes les innombrables formes d'êtres que sa peinture esquisse, on imagine que sous chacun de ces êtres étendus pourrait se glisser une croix, fixant la figure intérieure aux fictions et à l'autoportrait du corps souffrant. Cela suppose aussi que, pour passer au-delà de cette réalité d'image et s'ouvrir au même moment à l'épreuve du corps mescalinien, il faille tenter d'en finir avec l'« Homme croix. Tout à la fois le soutien et le soutenu, le souffrant et l'instrument de la souffrance [3] ».

C'est pourquoi frappe tant, dans ce livre singulier, la disposition adoptée pour lier aux trop rares images témoignant *in vivo* de l'entreprise du « dessinateur » les fragments de son « Journal » erratique. Les choix de mise en page et de typographie font de Pierre Bettencourt, qui les a conçus et ne les a montrés

1. « Aventures de lignes », *Passages*, II, p. 361.
2. II, p. 789.
3. II, p. 795.

à Michaux qu'*a posteriori*, son lecteur alors le plus inventif. Michaux reconnaîtra, dans sa dédicace à Zao Wou-Ki : « cette bonne typographie d'une mauvaise expérience [1] ». Face au premier dessin servant de frontispice, l'auteur est, à la lettre, mis en croix : son nom, le titre et la date du texte en dessinent la forme, en composent le signe. De sorte que le « HENRI » (aux lettres plus espacées que le « MICHAUX » pour des raisons d'équilibre graphique) vient se plaquer à deux lettres près sur le I.N.R.I. griffonné sur le dessin de la vraie croix, si on superpose les deux pages. Langage et image s'appellent ainsi l'un l'autre, de façon décalée : la première mise en rapport (I.N.R.I. : des mots ou des signes de mots dans une image) est de pure convention, alors que la seconde (des mots composant une image) fonde son invention sur l'imitation de cette image. Mais l'effet ne se réduit pas à celui d'un calligramme, même s'il en emprunte la voie : parce que l'image est aussi attestée par le dessin ; et surtout parce que la croix est avant tout un signe. Les fragments qui suivent, consacrés chacun à un des dessins supposés, amplifient cette mise en scène puisque quatre d'entre eux (sur trente et un, choisis dans les « quatre cents », la plupart typographiquement distincts) composent encore une croix ou des fragments de croix.

Par là, cet effet de figuration rejoint l'histoire que ce petit livre conte, au fil de ses fragments comme dans la seconde partie où le projet s'énonce : l'impossibilité où Michaux s'est trouvé de redonner vie à l'image du Christ autrefois si proche. Cela déjà fait l'intérêt d'un échec qui distingue Michaux d'autres peintres de ce siècle, libres apparemment de tout rapport à la croyance, mais n'en revenant pas moins avec force à l'image classique de la crucifixion : Picasso, Bacon, parmi d'autres [2]. C'est que l'enjeu est autre pour Michaux, moins peintre mais aussi plus soucieux de l'« ailleurs » [3]. Il s'agit non seulement de se libérer du fantôme ou de l'ombre d'une ancienne croyance, mais de se soustraire, au moins pour un

1. De même, il écrit à Paulhan qu'il lui a envoyé le livre : « du bon Bettencourt (typographiquement), deux mauvais dessins et… une expérience » (lettre s. d., probablement entre le 10 et le 20 décembre 1956).

2. Voir le catalogue *Corps crucifiés*, Éditions de la Réunion des musées nationaux, 1993.

3. Voir le chapitre sur *Ailleurs*, p. 293-297.

temps et autant qu'il sera possible, à la double identité que l'image du Christ supplicié convoque : celle de la croix comme signe, celle du corps et du visage comme image. C'est vouloir s'arracher aussi bien à la part de représentation de l'image qu'à son symbole, et surtout au symbole risquant toujours de faire retour dans la représentation, si équivoque et ténue soit-elle. De même que dans les récits mescaliniens, le corps du sujet explorant tend vers un autre corps, de même on compte infiniment moins de corps et de visages dans les peintures et dessins mescaliniens[1]. Aux lignes dérivant vers le visage, s'agrégeant comme corps, faisant signe à la figure humaine, se substituent plutôt deux formes-forces qui expriment sans qu'il reste d'autre recours un destin à la fois physiologique et métaphysique du corps-être. Ces formes sont le tourbillon qui traduit le pullulement, la vibration instantanée d'un espace comme à jamais involuté en lui-même ; et le sillon, vertical mais d'un seul trait, par lequel l'espace entre et se développe dans l'infini du temps[2]. Il n'y a plus de corps sur la croix, ni de croix comme signe, ni de visage qui en perpétue le supplice. Il reste à peine un homme, qui n'a presque plus rien du Christ en lui, même s'il a fallu en rêver quatre cents pour en arriver là.

Serait-ce là ce que Michaux désigne par un vœu énigmatique, amplifié par la mise en scène de Bettencourt projetant ses mots en pleine page, face à la seconde image où le Christ se tasse sur la croix tel un animal effondré : « Il faudrait UN HOMME CRISTAL[3]. » En deçà de *Quatre cents hommes en*

1. Mais comme chez Michaux tout est toujours nuance et gradation, il faut citer la dernière image du cahier de dessins de *L'Infini turbulent* (p. 838), ainsi que le « dessin mescalinien à la sanguine » qui en est très proche (*Henri Michaux*, catalogue du Centre Georges-Pompidou, 1978, p. 114). C'est aussi le mérite de la belle exposition conçue par Victoria Combalía d'avoir révélé dans les dessins mescaliniens un certain nombre de silhouettes et d'agrégats de visages qui rappellent fortement le travail antérieur de nombreuses aquarelles (n°s 26-29, 38-39) (*Henri Michaux, dibuixos mescalínics, dibujos mescalínicos*, Barcelone, Ajuntament de l'Hospitalitet, 1998).

2. Sur le sillon, voir le chapitre sur *Misérable miracle* et *L'Infini turbulent*, p. 392-393.

3. Dans le manuscrit, cette phrase forme simplement un alinéa autonome. On peut aussi lire « Christ » dans « cristal », et concevoir ainsi comment un signe d'« utopie » se profile encore dans la figure du Christ relativisé.

croix et de *Misérable miracle*, le mot a plutôt des connotations positives, souvent lié à l'image de la boule, dans les visions que se donne Michaux de sa propre peinture[1], ou distinguant un espace possible, au moins virtuel, par celui sur lequel il tranche[2]. Dans *Misérable miracle*, où il revient souvent avant de curieusement disparaître du reste de l'œuvre[3], le mot « cristal » est plus ambigu, désignant aussi bien le clinquant précipité par l'expérience[4] que ses valeurs de révélation. Le cristal y devient aussi réel, à travers la boule dont Michaux se saisit au cours de la quatrième et périlleuse expérience : vraie boule de cristal, préparée pour répondre aux visions et peut-être les développer. C'est l'instant où, « coulant », comme il dit, « grâce à la magie de la boule », il coïncide par-delà toute attente avec lui-même, incorporant la conscience du double pour en devenir l'être et le mouvement[5]. Peut-être une telle confusion, utopique et vécue, s'allie-t-elle au vœu d'un « homme cristal » dont l'image du Christ ne serait plus la référence et que l'image dessinée, face aux mots, désigne encore, comme leur négatif et l'imminence d'autre chose.

Mais puisque chez Michaux rien n'est jamais, bien qu'il puisse parfois le croire ou en rêver, vraiment « définitif » — c'est le mot qui conclut son abandon du « visage autrefois aimé », et le dernier du livre —, il fera resurgir encore, pure hypothèse de fiction, cette image du Christ en croix, trois ans plus tard, au fil d'un des fragments des « Affaires impersonnelles » livrés à l'imagination plastique de Matta pour *Vigies sur cibles*. Et cela, au moment précis où l'image du sillon

1. Il dit ainsi de ses fonds noirs : « Le noir est sa boule de cristal » (*Peintures*, I, p. 706) ; phrase reprise à la première personne dans *Passages*, II, p. 319.

2. Ainsi, dans « Ecce homo » : « une boule de cristal qui délivre des passages de l'avenir » (*Épreuves, exorcismes*, I, p. 791-792) ; et dans « Adieux d'Anhimaharua » : « Libre à nouveau. Espace-cristal. J'y vogue » (*Face aux verrous*, II, p. 490). Il est intéressant de remarquer combien cette vision rejoint la conception de l'image-cristal chez Deleuze, où se conjoignent l'actuel et le virtuel (*L'Image-temps*, Minuit, 1985, p. 92 et suiv.)

3. Au moins des livres publiés, selon une vérification informatique faite par Anne-Élisabeth Halpern.

4. Ainsi « l'impression joyeuse d'être sortis des débris d'une cristallerie » (*Misérable miracle*, II, p. 647).

5. *Misérable miracle*, II, p. 735-736.

s'impose à travers *Paix dans les brisements*. « Télépathie d'un astre à l'autre. C'est sur une autre planète que le Christ aurait été crucifié ! Ah ! Ah ! voilà peut-être ce qui rendrait compte de ce qui paraissait si faux, si vrai, si faux[1]… »

1. *Vigies sur cible*, II, p. 596.

Vigies sur cibles

1959

On finit par ne plus lire les titres déclinés dans les bibliographies. Ils résonnent sans qu'on les interroge. Par exemple, comment une vigie — tour à tour un homme qui guette, son poste d'observation, ou la surveillance exercée — peut-elle se trouver *sur* une cible, c'est-à-dire l'objectif que l'on vise, par définition à distance ? Comme si la cible elle-même devenait le lieu d'où l'on voit. Telle est la contraction de perspective qu'induit *Vigies sur cibles*. Elle tient à ce que le livre conte ou évoque ; mais insiste à travers ses régimes croisés d'écriture et de peinture — Michaux, pour la seconde fois, liant ses textes aux images d'un autre, ici Matta, sans doute le peintre vivant dont il a été le plus nerveusement proche.

Dès le moment où Michaux entre en mescaline, au tournant des années 1954-1955, la puissance de fiction qui innervait jusqu'alors son écriture, commence à refluer en lui. Aussi, pendant les dix années environ où la drogue devient son objet d'expérience et de commentaire, assiste-t-on à des poussées de fiction fragiles, limitées, toujours plus erratiques. Ainsi les textes qui composent la première partie de *Vents et poussières* (écrits en 1955-1956 et réunis en 1962 dans ce recueil à quelques autres dont la date d'écriture, postérieure, est plus incertaine) ; ainsi, entre *L'Infini turbulent* (1957) et *Paix dans les brisements* (1959), les textes alors presque tous inédits qui composent *Vigies sur cibles*.

Dans la seule analyse un peu développée qu'ait suscité ce livre luxueux à tirage restreint, Jean Selz éclaire la règle du jeu qui a uni l'écrivain et le peintre : celui-ci s'inspirant des textes de Michaux qui composent les deux premières parties du livre (« Affaires impersonnelles » et « Correspondance »), et Michaux s'inspirant à son tour, pour la troisième (« Dans l'espace la vie parcellaire »), des eaux-fortes de Matta[1]. Jean Selz souligne à quel point l'angoisse, chez Michaux, lui semble naître du « vertige qui le prend à regarder en lui-même », se peuplant d'ennemis dont il cherche à se délivrer ; alors que chez Matta les ennemis viennent toujours de l'extérieur, soumettant l'homme à sa propre « énergie mécanique ». L'exemple de « La Mouche » sert à préciser cette opposition au gré de laquelle les deux complices se complètent : insecte paresseux et habile, s'installant chez l'homme et sur l'animal avec un art profond de cohabiter sans servir, c'est ainsi que la voit Michaux ; quand elle devient pour Matta machine volante et coupante dont les ailes ressemblent à des rasoirs. Mais les deux visions se rejoignent aussi, à travers les textes où Michaux développe ses propres tourbillons de vitesse, auxquels les gravures répondent, par exemple dans les « Les Quatre Observateurs », où il évoque « la vitesse extraordinaire d'associations qui caractérise la pensée et la création de Matta[2] ».

Mais il reste à saisir la nature et les résultats de cette opération, pour Michaux écrivain et peintre. C'est la seconde fois qu'il s'attache avec un semblant de précision et de façon suivie aux images issues de l'imagination d'un autre (la première étant le livre réalisé avec Zao Wou-Ki[3]). Si la répartition décrite entre les deux hommes et les trois parties du livre est exacte, c'est à nouveau la force invocative de poèmes — affichée surtout dans les coupes et les réitérations des phrases-vers — qui, pour Michaux, semble seule capable de répondre à la charge sensitive des images. Cela ne l'empêche pas, dans « Les Quatre

1. « Michaux et Matta », *Les Lettres nouvelles*, n° 9, 29 avril 1959, p. 11-12.

2. Alain Jouffroy, « Matta et Henri Michaux face à face », *France-Observateur*, n° 468, 23 avril 1959, p. 19.

3. Voir le chapitre sur *Lecture de huit lithographies de Zao Wou-Ki*. « Aventures de lignes », sur Klee, préface au livre de Will Grohmann reprise dans *Passages* (II, p. 360), est de nature beaucoup plus synthétique. Quant au texte « Écriture d'épargne » (*La Vie dans les plis*, II, p. 199), inspiré par des tableaux de Picasso, il est très fragmentaire. Sur les rapports entre peinture et écriture dans leur ensemble, voir le chapitre sur *Peintures*.

Observateurs », de se montrer étrangement précis lorsqu'il souligne à quel point, gisant sur la table au milieu des quatre formes géométriques redoublant elles-mêmes les observateurs, « l'objet en spectacle » permet une mise en abyme du dessin à partir de l'idée de tension entre unité et multiplicité. Mais on est aussi frappé qu'en dépit de tout Michaux *raconte*, prêtant à chacun des quatre personnages énumérés des lambeaux de psychologie et quelques traits (« le Charlemagne des machines », « Judas qui va se trahir pour l'image[1] »), poussières de qualificatifs qui traduisent l'image autant qu'ils la trahissent, la développant surtout dans un autre temps. « Dans l'espace la vie parcellaire » : le titre de la troisième partie est un écho direct, par le ton et les termes, des grands recueils qui précèdent. Il fait d'autant mieux saisir combien *Vigies sur cibles*, livre menu malgré son grand format, vient réitérer la forme alors délaissée des recueils composés de parties hétérogènes — ce sera le seul ainsi fait, jusqu'aux grands recueils de la fin.

La seconde partie, « Correspondance », est le seul échange épistolaire, à proprement parler, inventé par Michaux. Comme un point d'orgue, il concentre la mémoire des lettres dont l'œuvre antérieure est parsemée, faisant résonner cette forme de l'adresse qui leur est inhérente. Évoquant d'autre part la situation de dialogue propre à ce livre, et pourquoi pas l'intimité de ses auteurs[2], le titre qualifie aussi, au sens baudelairien, la « correspondance » entre divers niveaux sensibles, comme entre écriture et peinture. Mais, jouant de l'ambiguïté entre carte postale et relevé de territoire, le mot « carte » utilisé pour nommer chacun des six fragments attire également l'attention sur le fait que se constitue là un monde, dans le droit fil de celui qui se développe dans la première partie du livre : « Affaires impersonnelles ».

Ce titre traduit bien que les événements n'arrivent ici à personne, de même qu'il n'y a pas de continuité entre les six « cartes » et les quatorze « affaires ». C'est le vieux monde de Michaux, celui de *La nuit remue*, d'*Ailleurs* et de *Face aux ver-*

1. II, p. 968-969.
2. On pense aux cartes postales merveilleusement inattendues de Matta conservées dans les archives Michaux.

rous, qui ne cesse de s'effondrer, dessinant des tranches de mondes toujours plus parcellaires. On y retrouve une nuée de personnages et de peuples, aux noms jetés sans préalables, dont les connotations et les dérivations possibles semblent de plus en plus obscures. Des actes et des accidents, des codes et des phénomènes surgissent, s'imposent et disparaissent tels des astres morts. Parfois une insistance étreint singulièrement : celle des phases de la vue, avec ses « zones » et ses « colonnes de gris », ses « passages souples » et son « obscurcissement progressif », valant pour le matin, le midi et la nuit de l'œil, au sein dont ne sait quel « ici ». Si bien que tous ces fragments d'univers et ces événements défaits semblent avoir moins de rapport encore entre eux que n'en manifestent, dans ces mêmes années, les sautes et les successions des perceptions-hallucinations de la mescaline. Infiniment plus nettes, plus rapprochées, mais affectées parfois d'une vitesse allant jusqu'à l'indiscernable, celles-ci ont pour centre le sujet dissocié et démultiplié qui cherche à contrôler et à organiser leur irréalité documentaire. L'excès de vérité physiologique, psychologique et métaphysique qui leur est propre, et par lequel la peinture et le dessin de Michaux sont alors tellement transformés, a ainsi pour contrepartie un afflux passager, remodulé, de ses mondes imaginaires antérieurs, prêts à se mêler avec ceux qu'une peinture singulièrement proche lui permet d'inventer.

Voilà quelques-unes des hypothèses que font lever ces textes et leurs titres. De Michaux ou de Matta, on ne sait à vrai dire à qui prêter les termes mystérieusement alliés dans ce titre : *Vigies sur cibles*. Un an à peine après la mort de Michaux, bien des années après la conception de leur livre commun, Matta les a laissés à nouveau jouer en lui : « La mort m'a interrompu, je comptais beaucoup sur sa présence, sur sa vigie. Il était vigilant contre mon enthousiasme un peu trop spontané, il me vigilait et c'était ça l'amitié. / Maintenant je suis orphelin de cette vigilance et je deviens une cible exposée à tout[1]. »

1. Matta, « T, U, V, W, X, Y, Z », *Libération*, 21 janvier 1985, p. 31.

Paix dans les brisements

(1959)

Sur la ligne de partage entre *Misérable miracle* et *L'Infini turbulent* d'un côté, *Connaissance par les gouffres* et *Les Grandes Épreuves de l'esprit* de l'autre, *Paix dans les brisements* figure entre les livres de la drogue, et dans l'œuvre entier de Michaux, comme un livre unique. Prose d'essai, poème et dessin s'enchaînent et s'y déploient en une sorte de livre-rouleau imitant dans sa forme descendante-ascendante l'expérience dont il est né. La forme du sillon surgie à partir de *Misérable miracle* et « le poème interminable » issu dans *L'Infini turbulent* de la vision éblouie des « MILLIERS DE DIEUX » s'y confondent. Jamais Michaux ne sera parvenu à exprimer d'aussi près, et si physiquement, ce qu'il veut en idée communiquer : piquetés en travers de la colonne osseuse qui forme le sillon, les mots manuscrits, témoignant à quel point ils entrent dans l'image, en diffèrent mais en s'incorporant à elle ; cet immense axe central du sillon de page en page s'élargissant, dérivant, s'effeuillant, jusqu'à ne plus former qu'une poussière de signes, tels de menus battements d'ailes sans oiseaux, et s'exténuant vers le milieu de la dernière page dans un vide d'une plénitude immatérielle ; les mots imprimés du poème, enfin, coulant, eux, de menus blocs en lignes, de chocs toujours plus mortels en reprises d'être, suivant « la pente vers le haut[1] », et ne cessant de dire, au gré de termes clefs, de mots-

1. II, p. 1010.

mana de la substance et des opérations-Michaux, une seule et même odyssée, un seul combat : celui du multiple et de l'un.

L'agencement même du livre tend vers une confusion de ses niveaux, emblématisée par Michaux à travers l'utopie du kakémono, ou celle, plus énigmatique, de « volume à page unique indéfiniment repliée[1] ». Un repli mental s'effectue bien, selon le déroulé vertical des pages mimant cette vue idéale, mais aussi par les implications évidentes des quatre parties du volume. Le texte « Signification des dessins » concerne en effet autant le poème final que les dessins auxquels il succède et sert apparemment de commentaire. La brève introduction « Au sujet de Paix dans les brisements », qui se rapporte au poème proprement dit, ne dit rien que les dessins n'aient déjà suscité dans le commentaire antérieur. Le titre donné au poème, « cet écrit », devient tout naturellement celui du livre entier dont un des dessins orne la couverture. C'est que Michaux touche ici, plus encore que dans *Misérable miracle* et *L'Infini turbulent* ou dans aucun de ses livres antérieurs, un espace de la pensée comme figure primitive ou première, en deçà de sa division en des instances matérielles, quoique saisie à travers elles. Il dit ainsi de ses dessins, mais aussi bien de son poème qui en trace un équivalent : « [...] je crois montrer l'arbre sans fin, l'arbre de vie [...], l'écoulement, qui, sans interruption, même d'une seule seconde, traverse l'homme du premier instant de sa vie au tout dernier, ruisseau ou sablier qui ne s'arrête qu'avec elle[2]. »

Pour essayer de qualifier cette « apparition originelle du phénomène premier de la pensée », Michaux recourt ici une fois encore, de façon significative, à l'image de l'écriture chinoise, dont il retient trois traits : son défilement vertical, la nature visuelle de ses caractères, une liberté relative de sa syntaxe. Mais cette langue moins contraignante que d'autres ne se fixe pas moins, comme toutes les langues, sur des « macropensées de synthèses », auxquelles Michaux oppose, grâce à la levée de contrainte propre à la mescaline, « la microperception » et ses « micro-signaux », « pensées express », « réflexions à l'état d'éclairs ». Par là il invite son lecteur à entrer dans une sorte de dispositif — difficile à cerner, en dépit

1. II, p. 1000.
2. II, p. 1000

ou à cause de l'insistance même de Michaux, soulignant en effet qu'il ne peut en « parler convenablement » ; pourtant, il s'agirait bien là d'un modèle (« mon modèle »), un jour peut-être accessible à chacun, « par quelque nouvelle intervention sur les lieux de l'esprit ». Michaux parle ainsi d'un « nerveux écran de projection » (il dit aussi : « petit écran inattendu », « écran fluidique », « fenêtre », « tapis vibratile », « drap vibrant »), sur lequel passent des images, ou des mots visualisés, ou rien, quand, dit-il, il ne sait que penser de ce qui lui arrive. Il parle de « pensées en liberté », qu'il oppose au caractère fatalement dirigé de la rêverie, ou à la dissimulation impure du rêve, et à son manque d'abstraction. Il souligne aussi une sorte d'accroissement de conscience, sur lequel le désir ni la volonté ne peuvent rien. Décrivant ses dessins comme l'expression de « l'épiphénomène se produisant irrégulièrement au passage de telle ou telle réflexion », Michaux précise encore : « images ou mots », pour qualifier ces « dépôts instantanés » internes au temps d'expérience ; ils naissent des « évocations involontaires » pour lesquelles il propose le terme de « laisses de réflexion ». Ce mot, « laisse », désigne aussi bien un ancrage, un lien, que les espaces définis par l'oscillation des marées, mais également le couplet d'une chanson de geste ; il évoque ainsi d'autant mieux le poème qui suit, sa segmentation flottante, son déroulé oral, son flot. Le mot « réflexion », quant à lui, renvoie à l'activité agrandie de la conscience qui par là cherche à se décrire.

La difficulté, on le voit, tient à la façon dont Michaux ne peut que cerner d'une précise imprécision, par des reprises, des chevauchements et des flottements de termes, une vision de l'appareil psychique. Cette vision s'oppose sans le dire à la perspective freudienne, à l'égard de laquelle Michaux a toujours été réticent ; mais elle transforme aussi considérablement la perspective ancienne de Michaux, et la forme sous laquelle celle-ci s'était cristallisée vingt ans plus tôt, de façon elliptique mais nette, dans la Postface de *Plume*. Michaux y postulait trois niveaux de la pensée ou du « mouvement du "pensant" ». Les « recouvrements d'équilibre » du moi (phase 3), ses « pertes d'équilibre (phase 2) », et son « équilibre », première phase destinée à demeurer inconsciente, et par là inconnue. Il concluait ainsi : « Le véritable et profond flux pensant se fait sans doute *sans pensée consciente*, comme sans image[1]. » Telle est la vision que déplace l'expérience mescalinienne. En deçà de la phase 2, qui correspond d'assez près à l'expérience de la rêverie dirigée dont Michaux a été un grand expert, il se réfère ici à un état de pensée libre (« pensées en liberté, les seules que l'on connaisse libres »). Cet état ne peut être appelé « inconscient » à proprement parler, et Michaux n'emploie pas le mot, ni même celui de « subconscient », qui lui est parfois plus familier. Et pourtant, la conscience démesurée qui permet au sujet de se tenir, « moi comme dédoublé », face à un flot perceptif sur lequel il ne possède aucune prise et à l'intérieur duquel la conscience est également saisie, une telle conscience en perpétuel devenir ressemble bien à un équivalent de l'inconscient autrefois postulé par Michaux. Si ce n'est que ce flux est ici au contraire excès d'images, et incorpore aussi en lui la langue, mais une langue libre. Ce conscient-inconscient possède en fait le caractère essentiel que Freud prête au processus primaire : une énergie non liée, qui coule librement, et au gré de laquelle la représentation de mot tend ainsi à être traitée comme une représentation de chose. Si ce n'est que le rêve n'en est pas pour Michaux le révélateur, et que rien n'appartient ici à la sexualité et au refoulement, donc au désir freudien. Le désir proposé comme « phénomène de base », virtuel en chacun mais exceptionnellement donné à Michaux par la drogue, est pur flux, incarnation de la vie même dans son élan et son passage : intensité moléculaire, pensée déliée, « vie du mental ». Une sorte de vitesse stationnaire, en somme, avec son hyperconscience immergée[2].

Tel est le mouvement que le poème reprend à son tour, après les dessins et leur commentaire, en marquant pourtant la différence de sa postulation. Il le fait par une pression rythmique sans égale, une insistance presque respiratoire où s'inscrit,

1. *Plume*, I, p. 664. Voir le chapitre sur ce recueil, p. 242-244.

2. Michaux écrit ainsi, pour tenter de cerner ce dispositif insaisissable : « Mon temps réellement ? Ou ma présence à ce temps ? Ma présence surexcitée, convergente ou parallèle, follement active, follement aux aguets, follement vigilante. / Plus profonde était la transe, et forte la dose avalée, plus grande était la vitesse d'apparition, de transformation, de succession du ruisselet phénoménal (peut-être d'ailleurs témoin d'un autre flux) car, pour couler, je ne jurerais pas qu'il le fît » (II, p. 995).

comme sur un sismogramme, la vie même d'un corps, mais un corps abstrait par le caractère extrême de la quête dont il devient l'enjeu. On retrouve au fil des pages la plupart des termes qui jalonnent l'itinéraire d'écriture de Michaux : espace, foule, plis, passages, ligne, fini, infini, double, multiple. On y trouve aussi, comme dans *Misérable miracle*, les traces d'un espéranto rénové qui exprime à la fois des blocages et des accélérations de rythmes et de sens. Pour l'essentiel, une trajectoire s'affirme : au-delà du double, c'est-à-dire du moi, mais en poussant à bout sa forme même (« double du double / double de tout redoublement »), une force qui brise devient une force qui sauve, comme l'exprime au mieux le titre du poème. La chute ou l'ascension mystique (« la pente vers le haut ») s'effectue ainsi grâce à un renversement de toutes les acceptions négatives en acceptions positives, savamment modulé selon des avancées et des reculs qui miment jusqu'à son acmé finale « la merveilleusement simple innarrêtable ascension ». De façon remarquable, comme dans *L'Infini turbulent*, ce sont les mots et les grandes images de la tradition chrétienne qui prennent peu à peu le dessus, orientant au gré de leurs dualismes l'opposition fondamentale de l'âme et du corps, et la substitution de l'une à l'autre : « l'enfer devient laine » ; « l'infini est serpent » ; « le manteau de lumière » ; « je sors du carcel de mon corps » ; « mon âme déchargée de la charge de moi » ; « le mal est immolé au bien / l'impur au pur / l'à-côté au droit / le nombre à l'unique / et le nom est immolé au sans nom[1] ».

Au-delà, on est tenté de s'arrêter plus longuement sur ce livre et sur son poème, pour le saisir dans son étoilement, comme l'a fait Richard Kuhn[2]. Il y découvre, ainsi, une reformulation des images les plus intenses de la poésie française, l'infini de Baudelaire dans « Correspondance », l'azur de Mallarmé dans « Le Pitre châtié ». Il y reconnaît aussi la patience métaphysique de Clov dans *Fin de partie* de Beckett, ou « les polyèdres d'idées » de Jarry, en regard des effets de vertige et des mul-

1. II, p. 1006, 1008, 1010, 1009.

2. Dans l'essai le plus complet et le plus fin qu'ait suscité le livre : « Prismatic Reflections : Michaux's *Paix dans les brisements* » (dans *About French Poetry from Dada to « Tel Quel ». Text and Theory*, Mary Ann Caws, ed., Detroit, Wayne University Press, 1974, p. 186-204).

tiples sens prêtés aux mots. Deux suggestions presque excessives de son beau commentaire méritent également qu'on y rêve. La première voudrait que Michaux ait enfin écrit avec *Paix dans les brisements* un équivalent de son grand livre imaginé en 1924 pour faire concurrence à Freud : *Rêves, jeux, littérature et folie*[1]. La seconde assimile à « la région du primordial », ici touchée par Michaux, « le merveilleux normal » dont il entreprendra une description raisonnée, quelques années plus tard, dans *Les Grandes Épreuves de l'esprit*. C'est un peu oublier que l'extraordinaire liberté de pensée entrevue dans la drogue — Michaux le souligne dans une note —, « si elle dure, deviendra celle de la manie et du délire[2] ». Cette raison même poussera Michaux, dans ses deux derniers grands livres sur les hallucinogènes, à vouloir mieux comprendre la folie et, à travers elle et ce que la drogue en mime, la nature intime du « penser ». Il y a bien une dimension étrangement commune au primordial et au normal. Mais c'est très largement hors de la parenthèse idéale formée par la vision mystique qualifiant le premier terme que le second pourra plutôt se révéler, et remplir ainsi le programme du fameux livre de jeunesse. C'est aussi pourquoi il est si juste de dire, comme le fait Kuhn, que *Paix dans les brisements* « est l'unique apogée conséquent de l'œuvre entière de Michaux ». Il ne s'agit plus ici seulement de ces montées rapides et occasionnelles traversant jusque-là ses poèmes, mais qui s'avéraient toujours réversibles. Un point de rupture est touché, « qui modifie non seulement la direction mais la substance même de l'entreprise poétique[3] ». Si les longues années qui suivent s'orienteront plutôt du côté de la prose d'essai et de la volonté de savoir, à l'égard de la folie puis du rêve, il est clair que les textes poétiques réunis plus tard par Michaux sous le titre *Moments* ont trouvé dans *Paix dans les brisements*, dont le poème entre dans ce recueil, leur possibilité et leur point d'origine.

1. Voir « Réflexions qui ne sont pas étrangères à Freud » (Premiers écrits), I, p. 50.
2. II, p. 999.
3. P. 199 de son article (nous traduisons).

Connaissance par les gouffres

(1961)

On ne saisit l'enjeu réel des écrits de la drogue que si on accepte une idée trop improbable pour que Michaux ait pu d'emblée la former comme telle. Arrivé à l'âge de cinquante-cinq ans, Michaux aura cherché, en quelques années d'expériences que l'écriture continuera longtemps à poursuivre, cette chose à peine possible : changer de corps et d'âme, pour se délivrer de lui-même tel qu'il s'était jusque-là si peu accepté[1].

Un tel enjeu permet peut-être de comprendre qu'après deux premiers livres (*Misérable miracle*, 1956 ; *L'Infini turbulent*, 1957), s'enchaînant de façon à exprimer dans ses nombreuses configurations le décentrement ouvert par une telle expérience, et après un troisième (*Paix dans les brisements*, 1959), qui aurait pu sembler l'avoir conduite à son terme, il ait fallu deux livres encore (*Connaissance par les gouffres*, 1961 ; *Les Grandes Épreuves de l'esprit*, 1966) — sans oublier, entre les deux, l'essai fiévreux d'un film raté mais décisif (*Images du monde visionnaire*, 1963) —, et peut-être même un troisième livre, sur les rêves (*Façons d'endormi, façons d'éveillé*, 1969), pour qu'un pareil changement prenne corps et devienne visible. Il s'incarnera dans un recueil d'un genre un peu nouveau, au sens où c'est le seul livre d'Henri Michaux qu'on puisse dire pleinement composé de poèmes : *Moments* (1973), à l'intérieur duquel le

1. Qui veut éprouver sous une forme ramassée la mutation induite en Michaux par la mescaline peut se reporter, t. III, aux pages 681-686 de la première version d'*Émergences-résurgences*.

poème de *Paix dans les brisements*, sans commentaires ni dessins, trouvera une place naturelle. Comme si, ayant finalement mené à bien le programme imprudent annoncé dès 1924 d'un « prochain ouvrage : *Rêves, jeux, littérature et folie*[1] », destiné à montrer « la grosse partie » de ce dont Freud n'aurait montré que la « petite », Michaux pouvait être enfin quitte, au moins sous sa forme explicite, de la prose d'essai qui aura été un de ses tourments. Cela suppose, en miroir, on l'a dit au terme d'un premier parcours des livres de la drogue, un abandon de la fable et de ses prestiges[2]. Soit, pour Michaux, une capacité enfin presque gagnée de se soustraire à cette sorte d'enfer prodigieux de l'imagination dont le plus clair de son œuvre a d'emblée et si longtemps été fait — cet enfer qu'*Au pays de la magie* a touché en son titre même.

Une formulation précieuse de Gilles Deleuze et Félix Guattari, plusieurs fois invoquée, peut contribuer à éclairer un tel enjeu : « Arriver à la formule magique que nous cherchons tous : PLURALISME = MONISME, en passant par tous les dualismes qui sont l'ennemi, mais l'ennemi tout à fait nécessaire, le meuble que nous ne cessons de déplacer[3]. » Dès que Michaux commence à écrire, ce jour où « Brâakadbar poursuivait le Créateur[4] », le pluralisme effréné des doubles vient s'engouffrer, en gage de sa création et avec les dualismes qui lui sont liés, dans le vide ouvert par un recul du monisme trop simple propre à la ferveur religieuse de son adolescence. On peut suivre au fil du temps cette logique, du « Portrait de A. » (1929) à *Quatre cents hommes en croix* (1956). Michaux donne à ce processus, et comme titre à son premier texte, un nom étrange et fort qu'il vole à la clinique : la « folie circulaire[5] », dont son œuvre va devenir le déploiement paradoxal. C'est la circularité sans fin, peu à peu exténuée mais toujours plus

1. « Réflexions qui ne sont pas étrangères à Freud » (Premiers écrits), I, p. 50.

2. Voir le chapitre sur *Misérable miracle* et *L'Infini turbulent*, p. 416-418.

3. Gilles Deleuze et Félix Guattari, *Mille plateaux*, Minuit, 1980, p. 31.

4. « Un jour que Brâakadbar poursuivait le Créateur [...] » est la première phrase de « Cas de folie circulaire », le premier texte publié de Michaux, I, p. 3 (voir le chapitre sur les Premiers écrits, p. 89-90).

5. Voir, dans ce même chapitre, p. 90 et 96 pour l'emprunt fait à Théodule Ribot.

insoutenable, d'une telle épreuve, ancrée dans un imaginaire du corps proliférant et de la conscience afférente, que l'expérience de la drogue fait voler en éclats, en requalifiant tous les termes. L'équation entre pluralisme et monisme s'y réalise quasiment d'emblée, à travers une mutation de la conscience que produisent dans la réalité du corps l'illimitation et l'infinitisation des procédures de redoublement. Michaux a usé de formules et d'adjectifs très divers pour tenter de transmettre la tension, aussi désirable qu'insupportable, d'une poussée duelle — fragmentation et unification — dont les extrêmes se repoussent et s'attirent selon tant de modes. Ainsi ce titre même : « Paix dans les brisements ». La paix au prix des brisements, c'est l'issue évoquée par les derniers vers du poème : « mon âme déchargée de la charge de moi / suit dans un infini qui l'anime et ne se précise pas / la pente vers le haut [...] / la pente qui aspire / la merveilleusement simple inarrêtable ascension[1] ».

Une telle fusion projetée des contraires ouvre deux directions. La « formule magique » d'une équivalence entre pluralisme et monisme peut virer de façon presque univoque — on l'entend dans ce final du poème — vers une spiritualisation de l'expérience, qui abolit le pluralisme au profit des nuances d'un monisme religieux ou mystique. L'effacement et la transmutation du corps en sont alors les corollaires. On se souvient de la reprise des grands thèmes du dualisme chrétien, le divin et le démoniaque, dans *L'Infini turbulent* ; comme, plus tard, dans les Addenda de *Misérable miracle*, d'un abandon aux termes de la mystique indienne. Un tel mouvement, dans sa complexité, devient d'autant plus vif qu'il est l'envers d'une menace : celle de la « folie » qui reste tapie au cœur de l'épreuve de la drogue, singulièrement de la mescaline. Et cela, que cette folie advienne par surprise, comme dans la quatrième expérience de *Misérable miracle* (baptisée tour à tour par Michaux « schizophrénie expérimentale » ou simplement « folie mescalinienne »), ou qu'en son fond elle paraisse impossible à gérer, ainsi qu'il le souligne : « Pensées parcellaires et qui le resteront, individuelles, ingouvernables, inutilisables, intraitables, impermanentes, apparitionnelles, aussitôt

1. *Paix dans les brisements*, II, p. 1010.

perdues qu'apparues, ne subsistant pas, ne préparant à rien, impossibles à piloter». (Michaux précise alors en note: «Activité mentale bientôt totalement inefficace, qui si elle dure, deviendra celle de la manie et du délire[1].»)

Pouvoir-écrire

Pouvoir écrire, c'est là ce que cherche à mieux approcher *Connaissance par les gouffres*. En témoigne la célèbre opposition, au seuil du livre, entre «paradis» et «savoir[2]». Elle ne vise pas seulement le souvenir de Baudelaire, mais aussi celui que Michaux, continuellement, ne cesse de nourrir envers lui-même. À peine un an s'est écoulé depuis *Paix dans les brisements* que paraît en revue le texte destiné à devenir le chapitre inaugural de son futur livre, avec son antithèse liminaire. Elle implique une interrogation redoublée sur la mescaline («Essai sur un mécanisme / Comment agit la mescaline? Comment agissent les drogues[3]?»), sans qu'on sache si celle-ci a été provoquée, bien qu'on doive le supposer, par des prises récentes[4]; elle est d'autre part soutenue par de nouvelles expériences, cette fois avec la psilocybine, que Michaux entame en avril 1959. Convoquant aussi bien, longuement, le modeste haschich (la drogue à laquelle Michaux a été le plus fidèle, et qui lui sert, drogue «douce», à éclairer par contraste les autres, la mescaline surtout), *Connaissance par les gouffres* est le livre le plus complet que Michaux ait consacré aux hallucinogènes. C'est aussi le plus frontal, si ce mot pouvait jamais qualifier un texte de Michaux; au sens où chaque expérience y est abordée avec le souci affirmé d'une volonté de savoir dont témoignent par exemple les notes, plus nombreuses que dans les autres livres de la drogue, et surtout plus directement référencées au savoir

1. «Signification des dessins», *Paix dans les brisements*, II, p. 999.
2. «Les drogues nous ennuient avec leur paradis. / Qu'elles nous donnent plutôt un peu de savoir» (III, p. 3.)
3. C'est alors le titre complet de l'étude publiée en revue, réduit dans le livre à la dernière question.
4. Michaux a dressé une récapitulation de ses expériences, aux contours flous mais somme toute assez exacte, en ouverture aux «Situations-gouffres» en avril 1960 (*N.R.F.*, n° 88, p. 626), puis dans son livre, III, p. 96.

psychiatrique et à ses entours. C'est enfin le livre le plus long de Michaux — *Un barbare en Asie*, avec lequel *Connaissance par les gouffres* n'est pas, du point de vue de l'exercice de l'essai, sans comparaison, l'était resté jusque-là ; et cela contribue à la difficulté qu'on a d'en prendre une vue d'ensemble.

Il vaut la peine de citer longuement, sur cette difficulté même, un passage de l'étude de Claude Mouchard qui demeure la plus aiguë consacrée à ces livres de la drogue, sans doute parce qu'elle se préoccupe avant tout de leur effet sur un lecteur : « Variations du sujet, changement de position par rapport aux expériences et aux normes des catégories de discours, variations de l'énonciation. Sur tous ces points, les livres de Michaux concernant la drogue, si curieusement situés par rapport aux fonctionnements habituels, devraient permettre de percevoir des traits d'ordinaire plus effacés. Ils devraient aussi nous inciter à nous interroger sur les modes différenciés de réception du texte, sur la référence du lecteur aux normes et aux catégories discursives, sur ses acquiescements, ses refus et ses évaluations. / Les ouvrages de Michaux sur la drogue comportent une juxtaposition de types de discours. Descriptions cliniques, généralisations théoriques, récits d'une entreprise unique et singulière, évocations "poétiques"... Plus exactement, devant ces textes paradoxaux, l'acte de lecture est travaillé par plusieurs questions : est-il opportun, est-il nécessaire, pour le lecteur, de se référer à ce style de catégories que nous venons d'évoquer ? Les textes eux-mêmes prétendent-ils imposer (et par quels signes ?) ces références ? Et, dans ce cas, selon quels critères avaliser ou rejeter ces prétentions des textes ?... Bien des pages, il est vrai, ne sauraient être comprises sous l'une ou l'autre des catégories habituellement admises. Mais précisément, l'effet qu'elles font naître (une rapide enquête sur quelques lecteurs le confirmerait) peut se définir comme un malaise né de la nécessité et de l'impossibilité de les référer à une quelconque catégorie discursive. / *Connaissance par les gouffres* est certainement, de ce point de vue, le livre le plus complexe, le plus divers et mobile. On y rencontre même des tentatives de traduction d'un style à l'autre — par exemple, d'une glissante séquence "poétique" à une réflexion qui reprend, examine, essaie d'établir des connexions objectives. Il ne s'agit pas d'unifier la recherche sous une forme de discours ou l'autre, mais plutôt d'assurer le fonctionnement de la pluralité. » Ainsi, opposant les paradoxes excessifs et conjoints du « savoir aspiré dans l'inexprimable » et des « mystères intégrés dans des catalogues », Mouchard insiste-t-il sur la façon dont le style « les remet à vif, par cette mobilisation perpétuellement dissociante, qui est peut-être le seul trait constant des écrits de Michaux[1] ».

Aussi la question que pose et à laquelle répond *Connaissance par les gouffres* tient-elle autant à la réalité d'un pouvoir-écrire qu'à l'exigence tourmentée d'un savoir, en regard de la force menaçante qu'il s'agit finalement de cerner : ce risque « de la manie et du délire » évoqué dans la note de *Paix dans les brisements*. On peut renouer par là le fil du texte que cette note cherche à qualifier : l'évocation de ces pensées « impossibles à piloter, à reprendre, à placer autrement, à retrouver, à rêver dessus, impossibles à noter dans leur sauvage éjection, méchantes parfois, mais innocentes toujours, jamais stratèges, impudentes, mais incroyablement éblouissantes, clarifiantes, pensées qui passent dans un presque néant syntaxique, dont on se passe fort bien… tant qu'on n'essaie pas d'écrire[2] ».

Une relecture attentive de *Connaissance par les gouffres* rend sensibles tous ces moments, si variés, à l'occasion desquels Michaux se pose la question d'avoir écrit, de relire ou d'écrire ce qu'enfin il nous donne à lire. Car il ne faut jamais oublier le statut équivoque de ces pages imprimées que nous lisons. Elles n'existent en effet, au moins pour une part, impossible à estimer vraiment, qu'à proportion des notes prises par Michaux pendant les expériences, ou peu après, plus ou moins après, et auxquelles il revient pour pouvoir écrire. En témoigne, parmi bien d'autres allusions, mais nettement, cette note dans *Les Grandes Épreuves de l'esprit* : « Un peu court ce spectacle, qui pourtant ne le fut pas. La page contenant les notes qui le décrivent a disparu avec pas mal d'autres. / C'était il y a deux ou trois ans déjà, et l'apparemment "inoubliable à jamais" sans les notes demeure disparu[3]. » On se souvient de l'étonnement de

1. Claude Mouchard, « La "Pensée expérimentale" de Michaux », dans *Ruptures*, p. 195-196 et 205.
2. *Paix dans les brisements*, II, p. 999.
3. *Les Grandes Épreuves de l'esprit*, III, p. 359.

Paulhan, lors de la prise inaugurale de mescaline partagée avec Michaux, soulignant « la rapidité avec laquelle, sitôt allongé, il prenait des notes et encore des notes[1] ». Michaux a lui-même évoqué, au début de *Misérable miracle*, l'existence de ces pages griffonnées auxquelles il a donné le nom de « manuscrit primordial », et dont il offre à son lecteur « trente-deux pages [...] sur les cent cinquante écrites en pleine perturbation intérieure[2] ». On sait aussi que ce texte, « plus sensible que lisible », est aux yeux d'un lecteur à peine déchiffrable, et que son intérêt tient largement à une dimension plastique qui le met en rapport, dans ce premier livre, avec les pages de dessins par lesquels Michaux cherche également à communiquer le trouble profond de son expérience. On sait encore qu'il est arrivé à Michaux de dicter à d'autres ce qu'il éprouvait, par exemple à Maurice Saillet au cours de la quatrième expérience de *Misérable miracle*[3], ou aux médecins de Sainte-Anne lors de son premier essai de psilocybine[4].

Enfin, on se trouve devant la masse confondante des « Carnets de la drogue », au statut si varié et souvent indécis, qui semblent être nés (au moins pour ce qui concerne la mescaline) dans un entre-deux — une fois déjà passé le temps de l'expérience à proprement parler, mais encore à l'intérieur de son écho —, et dont beaucoup pourraient se situer chronologiquement en amont de la composition de *Connaissance par les gouffres*[5].

Aussi est-on d'autant plus frappé que ce livre soit le premier de la série vouée aux hallucinogènes à s'offrir sans images, ni de mots ni de traits. Bien sûr, Michaux continue d'autre part à dessiner, pour fixer au plus près du corps ses états quasi inexprimables Mais autant il a cherché, de *Misérable miracle* à

1. Jean Paulhan, *Œuvres*, t. IV, Cercle du Livre Précieux, 1969, p. 422. Pour de longs extraits de ce récit de Paulhan, voir t. II, p. 1280.

2. *Misérable miracle*, II, p. 619.

3. Voir t. II, p. 1280-1281, 1291-1294.

4. Comme en témoigne le protocole d'expérience du 11 avril 1959 (voir l'Appendice de *Connaissance par les gouffres*, III, p. 153-161).

5. On trouve, p. 1143-1148 du t. III, une description-évaluation de ce que nous avons choisi d'appeler « Carnets de la drogue » : soit une masse considérable, comptant plusieurs centaines de pages, de notes plus ou moins distinctes ou mélangées, de tous formats, en général mal lisibles, car écrites en partie au cours des expériences, et souvent à la frontière entre écriture et dessin.

Paix dans les brisements, à figurer dans l'espace du livre et à plusieurs niveaux les immaîtrisables rapports entre le corps-image et le corps-langage, autant *Connaissance par les gouffres* (comme plus tard *Les Grandes Épreuves de l'esprit*) se resserre sur l'expérience de sa propre écriture, donc sur sa capacité même à témoigner ainsi de la réalité de la pensée, et en particulier de l'incidence des images qui en forment, à travers les mots, le substrat le plus immédiat. De façon significative, les seules « images » ou non-mots de ce livre sont, au fil du texte en vers libres « Tapis roulant en marche[1] », des séries de points et de grands tirets dont Michaux propose sans doute plus loin, au fil du long chapitre « Canabis Indica », une explication : il s'agirait des codes utilisés pour noter de façon différentielle, pendant les expériences, les pertes de sens des mots au cours de lectures ou au sein de l'écriture elle-même. Si bien que les quatre rectangles noirs qui s'étendent graduellement, à la fin du poème, pour figurer l'« effarante progression » (« plus de / plus / Plus / PLUS ») d'une « sonorité / laissant le sens[2] » deviennent l'image incarnée de tout ce que ce livre où ils paraissent cherche à formuler par ses seuls moyens de mots.

Penser autrement

On s'aperçoit qu'à tenter de trop préciser ou à vouloir interpréter ce que dirait ce livre, le risque est grand d'en perdre quelque chose, sitôt qu'on veut nommer avec un excès de raison un mouvement qui, pour se confronter avec l'analogie réelle de folies provoquées, veut préserver une double mobilité constante : celle de l'expérience passée elle-même, dans ses emportements extrêmes, et celle de l'écriture présente, qui conserve, quel que soit le désir de savoir, son tourbillonnement propre, sa « folie ». Aussi, sans prétendre par là les expliquer, il semble qu'on doive avant tout rattacher les livres de la drogue à deux modes d'approche. Le premier est bien sûr celui des livres de savoir, psychiatriques surtout, mais plus largement scientifiques, auxquels Michaux emprunte ou dont il se réclame, de

1. III, p. 47 et suiv.
2. III, p. 63.

façon tellement diverse[1]. Mais il faut opérer là un déplacement. S'appuyant sur de tels écrits, Michaux avance à son tour, selon ses moyens propres, avant tout littéraires, des vues multiples, enlacées, virtuellement conflictuelles. Il pense à texte ouvert une expérience qui toujours lui échappe et qu'il essaie d'autant plus de cerner, poussant les phrases, les mots à l'extrême. Si bien que, alliant l'imagination d'écriture et l'invention de pensée, il entre d'une certaine façon en résonance avec des livres de savoir bien différents de ceux sur lesquels il s'appuie ou croit s'appuyer. Des livres qu'il n'a pas pu lire, car ils sont postérieurs à sa recherche, mais dont il paraît proche à un lecteur d'aujourd'hui, comme s'il en avait anticipé quelques aspects. Pensons, par exemple, à des ouvrages de biologie et de genèse du comportement : aussi bien au grand livre de Gilbert Simondon, *L'Individu et sa genèse physico-biologique*, ou à celui de Jean-Pierre Changeux, *L'Homme neuronal*, qu'à ceux, plus récents, d'Antonio Damasio sur la biologie du cerveau et la dynamique des émotions, ou encore à l'œuvre majeure de Daniel Stern, *Le Monde interpersonnel du nourrisson*[2]. Chacun de ces livres déploie des mondes, d'une complexité extrême, avec lesquels le monde d'expérience ouvert par Michaux à travers la drogue entretient un rapport d'analogie plus ou moins saisissable. Il en va de même d'un second mode d'approche, qui suscite un effet d'écho comparable. L'entreprise de Michaux entretient en effet une proximité forte avec une pensée, une philosophie qui a reçu assez de la clinique, et singulièrement de la psychose, pour en être informée de l'intérieur et ne proposer ses raisons qu'à proportion des déraisons inaliénables sur

1. En témoignent, dans l'éditioin de ces œuvres de la drogue, nos propres notes, nombreuses, qui ont tenté de contextualiser toutes ces références. Plus largement, voir à ce sujet le livre d'Élisabeth Halpern, ainsi que celui de Jérôme Roger.

2. Georges Simondon, *L'Individu et sa genèse physico-biologique*, P.U.F., 1964. — Jean-Pierre Changeux, *L'Homme neuronal*, Fayard, 1983. — Antonio. R. Damasio, *L'Erreur de Descartes. La raison des émotions* (1994), trad. par M. Blanc, Odile Jacob, 1995 ; *Le Sentiment même de soi. Corps, émotions, conscience* (1995), trad. par Cl. Larsonneur et Cl. Tiercelin, Odile Jacob, 1999 ; *Spinoza avait raison. Joie et tristesse. Le cerveau des émotions* (2002), trad. par J.-L. Fidel, Odile Jacob, 2003. — Daniel N. Stern, *Le Monde interpersonnel du nourrisson* (1985), trad. par A. Lazartigues et D. Pérard, P.U.F., 1989.

lesquelles elle entend se fonder. Ce n'est pas un hasard si, dès son ouverture, *L'Anti-Œdipe*, premier volume de *Capitalisme et schizophrénie*, recourt à une longue citation de l'évocation par Michaux de la « table à rajouts » et de son inventeur, le schizophrène E., dont il a fait un de ses personnages clefs[1]. C'est la même exigence qui portait Deleuze, dans *Différence et répétition*, à comprendre la demande douloureuse d'Artaud, arriver à penser, comme l'injonction même d'une façon nouvelle de poser « l'image de la pensée[2] ». Elle lui fera reconnaître en Michaux, coup sur coup, la « singularité sauvage » d'une « ligne de vie » portée par une « vitesse moléculaire croissante[3] », et le héros post-leibnizien de la « perception dans les plis[4] ». C'est qu'il s'agit, par des moyens bien différents, de réinventer une image de la pensée, d'arracher ses images à tout repliement structural ou représentatif[5]. Cela implique une vision

1. Voir *Les Grandes Épreuves de l'esprit*, III, p. 396-401, et n. 1, p. 397. Gilles Deleuze et Félix Guattari, *L'Anti-Œdipe*, Minuit, 1973, p. 12-13. Voici comment, en 1968, Deleuze dédicace à Michaux *Différence et répétition.* : « À H.M. (entre tant d'autres choses, vous avez su dire sur la schizophrénie plus et tellement mieux que ce qu'on a jamais dit, et vous, en quelques pages : les grandes épreuves de l'esprit, 153-162). Admiration de chacun de vos livres. »

2. « Une impulsion, une compulsion de penser qui passe par toutes sortes de bifurcations, qui part des nerfs et se communique à l'âme pour arriver à la pensée » (Gilles Deleuze, *Différence et répétition*, P.U.F., 1968, p. 191-192).

3. Gilles Deleuze, *Foucault*, Minuit, 1986, p. 130.

4. Gilles Deleuze, *Le Pli. Leibniz et le Baroque*, Minuit, 1988, p. 124. Voir le chapitre sur *La Vie dans les plis*, p. 316-319 et 331.

5. D'où le sentiment d'inadéquation partielle qui se dégage d'études au demeurant remarquables. Ainsi l'ouvrage d'Anne Brun, le seul de cette ampleur consacré aux livres de la drogue (*Henri Michaux ou le Corps halluciné, approche psychanalytique de l'œuvre hallucinogène d'Henri Michaux*, Les Empêcheurs de penser en rond, 1999), qui rabat les mouvements de Michaux, très bien décrits par l'auteur (on trouve en particulier une belle analyse de « Tapis roulant en marche »), selon une vue strictement freudienne (voir le chapitre sur *Misérable miracle* et *L'Infini turbulent*, p. 403-407). Ainsi la série d'études de Brigitte Ouvry-Vial : « Essai de grammaire du geste d'écriture », dans *Plis et cris*, p. 168-183 ; « À propos de la *main* et de la *mer* dans un passage de *Connaissance par les gouffres* », dans *Corps et savoir*, p. 67-79 ; « Le Vieux Jumelage de la pensée et de la parole : approche clinique et théorique des récits d'expérience de la drogue », dans *Le Corps de la pensée*, p. 161-175. Ce dernier essai, surtout, décompose avec beaucoup de sûreté les implications chez Michaux entre pensée et langage, à partir du postulat « d'un isomorphisme entre grammaire mentale et grammaire langagière ». Le forçage opéré sur l'idée de « grammaire » permet ainsi d'approcher Michaux à travers la linguistique structurale de Jakobson et son extension chez Lacan. La parole se trouve alors prise « entre

renouvelée de l'appareil psychique, et par là des relations de l'âme et du corps — c'est-à-dire un mode avant tout non prescriptif et indéterminable des passages entre conscience et inconscience, fondés tant sur une opposition que sur une perméabilité entre le microscopique et le macroscopique, le perceptible et l'imperceptible, dont tout langage vise à exprimer le changeant et inépuisable rapport. Voilà ce que visait, par la grâce du raccourci journalistique, le titre d'un des comptes rendus de *Connaissance par les gouffres* : « Henri Michaux au-delà de Freud[1] ». Il serait trop long mais possible, et éventuellement utile, de tenter une comparaison un peu systématique des termes essentiels ou des concepts utilisés tant par Michaux, singulièrement dans ses livres de la drogue, que par Deleuze et Guattari, ensemble et séparément[2]. Flux, fluide, vitesse, sensation, signe, chaos, machine, mouvement, variété, vibration, modulation, oscillation, zone, intensité, cellule, molécule, onde, pli : autant de mots qui paraîtraient au premier plan, au singulier ou au pluriel, supposant autant d'adjectifs et d'adverbes, plus ou moins descriptifs ou plus ou moins conceptuels, et tournant tous autour de la coupure instable et polymorphe appariant le dehors et le dedans, le conscient et l'inconscient, le langage et l'image, le moi et le non-moi, l'un et le multiple.

corps et signe » par une réduction du signe au signe linguistique contre laquelle semble aller l'invention de Michaux, selon une sémiotique ouverte où le signe tend aussi bien vers l'image que vers le mouvement du corps.

1. Alain Jouffroy, « Henri Michaux au-delà de Freud », *Combat*, 13 juillet 1961, p. 7. Jouffroy dit bien : « Michaux a fait sauter définitivement le mythe de l'homme UN », en donnant la priorité à « cette prodigieuse machine superélectronique qu'ils [les hommes] portent en eux [...], l'énergie mystérieuse qui traverse tout homme ».

2. Afin d'y inclure certains des livres écrits par Félix Guattari seul — notamment *La Révolution moléculaire* (Éditions Recherches, coll. « Encres », 1977) et *L'Inconscient machinique* (*ibid.*, 1979) —, où l'on trouve les premières formulations de vues développées ensuite dans *Mille plateaux*, en particulier dans « Sur quelques régimes de signes ». Voir aussi, de Deleuze, « Deux régimes de fous », dans le livre homonyme, Minuit, 2003.

Logiques de la « folie »

Deux grands mouvements partagent *Connaissance par les gouffres*, entre une saisie qu'on peut dire de soi par soi et une tentative de saisie de soi en l'autre, ou de l'autre en soi, au double sens de la formule, qu'ouvre la figure de « l'aliéné ».

Le premier mouvement (correspondant aux sections I-IV) se divise lui-même selon le « toxique[1] » abordé. Mescaline, d'abord, qui reste la drogue princeps, et dont les effets sont classés de façon plus systématique qu'ils ne l'avaient été dans les livres antérieurs. Puis la psilocybine, qui voit Michaux se soumettre à des protocoles d'observation réglés par la clinique avant de s'en remettre à lui-même, dans son espace personnel, de façon à pouvoir, plutôt que parler à d'autres, se forcer à écrire au fil de l'expérience. Et le haschich enfin, dont Michaux donne son évocation raisonnée la plus développée, sous le signe de « trois opérations majeures » qui expriment au mieux le mouvement de son rapport avec les drogues : « espionner le chanvre. Avec le chanvre espionner l'esprit. Avec le chanvre s'espionner soi-même[2] ».

On observe qu'en regard de cette triple posture dont le haschich, par ses vitesses limitées, facilite l'accès, mais qui ressort de l'effet provoqué par tous les hallucinogènes, Michaux se livre ici par deux fois, de façon plus ou moins étendue et systématique, à un commentaire critique de parties versifiées données en premier lieu (dans « Mescaline et musique », puis dans « Tapis roulant en marche » et « Derrière les mots »). Cela suppose deux niveaux d'écriture, l'un poésie, l'autre prose : le premier relevant d'une expression directe, comme entée sur l'expérience dont elle se voudrait la transposition (mais Michaux ne dit rien ici de l'écart avec un quelconque « texte primordial », que son activité de notation suppose pourtant) ; et le second exprimant la ressaisie du premier selon une pensée plus ordonnée. Mais l'effet est trompeur. Car, au gré d'une sorte de perpétuel enroulement de l'expérience sur elle-même, la prose discursive a des capacités de suggestion, d'équivoque,

1. III, p. 6.
2. III, p. 46.

d'indéfinition, égales à son vœu de précision. Ce sont ainsi deux modes de phrasé complémentaires, au gré d'une perpétuelle oscillation entre sens et non-sens (Michaux écrit aussi « non-sense »), qui soulignent deux façons différentes de gérer et de comprendre la pluralité successive, dispersive, des événements, des micro-événements (« petit peloton de micro-instants[1] ») qui étoilent l'expérience. Et toujours, plus ou moins, la pensée cherche à s'emparer de l'image, et le langage à se saisir de la pensée : autant de corps ensemble vacillant l'un par rapport à l'autre, inégalement pleins et troués, et témoignant de la distance irréductible mais toujours sentie, formulée et reformulée, entre un corps d'expérience et un corps d'expression.

Le second mouvement est plus troublant. Michaux l'a dénommé « Situations-gouffres ». L'enjeu est cette fois de montrer « qu'il existe un fonctionnement mental autre » dont il a été, grâce à la mescaline, « la proie et l'observateur[2] » : l'équilibre propre de la folie. Une lettre à Paulhan rend compte de la difficulté propre à cette position nouvelle, et de la lenteur qu'a le texte à prendre : « Passer du "je" et du récit, au "cela" et aux autres (les aliénés ?) est une profonde *métamorphose*. Le têtard se défend avec des armes secrètes et n'a pas encore tout à fait succombé, quoique la grenouille lui vienne déjà de toutes parts. » Michaux ajoute, essayant de préciser un délai de finition : « Mais tu ne regretteras pas ta patience. C'est toute la psychiatrie redigérée que tu recevras[3]. » Deux choses s'additionnent là : une transformation, dont la métaphore animale donne la mesure ; et le style, tenant à un changement de personne, dont on sait la portée dans ce parcours des doubles qu'a toujours été et que demeure la création de Michaux. Cette métamorphose a son corollaire : Michaux passerait ainsi du récit personnel à une reformulation de la psychiatrie. Assurément, les titres étendus donnés aux douze situations-gouffres miment-ils les tables des matières des nosographies familières aux traités de psychiatrie, celui de Baruk par exemple, que Michaux cite à plusieurs reprises dans ses

1. III, p. 64.
2. III, p. 96.
3. Lettre du 19 juillet 1959.

notes[1]. Mais il serait illusoire de croire que le « je » autant que le « récit » s'estompent au fil de ce répertoire de cas que Michaux projette au croisement de son savoir et de son expérience. Diffracté en « on » et en « il(s) » — un « il » par lequel Michaux se désigne aussi bien, écrivant, poursuivant sa fusion projective avec tel type invoqué d'aliéné —, le « je » ne disparaît formellement qu'à proportion d'un supplément d'investissement subjectif, celui-là même qui lui permet d'être fictivement la voix multiple d'autant de rôles et de personnages, dont les divers chapitres forment la mise en scène. Les « Situations-gouffres » apparaissent ainsi, trente ans plus tard, comme une version savante de ce « Drame des constructeurs[2] » réunis, de A. à H., autour de la figure drolatiquement paranoïaque d'un « Dieu le père » retransformé ici en « théomanie » ou en « délire de souveraineté »[3]. On se souviendra aussi qu'une bonne part de la Postface de *La nuit remue* était consacrée à ces délires avec lesquels Michaux mettait étroitement en rapport sa recherche d'« hygiène » et de « santé »[4]. Trois choses, depuis, ont changé. Michaux en a fini, ou presque, avec le tour fictif de ses « propriétés ». Il est devenu, à travers ses expériences de la drogue, le héros des fictions vraies par lequel il s'observe et se transforme. Mais il s'est confronté aussi à la réalité clinique des malades mentaux dont il réinscrit en lui la fiction.

On n'oubliera pas que, dès la fin de 1956, Michaux est entré en relation avec Marie-Thérèse Wilhelm, psychiatre à Colmar, et qu'elle lui a facilité de nombreuses entrevues avec des malades. C'est par exemple grâce à elle qu'il a bien connu E., et sa « table à rajouts ». Elle a souligné la curiosité aiguë que Michaux avait pour ces rencontres, ainsi que ses capacités rares d'écoute et d'empathie. C'est sans doute également par l'entremise de M.-T. Wilhelm que Michaux a approché, dès cette même année 1956, les « peintures d'aliénés » à l'égard desquelles son intérêt sera toujours si grand. Deux lettres de Michaux à Julian de Ajuriaguerra, alors directeur de la clinique

1. Voir III, p. 112, 126 et 144.
2. Voir l'Introduction, p. 24-25, et le chapitre sur *Plume*, p. 242.
3. Dans les « Situations-gouffres » 7 et 10, III, p. 127 et 136.
4. *La nuit remue*, I, p. 511-512.

de Bel-Air, à Genève, et qui a été, quant aux drogues, son « premier examinateur[1] », vont dans le même sens, témoignant que Michaux espère avoir grâce à lui accès à des malades[2]. Enfin, on sait que Michaux a fréquenté, grâce à Jean Delay, l'hôpital Sainte-Anne, et qu'il y a sans doute assisté à quelques présentations de malades. Ainsi drogue et folie ont-elles été pour lui associées d'emblée, dans l'expérience comme dans la pensée; et la confrontation vivante vient-elle, à l'égard des « Situations-gouffres », doubler l'épreuve solitaire d'une équivalence recherchée pour éprouver en lui les fondements vivants du corps et de l'esprit, et par là se transformer d'autant. Michaux a une formule très forte pour exprimer, au seuil des « Situations-gouffres », l'état de « celui qui par la mescaline [...] a connu l'aliénation mentale » : « Il est comme s'il était né une deuxième fois[3]. » C'est là ce qui s'appelle vouloir changer de corps et d'âme, recommencer avec soi-même une deuxième fois.

Écrire autrement

Un tel tournant suppose aussi d'écrire un peu autrement. Dans l'Avant-propos de *Misérable miracle*, Michaux se plaignait avec drôlerie d'une insuffisance de moyens devant l'épreuve qu'il venait de s'inventer : « Comment dire cela ? Il aurait fallu une manière accidentée que je ne possède pas, faite de surprises, de coq-à-l'âne, d'aperçus en un instant, de rebondissements et d'incidences, un style instable, toboggonnant et babouin[4]. » Ce sont ces sautes incessantes que Michaux accepte de mettre en valeur dans *Connaissance par les gouffres* en donnant une place, on l'a vu, à des parties versifiées qui miment la réalité d'un texte primordial ou au moins le souvenir de sa pression comme effet mental, au lieu des simples mots-repères égrenés dans les marges de *Misérable miracle* et de *L'Infini turbulent*. Mais, parallèlement, il prévient, dans son

1. Michaux dédicace ainsi *Misérable miracle* à Ajuriaguerra.
2. La première vraisemblablement du 22 août 1960, la seconde du 6 septembre 1961.
3. III, p. 96.
4. *Misérable miracle*. II, p. 620.

introduction à « Tapis roulant en marche », de l'impossibilité où il s'est trouvé, pendant l'expérience comme après, de tenir compte de la réalité de centaines d'autres mots qui n'ont pu alors être écrits, et du fait que « mille autres n'eussent pas suffi pour dévoiler ce qu'il y avait *derrière ces mots* ». Il propose le terme de « pensée néoténique » pour nommer ce phénomène de prolifération proprement infinie du langage en abyme sur lui-même, qu'il n'a « jusqu'à présent [...] pas réussi à rendre [1] ».

Or il se trouve que Michaux a nommé « Derrière les mots » la « tentative d'analyse de quelques séquences » à laquelle il se livre ensuite. Le commentaire veut ainsi cerner et compenser, par la réalité de ce qu'il touche et la virtualité de ce qu'il suggère, ce corps improbable et enfui de l'excès de langage, dans ses rapports équivoques avec la pensée, et jusque sous la forme ambiguë d'une « phrase mentale, muette, signalée, non prononcée, comme sans mots les tam-tams africains transmettent des messages [2] ». Si le « haschich ouvre l'espace intérieur des phrases [3] », la phrase de Michaux se fend continuellement sur elle-même, avec toujours plus de fluidité discursive et sensible, pour dérouler et articuler les mille facettes de l'événement. Mais c'est dans les « Situations-gouffres » que cette modification devient plus sensible, comme à proportion de l'altérité majeure qu'il s'agit de cerner. La phrase s'allonge souvent pour traduire des flux raisonnés d'états improbables dont elle offre des simulations rythmées [4]. Mais elle sait aussi le faire, au contraire, en s'abrégeant, se resserrant, en se heurtant à elle-même, par exemple pour distinguer et qualifier les vitesses de la pensée [5]. Bref, Michaux atteint ici une subtilité toujours plus vive dans le traitement des enchaînements et des rythmes susceptibles de soutenir la tension entre évocation et argumentation, pour tenter d'approcher au plus près l'autre corps sur

1. III, p. 47.
2. III, p. 76. S'arrêtant sur les « Phrases sans les mots », Michaux précisait d'une note, dans le chapitre sur « La mescaline et la musique » : « Qu'est-ce qui resterait alors ? Les montées et les descentes de la voix (sans voix) ou de l'expression (mais sans expression) comme quand on passe de l'aigu au grave, de l'affirmatif à l'interrogatif, etc. Phrases abstraites de tout, sauf de cela » (III, p. 37.)
3. III, p. 95.
4. On en trouve des exemples particulièrement forts, III, p. 102 et p. 131.
5. III., p. 121-124.

lequel modeler le sien. C'est qu'il écoute alors *toutes les voix*: celles de la clinique réelle dont il a été une sorte de confident indiscret et fasciné, celles de la clinique écrite dont il s'est vivement informé, et toutes celles que la drogue développe en lui comme un double hypothétique de la réalité improbable de la folie. Il vit ainsi comme jamais « les grandes épreuves de la phrase[1] ». Changer de corps, pour un écrivain, sans doute est-ce avant tout changer de phrase. À sa façon, Michaux rejoint ici Proust, dont l'exemple, à ses tout débuts, hanta ses pensées errantes autour de la prose, de la phrase et de l'idée alors projetée du roman[2].

Épreuve, exorcisme

Mais une telle épreuve, pour quel exorcisme ? Selon quel exorciste ? C'est qu'il y a, comme toujours, plusieurs Michaux. Mais plus, ou moins, et plus vraiment les mêmes, au fil du temps et de la modification de l'épreuve par l'exorcisme. L'hypothèse première est que l'épreuve de la drogue aura permis à Michaux d'éliminer en lui une « folie » particulière qu'il a de tout temps comparée à la vraie folie sans pour autant l'y assimiler jamais: c'est l'argument de la Postface de *La nuit remue*. Cette folie particulière est celle de l'imagination[3]. Un texte de *Plume* a eu pour la décrire une position propre : « Animaux fantastiques[4] ». Car la prolifération et la métamorphose qui poussent à l'extrême l'imagination y sont l'effet de la maladie, et de l'une de ses conséquences physiques: la fièvre. Et puis il s'agit d'animaux, c'est-à-dire de la dimension de vie la plus « naturelle ». Au point que ce texte paraît un paradigme de

1. Jérôme Roger, « Les Grandes Épreuves de la phrase », dans *Plis et cris*, p. 185-203. Il écrit très bien (p. 203) : « En solidarisant la perte de l'image du moi et le déploiement de la parole Michaux fait de la précarité de ce corps dans la langue le devenir paradoxal de la phrase qui, par ses tâtonnements et la déperdition de ses liaisons, convertit la perte de spatialité du corps en valeur-temps du langage. »

2. Voir le chapitre sur *Qui je fus*, p. 115-118.

3. Sur ce point, voir le chapitre sur *Misérable miracle* et *L'Infini turbulent*, p. 389-390, et les passages consacrés au texte emblématique « N'imaginez jamais » dans le chapitre sur *La Vie dans les plis*, p. 321-322.

4. « Animaux fantastiques », I, p. 581-586.

la création elle-même, divine ou humaine, mais comme frappée d'un délire. L'accès de fièvre (accidentel) en développe la poussée, comme le fera de toute chose la prise (volontaire) de drogue ; mais ce sera en substituant alors à l'imagination incarnée et développée — tel est le tournant capital —, l'abstraction immédiate de l'image, si concrète que celle-ci se révèle dans ses effets corporels, d'un degré de réalité toujours trop absolu.

La figure animale a ceci d'essentiel : à travers l'excès même qui en a fait de tout temps chez Michaux un indice majeur d'une nature déréglée, soumise à la pente fatale de l'imagination, elle trace aussi l'utopie d'une ligne de devenir[1] (approcher l'animal, l'entendre, lui parler, « parler à un chien, lui demander un peu tout ce qu'il pense[2] »). Idée très proche, aussi, d'une langue des signes qui participerait de la nature même, et que le dessin permet d'entrevoir[3]. Or, il est frappant que cette image du chien ait servi de ligne de partage à l'intérieur de l'expérience de la drogue : entre le temps (*Misérable miracle*) où un « devenir-chien » participe encore de sa réalité et de son utopie, singulièrement à travers la force du dessin, et un temps (*Connaissance par les gouffres*) où Michaux dresse tristement le constat que la mescaline lui a interdit d'éprouver le sens de « la fraternité avec les animaux[4] ». Il y reviendra, avec une précision rétrospective étonnante, déniant jusqu'au souvenir d'un premier temps, lorsque, dans une lettre à Frederic Shepler, il avouera en être encore « aux questions » en ce qui concerne ses êtres imaginaires : « particulièrement au sujet des animaux que, le lendemain déjà de ma première expérience, je sentais n'être plus là, plus là du tout, sans plus de raison d'être là[5] ».

1. Michaux est évidemment ici tout proche de la perspective du « devenir-animal », développée par Deleuze et Guattari dans leur *Kafka* (Minuit, 1975), et dans le chapitre « Devenir-intense, devenir-animal, devenir imperceptible » de *Mille plateaux*, dont les trois termes semblent s'échanger en lui.

2. *Ecuador*, I, p. 179.

3. Telle que Michaux l'a élaborée à partir de « Signes », dans les premières et les dernières lignes du texte surtout (voir Textes épars 1951-1954, II, p. 429-431), souvent commentées (notamment dans le chapitre sur *Face aux verrous*, p. 365-367, puis dans les chapitres sur *Parcours* et *Par la voie des rythmes*, et sur *Saisir* et *Par des traits*).

4. Voir le chapitre sur *Misérable miracle* et *L'Infini turbulent*, p. 411-412.

5. Lettre du 2 novembre 1969.

Le soupçon vient que cette perte du corps animal, qui s'apparente à un retrait de sa propre humanité, n'est pas étrangère à la réticence subtile que Blanchot a exprimée à l'égard des premiers livres de la drogue, cessant de commenter ensuite un écrivain qui l'a tant accompagné[1]. Blanchot s'arrêtait alors à ce mirage d'une puissance pure de l'esprit auquel Michaux aurait peut-être consenti, s'éloignant de la nature et des hommes autant que des artifices de l'art[2]. Il suggérait aussi l'idée de la folie trop frontalement et trop simplement touchée. Il est vrai que Michaux peut sembler tomber dans l'illusion d'une science dont il serait devenu le symptôme unique — incarnant d'autant mieux une sorte de vérité transcendentale —, quand il évoque à Paulhan « toute la psychiatrie redigérée » pour le rassurer sur le sort des « Situations-gouffres ». Mais ce serait mal comprendre l'effet de cette digestion. C'est un drame à multiples entrées, on l'a vu, fait d'une infinité de personnages virtuels, qu'ouvre Michaux quand il se précipite dans les « Difficultés et problèmes que rencontre l'aliéné ». Le mot ne doit pas égarer, tant cette figure fictive qui pourrait être réductrice, « l'aliéné », se trouve aussitôt diffractée par la lecture, au plus près de la page et de la phrase, en une myriade de positions qui excédent et dynamitent les intitulés semi-prescriptifs des douze sections. Michaux ne confond pas plus le drogué et l'aliéné, celui qui s'« extasie » et celui qui est « victimé[3] ». Il les distingue à propos des effets dévorants de l'image. Et il ne cesse, de mille façons, de se resituer lui-même entre les deux : entre une donnée d'expérience soigneusement ménagée et une empathie

1. Voir sur ce point le chapitre sur *Misérable miracle* et *L'Infini turbulent*, p. 411-412. Il s'agit du texte longuement cité de Blanchot « L'Infini et l'Infini », *La Nouvelle Revue française*, n° 61, janvier 1958, p. 98-110.

2. « Il n'attend rien que du dévoilement de son esprit » ; « l'effroyable mirage de l'esprit » : ces mots de Blanchot (« L'Infini et l'Infini », p. 107 et 105) ne sont pas loin de ceux, également déjà cités, par lesquels Michaux tente de traduire la transformation dont il s'est senti l'objet quand il explique à John Ashbery sa nouvelle distance envers les animaux : « Le spectacle de mon propre esprit au travail m'a d'une manière ou d'une autre rendu plus conscient de mon esprit » (« An Interview with Henri Michaux », dans *Reported Sightings, Art Chronicles, 1957-1987*, David Bergman éd., New York, Alfred A. Knopf, 1989, p. 399).

3. III, p. 103.

immédiate envers les aliénés, attachée au sentiment de sa « folie » propre[1].

Une formule a cherché à traduire cette position intenable et si longtemps maintenue de Michaux au fil de ses écrits de la drogue : « au centre de la folie et en marge ». Entre le savoir du psychiatre, l'interprétation du psychanalyste et l'expression immédiate du « fou » — chacun fournissant son « explication » —, « Henri Michaux inscrit, fixe, marque ce qui ne cesse d'échapper, de fuir, de s'étendre, de se succéder, de s'accélérer ; il suit, poursuit, pourchasse ce qui ne se laisse jamais attraper[2] [...] ». Si ce n'est qu'à fixer ainsi sans jamais fixer, à suivre et à développer le mouvement de manière à ce qu'il s'incorpore à son lecteur, Michaux finit par dénier toute possibilité de percevoir la folie comme un centre. Elle n'est qu'une suite constamment redéfinie de marges intensives dont l'écriture saisit une à une, instant par instant, la réalité et la dimension locales, comme autant d'événements absolus, irréductibles au savoir grâce auquel on pourrait vouloir les réduire[3].

On a peu prêté attention au fait que, l'année même de *Connaissance par les gouffres*, Michel Foucault publie son *Histoire de la folie*[4]. Rarement deux grands textes se seront à ce point ignorés ; et leurs auteurs sont demeurés étrangers l'un à l'autre. Mais leurs livres ont en commun d'avoir rendu à la folie une positivité singulière, en deçà de tous les partages de la norme et du savoir. Quand, plutôt que faire « une histoire

1. Voici par exemple ce que Michaux confie à Bertelé, en décembre 1962 : « Je n'éprouve de vraie intimité, je ne me sens en *confiance* vraiment que parmi eux... Avec les autres (les non-aliénés) je puis être amical mais pas en confiance... » (Notes manuscrites variées de Bertelé).

2. Dr Jean-Claude Sempé, « Les É-mouvances du savoir », *La Quinzaine littéraire*, dossier Michaux, 16 janvier 1973, p. 11-13.

3. C'est aussi pourquoi on a pu faire à Michaux le reproche suivant sur les « Situations-gouffres », dans un compte rendu par ailleurs très favorable de son livre : « Michaux ne fait que décrire les transformations de la conscience sans en donner le point de départ qui est le "par quoi on devient aliéné", et qui est le problème fondamental. Il rend par là même son interprétation purement une interprétation par le langage » (Hélène Prigogine, « Chronique de la poésie », *Synthèses* (Bruxelles), nº 184, septembre 1961, p. 541).

4. Michel Foucault, *Folie et déraison. Histoire de la folie à l'âge classique*, Plon, 1961. La coïncidence a été notée dès 1961 par Claude Roy (« Voyage au bout de la nuit », *Libération*, 8 août 1961, p. 5), puis par Jérôme Roger (p. 234).

de la connaissance », Foucault entend cerner « des mouvements rudimentaires d'une expérience[1] », il cherche à faire remonter dans le corps de l'Histoire des forces proches de celles que Michaux a cru entendre résonner à l'intérieur de son corps même. Là où l'un restitue la parole aux voix irréductibles des archives, l'autre cherche à devenir sa propre archive, au prix d'une torsion qui fait la difficulté mais aussi la vertu rare de son entreprise. Ainsi ces deux approches contribueront-elles au retournement qui, sous le nom clinique mais conceptuel surtout de *schizophrénie*, cherchera chez Deleuze et Guatarri à libérer une positivité propre de la folie : c'est-à-dire à y reconnaître la réalité d'un désir et le fonctionnement d'un inconscient soustrait aux réductions et aux régulations classiques de la psychanalyse comme de la psychiatrie[2].

Il est arrivé à Michaux de pouvoir se livrer à la folie avec une affectivité entière pénétrée d'une distance naturelle — tout juste celle qui permet d'écrire encore, de sorte que toutes les vitesses et les lenteurs de la « folie » semblent cette fois se rejoindre, par un effet d'osmose unique. Il s'agit là des textes nés face à ces « dessins d'hommes singuliers » ou ces « peintures d'aliénés » livrant « leurs secrets en spectacle », que Michaux finira par nommer *Les Ravagés* (« hommes et femmes en difficulté [qui] livrent avant tout et d'emblée leur énorme, indicible malaise[3] »). Ces textes accompagnent dès son début l'aventure de la drogue[4] et s'étendent bien au-delà, montrant aussi ce que son expérience a permis et modifié, dans la rela-

1. Cette citation de la Préface originale de Foucault, supprimée dans les rééditions à partir de 1972, se trouve dans Michel Foucault, *Dits et écrits*, t. I, Gallimard, 1994, p. 164.

2. Voici comment Georges Henein, toujours si prompt à cerner Michaux au plus juste, annonçait son livre alors en cours : « un important Traité sur la folie dont on peut penser qu'il nous vaudra de nouvelles lignes de partage, tout autres que freudiennes, tracées à l'intérieur de la conscience » (« Henri Michaux moraliste », *La Bourse égyptienne*, 24 mars 1960, p. 3).

3. *Chemins cherchés, chemins perdus, transgressions*, III, p. 1157.

4. La première version en revue des « Ravagés » paraît en décembre 1956, sous le titre « Leurs secrets en spectacle (Peintures d'aliénés) », un an à peine après *Misérable miracle*, publié en janvier. Sur la chronologie des « Ravagés », voir les chapitres sur *Vents et poussières*, p. 469, et sur *Chemins cherchés, chemins perdus, transgressions*, p. 591-601.

tion de l'imagination à elle-même et à la phrase qui la sert. Michaux y est et y sera plus près du « fou » qu'il n'a jamais été, sans plus aucun savoir en apparence, mais parce qu'il a su dans ses livres de la drogue, et dans *Connaissance par les gouffres* singulièrement, « Passer du "je" et du récit, au "cela" et aux autres (les aliénés) ». La « profonde *métamorphose* » dont il fait alors état à Paulhan est celle-là même qui permettra, dix ans plus tard, ces quelques mots si simples de sa lettre à Frederic Shepler : « Il doit bien y avoir une autre imagination que celle du malaise[1]. »

1. Voir sur cette lettre le chapitre sur *Façons d'endormi, façons d'éveillé*, n. 2, p. 506.

Vents et poussières

(1962)

Bien que publié en « plaquette[1] », *Vents et poussières* rappelle, par bien des traits, ce que furent tous les grands recueils de Michaux publiés avant comme après la guerre, de *Qui je fus* à *Face aux verrous*. Cette apparence de continuité suffit peut-être à motiver la réserve de leur auteur à l'égard d'un ensemble de textes dont la rédaction, comme le soulignent les dates « 1955-1962 » données sous le titre, s'étale au fil des années mêmes où il s'ouvre à la grande expérience des hallucinogènes.

Dans ce livre de proses troué d'un poème, parcouru de dessins dont le hachuré plus ou moins tourbillonnant ressort des compositions de la drogue bien que d'une facture propre, on trouve ainsi successivement : une évocation de contrée portée par la voix d'un homme au nom plutôt féminin de Louna (évocation rappelant aussi bien « Je vous écris d'un pays lointain » que tant de « lieux inexprimables[2] » propres à l'œuvre de Michaux, d'*Épreuves, exorcismes* à *Face aux verrous*) ; la chronique d'un « je » en proie à des métamorphoses (« Le Voyage difficile ») ; des fragments de souvenirs, d'impressions, attachés à des lieux quasi réels (« Vacances ») ; des « descriptions » — c'est le mot de Michaux —, de peintures d'aliénés (« Leurs secrets en spectacle ») ; un poème (« Iniji ») ; la chronique indécise d'un pays de fiction, encore — avec le

1. C'est le mot de Michaux à Bruno Roy, son éditeur de Fata Morgana, dans une lettre du 10 octobre 1976.
2. C'est le titre d'une section de *La Vie dans les plis*, II, p. 224-231.

« je » qui en répond —, dont le titre donné au texte concentre le caractère d'énigme (« Cahiers d'Orga, signés Orga ») ; enfin, l'exploration d'un lieu mental, comme issu de tous ces lieux, et les refigurant (« Le Champ de ma conscience »).

Quelle est la force, ou la faiblesse, qui unit ces diverses approches, exception faite des évocations de peinture et du poème ? Ce sont toutes des agonies de la conscience tremblée. Dans le compte rendu le plus exact qu'a suscité *Vents et poussières*, Pierre Robin soulignait — mais sans en faire à Michaux le moindre reproche, comme on le vit parfois au moment de *Face aux verrous* — que ce livre n'apporte « aucune révélation majeure[1] ». Il continue simplement, comme un « réflexe vital », le combat du « cinéma pour la santé[2] » engagé entre le moi et le monde, depuis un temps devenu quasi immémorial. Dans l'oscillation entre agression et torpeur qui lui semble caractéristique de la manière de Michaux, Robin souligne qu'ici la torpeur l'emporte. Il relève, comme on peut s'y attendre, cette page proprement déprimée dans laquelle Michaux s'appesantit presque sans distance sur « son corps de vieux », devenu inapte au voyage[3]. Il faut remarquer que cette page finale de « Vacances » a été ajoutée par Michaux au fragment original de 1955 qui s'achevait sur une reformulation du désir de voyage[4]. Ainsi résonne-t-elle d'autant plus directement, comme le livre en son entier ne peut éviter de le faire, en regard de cet autre « voyage » formé par la drogue, qui modifie de façon si extrême le rapport de Michaux à lui-même, mais se trouve pourtant ici comme dénué d'effet, impropre à l'empêcher de retomber encore dans une circularité de la conscience et de l'événement dont son corps affecté demeure le théâtre.

1. Pierre Robin, *Mercure de France*, n° 1196, juin 1963, p. 322-327.

2. C'est, approximativement citée par Robin, la formule de Michaux dans la Postface de *La nuit remue* : « Ce cinéma est pour sa santé » (I, p. 512).

3. La dépression culmine dans cette forme ultime du dédoublement : « Je promène le vieux », III, p. 178.

4. « J'ai pourtant tellement besoin de voyager. Ah, si je pouvais vivre en télésiège, toujours avançant [...] progressant sur des espaces de grand silence... » Toujours exact dans son flou volontaire, Michaux raccroche à ces lignes anciennes de nouvelles phrases qui valent aussi bien pour le temps passé entre la rédaction des deux passages que par rapport au sens général de sa vie : « Du temps a passé. Des années. Vais-je encore voyager ? Est-ce voyager ce que je fais ? » (III, p. 177).

Le dernier texte, « Le Champ de ma conscience » (qu'on imagine le plus tardivement écrit parmi les trois inédits que compte le recueil), est à cet égard captivant. Comme autrefois « Mes propriétés », il propose une théorie en acte de l'activité de vivre et d'écrire. Mais celle-ci se trouve déplacée : on y passe de la réalité virtuelle du terrain, de la propriété ou, comme Michaux dit maintenant, de la « résidence » dont l'écriture a tant mal que bien occupé la place, à l'activité de conscience en elle-même, restituée dans ces pages en un éventail vertigineux. Bordé, « Par-dessous, par-dessus », par « une grande inconscience », ce champ de la conscience se caractérise par trois grands traits. Il est sans « fixité », en proie à « d'insoupçonnées alliances [...] d'étranges, d'imprévisibles résonances » ; il tient à une force négative, dans la mesure où « l'énergie tirée des idées repoussées forme un centre entre tous les centres » ; enfin, il est surtout la proie « d'indéfinies, d'incessantes intermittences[1] ». Michaux recense ainsi longuement des « périodes », opposées et alternées, s'excluant l'une l'autre. Leur mosaïque baroque n'est alors pas loin de former un de ces grands tableaux classificatoires, aussi mouvants que figés et volontiers absurdes, au gré desquels il tentait autrefois de s'orienter « au pays de la magie ». C'est que, comme mimant une dernière fois son exercice, il conte bien l'épuisement d'une magie. Voilà tout le charme cruel de ces textes de *Vents et poussières*, que le dernier condense en cherchant une issue.

Celle-ci tient d'abord à un processus de récapitulation. Évoquant les lois d'un « ICI » auquel par là même il parvient, Michaux rassemble une part des termes et des processus qui constamment l'animent : « Complexe le dedans. Complexe le dehors, le dehors toujours renouvelé. Et ses zones apparentes et ses zones inapparentes. Des signes me sont faits que je ne distingue pas. Des modèles me sont soumis, des appels me parviennent qu'en imaginations je transforme. Des avertissements, que pour des "mots" je prends, pour des images curieuses, jouets pour m'amuser un moment[2]. » Ainsi se pressent les pensées, toutes sortes de pensées, entre lesquelles une sélection

1. III, p. 208.
2. III, p. 210. Toutes les citations de la suite de ce paragraphe se trouvent p. 210-211.

doit s'organiser : « À la porte de ma conscience (Est-ce que j'ouvre ? Est-ce que je n'ouvre pas ?) des massacres ont lieu (j'ouvre ?), des fêtes (à bas leurs fêtes, je n'ouvre pas), des combats, des exaltations (Faut-il ouvrir ? Auxquelles, oui ? Auxquelles, non ? Et comment les séparer ?). » Ainsi se reprécisent des consciences : Michaux les dit « Infimes », puis « Immenses » et enfin « Lointaines », jusqu'à se transformer, par des nuances accumulées, en « larves de la transcendance » et à finir par puiser « comme à la dérobée au Bassin Commun du Savoir ». On voit le mouvement qui insensiblement conduit, au fil des pages de ce texte, d'un désordre immaîtrisable de consciences floues et fragmentaires à des consciences autres, qu'on imagine propres aux deux grandes postulations caractéristiques de l'expérience de la drogue : une extrême dépossession et une connaissance, l'une à proportion de l'autre. Michaux a des mots hésitants mais forts pour nommer ces consciences qu'il cherche à localiser (« au-delà ?, en deçà, trans moi ? »). Il écrit, ce sont les derniers mots du texte : « consciences en attente aux fenêtres opaques de ma conscience, de ma réellement épouvantable inconscience... quelque temps encore ma conscience ». Entre exigence de savoir et appel indécis à la transcendance, cette fin de *Vents et poussières* situe bien ce recueil d'allure incertaine à une place où on l'attend trop peu, bien que ce soit justement celle où il paraît, entre *Connaissance par les gouffres* et *Les Grandes Épreuves de l'esprit*.

On comprend mieux par là le rôle qu'y occupent les peintures d'aliénés. Elles sont d'abord des œuvres de la folie dont la drogue ouvre des visions parallèles. Elles ont ensuite le mérite objectif d'exister. C'est-à-dire d'être un « spectacle » qui préexiste au rêve qu'on peut en former. Ce mot de « rêve », que Michaux emploie dans le préambule de son texte[1], pour qualifier la relation induite en lui par ces images, on pourra l'opposer à la rêverie libre des imaginations dont son œuvre a été si longtemps le théâtre continu, et qui plus ou moins ici se prolonge, à travers toutes les consciences intermittentes. On dira

1. « Leurs secrets en spectacle », III, p. 179. Pour la reprise et les transformations de ce texte (initialement paru en revue en 1956) sous le nouveau titre « Les Ravagés », voir le chapitre sur *Chemins cherchés, chemins perdus, transgressions*, p. 591-601.

que Michaux a déjà dépeint des tableaux. Sans doute. Mais ou bien il s'attachait à ses propres images, avec un effet de rebond de l'imagination sur elle-même (comme pour « Dessins commentés[1] ») ; ou bien il touchait l'œuvre d'autres peintres, avec une certaine obligation de s'en tenir aux motifs existants, quelle que soit la part de libre association et d'interprétation suscitées. Il s'agissait aussi, dans le cas de Zao Wou-Ki comme de Matta[2], de lectures sous formes de poèmes, dont le phrasé favorise une certaine liberté d'évocation. Alors que les « descriptions » de « Leurs secrets en spectacle », sans se donner comme un « déchiffrage », c'est-à-dire sans s'appuyer — au moins de manière explicite — sur aucun sens déterminé par l'histoire individuelle des patients, s'en tiennent au « contenu d'images » comme à la puissance du « tableau lui-même[3] ». Bien sûr, interprétation et invention ne cessent d'affleurer, à proportion de l'ambiguïté des motifs et de l'appel que la puissance imaginatrice propre des mots entraîne ; mais elles sont contenues et prescrites par des impératifs de perception.

On retrouve ces impératifs dans les tableaux du réel que dessine ailleurs la mémoire documentaire. Par exemple dans cette « danse des sangsues » qui a tant fasciné Alain Jouffroy[4]. Le quatrième fragment de « Vacances » voit ainsi Michaux revenir, le soir, dans une ville suisse ou allemande, devant une vitrine de pharmacien où il a découvert un bocal de sangsues. C'est bien sûr une rêverie qui se forme, et des plus vives, devant le « dos nerveux de panthère admirablement lisse » de l'une de ces créatures, et que les dernières lignes du fragment suggèrent (« Quelle femme à portée de main, ou seulement à portée de regard ondulera jamais, en quelque lieu que ce soit, si nerveuse, si merveilleuse, si totalement incompréhensible[5] ? »). Mais une telle rêverie est comme arrêtée sur sa pointe même par le degré quasi objectif de réalité qui lui a permis d'exister.

1. Voir le chapitre sur *Peintures*, p. 251-253.
2. Voir respectivement les chapitres sur *Lecture de huit lithographies de Zao Wou-Ki* et sur *Vigies sur cibles*.
3. III, p. 179.
4. Voir « Michaux contre Michaux. Les aventures d'un cosmonaute de la pensée », *L'Express*, n° 581, 2 août 1962, p. 21.
5. III, p. 177.

Et puis il y a « Iniji » — aux yeux de Denis Roche, comme à ceux de l'auteur de ces lignes, « l'un des meilleurs, sinon le meilleur [des poèmes] qu'ait écrit Henri Michaux[1] ». Il faut s'arrêter à l'extraordinaire hommage que lui a rendu J. M. G. Le Clézio, auquel Michaux a été sensible comme à nul autre. L'écrivain a choisi d'associer dans l'espace d'un petit livre la lecture-évocation de deux poèmes écrits par Michaux à près de trente ans de distance, « Icebergs[2] » et « Iniji », ce dernier étant reproduit dans la plaquette. Il n'en dit qu'une chose ou presque, mais avec insistance, tant elle est difficile à cerner. D'un côté il y a les mots de tant de poèmes célèbres ou moins célèbres, « Tant de mots : tant de murs[3]. » Et puis il y a « Iniji », que Le Clézio tente d'approcher et dont il dit sans doute le plus vrai, le plus englobant, quand il évoque l'avancée du poème vers celui qui le lit : « Insensé, mobile, il glisse en vous et vous explore. Ou bien c'est vous qui n'aviez pas de corps, et qui maintenant avez le corps d'Iniji[4]. »

Comment cerner cela plus précisément ? On est frappé d'emblée par l'aspect glossolalique, manière douce et cotonneuse d'espéranto lyrique, auquel on voit ainsi Michaux céder à nouveau[5], engendrant toute une dérive à partir de ce nom d'Iniji. « Balbutiement de bébé », dit encore et si bien Le Clézio, y associant quelques noms aux formes de mots, « seulement des bulles », prélevés au fil du texte : « *Iniji, Anania Iniji, Djinns, dinn, dinn, Iritillilli*[6] ». Un commentaire plus savant de ces noms et de ces formations glossolaliques les a rapprochés de textes anciens des cultures traditionnelles afin de cerner « l'utilisation d'onomatopées et de noms propres comme fondatrice

1. (Note sans titre) *Tel Quel*, n° 11, automne 1962, p. 71.

2. « Icebergs » se trouve dans *La nuit remue*, I, p. 462-463.

3. J. M. G. Le Clézio, *Vers les icebergs*, Fata Morgana, 1978, p. 60. Cette image de l'empierrement, chère à Michaux, peut évoquer aussi la « Faim du mot » dans laquelle Barthes a reconnu une essence inhumaine de la poésie moderne (Roland Barthes, *Le Degré zéro de l'écriture*, Seuil, 1953, p. 71). Sur ce point, voir l'Introduction, p. 41-42).

4. *Vers les icebergs*, *op. cit.*, p. 63.

5. Il y en a un autre exemple, moins émouvant, dans *Vents et poussières*, portant sur des noms et des adjectifs de « Cahiers d'Orga, signés Orga », par exemple dès la première phrase : « Cette après-midi était escavenache, mais elle n'était pas encore maunenonenache (III, p. 199). Sur « l'espéranto lyrique », voir les chapitres sur *Qui je fus*, p. 125-126, et sur « Rencontre dans la forêt », p. 173-179.

6. *Vers les icebergs*, *op. cit.*, p. 63.

d'une mythologie et d'une cosmogonie[1] » — textes dont Michaux s'est toujours dit si proche, pour y reconnaître la force d'une poésie non séparée de la langue elle-même[2].

Et c'est bien une singulière forme d'épopée que déploie « Iniji ». Mais une épopée à l'image d'un de ces noms-figures de femmes-énigmes qui étoilent le texte : « Ariane plus mince que son fil / ne peut plus se retrouver[3] ». Une épopée sur le fil de la langue, du souffle qui, d'un même mouvement, la déroule, la suspend, la fragmente, et comme sans fin la dissémine. Alain Jouffroy dit bien, pour suggérer l'effet d'interruption sensible d'un texte qu'on peut imaginer se déroulant, comme c'était le cas, trois ans plus tôt, chez le même éditeur, de *Paix dans les brisements* : « Un film qui ne serait composé que de "flashes[4]". »

Les personnages de cette épopée spasmodique sont, à partir du nom d'Iniji litaniquement orchestré, d'autres noms, de femmes surtout, certains, au genre rendu parfois indécis par l'espéranto, redoublant celui d'Iniji : « Anania Iniji / Annan Animha Iniji / Ornanian Iniji [...] Annaneja Iniji / Annajeta Iniji / Annamajeta Iniji[5] » ; d'autres, à la valeur mythologique ou cosmologique forte, s'en détachant : Ariane, Ève, Stella, Aurora. Un jeu savant d'allitérations, « les liens liant les lieux Lorenzo[6] », fait glisser sous ce seul nom d'homme le souvenir d'un des textes les plus énigmatiques de Michaux, « Lorenza

1. Michelle Tran Van Khai, « Mouvements, passages, transgressions : de l'onomatopée à la mythologie », dans *Passages et langages*, p. 161 (le commentaire d'« Iniji » se trouve p. 161-164, et l'auteur compare en particulier le poème à une traduction anglaise du poème sumérien « Le Voyage d'Inanna aux Enfers » — voir aussi Inanna, trad. par Évrard de Rouvre, Vrille, 1961).

2. Il déclare ainsi à Robert Bréchon qui lui demande s'il lit des poètes : « Je lis surtout des textes archaïques de peuples étrangers où la poésie n'est pas mise à part, et où elle vient à l'improviste, on ne sait comment, alors qu'on n'était pas occupé d'elle. J'y reviens souvent » (Bréchon, III, p. 1463-1464). On est frappé de l'écho direct que la recherche d'analogies de Michelle Tran Van Khai rencontre dans la partie du texte de Le Clézio consacrée à « Icebergs », lorsque celui-ci évoque « les pays sauvages et calmes aux noms magiques » du Grand Nord. On sait aussi sa passion propre pour toutes ces cultures « primitives » et non occidentales.

3. III, p. 190.

4. A. Jouffroy, « Michaux contre Michaux. Les aventures d'un cosmonaute de la pensée », *op. cit.*, p. 21.

5. III, p. 190.

6. III, p. 194.

reçoit une dernière visite[1] », un de ceux, rares et marquants, dont la voix parle en lui comme une voix de femme. Ce n'est pas clairement le cas d'« Iniji » : l'énonciation s'y partage entre cette figure-nom d'Iniji dont on parle et à laquelle on s'adresse, en quelque sorte impersonnellement, et un « je » improbable attesté par des « moi » parfois liés aux noms de femmes (« Ève est moi » ; « tu ne te lèves plus pour moi, Aurora[2] »), ainsi que par d'autres adresses inassignables. C'est dire que toute énonciation flotte, constamment, que son flottement est ce qui la porte, en conférant aux mots une gravité aussi essentielle que légère. On pense évidemment au théâtre de voix de « La Ralentie[3] » ; mais celui-ci semble presque solide en regard des glissements impalpables d'« Iniji ». Des éléments du monde naturel, des objets, des actes, des sortes d'idées sont aussi en jeu, sans cesse. L'enchaînement même des flashes déconnectés produit musicalement des événements assourdis, mêlant les sons de mots et les réalités suspendues mais actives que ces mots désignent. Quelque chose se conte, de façon élémentaire, en deçà comme au-delà de toutes les réserves et les pertes de sens. C'est ainsi que le corps d'Iniji se substitue au nôtre. Le Clézio ajoute : « La fascination hypnotique vous tient par l'intérieur du corps[4]. »

Il y a aussi une façon autrement littérale mais non moins avisée de lire, que confirme tel verset du texte rapporté à des moments évidents de *Vents et poussières* : « La porte des voyages s'est refermée / Iniji est dans le tombeau. » Iniji, c'est alors « le vieux », Michaux dans son corps las, en quête d'un corps autre, d'une autre âme-corps. Iniji : à la fois « ici gît » et sa négation, avec ce « n » qui compose aussi bien « Nje » que « Niniji ». Et toujours ce battement incoercible de sexes qui « nous échangent / la perdue de ce monde, le mort de l'autre monde[5] ». « Iniji », « Petite fille » et « je » exténué : c'est aussi le dernier « Portrait de A. » qui se compose de façon immémoriale, comme un tombeau. Michaux dit ailleurs dans *Vents et*

1. Voir le chapitre sur « Lorenza reçoit une dernière visite ».
2. III, p. 190 et 193.
3. Dans *Plume*, voir le chapitre sur ce recueil, p. 224-230.
4. *Vers les icebergs*, *op. cit.*, p. 63.
5. III, p. 192 et 194.

poussières : il faut recommencer « l'alphabet de la vie. Seulement ainsi on se sauvera. Sinon je ne réponds de rien[1] ».

On ne sait précisément quand Michaux écrit « Iniji », avant, pendant ou après *Connaissance par les gouffres*. Mais une chose paraît sûre : à travers ce poème composé dans un temps qui ne se reproduira plus, dans l'horizon sensible ouvert par l'expérience de la drogue, mais aussi très loin d'elle et au plus près de ses turbulences anciennes, Michaux touche là un corps de poésie unique flottant entre divers modes d'inspiration comme entre les âges de sa vie.

1. III, p. 204.

Images du monde visionnaire

(1963)

(Le cinéma d'Henri Michaux)

La singularité du projet auquel Michaux s'est trouvé collaborer, à partir de 1962, avec Eric Duvivier, réalisateur prolifique de films scientifiques, nous a conduit à concevoir, pour l'édition de la Pléiade, un véritable « Dossier du film », comprenant le court texte enregistré par Michaux pour ce film de 34 minutes (c'est aussi l'unique trace restée de sa voix) et les très nombreux documents (projet, synopsis, continuités diverses, descriptions de séquences, etc.) auxquels il a donné lieu. Tout cela atteste l'importance qu'eut aux yeux de Michaux ce film qu'il ressentit comme un échec cuisant, comme à rebours de l'importance qu'avait toujours eu à ses yeux le cinéma. Ainsi s'est trouvé justifié un véritable chapitre, à partir du film comme au-delà de lui.

« Cinéma » : le mot apparaît chez Michaux en bonne position dès 1922 dans sa « Chronique de l'aiguilleur », frappé au trait de la vitesse à laquelle se jugent les transformations du monde et des arts contemporains : « 3 000 images pour 10 lignes de texte, et 300 000 gestes pour une page écrite. / *Prédominance, développement prodigieux de l'image visuelle et prédominance sur celle-ci de l'*IMAGE MIMIQUE, *l'intelligence mimique*[1]. »

Cinéma, film : les mots ne cesseront de revenir et de faire corps pour désigner — c'est leur rôle unique dans cette œuvre — aussi bien la réalité manifeste d'un dispositif de projection d'images que sa force latente et comparable dans un

1. « Chronique de l'aiguilleur » (Premiers écrits), I, p. 11.

esprit qu'il envahit. Cela, de façon à exemplifier le mode d'invention et l'énergie créatrice devenant propres à l'œuvre, écriture ou peinture, écriture et peinture — et ainsi la puissance qui leur est commune, dont l'image d'un autre art serait dépositaire.

Quand Michaux, pour qualifier un certain excès de ses inventions, recourt à la comparaison, qui hantera sa vie, avec les idées fixes et les scénarios délirants de certains malades mentaux, il voit ces derniers, comme lui, s'inventer, pour leur « santé », un « cinéma »[1]. Le peuplement et le dépeuplement d'objets qui se concentrent sur ce terrain glissant remodelé sans cesse, que Michaux nomme « Mes propriétés », sont des processus par lesquels une sorte de mise en scène se poursuit sans relâche. Elle est proche des effets du corps burlesque dans lesquels, à travers « Charlie-Charlot », aux temps du *Disque vert*, Michaux voyait se profiler une mimétique du rêve, inconscient accordé à ses vues et faisant des représentations de l'image mentale autant d'hallucinations aux abords de la conscience. *La nuit remue* est ce théâtre-cinéma du corps abrité « sous le plafond bas » de sa « petite chambre »[2]. Michaux l'a même nommé une fois « La Chambre », attribuant ce titre à un texte pour bien cristalliser l'idée d'un espace fermé dans lequel se concentrent les métamorphoses obligées propres aux processus mentaux[3]. Il a aussi cerné de façon exemplaire tout ce processus comme « Projection », dans une mise en scène en extérieurs cette fois, au gré de laquelle le « spectacle » produit — des suites enchaînées de visions autour de la jetée d'Honfleur — oscille entre réalité réelle et pure émanation de l'esprit[4].

Tel serait un premier usage du « cinéma » chez Michaux : métaphoriser l'imagination-pensée et l'écriture qui en naît à proportion de la spécificité proprement hallucinatoire d'un dispositif technique de production et de réception des images.

1. Selon la formule : « Ce cinéma est pour sa santé », *La nuit remue*, « Postface », I, p. 512.

2. *La nuit remue.*, I, p. 419.

3. Il s'agit d'un texte d'*Un certain Plume* (1930) écarté de *Plume précédé de Lointain intérieur* (1938), voir I, p. 675.

4. Voir « Projection », *La nuit remue*, I, p. 487, et sur ce texte, le chapitre consacré à *La nuit remue*, p. 196.

Cette équivalence atteint peut-être son point le plus vif, mais aussi son point de retournement, à l'occasion d'un épisode mettant cette fois en jeu un cinéma réel. Enclin aux plaisirs du cinéma, je-Michaux ne peut cependant que chercher à l'éviter[1], tant le film devient trop vrai, au point que les acteurs, et surtout les actrices, « pour se décharger du poids écrasant de leurs revers, de leurs drames et du peuplement hétéroclite de leur solitude, [...] se jettent sur le spectateur tranquille, victime abasourdie ». On imagine le profit que retire Michaux de cet apologue, qui conduit le personnage « de la toile à la salle, de la salle à la rue », dans le flot de laquelle le spectateur en fuite finit peu à peu par se délivrer d'une emprise excessive. À travers cette image d'un excès de réalité propre à la fiction du cinéma, quelque part entre Buster Keaton et Woody Allen, il semble que Michaux exprime aussi bien la lassitude grandissante qui, autour des années 1950, est devenue la sienne à l'égard de cette écriture d'invention quasi automatique pratiquée depuis si longtemps et cristallisée dans ses « pays imaginaires : [...] sortes d'États-tampons, afin de ne pas souffrir de la réalité[2] ».

Mais entre-temps, une autre idée du cinéma s'est déjà formée pour Michaux, du côté de la peinture. On se rappelle les énoncés les plus vifs qui font de celle-ci, autour de l'idée de « passages » et dans le livre auquel ce mot donne son titre, un cinéma en puissance : « Dessin cinématique » ; « En somme, c'est le cinéma que j'apprécie le plus dans la peinture[3]. » Mais Michaux ne vise pas, ainsi, la seule réalité d'un mouvement que traduit sa peinture, en particulier grâce à sa vitesse d'exécution ; plus fortement, il livre l'intuition que par sa peinture il donne à voir un tracé intérieur du corps et de la vie qui l'anime. C'est là ce qu'il appelle, bien que ce soit à propos de la musique, tellement chez lui tout se mêle autour d'une idée-force qui se ramifie, le « film psychique[4] ». Il faut citer les quelques lignes

1. Voir un fragment de « Personnel », *Face aux verrous*, II, p. 476-477.

2. « Observations », *Passages*, II, p. 350.

3. Voir respectivement, dans *Passages*, « Dessiner l'écoulement du temps », II, p. 371, et « En pensant au phénomène de la peinture », p. 329. Pour un premier aperçu de l'idée de cinéma dans ce recueil, voir le chapitre qui lui est consacré, p. 1154-1155.

4. « Un certain phénomène qu'on appelle musique », II, p. 365.

où s'exprime un vœu qu'il dit antérieur même à son choix du dessin : « Au lieu d'une vision à l'exclusion des autres, j'eusse voulu dessiner les moments qui bout à bout font la vie, donner à voir la phrase intérieure, la phrase sans mots, corde qui indéfiniment se déroule sinueuse, et, dans l'intime, accompagne tout ce qui se présente du dehors comme du dedans. / Je voulais dessiner la conscience d'exister et l'écoulement du temps. Comme on se tâte le pouls. Ou encore, en plus restreint, ce qui apparaît lorsque, le soir venu, repasse (en plus court et en sourdine) le film impressionné qui a subi le jour[1]. » On voit l'ambiguïté exacte de ces derniers mots, qui font du « jour » aussi bien l'espace réel qui s'est déposé dans le temps que la lumière par laquelle le film s'imprime dans la boîte noire de la caméra. La tête et le corps tout entier sont ainsi cette chambre obscure, ce cinéma à l'intérieur duquel le film s'enregistre, se monte et se projette.

Les expériences vécues grâce aux hallucinogènes vont encore amplifier ce travail de comparaison et de recouvrement, à proportion de l'accélération éperdue qu'elles provoquent. La « conscience d'exister » s'y précise et s'y creuse à travers une image maintes fois reprise et développée dans *Misérable miracle*, puis dans *Paix dans les brisements* : celle du sillon, que Michaux assimile à « des images et un *film*[2] ». Il est frappant de voir à quel point, pour exprimer « une fête localisée, celle de l'optique[3] », il a raffiné sur un vocabulaire impliquant aussi bien une vision de l'appareil psychique que son équivalence comme dispositif-cinéma. Il varie ainsi, dans *Paix dans les brisements* où se fixe comme jamais par le dessin l'image du sillon central, les termes susceptibles d'exprimer l'inscription des images sur une surface : « nerveux écran de projection », « petit écran inattendu », « écran fluidique », « fenêtre », « tapis vibratile », « drap vibrant »[4]. Il y reviendra dans *Émergences-résurgences*, insistant sur le fait que les motifs entrevus dans un livre avant le début de la « séance » se trouvent, sitôt que la drogue fait effet, démultipliés en lignes « animées d'une vie

1. « Dessiner l'écoulement du temps », II, p. 371.
2. *Misérable miracle*, II, p. 696. Voir aussi le chapitre sur ce livre, p. 392-393.
3. « Dessiner l'écoulement du temps », II, p. 374.
4. *Paix dans les brisements*, II, p. 996-997.

propre, zigzaguant à grande vitesse et sur les surfaces réelles comme si elles y avaient été projetées cinématographiquement[1] ». Mais c'est dans *Connaissance par les gouffres*, à la faveur de l'une des fictions que Michaux se donne à travers « l'aliéné », que la coïncidence entre le dispositif-cinéma et le dispositif mental et perceptif atteint son point le plus aigu : « La tête du malheureux soudain trop habitée devient une salle de cinéma aux films impromptus qui affolent, fatiguent, occupent, emportent, interrompent. Le drogué s'y extasie. Point l'aliéné. Victimé par l'image, par ce cinéma forcé, qui ne rime à rien, il voudrait se garer du bazar d'images en coq-à-l'âne qui ne lui permettent plus de rien suivre et le hachent d'infimes infinis sursauts. Face aux images qui déboulent, partout déboulent, veulent trouver une place dans l'avalanche des brillances, des lueurs, des éblouissements, métamorphoses plus que films, kaléidoscopes plus que films, et, plus que tout, décharges[2]. »

Voici l'excès de cinéma, intérieur à l'esprit en proie à ses folies, et métaphorisant à travers les gestes pressés de la peinture les processus de l'écriture qui cherche à les traduire (comme on le voit au double déroulé, d'images et de mots, de *Paix dans les brisements*), l'excès dont Michaux a pu espérer qu'un film réel puisse au moins donner l'idée. Revenant une fois de plus, dans *Émergences-résurgences*, sur ces « mouvantes lignes […] qui partaient en boucles, en déhanchements, enlacements ou désenlacements, en spirales, serpentins, éventails, en ombelles, en queue de paon, formes dévergondées, […] en segments tombants, se dédoublant, se dédoublant sans fin… », et ainsi sur tout ce dont la peinture ne livre que « le rendu affaibli », il conclut, d'un étrange imparfait : « À l'exprimer, le cinéma — doué de mouvements — mieux y réussissait[3]. » Presque dix ans après l'échec, à ses yeux sans appel, de son film *Images du monde visionnaire*, il crédite le cinéma, ou au

1. *Émergences-résurgences*, III, p. 619. Michaux insiste, quelques lignes plus loin, en des termes voisins : « spectacle gratuit se refaisant infatigablement sur toutes les surfaces présentes de la pièce silencieuse capables de servir d'écran… »

2. *Connaissance par les gouffres*, III, p. 103.

3. *Émergences-résurgences*, III, p. 629.

moins son principe, de pouvoir seul répondre d'une telle expérience.

Il suffit de lire les pages de descriptions ramassées au fil desquelles Michaux s'est donné la tâche de recenser les images du film, de voir le soin avec lequel il a annoté le découpage livré par le réalisateur, de lire avec attention le commentaire finalement retenu, si contrarié, qu'il lit dans le prologue, et de remarquer aussi le nombre d'années qui s'écoulent entre les deux livres qui encadrent cette expérience, de 1962 (*Vents et poussières*) à 1966 (*Les Grandes Épreuves de l'esprit*), pour saisir toute l'importance à ses yeux d'une entreprise à laquelle il a donné pendant environ deux ans — chose inouïe, si l'on y pense — le plus clair de son temps. Sa déception aura été entière, et tout, lettres, confidences, témoignages, montre que le souvenir même de ce film éveillait en lui amertume et colère. Ces sentiments étaient à la mesure d'un investissement immense, et juste en son fond, sur les rapports du cinéma et de la pensée, que ses livres de la drogue ont approché, le plus souvent sur un mode implicite, mais parfois directement, de façon fulgurante — ainsi dans ce long passage des *Grandes Épreuves de l'esprit* où Michaux se saisit du « merveilleux normal[1] » de la pensée comme « montage ». Il faudrait y commenter en son détail chaque terme, tant c'est la pensée comme cinéma que Michaux ne cesse de faire revenir sur « l'écran de la conscience », au prix de « dizaines ou de centaines de combinaisons, d'essais d'intégration ». On est là tout proche aussi bien de la théorie des cinéastes que de la pensée qui s'en empare, et de l'effectuation qui leur est par exemple commune, dans des vues contemporaines, chez Jean-Luc Godard et Gilles Deleuze. C'est que, « si illuminante soit une idée, toujours elle entre dans un montage, se fait, s'organise par montage[2] », selon des modalités chaque fois rigoureusement déterminées et indéfiniment ouvertes de montage.

À vouloir commenter en termes factuels cet échec si fort ressenti par Michaux, deux remarques viennent à l'esprit. Le fin lecteur de Jean Epstein qu'il fut à l'époque du *Disque vert*

1. C'est le titre du texte publié en octobre 1963 dans *Les Lettres nouvelles* et qui ouvrira *Les Grandes Épreuves de l'esprit*.

2. *Les Grandes Épreuves de l'esprit*, III, p. 321-322

aurait dû continuer à lire l'auteur d'*Alcool et cinéma*[1]. Il aurait aussi sans doute été plus heureux s'il s'était tourné plutôt du côté de l'avant-garde américaine, dont le cinéma, à partir des années 1960, a été plus ou moins lié à une culture des drogues qui s'est reconnue dans les livres de Michaux depuis *Misérable miracle*. Il est clair en effet que le moindre bout de pellicule tourné par Jonas Mekas, par exemple, dans son sautillement accéléré érigé en principe perceptif sensible, est d'emblée plus proche du style intime et de l'expérience de Michaux que n'importe quel trucage laborieux et volontariste en quête d'impossibles équivalents. On pense aussi bien, dans ces mêmes années, à propos des matières possibles de l'image, à tant de films de Stan Brakhage, ou, dans un tout autre registre, à l'admirable *Me and my Brother* (1964) de Robert Frank qui parvient à rendre visible et presque tactile la réalité de la schizophrénie. Jean-Jacques Lebel, qui rapprocha, dans ces mêmes années, Michaux des poètes de la Beat generation Allen Ginsberg et Patrice Corso[2], a eu raison d'y insister et de citer à l'appui les pages de Deleuze sur la « perception gazeuse », où celui-ci fait le lien, à travers cet état propre de l'image, entre l'art de Dziga Vertov et celui des grands cinéastes de l'avant-garde américaine[3]. Plus que le cinéma, du reste, on regrette que Michaux n'ait pas connu la vidéo, et surtout la paluche, cette caméra intime et manuelle sans viseur induisant une véritable écriture des intensités corporelles, comme on l'a vu au tournant des années 1980 dans les œuvres de Jean-André Fieschi et de Thierry Kuntzel. Mais sans doute croyait-il alors de toute façon un peu trop à la science, comme l'exprime une de ses lettres à Roger

1. Sur Epstein, voir t. I, n. 2, p. 11 ; et Raymond Bellour, « Jean Epstein chez Henri Michaux », dans Nicole Brenez et Christian Lebrat, éd., *Jeune, dure et pure ! Une histoire du cinéma d'avant-garde et expérimental en France*, Paris et Milan, Cinémathèque française / Mazzotta, 2001, p. 432.

2. Voir le témoignage de Ginsberg, « Henri Michaux », dans *L'Herne*, p. 35-38.

3. Jean-Jacques Lebel, « Tempo de l'infinie turbulence », dans le catalogue *Henri Michaux. Œuvres choisies, 1927-1984*, Musées de Marseille et Réunion des musées nationaux, 1993, p. 30-41, particulièrement p. 38-40. Les pages de Deleuze se trouvent dans *L'Image-mouvement*, Minuit, 1983, p. 121-124. On peut y lire en particulier une description saisissante du film de George Landow, *Bardo Folies*, empruntée au critique américain P. Adams Sitney.

Heim[1]. Il a peut-être un jour mesuré son regret de ce qu'il aurait pu approcher lui-même, dans un domaine dont la réalité lui avait largement échappé : il a ainsi confié à Micheline Phankim que, parmi les artistes, c'était le musicien qu'il enviait le plus, mais que s'il avait vingt ans, il ferait du cinéma[2].

Le dernier texte de Michaux parlant de cinéma, « Une foule sortie de l'ombre[3] », exprimera ce possible désir sur un mode d'autant plus paradoxal que l'expérience relatée se trouve liée à un symptôme qui présente une analogie avec certains des effets de la drogue. La description fascinée d'une projection, au gré de laquelle les personnages du drame lui semblaient émerger « d'une sorte de vaste grotte », apparaît comme une illustration des hypothèses théoriques qui ont lié le dispositif du cinéma à la caverne platonicienne[4]. La force de la chose, dans l'impression de Michaux, tient à la façon « dont des foules sortaient de l'obscur, d'où elles semblaient se couler dans le réel ». Il ajoute, à porter au crédit du « cinéaste prodigieux », une capacité de produire, « à la faveur d'un mécanisme technique nouveau, un

1. « Un court film serait même possible, et reste à faire par un scientifique, sur le seul caractère et avec une rigueur, que le mien, touche à tout, ne pouvait avoir. » (s. d., mais datable de novembre 1963.)

2. Conversation personnelle. De même ces mots de Michaux, dans la première version d'*Émergences-résurgences* : « l'art le plus nouveau, le plus neuf (art du cinématographe) est fait de mouvements, est provocateur de mouvements » (III, p. 681). Voici ce que dit de son côté Jacques Dupin, qui fut proche aussi de Michaux : « Je perçois ce que je vis comme un monde éclaté, brisé, en haillons. C'est cela qui me semble le plus vrai. Je ne vais pas écrire encore des poèmes en versets baudelairiens ou claudéliens, me bercer avec un alexandrin. Je sors, j'ouvre les yeux, c'est un chaos, des contradictions partout. Il faudrait faire du cinéma, parce qu'avec lui on pourrait joindre les deux termes contradictoires, avoir la même intensité tout en ayant un outil lisible. Baudelaire, aujourd'hui, sans doute qu'il aurait fait du cinéma » (Propos recueillis par Stéphane Bouquet, *Libération*, 3 février 2000).

3. Publié en revue en 1982 et repris dans *Déplacements, dégagements* (1985), p. 1307-1309.

4. En particulier Jean-Louis Baudry, « Le Dispositif. Approche métapsychologique de l'impression de réalité », *Communications*, n° 23 : « Psychanalyse et cinéma », 1975, sous la direction de R. Bellour, T. Kuntzel et C. Metz, p. 56-72. Soulignons que J.-L. Baudry a adressé à Michaux, le 20 décembre 1963, pour le remercier de l'envoi de *Passages*, une lettre sans doute trop indulgente à l'égard d'*Images du monde visionnaire*, mais qui a le mérite de souligner l'unité d'une démarche portée par une « exploration systématique de l'esprit ».

je ne sais quoi de vibrant, qui était du psychique pur rendu par un procédé physique ». Le souvenir de cinéma le plus net qui surgit, à lire cette évocation, est celui d'une des dernières scènes du *Mabuse* de Fritz Lang, au cours de laquelle le grand hypnotiseur induit pour une salle médusée l'impression même de la réalité du cinéma en faisant sortir du fond ombreux d'une scène de théâtre une caravane qui s'avance jusqu'à descendre dans la salle et à la traverser de part en part (de même que les métaphores de l'écran accumulées au fil de *Paix dans les brisements* évoquent irrésistiblement le défilement vibratile de l'écorce lunaire aux yeux des passagers de la fusée de *La Femme sur la lune*, filmée par Lang quelques années après *Mabuse*). Le paradoxe est ici clairement que le surinvestissement du dispositif évoqué par Michaux semble une façon de traduire l'intensité psychique qui lui est attachée. L'issue de l'anecdote en constitue le retournement comme l'acmé : Michaux s'aperçoit soudain que l'effet fantastique et troublant du spectacle est dû à une de ces crises de migraine ophtalmique dont il a souffert jusqu'à la fin de sa vie, et qui pourraient avoir été dues à ses prises de drogue. Comme dans le film qu'il aurait voulu créer, le symptôme aura en effet dans « Une foule sortie de l'ombre » la charge de produire la réalité enfouie du corps-esprit grâce à laquelle celui-ci peut s'avancer au plus près de lui-même en se qualifiant comme « cinéma ». C'est là ce que Michaux, au moment où se consomme à ses yeux l'échec de son film, a commencé à entrevoir comme « le merveilleux normal ».

Il se souviendra aussi d'avoir eu en rêve une autre pensée encore. La chose est difficile à dater, car le récit ne précise pas si le rêve eut lieu pendant le tournage du film ou plus tard — ce qui laisse indécise la date à laquelle Michaux s'est à nouveau occupé de ses rêves pour les prendre en note, en vue de son dernier grand livre d'essai[1] ; mais l'idée se donne simplement, avec une évidence qui désarme. Dans la réalité, le film ne va pas bien : « On disait comprendre mon point de vue, mais on ne le comprenait pas et je ne comprenais pas le leur. » Un mot résume cet abîme : la « nature ». Tout dans le film semble à Michaux artifice, alors qu'il aspire à « une *langue où tout le*

1. Le récit couvre les pages 457-459 de *Façons d'endormi, façons d'éveillé* (III). Les citations qui suivent courent sur ces pages.

monde enfin se comprît vraiment ». Tel est ce que son rêve, après qu'il en a ainsi éclairé le contexte, lui livre de façon inattendue, à peine détournée. Cherchant avec impatience son metteur en scène pour l'entretenir du tournage de l'après-midi, Michaux croise à la place de celui-ci son chien. Et voilà que ce chien lui parle, d'une sorte de voix obscure, « un semblant de voix », qui se précise sitôt qu'elle passe à l'anglais. L'important, alors, est « ce parler des chiens » que le rêveur a toujours tant voulu entendre, comme une voix de la nature capable d'incarner le rêve d'« une langue universelle avec laquelle on se comprît vraiment tous, hommes, chiens, enfants, et non pas un peu, non pas avec réserve[1] ». Michaux ne le dit pas, mais les circonstances du rêve, la plainte si vive revenant à l'égard du film, comme cette dérive qu'il avoue pour mieux exprimer le « contentement immense » dans lequel le plonge son rêve — tout laisse entendre que le cinéma pourrait être, aurait pu être cette « vraie langue directe » qui a été sa grande aspiration. Autre espéranto, peinture seconde, animalité humaine, corps d'enfance immédiat : l'image de la pensée faite cinéma a bien porté cette intuition, issue des années 1920, de l'« image mimique[2] », dont Michaux aurait tant voulu faire la condition d'un « monde visionnaire ».

1. Voir aussi sur ce sujet le chapitre sur *Connaissance par les gouffres*, p. 461-462.
2. Voir le chapitre sur les Premiers écrits, p. 104-108.

« Lieux sur une planète petite »
(1966)

On connaît la force du réalisme magique attaché chez Michaux aux pays imaginaires. Cette force vibrante paraît s'exténuer à travers plusieurs des textes qui composent *Vents et poussières*. Deux mouvements s'y additionnent, créant une tonalité particulière, au bord de l'impalpable : une sorte de décoloration des traits fictifs, qu'il s'agisse des êtres, des actes, des objets ; et un processus d'abstraction, qui attire ces traits vers des essences. Ils deviennent ainsi des qualités intemporelles, suspendues, des affects flous dont la valeur d'événement tourne à l'énigme, des formes sentencieuses chues d'on ne sait quel ciel.

Composé dans les années qui conduisent aux *Grandes Épreuves de l'esprit*, « Lieux sur une planète petite » apparaît formellement comme le dernier texte de Michaux ordonnant des pays imaginaires. La version publiée en déroule treize, signalés par des initiales sibyllines, parfois augmentées d'une seconde lettre ; les parties demeurées inédites révèlent cinq autres fragments, intercalés parmi les premiers. Le dernier lieu, « D'A. », paraît seul assignable, désignant vraisemblablement l'Amérique (qu'on devine à quelques traits, par exemple : « au pays des élans nouveaux » ; « Des entrepôts de l'Est, aux entrepôts de l'Ouest » ; « Science est leur Dragon[1] »). La visée est clairement apocalyptique, annonçant « La naissance de la Grande Mort / de la Mort universelle ». L'avant-dernier vers

1. III, p. 297, et pour la citation suivante.

(« Tu vas continuer sans nous, Terre des hommes[1] ») suggère rétrospectivement que cette « planète petite » est bien la Terre, et que ces lieux sans repères en sont des fragments erratiques de temps et d'espace. Un titre manuscrit non retenu, « Impressions de voyage », implique un être effectuant ce parcours de lieu en lieu : l'incarnent tour à tour un « je » traversant la supposée Amérique, un « voyageur » dans lequel s'est caché un « Dieu » (dans le fragment « De T. »), « L'étranger » (dans le fragment « De S.[2] »), ou quelques traces d'énonciation opaque dans d'autres fragments. Ce parcours franchit des millénaires, des époques, des âges ; il évoque des dieux, collectifs ou singuliers.

À tenter d'ordonner si peu que ce soit un flot d'évocations à la fois volatiles et graves, assertives et fuyantes, on en retient une tension possible entre des termes dont la vocation s'oppose, au cœur même d'une catastrophe finale dont l'annonce se réitère : « Il faut se hâter. / L'Histoire va fermer[3]. » D'un côté (dans « De D. »), c'est la multiplicité : « Peuples : désirs à la gueule béante / Pourquoi tant de désirs ? / Pourquoi tant de pays. / tant de coutumes / Pourquoi toujours tant du multiple[4] ? » De l'autre (dans « De l'I. »), s'affirme « le brasier brûlant du désir / de l'Être pardessus tous les êtres / la méditation souveraine sur l'Essence / sur le réel au-delà du réel / le divin qui soudain frappe[5] ». Pluriel ou singulier du désir, pluralisme ou monisme : voilà bien les inconciliables. L'intérêt, ici, est qu'ils soient posés comme termes d'une alternative au sein de l'invention fantastique dont l'abandon ultérieur augure une forme de réponse, en même temps que disparaît déjà l'humour et son ancienne division des rôles. Cela, au moment où, dans le vécu comme dans la pensée de la drogue, ces termes s'affrontent en donnant au désir d'unité un privilège qui restera fragile mais cherchera sans cesse à se réaffirmer.

1. III, p. 298.
2. Respectivement III, p. 293 et 294-295.
3. « De L. », III, p. 292.
4. III, p. 295.
5. III, p. 293.

Les Grandes Épreuves de l'esprit

(1966)

À la fin de *Connaissance par les gouffres*, essayant de cerner — au nom de l'exigence devenue pour lui réalité d'une « conscience seconde » — les relations tourmentées du conscient et de l'inconscient et de déplacer leurs limites, Michaux en arrive à ce « conscient enfin qui laisse échapper à peu près tous les mécanismes du mental normal, pourtant singuliers, extraordinaires, méconnus, que (si on tient à les détecter) il va donc falloir prendre en traître, et avec l'artillerie qui convient[1] ». Cette « artillerie », c'est encore, pour la dernière fois avec une telle ampleur, la drogue, les divers états de la drogue — sans qu'on sache toujours bien s'il s'agit là d'expériences nouvelles ou plutôt de la reviviscence de matériaux anciens retravaillés[2]. Mais on remarquera surtout comment, dès la fin d'un chapitre initial censé répondre à ce vœu d'explorer « le merveilleux normal », le livre bifurque soudain, après une ligne de pointillés et quatre petits paragraphes d'un corps inférieur, dont voici les trois

1. *Connaissance par les gouffres*, III, p. 152. C'est la dernière phrase du livre.
2. Un passage frappe par son ambiguïté, où Michaux, étrangement culpabilisé, laisse croire aussi bien l'un que l'autre : « Sans avoir fait une promesse formelle de ne plus jamais prendre un hallucinogène, j'ai, pour tranquilliser quelqu'un qui m'est cher [Micheline Phankim], montré que c'est tout à fait dépassé, et que pratiquement je n'en prends plus » (III, p. 353). Dans les « Carnets de la drogue », un document au moins, constitué de seize pages de notes, porte la marque d'une prise de haschich. Daté du 10 avril 1966, il pourrait être antérieur aux pages des « Quatre mondes » consacrées dans *Les Grandes Épreuves de l'esprit* à « l'érotisme pur ». Michaux a souligné en tête de ces notes : « pages à détruire ».

premiers, surprenants : « En cours de travail, les observations faites sur l'état normal ont paru à l'auteur ne pas pouvoir entrer dans le présent ouvrage. / D'autre part, les renseignements attendus sur les agonies et les états d'inanition ont été plus pauvres, dispersés et difficiles à trouver qu'il ne l'avait cru. / Ce seront donc encore des états d'anomalie provoqués qui seront l'objet des observations suivantes[1]. »

Cette coupure avouée est l'indice flagrant de l'effet que produit une lecture continue de ce dernier livre de la drogue. Là où les trois grands livres discursifs antérieurs manifestent, plus ou moins, une sorte de logique unitaire, autour du choc même de l'expérience (*Misérable miracle*), d'une idée-sensation qui s'en voudrait le centre (*L'Infini turbulent*), ou du savoir qui pourrait en répondre (*Connaissance par les gouffres*), cet essai ultime se montre beaucoup plus disloqué, et varié, par les niveaux d'expérience, d'énonciation et de réflexion mis en jeu. Il est ainsi plus proche, en un sens, du fond de sa discursivité même, de recueils antérieurs de Michaux, dont le choc des parties garantit l'effet, incitant le commentaire à s'en saisir séparément.

« *Le penser* »

Le terme est nouveau chez Michaux, dans son masculin neutre. On le rencontre une fois seulement, dans *Connaissance par les gouffres*, quand la pensée cherche à se qualifier de façon générale[2]. Alors qu'il revient, de façon quasi compulsive, dans le chapitre initial des *Grandes Épreuves de l'esprit*, là où Michaux cherche à confronter directement normal et anormal, et à redéfinir ainsi « subconscient et conscient » — ces forces qu'on ne peut « jamais saisir ensemble[3] », mais que le détour par la drogue permet au moins de mieux situer l'une par rapport à l'autre. Le penser, celui que Michaux dit « à 99 % »

1. III, p. 328. Il s'agit de lignes ajoutées, lors de la composition du livre, au texte initialement paru en revue.

2. « Dans l'écoulement incessant du penser, il y a une allée principale et beaucoup de secondaires, de tentatives et commencements de secondaires coupés et rejetés à mesure » (*Connaissance par les gouffres*, III, p. 111).

3. III, p. 319.

inconscient[1], se caractérise avant tout par le préfixe « micro » étendu à autant de mots composés que possible (« micro-opérations », « micro-maniements », « micro-étapes », etc.) ; il est qualifié aussi de « moléculaire[2] ». On est frappé par la concordance de ces termes avec l'opposition entre « moléculaire » et « molaire » qui sous-tend la vision de Deleuze et Guattari, ainsi qu'avec celle, apparentée mais un peu différente, entre microscopique et macroscopique, qui permit plus tard à Deleuze de cerner les rapports entre conscient et inconscient sans plus de référence psychanalytique et autour de l'idée de pli, autrefois si centrale chez Michaux[3].

On se rappelle aussi que Michaux avait formulé dans la Postface de *Plume*, en 1938, une première vision du « pensant », avec ses trois phases : la phase 1, d'« équilibre », qui « reste inconnue, inconsciente » ; et les phases 2 et 3, de « pertes » et de « recouvrements d'équilibre », la deuxième qualifiant visiblement son écriture comme « contrariétés du "moi" » dans le « mouvement du "pensant" ». L'écriture vacillante du moi et de ses imaginations se trouvait ainsi prise entre deux équilibres : l'un positif, mais tout opaque ; l'autre au contraire trop visible, objectivant, négatif par là même (dont l'histoire de la philosophie composait le modèle). Michaux ajoutait alors : « Le véritable et profond flux pensant se fait sans doute *sans pensée consciente*, comme sans image[4]. » Le déplacement radical qu'induit l'expérience de la drogue est de brancher directement, avant tout par la vitesse[5], la pensée, les formes et les aspects de la pensée, sur l'image, les images, quelles qu'en soient les modalités, elles-mêmes variables suivant les drogues

1. III, p. 314.

2. En particulier, III, p. 314-315 et 320.

3. Voir le chapitre sur *La Vie dans les plis*, p. 316-319. Il s'agit surtout chez Deleuze du chapitre « La Perception dans les plis » dans *Le Pli*, Minuit, 1988, particulièrement p. 115-117 et 124-126.

4. *Plume*, I, p. 664.

5. Voir le premier chapitre des *Grandes Épreuves de l'esprit*, III, p. 326-328. Michaux le conclut pratiquement par la formule : « L'homme est un être lent, qui n'est possible que grâce à des vitesses fantastiques » (cette phrase a été reprise par Deleuze, dans un entretien, pour lier autour de la dimension moléculaire le cinéma et la pensée : « Le cerveau c'est l'écran », *Cahiers du cinéma*, n° 380, février 1986, p. 26 — repris dans Gilles Deleuze, *Deux régimes de fous*, Minuit, 2003, p. 264).

qui les suscitent, et les limites qui leur seraient propres dans le sentiment de l'expérience comme telle[1]. C'est ce que Michaux nomme « la tragédie de l'intensification des images », « la toute nouvelle persistance des images[2] ». Par là même, « la *nature unique* du penser [...] le tient à cent coudées au-dessus du langage à quoi il ne s'associe que peu, que momentanément, que provisoirement, que malaisément[3] ». Son « spectacle », sa « frappante et comme électrique discontinuité[4] » l'opposent en tout à la continuité et à la liaison naturelles de la phrase. Michaux a deux façons saisissantes d'y insister. « La parole "retient", et l'écrit reste... mais la pensée est repartie depuis longtemps loin du "rapport déposé". Chacun périodiquement atterrissant dans le langage vient y donner ou prendre rendez-vous avec les autres... et ensuite repart seul dans le monde de son esprit[5]. » Il parle aussi, d'un mot aux connotations fortes, de « Chute dans la verbalisation[6] ». Telle est pourtant la condition d'un nouvel « agrément », d'une reprise du « vieux jumelage de la pensée et de la parole », dont il dresse alors une sorte d'éloge. Mais non sans souligner tous les dangers de « l'excès de maîtrise », « du "penser dirigé" », qui rappellent la phase 3 de l'ancienne Postface. Penser, dans cette perspective, mais aussi bien écrire, devient pour l'essentiel une opération de passage : entre un subconscient ou un inconscient follement activé — et par là entr'aperçu — dans l'expérience hallucinogène et une conscience agrandie à proportion de ce qui reste en elle de ses états antérieurs, au sein même de ses reprises d'équilibre, de

1. Michaux n'a cependant cessé de battre en brèche la croyance en une antériorité trop simple de l'image. Par exemple, ici même, une longue note est consacrée à la « Fâcheuse représentation de gens qui croient à la primauté du visuel, qui veulent tout commencer par là, par ce qu'on voit » (III, p. 356). À cette illusion, Michaux oppose, soit, comme ici, une sorte de pur savoir de la présence, qui ne devient visuel que « secondairement », soit la puissance de l'abstrait, de l'idée, comme dans la célèbre formule de *Misérable miracle* : « L'image : fixation de l'idée. » Avec son corollaire : « On n'avance que par abstractions, on n'a de repos que dans l'image » (II, p. 675).

2. *Connaissance par les gouffres*, III, p. 103 et 104.

3. III, p. 320.

4. III, p 322 et 323-324.

5. III, P. 320, note.

6. III, p. 324. Il ajoute en note : « Et ressentie comme telle. » Rappelons comment Michaux décrit un « A. » qui pourrait lui ressembler dans « Le Portrait de A. » : « A. : l'homme après la chute » (*Plume*, I, p. 610).

ses retours au « merveilleux normal ». Insistant sur le fait que la drogue « est plus révélatrice que créatrice », Michaux souligne qu'elle « rend conscient de beaucoup plus de passages, de désirs aussi bien[1] ». Comme y insistait Deleuze, s'inspirant autant d'Artaud et de Michaux que des Américains de la Beat generation, l'effet singulier de la drogue, son « système autonome », serait qu'à travers « les vitesses, les modifications de vitesse, les seuils de perception, les formes et les mouvements, les microperceptions, la perception devenant moléculaire, les temps surhumains ou subhumains, [...] le désir entre directement dans la perception[2] ». D'où sa « causalité spécifique », faite de « désexualisation », comme l'a souligné ailleurs Michaux[3] : la pensée, le penser devenu perception et image, livrant une image autre et agrandie de la pensée.

Ainsi s'énonce un nouveau « système-Michaux ». Évoquant la transformation qui le ramène de la pensée-image à l'usage retrouvé du langage, Michaux ne craint pas d'évoquer, avec l'« ego » et les « bornes » qui caractérisent le langage, « son goût des propriétés », qui lui paraît « naturel[4] ! ». Ce mot, « propriétés », qui résonne si fort pour son lecteur, se trouve par là requalifié. Le texte avec lequel « Le Merveilleux normal » fait à cet égard à la fois couple et transition, et qui pourrait lui être de peu antérieur, est celui qui clôt *Vents et poussières*, « Le Champ de ma conscience »[5]. Michaux y parle du défaut de « résidence » attaché à ce qu'il nomme « le champ de ma conscience ». En se tenant au plus près du texte, on voit comment ses mots glissent, avancent et se modifient.

1. III, p. 327 et 328.

2. Gilles Deleuze, « Deux questions », *Où il est question de la toxicomanie, rencontre au Centre médical Marmottan entre François Châtelet, Gilles Deleuze, Erik Genevois, Félix Guattari, et al.*, Alençon, Bibliothèque des mots perdus, 1978, non paginé (repris sous le titre « Deux questions sur la drogue » dans G. Deleuze, *Deux régimes de fous*, *op. cit.*, p. 138-141). C'est par rapport à la causalité spécifique de la psychanalyse (« montrer la manière dont le désir investit un système de traces mnésiques et d'affects ») que Deleuze dégage celle de la drogue comme investissement direct du « système-perception ».

3. Voir « Le Problème d'Éros dans les drogues hallucinogènes » (*L'Infini turbulent*, II, p. 934-953), daté de 1964 dans l'édition revue et augmentée parue à cette même date, et ainsi tout à fait contemporain de ce début des *Grandes Épreuves de l'esprit*, publié en revue à la fin de 1963.

4. III, p. 325.

5. Voir le chapitre sur *Vents et poussières*, p. 468-469.

« Résidence » et « conscience » deviennent alors presque synonymes pour cerner un manque originaire converti en destin d'écriture et défini anciennement par le terme de « propriétés ». Michaux disait aussi « terrain » pour désigner avec un humour fou sa conquête d'une activité capable de fixer si peu que ce soit des propriétés d'emblée « tourbillonnaires[1] ». On voit que de « terrain » à « champ » il n'y a pas loin. Mais, tenant, dans le texte de *Vents et poussières*, à une conscience incertaine d'être plutôt qu'à quelque fondation propre à l'acte d'écrire, ce champ est au bord d'une mutation, comme l'expriment bien ses dernières lignes : « consciences en attente aux fenêtres opaques de ma conscience, de ma réellement épouvantable inconscience... quelque temps encore ma conscience[2] ». Les « fenêtres » pourraient ouvrir sur la vision ; mais elles sont « opaques ». Si bien que lorsque dans « Le Merveilleux normal » Michaux choisit de parler d'« écran de la conscience » pour situer la réception du montage d'images issu de l'« admirable mécanisme » du « penser » rendu possible par autant « de subpensées et de subformations mentales[3] », on voit bien que, d'un texte à l'autre, une continuité s'établit, autant qu'un renversement de termes, à la mesure d'un échange nouveau entre conscient et inconscient. Ce sont ainsi, à plus de trente ans de distance, de toutes nouvelles « propriétés » que s'invente et se reconnaît Michaux.

Aussi comprend-on un peu mieux le virage étonnant qu'à la fin de son texte introductif il opère en direction du reste de son livre. Les « états d'anomalie provoqués » vers lesquels il se trouve emporté, plutôt que vers « des observations faites sur l'état normal », témoignent bien que *Les Grandes Épreuves de l'esprit et les innombrables petites*, autant et plus qu'un dernier livre consacré à la drogue, ouvre sur une façon autre de gérer par celle-ci les « contrariétés du "moi" », ses « pertes d'équilibre ». Il faut également savoir le lire comme une version transformée des anciens recueils, et par là de la théorie active de l'imagination créatrice et fatale qui s'exprime dans les Post-

1. « Mes propriétés », *La nuit remue*, I, p. 468. Voir aussi le chapitre sur ce recueil, p. 198-200.
2. « Le champ de ma conscience », *Vents et poussières*, III, p. 211.
3. III, p. 321-322.

faces de *La nuit remue* et de *Plume*, culminant dans le « N'imaginez jamais » de *La Vie dans les plis*[1].

« Il écrit », « La Vie double »

Toujours si juste à l'égard de Michaux, Bertelé qualifiait par trois fois d'« *épopée* », dans le prière d'insérer rédigé pour le livre, le tumulte logique des *Grandes Épreuves de l'esprit*. Parmi les motifs essentiels qui marquent « les événements étonnants et redoutables » de cette « épopée [...] de l'esprit », on retrouve ceux de l'écriture et du double, réagencés au gré de la puissance expérimentale d'un spectacle du savoir. On se souvient de ces deux textes accolés à la fin d'*Épreuves, exorcismes* : « Il écrit », « La Vie double ». Dans l'un, transformé en « Couteau depuis le haut du front jusqu'au fond de lui-même », le héros choisit sans fin « "SA" victime... » « dans le wagon que l'Univers débordant pousse vers lui ». Dans le second, il a laissé grandir en lui son « ennemi » qui progressivement le dévore, formé de tous les matériaux tenus par lui pour négligeables, dans son esprit, ses voyages, ses études et sa vie[2]. Ainsi l'activité d'écriture et la propagation du double se trouvent-elles dramatiquement rapportées l'une à l'autre. Écrire, c'est à la fois, sans fin, instituer le double et le mettre à mort, selon la formule naissant de la logique des échanges meurtriers ouverts par les fatalités de l'imagination : *Je-tue-moi*[3]. On a vu comment ce sillon mortel du thermocautère s'est trouvé métamorphosé dans l'expérience de la drogue par l'insistance d'un sillon nouveau, forme essentielle de l'être et du temps, sorte de matrice inconsciente parvenue et imposée à la conscience, face à laquelle celle-ci subsiste en quelque sorte à l'état pur tout en s'y trouvant capturée[4]. Voilà ce que, en donnant un nouveau tour aux aventures de l'écriture et du double, trois

1. Voir sur ce texte le chapitre sur *La Vie dans les plis*, p. 321-322, et celui sur *Misérable miracle* et *L'Infini turbulent*, p. 390-391.
2. Voir le chapitre sur *Épreuves, exorcismes*, p. 286-288.
3. Cette formule est le résultat de la triade « Je-tu », « Tu-moi », « Je-moi », qui développe dans « N'imaginez jamais » la proposition initiale du thermocautère : « Je te vois, je te détruis ».
4. Voir le chapitre sur *Misérable miracle* et *L'Infini turbulent*, p. 392-393.

textes-chapitres surtout des *Grandes Épreuves de l'esprit* (II, III, IV) se trouvent acclimater selon une pluralité nouvelle de l'événement.

On est d'abord frappé que ces chapitres forment de véritables récits, discontinus, de la pratique d'écriture au fil même de l'expérience. Que cette pratique se révèle possible, impossible, soumise à telle inflexion ou telle modalité. « En difficulté / Mais où la difficulté ? » en fait quasiment son sujet, à partir d'un exorde affichant une situation qui va se moduler selon les réflexions, les accidents qui la prolongent (« saisissant crayon et bloc de papier, je me mets en devoir de noter le spectacle extraordinaire[1] »). Au point qu'écrire — dans l'instant même des effets produits de même que selon la conception finale qui en naît, plus ou moins tributaire de cette activité de notation instantanée — est l'événement de l'« événement » que la pensée cherche à cerner[2]. Le fait central, déjà approché par Michaux à travers les commentaires des parties versifiées de *Connaissance par les gouffres*[3], mais ici plus directement touché, tient à l'abîme entre sens et non-sens investis dans les mots, à proportion de leurs vitesses d'apparition et de transformation. Sens et non-sens tenant du reste aussi bien aux mots eux-mêmes, s'ils existent en tant que tels, qu'à leurs attaches syntaxiques, grammaticales, sitôt qu'ils tendent à la phrase. Peut-être est-ce un tel écart qui ressort de la tension soudain évoquée par Michaux à travers l'image « d'une grande, très grande sphère », avec ses deux « systèmes », « pôles » ou « modes », que sous-tendent deux termes : « *Explication* » et « *C'est ça*[4] ». L'évocation extraordinaire, proprement épique, de ces deux pôles, suggère

1. III, p. 329.

2. De ce point de vue, les pages 324-336 des *Grandes Épreuves de l'esprit* sont, avec les pages introductives de *Misérable miracle*, mais de façon bien plus précise et développée, celles qui permettent le mieux d'entrevoir le rapport éventuel entre les divers états des « Carnets de la drogue » et les livres qu'ils inspirent.

3. Voir le chapitre sur *Connaissance par les gouffres*, p. 455-456.

4. III, p. 338. Voici ce qu'écrit Philippe Sollers à Michaux, avant la parution de « En difficulté / Mais où la difficulté ? » dans *Tel Quel*, à la fin de 1966 : « Je suis très frappé de votre texte : en particulier par l'image de la sphère aux pôles "explication" et "c'est ça". J'ai l'impression que vous avez touché là aux structures fondamentales *où nous sommes pris* qui que nous soyons, quoi que nous fassions » (Lettre datée du 16, sans autre indication).

combien ils tendent, à partir de l'exigence d'identité et de sens qu'ils portent en eux-mêmes, à se désémantiser (« folle sémantique de dérivés toujours en dérivation et en au-delà »). C'est qu'ils sont aussi « visualisés, mis en action dans ce sauvage cinéma-minute », résistant ainsi à l'intellection. Michaux insiste alors beaucoup sur la dimension de « spectacle » : « vision intérieure », mais se développant « en présence de moi, le spectateur, qui certes n'en paraissais pas l'auteur, ni d'aucun des deux le "supporter". J'étais ébahi, émerveillé. J'assistais. J'étais dans la salle[1] ». L'important, alors, est cette pureté essentielle d'une conscience paradoxalement libérée d'être aussi captive. Par la métamorphose chimique imposée au corps, elle vit des dédoublements excessifs, qui du même coup la délivrent des imaginations que la conscience librement attachée au simple corps ne peut s'empêcher de former, selon des implications qui l'en rendent prisonnière.

Aussi est-ce à de nouvelles fictions du redoublement que convie *Les Grandes Épreuves de l'esprit*. Fictions aussi affolées qu'apaisées, aussi ponctuelles que fondamentales. Par exemple, au travers d'hallucinations variées, saisissantes quoique maîtrisées, qui se présentent sous la forme de divers personnages (« Tiens, une fille ; jeunette, assise toute droite sur une chaise, attendant ») et peuvent aller jusqu'à des incorporations d'identité (« elle est toujours là, et cette fois, c'est mon frère, adolescent, qui en mon corps, avec mes jambes, passe devant elle[2] ! »). Comme on peut s'y attendre, un tel effet pénètre les mouvements d'écriture internes à la progression des récits-évocations (ainsi, plus tard, une seconde fille qui écrit à sa place[3]). Et il s'étend, imprégnant même un texte entier (chapitre IV), le seul des écrits de la drogue qui voit Michaux se projeter non seulement en maints « il » ou « on » furtifs chers à sa rhétorique, mais dans une sorte de

1. III, p. 338-340.
2. III, p. 347.
3. « Arrivé chez moi je prends quelques notes, et je m'aperçois qu'à ma place une fille, de sa main fine, écrit mes remarques. Peut-être qu'une scription plus égale m'a mis sur le chemin de cette illusion, par la ressemblance qu'elle peut avoir (de bien loin !) avec certaines jeunes écritures peu personnalisées, obéissantes, soumises. Ou ma main me paraissant plus mince et pâle que d'habitude a-t-elle fait songer à une main féminine ? » (III, p. 349).

personnage, « N » — la lettre qui vient après « M », tout près mais déjà loin.

À nouveau, il s'agit de lire, d'écrire, de noter. La gradation de ces « présences qui ne devraient pas être là » est un corps à corps de langage. Le héros voit tour à tour les mots qu'il écrit se réduire à de pures figures matérielles (« petits tas », « petites touffes »), leur sens s'éteindre, l'auteur qu'il lit, « une certaine Kamala Markandaya », lui lire son livre à sa place, et, quand il se remet à écrire, « quelqu'un de penché sur son épaule, regardant par-dessus son épaule son texte », au point qu'une rumeur, « comme d'un groupe », s'interpose entre lui et ce qu'il écrit, jusqu'à une première acmé que Michaux s'est plu à souligner, d'un trait d'humour — humour assez peu habituel aux écrits de la drogue, mais qui colore tout ce texte —, à l'instant où sa décision (« Ne plus écrire ! ») se métamorphose au gré de cette nouvelle magie : « "Ne plus" s'est changé en grévistes[1] ! » On voit la valeur, quasi stratégique, d'un texte qui mène ainsi son héros d'épisode en épisode, de sa chambre à la rue, du divan à la table, comme au beau temps de maintes narrations antérieures, et qui, par un trait difficile à croire de hasard, transporte aussitôt N., dont les yeux s'arrêtent sur une carte postale arrivée de Honfleur — ce petit port de Normandie où, tant d'années auparavant, entre « Projection » et « Intervention », je-Michaux se livrait au « spectacle » irrépressible de ses « propriétés »[2]. Mais l'auteur des « Présences » cerne au plus près l'écart que ce rapprochement induit. Dans ses années de rêveries, de projections, d'interventions, si mental que fût le spectacle auquel il invitait pour s'en être trouvé captif, celui-ci tenait à la pression de divers niveaux de réalité (y compris celui de ses « pays imaginaires ») et à leur filtrage par la conscience malheureuse d'un corps. « Il traduit aussi le Monde, celui qui voulait s'en échapper[3]. » Alors qu'à l'aide de la drogue, quelle que soit la réalité en jeu, il finit par en aller autrement. C'est ainsi que résonne de façon exemplaire le finale par lequel, au-

1. III, p. 363-365.

2. Il s'agit des deux textes couplés de *Mes propriétés*, souvent cités, repris dans *La nuit remue*, I, p. 487-489. Voir le chapitre sur ce recueil, p. 196, et celui sur *Images du monde visionnaire*, p. 476.

3. C'est la phrase qui sanctionne le rapport inéluctable entre les pays imaginaires et la réalité réelle, dans la Préface d'*Ailleurs*, II, p. 3.

delà de toute présence irréelle ou réelle, s'achève « Les Présences qui ne devraient pas être là ».

« Et l'ABSOLU appelle, l'interpelle, le sollicite, vient en lui. Lui donne pouvoir. Lui enjoint, l'emplit "le gonfle". Trop ! Trop ! À en éclater. Il a une mission à remplir, une mission en rapport avec le MONDE. Urgente. Pressant, le message qu'il doit délivrer (dont aussi il doit se délivrer) : un message qu'absolument tout le monde doit entendre. Il en est comme écartelé. Il n'en peut plus de le garder. Et pourtant, il le faut. Message absolu. Message pour lequel il ne trouve pas de paroles, pour lequel il n'y a pas de parole, aucune parole en aucune langue. / Seulement d'ESPRIT. SEULEMENT quand il sera entièrement transformé en esprit, il pourra délivrer le message. / Cependant le message gonfle, gonfle, l'étouffe, incessant, exorbitant, infini, infiniment brisant...[1] » La seule chose qui garde Michaux en rapport avec le monde semble alors le langage par lequel il s'adresse encore à lui-même comme à son lecteur. C'est là, on s'en souvient, ce qu'objectait Blanchot, avec autant de perplexité que d'insistance, à un tel sentiment de l'infini : qu'il réponde à une expérience purement intérieure, déliée du monde, devenue aussi bien la puissance que l'impuissance de l'esprit[2].

L'Un, le Multiple

Voilà ce qu'accomplit de certaine manière, et cette fois au cœur même de la réalité naturelle, l'expérience qui suit : « Le Dépouillement par l'espace ». Michaux y conte une prise de haschich, depuis longtemps projetée, face à un paysage de haute montagne. Il évoque une résistance, une indifférence ; et, soudain, fulgurante, son entrée « en espace ». S'essayant à cerner cette « merveilleuse invisible lévitation[3] » qui le met en rapport d'échange intime et extraordinaire avec le ciel, Michaux

1. III, p. 373.

2. Maurice Blanchot, « L'Infini et l'Infini », *La Nouvelle Revue française*, n° 61, janvier 1958, en particulier p. 106-109. Voir sur ce point le chapitre sur *Misérable miracle* et *L'Infini turbulent*, p. 382-385.

3. III, p. 374 et 375.

insiste sur le paradoxe attaché au fait de regarder ce dont on devient une part[1] : « sa captation de voyant par le visible », écrit Claude Lefort dans la plus belle page qu'ait suscitée ce texte[2]. Si la pensée reste consubstantielle à l'expérience, celle-ci ne s'en effectue pas moins « sans donner à l'esprit une seule prise[3] ». Et Michaux peut se dire alors « nettoyé de toute consistance, de toute propriété[4] ». Il a une formule extrême pour tenter d'unifier des positions ou des postures d'être arrachées à toute tension, conciliées par une coïncidence absolue entre le dedans et le dehors de soi : « Le voyageur était émerveillé. Le participant était brassé. Cependant l'observateur incorruptible assistait. Telles étaient les trois faces de celui qui pourtant ne se sentait plus personne[5]. » La force d'une telle affirmation est de reprendre à son compte la division, première chez Michaux, propre à l'expérience du double, pour en harmoniser la pression et en clore comme à jamais toute fatalité de prolifération[6]. Le « dépouillement par l'espace », que Michaux nomme aussi « le sacrement spatial », répond ainsi, avec une sérénité nouvelle, que déjà *L'Infini turbulent* et *Paix dans les brisements* annonçaient, aussi bien aux affolements peu maîtrisables souvent induits par la drogue qu'à la hantise

1. « Et je continuais à le regarder, si le mot "regard" s'applique à un abîme où l'on est précipité et dont rien ne vous sépare plus » (III, p. 375). Il dit aussi : « un témoin qui, naufragé, utilise encore ses yeux » (p. 376).

2. « … Sur une colonne absente », *Sur une colonne absente*, Gallimard, coll. « Les Essais », 1978, p. 175.

3. III, p. 377.

4. III, p. 378.

5. III, p. 377. Cette tripartition peut être mise en regard de celle que Michaux avance au sujet des impressions du fantastique, quand il s'arrête, page 334, sur le livre de Morag Coate, *Beyond all Reason* : « L'homme malade est celui qui ne peut les rejeter. L'homme sain mentalement est un continuel correcteur d'impressions fantastiques. Le poète essaie parfois leur fête. » — Le livre de la jeune femme que Michaux prénomme de façon erronée « Mary », pour « Morag », a été publié à Londres en 1964 chez Constable, avec une introduction de R. D. Laing (et réédité sous le seul titre *Beyond all Reason*, Philadelphie et New York, J. B. Lippincott Company, 1965). Il s'agit d'une autobiographie de la folie, et des plus remarquables, comme le souligne Laing. Morag Coate, écrit-il, « est devenue cinq fois folle en quatorze ans », et a fini par en guérir, ce que son livre raconte.

6. C'est ce qu'annonçait si parfaitement ce passage de *Paix dans les brisements* : « un désir d'union / oh ce désir d'union / / fluide, fertile / double du double / double de tout redoublement » (II, p. 1003).

immémoriale de l'espace dont celle-ci a fini par permettre une transformation — cet Espace de « l'*Épouvantable-Implacable* » sur lequel s'achevait trente ans plus tôt le poème final de *La nuit remue*[1].

Pour clore ce récit dans sa pleine lumière théorique, Michaux annonce avec un calme égal le retour en lui de la « conscience dualisante [...] qui est la pluralisante, qui est la plurilocalisante », comme de la réalité des espaces dans lesquels il figure : « La terrasse est ici, mon corps dessus. Le ciel plus loin. La montagne qui va apparaître avec l'aurore, là ! Dans cette direction, Lausanne — au-delà, sur la gauche. / La terrasse est en brique, la montagne en terre, moi en tissu conjonctif, nerveux, osseux, etc. et en conscience de la situation. L'espace n'est plus qu'une notion, une évaluation, une donnée[2]. » Jamais, sans doute, Michaux n'avait atteint dans « l'ordinaire réalité » une pareille acceptation objective de soi. C'est qu'elle est forte du « monisme » de fait qui a été touché, que Michaux nomme aussi « Absolu », « Spirituel », « conscience cosmique », « le métaphysique [...] seul », « cette ineffable non-dualité-là ». Il pose ainsi face à face, selon une souveraineté inégale dont le partage, fût-il largement de hasard, semble être devenu en lui une propriété nouvelle, l'Un et le Multiple. Le premier vivant de l'oubli du second ; le second devenu presque acceptable à proportion du premier qui le hante ou l'innerve et devient son possible.

Telle est la perspective que développe en fin de volume, passés trois chapitres où les aliénations conjuguées de la drogue et de la folie prolifèrent à nouveau d'hypothèses irrépressibles, le chapitre intitulé « Les Quatre Mondes ». Sa nature est unique chez Michaux. Le métaphysique s'y donne vraiment seul, selon une abstraction sensible rarement confirmée de la sorte pour elle-même. Ces mondes sont des centres. Michaux les caractérise comme monde de l'érotisme pur,

1. « Oh ! Vide ! / Oh ! Espace ! Espace non stratifié... Oh ! Espace, Espace ! » (« L'Avenir », *La nuit remue*, I, p. 510). Sur l'espace chez Michaux et la transformation qui s'en opère à travers les écrits de la drogue, voir Filippo Zanghi, *Un hérétique de l'espace. Notations de l'expérience chez Henri Michaux*, Lausanne, Archipel, coll. « Essais », 2002 (voir en particulier, sur « Le Dépouillement par l'espace », p. 86-93).

2. III, p. 380. Les citations qui suivent courent p. 380-381.

monde héroïque, monde de l'amour exalté, monde de la contemplation exaltée. On peut passer du « premier (l'inférieur) aux supérieurs », qui sont « parfaitement exclusifs, indépendants, pleins, fermés[1] ». Ils ont en commun, le dernier surtout (« comment ne pas le désirer plus que tout autre[2] ? »), de délivrer de la dualité, de la pluralité, de passer au-delà des « constructions de l'esprit » autant que de « la variété innombrable du monde[3] ». Michaux dit aussi : « Plus d'événements. Finis les épisodes[4] ». Cela suppose de doter d'un sens purement abstrait les termes de « bataille » et de « combat », qui pourraient laisser croire encore, à l'intérieur du monde de l'héroïsme, à des phases matérielles. Dans les « Commentaires » par lesquels, à la toute fin du livre et en plus petits caractères, Michaux reprend pied dans une sorte de réalité critique face à ce « tremplin même de la transcendance[5] » qui règle ses évocations, trois choses essentielles se trouvent condensées[6]. Il appelle « profond inconscient de soi » ces univers dans lesquels, à rebours de tous « désirs conscients », on accède par chances provoquées, de même qu'au « dépouillement par l'espace » où « tout se tient dans la lumière du *je désirant*[7] ». Ensuite, si hasardeux soient les accès à ces « états rares » que Michaux nomme aussi des « acceptations inouïes », ils modifient comme en son fond tout rapport à soi-même, par un effet de rémanence qui est leur profit le plus sûr. Enfin, ils ouvrent sur l'encore inconnu d'une vie. Il est frappant et beau que dix ans d'écriture des livres de la drogue s'achèvent sur ces mots : « Évolution en cours... »

Mais ce que Michaux peut seulement suggérer, c'est qu'à un tel travail de balance mené tout au long de ce livre, surtout, entre les singularités irrépressibles de la multiplicité et les exaltations de l'unité, il a gagné un style un peu nouveau. C'est le sens de l'une de ses dernières lettres à Paulhan, qui dit bien la difficulté qu'une fois de plus il a rencontrée dans sa prose

1. III, p. 426 et 419.
2. III, p 424.
3. III, p. 425-426.
4. III, p. 425.
5. III, p. 416.
6. III, p 427-428.
7. Claude Lefort, « ... Sur une colonne absente », *op. cit.*, p. 175.

d'essai : « Pour la sixième fois, je reprends, je récris les *Grandes Épreuves de l'Esprit*. Cette fois, j'y suis, j'y suis presque... mais on peut prévoir une septième fois, une huitième peut-être pour ce texte auquel je tiens tant et qui devra bien sortir, mais qui jusqu'ici a rompu et fait éclater, comme corsets désuets, toutes les formes où j'ai voulu le faire tenir. Peux-tu attendre entre trois ou quatre mois[1] ? J'approche, c'est sûr. / Les *Situations-gouffres* me gênent, je crois, m'ont intoxiqué (j'entends leur écriture). Il faut que je revienne à un plus moderne ton. Ce matin, abattu à souhait, j'ai bousculé le grand parleur. Tout va mieux. Mais je me demande à quel âge j'apprendrai à écrire *vraiment*[2]. » L'idée même d'un retour à « un plus moderne ton », après avoir bousculé « le grand parleur » des « Situations-gouffres » dont la résonance l'obsède, est curieuse. C'est qu'il s'agit bien de se retrouver, mais ailleurs, grâce à l'expérience de la drogue et en même temps déjà au-delà des « corsets désuets [de] toutes les formes ». Comme Beckett éloignant le « vieux style[3] ». Rien ne qualifie mieux cette nouvelle manière que la lettre par laquelle Jean Starobinski remercie au même moment Michaux de l'envoi de plusieurs de ses livres : « Je suis frappé — dans *Lieux...*, dans *Vers la complétude*, par la prodigieuse énergie dont s'emplissent des vocables apparemment "abstraits", tandis que s'effacent les objets du monde. Véritable ascèse, qui comporte accroissement d'intensité — dans les approches de l'Un. Vous ne cessez toutefois de faire face au multiple, de le provoquer, de l'affronter. C'est une bataille qui, comme dans *Les Grandes Épreuves*, vous illumine dans vos tréfonds à mesure que progresse votre lecture. Nous y gagnons des territoires illimités, où la conscience s'agrandit de tout ce qui la traverse et la désarçonne[4]. »

1. Cela suppose un texte promis à Paulhan, peut-être « Les Présences qui ne devraient pas être là », qui paraît dans la *N.R.F.* l'année suivante (1965) et semble ici valoir pour l'ensemble du livre.

2. Lettre du 23 novembre 1964.

3. Cité par Gilles Deleuze dans Samuel Beckett, *Quad et autres pièces pour la télévision*, suivi de *L'Épuisé* par G. Deleuze, Minuit, 1992, p. 105.

4. 17 mars 1967. Le titre abrégé « *Lieux...* » désigne « Lieux sur une planète petite ».

Façons d'endormi, façons d'éveillé

(1969)

> *Les rêves sont le premier cinéma que l'homme a inventé, et avec davantage de moyens encore que le cinéma lui-même. Même le plus riche des producteurs ne pourrait vous financer la « superproduction » qu'il y a parfois dans les rêves. Mais nous parlons toujours de rêves et nous oublions la rêverie. Je crois que je la préfère au rêve, parce que le rêve ne peut être dirigé, et que la rêverie, jusqu'à un certain point, oui.*
>
> LUIS BUNUEL [1].

De tous les livres à vocation d'essai entrepris par Michaux, celui-ci est le plus délié. Non par manque de fermeté ou d'énergie. Mais on sent que son auteur a tenu continuellement à alléger, de bien des façons, un sujet qui pouvait paraître encombrant et qui, contrairement aux drogues hallucinogènes, sur lesquelles Michaux était en position de novateur, était cerné d'emblée par des savoirs dont la psychanalyse n'était pas le moindre. S'il n'épargne pas Freud, son repoussoir intime depuis les années 1920, Michaux le fait avec retenue, un sens sûr de l'évitement, montrant presque une sorte de tendresse compréhensive envers une aventure de l'esprit dont il se garde — sans vouloir se donner la peine d'y pénétrer vraiment [2], serait-ce pour

1. Propos rapporté par Victor Erice dans « Parole de Don Luis », *Trafic*, n° 39, automne 2001, p. 120.

2. À l'occasion d'une critique normative de Roger Dadoun (« Petite onirologie d'Henri Michaux », *La Quinzaine littéraire*, n° 86, 1er janvier 1970, p. 15) que

s'en démarquer. De même, on est frappé, par contraste avec les deux derniers livres de la drogue, du nombre très limité de références savantes ou culturelles que le texte présente. En regard de la masse d'emprunts faits à un livre sur le rêve dans les sociétés traditionnelles[1], deux domaines surtout ont été ignorés, ou au moins écartés : l'immense tradition littéraire du rêve, des romantiques allemands et de Nerval au surréalisme[2] ; et les recherches physiologiques, ou neuro-biologiques, sur le sommeil et le rêve, qui se sont multipliées dans les années d'après-guerre, en particulier autour de la réalité nouvelle de la « phase paradoxale[3] ».

La question, du coup, se divise : pourquoi ce livre sur les rêves, ou à partir des rêves, et pourquoi, autour des rêves, un tel livre ? On se souvient peut-être de l'annonce audacieuse lancée par le jeune Michaux, à l'époque des *Rêves et la Jambe*, de son « prochain ouvrage », *Rêves, jeux, littérature et folie*, destiné à « démontrer l'autre partie, la grosse partie » de ce dont Freud « n'a vu qu'une petite partie[4] ». Rêvons un instant sur ces termes, au regard d'un livre impossible et de l'œuvre advenue. Sitôt qu'il abandonne la perspective de l'« essai philosophique et littéraire[5] », Michaux semble absorber en lui aussi bien les rêves que la folie pour les laisser se métamorphoser, à la façon d'un jeu, un grand jeu personnel étendu à toute réalité du monde, en une forme neuve de littérature. Jeux sans fin du

---

Bertelé lui communique, cela n'empêche pas Michaux de se réjouir de tout ce que son livre permet de retirer au « domaine freudien » (lettre du 9 janvier 1970).

1. Il s'agit d'un article de Gustav E. von Grunebaum, grand spécialiste de l'Islam, qui a en particulier dirigé avec Roger Caillois le volume collectif *Le Rêve dans les sociétés humaines* (Gallimard, 1967).

2. En dépit de maintes lectures, en particulier des romantiques allemands, dont témoigne Micheline Phankim.

3. Voir notamment André Bourguignon, « Fonctions du rêve », dans *L'Espace du rêve, Nouvelle revue de psychanalyse*, n° 5, printemps 1972. Si les recherches de Michel Jouvet, par exemple, n'ont pris corps que plus tard dans des livres (ainsi, *Le Sommeil et le Rêve*, Odile Jacob, 1992), plusieurs de ses articles ont déjà paru en revue dans les années 1960 — de façon tout à fait comparable à ceux de Jean Delay sur les substances hallucinogènes, auxquels Michaux avoue tant d'emprunts ou au moins de références, quelque usage qu'il en fasse.

4. « Réflexions qui ne sont pas étrangères à Freud » (Premiers écrits, 1924), I, p. 50.

5. C'est le sous-titre donné, en 1923, à *Les Rêves et la Jambe*.

« je » et du « on », de toutes les voix qu'ils cumulent — du « Rêve de Moore » au « Drame des constructeurs[1] ». Cet équilibre instable de la fable piquetée de savoirs inquiétants aussitôt réinvestis en fables aura tenu, ou plutôt dérivé pendant trente ans, tempéré par une aspiration éperdue envers l'Asie et par un apaisement trouvé dans le geste, tenu pour antérieur à tout, de dessiner et de peindre. « Au pays de la magie » pris comme emblème, folie et rêve se seront comme en se mêlant joués d'eux-mêmes, jusqu'au *nonsense* de tout langage. On sait comment, un seuil atteint, la plongée dans les essais sur la drogue a tenté d'avoir raison de la folie même. De la « schizophrénie expérimentale » de *Misérable miracle* aux « Situations-gouffres » de *Connaissance par les gouffres* et aux « aliénations expérimentales » des *Grandes Épreuves de l'esprit*, c'est la mimétique ambiguë de ce que Michaux nomme « l'aliéné » ou « la folie » qui opère en lui une mutation sans retour. De tous ces livres de la drogue, le rêve est absent, dans la mesure où c'est la folie provoquée, toujours plus ou moins maîtrisée, qui a la charge de faire surgir au gré de nouvelles vitesses une vision transformée des rapports entre conscient et inconscient. « Voilà qui est bien loin des rêves » : telle serait une de leurs moralités. Car les images qui affluent, toujours trop vite pour être à peine comprises, « sont d'une inépuisable nouveauté. On ne peut compter sur leur retour pour y réfléchir, y voir clair[2]. »

Aussi semble-t-il juste qu'une fois cette « folie » retombée, incorporée, faite « littérature » au gré de cinq livres, revienne la question du rêve, comme au plus ancien temps, mais pour le saisir cette fois, au terme de toutes ces expériences — avant, après la drogue —, dans son rapport réel à tout ce dont la vie de l'écrivain Michaux a été jusque-là faite pour l'essentiel, et qui est comme le revers du rêve, si proche que le mouvement de ses « jeux » puisse parfois en paraître : la rêverie, le rêve éveillé ou vigile[3]. D'où ce titre bifide, et le clivage exact ins-

1. Ces deux textes figurent dans *Plume*, respectivement I, p. 570 et 656-661.

2. *Les Grandes Épreuves de l'esprit*, III, p. 412.

3. Michaux a déjà abordé explicitement ce rapport sans rapport dans une note de *Paix dans les brisements*. Il y qualifiait, face à la vitesse (« follement vite ») des « pensées à l'état naissant, pensées en liberté, les seules que l'on connaisse libres », ses deux autres grands registres : « les rêveries, c'est toujours dirigé, peu ou prou. Quant aux rêves, la pensée y est communément impure,

tauré par Michaux entre les deux parties de son livre, d'inégale longueur, pour n'en glisser pas moins sûrement de la première à la seconde : *Façons d'endormi, façons d'éveillé*.

Sur la décision même qui le porte à ce livre, après ceux de la drogue, Michaux, comme toujours, dit l'essentiel, d'emblée, à sa façon feutrée : il a fallu son expérience des hallucinogènes pour que, habitué depuis l'enfance à des rêves « pâles, sans couleurs », il connaisse enfin, à l'égal de tant d'autres rêveurs, « des images visuelles, colorées, lumineuses, optiquement frappantes ». D'où, malgré un retour inéluctable à « leur habituelle grisaille[1] », un désir de les examiner, de les noter, puis de les commenter — avec tous les inconvénients qu'on imagine, autres mais proches de ceux déjà éprouvés face aux prises de drogue[2]. C'est cette « relation abandonnée, ou inachevée », qui ouvre en lui « la tentation de faire quelques remarques d'ensemble » — la suite vaut d'être citée pour situer l'humeur et la tonalité si singulières du livre — « malgré toute la méfiance qu'on doit avoir, sur ce sujet particulièrement, qui, gardé par des techniciens, ne tolère plus l'innocence, qui lui allait si bien, ni le naturel, qu'on ne saurait d'ailleurs retrouver[3] ».

Michaux va ainsi nous conter, cinq chapitres durant, des rêves, des fragments équivoques de rêves, des souvenir de rêves, accompagnés d'autant d'associations, de digressions, de confessions voilées, de considérations et d'analyses. En cela, *Façons d'endormi, façons d'éveillé* est un livre beaucoup plus ouvertement autobiographique que ne le sont ses livres précédents, et par là plus proche de ses anciens récits de voyage, *Un barbare en Asie* ou *Ecuador*. Plutôt que le Michaux toujours un peu lointain, exalté ou transi, glacé-glaçant, presque

---

dissimulée, non abstraite, obligée de se manifester en tableaux, en théâtre, en épisodes et plutôt mal que bien » (II, p. 999).

1. III, p. 447 et 448.

2. Rappelons que, dans l'ensemble massif de notes nommé « Carnets de la drogue » (voir le chapitre sur *Connaissance par les gouffres*, n. 5, p. 450), on ne découvre à peu près rien qui se rapporte proprement au rêve, et qu'il n'existe d'autre part sur les rêves aucun dossier comparable à celui que Michaux a élaboré pour *Une voie pour l'insubordination* (voir le chapitre sur ce livre, n. 1, p. 566).

3. III, p. 448.

ineffablement sérieux, des livres de la drogue, c'est un Michaux vivant, réactif, amusé, amusant, vibratile, humoral, humoriste, en quête d'un autre et nouveau lui-même, qui s'adresse ici à un lecteur dont il admet, quoique sans la rechercher, la complicité. On le voit bien à la façon dont il cède au bonheur de se raconter à lui-même les instants et les signes d'un amour par lequel le livre est illuminé, qu'on en sache ou non la source réelle[1]. On ressent aussi ce retour de Michaux à une ancienne identité grâce aux références nombreuses et fortes faites à des animaux, lui qui a témoigné avec trouble à quel point ses années de la drogue avaient produit en lui, sur cet affect précis, une insensibilité frappante[2]. Le contraste surgit surtout au fil d'un rêve où lui est révélé « le parler des chiens », ravivant si fort son fantasme ancien et fondamental d'une langue universelle (rappelant aussi un passage d'*Ecuador* qui thématisait ce désir d'un échange avec les animaux[3]). On sent le rêve devenir pour Michaux, en dépit du peu d'attrait immédiat montré à son égard, une sorte d'opérateur de réalité, ne serait-ce, on le verra, qu'à être le revers du rêve vigile, ce « rien en soi qui est presque tout[4] ». Ainsi, plus de quarante ans après « Mes rêves

1. Il s'agit de la relation de plus en plus étroite qui l'a lié depuis 1961 à Micheline Phankim. Les passages où sa compagne de voyage se trouve subtilement évoquée figurent aux pages 450, 454, 455-456, 488, 493-495, et 496-498 (III).

2. Voir le chapitre sur *Connaissance par les gouffres*, p. 461-462. Il est notable que la lettre de Michaux à Frederic Shepler du 2 novembre 1969, déjà évoquée dans ce même chapitre, coïncide avec la sortie de *Façons d'endormi, façons d'éveillé*. Michaux y répond à l'envoi que cet universitaire américain, avec qui il était en rapport depuis longtemps, lui a fait de son livre *Creaturee Within. Imaginary Beings in the Work of Henri Michaux*, Bloomington (Indiana), Physsardt, 1977. Il y revient sur son lien ancien avec ses êtres imaginaires, et en particulier les animaux (« liés à moi, à mes difficultés, à mon malaise […], à peut-être mon angoisse depuis mon entrée dans la vie »). Il rappelle la façon dont ses expériences de la drogue avaient exclu tout sens de son rapport avec les animaux. Il ajoute : « Pour des années. Pour toujours ? » Et, formulant le vœu que Shepler ait pu, « en fin de chapitre », lui prédire l'avenir, Michaux avance enfin ces mots, réservés mais chez lui d'un optimisme rare : « Qui sait ? Je commence à avoir quelques idées là-dessus. Quelque chose bouge, se met à bouger. Il doit bien y avoir *une autre imagination que celle du malaise* » (je souligne).

3. *Ecuador*, I, p. 178-179. Le passage de *Façons d'endormi, façons d'éveillé* sur le parler des chiens se trouve III, p. 458-459 (voir le chapitre sur *Images du monde visionnaire*, p. 484). Un autre, sur des oiseaux surtout, p. 456-457.

4. III, p. 521.

d'enfant[1] », dont *Les Rêves et la Jambe* avaient formé au préalable l'exposé théorique ravageur, Michaux nous livre ses rêves d'adulte en cherchant à saisir leur raison comme souvent leur défaut de raison tangible.

Sur le fond de l'affaire — Freud, dont le nom lui revient comme d'un lointain autrefois —, Michaux a peu changé. Même s'il lui reprend sans le dire bien des termes, pour évoquer la logique incertaine de ses rêves (surdétermination, déplacement, inversion, censure, clivage), il fait à Freud, fondamentalement, une double critique : sa surestimation du « morceau sexuel[2] », et du même coup la surinterprétation qui ramène à l'unité d'une vision centrale une pluralité avant tout indéterminable. Cela se traduisait, dans l'apologue *Les Rêves et la Jambe*, par l'excessive réduction des morceaux d'homme, dont la jambe formait alors l'emblème, à un « homme total » qui, réveillé, « costume la jambe en homme[3] ». Et cela se confirme dans son nouveau livre : « plutôt que profond, le rêve est multiple. Le moindre a cinquante sources, et ses liens, on n'en voit pas la fin, on ne peut en recueillir qu'un certain nombre[4] ». D'autre part, quitte à opter pour une détermination plus saisissable à laquelle le rêve répondrait, Michaux la voit, plus que dans le désir sexualisé, dans ce qu'il nomme tour à tour « désir », « délire », « recherche de prestige [...], seul sentiment permanent en l'homme de bout en bout de sa vie[5] ». C'est reprendre sa formulation d'autrefois : « Freud voit dans les rêves des verges symboliques. Moi, j'y vois des poings, des

1. Ce petit texte de 1925 forme le seul ensemble de récits de rêves de Michaux avant *Façons d'endormi, façons d'éveillé*. Une impressionnante recension des moindres textes de Michaux touchant au rêve a été effectuée dans le livre de Romain Verger, *Onirocosmos. Henri Michaux et le rêve*, Presses de la Sorbonne nouvelle, 2004. L'objection qu'on peut faire à ce travail, qui se présente comme une lecture très fouillée et souvent remarquable de *tout Michaux* selon l'angle adopté, est de dissoudre par trop la singularité du rêve en étendant sa force à l'œuvre entière comme telle.

2. *Les Rêves et la Jambe*, I, p. 23.

3. *Les Rêves et la Jambe*, I, p. 24

4. III, p. 505. Il ajoute : « Rêve : amas de faits divers, des petits faits divers de la personne répétés en vrac et en vitesse, faits divers qui renvoient à d'autres faits de toute date, de faits passés où l'on trouva à redire, par quoi on fut attaqué, troublé. Rêve-réponse qui renvoie la balle. Alors pourquoi vouloir à tout prix interpréter ? » (p. 506).

5. III, p. 513-514.

assiettes de la faim, des maisons d'avarice. L'amour propre est l'instinct intrinsèque de l'homme[1]. » Si bien que, pour le peu où il convoque Freud et la psychanalyse, la seule nouveauté de son livre tient plutôt à la suggestion d'une vue historique.

Avec l'art du récit d'arguments tissé d'évocations qui lui est propre, Michaux rapporte un rêve ancien de la culture arabe dans lequel il reconnaît sans peine un « Remarquable diagnostic d'inceste[2] ». C'est alors qu'il introduit Freud pour la seconde fois, soulignant avec quelle « vraie rage » l'hypothèse sexuelle se répandit aussitôt de par le monde, et précisant par là sa propre conviction : « Les rêves doivent se lire en rapport avec les désirs, craintes et préoccupations dominantes du pays, selon l'étroitesse d'horizon de l'époque. » D'où il ressort que « les analyses de rêves faites à Vienne, il y a bientôt soixante ans, divinatoires sans le savoir, ont vu à l'avance et prédisaient la sexualité vulgaire et hygiénique qui allait bientôt se répandre en Occident[3] ». À la touche moralisante près, cette perspective est proche de celle que développera Michel Foucault dans *La Volonté de savoir* (premier volume de son *Histoire de la sexualité*)[4]. Elle correspond à l'un des deux extrêmes entre lesquels, tout au long de son livre, Michaux oscille et cherche un équilibre : d'un côté, une vision générale du rêve, qu'il poursuit à travers ses propres rêves, mais en les confrontant à ceux d'autres cultures ; de l'autre, une vision irréductiblement personnelle, incommensurable à toute autre expérience, donc de nature autobiographique et autographique, et dont ressort surtout, continuellement, ce qui est peut-être le plus vrai sujet de son livre : l'éveillé qui contient en lui l'endormi, au point de s'en vouloir un équivalent supérieur.

Aussi ne s'étonne-t-on pas que la première mention (implicite) de Freud survienne pour mettre en rapport « Ce qu'un remarquable analyste et interprétateur crut découvrir dans certains rêves de nuit et avec astuce s'ingénia à prouver, sans y arriver de façon parfaitement convaincante, à savoir que

1. « Réflexions qui ne sont pas étrangères à Freud » (Premiers écrits), I, p. 50.
2. III, p. 506.
3. III, p. 507.
4. Gallimard, 1976.

"tous ils montrent l'accomplissement de désirs" », et l'affirmation par Michaux que ce fait même « apparaît évident et *sans détours* dans les rêves sans sommeil, chez ceux qui savent rêver, qui ont nature rêveuse[1] ». Dès la fin du « Rideau des rêves » (premier chapitre de la première partie), Michaux a ajouté, pour la reprise en volume, deux paragraphes, le second orientant tout le livre vers l'hypothèse qui en deviendra le cœur, parce qu'elle engagera (au long de la deuxième partie) une rétrospection de l'œuvre et de la vie à partir de ce point du rêve diurne qu'elle reconquiert pour s'éprouver à nouveau : « Peut-être est-ce encore plus contre mes rêves de nuit que contre ma vie, que je faisais mes dynamiques rêves de jour, rêveries que je savais rendre fascinantes, exaltantes. / Après les rêveries, plus besoin de rêves. / Nuits calmes, profondes[2]. »

Michaux n'a pas de mot trop beau pour qualifier cette « drogue sans fin », « le rêve de jour, lequel de tout temps fut *[s]on* rêve[3] ». Avant même d'y plonger en fin de parcours, il en dresse un premier état dans « Tempérament de nuit », soulignant combien ses « rêves-rêveries » ont, de tout temps, encadré dans sa vie le rêve de nuit, « attrapant adversaires et le rêve lui-même à bras-le-corps[4] ». Ainsi s'explique la pauvreté récurrente de ses rêves de nuit, alors qu'en lui la rêverie s'avance et se déploie, libre, surabondante, joueuse, errante, transformante — « jusqu'à [...] ce dont vous avez réellement le désir [...] art pur. Le seul. Et pour soi seul[5] ».

Les quarante petites pages qui composent « Les Rêves vigiles » ont ceci de paradoxal qu'elles sont à la fois rétrospectives et prospectives, touchant finalement un point de tension comme enroulé sur lui-même où Michaux se rejoint dans le pur présent de l'instant où il écrit et achève son livre. Il faudrait tout citer de ces plus ou moins longs fragments enchaînés qui composent le commentaire le plus minutieux de ce que fut, au fil de tant d'années, sa vie de rêveur éveillé. Il est très délicat de

1. III, p. 477 (les deux membres de phrases cités ici s'enchaînent dans le texte).
2. III, p 460.
3. III, p. 476.
4. Respectivement III, p. 477 et 476.
5. III, p. 519-521.

chercher à y dégager les phases, les modalités d'une sorte d'odyssée de soi dont Michaux ne cesse pourtant d'esquisser la logique, dans une langue glissante mais d'une extrême précision, qui présente à la fois l'avantage et la difficulté de retraverser, par le choix même des mots, les mouvements de l'œuvre antérieure[1].

Tout pourrait commencer à la fatigue. Le repos comme installation qui favorise, dans l'immobilité forcée, une frénésie de mouvements, à la fois figuratifs et mentaux : « un désir inapaisé de mouvements, d'intenses, excessifs mouvements, me faisant vivre surtout de gestes, de rythmes, d'actes[2] ». Il précise plus loin : « C'est une anatomie sauvage que je produis et comme fait la nature, *sans compter*[3]. » Ces mouvements « probablement aussi répondent aux grandes menaces du Monde, par tous moyens annoncés et réannoncés[4] ». Les mots que Michaux utilise pour évoquer le résultat auquel une telle activité conduit (« mes occupations », deux fois liées à la « table de travail », « la table à écrire ») renvoient à l'un des moments les plus vifs d'agressivité constructive dans *La nuit remue* autant qu'à la posture d'écriture torturante d'*Épreuves, exorcismes*[5]. De même font retour les « animaux » s'accumulant dans l'espace clos de la chambre[6], rappelant si vivement les « Animaux fantastiques » de *Plume*. Ce « mouvement fou » s'accompagne encore de l'humour que filait par exemple dans les grands recueils d'avant guerre le motif de « l'arrachage des têtes » et qu'on retrouve ici, avec une tonalité si proche (« Sans doute, quand je suis mécontent de la vie, je décapite quelques

1. Rappelons que dans les années qui précèdent ce livre, Michaux établit, à partir de 1963, les éditions revues et corrigées de la plupart de ses recueils antérieurs (avec une concentration particulière sur l'année 1967, où cinq d'entre eux paraissent).

2. III, p 523.

3. III, p. 527.

4. III, p. 528.

5. Voir III, p. 527-528, et, respectivement, « Mes occupations » dans *La nuit remue* et « Il écrit » dans *Épreuves, exorcismes*, I, p. 471 et 819 (sur ce dernier texte, voir le chapitre consacré au recueil, p. 287-288).

6. « Au petit matin, les rideaux non tirés encore, je déverse sur le parquet, qui devient une grande cour herbeuse, je déverse les animaux qui m'emplissent à cette heure » ; « Ma langueur dans ma poitrine, ce sont des animaux remuant en moi » (III, p. 524).

passants[1] »). Cependant, toujours précis dans l'auto-évaluation, Michaux différencie ce passé, surtout défini par l'attaque, d'un présent plutôt voué à l'idée de repousser, d'aller son « chemin ». Aussi prend-il soin de distinguer dans une note ce geste que n'accompagne « Aucun tragique, aucun malaise », de ce qu'il serait dans le rêve de nuit. C'est dire qu'il donne ici de son activité imaginaire une version d'emblée très positive, presque à l'opposé du tragique de la prolifération et des doubles dont l'humour même attestait la profondeur de malaise dans ses recueils passés, de *Qui je fus* à *Face aux verrous*.

Un moment de cette évocation raisonnée frappe par sa densité et sa concentration de termes. Michaux qualifie alors de « monde dynamique » cet espace du rêve diurne. Il évoque la création d'un « champ », « champ magnétique, pourtant tout autre » ; il dit aussi « mon plateau magnétique ». Le tout du monde (dûment énuméré : « hommes, femmes, enfants, étrangers, animaux, pièces, meubles ») pénètre dans « ce séisme », pour en ressortir ensuite ; et tout y est « instantanément brisé, brisé en milliers et milliers de très petites parties[2] ». On retrouve d'autre part au fil de cette évocation le thème antérieur des statues, qui s'animent ici, soumises à un extrême bouleversement vital[3]. Dans cet univers, tout se passe en deçà des mots : « On tremble. Que dire de ce tremblement qui, cependant, ne brise pas, ou brise d'une façon différente, dans l'intime[4]. » L'idée vient que s'y prépare un obscur renversement : on passerait d'un domaine mêlant l'ancien « pays lointain », où « tout tremble », et le plus récent « champ de ma conscience[5] », avec ses fluctuations opaques et éprouvantes, à un monde en partie autre, apparenté à celui des nouvelles propriétés auxquelles Michaux s'est senti accéder dans *Les Grandes Épreuves de l'esprit*[6]. On pense en

1. III, p. 524. — « L'Arrachage des têtes » est le titre d'un texte de *Plume* (I, p. 634).
2. III, p. 529 et 530.
3. Voir III, p. 530, et « Mes statues » dans *Épreuves, exorcismes*, I, p. 811.
4. III, p. 530.
5. Voir respectivement « Je vous écris d'un pays lointain », *Plume*, I, p. 591 ; et « Le Champ de ma conscience », *Vents et poussières*, III, p. 208-211, ainsi que le chapitre sur ce recueil, p. 468-469.
6. Voir le chapitre sur ce livre, p. 491-493.

particulier — peut-être trop simplement —, tant les nuances évocatrices s'accumulent dans ces pages, au « monde héroïque », dont les « batailles » se révèlent sans agressivité, ni haine ni colère, monde défini en tant que « nœud de force[1] », comme est qualifié ici d'emblée de « *champ de forces* » le rêve vigile[2].

Mais, au regard d'une telle aspiration, une double menace pèse sur l'équilibre fragile de ces rêves vigiles en mutation, minant leur triple principe de commodité, de vivacité et de plénitude[3]. La première menace tient à la « lâcheté » d'écrire, qui ouvre brusquement un « circuit » saisissant : « race humaine, nation francophone, classe d'intellectuels d'Occident, cercle de lecteurs, même si je n'en vais rencontrer que deux ou trois, ou même un seul. Un et moi, ou un et mille : circuit[4] ». C'est ainsi la forme même de la prolifération des doubles que projette à nouveau le mauvais infini de la lecture à partir de celui de l'écriture. Mais c'est aussi qu'en son cœur, avant même sa chute en écriture, la rêverie est fautive. Non par un manque, dit Michaux, mais plutôt par son excès propre : « Ce trop qu'il faudrait enlever à mes rêves vigiles, c'est le *jeu*[5]. » Michaux oppose donc soudain, d'un fragment à l'autre et en majuscules, par rapport à l'idée d'image même, de représentation mentale, le « VIDE-SUBSTANCE » et le « JEU[6] ». Les dernières pages de son livre, d'une densité tournoyante, se trouvent tendues par la perspective de la vertu « de l'image unique, de l'image fixe, de l'image modèle[7] ». Il en esquisse deux exemples, à travers la transformation tâtonnante d'un polyèdre en sphère (image ancienne chez Michaux[8]), et la conception d'un soleil (« Soleil de toutes les énergies »)[9]. Ce sont là, plutôt que des « images-ripostes », qui ont animé sa vie, des images difficiles à constituer, à

1. *Les Grandes Épreuves de l'esprit*, III, p. 420-421.
2. Voir III, p. 521. Ce qui « brise » d'autre façon évoque nécessairement l'effet atteint par la drogue dans *Paix dans les brisements*.
3. Voir III, p. 526.
4. III, p. 534.
5. III, p. 530.
6. III, p. 531.
7. III, p. 531
8. Par exemple sous la forme d'une « arrivée, entre centre et absence, à l'Euréka, dans le nid de bulles... » (« Entre centre et absence », *Plume*, I, p. 572).
9. III, p. 532-533 pour le polyèdre, p. 533 pour le soleil.

construire[1]. Il cherche à progresser, d'espace en espace, vers la pensée-image d'un espace répondant à la « Vertu de l'image qui va préparer le sans image[2] ». Il en arrive enfin à la revendication paradoxale de ce qu'il nomme (ce sont ses derniers mots) « le recueillement dans la rêverie » — qu'il ne craint pas de désigner comme un « état d'indifférenciation », supposé antérieur en lui à cette montée de l'imagination si longtemps salvatrice[3]. On pense alors inévitablement à ce temps d'adolescence, remémoré dans « Quelques renseignements », où « il se débarrasse de la tentation d'écrire, qui pourrait le détourner de l'essentiel » ; et plus encore, à ces années d'enfance opaques évoquées si puissamment dans « Le Portrait de A. », et dont « Quelques renseignements » offre une reformulation qui frappe le lecteur de cette fin du livre sur les rêves : « Rêves, sans images sans mots, immobile[4]. »

Ainsi ce livre commencé et longuement continué par l'examen de ses rêves de nuit tend à Michaux l'image transformée de ses rêves de jour. Il a pratiquement substitué, du point de vue freudien, le fantasme diurne au rêve quant à l'accomplissement du plus grand désir. Déplaçant d'une autre façon que dans ses livres de la drogue la frontière entre conscient et inconscient, il en fait aussi bien sauter l'essentiel pour la doctrine, c'est-à-dire la barre du refoulement ; mais, surtout, il s'attaque à la transformation en lui du désir même, vidant finalement la rêverie de sa substance propre en substituant à son caractère d'emblée actif une visée désormais virtuellement contemplative[5]. Tout au long de ce dernier chapitre, beaucoup plus dense et grave que l'odyssée volontiers enjouée qui le mène au travers des vrais rêves, Michaux se recentre autour de ce qui fut pour lui si lointainement l'essentiel, et qui le

1. III, p. 529.
2. III, p. 531, et p. 535 pour la progression des espaces.
3. III, p. 537.
4. « Quelques renseignements », I, p. CXXX-CXXXI et CXXIX.
5. Cette évacuation du désir — sous ces deux faces, si l'on peut dire — justifie son retour sous une forme extrême à travers le rêve (non daté mais certainement postérieur) qui confrontera Michaux avec sa mère, et qu'il a le courage de donner comme un trait de délire subjectif dans ce faux-vrai livre de sagesse qu'est *Poteaux d'angle* (voir le chapitre sur ce livre, p. 578).

redevient — passée l'épreuve des années de drogue —, mais transformé par là du tout au tout. D'où le poids de ces pages, qui entrelacent les postulations, les rappels, les ouvertures, les antagonismes, les nuances propres à une telle transition, et semblent recommencer toute cette histoire à chaque fragment. D'où l'équivoque, surtout, des pages ultimes, tendues entre construction et abandon, « absence de mots » et réalité inéluctable de l'écriture qui témoigne, en dépit de tout, de ce désir d'absence. L'« atelier de mon imagination », écrit Michaux[1], affrontant à nouveau le mot le plus fatal et introduisant aussi, pour la seule fois dans son essai, la peinture, si prégnante dans cet impossible débat. « Ce que je ne peux écrire. Ce que je ne peux peindre, je peux l'avoir dans mon atelier, l'y faire surgir au moins. » Il précise, opposant ses « constructions » aux « sentiments », aux « états d'âme » : « Sans paroles, je veux des masses psychiques. » Il énumère les termes qui font parfois de lui l'éveillé absolu : dépassement, émerveillement, grandeur, souveraineté. Il s'agit bien de « création ». « Autre création, mais c'est d'abord se mettre dans un flux. » Voilà proprement le « sans forme », le « Tout » que Michaux nomme — non sans conflits au regard de son œuvre antérieure — « Le recueillement dans la rêverie ».

1. Respectivement III, p. 536 et 535. Les citations qui suivent courent jusqu'à la page 537.

Émergences-résurgences

(1972)

L'épreuve de la drogue une fois passée, et vécue aussi la traversée du rêve, qu'arrive-t-il à Michaux, au nouveau corps-esprit qu'il s'est forgé, enfin presque délié des fantômes et des monstres obstinés qui l'ont accompagné depuis qu'il s'est mis à écrire ? Il se souvient de cet être si proche et déjà autre qu'il a été. Il cède au plaisir autant qu'à la fatalité — très littéraires, mais si naturels avec l'âge et la pression d'une célébrité à laquelle il consent peu, quoique sans vraiment s'y soustraire —, il cède au besoin, plutôt que de se projeter des vies imaginaires, de rentrer dans l'imaginaire de sa propre vie.

Eugène Nicole a cru pouvoir souligner que, « réticent à livrer sa biographie (fragmentaire, mais surtout écrite à la troisième personne) », Michaux est en revanche, dans *Émergences-résurgences* particulièrement, « plein de confidences sur l'histoire du je-peintre [1] ». On se rappellera que la première autobiographie formelle de Michaux, très brièvement élaborée — et déjà à la troisième personne —, avait été provoquée, bien des années plus tôt, par la percée de la peinture, dont un petit livre avait témoigné. Dans *Peintures*, Michaux appelait ainsi à l'existence celui que ses livres « ont fait passer pour poète [2] », mais qui pourrait surtout devenir peintre. Car son activité de

1. Eugène Nicole, « Les Lieux de la peinture et la Linguistique de l'image », *L'Esprit créateur*, vol. 26, nº 3, automne 1986, p. 39. La biographie qu'évoque Nicole est « Quelques renseignements sur cinquante-neuf années d'existence » (I, p. CXXIX-CXXXV).

2. « Qui il est », en tête de *Peintures*, 1939, I, p. 705.

dessiner et de peindre a toujours été ressentie par Michaux comme un événement, fait de bonds et de phases, aussi surprenant que libérateur. Si peu indulgent qu'il se montre envers lui-même, il n'a cessé de s'en émerveiller, et ce de façon croissante, au fur et à mesure qu'il se sentira plus reconnu comme peintre. Des textes repris dans *Passages* en témoignent, tel « En pensant au phénomène de la peinture », autrefois Postface à *Peintures et dessins*. La nouveauté, à cet égard, dans *Émergences-résurgences*, tient à l'ampleur de la rétrospection, à son aspect chronologique — quoique les contours en soient flous, pour qui dispose de la seule version publiée. Mais on est frappé que la seconde partie de *Façons d'endormi, façons d'éveillé*, livre qui précède immédiatement *Émergences-résurgences*, ouvre, trois ans plus tôt, un mouvement de retour sur soi comparable, bien que non périodisé, centré sur la pratique d'écriture attachée à la rêverie depuis ses origines. On remarque aussi qu'un autre texte, bref mais significatif, a été donné par Michaux, peu après *Émergences-résurgences*, pour commenter un choix de ses poèmes enregistrés sur disque[1] et dits d'une manière qui lui a paru, exceptionnellement, presque acceptable, lui permettant au moins de les revivre comme siens, comme si c'était « hier, hier même… il y a quelques dizaines d'années ». Le titre donné à ces pages (« Les Étapes de la lisibilité »), la phrase clef qui leur sert d'embrayeur (« des mois passent », « des années passent », écho d'une ancienne occurrence dans ce récit de vie transposé qu'est « Le Portrait de A.[2] »), sa progression mesurée et rythmée, qui correspond aux cercles concentriques formés peu à peu par les critiques et les lecteurs, font de ces « Étapes » la chronique étonnamment condensée, sorte de mini-épopée (à la troisième personne à nouveau), d'une acceptation de Michaux comme écrivain. L'essentiel n'est donc peut-être pas tant la variation des personnes — toujours chez Michaux si instrumentale et si libre —, ni la réalité de la peinture elle-même, en dépit du privilège extrême dont il la dote d'emblée ; mais plutôt le moment, le temps de l'œuvre où un tel mouvement s'opère, au sortir des livres de la drogue et avant un nouvel étoilement

1. Voir « Les Étapes de la lisibilité » (1974) dans la section Critiques, hommages, déclarations, III, p. 1395-1396.

2. Voir I, p. 611 : « Des années passent… »

d'œuvres au gré desquelles, justement, écriture et peinture noueront des liens renouvelés. Ajoutons à cela qu'on trouve dans deux de ces textes entrecroisés les mythes d'origine des rapports de Michaux avec ses deux futurs champs de création : d'un côté le refus initial de l'écriture chez l'adolescent que son professeur « pousse vers la littérature », dans l'éblouissement de sa première composition française (« Un choc pour lui. Tout ce qu'il trouve en son imagination[1] ! ») ; de l'autre le choc que son incapacité fondamentale à reproduire la réalité provoque chez le jeune officier de réserve sommé avec ses camarades de dessiner un paysage[2].

Livre de commande, *Émergences-résurgences* offre l'exemple unique chez Michaux d'une première version apparemment presque achevée et dont on ne sait rien, sinon qu'elle a échappé à une destruction de ses brouillons — envers lesquels Michaux s'est montré, après s'être installé dans son dernier appartement, plus fluctuant qu'auparavant. On peut également penser qu'il a tenu à conserver, pour un usage indéterminé, un texte à tant d'égards si différent de celui qui fut finalement publié. De la confrontation des deux versions, on retient surtout le travail considérable auquel Michaux s'est livré pour passer de l'une à l'autre, travail dont donne bien l'idée la lettre adressée à Paulhan quand il peinait sur la énième version des *Grandes Épreuves de l'esprit*[3]. On est frappé aussi que, adoptant un parcours globalement chronologique, il ait dans un premier temps découpé son texte en autant de moments définis par les techniques adoptées au fil de sa vie, avec des titres leur correspondant, pour se défaire ensuite de ces titres et ne plus conserver entre les moments que des passages aux bords flous. Ce gommage des angles, des frontières, des détails jugés trop révélateurs, indexés sur un réel trop évident, a été généralisé : il est le masquage de soi indispensable à l'adoption de la posture autobiographique, et il assure son glissement vers l'autoportrait. Enfin, on voit surtout, les transferts s'opérant à l'intérieur d'un seul texte développé, comment Michaux écrit, compose, à l'intérieur même de son parcours chronologique : il opère

1. « Quelques renseignements », I, p. CXXX.
2. *Émergences-résurgences* (première version), III, p. 661-662.
3. Voir le chapitre sur ce livre, p. 500-501.

avant tout par fragments autonomes. Disons-les tournoyants, pour souligner d'abord combien ils forment des unités centripètes, bien que leur centre ou leur unité organique ne cesse d'imploser continuellement, induisant autant d'appels vers l'extérieur. C'est l'autonomie plus ou moins relative ainsi acquise qui les rend transportables, d'un bout à l'autre du texte ; et le fragment peut aussi bien, dans ces transports, se réduire à la phrase. Voilà tout ce dont le lecteur patient pourra se faire ici même une idée[1].

Pour le reste, il y a peu à dire que le texte ne livre de lui-même, dans sa vibrante réaffirmation, modulée à loisir, du privilège acquis dans cette vie par le dessin et la peinture. Mais il ne faut pas accepter une image faussée de celui-ci. Même si Michaux a pu résumer son sentiment par la formule, qualifiant le tournant des années 1950 : « Il écrit de moins en moins, il peint davantage[2] », il a en réalité toujours écrit autant, avec une régularité dont les volumes de cette édition témoignent. En revanche, il s'est inquiété de plus en plus, et fatalement dans ses écrits mêmes, des rapports aussi bien d'enlacement que d'extériorité radicale entre les régimes respectifs du mot et de l'image, dont *Émergences-résurgences* devient par nature l'espace de confrontation. Il semble à cet égard que l'expérience de la mescaline ait agi comme un révélateur en deux sens différents. Alors que, jusqu'à celle-ci, Michaux voyait dans le geste de peindre une façon d'échapper aux sens convenus des mots par l'irruption d'un immédiat du corps, une autonomie faite d'antériorité tenant ainsi à la réalité de l'image elle-même, on le voit dans *Misérable miracle* insister sur le fait que dans la mescaline « l'image ne procède pas de l'image, mais du mot[3] ». Ainsi : « L'image ici n'appelle pas l'image, l'image vient suscitée par une réflexion, un mot, une abstraction. [...] On n'avance

1. Voir III, p. 1609-1610, pour quelques exemples de ces mouvements du texte.

2. « Quelques renseignements », I, p. CXXXIV. Mais il dira bien plus justement à John Ashbery : « Depuis que j'ai commencé à peindre, je fais plus de chaque chose — mais pas au même moment. J'écris ou je peins alternativement » (entretien, *Art News*, mars 1961, p. 16 — repris dans *Reported Sightings, Arts Chronicles, 1957-1987*, New York, Knopf, 1989, p. 396-400).

3. Comme dit Eugène Nicole, « Les Lieux de la peinture et la Linguistique de l'image », *op. cit.*, p. 44-46.

que par abstractions, on n'a de repos que dans l'image[1]. » Mais avec le temps, et la réitération des expériences, en particulier celles de *Connaissance par les gouffres* et des *Grandes Épreuves de l'esprit*, c'est une autre version de l'image qui s'impose (sans pour autant jamais annuler la première) et que Michaux dégage dans *Émergences-résurgences* comme celle de sa « fonction imaginogène » : « Constamment en ces heures étirées je recevais, les yeux fermés, la preuve que l'image est un certain immédiat que le langage ne peut traduire que de très loin, et qu'elle a dans l'esprit une place vraiment à part, matière première pour la pensée[2]. » La chose forte, alors, est que Michaux voit aussi bien cette matière d'images sous la forme d'un spectacle, d'une projection à distance, virtuellement cinématographique, qu'intérieure même à son geste physique de dessiner sitôt qu'il s'y essaye.

Si ce livre, par nature, épouse chez Michaux le côté de l'image même, peinture ou dessin grâce auxquels il aspire à directement « imprimer le monde » en lui, par une ouverture au « transréel[3] », c'est d'un autre côté que s'oriente finalement l'image de la rêverie telle qu'il l'a évoquée dans la phase finale de *Façons d'endormi, façons d'éveillé*, à travers l'expérience toute spirituelle de « l'image qui va préparer le sans image », bien qu'en en gardant, il le souligne, comme pour tenter de tout configurer, « la même force, la même prédominance[4] ». Car cette image, plus abstraite et mentale, c'est d'un certain usage des mots et d'eux seuls que dépend sa réalité, au risque d'une chute dans l'écriture qui est son sort inéluctable. Tel serait, chez Michaux, le double cercle de l'image, dans sa réalité mentale-plastique-figurée d'une part, mentale-verbale-abstraite de l'autre.

1. *Misérable miracle*, II, p. 675. Voir, sur ces mêmes phrases, le chapitre sur *Les Grandes Épreuves de l'esprit*, p. 489-491.

2. III, p. 614. Il est intéressant de voir comment se radicalise ainsi une pensée qui se cherche dans la première version (voir la section G, « Dessins mescaliniens », III, p. 681-686).

3. III, p. 643 et 645.

4. *Façons d'endormi, façons d'éveillé*, III, p. 531.

En rêvant à partir de peintures énigmatiques

(1972)

Michaux a toujours aimé décrire, évoquer peintures et dessins. Les siens : dans « Dessins commentés[1] », *Peintures*, *Mouvements*, et, massivement, dans *Émergences-résurgences*. Ceux de quelques autres, presque en passant ou avec insistance : Bernal, Picasso, Dalí, Bettencourt, Klee, Sima, Zao Wou-Ki, Matta, Chirico — sans oublier les « peintures d'aliénés » et les « dessins d'enfants ». Et cela en faisant ressortir, pour ceux-ci comme pour ceux-là, et chaque fois de façon propre, au gré des objets autant que du moment, les modalités intermédiaires suscitées dans son écriture par de telles opérations. Le mode dominant est alors d'emblée le *descriptif-évocatif*, habité plus ou moins, selon l'inclination, par le *déductif* ou l'*invocatif*, côté prose ou côté poésie[2]. Le quatrième mode, *narratif*, fait par nature, dans ces textes appliqués à des images, l'objet d'un dédoublement singulier, la fiction qu'il engage demeurant soudée à l'objet qui préexiste, qu'il soit montré ou non, et s'en dégageant de manière variable au gré de ses fins propres.

La particularité de cette suite consacrée à des tableaux de Magritte est qu'elle se développe, de 1964 (date de la première

1. *La nuit remue*, I, p. 436. Voir sur ce texte clef le chapitre consacré à *Peintures*, p. 251-253. Voir aussi, dans l'étude de Geneviève Bonnefoi, « Henri Michaux et la fascination des images » (*Europe*, p. 68-69), le passage significatif consacré au texte « Un tout petit cheval » — né d'un de ces dessins — et à ses migrations.

2. Sur les modes et les genres, voir l'Introduction, p. 32-37, et le chapitre sur *Qui je fus*, p. 124-125.

publication dans le *Mercure de France*) à 1972, en un temps où l'invention proprement narrative, nourrie par un abandon de principe à l'imagination, a connu chez Michaux un retrait massif, quasi définitif, au moins sous ses formes anciennes. L'accélération éperdue des sensations et des représentations dans la drogue a détourné la puissance fictive en laissant face à face l'argumentation et l'évocation, avec son ouverture invocative, dont les poèmes rassemblés dans *Moments*, un an après le petit livre sur Magritte, concentrent la lueur. Mais cette fin de la fiction, on l'a vu, ne s'est pas faite sans détours. Elle a même connu, par le biais du rêve et des récits auxquels il ouvre, un rebond remarquable : la seconde partie de *Façons d'endormi, façons d'éveillé*, consacrée aux « rêves vigiles », fixe ainsi l'intense parcours rétrospectif qui a conduit l'œuvre de Michaux, par ces rêveries de jour, à être ce qu'elle a si longtemps été, quitte à devoir dès lors s'en détourner. Aussi comprend-on bien que les images de peinture offrent par excellence à la fiction de se reprendre, mais sans risquer jamais de trop s'abandonner à elle-même, puisqu'elles préexistent à cet abandon, le fixent dans la description, l'évocation qu'elles suscitent.

C'est la rêverie en tant qu'énigme formée d'événements incompatibles qui attire nettement Michaux chez Magritte, comme à revers de cet autre « monde d'énigmes » né des « Aventures de lignes » qu'il a tant aimé célébrer dans l'art de Klee[1]. Car autant sa propre façon de dessiner et de peindre le rapproche vitalement de Klee, autant elle l'éloigne des surfaces froides et composées de Magritte, de leurs lignes asservies à l'effet pur de représentation, condition de leurs paradoxes et de leur énergie fictive (Michaux le dit lui-même aux détours de son texte : « La peinture aux singuliers sujets, peinture toutefois froide, comme indifférente, comme académique, sans expression d'émotion, à moins que celle d'une extrême placidité[2]... ») Plus qu'il ne cède à un enthousiasme, Michaux s'ouvre donc là,

1. « Aventures de lignes », *Passages*, II, p. 363.

2. III, p. 705. Le médiateur entre Magritte et Michaux serait Chirico, qu'ils admirent tous deux (mais est-ce bien le même ?) et que Michaux commente de façon elliptique dans ces années-là (voir la référence à « Ombres pour l'éternité », dans le chapitre sur *Moments*, p. 533).

une fois de plus, à une expérience dont il livre, sur-le-champ, sa vision, dans sa « Note finale » de 1964, mi-prescriptive mi-énigmatique, et sur laquelle il revient, selon ce même double mode, en 1972, tant dans les fragments ajoutés que dans son nouveau codicille[1].

Comme toujours, Michaux est clair et compliqué, semi-flou, elliptique, virtuellement contradictoire[2]. Son problème n'est pas d'aimer ou de ne pas aimer la peinture de Magritte, mais de prendre ses tableaux pour « "supports de méditation"[3] ». Il précise, jouant sur un double effet de sens et de son, ainsi que Magritte aime à le faire en donnant des mots pour images : « Le déroutant tableau est une mise en route qui s'arrête net. » Michaux entend donc aller plus loin, pour voir, sans illusion sur le dessous des cartes, mais intrigué par le mouvement même qui le porte à les retourner. Il lui faut répondre « aux sphinx », comme autrefois il conseillait de les dissoudre[4]. Mouvement tout verbal, sans dévotion d'aucune sorte envers les tableaux, qu'il semble presque se réjouir d'avoir si mal vus[5], et dont il choisira finalement de ne rien montrer[6]. Il s'agit donc avant tout d'un « voyage » libre et personnel, d'une « aventure [...] en pays étranger[7] », sur un « chemin » propre. Avec les mots pour seuls alliés. Michaux en dit ceci, qui donne à réfléchir : « Les mots à écrire me furent utiles, ces habituels empêcheurs à me balancer indolemment entre plusieurs impressions indéfinies me remet-

1. Voir III, p. 713 (l'ancienne « Note finale » servant dès lors d'introduction).

2. Conseillant cette « opération instructive » (du même mot qui lui faisait autrefois conseiller à d'autres le « cinéma » d'écriture de *Mes propriétés* — I, p. 512), Michaux va jusqu'à dire ouvertement à son lecteur : « une partie, absente ici, ne regardait que moi » (III, p. 695).

3. III, p. 695 ; et. pour toutes les citations de ce paragraphe.

4. « Celui qui ne dissout pas celui qui vient à lui, un Sphinx s'y forme et c'est de Sphinx que l'on meurt » (« Les Sphinx », *Épreuves, exorcismes*, I, p. 796).

5. « Les peintures mêmes, desquelles la matière me gênait plutôt, je n'en avais guère vues. En photographie presque toutes, souvent en noir et blanc, d'un format pas bien grand, pas assez pour tous les détails : inconvénient, certes, inconvénient » (III, p. 695).

6. En dépit de tentations qui ne semblent avoir fait que confirmer une décision déjà prise, comme le montrent les lettres de Michaux à son éditeur Bruno Roy.

7. Citation extraite de la Note finale dans la version du *Mercure de France* (voir III, variante *a*, p. 695).

taient constamment au devoir des correspondances et de ne pas prématurément m'éloigner des réseaux aperçus. » Les mots font en eux-mêmes obstacle à la rêverie, à la liberté de ses formations d'images : ce sera, plus tard, un des points forts de la réflexion de Michaux sur « Les Rêves vigiles [1] ». Mais la rêverie, on l'a vu, bien que largement célébrée, y est en même temps virtuellement rejetée au profit de la méditation et ainsi d'une pensée qui se voudrait sans image. D'où le paradoxe de ces tableaux et l'ambiguïté du mouvement qu'ils suscitent. Car ce qu'enrayent les mots, requis de s'accorder plus ou moins aux images qui les provoquent, ce n'est pas tant ici la rêverie en elle-même que l'écriture y répondant, cette écriture d'imagination dont Michaux ne veut plus et que les mots lui permettent d'acclimater, à proportion du fait qu'elle se trouve orientée par « des correspondances » — Michaux dût-il aussi le déplorer, pour témoigner qu'il vise à l'impossible.

Voilà bien, semble-t-il, la tension qu'on retrouve, à la fin du dernier texte, fragment ou moment ajouté, on ne sait comment dire, en tout cas l'un de ceux qui ne répondent plus à un tableau unique ni même alors à aucun tableau, et dont on ne saura jamais s'il date de la première conception ou a été réélaboré au moment de la reprise en volume [2]. S'arrêtant à la force des choses et de leurs rapports, Michaux les capte et les éclaire selon un double principe : « *entrer en résonance* », infiniment, mais aussi « *entrer en dissonance*, en royale dissonance [3] ». Principe où se devine, à l'égard de tout réel dont les tableaux sont devenus ici l'image, le jeu double du regard et de l'écriture qui le propage [4]. Michaux ajoute immédiatement :

1. Voir le chapitre sur *Façons d'endormi, façons d'éveillé*, p. 509 et suiv.
2. Michaux dit seulement, à la fin de sa nouvelle « Note finale », pour préserver sa chère ambiguïté : « Les suppléments ajoutés ici viennent, la plupart, de mes premières "traversées" » (III, p. 713).
3. III, p. 712.
4. Jérôme Roger en a donné un commentaire dans la section « De Magritte à Michaux » du chapitre de son livre, « L'Effacement des images ou la méthode de l'énigme » (p. 220-222). Il a aussi situé « Magritte entre Michaux et Foucault », comme on est tenté de le faire pour capter ces jeux retors du « visible » et de l'« énonçable » que Michel Foucault a cerné dans *Ceci n'est pas une pipe* et Gilles Deleuze dans son *Foucault* (Minuit, 1986, en particulier sur Magritte, p. 68-69). Là encore (voir le chapitre sur *Connaissance par les*

« Pour qui l'a saisi, la ville close s'ouvre alors, celle-là même qui le retenait prisonnier. Mais elle va lui devenir nécessaire. La prison, il ne pourra plus s'en passer. L'habitude, la volupté assurée de périodiquement pouvoir l'abîmer, l'éliminer, la détruire et la ridiculiser, le tient à présent. / Prisonnier ? Pas prisonnier ? Autrement prisonnier. » Lignes opaques, si l'on ne saisit aussitôt que cette ville close, qu'on pourrait croire un motif arraché encore aux tableaux de Magritte, cette prison qui s'ouvre, n'est rien d'autre que l'écriture même, comme l'était d'autre façon pour Kafka sa « muraille de Chine ». En 1950, écrivant « Observations », Michaux voulait croire que « Prison montrée n'est plus une prison[1] ». Il a appris depuis que montrer ou écrire reste une prison au regard de la pure pensée qui se contenterait de l'image, « l'image qui va préparer le sans image[2] ».

Entre-temps, à partir de ces peintures énigmatiques, ce petit livre s'est écrit. Écrit dans la plus grande liberté, ajoutant, retranchant, dans ce qu'« on voit » (une des formules récurrentes face aux toiles), modifiant sans se gêner ce qu'on peut voir. Michaux cède ainsi au plaisir, quasi romanesque, de voir des « veines blondes » dans le bois de sapin parfaitement lisse des portes de l'armoire de *In memoriam Mack Sennett*, où la vue des deux seins traversant la chemise de nuit le captive[3]. Ou bien, plus subtilement, il peut situer le gigantesque monument de pierres entassées dans le dos des deux hommes minuscules qui pourtant lui font face dans *L'Art de la conversation*[4]. Ou encore, dans un texte consacré à une autre version réalisée par Magritte de ce même tableau, il dira d'abord « deux hommes », comme il est évident, pour ajouter ensuite : « Subsidiairement des hommes — deux ou trois — sont

---

gouffres, p. 463-464), Michaux et Foucault se sont étonnamment croisés et ignorés : *En rêvant à partir de peintures énigmatiques* paraît en 1964 et 1972, et *Ceci n'est pas une pipe*, de même, paraît d'abord en revue en 1968 (*Les Cahiers du chemin*, nº 2, janvier, repris dans M. Foucault, *Dits et écrits*, t. I, Gallimard, 1994, p. 635-650) puis en plaquette, en 1973, chez Fata Morgana, comme le texte de Michaux.

1. « Observations », dans *Passages*, II, p. 347.
2. *Façons d'endormi, façons d'éveillé*, III, p. 531.
3. III, p. 701-702.
4. Voir III, p. 699.

occupés à parler[1] ! » On n'en finirait pas d'égrener les écarts, ténus ou moins ténus, qui naissent de cette vision libre des tableaux. C'est que Michaux continuellement les anime, creusant de gestes, de mouvements, de détours, d'hypothèses, la vision trop fixe de leurs énigmes. Bref, il les « narrativise », en même temps qu'au gré de maints déplacements (mot par lequel il désigne le principe de dissonance), il les attire dans le cercle de son propre désir d'énigme[2]. Bref, Michaux cède à un manifeste plaisir d'écrire, pur plaisir de former, d'agencer des phrases et des mots. Plaisir qu'il ne peut d'évidence accepter comme tel : car par lui il se dérobe, grâce au prétexte des peintures choisies, au plaisir de pure imagination qui a été et demeure en un sens le sien ; mais surtout il manque au désir désormais beaucoup plus vif d'apaiser en lui cette « force[3] », et de passer au-delà des prisons de langage qu'il ne cesse, joie et tourment mélangés, de se donner. C'est aussi la tension qu'on sent obscurément tout au long de ces rêveries produites à partir de tableaux : elles content invariablement, aussi, l'histoire, nécessairement confuse, de l'écriture qui les mène[4].

1. III, p. 704-705. La raison en est sans doute qu'au lieu de contempler un mur de pierre, les deux hommes font face à trois gigantesques pions, eux-mêmes au milieu de cinq feuilles géantes.

2. Tout cela a été bien vu par Renée Riese Hubert, « Henri Michaux and René Magritte », *Stanford French Review*, n° 1, printemps 1978, p. 61-72. On y trouve en particulier une analyse très fine du court fragment virant au poème inspiré par *La Grande Famille* (voir III, p. 706).

3. C'est le mot employé pour désigner dans *Façons d'endormi, façons d'éveillé* le rêve vigile, ce « *champ de forces* » (III, p. 521).

4. C'est ce qu'a bien situé le commentaire peut-être le plus aigu auquel a donné lieu ce livre : Sabine Dednam, « *En rêvant à partir de peintures énigmatiques.* Peinture, écriture, rythmes dans l'œuvre de Henri Michaux », *French Studies in Southern Africa*, n° 25, 1996, p. 55-71. L'auteur écrit ainsi : « le déploiement de l'écriture et le dévoilement de l'esprit sont opérations simultanées » (p. 58).

Moments

(1973)

Moments est le seul recueil de Michaux qu'on puisse dire, au fil d'une longue vie d'écriture, purement composé de poèmes — quand ceux-ci ne formaient dans ses autres recueils que des parties ou des moments choisis plus ou moins manifestes[1]. C'est dire d'abord qu'au simple regard tous les textes, ici, soit se présentent en vers libres explicites — majoritairement découpés en strophes ou laisses de valeurs inégales, souvent réduites au simple vers —, soit miment le passage à la ligne du vers par des barres de scansion qui découpent et transforment les blocs de prose (dans « Ombres pour l'éternité »), soit encore métamorphosent ces blocs, subsistant formellement, en leur conférant une allure insistante de strophes, avec, surtout, une profusion de phrases purement nominales et vocatives, invocatives (dans « Lieux, moments, traversées du temps »), phrases qui sont du reste le trait dominant de ce livre. On retiendra aussi qu'incluant dans ce recueil, de façon exceptionnelle, un hommage à une personne réelle, Michaux invoque Paul Celan, sous la forme d'un poème (« Le Jour, les jours, la fin des jours ») faisant suite à l'hommage en prose rendu deux ans plus tôt[2]. Celan : le poète par

1. Voir sur ce point la plupart des chapitres consacrés aux recueils réunis dans le tome I de notre édition, où est abordée cette place du poème, particulièrement celui sur *Qui je fus* (p. 124 et suiv.).

2. Voir « Sur le chemin de la vie, Paul Celan », dans Critiques, hommages, déclarations, III, p. 1398-1399.

excès du « temps de détresse[1] », dont Michaux ne parvint jamais à être vraiment proche[2], et qui sut indiquer subtilement le clivage autrefois si parlant chez Michaux entre récit et poème en ne traduisant pour sa part que les plus purs « poèmes » dans le premier volume des œuvres choisies de la belle édition allemande dont il partagea la charge[3].

Il vaut la peine de reprendre, pour l'essentiel, les termes de la lettre déjà citée de Jean Starobinski[4]. Elle concerne trois titres datant de 1966 (« Lieux pour une planète petite », *Les Grandes Épreuves de l'esprit* et « Vers la complétude », un des poèmes cruciaux de *Moments*), et saisit au mieux le nouveau Michaux qui se livre à travers cette image pour la première fois ainsi unifiée du poème. La « prodigieuse énergie » qui emplit désormais des « vocables apparemment "abstraits" » y est perçue comme le corollaire d'un effacement des objets du monde. Il s'agit donc là d'une « ascèse », mais qui prend la forme d'une « bataille » ; car elle ne se détourne pas un seul instant des provocations du multiple pour intensifier « les approches de l'Un ». De sorte que la conscience, ainsi traversée et désarçonnée, s'agrandit par là même de capacités nouvelles, illimitées. Il est frappant que cette tension entre l'Un et le multiple semble se moduler selon deux inflexions correspondant, à l'intérieur même de *Moments*, aux dates de publication des textes, de part et d'autre de la parution des *Grandes Épreuves de l'esprit* et surtout de sa dernière partie, « Les Quatre Mondes », dont on imagine que la composition est allée de pair avec celle de « Vers la complétude »[5]. Ainsi se répartissent, d'un côté, « The Thin

1. C'est le vers fameux de Hölderlin (« … et pourquoi des poètes en temps de détresse ? ») commenté par Heidegger dans un discours prononcé pour le vingtième anniversaire de la mort de Rilke (« Pourquoi des poètes ? », *Chemins qui ne mènent nulle part*, Gallimard, 1962, p. 220).

2. Voir t. III, p. 1646-1647.

3. Le premier volume de cette édition (prévue en trois volumes, dont deux seuls paraîtront) est publié en 1966 chez Fischer Verlag, sous la direction de Paul Celan, Kurt Leonhardt assurant le gros des traductions.

4. Voir le chapitre sur *Les Grandes Épreuves de l'esprit*, p. 501.

5. *Les Grandes Épreuves de l'esprit* et la plaquette *Vers la complétude* paraissent à un mois de distance, respectivement en novembre et décembre 1966.

Man », « Paix dans les brisements[1] » et « Iniji », tous plus ou moins antérieurs à 1966[2], de l'autre tous les autres textes à travers lesquels l'Un, de plus en plus ouvertement, gagne sur le multiple.

Ce sont ces derniers surtout que Bertelé, pour justifier auprès de l'éditeur la réalité du recueil dans son ensemble, qualifie de « Poèmes-rêveries d'après la drogue, où flotte encore une odeur de drogue[3]... ». Car tel n'est pas le cas de *Paix dans les brisements*, qui marque au contraire une sorte de ligne de partage dans la longue expérience de la drogue, entre sa découverte (*Misérable miracle, L'Infini turbulent*) et son élaboration plus raisonnée, jusqu'à l'abandon (*Connaissance par les gouffres, Les Grandes Épreuves de l'esprit*). C'est donc bien le saut, ou le glissement, de ce « chant d'expérience » à des quasi-« chants d'innocence[4] », qui permet le mieux de saisir une transformation témoignant cependant d'une continuité certaine. Celle-ci tient pour une part à l'effet des « longs poèmes » dont Jean-Luc Steinmetz a bien situé pour Michaux l'importance nouvelle, insistant sur la genèse de cette forme à partir de *Mouvements* et de la reprise de son poème homonyme, joint à d'autres, au début de *Face aux verrous* — genèse qu'on pourrait du reste, comme il le suggère, faire remonter jusqu'à *Qui je fus* et à sa section « Poèmes »[5]. S'arrêtant à cette « structure du

1. On désigne ainsi par ce titre entre guillemets le poème proprement dit, seul repris dans *Moments*, par opposition au livre de 1959, comprenant commentaires en prose et dessins (voir le chapitre correspondant).

2. Sur le contexte propre à chacun de ces trois textes, voir respectivement les chapitres sur *Vigies sur cibles*, sur *Paix dans les brisements* et sur *Vents et poussières*.

3. Voir III, p. 1637. Claude Mouchard (« La "Pensée expérimentale" de Michaux », dans *Ruptures*, p. 159-208) et Anne Brun (*Henri Michaux ou le Corps halluciné*, Synthélabo, coll. « Les Empêcheurs de penser en rond », 1999) comptent ainsi *Moments* à l'intérieur du corpus hallucinogène dont il est à la fois partie prenante et prolongement.

4. On ne trouve pas chez Michaux d'allusion explicite à William Blake, l'auteur des *Songs of Innocence* (1789) et *Songs of Experience* (1794). Mais Micheline Phankim témoigne que Michaux lui a fait lire la traduction par Gide du *Mariage du Ciel et de l'Enfer* (Claude Aveline, 1923 ; rééd. Corti, 1942 et Charlot, 1947), et qu'il appréciait beaucoup ses dessins.

5. Jean-Luc Steinmetz, « La Poésie d'Henri Michaux », *Promesse*, numéro spécial Henri Michaux, automne-hiver 1967, p. 80-96. Mais on peut remarquer aussi bien, dans *Qui je fus* déjà, la présence de sections formées à elles seules par de plus longs poèmes que ceux réunis dans la section « Poèmes » (ainsi

long poème », dont il dégage les traits essentiels[1], Steinmetz souligne « qu'il faudrait une sorte de livre simultané ou stéréophonique pour rendre compte d'un tel foisonnement[2] ». C'est aussi que tous les effets de reprises, de rythmes et de suspensions — qui donnent à ces textes un air de déploiement et d'enroulement perpétuels de l'invocation sur elle-même — tiennent à la qualité si particulière des « vocables » qui les servent, soulignée par Starobinski, et avant tout à l'intense abstraction sensible par laquelle ils substituent un pressentiment de l'unité à toute multiplicité du monde. Si un tel sentiment s'éprouve plus purement dans « Vers la complétude » qu'à travers « Paix dans les brisements », c'est que, dans ce poème antérieur, l'expérience de la drogue elle-même tient encore lieu d'une réalité, comme à proportion du fait qu'elle est devenue la seule : ainsi de la réalité perceptive ou corporelle, si métamorphosée soit-elle déjà par l'influx métaphysique. Alors que dans « Vers la complétude » cette réalité de l'expérience ne transparaît plus que sous les espèces d'un souvenir ancien ; retour d'affect désaffecté, elle est devenue comme sa propre ombre ; et par là peut s'effectuer une transmutation vers une « paix » bien plus étrange encore, « dans les parages d'une révélation mystique[3] », indice d'une sérénité paraissant désormais comme lavée des « brisements » qui ont été sa condition. En cela, Starobinski peut dire que « s'effacent les objets du

« Adieu à une ville et à une femme », et « L'Époque des illuminés », encore mélangé à de la prose ; voir t. I, p. 104-105 et 106-109). De fait, le modèle plus ou moins incantatoire d'un poème dont l'extension implique une forme expressive neuve semble être relancé dans les années de guerre par la tentative à demi réussie de « La Marche dans le tunnel » et de ses vingt-trois chants (1943), que précède la litanie de « Quelque part, quelqu'un » (1938).

1. Il en énumère huit : la phrase sans verbe ; la vitesse et le rythme (issus de la « surmultiplication » propre à la mescaline) ; la répétition, ouvrant sur la paronomase et le synonyme ; des façons de souligner la limite de la pensée nommable ; une circulation de type cinétique entre strophes et vers ; une composition menée dans l'après-coup de la drogue ; le retour d'un « savoir sacral » ; une solennité nouvelle du langage. Rappelons que *Moments* n'est pas paru lorsque Steinmetz écrit son texte. Mais on est frappé que la plupart des traits qu'il relève s'appliquent aussi bien aux poèmes de ce recueil.

2. « La Poésie d'Henri Michaux », *op. cit.*, p. 88.

3. Claude Mouchard, « La "Pensée expérimentale" de Michaux », *op. cit.*, p. 205.

monde ». Car c'est bien d'une certaine façon leur réalité encore, à peine suggérée — supposée par autant de micro-événements discontinus et suspendus, ou tenant aux noms mêmes des choses dans leur absolue nudité —, qui permet un renversement constant, une équivalence de « l'Un », du « Rien » et du « Tout », et l'unité identique de tout par-delà toute différence. « Existe-t-il quoi que ce soit / de totalement différent / manteau table tissu tilleul / colline sanglier / différents seulement / parce que semblables / / Par-dessus tout / effaçant tout / Unité / Totalement / Tous les êtres / le règne de l'existence commun à tous[1] ».

En ce sens — si difficile que ce soit à démontrer au fil d'un texte qui défie la saisie (c'est son motif même : « Saisie et dessaisies ») —, des termes de tout temps essentiels chez Michaux semblent y acquérir un degré de flottement supérieur, en même temps qu'une stabilité jusqu'ici peu concevable. Là où « Paix dans les brisements » exprime une aspiration propre à conjurer la menace primordiale du double (« un désir d'union / oh ce désir d'union / / fluide, fertile / double du double / double de tout redoublement »), « Vers la complétude » répond, d'un seul vers souverain : « J'existe en double[2] ». Là où Iniji nichée dans Ariane a perdu son fil[3], réduisant déjà à l'extrême la prolifération autrefois propre aux « hommes en fil[4] », on entend maintenant : « Parcours / Parcours sur un fil[5] ». L'infini n'est plus même « turbulent », il est, pleinement : « Je suis à l'arrivée de la plénitude [...] / et tous les êtres sont infinis » ; « Infini / Infini qui n'intimide plus » ; « L'infini est une région / S'y diriger[6] ». Le microbe plastique de la rêverie, encore à l'œuvre dans le livre des rêves[7], se mue en microbe métaphysique arrêté « Entre les lignes de l'Univers[8] ». Et les « présences », désormais, celles

1. III, p. 750.
2. Respectivement, *Paix dans les brisements*, II, p. 1003, et III, p. 745.
3. Voir *Vents et poussières*, III, p. 190.
4. « Les Hommes en fil », *Épreuves, exorcismes*, I, p. 784-785.
5. III, p. 745.
6. Respectivement, III, p. 744, 746, et 749.
7. « Peut-être suis-je de la race des géants. Peut-être suis-je le seul géant. Peut-être le seul au monde / Peut-être le seul microbe au monde » (*Façons d'endormi, façons d'éveillé*, III, p. 535).
8. III, p. 745.

qui « ne devraient pas être là[1] », simplement « prophétisent / à haute voix ». Le « Misérable miracle » cède aux « Miracles dans un miracle[2] ».

Aussi, le vocabulaire religieux et mystique gagne-t-il, dans « Vers la complétude » comme dans la plupart des poèmes de *Moments*, une sérénité nouvelle, si on en compare l'effet avec de fortes poussées antérieures, dans *L'Infini turbulent* ou dans « Paix dans les brisements ». Il s'agit souvent de termes à fortes connotations chrétiennes : « Isaïe purifié par l'ange » ; « Toutes les paroles viennent en apôtres / C'est fini, la chute des anges » ; « je parcours l'évangile des cieux ouverts » ; « Miséricorde » ; « Rédemption[3] ». Mais la sagesse hindoue y a sa part, comme on le voit à l'apparition de Ramakrishna[4] et comme « Yantra », qui clôt le recueil, le suggère.

Ainsi ce livre de poèmes se trouve-t-il par excellence prendre à rebours toute l'œuvre antérieure. Comment ne pas être frappé que, dernier volume de Michaux publié par René Bertelé dans sa collection « Le Point du Jour[5] », il vienne en un de ses « moments », « Apparitions-disparitions », répondre si parfaitement, en l'inversant, au premier livre de Michaux publié par le même Bertelé presque trente ans plus tôt, *Apparitions* (1946)[6]. Le contraste est saisissant si l'on pense à ce texte qui, entre tous, a servi si souvent de repère pour désigner chez Michaux la puissance fatale de l'écriture précipitée dans la folie meurtrière du double par le désastre créateur de l'imagination : « N'imaginez jamais[7] ». Car ce qui disparaît, dans « Apparitions-disparitions », c'est l'*apparition* même, dans ses

1. Voir le texte portant ce titre dans *Les Grandes Épreuves de l'esprit*, III, p. 362.

2. Respectivement, III, p. 745 et 746.

3. « Apparitions-disparitions », III, p. 738 et 740, et « Vers la complétude », p. 746 et 747.

4. « Ramakrishna en personne est ici / Je vis sous ses yeux / Appel à tout lâcher / à me jeter dans la mer spirituelle » (« Apparitions-disparitions », III, p. 736-737).

5. René Bertelé meurt cette année même, trois mois après la parution du livre.

6. Curieusement, le dernier livre paru dans « Le Point du Jour » qui mentionne *Apparitions* (1946) en quatrième page de couverture est *Les Grandes Épreuves de l'esprit*. Aucun ne figure sur *Façons d'endormi, façons d'éveillé*, et les mentions de *Moments* commencent avec *Passages*.

7. Texte d'*Apparitions* repris dans *La Vie dans les plis* (voir t. II, p. 174).

valeurs de jeu, de séduction et de menace — telle que sa logique a été développée encore si vivement par Michaux dans son éloge de la « rêverie de jour[1] ». Qu'est-ce que l'apparition ? C'est l'événement. Ce qui disparaît, ce sont les événements dont « Apparitions-disparitions » ne cesse de faire surgir l'apparence pour leur dénier aussitôt toute chair, tout éclat, toute prise sur soi. Une analyse de ce texte pourrait les détailler, évaluer comment la réalité de chaque événement se trouve presque transie par des effets de suspension qui évoquent de façon assez littérale, chose plutôt rare chez Michaux, la forme japonaise du haïku[2], mais dont il évacue ici jusqu'à l'humour léger qui en est souvent un ressort interne. On pourrait par exemple s'arrêter sur cette figure de tête, qui revient à plusieurs reprises[3], et lui opposer l'image ancienne et fantasmagorique de la « tête qui sort du mur » — réitération même de l'événement —, ou les doubles ou multiples têtes qui ici et là prolifèrent[4]. Bref, il s'agit d'effacer l'événement par la pensée même qui s'en saisit (« La pensée, c'est une image éconduite »), et de dissoudre ce qui le fait tel : « l'hérésie des distinctions[5] ». Accumulant soudain, en fin de parcours, des termes aux connotations sans équivoque (« illumination », « vérité »), Michaux laisse filer cette formule suggestive et ultime, entre des lignes de points qui la portent : « Ah, cette cécité que j'avais[6]... »

On est enfin frappé que ce désaisissement de réalité touche aussi les évocations de peinture auxquelles par quatre fois, explicitement ou non, Michaux se livre dans *Moments*. Elles engagent une spiritualisation modulée de l'image. Là encore, il est instructif de comparer les deux approches des gravures de Matta qui se trouvent ici réunies et qui, semblables dans leur démarche, donnent pourtant lieu, à douze ans de distance, à deux poèmes si opposés : le premier, « The Thin Man », tout à

1. Fût-ce de façon rétrospective et pour déjà en réduire la « force », au titre de ses « façons d'éveillé » (voir le chapitre sur *Façons d'endormi, façons d'éveillé*, p. 509-510).

2. Par exemple : « La porte s'ouvre. Un Lapon entre / Clairière maintenant / où ? » (III, p. 736.)

3. III, p. 733 et 738.

4. Voir « Une tête sort du mur », *Plume,* I, p. 562-563. Voir aussi « Têtes » dans *Peintures* (I, p. 707) et « Double-tête » dans *Épreuves, exorcismes* (I, p. 817).

5. Respectivement, III, p. 737 et 740.

6. III, p. 741.

la saisie mobile d'un être flottant et perdu, que la planche de Matta montrait dans ses divers états emmêlés en cascade, sur trois plans ascendants-descendants[1] ; le second, « Droites libérées », n'insistant plus que sur de pures trajectoires, offrant la « table à dessin[2] » au pur espace et à la pensée qui les survole. Lignes sans excès d'« aventures », si l'on veut ainsi fixer deux modes et deux temps de Michaux[3]. Il est d'autre part peu aisé à qui l'ignore de reconnaître, dans « Ombres pour l'éternité », évocation follement énigmatique et comme entée sur sa propre abstraction par-delà celle de son objet même, une référence à la peinture métaphysique de De Chirico[4]. La conversion de la prose en poème par les barres de scansion, qui rythment les phrases dénuées de ponctuation, agit ainsi à l'exact opposé de la stratégie descriptive obnubilante qui, un an à peine avant la publication de *Moments*, avait poussé Michaux à reprendre ses rêveries sur les tableaux de Magritte (elles-mêmes amorcées trois ans avant qu'il ne s'engage dans cette divagation elliptique sur les toiles de De Chirico[5]). L'exemple a ceci de frappant qu'il dévoile, au cœur du mouvement global par lequel Michaux cherche à se soustraire à jamais aux menaces de l'imagination trop libre d'elle-même, deux stratégies presque coexistantes dans le temps et ouvrant sur des visées différentes.

La portée de ces évocations de peinture est de contribuer ainsi à l'effet général de ce titre, *Moments*, qui suppose autant d'échappées du temps. On pense aux lignes, difficiles à dater, par lesquelles Michaux s'est un jour opposé, plus nettement qu'il ne l'avait encore fait, à ce qu'on attribue des titres à ses

1. On trouve la gravure accompagnée de son poème dans *Vigies sur cibles*, II, p. 971-973. Le mot « petit », repris comme une antienne au départ de ce texte, évoque par la force des choses le court poème « Petit » de *La nuit remue*, I, p. 499-500.

2. III, p. 726.

3. « Aventures de lignes » est le titre du texte consacré par Michaux à Klee dans *Passages* (II, p. 360-363).

4. Micheline Phankim témoigne qu'ils avaient emporté les mémoires de Chirico (*Memorie della mia vita*, Milan, Rizzoli, 1962), lors d'un séjour en Italie. Invoqué dans « Quelques renseignements » (I, p. CXXXII), Chirico est un des rares peintres ayant compté pour Michaux.

5. La première version d'*En rêvant à partir de peintures énigmatiques* paraît en revue en 1964, celle d'« Ombres pour l'éternité » en 1967.

peintures et dessins : « ils devraient s'il leur fallait un titre, s'appeler : moment 1, moment 2, moment 3, moment 4, 5, 6 *et cetera*. Moments dans l'écoulement du temps[1] ». De même, les mots, sitôt qu'on parvient à les délester, selon la circularité et la suspension du poème, de leur excès de sens comme de leurs valeurs fictives d'accident et d'événement, approchent une aura que Michaux a toujours cru incarner plus directement par sa peinture, et qu'il a désignée dans ce même fragment : « un instable incertain en suspens, moins qu'une apparition ».

Quant à « Yantra », inspiré par des compositions d'art tantrique, et qui clôt *Moments* par un appel à « la vibration de l'Unique », tout semble s'y conjoindre et s'y retourner, des livres antérieurs de Michaux et de ce livre même. La formule « au centre un point / seulement un point[2] » y neutralise au plus près cet ancien et court récit tragique où l'être essentiel de l'homme se trouvait réduit à un point[3]. Le titre « Un point, c'est tout » est ainsi renversé au profit nouveau du « Cosmos-Univers / cosmos de l'univers du "soi" ». D'autre part, « l'alphabet de la langue des dieux[4] » qui en ressort réalise presque trop simplement la prophétie formulée autrefois dans *Exorcismes* d'un alphabet qui, assurant la transmutation de la mort, « eût pu servir dans l'autre monde, *dans n'importe quel monde*[5] ». Enfin, nommé « Dessin pour retour en absolu. / Dessin-destin », et cela au travers de ses « Lignes, comme des radiations ralenties[6] », le dessin tantrique conjoint les lignes-espace des « droites libérées » de Matta et le destin parcellaire de son « Thin Man », dont Michaux prédisait : « Celui qui est né dans la nuit / souvent refera son Mandala[7]. » Qui a atteint ou au moins cerné le point mobile et pourtant fixe ressortant de l'Un, peut cesser d'errer sous la pression du multiple, ou au moins l'espérer.

1. Ce texte est cité dans le chapitre sur *Peintures*, p. 258-259.
2. Respectivement, III, p. 759 et 758.
3. « C'est ce seul point que la Mort avale. Il doit donc veiller à ne pas être encerclé » (« Un point, c'est tout », *La nuit remue*, I, p. 431.)
4. III, p. 759, de même pour la citation de la phrase précédente.
5. *Épreuves, exorcismes*, I, p. 785. Voir le chapitre sur ce recueil, p. 288.
6. III, p. 760.
7. *Vigies sur cibles*, II p. 973. La section dans laquelle figure le poème s'intitule « Dans l'espace / La vie parcellaire ».

Parcours
(1967)

Par la voie des rythmes
(1974)

Il y eut d'abord *Parcours*. Ce titre-mot-idée surgit de l'une des affirmations les plus entières de Michaux sur sa vocation d'art plurielle : « J'écris pour me parcourir. Peindre, composer, écrire : me parcourir. Là est l'aventure d'être en vie[1]. » Des années plus tard, le dessin peut se détacher seul sous cet intitulé, dans des pages pourtant réunies en un tout. Ce presque-livre, cas d'école, suite de douze eaux-fortes assemblées en portfolio en 1967, fait comme aucun autre le lien formel entre Michaux-écrivain et Michaux-peintre, ne serait-ce que d'être ainsi le seul à se trouver également revendiqué par les catalogues ou livres d'artiste et par les bibliographies. À l'inverse de la solution adoptée en 1951 dans *Mouvements*, pour lequel Michaux avait écrit un poème et une postface, Bertelé, qui a aussi provoqué *Parcours*, l'a préfacé, pour suppléer cette fois à l'absence de tout mot de Michaux. Il en a dit l'essentiel, insistant surtout sur « un certain schéma plastique », propre à tant d'œuvres peintes et dessinées de Michaux, et que les planches de *Parcours* exemplifient : « l'ordonnancement de signes l'un à la suite de l'autre, plus ou moins groupés en séquences, elles-mêmes plus ou moins rangées l'une sous l'autre, un peu comme les lignes d'une page d'écriture[2] ». La date même de *Parcours* est intéressante, au regard du « trait mescalinien » et de « sa vibration spécifique » qu'évoque aussi Bertelé, et dont Michaux

1. « Observations » (1950), *Passages*, II, p. 345.
2. *Parcours*, III, p. 432.

s'éloigne alors un peu, mettant un point final aux *Grandes Épreuves de l'esprit* (1966)[1]. *Parcours* semble par là une reprise somptueuse de « la phrase sans mots », que Michaux nomme également « dessin cinématique » et reconnaît en lui comme un désir quasi immémorial, antérieur même à son choix du dessin[2], et à l'obsession si ancrée qui lui correspond, d'une langue idéographique personnelle[3]. Les planches de *Parcours* sont la plus belle variation sérielle que Michaux ait composé sur ce thème des alphabets fictifs disposés en lignes variablement serrées ou aérées, selon un étonnant travail d'espacement, qui se suspend souvent au profit de fusions entre lignes et signes, semblants de lettres et de corps mêlés. Parfois, la disposition en lignes horizontales, quoique toujours prégnante, expose des combinaisons parallèles possibles, verticales par exemple[4]. Une fois, dans la huitième planche[5], cette disposition passe au second plan, restituant de façon exemplaire à l'espace l'éclat d'une liberté qui lui est fondamentale dans les peintures et dessins de Michaux : en haut de page, une ligne développe une sorte de course entre une suite d'êtres (on en compte environ huit), continuée dans une seconde ligne coupée net après deux ou trois figures revenant de droite à gauche ; en bas, une ligne plus confuse associe des concrétions, la dernière sur la droite dépassant les autres en hauteur. Dans l'espace vide ménagé entre ces deux « lignes », trois ensembles de traits pouvant

1. Bien que chez Michaux, c'est tout ensemble la difficulté et le charme, tous les aspects continuellement se mêlent et se cumulent. On peut suivre ainsi dans le catalogue de l'exposition organisée par Victoria Combalía, *Henri Michaux Dibuixos mescalínics Dibujos mescalínicos*, Barcelone, 1998, le passage des dessins mescaliniens aux dessins dits « post-mescaliniens » (ils sont dits aussi de « désagrégation » ou de « réagrégation »), qui concèdent toujours très peu à la linéarité pictographique, au profit de formes bourrées, tourbillonnaires.

2. « Au lieu d'une vision à l'exclusion des autres, j'eusse voulu dessiner les moments qui bout à bout font la vie, donner à voir la phrase intérieure, la phrase sans mots, corde qui indéfiniment se déroule sinueuse, et, dans l'intime, accompagne tout ce qui se présente du dehors comme du dedans » (« Dessiner l'écoulement du temps », *Passages*, II, p. 371). Ce texte est le meilleur commentaire que Michaux ait donné de la naissance de *Mouvements* : plus que sa Postface à ce livre, il y insiste en effet sur le passage en lui du signe comme fiction d'écriture au signe comme expression du mouvement de la vie.

3. Sur ce thème de la langue idéographique, voir le chapitre sur *Idéogrammes en Chine*, p. 544 et n. 3, et p. 545, et celui sur *Saisir* et *Par des traits*.

4. C'est notamment le cas dans la neuvième planche, III, p. 768.

5. III, p. 767.

suggérer des figures humaines, mais aussi bien tel animal ou tel objet, paraissent marcher ou danser, sur un chemin semé de points discontinus qu'on retrouve du reste dans les lignes du haut et du bas. C'est dire que tout alphabet, tout système de signes entrevu et figurant l'utopie d'une écriture, possède aussi bien la liberté incontrôlable des espèces et des mouvements de la vie[1].

Telle est la liberté que l'on retrouve, autant qu'il est possible, développée dans *Par la voie des rythmes* (1974).

Car voici bien un livre unique dans cette œuvre piquetée de peintures et dessins. Un vrai livre seulement de dessins ; « livre qui ne dit mot », dira Lorand Gaspar[2]. Serait-ce cela même qui fait aussi dire à Michaux que ce livre sera meilleur que *Mouvements*, « indiscutablement » ? Il précise : « Figure plus vivante, plus rythmée[3] ». C'est pour une part le sentiment qu'on retire, à feuilleter simplement les deux livres. Dans *Mouvements* (1951), soixante-quatre pages de dessins ont été prélevées sur mille deux cents pages d'un flot réordonné en séquences par René Bertelé : autant de « signes » que Michaux, au fil de son poème, qualifie de façon multiple (« mouvements », « tâches », « gestes », mais aussi « flammes », « racines », etc.), accordant néanmoins une priorité mesurée à la forme « homme » qu'on peut du reste deviner souvent au fil des planches, et sur laquelle il réinsiste quand il les commente à nouveau, trois ans plus tard, dans « Signes » (« l'homme-écrevisse, l'homme-démon, l'homme-araignée, l'homme dépassé, cent mains, cent serpents lui sortant de tous ses côtés en fureur[4] »).

Avec *Par la voie des rythmes*, on se trouve devant quatre-vingt-quatre pages de dessins — sans compter la première et la quatrième page de couverture — d'emblée beaucoup plus

1. On retiendra aussi une planche étonnante, faite dans le sillage de *Parcours* (voir *Henri Michaux. Les Estampes. 1948-1984* (Rainer Michael Mason et Christophe Cherix, éd., Genève, Cabinet des estampes du musée d'Art et d'Histoire-Patrick Kremer, 1997, p. 43), où, tout en restant dans une part du dessin et au-dessous comme trame, la ligne d'écriture disparaît au profit d'un paysage d'îles qui évoque aussi bien son traitement sous forme d'une carte.
2. Lettre de Lorand Caspar à Michaux, 6 février 1975 (voir t. III, p. 1653).
3. Lettre à Bruno Roy, le 12 juin 1973.
4. « Signes », II, p. 431.

variés. Et l'exclusion des mots y est entière. Au point que cinq « chapitres », peut-on dire, y sont formés, emblématiquement, avec autant de pages de titre figurées en signes, et qu'une table des matières, constituant si l'on veut une quatre-vingt-cinquième planche, récapitule. Comment ne pas hésiter à esquisser ce que Michaux a tenu cette fois si fort à éviter : une lecture-évocation, avec ses impossibles équivalents de mots ? Comment, aussi, ne pas le faire ? Car on peut vouloir reconnaître dans de nombreuses pages les échos visibles de ce que Michaux peinait à définir, en ouverture comme en clôture de « Signes », écrivant par exemple : « Toute la nature est signes, signes sur signes, macle de signes » ; ou évoquant « les traits "nature", pareils à une poignée de brindilles », risquant aussi l'idée, obscure et troublante, de « signe "de situation" » (« ce que je n'avais pas même commencé à trouver[1] »).

Avant tout, une observation s'impose. La déliaison que réalise *Par la voie des rythmes* à l'égard de tout texte prescriptif renvoie le regardeur non plus simplement à d'autres livres de Michaux hantés par des images, mais bien à l'immensité de son œuvre dessinée, sans parler des peintures qui leur sont souvent proches. On peut s'en faire une idée à travers quelques livres et catalogues de caractère général ou plus spécialisés réunissant des œuvres de Michaux[2]. On y verra qu'au gré de séries, reconstituées selon les cas de façon plus ou moins rigoureuse ou aléatoire — après aussi bien qu'avant la composition de *Par la voie des rythmes* —, ce sont les mêmes stratégies et dispositions qui s'y déploient, dont ce livre tout de dessins forme ainsi une sorte de synthèse. Il montre bien qu'en proie à des évolutions, des cycles, des mutations techniques supposant et composant une histoire, comme on l'a vu dans *Émergences-résurgences*, ces « moments et rythmes et séquences[3] » sont

1. « Signes », II, p. 429 et 431.

2. Ainsi le livre d'Alfred Pacquement, *Henri Michaux. Peintures*, Gallimard, 1993 (avec un essai de Raymond Bellour, « Combats sans fin », sur les rapports entre écriture et peinture) ; les catalogues *Œuvres choisies 1927-1984*, Claire Stoullig, éd., 1993 ; *Henri Michaux, frottages*, Bernard Comment et Claire Stoullig, éd., 2002 ; et surtout *Henri Michaux. Les Estampes. 1948-1984* (dans lequel figurent aussi bien les planches de *Parcours* qu'un certain nombre de *Par la voie des rythmes*).

3. Ce sont les mots utilisés par Michaux dans le fragment où il recommande de donner à ses peintures et dessins les seuls titres de « moment 1, moment 2,

aussi sans histoire et par là circulaires, irréductiblement liés à la réalité première d'un corps et aux origines d'un tempérament[1]. Aussi sera-t-on sensible, avant tout, à autant d'états variables conjugués que les traits, les taches et les formes esquissent au fil des planches.

Comment tenter d'en nommer au moins quelques-uns ? La tentative de taxinomie qui suit est bien sûr purement indicative, limitée autant que hasardeuse et personnelle. Quelques chevauchements de pages suffisent à suggérer que les catégories possibles se complètent plus qu'elles ne s'excluent. Elle est d'autre part dépendante des images, bien plus directement que pour d'autres chapitres (comme *Lecture de huit lithographies de Zao Wou-Ki* ou *Vigies sur cibles*). Il a paru pourtant utile de la conserver, serait-ce pour témoigner du caractère de limite de ce qui s'avère ici entre le dessin et son commentaire.

On y reconnaît bien sûr tout au long et avant tout la forme et la force premières de la *ligne* constituée d'un ensemble de signes, quoique jamais aussi continûment tracée par leurs assemblages que dans *Parcours* — la ligne plus ou moins droite ou brisée qui, depuis les premières tentatives de Michaux[2], mime la ligne d'écriture et tente une médiation toujours renouvelée entre les ordres incompatibles, mais riches de tant d'interférences, du texte et de l'image[3]. Il arrive ainsi à ces

---

moment 3, moment 4, 5, 6, *et cetera* » (voir les chapitres sur *Peintures*, p. 258-259, et sur *Moments*, p. 533-534).

1. Voir en particulier l'article de Carter Ratcliff, « Henri Michaux, Late Romantic » (*Art in America*, vol. 73, mars 1995, p. 147-149), qui insiste, à propos de la peinture de Michaux mais de là, plus largement, sur le caractère « achronologique » de son œuvre : « L'art de Michaux est intemporel. Ses cycles, ses tours et ses retours sont l'œuvre d'une volonté de retour aux origines [*a will to origins*]. »

2. Ainsi les deux fameuses compositions, « Alphabets » et « Narration », de 1927, qui ouvrent, en parallèle avec ses toutes premières œuvres peintes, l'éventail des rapports entre écritures et figures — illustré en particulier par le fameux « Hommage à Léon-Paul Fargue », premier dessin publié de Michaux en 1927, ligne-univers dessinée d'un seul trait (I, p. 959) et que Michaux a retenue ; bien des années plus tard, pour figurer en tête d'*Émergences-résurgences*.

3. Voir sur ce point la section « Les Strates ou formations historiques : le visible et l'énonçable (Savoir) » du *Foucault* de Deleuze (Minuit, 1986), où celui-ci reprend par le détail toutes les analyses de Foucault sur les rapports d'exclusion et d'enlacement entre image et langage.

lignes de simuler au plus près l'effet virtuel d'une écriture[1]. Mais cette écriture tend aussi vers une abstraction géométrique, virant au pointillisme[2]. Souvent, la ligne suggère aussi bien une mimétique des corps humains, parfois sous forme de rondes[3]. On relève également la présence d'animaux bien plus nombreux que dans *Mouvements*, certains rappelant les dessins préhistoriques, auxquels Michaux était si sensible, animaux mélangés aussi à des humains[4]. On y trouve ces « traits "nature", pareils à une poignée de brindilles », évoquant pourtant autant d'êtres[5]. Et la ligne, enfin, se divise, se brouille, se resserre, éclate, se plie sur elle-même pour former plutôt, par petits blocs ou d'un jet continu, des masses, des concrétions aux allures variables, induisant des projections multiples[6]. On note, rarement, de petits signes seuls, ou presque[7]. Si l'horizontalité prévaut généralement dans l'organisation des dessins, la verticalité l'emporte sur l'horizontale qu'elle incorpore dans quelques rares assemblages, et l'on trouve quelques équilibres réglés entre les deux dimensions[8]. Enfin, on rencontre aussi des signes massifs, confus, occupant souvent de traits mélangés toute la page, et ainsi plutôt en quête de « situations » dont rien concrètement ne se devine[9].

Il y encore trois façons, parmi d'autres possibles, de situer ce livre unique. Il correspond d'abord, selon l'axe dont *Mouvements* et *Paix dans les brisements* auront été la matrice en couplant poème et signes, au développement chez Michaux du long poème autonome, tel *Vers la complétude*, dont on a vu avec *Moments* l'incidence : mais il se présente dans *Par la voie*

1. Voir III, p. 761, 764, 765, 783 g (nous indiquons ici par les lettres *g* et *d* les demi-pages de gauche ou de droite de notre édition, chacune d'elles correspondant à une pleine page de l'édition originale, que nous avons réduite et présentée à l'italienne ; quand nous ne précisons pas *g* ou *d*, c'est que la double page est concernée) — pour l'ensemble des planches, III, p. 761-814.
2. Voir respectivement p. 765 g, 766 et 810 g.
3. Voir respectivement p. 778, 780, 807 g, et 776 d, 781 g, 786 d, 799 d.
4. Voir respectivement p. 784, 801, 804 d-806 g et 776 g, 781 g.
5. Voir p. 776 d, 793, 797, 804 g, 807 g.
6. Voir 768 d, 770 g, 771 g et d, 772 g, 779 g, 789 g, 802 g et d, 808 d, 809 g.
7. Voir p. 785 d et 812 g, l'un servant de tête de chapitre, l'autre formant une sorte de cul-de-lampe ou de colophon.
8. Voir respectivement 764 g ou 793 d et 764 d ou 810 g.
9. Voir p. 791 d, 792 d et 794.

des rythmes sous la seule forme de sa contrepartie de dessins. D'un autre côté, si l'on pense que Michaux a pu concevoir avec *En rêvant à partir de peintures énigmatiques* un livre de mots appliqués à des images sans en montrer aucune, prenant ainsi le relais de ses formes de rêveries anciennes, on comprend mieux encore l'autre tentation : des images sans mots, autour de la réalité matricielle des signes, ces « petits carrefours de l'impressionnabilité et de l'événement[1] ». C'est là, aussi bien, une autre façon pour Michaux de substituer aux rêveries de jour écrites des rêveries de signes muets, témoignant d'une imagination comme à jamais allégée d'elle-même. D'où, enfin, ce terme de « voie », que Michaux a choisi pour son titre, associé à celui de « rythmes » où passe l'idée de musique — l'art le plus pur du « passe-temps » et du « Déroulement du film psychique[2] ». La « voie » (le Tao), c'est bien ce que dans ces années d'un vif retour vers la langue et la pensée chinoises, dont témoigne *Idéogrammes en Chine*, il cherche à approcher.

1. « Dessiner l'écoulement du temps », *Passages*, II, p. 372.
2. « Un certain phénomène qu'on appelle musique », *Passages*, II., p. 365.

Idéogrammes en Chine

(1975)

Il y a deux façons d'aborder *Idéogrammes en Chine*. La première est de comprendre ce texte du point de vue de la Chine elle-même, de ce que Michaux en transmet et qu'il faut approcher par un savoir, afin de mieux situer le mouvement par lequel il cherche à se la rendre proche, pour la première fois aussi ouvertement depuis *Un barbare en Asie*[1]. L'autre façon est d'envisager l'enjeu de ce texte à l'intérieur d'une évolution de Michaux. Il y paraît crucial, situé comme peu d'autres à la croisée des chemins, selon trois perspectives qui se mêlent et qu'il faut, brièvement, traiter ensemble — bien que chacune d'elles se trouve abordée à travers d'autres livres —, au risque de multiplier redites et renvois[2]. Mais la circularité même de l'œuvre de Michaux y conduit, dont il faut parfois prendre la mesure. On sera ainsi attentif aux dates des deux parutions successives d'*Idéogrammes en Chine*, comme préface et en plaquette : 1971, 1975.

La première perspective ressort du glissement accentué de Michaux vers la forme du poème, à l'exclusion des formes de rêveries et de fiction si longtemps pratiquées et dont la traversée de la drogue a eu raison[3]. Ce glissement se confirme entre

1. C'est ce qu'a fait pour ce recueil Yolaine Escande, exceptionnellement, avec sa connaissance de la langue et de l'art chinois, en concevant un chapitre parallèle : « Rouge, noir blanc, Note sur le jeu des couleurs » (III, p. 1658-1663).

2. On a évité de renvoyer ici aux chapitres sur les œuvres concernées, quand les titres de celles-ci se trouvent cités explicitement.

3. Voir sur ce point les chapitres sur *Connaissance par les gouffres*, p. 445-446, et *Les Grandes Épreuves de l'esprit*, p. 493-495.

la seconde partie de *Façons d'endormi, façons d'éveillé*, consacrée aux rêves vigiles (1969), et la publication de *Moments*, pur livre de poèmes (1973). Il se trouve d'autre part répondre à un infléchissement spiritualiste ou mystique, souvent difficile à spécifier, qui se développe au sortir des expériences de la drogue où il a trouvé à se confirmer — depuis « Le Dépouillement par l'espace » et « Les Quatre Mondes », dans *Les Grandes Épreuves de l'esprit* (1966), en passant par « Ineffable vide » (1969), repris dans l'édition revue et augmentée de *Misérable miracle* (1972), et par « Vers la complétude » (1966) et « Yantra » (1970), repris dans *Moments*. Enfin, ce double mouvement croise la question — ancienne mais toujours reformulée tant elle est pour Michaux primordiale — de sa double réalité d'écrivain et de peintre, d'une *utopie du signe*, voie tierce ou ligne de fuite entre les deux extrêmes du sens et du nonsens, du mot et de l'image. Trois livres la ponctuent, ces années-là : *Émergences-résurgences* (1972), *En rêvant à partir de peintures énigmatiques* (1972) et *Par la voie des rythmes* (1974).

Idéogrammes en Chine mêle ces trois perspectives. On est d'abord frappé que ce commentaire, pour une part d'érudition et infiltré de savoir, tende constamment au poème (comme le qualifie du reste Léon Chang, au livre duquel il servait initialement de préface[1]). Il en montre maints traits : formes nominales, fragmentaires, invocatives, énumératives[2], adoption passagère du vers libre[3], tout semblant ainsi, en « toute page écrite », destiné à « se résoudre en poésie[4] ». C'est qu'il en irait pareillement de la langue même, telle que la Chine l'offre dans sa parure d'idéogrammes : « La calligraphie l'exalte. Elle parfait la poésie ; elle est l'expression qui rend le poème valable, qui avalise le poète[5]. » Cet art tient d'autre part à une puissance du vide, à l'exercice d'une vitesse née du détachement. Invoquant

1. Il s'agit de *La Calligraphie chinoise. Un art à quatre dimensions*, Club Français du Livre, 1961. Le texte est alors publié seul, sans les « illustrations » qui seront empruntées pour la plaquette à d'autres ouvrages sur la calligraphie.
2. Par exemple à l'occasion des formes changeantes de l'idéogramme désignant le mot « cœur » (III, p. 845 et 847).
3. À l'occasion d'une évocation générale du « monde de la Chine », III, p. 827-831.
4. III, p. 827 et 831 (c'est le dernier vers de cette suite de vers libres).
5. III, p. 843.

l'image de l'eau, « vide de forme », Michaux s'arrête : « Un temps Yin, un temps Yang / Voilà la voie, voilà le tao. / / / Voie par l'écriture[1]. » Ce vide du tao, c'est la voie spirituelle proprement chinoise, dont la vertu pragmatique rivalisait, dès *Un barbare en Asie*, avec les inflexions plus lourdes, plus religieuses de la mystique hindoue — dialogue implicite, qui ne cessera plus, formant chez Michaux une triade équivoque avec les bouffées de mystique chrétienne à laquelle il a toujours été sensible. On en trouve ici un écho discret mais fort lorsque presque à la fin du texte, invoquant l'art de la méditation sur les tracés du calligraphe, il ajoute : « comme en un autre pays on méditera sur un mantra, sur la substance, le principe, ou sur l'Essence ». Alors même que, soulignant la façon dont « Comme fait la nature, la langue en Chine propose à la vue, et ne décide pas[2] », Michaux voit la poésie, rapportée en celle-ci à l'idée, sortir de cette réalité du « multiple ».

Enfin, il y a l'enjeu majeur dont est porteur l'idéogramme, par sa double nature d'image et de mot, entre écriture et peinture, et se rapportant par là autrement aux choses. Il est donc naturel que Michaux l'ait investi particulièrement du grand rêve qui traverse sa vie et que son œuvre à tant d'occasions atteste : le rêve d'une langue universelle qui ne se réduirait pas à la parole, opérant selon un échange paradoxal de signes, dont le second paradoxe serait qu'elle puisse idéalement être parlée par tous, ou au moins par quelques-uns, et dont pourtant il serait l'inventeur[3]. Michaux ne reprend pas ici le thème

1. III. p. 839.
2. Respectivement, III, p. 851 et 841.
3. Sur ce rêve de la langue idéographique, voir en particulier le chapitre sur *Face aux verrous*, à propos de *Mouvements*, p. 365-367. Son point d'orgue est le projet, déjà plusieurs fois mentionné, annoncé par Michaux comme « en préparation » dans *Plume*, en 1938, et bien sûr jamais réalisé : « Rudiments d'une langue universelle idéographique contenant neuf cents idéogrammes et une grammaire ». À ce sujet, on peut se reporter ici même aux chapitres sur *Par la voie des rythmes* et sur *Saisir* et *Par des traits*, comme à l'Introduction, p. 50-55. On peut surtout lire le passage de l'entretien avec Michaux réalisé en 1972 par Jean-Dominique Rey, « L'Expérience des signes », qui résume au mieux cette visée utopique. « J'ai rêvé un moment, sans obtenir de résultats sérieux, de chercher une langue universelle. J'ai essayé d'inventer des caractères clairs sans passer par la parole. Mais rien n'en est sorti. [...] C'est un espoir que je n'ai jamais réalisé. Je donnerais volontiers tout ce que j'ai pour y parvenir » (Jean-Dominique Rey, *Henri Michaux. Rencontre*, L'Atelier des Brisants, 2001, p. 25-

pour lui-même, comme il le fera dans *Saisir* et dans *Par des traits*, tout simplement parce qu'en tiennent lieu la genèse qu'il trace de l'idéogramme et l'éloge extraordinaire qu'il fait de celui-ci. Qualifiant la logique de cette genèse dans *Idéogrammes en Chine*, Richard Sieburth a condensé d'un mot l'utopie qu'elle cristallise : « *idio*grammes[1] ». C'est faire entendre, au cœur de l'idéogramme, l'idiolecte, ou langue d'un seul, soit l'invention néologique longtemps pratiquée par Michaux, de *Qui je fus* à *Face aux verrous*, et jusque dans « Iniji » encore. C'est aussi supposer que transformant la langue pour mieux la faire sienne, ou la transmuant désormais de plus en plus en abstractions sensibles, au sens où l'indiquait Starobinski[2], Michaux doive pareillement et transformer et transmuer, comme on le voit dans ses dessins et sa peinture, l'idéogramme même qui lui ouvre la double voie paradoxale d'un tel entre-deux, écriture-peinture, formant l'utopie du signe.

Une circonstance réelle, liée à *Idéogrammes en Chine*, fait surgir au mieux cet enjeu. En 1969, plus de quarante ans après son apprentissage de « l'annamite » (annoncé dans une lettre à Paulhan, dès 1926), et près de trente ans après son grand et seul voyage en Chine, Michaux se met au chinois. Un carnet en témoigne, faisant état, sans autres explications, d'au moins quatre séances, entre le 27 novembre et le 1er décembre[3]. Michaux a recopié, sur trente-sept pages, des séries

---

28). Une telle visée croise également chez Michaux sa conception de l'espéranto lyrique (voir le chapitre sur « Rencontre dans la forêt). L'inventaire le plus complet de la langue du dessin, de *Un barbare en Asie* à *Par des traits*, a été dressé par Véra Mihailovich-Dickmann, « Idéogrammes : l'apport de la Chine ou "Voie par l'écriture" », dans *Quelques Orients*, p. 159-190.

1. Richard Sieburth, « Ideograms : Pound, Michaux », *L'Esprit créateur*, vol. 26, nº 3, automne 1986, p. 22. Il résume ainsi la généalogie mythique de l'idéogramme selon Michaux : « 1) l'écriture à son origine, 2) la perte de l'origine, 3) le recouvrement de l'origine par l'étymologie, 4) l'écriture comme représentation se transformant en écriture comme signification, 5) le retour, par l'abstraction, vers la Nature et l'origine » (p. 24).

2. Voir le chapitre sur *Les Grandes Épreuves de l'esprit*, p. 501.

3. Ce carnet à spirales de quarante-deux pages a fait partie de la vente de la bibliothèque de Maurice Saillet (nº 195, Drouot, 15 mars 1988). Il appartient à une collection privée. Voir Raymond Bellour, « L'Utopie du signe », *Chimères*, nº 45, hiver 2002, p. 111-122.

d'idéogrammes, avec des commentaires explicatifs, à partir d'une méthode rédigée en anglais et destinée à des Japonais. Il existe aussi dans les archives Michaux une méthode Linguaphone de chinois, avec ses disques, appartenant à cette même période. On est frappé que, si tard dans sa vie, Michaux ait entrepris cet exercice de façon toute spéculative, peut-être pour se préparer à la préface qu'il écrira bientôt pour *La Calligraphie chinoise*[1]. Curieux avant tout d'un fonctionnement, à l'affût d'un savoir que son texte transposera selon sa visée propre, il cherche à ressentir l'épreuve du tracé, en suivant au gré des exemples l'évolution graphique des idéogrammes. La chose saisissante est que cet exercice de copie témoigne d'une maladresse patente, et même d'une inattention flagrante dans l'observation d'un grand nombre de traits[2]. On croirait presque que Michaux a pu écrire sur ses genoux, sans support ferme sur lequel s'appuyer[3]. Et cela même n'expliquerait pas tout : par exemple des traits en biais au lieu de traits verticaux. Il est plus intéressant de penser que Michaux manifeste là son inaptitude profonde à la copie, aussi bien quand l'idéogramme ressemble encore à la chose qu'il désigne, comme c'était le cas à l'origine, que lorsque son évolution l'a rendu plus abstrait. C'est que la copie, par l'obligation de réalisme qui la lie au modèle, bride tout mouvement profond du corps et tout instinct de la main porteurs de ce mouvement. De même que Michaux peut rarement copier un texte sans le déformer et quelque peu le réécrire, de même il soumet l'idéogramme à une défiguration qui lui soustrait parfois jusqu'à son sens.

Ce carnet montre d'autre part, à sa fin, sept pages de dessins de tout autre nature — pour l'essentiel, de menus croquis quasi réalistes : un oiseau sur une branche d'arbre ; une tête d'homme dans un paysage, près d'une maison ; des visages ; un chat, etc. Ces dessins sont si pauvres qu'on a du mal à croire qu'ils sont nés de la main de Michaux. Mais comment le seraient-ils d'une

1. On se reportera aussi au chapitre de *Façons d'endormi, façons d'éveillé* intitulé « Examen en Chine » (III, p. 487), dans lequel Michaux évoque un rêve portant sur cette situation d'apprentissage du chinois.

2. C'est ce que confirme Yolaine Escande, au vu de ces pages.

3. Micheline Phankim suppose que ces « séances » privées de chinois ont eu lieu au lit, où Michaux écrivait souvent, et que cela explique en partie la maladresse du dessin.

autre, sur une page où on lit des mots de son écriture, bien que sans rapport avec ces esquisses[1] ? Là encore, il est plus intéressant de penser que l'inaptitude foncière de Michaux à la copie produit ce résultat déconcertant. Dans un cas comme dans l'autre, c'est le signe comme code — de connaissance et de reconnaissance — qui est visé, plus ou moins platement observé et mis à mal. Et c'est dans l'entre-deux, entre le signe conventionnel de la langue et le signe analogique de la représentation visible, que Michaux engage son propre travail de refiguration expressive du signe, tant écrit que graphique : le premier s'attachant, en dépit des lourdeurs, des fatalités du langage, sans cesse dénoncées, à parler du second qui se déploie et redéploie, pour nourrir l'espoir insensé d'une seule « langue » faite de l'un et de l'autre — langue de signes justement, qui serait personnelle et cependant sociale, issue de l'irréductible du corps et pourtant faite pour l'échange, langue de tous mais propre à quelques-uns. Ces poussées d'utopie conflictuelle innervent chez Michaux, autour de la langue chinoise à jamais exemplaire, le parcours à double sens, évolutif et à jamais rétroactif, qu'il en fait dans *Idéogrammes en Chine*.

1. Micheline Phankim précise que Michaux s'amusait souvent à croquer des figures diverses, en particulier d'animaux, d'après des revues de géographie, par exemple. Il lui a instamment demandé de détruire toutes ces pages après sa mort — ce qu'elle a fait, par brassées, se souvient-elle. Voir aussi le chapitre sur *Comme un ensablement...*, p. 586-587.

Face à ce qui se dérobe
(1975)

Autant *Moments* aura été le plus pur livre de poèmes, autant *Face à ce qui se dérobe* s'affirme d'emblée comme le livre des expériences. Expériences de soi, plurielles, du corps et de l'esprit, de leurs vertus possibles en réponse aux accidents du réel comme à ceux qu'on provoque soi-même ; expériences couvrant, de la prose au poème, exigences d'analyse et poussées d'invocation.

La drogue y fait retour, plus encore qu'on ne l'a dit[1], puisque, outre les trois textes que Michaux dit lui-même être l'effet d'une « substance déroutante[2] », « Moriturus », qui clôt le recueil, lui devrait aussi (selon le témoignage de Micheline Phankim), son inspiration. Il semble également que le phénomène hallucinatoire évoqué dans « Arrivée à Alicante » puisse être de nature plus ou moins comparable à la crise de migraine ophtalmique dont Michaux fera plus tard le récit dans « Une foule sortie de l'ombre[3] ». À l'exception de son premier et de loin son plus long texte, « Bras cassé », qui en forme la première moitié, ce recueil se trouve donc encore placé sous le signe de la drogue. Mais ce n'est plus vraiment la même drogue. Michaux, d'abord, en tait le nom, et elle n'est ici ni soumise à observation ni objet d'une exaltation qui lui revient en propre. Plus subtilement, ses effets

1. Max Milner, *L'Imaginaire des drogues. De Thomas de Quincey à Henri Michaux*, Gallimard, coll. « Connaissance de l'inconscient », 2000, p. 428-431.

2. III, p. 887. Ces trois textes sont « Relations avec les apparitions », « Dans l'eau changeante des résonances » et « Survenue de la contemplation ».

3. *Déplacements, dégagements*, III, p. 1307-1309.

s'insinuent dans des états de rêverie qu'elle permet d'orienter autrement, selon une pratique métamorphosée du dédoublement, beaucoup plus méditative, de nature à réorienter la conscience de soi, comme on le voit aussi dans « Bras cassé », loin de la pluralité proliférante des imaginations. D'où la reprise déplacée, à vingt ans de distance, du titre où avait culminé leur drame, devenu sans issue : *Face aux verrous* glissant vers *Face à ce qui se dérobe*[1]. D'où, aussi, la relation, à première vue paradoxale, établie dans ce livre entre des effets d'altérité issus d'expériences divergentes, entre l'homme gauche né d'un « bras cassé » et divers êtres induits fluctuant au gré d'autres postures.

Un rapport plus étroit encore qu'on a pu le penser s'impose donc entre le texte ancien qui ouvre le livre et celui qui le clôt : « Bras cassé » et sa chute accidentelle, « Moriturus » et sa chute métaphysique[2]. S'ils sont publiés tous deux en plaquette à un an de distance (1973, 1974), onze ans séparent leur publication respective en revue (1962, 1973). Mais « Moriturus » a sans doute été écrit d'après des notes bien antérieures, prises quinze ans plus tôt, lors d'un séjour en Suisse, situé donc dans un temps assez proche encore de l'accident de 1957 que « Bras cassé » interprète. Cela fait mieux comprendre que ce soit peu après avoir repris ce texte pour le publier en plaquette (en juin 1973) que Michaux donne « Moriturus » à la *N.R.F.* (en septembre) — sans qu'on puisse savoir, mais on peut y rêver, à quel point les deux textes auraient été alors, l'un remotivant l'autre, « vécus » en même temps.

Jusqu'où peut-on penser l'unité de ce titre, la façon dont il affecte au même degré chacun des textes qu'il assemble ? Ce qui se dérobe pourrait être le rêve un peu nouveau d'une simplicité à laquelle le sujet, par accident comme par chance, peut soudain faire face à travers l'expérience, au point de s'immerger en elle tout en conservant la capacité d'en témoigner. Être devenu un,

1. Maurice Mourier a consacré une étude fouillée à la comparaison des deux livres : « La Passerelle du Moi », dans Jean-Pierre Giusto, Maurice Mourier et Jean-Jacques Paul, *Sur Henri Michaux*, Presses universitaires de Valenciennes, 1988, p. 57-105.

2. Laurent Jenny a mené une comparaison subtile de ces deux textes, dans la sixième partie de son livre *L'Expérience de la chute. De Montaigne à Michaux*, P.U.F., 1997, intitulée « Faux pas de Michaux », p. 183-207.

devenir un sans que ce devenir soit trop vivement marqué par l'acte ou par la pensée même de devoir en garder la mémoire grâce à l'écriture, puisque ainsi s'est toujours institué un dédoublement dont toute l'expérience vise ici à lever la fatalité. Tel semble l'enjeu modulé de ce livre. Il s'y déploie diversement : avec la brutalité de l'événement dans « Bras cassé » ; de façon quasi musicale dans les quatre textes composant au centre une sorte de suite ; et enfin dans « Moriturus », dont la fiction vient répondre en miroir à l'épreuve initiale de la réalité.

Comme tant d'écrits de Michaux, mais d'autant plus qu'il touche un monde concret, confus et divers, « Bras cassé » est un texte proliférant, ouvert, d'une complexité vibrante de détails, adoptant bien des positions, dans ce qu'il dit comme dans ses façons de dire[1]. Une ligne s'en dégage cependant, assez surprenante. En deçà du caractère inassimilable de la souffrance que Michaux souligne dans le prologue et développe à travers l'odyssée de sa convalescence, on est frappé par la découverte étrangement positive de cette part de lui qu'il nomme tour à tour : « mon être gauche », « le gauche de moi », « moi, frère de Moi », l'« homme gauche »[2]. Il faudrait tout citer de ces quelques pages où Michaux se découvre *un*, réduit par

1. Claude Mouchard le souligne, dans une très longue note ajoutée à sa réflexion sur les livres de la drogue (voir « La Pensée expérimentale de Michaux », dans *Ruptures*). On est d'autant plus frappé par le contraste entre « Bras cassé » et, presque deux ans plus tôt, « Portes donnant sur feu » (voir les Textes épars 1960-1966, p. 287-288), première réponse à l'événement sous forme de poème, qui se présente comme une litanie de la souffrance, à travers une surcharge de comparaisons. La seule chose vraiment émouvante de ce premier texte est son titre, et le motif du feu qui se propage (« Feu. Feu. Feu. Feu incessamment feu »), lié à celui de l'hôpital (« Hôpital et momies du matin »), qui font passer une réminiscence de l'accident mortel dont fut victime la femme de Michaux, et ainsi de *Nous deux encore*, où le drame est si admirablement évoqué (voir t. II, p. 149-150 surtout, pour l'image du « feu »).

2. III, p. 858 et 859. Claude Mouchard y insiste, dans cette note qu'on vient de citer, et Laurent Jenny (p. 201-207 de l'étude mentionnée ci-dessus) en a fait un des points d'une argumentation convaincante qui relie en particulier la chute factuelle de « Bras cassé » à l'expérience ontologique de la Chute fixée par Michaux dans son autoportrait des années 1930 : « Le Portrait de A. » (dans *Plume*). Jenny a d'autre part analysé d'un point de vue formel la première longue phrase du récit proprement dit (« Soudain pivotent [...] incompréhensifs. », p. 856-857), sur laquelle s'appuie son argumentation, dans « La Phrase et l'expérience du temps », *Poétique*, n° 79, septembre 1989, p. 277-286 (repris dans *La Parole singulière*, Belin, 1990).

surprise et par soustraction à n'être plus « le taré, le compliqué, le critique », « ce double, contradicteur, car composé de moitiés contradictoires, qui ont fait de moi malgré tout un complexe, c'est-à-dire un pervers qui tient à distance et effraie [1] ». L'indice le plus fort de cette identité nouvelle est l'évocation d'une jeune et jolie femme de chambre qui offre à Michaux « le rafraîchissement de sa présence ». À travers elle, un double miracle s'opère, réduction substantielle du un au un : « Par une sorte de voyance, tant ce miroir où je la contemplais était sans accident, je l'observais comme sans intermédiaire et sans la fractionner. Je voyais, je me plaisais à voir, à pouvoir voir, moi aussi — enfin ! — cette admirable chose qu'est l'unité d'une personne — ce qui à elle-même l'unissait en un tout harmonieux. [...] Je n'en finissais pas d'être émerveillé de ne plus trouver une personne dans l'habit d'Arlequin de la multiplicité, de l'hétérogénéité des tendances. [...] Je la voyais nue (psychiquement nue) au lieu d'être un bazar. » Rarement Michaux aura été aussi clair. Il nomme cette expérience un « baptême ». Il se dit aussi « sans désir ». S'éprouver *un* à travers l'autre, alors qu'un tel regard a toujours porté en lui-même toutes les divisions du double, c'est toucher l'unité par son bord le plus immédiat et le plus simple. Michaux y revient, plus modérément, dans la partie du texte ajoutée en 1973 : il se montre alors soucieux de préserver cette part gauche trop vite oubliée, invoquant aussi bien la mystique indienne que « les recherches des nouvelles sciences ». Il conclut, d'une note ultime : « Accentuer l'asymétrie, et non pas la réduire, voilà ce qui importe, qu'il faudrait enseigner [2] ». Cependant, la division de l'« ensemble droite-gauche [...] est aussi réunion [3] ». Sans doute faut-il comprendre qu'elle conserve pour Michaux la trace de cette unité sans partage autrefois révélée, que les textes suivants de *Face à ce qui se dérobe* s'attachent à développer selon d'autres modes.

Les trois premiers d'entre eux, au moins, ont en commun une part mystérieuse, tenant à l'effet hasardeux de la « substance » absorbée, et à l'accueil aussitôt fait aux modifications

1. III, p. 861 (pour ces premières citations et pour celles qui suivent).
2. III, p. 878 et la note de Michaux correspondante : L, p. 879.
3. III, p. 878.

provoquées. Leurs fluctuations les rendent aussi difficiles à évoquer que paraît indiscutable la certitude flottante qu'ils induisent d'une écriture toute en souplesse et en variations. « Relations avec les apparitions » entreprend de rendre acceptable « une vie partagée » et de « Nouvelles partitions du moi[1] ». On prendra garde au titre, qui transforme une nouvelle fois, comme déjà « Apparitions-disparitions » dans *Moments*, les « Apparitions » déchirantes de *La Vie dans les plis* (le mot de « pli » est prononcé, à propos d'une étoffe[2]). Ces nouvelles apparitions tiennent aux variations du perceptible et de l'imperceptible que chacun émet et reçoit ; elles s'attachent à des objets qui les amplifient (ici, d'abord, des sculptures de Nouvelle-Guinée), devenant excessifs sitôt qu'ils induisent fatalement « une situation ». Elles tiennent ensuite à « des mouvements, des gestes[3] », sorte de gymnastique personnelle pratiquée depuis quelque temps par Michaux et qu'il dit correspondre à son « vagabondage intérieur ». Il s'agit là de son vieux fond de rêverie, mais pourvu que celle-ci demeure « rêverie inachevée et tressaillement de l'être[4] », comme il y aspirait dans *Façons d'endormi, façons d'éveillé*. On se souvient qu'un risque était alors attaché au fait même de la métamorphose en écriture. Ici, le risque devient de façon plus ambiguë celui de « susciter des formes ». D'où, une fois de plus, la tentation de l'abandon et de la pure attente. Michaux a une formule énigmatique pour désigner le programme que les expériences suivantes vont authentifier de façon plus sûre : « Aux poussées pour l'existence que se substitue le remplissage des douves[5]. »

« Dans l'eau changeante des résonances » et « Survenue de la contemplation », bien que publiés séparément en revue à un an d'intervalle, paraissent s'enchaîner, la musique qui emplit le premier texte cessant au départ du second. On sait la primauté de la musique pour Michaux, et aussi que la mescaline nouait avec elle des rapports difficiles que le haschich même transfor-

1. III, p. 880 et 883.
2. III, p. 880.
3. III, p. 885.
4. III, p. 886.
5. III, p. 887.

mait à peine[1]. Alors qu'ici, par le miracle que produit la sanzas, cet instrument africain rudimentaire sur lequel il suffit que Michaux passe les doigts, « tout vibre ». Et aussitôt les phrases mêmes, jusque-là en prose, se transforment en poème. Tout le texte ainsi divisé, glissant par poussées de la prose à la poésie, devient — en ce qu'il dit comme par sa disposition — une expérience de conciliation entre la multiplicité et l'unité (« les sons innombrables qui me disjoignent / autrement me joignent, / m'unifient, s'unifient[2] »). Michaux n'a pas de mot trop fort pour exalter une coulée du temps qui confine à l'Immobile. Il se trouve bien face à des instants qui se distinguent encore, mais ceux-ci ne sont plus « séparés les uns des autres, ni séparés d'un centre commun[3] ». Et quoique, là encore, des dissonances puissent parfois menacer l'aura de ces « sons libres de tous sens », ceux-ci leur résistent, d'une force légère, qui les rend comparables à « la musique des Phœnix ».

C'est au-delà de la musique, du fond regagné du silence, que survient la contemplation. Michaux l'accorde au « penser », qui fait ainsi retour depuis son irruption dans *Les Grandes Épreuves de l'esprit*. L'analyse est alors tellement précise et concentrée qu'il devient difficile de s'en dégager. La nouveauté de ce « penser » est d'être, comme l'étaient les sons, plusieurs et un, plusieurs en un, fait de « pensées sans à-coups, [...] ou plutôt une seule prolongée à l'extrême ». La chose proprement extraordinaire est alors que Michaux aperçoit sa vie dans son ensemble, selon toute la multiplicité de ses corrélations, qu'il se voit ainsi « *dans sa vérité* », y compris corporelle, et que pourtant il s'agit là d'une pure contemplation. La raison qu'il en donne tient à « un repos d'un degré au-delà, qui est abandon à la perte d'intervention ». Comme pour « apparition » dans le texte précédent, on remarque ici le mot « intervention[4] » : il prend, lui, à rebours, la technique de projection mentale dégagée dans *La nuit remue*[5].

1. Voir dans *Connaissance par les gouffres* le chapitre « La Mescaline et la Musique », III, p. 37-45, et la section « Wozzeck » dans le chapitre « Cannabis indica », p. 82-84.

2. III, p. 891.

3. III, p. 894, et 895 pour les citations de la phrase suivante.

4. III, p. 896.

5. Voir, sur « Intervention » et « Projection », le chapitre sur *La nuit remue*, p. 196.

Michaux insiste sur le fait qu'il s'agit alors de voir et non d'examiner. Il ajoute : « L'"autre" (?) mène l'observation. Ne pas s'en mêler. L'"autre" ne devait pas être interrompu[1]. » Il nomme encore, en marge de « je » ou de « moi », cet autre si mal qualifiable : « cela », « celui », ou « celui-là », auquel il reconnaît « un plus grand empan de conscience ». Plus loin, au regard du spectacle ainsi entrevu et quand déjà le temps « absent » propre à cette nuit d'exception est devenu moins pur, Michaux a cette formule étonnante : « Je n'avais plus le calme du dédoublement[2]. » Ainsi s'unissent chez lui des mots si longtemps antinomiques. Il se situe là aussi loin que possible de « La Vie double[3] » antérieure, de ses tourments créateurs incessants, cette instance nouvelle qu'on a comme lui du mal à qualifier, mais que tout dans le choix de ses mots atteste : une sorte de double en même temps incorporé et incorporel, qui a pour conditions premières l'immobilité et le silence. Deux traits en paraissent le cœur, l'un du côté de la réalité du processus, l'autre de son appréciation. « Ce qui alors passe dans l'esprit, posément, non commenté, non analysé, *passe contemplé*. » Et Michaux nomme une telle « Permanence » « l'autre vie, la contre-vie[4] ».

Peut-être ce détachement extrême éclaire-t-il un peu la mort paradoxale qui traverse et clôt « Moriturus ». Par trois fois, grâce à l'effet nouveau d'une drogue purement bienveillante, sous trois formes différentes et culminant dans une sorte d'absolu, Michaux s'est donc reconnu *un*, face à ce qui toujours se dérobe, puisqu'un tel état est si rare et de toute façon n'est jamais durable. Dans « Survenue de la contemplation » particulièrement, son écriture en témoigne avec calme, quasiment sans excès ni réserve à son propre égard — que ce soit par l'exaltation du poème ou par les réticences et les arguties de la prose, dont il est familier. Situation proche, du reste, de l'évocation d'unité passagère dont l'accident du bras cassé a été l'occasion. Si ce n'est que, dans ce texte plus tardif, c'est tout l'être, et lui seul, vraiment seul, qui est affecté d'un pareil détachement.

1. III, p. 898.
2. III, p. 899.
3. Voir le chapitre sur *Épreuves, exorcismes*, p. 286-287.
4. III, p. 900.

La fiction de la mort est propre à en réitérer l'effet. Michaux invente pour ce faire, ou plutôt réinvente un héros qui lui a déjà servi : « N. », l'être qui triomphe des « Présences qui ne devraient pas être là » pour céder à l'appel de l'Absolu[1]. Un Absolu dont le message suppose qu'il soit devenu purement Esprit pour pouvoir le transmettre. Un message qui gonfle et l'étouffe jusqu'à l'énigme[2]. Ce texte, on le sait, précède dans *Les Grandes Épreuves de l'esprit* « Le Dépouillement par l'espace » où Michaux, attesté cette fois par le « je » du récit autobiographique, nous conte sa rencontre extatique avec le ciel sous un horizon de montagne. « Moriturus », qui évoque l'affrontement de N... avec une montagne, semble donc déjà quelque peu une combinaison de deux textes antérieurs, ouvertement liés à la drogue, comme il l'est lui-même secrètement.

D'autre part, « Moriturus » fait pendant à « Bras cassé », ce que Laurent Jenny a montré de façon très déliée. Un aspect de son argument, peut-être un peu forcé, lui fait lire dans la longue phrase initiale du récit de « Bras cassé » le signe d'une aspiration à la « pente vers le haut », dans laquelle il reconnaît à raison « une structure du monde de Michaux[3] ». Ainsi se trouve d'autant mieux mise en valeur la chute même, réelle dans le cas de l'accident, mais aussitôt vivement métaphorisée ; au point que Michaux fait du sol sur lequel il s'effondre, dans le mouvement étonnant de cette immense phrase, un père, « cassant » comme il est, lui, cassé[4]. Or, « Moriturus » conte pareillement l'histoire de la chute que fait N... sur un rocher tout aussi

1. N. est nommé au début de la section des *Grandes Épreuves de l'esprit* qui porte ce titre (voir III, p. 362 et suiv.). Une menue différence est marquée d'un texte à l'autre entre « N. » et « N... ».

2. Voir de même III, p. 373. L'énigme de cette fin est matérialisée par une ligne de points de suspension, qui laisse aussi bien supposer l'extase que l'anéantissement.

3. « Faux pas de Michaux », *op. cit.*, p. 191-194. « La pente vers le haut » est un vers de *Paix dans les brisements* (II, p. 1010). Jenny s'appuie aussi largement sur « Chant de mort », dans *Plume* (I, p. 618). Les mots de « Bras cassé » qui lui semblent entrer dans cette logique apparaissent dans le membre de phrase : « cependant que mon corps, basculant de dessus la terre et soustrait à son emprise, s'engage *en l'air*, en arrière » (p. 856 ; nous soulignons). S'engager en l'air n'est-il pas, autant qu'un signe fort d'envol, la version élégante de « se ficher en l'air » (sans parler du plaisir à côtoyer l'équivoque « s'envoyer en l'air »).

4. « [...] un sol dur, un sol comme un père punisseur et intransigeant qui m'eût guetté au retour de l'école buissonnière, une sorte de père quasi

« dur », contre lequel il se brise, même si celui-ci l'arrête net dans le mouvement vertigineux par lequel il est précipité dans l'abîme. Ce mouvement — c'est là toute la force insidieuse du récit par lequel Michaux nous mène — est l'issue d'une lutte dans laquelle le promeneur se trouve engagé progressivement avec un adversaire inattendu : « une large et haute montagne » dont tout souligne pour lui l'« importance personnelle[1] ». Le lien est en même temps suggéré et assené en termes si troublants (« *Elle* », trois fois repris et souligné) que l'analyse peut y reconnaître « un grand être féminin » qui se conjugue avec « le vieux solide rocher » dans cette mise à mort. « "N." le promeneur est l'objet d'un meurtre perpétré en commun par le couple parental de la montagne et du roc. [...] La chute est le résultat d'une conjugaison de forces parentales[2]. » Jenny trouve une confirmation « définitive » de son hypothèse à travers l'une des deux réapparitions de N. dans *Poteaux d'angle*, à l'occasion d'un rêve foudroyant, le plus violent qu'ait évoqué Michaux depuis « Mes rêves d'enfant » (1925), et sans l'humour léger qui alors les tempère. Dans ce rêve deux fois repris, où N. se dirige à New York vers un hôtel situé au sommet d'une montagne, « la Mère » surgissant l'agresse d'une rage extrême, accumulée tout au long de la vie, et va, accompagnée du « père, resté un peu en arrière, sur le côté, [...] lui porter un coup décisif quand... il se réveille[3] ». Ainsi Michaux livre-t-il lui-même les clefs d'un de ces scénarios œdipiens dont il s'est toujours méfié si fort, et que le recours à un personnage lui permet d'exprimer et de conjurer[4].

Mais, en deçà des motifs si complexes attachés chez Michaux à l'idée de chute, sur lesquels Jenny s'étend en liant « Bras cassé » et « Le Portrait de A. », il reste à s'interroger sur les modalités obscures qui entourent cette mort de fiction. Elle

---

instantanément revenu, cassant, borné, buté comme personne et totalement incompréhensif » (III, p. 857).

1. III, p. 906-908.
2. L. Jenny, « Faux pas de Michaux », *op. cit.*, p. 195-197.
3. *Poteaux d'angle*, III, p. 1076-1077.
4. Dans l'analyse de Jenny, la posture d'ascension qui se trouve interdite par les parents, en particulier par la mère, renvoie à la construction même de l'identité de Michaux comme écrivain (ce que le rêve de *Poteaux d'angle* rend assez explicite).

relève d'un « scandale énonciatif[1] », certes, puisque aucun témoin n'a pu se trouver là pour l'attester ; et son récit est donc invraisemblable. Mais surtout, les états accumulés par lesquels passe N..., quoique « gisant sur un roc, mortellement blessé[2] », sont des plus déconcertants. La chute elle-même a fait d'abord disparaître « cet intolérable vacillement », cet effet d'attirance et de vertige issu de la montagne et auquel N... a fini par s'abandonner. Ensuite, il ignore tout de la situation dans laquelle il se trouve. Et un « premier éveil » le voit en proie à une surdité paradoxale dont Michaux dit ceci : « Cette énorme épaisseur d'indifférencié allait-elle être le dernier et monocorde souvenir de cet être fragile mais varié, si varié, même trop ? » Le peu de vie qui revient un moment figure un mouvement dans lequel ce dernier pourrait être pris, mouvement d'un wagon ou d'une suite de wagons, qui disparaît très vite. Michaux précise : « Sans rien, N... cependant ne se sentait pas privé. » Alors s'élève une musique que ce héros devenu sourd entend. Sa réalité improbable est si forte qu'on doit en dire : « Elle venait de VÉRITÉ. » On pense à la proposition intense de « L'Espace aux ombres » : « Savoir, autre savoir ici, pas *Savoir* pour renseignements. *Savoir* pour devenir musicienne de la Vérité[3]. » Cette musique semble à N... sa « patrie », son « pays », « Le Temps même », une « pleine jouissance ». Puis s'impose le rien, « Un autre "Rien" », dont émane une voix, qui dit au mourant : « "Tu vas naître." » Un mouvement minime mais de trop suffit alors à N... pour précipiter sa mort annoncée, d'emblée prescrite par le titre.

L'étonnant est que la mort paraît ici sous les auspices de tout ce que le hasard d'un accident et l'obstination de sa quête accordent à Michaux dans ce livre, à travers la maladie, la musique et la contemplation : c'est-à-dire la permanence, le hors-temps, l'immobilité, l'unité. Le « Tu vas naître » de la voix engendre une repartie folle, qui passe alors aussi bien pour la voix intérieure de N... que pour celle de l'énonciateur du récit : « Mais alors, il n'était donc pas né ? » Il y a là, entre naître et mourir, un jeu serré, ambigu et terrible. Dans « Le Portrait de

1. « Faux pas de Michaux », *op. cit.*, p. 199.
2. III, p. 912, et 911-913 pour toutes les références suivantes.
3. *Face aux verrous*, II, p. 524.

A. », le Michaux du temps de *Plume* semble naître deux fois : d'abord à la « vie chétive [...] d'un rat dont à peine on a su un grignotement », puis tombant de la « boule », comparable à Dieu, qui a été sa protection première, ainsi est-il « A. : l'homme après la chute[1] ». Mais par deux fois aussi, on lit de A. : « il va bientôt mourir[2] ». C'est que naître est en soi une opération sans fin, que mime jusqu'à la déraison ce compagnon de Plume : Pon, le héros du double. Car celui-ci, pour pouvoir naître, mais à deux reprises successives, d'une femme, doit naître et renaître sans fin de la création entière, de tous les animaux et de tous les objets[3]. Naître est donc périlleux, selon ces conditions, et les changer du tout au tout ne vise à rien de moins qu'à faire idéalement coïncider, selon une double métamorphose, la naissance et la mort. Ne pas être né selon cette loi de folie, c'est s'apprêter à naître autrement, selon cette « autre vie » ou « contre-vie » qui est celle-là même de la Permanence et de la Contemplation. Ce personnage, N..., est chargé de mourir pour que Michaux en lui accède à cette unité fugitive vers laquelle *Face à ce qui se dérobe* ne cesse de tendre : du miracle de la rencontre intersubjective à l'unité silencieuse de soi.

1. *Plume*, I, p. 607-610.
2. *Plume*, I, p. 607 et 613.
3. « Naissance », *Plume*, I, p. 616-617. Sur la naissance vue anciennement par Michaux comme une parodie du scénario œdipien transformant les parents en enfants, voir « Première page de ma vie » et le chapitre sur les Textes épars 1936-1938, p. 216-217.

Coups d'arrêt

(1975)

« Document D. 9 »

« Derniers intervalles »[1]

(1975-1977)

Une phrase cruciale de Kafka peut aider à mieux saisir ce qui se joue en cette fin des années 1970 autour de « Document D. 9 » et de deux autres textes : « Dans le combat entre toi et le monde, seconde le monde[2]. » Michaux lui avait fait écho, à sa façon, plus fatale et sans possibilité éthique, quand il livrait dans la Préface d'*Ailleurs* la loi interne régissant ses pays imaginaires : « Il traduit aussi le Monde, celui qui voulait s'en échapper. Qui pourrait échapper ? Le vase est clos[3]. » Depuis *Face aux verrous*, où « ailleurs » a semblé s'achever à jamais, la drogue comme Monde avait, sinon fermé Michaux sur soi, au moins cerné une abstraction sensible de la réalité tournée vers elle-même dont *la chambre*, concept et lieu, formait auparavant la résonance, entre corps et cerveau. En 1966, l'année même des *Grandes Épreuves de l'esprit*, la « planète petite » fermait ses « lieux » sur une vision d'apocalypse[4] ; et c'est à l'expression de soi comme vérité variable que Michaux s'était voué, de son livre sur les rêves à *Moments*, aussi bien que de son autoportrait de peintre à *Idéogrammes en Chine*.

Arrive « Document D. 9 » : texte isolé, au titre étrange, seul de son espèce publié en revue depuis longtemps (1975), suivi

1. « Document D. 9 » et « Derniers intervalles » sont regroupés dans le t. III sous l'appellation Textes épars 1975-1977.

2. *Journal*, 8 décembre 1917 ; *Œuvres complètes*, Bibl. de la Pléiade, Gallimard, 1982, t. III, p. 456.

3. Préface d'*Ailleurs*, II, p. 3.

4. Voir le chapitre sur « Lieux sur une planète petite ».

deux ans plus tard par « Derniers intervalles ». Il faut se souvenir aussi d'une minuscule plaquette parue de même en 1975, que sa reprise ultérieure en recueil (dans *Chemins cherchés, chemins perdus, transgressions*, 1981) pourrait faire oublier : *Coups d'arrêt*. Trois textes jouant ensemble une partie obscure, comme à l'ombre de l'œuvre, la trouant de cette ombre.

« Document D. 9 » est le dernier texte de Michaux qu'on puisse vraiment situer entre « fiction » et « fragments critiques ». Entendons par là des propositions plus ou moins fictives, voire science-fictives, sur l'époque et la réalité historiques, au sens le plus vaste, propositions errant au bord du fantastique, comme Michaux aima en formuler, pendant la guerre et l'après-guerre, au fil de certains textes repris dans *Passages*, tels « Idées de traverse » ou « À hue et à dia ». À l'image des fictions qui les creusent et que plus ou moins ils enveloppent, de tels fragments font résonner l'adage de Kafka : ils secondent le monde par des apparitions cruelles, des flashes nocturnes dont le moi en lui-même s'absente.

L'incertitude de ces mondes, qui rappellent par bien des traits ceux des moments les plus opaques de certains textes de *Face aux verrous*, « Nouvelles de l'étranger » ou « L'Espace aux ombres », paraît liée à l'inachèvement énigmatique dont « Document D. 9 » a été l'objet, ainsi qu'à la disproportion entre les pages écrites et le peu qui en a été publié[1]. Des propositions erratiques se succèdent, dégageant de menues lignes de force auxquelles se reconnaît le Michaux hanté de pays autres. La circularité propre à la formule de la Préface d'*Ailleurs* dérive vers l'expression d'une autre clôture, qui intègre le pessimisme fermé et déjà spiritualisé de « Lieux sur une planète petite » sans pourtant s'y réduire : « Mondes en dehors de ce monde, où va s'engloutir le nôtre[2]. »

On assiste ainsi à des bouffées d'hypothèses, des suggestions de finalités sans fin, teintées d'un humour encore actif, mais décoloré. De ces fragments sans ordre, la Terre est le centre absent, toujours déjà perdu, comme éternellement à retrouver — tant dans le texte publié que dans les inédits. Un

1. On le mesure à l'importance des fragments inédits (donnés t. III p. 924-930).

2. Fragments inédits de « Document D. 9 », III, p. 928.

« je » intermittent, qu'on n'ose appeler un narrateur, tend le fil d'un témoin d'écriture. Un unique nom de personnage apparaît, le professeur E., inventeur des « rayons capables d'arrêter le métal[1] ». De même des noms de pays (« E. N. ») et de peuple (les Lijns)[2]. Les Lijns présentent en particulier l'intérêt de mettre en valeur un thème animal qui court à travers plusieurs fragments, indice d'une humanité en mutation, que l'animalité en même temps regagne et exclut. Le titre donné à l'un des dactylogrammes inédits, « Displaced Persons », illustre mieux que le cryptique « Document D. 9 » (ou le « Document E » un moment envisagé) la tonalité de ces fragments, leur conférant, avec le recul, une actualité exacerbée[3]. Détonnait de même, dans les années 1950, « Le Secret de la situation politique[4] », évaluation drolatique et atroce des règlements de comptes entre ethnies africaines. Il y a toujours eu un prophétisme de Michaux, ironique, curieux et affolé, mi-scientifique, mi-métaphysique, destiné à projeter l'homme au-delà de limites ressenties comme insupportables, quitte à suggérer le pire, que l'actualité finit plus ou moins par rejoindre et attester dans son horreur. Ainsi de la hantise des « personnes déplacées » qui, depuis quelques guerres récentes, a frappé à nouveau des sociétés contemporaines — au point de rappeler la vacance des lois propre à la situation extrême des camps de concentration[5]. Ainsi de la suggestion d'une « atmosphère autonettoyante », ou de ce « robot qu'on appelle *le frère* », destiné à punir et à dissuader à jamais les violeurs[6].

Michaux se montre ici tel qu'il fut si longtemps, puis fut fatigué d'être, pour tant de raisons qu'on a vues : un journaliste de l'esprit et de la sensibilité, un écrivain cruellement

1. Fragments inédits de « Document D. 9 », III, p. 928.
2. Fragments inédits de « Document D. 9 », III, respectivement p. 929 et 925.
3. André Velter qualifie « Displaced Persons », dont il a donné une première publication : « une manière d'Apocalypse selon Michaux » (*Caravanes*, n° 7, 2001, p. 16).
4. Dans *Face aux verrous*, II, p. 472.
5. C'est la perspective développée par Giorgio Agamben dans la série de ses *Homo Sacer* (respectivement, I, *Le Pouvoir souverain et la Vie nue*, Seuil, 1997 ; III, *Ce qui reste d'Auschwitz : l'archive et le témoin*, Payot et Rivages, 1999 ; II, 1. *État d'exception*, Seuil, 2003), inspirée par les travaux de Michel Foucault sur la biopolitique à partir de *La Volonté de savoir*.
6. Fragments inédits de « Document D. 9 », III, respectivement p. 928 et 926.

méthodique du futur antérieur. S'il faut éclairer d'une référence l'impression que procurent ces fragments, disons qu'ils appartiennent au monde de la « zone » tel qu'il ressort de *La Jetée* (1963), l'unique vrai film de fiction de Chris Marker — et de *Stalker* (1979), le film d'Andreï Tarkovski qui dès *Sans Soleil* (1982) a accompagné son œuvre —, sans oublier que Marker a donné depuis toujours aux voix qui accompagnent ses films documentaires les accents déchirants de « Je vous écris d'un pays lointain » ou de *Voyage en Grande Garabagne*[1].

Qu'est-ce qu'un intervalle ? C'est le signe du multiple, dans la matière comme dans la pensée. Ce pourrait être le temps de la zone. Que l'intervalle qualifie un temps à peine encore humain, promis à la mort de masse et ultime (« encore quatre intervalles à vivre, ou moitié moins[2] »), voilà qui dit bien le caractère de « trou noir » extrême de ce texte oublié qui rappelle si fort la mémoire des camps d'extermination. Michaux y retrouve des mots anciens, inspirés autrefois par la guerre (« de nouveaux labyrinthes. Règne des labyrinthes »)[3] ; il essaie des mots nouveaux qui n'ont pas encore trouvé en lui leur puissance (« Dégagements. Inutiles dégagements »). Il tourne avec un désespoir plombé, crispé, autour du non-avenir du « petit satellite solaire pensant aveuglément ». Tel quel, par-delà « Document D. 9 » dont il ignore les pointes de curiosité et de flottement, ce texte paraît le dernier spasme historique de Michaux face au monde réel dont de plus en plus il s'absente, au profit d'une inaliénable réalité interne.

C'est le combat même de *Coups d'arrêt*, avec ses sentences tranchées. La valeur des blancs choisis par Michaux entre les fragments (plus sensibles dans l'édition originale que dans la reprise en volume) accentue la tension entre deux lectures, également justes. D'un côté, on se trouve devant des sortes de « tranches » ou de « poteaux » (le premier *Poteaux d'angle* date

1. Voir Raymond Bellour, *L'Entre-Images 2. Mots, Images*, P.O.L, 1999, p. 229-230 et 339-340.

2. III, p. 931. Toutes les citations de « Derniers intervalles » qui suivent figurent p. 932.

3. Voir, dans *Épreuves, exorcismes*, les textes « Labyrinthe » (I, p. 796) et « La Marche dans le tunnel » (p. 798) — dont le premier titre fut « Chant dans le labyrinthe » —, tous deux d'abord publiés dans le recueil *Labyrinthes* en 1944.

de 1971), mais beaucoup plus uniformes dans leur désespérance, proférant un à un tel ou tel sarcasme. De l'autre, leur succession, sans former une histoire, découvre pourtant des restes de mondes, de fictions dont tous les cadres ont disparu, dont les repères se sont effondrés. Et sans doute est-ce là ce que « Document D. 9 », aussitôt après[1], a tenté une fois de plus d'articuler, de redéployer, sans y parvenir (d'où la masse de fragments restés inédits). C'est enfin ce que « Derniers intervalles » conclut de toute sa violence, avec le supplément qu'offre son titre : les intervalles de temps de ceux qui n'ont plus que « quatre intervalles à vivre, ou moitié moins », sont aussi les blancs séparant les fragments sur la page. La mort à l'œuvre dans le monde et les mondes, la « Mort universelle » envahissant « la planète petite[2] » est aussi bien celle, individuelle, d'un moi de l'écrivain dont les fragments encore s'agglomèrent, avouant entre eux un abîme toujours plus grand.

Les trois derniers « coups d'arrêt » résonnent ainsi comme les sentences d'une réécriture de la formule d'*Ailleurs* deux fois évoquée, accordée au nouveau Michaux et aux nouveaux temps. Le bruit de l'« hominienne omniprésence » envahit jusqu'aux « chambres les plus retirées ». « Se retirer. Qui le pourrait ? De l'espèce on ne s'évade pas. » Et vient la sentence finale : « Le solitaire, en sa retraite, tourné en soi, est rejoint. Il entend, ils les entend réfléchissant, lui aussi il bêche le Monde avec des hommes. / Comment ferait-il autrement[3] ? » Ainsi, du « voyageur » et de son « livre[4] », on passe au solitaire aux pensées toujours plus fragmentées, et de « traduire » à « bêcher ». L'interprétation et le sens, autrefois déjà si vacants, comme Gide et Blanchot l'avaient aussitôt exprimé[5], s'amincissent encore, au profit d'un combat aussi fatal que perpétuel, dans lequel le Monde ne peut plus être préféré, parce qu'il n'ouvre aucune perspective à aucun « Moi ».

Mais si Michaux gagne ainsi à être lu, contre l'histoire même, dans son mouvement historique, il est aussi un auteur

1. Si l'on en croit l'ordre des parutions : *Coups d'arrêt* paraissant en septembre 1975, et « Document D. 9 » en décembre de la même année.
2. « Lieux sur une planète petite », III, p. 291 et suiv.
3. *Chemins cherchés, chemins perdus, transgressions*, III, p. 1184 et 1185.
4. Rappelons que le premier titre d'*Ailleurs* était « Le Livre du voyageur ».
5. Voir le chapitre sur *Ailleurs*, p. 299-300.

circulaire. Ce solitaire luttant dans sa chambre pascalienne pour tenter de faire le vide qui emplit conjointement les poèmes de *Moments* est le frère lointain d'un temps où la « petite chambre » de Michaux grouillait d'êtres imaginaires. Mais déjà, parfois, un désespoir nu et presque sans images pouvait y régner, avec une fureur cocasse d'invention propre à ces années-là. Comment ne pas évoquer ce court poème de « Chaînes enchaînées » non repris dans *La nuit remue*[1] ? « Le solitaire est dans sa grotte / la grotte est dans son nez / son nez est dans sa face / et sa face est ouverte péniblement ». Le jeu de possibles transformations imaginaires s'arrête là. Du « dedans » au « dehors » le désespoir circule, sans médiation, jusqu'à la sentence : « Et Mort ! et puis encore Mort ! / et dans le dehors ! Mort ! Mort ! Mort ! » La seule issue, alors, était le jeu d'imaginaire qui transformait un monde parcouru aussi dans sa réalité. Au temps de la fin des voyages, le nouveau solitaire ne peut plus qu'entendre le monde dont la fiction en lui s'est éteinte et accueillir la malédiction de son bruit. Ainsi s'éclipse le « combat » : de moins en moins de Monde, de moins en moins de Moi.

1. Il s'agit plus précisément d'un poème sans titre paru dans la *N.R.F.* avec « Chaînes enchaînées » et non repris (voir t. I, p. 516).

Une voie pour l'insubordination
(1980)

Parmi tant de livres écrits par Michaux, *Une voie pour l'insubordination* pourrait être le plus opaque et le plus résistant, en même temps qu'il illumine son lecteur d'un effet de synthèse unique. D'un côté, ce livre a quelque chose de « drogué ». Non qu'il parle de la drogue (ce qu'il fait aussi au passage), ou qu'il en viendrait de façon détournée ; mais on est frappé par une allure parfois incertaine, un art du flottement, des variations et des reprises déconcertantes. Tout semble y surgir d'une telle fascination que son objet s'obscurcit étonnamment au fur et à mesure que s'en déploie le champ. Mais l'inverse est aussi vrai, et comme à proportion de cet effet produit : le mouvement du texte est animé par une clarté supérieure. C'est que tout un parcours s'y rassemble, fût-ce elliptiquement.

La chose est plus simple à dire pour qui connaît le « dossier » de ce livre, dont il n'y a pas d'exemple équivalent dans l'œuvre — si ce n'est, de façon beaucoup plus indirecte et floue, à travers ce que représentent les « Carnets de la drogue » au regard de l'ensemble des livres concernés. Il existe en effet pour ce texte — équivalent à trente feuillets à peine d'une frappe serrée sous sa forme finalement publiée — pas loin de deux cents feuillets dactylographiés constituant le reliquat de treize versions successives, comme l'attestent les codes convenus par Michaux et sa dactylo (sans parler d'un ensemble de notes griffonnées se rapportant plus ou moins au projet)[1]. On sait aussi que Michaux a travaillé pendant près de dix ans à ce livre qu'il envoie à Cioran comme « une sorte d'aventure / ... longtemps retenue ». C'est dire qu'il a dû tailler et retailler, transformer et réduire son texte à un point tel que, de ce trouble immense soulignant son attrait pour un sujet aux abords peu avouables et aux bords indéfinissables, quelque chose est resté, comme un excès d'inachèvement, dans la rédaction finale. Cela fait aussi, de ce petit livre, le prix particulier.

La variation du titre est à elle seule un indice[2]. Michaux a hésité jusqu'au tout dernier moment pour savoir si le nœud d'affects ou le syndrome qu'il tentait de cerner à partir du Poltergeist était l'insubordination ou l'exaspération ou la contestation, et si celle-ci devait être supposée essentielle, spontanée, directe, et de surcroît médiumnique. C'est que ce syndrome associe bien plusieurs symptômes, signes ou anomalies, mais sans constituer pour autant, dans une visée médicale, une entité clinique reconnaissable, que ce soit par l'uniformité de l'association des manifestations morbides, ou par le fait qu'elle traduirait l'atteinte d'un organe ou d'un système bien défini. Rien de tel avec le Poltergeist et ce qui plus ou moins s'y rapporte, signant une insubordination avec laquelle, d'emblée, Michaux sympathise sans paraître trop deviner d'abord où elle le mène.

Essayons de cerner, sommairement, presque scolairement, donc de façon en partie erronée, ou limitée, le plan que nous livre Michaux, auquel il s'abandonne, dans un texte où l'évocation reste attachée à une logique de l'argumentation. Ses quatre sections, numérotées, dotées de titres ou non, sont au moins

1. On trouve t. III, p. 1707-1711, sous l'intitulé « Le Reliquat », une description de ces éléments, ainsi que p. 1017-1034 un certain nombre d'extraits. On lira aussi, autour de ce petit livre, le texte inachevé « L'Exorciste confondu » (III, p. 1035), qui ressort du même cercle d'inspiration. Remarquons que le remodelage d'*Émergences-résurgences*, dont témoigne la première version évoquée dans le chapitre sur ce livre (et donnée t. III, p. 661 et suiv.), n'est pas du tout de même nature. Celle-ci apprend d'autres choses que le livre publié, et montre ce que Michaux a tenu à voiler, ou à rendre moins précis. Mais d'une version à l'autre ne transparaît aucun trouble dont le texte final resterait porteur.

2. Voir le document reproduit t. III, p. 1708.

une indication. La première s'intitule « Le Poltergeist », dont il est dit aussitôt : « on ne sait pas précisément ce qu'il est — on sait comment il se présente[1] ». Son emblème en devient le personnage héroïque que Michaux nomme « la fille », la « Dédoublée », justifiant la proposition : « *Le dédoublé est d'abord un divisé*[2] », dont le commentaire conclut la section.

Le deuxième chapitre est intitulé : « L'adversaire interne s'exprime (autre extériorisation) ». Michaux nous annonce d'emblée : « Il est d'autres démons, il est d'autres hantises[3]. » Le double y devient démon, ou le démon y devient double ; et l'évocation se concentre sur la figure de l'abbé Viannay, le fameux curé d'Ars[4]. Le démon entre ainsi dans le circuit du double dont on connaît chez Michaux le caractère fondateur. C'est ici que le livre tourne, revenant sur lui-même, constatant le défaut d'explications qu'il a pu donner de ce phénomène des « Hantises », et cherchant au-delà, dans « des Vies de saints relues récemment », à localiser l'adversaire dans « les seules ressources de la très riche nature humaine et de son pouvoir d'*opposition*, de *rébellion*, de *contestation*[5] ».

Il est cependant difficile de spécifier l'objet du troisième chapitre. L'enquête s'élargit à d'autres saints, aux saintes, avec une présence accrue de l'image du démon ; elle glisse ainsi vers la manifestation de phénomènes comparables dans l'usage des drogues, à travers lesquels s'affirme l'idée d'une consubstantialité entre « l'esprit du mal » et la pensée. En cela « *Le démon n'est spécifique d'aucune religion*[6] ».

Le quatrième chapitre élargit cette intuition d'un « *Idéal* de mal[7] », surgissant des dessins de fous, s'imposant dans la drogue et se diffusant, toujours partiellement et

1. III, p. 987..
2. III, p. 994.
3. III, p. 996.
4. Une lettre à Hermann Closson, non datée mais vraisemblablement de 1925, montre combien est ancienne la dévotion de Michaux envers cette figure : « Moi je me fous, tu le sais, de la littérature. Je n'envie que le Christ, le curé d'Ars, Ruysbroeck l'admirable » (*À la minute que j'éclate, quarante-trois lettres à Hermann Closson*, Jacques Carion éd., Bruxelles, Éditions Didier Devillez, 1999, p. 61)
5. III, p 1002.
6. III, p. 1007.
7. III, p. 1009.

singulièrement, selon l'être propre de chacun. Michaux lui oppose alors « l'*idéal de bien* », dont il fait paradoxalement un « nouveau refoulé » ; il le vante chez les saints, dont le « prodigieux être » doit être « dissocié des dogmes de leurs religions aux vérités irréelles[1] », pour être mieux compris comme modèle. Mais « cette vertu admirablement brisante [...] ouvre la voie à l'envie contraire » : telle est la fatalité de « la pensée blasphématoire », ce « Plaisir typiquement démoniaque » que l'adoration provoque, et sur quoi Michaux clôt son texte[2].

Ainsi a-t-on le sentiment que se croisent ici au moins deux thèmes, ou deux directions de pensée, qui capturent également Michaux, mais sur des modes différents, sans qu'il soit évident de les rapporter l'une à l'autre. On trouve d'un côté les anomalies, physiques et psychiques, propres au Poltergeist, pour lesquelles il laisse éclater sa fascination. Elles ouvrent un univers de fiction auquel il s'abandonne à demi, pris entre le vif désir de raconter et celui d'expliquer ce qu'il ne peut vraiment comprendre. D'un autre côté, Michaux noue entre elles des préoccupations touchant la vie des saints et des désirs de sainteté, qui sont chez lui anciennes[3], mais ont été très fortement réactivées à travers ses expériences de la drogue (en particulier dans le chapitre « Le Problème du démoniaque » de *L'Infini turbulent*). Entre ces deux pans, la figure de Viannay, en proie au Poltergeist et devenu saint de l'Église, opère une suture qui ne correspond qu'à demi avec la division marquée du livre en deux parties (chapitres 1 et 2, puis 3 et 4). Cela contribue à son charme, mais accentue la difficulté à saisir l'argumentation qui court sous la fiction avant de se développer plus nettement pour elle-même. À travers ses flottements, elle change aussi pour une part de point de vue : Michaux passe en effet d'une sorte d'éloge inconditionnel de l'insubordination, dont le Poltergeist est l'indice, à l'exigence du « *modèle intérieur du bien* », dont le saint devient porteur, « *définitivement guéris-*

1. III, p. 1011-1012.
2. III, p. 1013-1014.
3. Voir aussi bien les témoignages ouvertement autobiographiques comme « Quelques renseignements », et la *Lettre-mémo*, ou des textes comme « Le Portrait de A. » et « Saint », t. I, respectivement p. CXXXI, 994-996, 608-613, 485.

seur[1] » après sa mort, qui consacre sa victoire sur « l'adversaire[2] ».

Jean-Luc Steinmetz a situé ces enjeux, dans l'un des commentaires les plus sûrs suscités par Michaux[3]. Il a montré comment, retrouvant à travers les transformations provoquées par la drogue le grand dualisme chrétien du Bien et du Mal, du divin et du démoniaque, auquel correspond la dualité du « moi correct » et du « moi pervers », Michaux finit aussi par dépasser cette opposition à la faveur de ce qu'on peut décrire comme la conversion du démoniaque en démonique[4]. *Une voie pour l'insubordination*, auquel Steinmetz se réfère alors, devient un peu la « défense et illustration » d'un tel passage, dans lequel il voit s'accomplir, plus que la sainteté, qui fut l'aspiration du tout jeune Michaux, la « santé » dont Michaux écrivain a fixé la formule dans la Postface de *La nuit remue*, et qui gagne enfin dans ses livres tardifs une sérénité nouvelle.

On peut saisir ce glissement à la façon dont Michaux traite ici le motif, pour lui quasi immémorial, du double, tant réalité que concept, dont il dit par exemple, dans une des nombreuses versions de son premier chapitre : « Ce qu'on appelle du nom fâcheux de Double[5]. » La santé, ce fut pour lui très longtemps s'abandonner à la folie du double, dans l'invention proliférante de la rêverie, et comme par-delà les souffrances exaltées de l'exorcisme en réponse à toute épreuve. Voilà ce dont il retrouve ici une possibilité et une image, à travers le personnage de « la fille » et le motif de « la demeure » dans laquelle

1. Respectivement, III, p. 1101 et 1012.

2. III, p. 1013.

3. « Le Démon d'Henri Michaux », dans *Les Ailleurs*, p. 187-197. On en trouve un examen détaillé dans le chapitre sur *Misérable miracle* et *L'Infini turbulent*, p. 397-400.

4. Ce sont les derniers mots de son texte : « le démonique ayant assimilé le démoniaque au point de le transformer en instrument de sauvetage et de réparation » (« Le Démon d'Henri Michaux », *op. cit.*, p. 194). Steinmetz fonde ce mot de démonique sur une occurrence rare mais forte du mot de « *daimon* », par lequel Michaux qualifie le subconscient ou « conscient second ». Il écrit : « Faire revenir le *daimon*. Rétablir les relations » (*Connaissance par les gouffres*, III, p. 152).

5. Ces mots précèdent dans le dactylogramme un fragment commençant ainsi : « Avant qu'il y ait double, il y a division. Peu ou prou tout homme est divisible ; et tout artiste l'est, souvent, extrêmement » (III, p. 1022).

celle-ci fait souffler un vent de destruction salubre[1]. Au sens où reprend force ainsi le déjà vieil adage de l'époque de *Plume* : « La rage n'a pas fait le monde / mais la rage y doit vivre[2]. » Pourtant, on est frappé que les événements multiples dont « la fille » est l'agent n'engendrent aucune pression concrète du dédoublement à l'égard des actions, des objets, des mystères produits, comme il arrivait électivement au « pays de la magie ». Le double devient ici un concept formel, maintenu à distance, en proie à une logique abstraite, celle d'instances sur lesquelles Michaux se prononce. Finissant d'évoquer le sort de la « Dédoublée » muée en « divisée », comme dans les scénarios de personnalités multiples, Michaux ajoute une note significative : « Faute d'organisation et d'expérience de la vie, et de commandement, *le double est étroit*. Son répertoire réduit. Il est comme dans un cul-de-sac. La rage donne au dominé un potentiel extrême mais ne lui a pas donné d'ampleur[3]. » Étroit, le double, dénué d'expérience ? On voit la distance prise avec Pon et ses vingt-trois naissances, Plume et ses scénarios, « L'Espace aux ombres » ou « Le Lobe à monstres[4] ». Ou aussi bien avec des textes comme « La Mitrailleuse à gifles » ou « Instrument à conseiller : le tonnerre d'appartement[5] », par exemple, qui peuvent sembler, parmi les épisodes de rêverie obligée, les plus proches d'un automatisme de la hantise tel que celui dont le curé d'Ars est accablé. C'est que Michaux n'invente plus, se déprend comme corps, fixe ce qui lui reste de désir de rêverie sur des images externes et préexistantes dont il emprunte l'expérience pour les soumettre à la hantise d'un savoir, quelle que soit la sympathie qu'il leur témoigne. D'où ce partage quasi clinique qui se développe ensuite entre « Viannay 1 » et « Viannay 2 », propre à servir la logique de la sainteté dans son

1. Un signe en est la variation entre « elle » et « ça » pour désigner « la fille » (dans « La Fille et la Maison », à l'intérieur du Reliquat, III, p. 1019).

2. *Plume*, I, p. 604.

3. III, p. 1015.

4. Pon apparaît dans « Naissance » (*Plume*, I, p. 616-617) ; « Le Lobe à monstres » et « L'Espace aux ombres », respectivement dans *Épreuves, exorcismes* (I, p. 814) et dans *Face aux verrous* (II, p. 515-527).

5. *La Vie dans les plis*, II, p. 162-163. Une grande partie des textes de *Liberté d'action* et d'*Apparitions* repris dans ce recueil participe de ce même cercle d'inspiration.

conflit avec « l'adversaire ». Michaux, voilà longtemps, avait préfiguré sous un autre angle cette vision quand il définissait le saint comme la « région où les parties de moi étaient fort rares[1] ».

On voit par là comment le double, avec lequel Michaux naît à l'écriture et qui en garantira longtemps la réalité menaçante, est devenu un opérateur de pensée au service d'une écriture autre, qui gère de façon différente les partages du moi. Quatre grandes occurrences du double, au moins, jalonnent ce parcours. Le *double imaginaire*, coextensif à l'écriture de la rêverie, en fixe le modèle proliférant. Le *double de la drogue* dissout largement cet imaginaire : il en étend tellement la prolifération, en l'amarrant dans le corps de la réalité perceptive, qu'elle s'y abolit au profit de dualités abstraites, d'entités métaphysiques dont une conscience souveraine et lointaine capte la danse et le débat. Une troisième modalité du double alors se fait jour : le *double spirituel*, présence active et retirée d'une mutation de la conscience à travers les approches variées de la contemplation[2]. Il y a enfin, tout finissant chez Michaux par se compliquer, au nom d'un idéal de simplicité même, ce *double jeu du double* qui s'affirme dans *Une voie pour l'insubordination* : il naît de personnages attracteurs de concepts, porteurs d'une ouverture vers l'expérience spirituelle.

Mais comment penser qu'il n'y ait plus de ligne de fuite, face au durcissement que produit la tension crispée entre ces deux idéaux que Michaux dégage, idéal de bien, idéal de mal, selon la perspective d'un christianisme sans foi, prescrit à la créature seule ? Cette ligne, ce sera une fois de plus l'Asie, « Pleine de dieux », mais surtout « Une eau de jouvence pour les démons[3] ». Si elle est brève, l'embardée est cinglante pour le christianisme, son sérieux, son ennui. Un éloge soudain du

1. Dans « Saint », *La nuit remue*, I, p. 485.

2. C'est là ce que Michaux nomme « l'autre ? », « cela », « celui » ou « celui-là » dans « Survenue de la contemplation » (voir le chapitre sur *Face à ce qui se dérobe*, p. 552-554). Où ce sont aussi bien N… et la voix qui lui parlent à partir de « Rien » dans « Moriturus » (III, p. 912). La tripartition du « Dépouillement par l'espace » (voir le chapitre sur *Les Grandes Épreuves de l'esprit*, p. 497-499) est à la fois passage du double de la drogue au double spirituel et synthèse des deux.

3. III, p. 1013 et 1014.

« dessin dionysiaque » y participe (« Les nuages mêmes y sont dragons »). Un instant, la religion immergée dans la nature, avec tous ses doubles d'esprit comme avec ses rythmes, vient concilier unité et multiplicité, et faire entendre l'écho le plus subtil, associant ainsi la « voie » avec « l'insubordination ».

Poteaux d'angle

(1978)

On sait combien Michaux a toujours été attiré par le fragment, le fragment pur, sans autre astreinte que sa forme libre, composant ainsi de loin en loin maints textes et à l'occasion une plaquette entière de fragments[1]. Mais une seule fois Michaux aura rassemblé sous un même titre des fragments d'abord accumulés dans deux plaquettes successives (1971, 1978) pour s'étendre enfin à un livre publié à l'égal de ses grands recueils dans la collection « Blanche ». Tel est donc *Poteaux d'angle*.

Une occurrence du mot « poteaux », plutôt neuf chez Michaux, frappe, au fil de « Tapis roulant en marche », dans *Connaissance par les gouffres* : « Si rapide, si rapide, / je juge le temps aux poteaux de mon pouls[2]. » Le poteau sera donc, au sein du calme revenu, une frappe réglée du cœur d'écriture, dans un corps habité d'un cœur irrégulier. Une graphie sauvage, sur la couverture d'un de ces blocs de papier à lettres qu'affectionnait Michaux, annonce aussi « Poteaux d'<[3] », comme pour jouer, grâce à ce signe dessiné, de l'idée

1. De « Principes d'enfant » (1925) à *Tranches de savoir* (1950), en passant par « Idées de traverse » (1942) et « Observations » (1950). Sur « Tranches de savoir », voir le chapitre sur *Face aux verrous*, p. 368-370. Sur le fragment comme principe et pratique de l'œuvre de Michaux, voir l'Introduction, p. 19-23, et le chapitre sur *Ecuador*, p. 134-137.

2. « Tapis roulant en marche... », *Connaissance par les gouffres*, III, p. 50.

3. Cette page figure parmi les notes dispersées du dossier d'*Une voie pour l'insubordination*, voir III, p. 1709.

d'ouverture — de chaque poteau en lui-même et de chacun envers tous les autres, à l'intérieur du champ chimérique qu'ils bornent ensemble. Et l'on sent dans ses dédicaces combien Michaux s'est amusé de ce mot inattendu, venant, longtemps après celui de « Tranches » autrefois proposé et le récent « Plaques » sitôt relégué[1], marquer l'espace de cette écriture régulièrement pratiquée quoique à jets discontinus.

La tranche tenait son sens du savoir supposé qu'elle découpait, de l'exorcisme qui s'y ramassait, du geste meurtrier adressé au langage autant que par lui perpétré[2], du verrou qu'ainsi, coup par coup, elle entendait faire sauter, par la grâce d'un humour aux ressorts nombreux, entre charme et férocité. Sensible comme peu aux variations de Michaux, Claude Roy a cherché à rendre cette « sorte de glissement, de tassement subtil », cette « évolution difficile à saisir, à définir », entre *Tranches de savoir* et *Poteaux d'angle* : « On dirait qu'il a replié de la voile, un peu détendu ses admirables ressources d'agressivité bénéfique. [...] Il n'est certes pas assagi, ni ne s'est laissé élimer les dents par le temps. Mais il devient économe de son rire, distrait avec sa rage et, sans être résigné, comme distraitement *détourné* : le spectacle est de plus en plus à l'intérieur, pour qui d'ailleurs refuse de croire qu'il y ait un spectacle... [...] On a reconnu cette doctrine de la non-doctrine, cette souplesse qui n'est pas une résignation, cette économie qui n'est pas une avarice. C'est le climat du taoïsme, la recette de calme attentif du *won-wei*, le non-agir de Lao-tseu et de Tchouang-tseu[3]. »

1. On ne sait trop à quoi tient ce titre de « Plaques », alors qu'annonçant à la *N.R.F.* (où il paraît en décembre 1979) ce texte qui formera pour une part la troisième section de *Poteaux d'angle*, Michaux confirme aussi bien l'envoi proche de « quelques "poteaux" ». Cette même année 1979, dans un des poèmes de *Jours de silence*, « Le Limpide », Michaux écrit : « Des plaques durant des années portaient contre moi / Le limpide est apparu et tout a changé » (*Chemins cherchés, chemins perdus, transgressions*, III, p. 1219), comme pour dénier un mode d'écriture par l'autre (mais il est impossible de savoir l'ordre de composition des textes).

2. « Trancher » équivaut ainsi à « décapiter » dans « Il écrit », texte dans lequel Michaux fixe le rapport de « couteau » entre son écriture et le monde (voir le chapitre sur *Épreuves, exorcismes*, p. 287-288).

3. Claude Roy, « L'Homme de toutes les couleurs », *Le Nouvel Observateur*, n° 360, 4 octobre 1971, p. 57.

Participe de ce climat, comme il arrive dans le *Tao-tö king* (*Livre de la voie et de la vertu* de Lao-tseu), le mode prégnant de l'adresse par lequel Michaux, de tant de sentences vocatives, « s'exerce à tutoyer un naïf sans visage[1] ». Lors d'un projet antérieur de publication, Michaux parlait de « Conseils et déconseils » ; et c'est aussi de « bons conseils » qu'il pense envoyer à Bertelé[2]. La force à l'œuvre serait ainsi dans *Poteaux d'angle* la persuasion, ou l'incitation, tant celle qu'on adresse à l'autre que celle dont on veut se persuader soi-même. Ce serait, là encore, une différence notable avec les « tranches de savoir », qui faisaient plutôt ressortir l'impossibilité de maintenir une frontière étanche entre fiction et argumentation, pervertissant l'une par l'autre. En cela, elles relevaient encore du régime du double et de l'imaginaire dont elles accéléraient l'implosion. On en retrouve ici des traces à travers quelques poteaux lapidaires et corrosifs : « Faute de soleil, sache mûrir dans la glace » (une des formules les plus relevées par les commentateurs). Ou : « Skieur au fond d'un puits[3]. » Mais ce sont, en général, les plus anciens fragments de ce livre qui s'est écrit pendant dix ans ; et surtout ils tendent vite, sous l'humour, à un caractère d'énigme (ainsi : « Arctique par le front. Seulement par le front[4] »). Par là, comme par maints conseils plus explicites, ils participent d'une sorte d'élaboration, d'une construction de la conscience individuelle, subjective ou éthique, plus qu'ils n'en ruinent la perspective[5]. Bien sûr, il s'agit aussi de « prévenir [le naïf] contre un monde non améliorable[6] ». Mais pas seulement. En ce sens *Poteaux d'angle* est bien le livre de sagesse positive qu'on a souvent voulu y voir.

Pourtant, une fois de plus, c'est la diversité des positions qui frappe, et la capacité subtile de leur évolution, à l'intérieur d'un même livre comme par les renvois qui s'effectuent d'un

1. Georges Henein, « Un Asiatique en Barbarie », *L'Express*, n° 1053, 13 septembre 1971, p. 100.

2. Ce sont les termes de sa dédicace.

3. III, p 1043 et 1045.

4. III, p. 1045.

5. C'est la vision d'Anne-Élisabeth Halpern dans le texte le plus développé écrit sur ce livre : « Fragments d'un discours anguleux », *Pleine marge*, n° 19, juin 1994 (en particulier p. 45-47).

6. C'est la suite de la phrase de Henein citée ci-dessus.

livre à l'autre. Par exemple, dès le premier fragment, qui livre la règle du jeu — « C'est à un combat sans corps qu'il faut te préparer, tel que tu puisses faire front en tout cas, combat abstrait qui, au contraire des autres, s'apprend par rêverie[1] » —, comment ne pas s'arrêter à ce mot de *rêverie* dont Michaux vient de faire un éloge aussi exalté que rétif dans *Façons d'endormi, façons d'éveillé*[2]. C'est en effet le mot-mana de la fiction et de l'imaginaire. Michaux s'engage donc ici dans sa reconversion méditative, comme il le fait de maintes façons ces années-là, soulignant le défaut de corps et l'abstraction propres à un processus autrefois hanté par la prolifération organique, bien que toute mentale. La chose est d'autant plus intéressante qu'on assiste, au fil des poteaux, à des reprises de motifs plus ou moins anciens dans l'œuvre, dont s'effectue, au travers de ce livre par la grâce arbitraire du fragment, une sorte de synthèse, de mise en miroir.

C'est par exemple l'histoire — car un poteau peut aussi conter une histoire — du « soldat S. », qui s'écrase en tombant du ciel[3]. Michaux s'est déjà arrêté sur pareille anecdote en 1926, sous un titre éloquent : « Révélations sur l'homme qui s'est jeté du soixante-deuxième étage de Kree-Kastel à Broadway et qui s'appelait Benson[4] ». La singularité de cette première chute est qu'elle clive son héros entre un corps qui tombe et une âme qui s'est retenue « sur place à peu près à la hauteur du cinquante-neuvième étage ou entre le cinquante-neuvième et le soixantième », et ne descend qu'ensuite, pour rôder autour de son corps fracassé. Effet marqué de double, dont *Qui je fus*, premier grand recueil de Michaux, étend la contagion. Alors que dans l'évocation nouvelle la chute est progressive, comme anonyme, incorporant la vision subjective au mouvement saisi de l'extérieur, jusqu'à l'instant final où Michaux livre, avec le nom de l'homme, la moralité de l'événement : « Soldat S. ferme les

1. Voir III, p. 1041.

2. C'est en 1969, deux ans seulement avant la première version de *Poteaux d'angle*, que paraît ce livre. Sur la rêverie elle-même, ou « rêve vigile », voir le chapitre correspondant, p. 509 et suiv. Un beau fragment de *Poteaux d'angle* associe ainsi les termes : « une nature rêveuse », « le vrai rêveur », « le rêveur-né », « l'être de rêverie », p. 1060.

3. III, p. 1066-1067.

4. Dans *Qui je fus*, I, p. 84.

yeux, il en a assez vu à présent. D'une certaine façon, il y a des années qu'il tombe, soldat S. »

Comme autrefois les « tranches de savoir » selon leur mode propre, les « poteaux d'angle » offrent donc un miroir renouvelé de l'encyclopédie du monde dont l'œuvre est elle-même un immense fragment. La drogue y fait retour, sous les auspices des araignées Zygiella, aux toiles affolées par l'ingestion d'un champignon hallucinogène, comme déjà dans *Misérable miracle*[1]. De même en va-t-il des dessins d'enfants[2]. Plus implicitement, un fragment sans référent, dont le thème est la conversation, semble prolonger la réflexion menée sur l'un des tableaux de Magritte[3]. Et, puissamment, la musique revient, vers la fin du recueil, sous la forme d'une suite variée d'incitations, attestant à nouveau sa place, la première, parmi les valeurs de Michaux[4]. « L'Univers » paraît ainsi, plein de ses animaux, de ses langues, de ses traditions, de ses races[5] (ce que la conversation, précisément, risquerait de faire « oublier »). Si bien qu'on peut invoquer à nouveau la formule de Kafka, pour qualifier chez Michaux un souci du monde : « Dans le combat entre toi et le monde, seconde le monde[6]. » Mais un tel combat doit passer aussi, dans *Poteaux d'angle*, qu'on a trop tenu pour un livre de sagesse, par les images les plus fortes que Michaux ait depuis longtemps livrées de lui-même, sous la fiction transparente d'un personnage. Au sein

1. Voir III, p. 1062-1063. Elles étaient, en 1956, appelées « Zilla » (*Misérable miracle*, II, p. 721 et n. 1).
2. Voir III, p. 1070-1071
3. Voir III, p. 1068. Il s'agit de *L'Art de la conversation* (voir *En rêvant à partir de peintures énigmatiques*, p. 699-700, et le chapitre sur ce livre, p. 524-525).
4. Voir III, p. 1078-1080.
5. Dans la lignée d'*Ailleurs*, et comme à rebours du jeu mené alors avec l'anthropologie, Michaux invente même un philosophe, Djatt, dont il cite un extrait forgé, établissant « avec certitude qu'il n'y a pas de Noirs », que seuls l'inimitié et le dédain ont pu créer ce « mythe » (III, p. 1059-1060) — à ce sujet, Michaux précise à Bruno Roy, le 16 octobre 1978, une ultime correction : « Même si dans les épreuves le mot Nègre a été substitué au Noir, le même N doit s'y appliquer »). Sous un autre angle, le fragment 112 A de « Plaques » (voir En marge de *Poteaux d'angle*, III, p. 1087), sur les « mouches noyées » offertes au voyageur, rappelle indiciblement l'épisode fameux du ver blanc utilisé comme beurre par les Indiens Kaingang et offert à Lévi-Strauss dans *Tristes tropiques* (Plon, 1955, p. 180-181).
6. Kafka, *Journal*, 8 décembre 1917, *Œuvres complètes*, Bibl. de la Pléiade, t. III, p. 456. Voir le chapitre sur *Coups d'arrêt*, etc., p. 559.

de tant de rêveries méditatives et de préceptes incitant à la pensée de soi sur le versant de « l'*idéal de bien* » dégagé dans *Une voie pour l'insubordination*[1], on est en effet arrêté par la présence de deux récits de rêve, dont la dimension personnelle est plus aiguë que dans aucun de ceux qui nourrissent *Façons d'endormi, façons d'éveillé*[2].

On connaît le personnage : c'est N., revenu des « Présences qui ne devraient pas être là » et de « Moriturus[3] ». On connaît l'essentiel du second rêve, qui compose le plus long des fragments de *Poteaux d'angle*[4] : récit-confession hanté par la réalité exacerbée d'une Mère « *réveillée d'entre les morts* » pour venir assassiner son fils à New York au sommet d'une montagne. Mais le second rêve, plus bref, n'est pas moins saisissant. C'est presque un couteau seul, cette fois, manié par un assassin elliptique, qui s'abat sur N. pour l'égorger, rappelant, en plus immédiat, les fantasmes roués d'*Apparitions*. L'extraordinaire est la paralysie qui saisit alors N. et lui interdit de crier, « occupé comme il était à la considération du moment incomparable qui se présentait ». Michaux ajoute, pour clore l'anecdote : « N. est donc mort à cause d'une tendance à la contemplation, revenue mal à propos[5]. » On voit qu'au gré de cette ironie formidable, du rapport entre les deux rêves et du destin prêté à leur personnage, le sujet de ce livre sans vrai sujet se déplace, mais aussi pour une part se précise : il oppose une fois de plus, à travers l'éthique ici travestie de la contemplation, l'unité et la multiplicité du « soi » (du « moi » masqué sous le « toi » partout si prégnant).

Comme il arrive presque toujours, Michaux énonce lui-même la règle de cette tension : « En te méfiant du multiple, n'oublie pas de te méfier de son contraire, de son trop facile

1. III, p. 1011.

2. Il est aussi frappant que le nom de village pris en exemple (III, p. 1081) d'une prononciation « *Patois contre langue* », « *Grassheide* », soit celui où se trouvait le pensionnat haï par Michaux, où il est resté entre 1906 et 1910, soit entre sept et onze ans.

3. Étrange ballet de lettres : « N » s'appelait « V » dans une première version du fragment, soit la lettre prêtée à l'un des visiteurs de N. dans « Les Présences qui ne devaient pas être là » (voir *Les Grandes Épreuves de l'esprit*, III, p. 372).

4. Voir III, p. 1076-1077, et le chapitre sur *Face à ce qui se dérobe*, p. 555-558.

5. III, p. 1053.

contraire : l'un. C'est toujours de l'assouvissement, l'unité[1]. » Ainsi « D. », avec ses deux, trois sept, huit têtes ou plus, qu'une référence à l'Inde éclaire de la même lumière du multiple qui surgissait soudain des pages finales d'*Une voie pour l'insubordination*[2]. Ainsi ces divers personnages réduits à leurs initiales, « D. », « S. », « Soldat S. » ou « N. », ou Djatt « le philosophe », autant de doubles fracturant de menues hypothèses de fiction le dialogue restreint du « je » et du « tu » qui règle, explicite ou non, l'adresse de tant de fragments. Si bien que ce livre avant tout divers paraît saisi dans le tourbillon sans vrai commencement ni fin qui assemble tous ses fragments, n'était le final inattendu qu'il se réserve : un très bref poème sans titre, échappant aux quatre parties successives correspondant à autant de strates antérieures de la composition d'ensemble[3]. Mais là encore, un indécidable se donne. Appelant un « Retour à l'effacement / à l'indétermination », Michaux invoque, mais sans recourir au mot « temps », le temps limité des « secondes », « autre monde » au plus « près de soi ». Il en fait dans les derniers vers l'être même du *passage* : « passant sans unir / sobres / pures / une à une descendant le fil de la vie / passant... » Il y a au moins deux façons d'entendre ce peu de mots. On doit d'abord y reconnaître, plutôt qu'un appel à une unité suspensive du temps liée à la contemplation, si souvent postulée par Michaux et ici comme déniée (« sans unir »), le désir de participer à une multiplicité réduite à son pur écoulement, scandée par ses secondes : une multiplicité blanche, un flux neutre mais cependant vivant, que Michaux dit aussi sans « objectif » ni « désignation ». Mais par une torsion extrême qui renvoie à la contradiction chez Michaux la plus profonde, fatalement aussi la plus perverse, entre écrire et ne pas écrire, une telle scansion de secondes vécues « une à une » n'est-elle

1. III, p. 1051. Et aussi : « Étant multiple, compliqué, complexe, et d'ailleurs fuyant — si tu te montres simple, tu seras un tricheur, un menteur » (p. 1052).

2. « [...] il en a autant que dans l'Inde en ont démons et dieux » (En marge de *Poteaux d'angle*, III, p. 1088).

3. Voir III, p. 1084-1085. Dans un compte rendu donné à la *N.R.F.* (n° 340, mai 1981, p. 112-114), où il cite le poème final, Daniel Leuwers a voulu reconnaître, abusivement, une sorte de construction thématique dans ces quatre parties, rythmées par une montée progressive de l'angoisse et du refus.

pas précisément ce que réalise, cédant à l'écriture, ce livre tout entier, *Poteaux d'angle*, fait un à un de fragments ?

Un beau fragment permet de suivre jusqu'au bout ce paradoxe[1]. Michaux demande à son lecteur de supposer « un espace de temps de quinze secondes », qu'il va même réduire à « cinq ou six secondes ». Temps dans lequel, dit-il, « le rêveur-né », qu'il nomme aussi « l'être de rêverie » ou « une nature rêveuse », « le vrai rêveur s'étale en écoulement méditatif ou en radeaux de débris flottants, que vont suivre, s'y accrochant, d'autres écoulements-écroulements ». On croit évidemment voir évoqués le mouvement et la variété mêmes des fragments qui, en entourant celui-ci, composent le livre dont il participe. Si ce n'est qu'entre-temps, pour en arriver là, il aura fallu « de cela faire une profession. Et la rêverie déshonorée tombe dans la honte de l'imagination escomptée, linéaire, littéraire... pour finir en chantier ». Entente à double sens, encore : car si l'écriture de fragments contrevient par nature à l'imagination linéaire, elle n'en devient pas moins littéraire ; et tout livre est un « chantier » — *Poteaux d'angle* comme tant d'autres qu'aura écrits Henri Michaux. La tension qui se révèle ainsi paraît sans solution. Elle tourne ici entre ce fragment et la ligne de fuite que le poème, à la fois ferme et évanescent, dessine à l'égard de ce livre dont il voudrait se dissocier tout en l'accomplissant.

Du fragment, qu'il a lui aussi tant pratiqué, Barthes disait deux choses. Il est un plaisir (celui des commencements, opposé au faux règne des fins) ; il est une illusion (celle de croire échapper à son propre imaginaire)[2]. Le plaisir ambigu mais nouveau que Michaux y trouve aura été un indice vivant de sa capacité toujours plus claire à transformer un imaginaire maintenu à distance bien qu'enclin à se retourner sur ses origines, et dont il peut croire tout retrancher, si ce n'est l'inclination même qui le pousse toujours aussi vivement à écrire.

1. Voir III, p. 1060.
2. Roland Barthes, *Roland Barthes par Roland Barthes*, Seuil, coll. « Écrivains de toujours », 1975, p. 96-99.

Affrontements
(1981)

On sait que Michaux n'a pas cessé — comme d'autant de coups ténus mais d'une précision très calculée — d'agrémenter ses textes, et ses livres surtout, de préfaces, postfaces, notes, introductions, portant ces intitulés ou non — bref, de ce qu'on a fini par nommer, d'un mot qui l'aurait fait bondir, lui qui ne croyait qu'aux degrés souples et divers du même ou du différent, du « paratexte[1] ». Ce fut sa façon d'être, en une partie de lui-même, ce qu'il avait du mal à concevoir que d'autres fussent à part entière, des critiques, ces « hommes d'une seule foi[2] » auxquels il avait ainsi le plaisir pervers de mâcher le travail en les obligeant à le citer et à le répéter sans fin.

Ainsi en va-t-il de cette page de prologue à ses *Affrontements*[3]. Revenant après quarante ans d'intervalle au théâtre[4],

1. C'est le mot proposé par Gérard Genette (en particulier dans *Seuils*, Seuil, 1987), avec un humour en sous-main qui aura fait fatalement défaut à ses usagers désormais sans nombre.

2. Ainsi Michaux les nomme-t-il dans son dialogue avec Robert Bréchon (III, p. 1464).

3. Voir III, p. 1111 (les citations de ce paragraphe en sont extraites). Signalons que la plaquette *Affrontements* est l'un des six petits volumes, dont cinq publiés par Fata Morgana, réunis sous ce même titre en 1985, un an après la mort de Michaux, dans la nouvelle série de ses livres, dotée d'une maquette spécifique, inaugurée chez Gallimard avec *Chemins cherchés, chemins perdus, transgressions*.

4. Les deux seules pièces de Michaux sont « Le Drame des constructeurs » (1930) et « Chaînes » (1938), reprises dans *Plume* (voir le chapitre sur ce recueil, p. 238-241). Pour une vue d'ensemble sur « l'écriture dramaturgique » de Michaux, dont ses pièces anciennes ou nouvelles ne sont que la part émergée,

ou du moins à des formes dialoguées propres à y ressembler, Michaux prie donc son lecteur de ne pas se méprendre : ce qu'il va lire n'est pas du théâtre, mais quelque chose d'une autre nature. Michaux a pour le dire des mots qu'on peut seulement redire, tant les paraphraser serait ne pas rendre justice à leur qualité propre, leurs accents, leurs nuances, leur rythme conceptuel, tout ce qui fait que la prose critique développée à l'envi sur ses livres regorge de citations — comme autant d'appuis qui rendent au commentateur si difficile de séparer ses propres mots de ceux qu'il choisit d'invoquer, puisque visant, croyant viser la même chose, ils ne peuvent jamais la dire de la même façon. Michaux nomme donc ces sept échanges qu'il réunit en un petit volume : « Spécimens de l'éprouvé intérieur, fragments de l'humain rendus par la parole. » Il ajoute plus loin : « Documents d'abord par le dedans, par débat, là où l'on débat ouvertement, où une situation psychique par confrontation est en cours de transformation. » Il y a donc bien dans ces semblants de pièces des actions, mais qui naissent sans jamais se dénouer. Michaux les situe ainsi à rebours de « l'omnivore spectacle » dont l'univers déborde en se trouvant constamment redoublé. À l'opposé, il les voit destinées à permettre « une certaine rêverie », comparable à celle qui suit la lecture de poèmes. Il suppose par là chez le lecteur ce même état dont, avec toutes les réserves qu'on a vues (par exemple à propos de *Façons d'endormi, façons d'éveillé* ou de *Poteaux d'angle*), il fait la condition de sa propre invention. Enfin, il a une expression énigmatique pour désigner la situation de ces « Drames en suspens, signes encore de la vie de chacun en société hominienne, forcée de plus en plus » ; il précise, d'une apposition : « ghetto d'avenir ». C'est dire que Michaux voit dans le resserrement dont ses petits drames sont, à tous égards, l'objet, une chance, mais pour peu d'élus — comme il s'est toujours plu à imaginer, quand il a été porté à le faire, la société restreinte de ses lecteurs.

---

voir l'étude de Pierre Loubier, « Henri Michaux et l'arrière-théâtre », dans *Plis et cris*, p. 315-334 (titre finement emprunté à un texte ancien de Michel Foucault sur Jules Verne, « L'Arrière-fable » — repris dans *Dits et écrits*, t. I, Gallimard, 1994, p. 107 —, et qualifiant cette rumeur de drame qui gît au fond de l'œuvre).

On voit d'abord que Michaux met ici en pratique ce qu'il visait dans *Poteaux d'angle* lorsqu'il s'étonnait que des critiques s'attachent à compter les mots les plus fréquents dans un livre plutôt que de chercher ceux que l'auteur a évités[1]. Il évite des mots, des idées attendus ; suspend des affects, des logiques d'action, et en propose d'autres sans raison commune. Le premier dialogue, « Exode », en offre deux exemples. Au Père qui s'adresse à lui en termes douloureux et chargés, le Fils répond simplement « Adieu », pour disparaître aussitôt. Plus loin, ce même Père effaré demande à un Vieil Érudit pourquoi le soleil s'obscurcit ; mais ce dernier répond qu'il devrait en donner « quarante-neuf explications[2] ». Tout se déplace ainsi par rapport à quelque « rationalité psychologique » que ce soit augurée du fait que des êtres supposés humains parlent. C'est le même hiatus qui frappe, en quelques brefs échanges, « A » espérant s'adresser au Bureau au nom de sa « tête coupée », ou qui s'étend dans le dialogue impraticable entre le Prince contraint et son Chambellan.

Qui sommes-nous, nous qui lisons ces textes ? quel effet en recevons-nous, sous le coup de cette indétermination souhaitée par Michaux, appelant à « demeurer par la pensée dans leur atmosphère qui perdure[3] » ? Nous vivons une identification d'une nature très particulière. Elle est à la fois beaucoup moins et un peu plus fictive que tant de fictions de Michaux, animées par le charme effrayant de leur magie. Elle l'est moins, parce que les actions, dans ces « Confrontations » ou ces « Affrontements »[4], sont infiniment moins incarnées, que ce soit à travers des actes ou des affects. Mais cette identification profite de l'effet que produit d'elle-même la situation de dialogue et la réalité du personnage, si sommaire et évanescente celle-ci soit-elle. Le lecteur de ces « Lectures sans voix[5] » est ainsi attiré entre les deux extrêmes approchés par Michaux dans ses pièces antérieures. Dans *Le Drame des constructeurs*, la folie de

1. Voir *Poteaux d'angle*, III, p. 1080.
2. III, p. 1113, 1114-1115.
3. III, p. 1111.
4. Michaux écrivait ainsi à son éditeur Bruno Roy, le 5 mars 1981 : « Il me reste une hésitation à propos du titre : *Affrontements* ne serait-il pas mieux que *Confrontations* ? »
5. III, p. 1111.

langage circulant entre des héros aux noms réduits à des lettres faisait qu'on s'attachait d'autant plus exclusivement à cette folie même ; alors que dans *Chaînes*, malgré la violence schématique et symbolisée des rapports, on souffrait dans les corps du jeune homme et de Damidia. La répugnance obstinée de Michaux à laisser monter ces deux pièces, la première surtout, trouve sa conséquence ultime dans ces dialogues retirés en eux-mêmes (« Prière aux comédiens de s'abstenir[1] ») ; et cela interdit de les assimiler à ce dont ils seraient le plus proches, les pièces brèves de Beckett pour le théâtre ou la télévision. Il faut bien sûr compter dans *Affrontements* avec la sensation produite par une langue plus réservée, plus choisie, plus austère et presque solennelle. Mais celle-ci contribue à permettre surtout, en construisant ce que Michaux nous dit et qu'on a tenté d'évoquer, un effet des plus étranges, sans équivalent. En deçà de toute incarnation comme de toute allégorie, on toucherait à travers ces personnages des identifications vides, dont pourtant une qualité tremblante d'affect subsiste. Tel est leur mystère. On ressent presque physiquement la contrainte du Prince, sans que l'idée vienne de lui prêter un visage.

1. III, p. 1111.

Comme un ensablement...

(1981)

Ce récit quasi autobiographique ne mériterait peut-être pas qu'on s'y attarde autant s'il ne permettait de souligner la surprenante liberté de variation qui a toujours été celle de Michaux et qu'il démontre à nouveau, à quatre-vingt-deux ans. On y découvre une capacité inentamée et somme toute déroutante, pour qui a tant dit se défier des mots, à convertir aussitôt tous les accidents de la vie en écrit, même si celui-ci lui offre l'occasion de revenir encore sur la façon dont ces mots tournent autour de l'expérience des images qui les creuse et paraît souvent les justifier.

Un jour d'été, donc, de l'été 1980, courant après un train, Michaux se rompt le tendon d'Achille. Il reste d'abord là où l'accident a lieu, en Suisse, à Mont-Pèlerin, seul, sans vouloir consulter de médecin avant que Micheline Phankim ne soit revenue de Venise. De retour à Paris, Michaux se retrouve pour un mois le pied dans le plâtre. Et, comme il est écrivain, il écrit, sans qu'on sache, à le lire, quand il a commencé le récit divaguant de cette expérience dans laquelle il nous précipite et qui offre ainsi la cristallisation d'un moment venant, après tant d'autres, prendre sa place, très modeste, dans l'autoportrait discontinu dont l'œuvre entière déploie un mouvant panorama.

Tout lecteur de Michaux saute sur l'analogie : un pied gauche après un bras droit, *Comme un ensablement...* vient après « Bras cassé » et pourrait en former, quelque vingt ans plus tard, le pendant[1]. C'est évidemment là ce que le texte aussitôt déjoue. Après quelques lignes sur les effets étranges de « rayonnement » provoqués par les mouvements à l'intérieur du corps[2], il explore deux activités qui auraient successivement occupé Michaux, et cela de telle façon qu'on puisse mal faire la part entre les événements supposés et ce qui en ressort dans l'écriture. La première, sur laquelle Michaux n'a cessé de revenir selon divers modes depuis *Façons d'endormi, façons d'éveillé*, est sa capacité d'imagination, intacte et prête à se développer encore, qu'il nomme ailleurs « rêverie ». Il imagine donc, à proportion de l'immobilité à laquelle il est plus ou moins tenu, des jambes, immenses et si nombreuses qu'il semble presque manquer d'adjectifs pour les nommer[3]. Il évoque un « numéro », devenu quotidien, et souligne trois choses qu'il ne paraît pas avoir dites encore ainsi, du moins en les associant à sa manière si intense et imprévisible. D'une part, à travers cette invention d'images évoluant dans un espace abstrait, *faire* est d'abord antérieur à *voir*, bien que les deux opérations paraissent ensuite simultanées. D'autre part, « une fois produit et plusieurs fois reproduit », ce spectacle est reproductible à l'infini ; ces jambes en nombre sont « devenues parties de la Nature ». Enfin, elles se combinent avec un motif de fleurs de lotus (Michaux rappelle qu'elles sont la base de la méditation indienne), de sorte qu'il peut suffire d'enlever les jambes pour conserver les fleurs seules. On voit ainsi l'« imagination pure » composer des sortes de tableaux, dont l'esprit peut disposer. D'où la seconde activité vers laquelle Michaux glisse : le dessin, dans sa situation plus aisé à pratiquer que la peinture.

L'envie le prend alors, pour la première fois de sa vie, et non sans réticence, de dessiner des tables[4]. Celles-ci sont minuscules (« à la dimension évidemment de ma minable résurrection »), sans pieds (il n'en aurait d'abord pas vu la raison), grises et horizontales (comme il l'est lui-même). Mais très vite

1. Pierre Nora écrit ainsi à Michaux, qu'il sait souffrant : « Je le regrette pour vous, mais pas pour nous, si cela devait nous valoir un "Pied cassé" » (8 janvier 1981).

2. III, p. 1147.

3. Voir III, p. 1148.

4. Voir III, p. 1149-1152.

l'évocation dérive, et la table, d'abord trop « évasive », se trouve enrichie de motifs (personnes, objets) qui lui sont associés. Michaux mène ses phrases d'une façon telle qu'on a du mal à décider s'il s'agit là plutôt d'événements mentaux induits par son activité de rêverie ou de gestes réels accomplis pour en fixer les éléments par le dessin. Il en ressort malgré tout que, d'abord immobile, puis au fil d'une convalescence qui traîne, Michaux a essayé de dessiner (et de deux façons différentes, venant ensuite à la couleur) ce qu'on peut appeler des scènes plus ou moins réalistes, ou témoignant au moins envers la réalité d'un rapport plus étroit que ses peintures et dessins n'en ont montré depuis longtemps. Le texte vire ainsi autour d'un alinéa au sens incontestable : « Puis brusquement sujet et style (et aussi bien ce genre misérabiliste) cessent. Fini d'un coup[1]. » De sorte que la page finale marque un retournement brutal et montre Michaux revenu pleinement à lui-même, dessinant au gré d'une vitesse retrouvée ce qui semble bien être, d'après sa description, les sérigraphies blanches sur papier noir données à la suite du texte de *Comme un ensablement...*.

Michaux aurait donc vécu grâce à cet accident un épisode unique, au cours duquel il a non seulement isolé de façon particulièrement précise sa capacité de produire des images mentales, mais surtout connu la tentation d'y répondre par des essais de figuration plus ou moins réalistes, tout à l'opposé de sa manière de dessiner et de peindre — aussi bien que de vivre[2]. On se rappelle les dessins si curieux retrouvés dans son carnet d'idéogrammes[3]. Une lettre à Bruno Roy semble témoigner qu'il a voulu un moment reproduire dans la plaquette quelques-uns de ces dessins de tables, jugés ensuite

1. III, p. 1152.

2. Voir « Tables d'un côté de la vie, mais refusée d'un autre, symbole du quotidien et d'un foyer indéfiniment toisé » (p. 1152).

3. Voir le chapitre sur *Idéogrammes en Chine* (p. 545 et n. 1, p. 546 et p. 547 et n. 1), où l'on signalait que Michaux s'amusait fréquemment à faire des croquis réalistes d'après des revues, géographiques, scientifiques, etc. La différence est qu'il entreprend ici ce genre de figurations à partir d'images mentales, soit le support même de sa peinture, et aussi qu'il le raconte. Qui veut s'assurer que les œuvres peintes de cette période ne portent apparemment pas trace du conflit évoqué par ce texte peut consulter le catalogue de son exposition *Œuvres récentes 1980-1982* au Point Cardinal. On n'y trouve évidemment pas trace de tables...

« insignifiants ou insupportables », et qu'il a un moment pensé se servir du mot comme titre[1]. D'où ce titre curieux qu'on retrouve en première page sous sa forme complète : « Comme un interminable ensablement dont il n'était pas possible de se dégager ». D'où, aussi, les mots par lesquels Michaux rejette avant même qu'il ne paraisse « cet écrit particulièrement énervant[2] ». D'où ces lignes finales pour fêter avec son corps retrouvé le retour de sa manière : « Plus question de tables, plus du tout, plus jamais, détour condamné. On ne se laissera plus prendre. On se le promet. On n'oubliera pas[3]. »

1. On trouve trace dans les archives Fata Morgana des titres « Table », « Inaccessible table ».

2. Lettre à Bruno Roy, le 29 juin 1981.

3. III, p. 1152. Comment ne pas penser aussi à la « table à rajouts » du schizophrène évoquée dans *Les Grandes Épreuves de l'esprit* (voir III, p. 397-401) : objet même de réalité, mais dans l'ordre du fantastique, elle est un équivalent de la peinture par captation intérieure pratiquée par Michaux (voir le chapitre sur *Connaissance par les gouffres*, p. 453).

Chemins cherchés, chemins perdus, transgressions

(1981)

Si l'on excepte d'un côté *Moments*, et de l'autre *Face à ce qui se dérobe*, qu'unifie un principe formel (la cohérence du poème) ou un principe thématique (« ce qui se dérobe »), *Chemins cherchés, chemins perdus, transgressions* est le premier grand recueil de Michaux à renouer avec le caractère de synthèse composite qui a distingué ses recueils jusqu'à *Face aux verrous* (en se survivant seulement à travers *Vents et poussières*). On se rappellera aussi que, pendant une dizaine d'années environ, Michaux a consacré une part de son énergie à améliorer certains de ces anciens livres[1], allant par exemple jusqu'à supprimer la section finale de *Face aux verrous* pour clore désormais ce volume sur l'image du monde agonisant de « L'Espace aux ombres ». C'est dire combien réfléchie se révèle la composition d'un recueil, en particulier son commencement et sa fin, comme on le voit ici à la tension majeure qui se forme entre « Les Ravagés » et « Jours de silence », dont « Mains élues » semble une sorte de coda.

Cette tension paraît presque absorber les cinq textes intermédiaires qui, chacun, se trouvent marquer une direction de pensée ou une forme propre à Michaux. De sorte que ce recueil, « vrai parcours », est bien « à la fois aboutissement et recommencement », comme son éditeur le lui confie, en

1. Les éditions revues et corrigées s'étagent de 1963 (*Plume*) à 1972 (*La Vie dans les plis*).

confirmant aussi la nouvelle « composition de ce texte dans un grand format », choisi pour ses seuls derniers livres[1].

« Coups d'arrêt », on l'a vu[2], pourrait sembler reconduire, avec un mordant propre aux formules brèves rappelant les « tranches de savoir », l'humeur des « poteaux d'angle » parmi lesquels ces fragments auraient pu figurer. Mais Michaux a sans doute tenu à les préserver tels quels pour distinguer leur ton d'un pessimisme radical. Car on peut aussi bien tenter de les lire comme une suite, une succession de trous, de cahots, pour y entendre les appels de plus en plus brefs et opaques d'une histoire impossible à écrire, dont ne ressortent que des pointes erratiques : figure ultime du « cauchemar de l'histoire » autrefois présagé par Joyce et qui n'a cessé de s'assombrir chez Michaux vers la fin des années 1970, comme le montrent « Document D. 9 » et « Derniers intervalles ». Le trente-troisième et dernier « coup d'arrêt » referme ainsi autour du « solitaire » le « vase [...] clos » du « Monde » qui servait de vaste chambre d'écho au « voyageur » des pays imaginaires[3].

Le texte qui suit, « En route vers l'homme », semble ainsi repartir des derniers fragments de « Coups d'arrêt », où se réaffirme le lien fatal de l'homme avec son espèce. Mais c'est pour passer en deçà, à l'intérieur d'une tribu ballottée entre sa part perdue d'innocence animale et un destin humain, à peine humain, imprévisible. Si bien que les âges et les états se mêlent, à la limite de l'énigme. C'est aussi le sujet, de façon extrême et cruelle, de « L'Enfant-singe du Burundhi » condamné à l'humain, à « l'inexprimable du mal, du manque, de la détresse[4] » par un simulacre d'humanité devenu son enfer. Michaux renoue là avec une préoccupation exprimée dans l'une des « Idées de traverse » à propos de deux fillettes-louves retrouvées en Inde[5]. Mais une violence beaucoup plus

1. Il s'agit d'une présentation particulière : couverture grise avec rabats, grand format permettant une mise en page dissymétrique du fameux cadre *nrf* avec double filet rouge et noir, qualité du papier et de la composition. Après *Déplacements, dégagements*, *Affrontements* sera encore publié dans ce même format, comme une suite fictive aux deux autres (voir le chapitre sur *Affrontements*, n. 1, p. 581).

2. Voir le chapitre sur *Coups d'arrêt*, etc., p. 562-564.

3. III, p. 1183 et 1185 ; *Ailleurs*, II, p. 3.

4. III, p. 1189.

5. *Passages*, II, p. 293-294.

entière passe alors dans ses mots, jusqu'à « l'intolérable, à l'indiciblement intolérable[1] », comme si cet enfant était devenu l'un des « ravagés ».

« La Messagère partie en avant » et « Quand tombent les toits » reprennent pour leur part la formule d'*Affrontements* : du théâtre sans théâtre, clos sur l'opacité de ses échanges. Le premier de ces textes, retrouvant les termes du déchirement entre nature et culture qui hante les deux précédents, ouvre la perspective d'un christianisme singulier, introduit par une révélation inexplicable au cœur d'une population indienne, au grand effarement de missionnaires espagnols. Ainsi passe dans ce recueil l'image d'une femme-lumière, « envoyée de *Kiriquisti* », lui-même un double du Christ sans pourtant s'y substituer : cette « dame à la grande clarté » appelle déjà la « grande main de LUMIÈRE » ultime de « Mains élues », et compense aussi la sanction sans appel de *Coups d'arrêt* (« Christus n'a pas résisté à la confrontation[2] »). Le second dialogue montre quatre malheureux cherchant refuge dans un couvent et justifiant l'un après l'autre leur cas auprès de l'Abbé qui les reçoit. Le dernier d'entre eux, « le nouvel arrivé », éveille un trouble : on y reconnaît en effet l'une des suggestions d'autoportrait les plus entières que Michaux ait osé. Hanté par trop de voix, en quête de « la voix unique », touché par l'âge, autrefois écrivain, n'aspirant, dans sa quête du « *Problème* », qu'à s'encercler lui-même, et cherchant la lumière, le nouvel arrivé — à qui l'Abbé suggère de déplacer son centre — semble ainsi emplir le corps de l'énonciation qui elle-même se déplace. Elle tend à se purifier, à travers ce nouveau recueil, en passant de la fascination terrible exercée par les images des « Ravagés[3] » à la médiation qu'ouvre l'espace suspendu de « Jours de silence ».

De même qu'il lui a fallu deux plaquettes, un texte publié en revue et un livre, pour venir à bout de ses *Poteaux d'angle*, Michaux reviendra quatre fois sur ces « peintures d'aliénés »

1. III, p. 1190.
2. Respectivement III, p. 1192, 1193, 1227 et 1182.
3. Selon la suggestion propre au jeu des doubles, Michaux peut aussi bien, dans ces dialogues, incarner l'Abbé, et les autres personnages dialoguant avec lui incarner ces malades qu'il pouvait rencontrer lors de ses voyages à Colmar ou à Genève.

ou, comme il les appelle dès 1956, ces « dessins d'hommes singuliers ». Un quart de siècle aura ainsi séparé une première version en revue de la reprise finale en volume[1]. C'est dire la persistance de ces images, qui ont d'abord habité les années de la drogue avant de contribuer à leur transmutation. Ses approches des hallucinogènes ont permis à Michaux, au moins l'a-t-il cru, presque cru, de frôler la folie, de « se mettre dans la peau du fou », disait Matta, très sensible à cette dimension de sa recherche[2]. Mais il y a deux façons de l'exprimer, bien que très proches et se complétant. L'une est presque objective, comme dans le prologue des « Situations-gouffres », où Michaux s'identifie à « l'aliéné », pensant l'avoir saisi suffisamment de l'intérieur pour pouvoir en décrire le fonctionnement sous ses divers aspects. L'autre manière est empathique, et peut-être plus née du contact concret avec les malades mentaux que de la reconstruction qu'il a tenté d'en opérer en lui[3]. Michaux évoque ainsi, avec un trouble saisissant, dans *Les Grandes Épreuves de l'esprit*, les lettres de malades qui lui sont passées entre les mains et l'ont frappé par leur désordre extrême, de sens comme de forme : « Comme je les voyais ! Comme j'aurais voulu parler en leur nom ! [...] Il faudrait, me répétais-je, qu'un jour, si je retrouve mes moyens, j'arrive à écrire en leur nom à eux[4]. » Mais ce vœu suppose un détour, tenant au fait que le dessin et la peinture sont plus propres que le langage à favoriser chez ces malades un besoin d'expression[5]. Michaux devra donc tenter d'approcher selon ses

1. Voir le chapitre sur *Vents et poussières*, p. 469, et celui sur *Connaissance par les gouffres*, p. 464-465.

2. « En quoi Michaux est-il révolutionnaire ? », entretien d'Alain Jouffroy avec Matta, *L'Herne*, p. 403.

3. On se souvient peut-être des confidences de Michaux à Bertelé, sur le sentiment très fort d'intimité et surtout de confiance qu'il ressent en présence des malades mentaux (voir le chapitre sur *Connaissance par les gouffres*, n. 1, p. 463).

4. *Les Grandes Épreuves de l'esprit*, III, p. 336-337.

5. Michaux y insiste dans un fragment qui interrompt de façon significative le portrait qu'il dresse de E., l'auteur schizophrène de la « table à rajouts » : « Les règles du langage, même s'il les transgresse souvent, plus souvent le tiennent encore trop asservi. / C'est par le dessin ou par les coloriages ou la peinture qu'il va, n'eût-il jamais dessiné ou peint jusque-là, qu'il va — peut-être — enfin pouvoir se livrer (en partie s'y délivrant) à la multiplicité contradictoire qui le tient et le gêne, aux phantasmes qui le harcèlent et au foisonnement — surtout au foisonnement —, aux répétitions, au dévergondage des répétitions, cédant,

propres mots cet au-delà des mots qui s'offre dans la plénitude de son dénuement. Si jamais il a écrit au nom des « fous », écrit en eux plutôt qu'écrit sur eux, c'est bien à travers ces textes terriblement risqués, sur lesquels il est revenu avec tant d'insistance et dans lesquels on peut aussi suivre la transformation d'une écriture devenue capable d'animer ce qu'elle touche d'une façon de plus en plus interne, comme à proportion du fait qu'elle a progressivement laissé tomber les défenses attachées à son propre imaginaire.

De « Leurs secrets en spectacle » aux « Ravagés », on passera ainsi d'une tentative de description à une réussite d'évocation. Michaux emploie le mot « descriptions », on l'a vu[1], en relation avec le « rêve » dans lequel ces dessins ou ces tableaux le plongent. Mais ce rêve n'est alors pas le « rêve de nuit », celui des « façons d'endormi » ; c'est seulement un autre mot pour désigner la rêverie des « façons d'éveillé ». Si ce n'est que, comme face aux tableaux de Magritte, la rêverie se trouve alors conduite par une matière extérieure et donc moins libre de ses associations et de sa fiction propre. Non que la fiction disparaisse à travers la description ; mais elle y reste tributaire d'une extériorité dont l'évocation devra se déprendre pour trouver par ses moyens singuliers la suggestion d'une capacité mythique, ou épique, transformée. On est frappé à cet égard par les premières lignes d'un fragment que Michaux a abandonné, entre 1962 et 1976 : « Il naît une fraise, non, un œil, non, une verge de chat. Des éclairs l'accompagnent et de formidables couteaux, qui ont "vu rouge". On remarque la présence d'une aile volante [...][2]. » C'est là un jeu de mutations en cascade tel que Michaux, autrefois, en inventait sans fin[3], mais que la description referme ici sur lui-même, si productif soit-il, sans bénéfice substantiel. De même, cette fois dans un fragment conservé mais récrit, une énumération tournant autour du motif de la tête : dans la version ancienne, le motif tendait

---

pouvant enfin céder, à l'extrême entraînement de la répétition qui le possède » (*Les Grandes Épreuves de l'esprit*, III, p. 399).

1. Voir le chapitre sur *Vents et poussières*, p. 470.
2. *Vents et poussières*, IIII, p. 180.
3. Par exemple la suite, déjà évoquée, emblématique, des vingt-trois naissances successives de Pon (« Naissance », dans *Plume*, I, p. 616-617.)

vers un automatisme de la répétition que la version nouvelle a tempéré pour en faire surgir plutôt le caractère d'énigme[1]. Les modifications intenses que Michaux a fait subir à l'ensemble du texte, sans parler même des ajouts considérables, vont dans le sens de la perfection d'une langue destinée à faire surgir de l'intérieur ce qui se donne à la perception extérieure. Voilà ce qu'approfondit Jean Starobinski quand il emprunte à Cassirer les mots d'« aperception mythique » pour qualifier « le monde physionomique » de Michaux[2]. C'est à la lecture des *Ravagés* qu'il a confié à celui-ci son désir d'écrire une étude touchant son « admirable exploration de la conscience du corps[3] ». S'il n'y mentionne pas ces textes, ne citant du reste aucune œuvre, son analyse semble proprement les évoquer quand il écrit : « par la synthèse qu'opère en profondeur la kinesthésie, le corps se perçoit lui-même dans son initiative motrice, et perçoit simultanément l'espace peuplé qui, littéralement, lui *fait face* ». Et c'est la cœnesthésie qui, encore plus avant, permet, rassemblant la vie totale du corps, cet échange entre l'intérieur et l'extérieur, formant « un tissu matériel et sensible peuplé d'incessants accidents, un théâtre où le moi peut venir à la rencontre de lui-même sous la forme de l'autre ».

S'il est difficile, les commentaires l'ont montré[4], d'aborder

1. Ainsi, dans *Vents et poussières* : « [...] la tête à l'œil unique, la tête faible mais têtue, la tête qui ne se laissera pas conduire, la tête qui ne se laissera pas séduire, la tête partout répétée, la tête-base, la tête-abdomen, la tête qu'on ne vaincra pas, qu'on ne fera pas changer, la tête-colonne, la tête-monument complet, la tête qui tient les clefs, la tête des plexus est aussi celle qui, coupée de tout, à une hauteur insolite attend » (III, p. 180). Et dans *Chemins cherchés...* : « [...] la tête à l'œil unique, la tête faible mais têtue, la tête qui ne se laissera pas conduire, qui ne se laissera pas séduire, tête enflée du "quant à soi" est aussi celle qui, coupée de tout et hors du rang, se tient, se maintient à une hauteur insolite » (III, p. 1160).

2. C'est le titre de son essai dans le catalogue de la rétrospective Michaux au Musée national d'art moderne du centre Georges-Pompidou, printemps 1978, p. 65-67. Michaux a été particulièrement sensible à ce texte ; il en témoigne à l'auteur dans une lettre du 1er décembre 1977, écrivant par exemple : « On ne se lasse pas de ce phénomène que vous arrivez à faire éprouver et "dans le monde physionomique" à la perfection. »

3. Lettre du 24 décembre 1976

4. Retenons, parmi les meilleurs : le compte rendu de Gilles Quinsat, dont une phrase dit bien la tension provoquée : « À la parole intérieure se substitue l'émanation non scandée d'un vide se mouvant comme une énergie sans frein qui accède directement à la chair » (*La Nouvelle Revue française*,

« Les Ravagés », de simplement leur faire face, c'est que Michaux s'est tenu là, au plus près de lui-même, au bord de l'innommable (au sens où Beckett cerne ce qui ne peut être vraiment nommé). Le fragment 28 développe ainsi une image affolante. L'homme dont il nous parle « avait appris à peindre ». Aussi, depuis son drame, lui fournit-on ce qu'il lui faut pour pratiquer son art. Mais comment demander des formes à celui dont l'informe est l'« affaire à présent », et des couleurs quand « le décoloré » est le problème ? « Comment avec des couleurs rendre l'absence de couleur, la perte de couleur[1] ? » C'est une défection générale et particulière, affectant chaque geste de peindre et chaque motif dont le geste voudrait s'emparer (le visage, le corps, les bras). « Le "rien" avec naturel a pris la place des chairs. » Aussi dit-on, pour finir, à la pensée de cet homme : « L'être, un souvenir seulement ; approximatif, fragmentaire, difficilement suscité. L'homme (ce qu'il en reste), un rideau, un mince rideau. / Les rapports avec l'entourage seront pénibles[2]. » Plusieurs réflexions naissent à la lecture de ce fragment douloureux, d'une langue directe et suggestive. Michaux ne semble pas partir ici vraiment d'un tableau, d'un seul tableau, comme souvent, mais plutôt d'une situation globale dont il dresse l'état. Néanmoins, écrivant : « on vient de lui donner de quoi peindre, couleurs à l'eau, feuilles de papier et pinceaux », et évoquant la difficulté qui s'ensuit, Michaux suggère aussi bien la tentative de composition d'un tableau réel, dont, morceau par morceau (le visage, le corps, les bras, et ce « rien » de la chair : « Entre les jambes, un vide remonte sans s'arrêter jusqu'à la région du cœur »), il détaille la douloureuse impossibilité. Ainsi, un étrange présent convertit toute description en évocation actuelle, en même temps que la genèse matérielle de ce tableau quasi sans substance paraît correspondre à l'agencement des phrases qui concourent à former un portrait. Bien plus, c'est aussi un autoportrait retourné qui se livre, à travers

---

n° 296, 1er septembre 1977, p. 120) ; les pages correspondantes de l'étude de Serge Canadas, « Le Démon poétique », *Critique*, n° 474, novembre 1986, p. 1095-1097 ; et le chapitre, surtout, que leur consacre Jérôme Roger dans son livre : « Les Ravagés ventriloques et porte-voix », p. 227-247.

1. III, p. 1171.
2. III, p. 1171 et 1172.

la transformation dont ce malheureux est la proie : être affecté d'un manque, d'une ténuité d'être, être inapte à peindre les formes et la matière de la vie, ce sont bien les faiblesses que Michaux a continuellement tenues en lui pour fondamentales, et qu'il n'a cessé de convertir par une formidable énergie. C'est bien la force qui lui permet ici de se reconnaître dans l'autre et d'y projeter son lecteur à un degré qu'il n'a peut-être encore jamais atteint.

Aussi Michaux se trouve-t-il en même temps extérieur au tableau et immergé en lui, et en train de le peindre comme de l'écrire. Il réinvente par l'évocation descriptive le processus autrefois porté et comme à l'infini multiplié par la rêverie de fiction, et alors si vivement fixé, dans « Magie » par exemple, où l'invention devenant écriture consistait, déjà, « mentalement à peindre un tableau [1] ». Les exemples abondent, dans « Les Ravagés », de tableaux étrangement en train de se faire ; comme si Michaux, face à ces images, était passé en elles de vivre leur genèse interne et de suivre les mouvements erratiques de leur composition, pour s'y perdre et trouver là sa possibilité d'écrire. « Le dessin qu'il fait, qu'il va faire, n'importe par où il le commence et par où il le reprend, s'achève dans l'inextricable. Si considérables en effet que soient les formes animales ou humaines représentées au début, elles partent en fragments, qui à leur tour, jambes ou pattes ou poitrail ou menton ou mamelles, se prolongent et s'achèvent en rameaux, et ces rameaux en fibres ou fils [2]. » Et plus tard le dessin reprend, mais d'une façon telle que Michaux paraît errer en même temps autour de la sensation produite par les mots grâce auxquels il se glisse dans ce corps étranger : « Fils et fibres à présent se continuent en écriture, sur laquelle il revient, la faisant plus fine, toujours plus fine, la recouvrant, la traversant de manière qu'elle puisse vraiment échapper à tout déchiffrement. À l'abri donc, lui et ses secrets, qu'enfin il peut exprimer librement, en mots aux lettres diminuées et aplaties où il se terre, et où ses propos s'enfoncent. » Une telle « indéchiffrabilité » devient alors autant bien celle que le tableau tend à Michaux que

1. « Magie », *La nuit remue*, I, p. 484 (voir aussi les chapitres sur *Plume*, p. 220-222, et sur *Peintures*, p. 250-252).

2. III, p. 1169, et p. 1170 pour les citations qui suivent.

l'image de mots par lui offerte à ses lecteurs. Mais à cela s'ajoute (après une ligne de points qui suspend la lecture) une proposition pour une part indécidable : « Plus tard le dessin déjà défiguré multiplement sera déchiré en infinis fragments, ensuite dispersés en des lieux éloignés. » Une question se pose, en effet : comment Michaux peut-il décrire ce qui aurait déjà disparu ? comment, le décrivant, peut-il savoir qu'il sera appelé à disparaître ?

Une hypothèse simple, mais à son tour flottante, voudrait que Michaux ait assisté en direct, lors de ses visites dans des services psychiatriques, à de véritables séances de peinture, et qu'il ait ainsi été immergé dans le développement temporel dont des comptes rendus cliniques ou de simples observations des œuvres ont pu en d'autres cas lui suggérer la réalité. Mais cet argument réaliste et fort ne convainc qu'à demi, face aux effets du texte. Il n'empêche ni les empiétements perpétuels qui se produisent d'un fragment à l'autre, ni les glissements tout aussi nombreux qui, à l'intérieur de chaque fragment, interdisent de décider précisément du degré comme du niveau de réalité du référent sur lequel s'appuie l'expérience. Aussi la description convertie en évocation ouvre-t-elle une sorte de fiction seconde, tenant à ces empiètements et à ces glissements. Ils soutiennent une dimension hallucinatoire continue et, par là, le sentiment d'immersion globale dans lequel précipitent ces quarante variations diversement insoutenables, une à une et ensemble.

Leur caractère unique tient ainsi au fait que les doutes et les flottements induits sur les modalités de l'expérience sont strictement corollaires de l'effet d'absolue réalité produit par tout ce qui est suggéré. Ce pourrait être là, sinon la folie même, au moins le sentiment qu'elle provoque chez celui qui la sent et qui la sait si proche. Il faut citer Michaux encore, qui argumente en même temps qu'il conte : « Celui qui se montre ici dans ce tableau les jambes enroulées autour de la tête et un bras sortant de la poitrine, ce n'est pas un symbole, une analogie, une prétention, une bizarrerie, il subit cela, tel quel, comme il le montre, ressenti aussi désespérément. » Il insiste à nouveau, devant tel détail fou : « c'est vrai, vrai, totalement vrai ». Il y revient encore : « Il n'a pas à travestir le réel, c'est le réel lui-même[1] ». C'est peut-être là, pour Michaux, une façon subtile de relativiser le fait d'avoir été autrefois conduit à tant inventer sous la forme d'un abandon trop simple à l'imaginaire — dans son œuvre d'écrivain bien plus que de peintre, ce qui explique la préférence progressivement et presque exagérément exprimée pour celle-ci au détriment de celle-là. Mais en même temps il revendique aussi bien la part de réel inéluctable de tout temps attachée à son invention, à son caractère de ressenti et d'immédiat, et surtout il souligne qu'ici cette invention se rejoint enfin elle-même en s'ouvrant à une altérité plus réelle à ses yeux que toute autre.

Le traitement saisissant, mais si mal évocable, dont le regard est l'objet dans ces textes en est une des marques fortes. Double ou triple regard, c'est la difficulté. Regard, bien sûr, de Michaux sur ces tableaux. Regards, ensuite, déposés dans les formes ici figurées, les suggestions de personnages. Mais aussi bien regards des « ravagés » eux-mêmes sur ces formes traduisant la menace qui reflue de leur corps interne. L'écriture glisse entre ces niveaux, les mêlant plus ou moins, de façon à s'y perdre. De sorte que le corps, en son entier comme par ses parties, entre dans le regard, s'abîme en lui. Jusqu'à impliquer le corps du lecteur, arraché à sa propre surface par les implications de tels mélanges. Il faudrait citer intégralement ici le bref tableau 3. Le motif de la vague, « la double, la triple vague », vague porteuse d'yeux, en compose l'excès. Vers « lui » seul (le ravagé, Michaux, le lecteur), la vague « apporte, emporte, rapporte des yeux, de vastes yeux aux regards de reproche, de ressentiment ». Elle devient, dans l'infinité de son mouvement, tout le tableau, incorporant tout regard[2].

1. III, p. 1176 et 1177. Serge Canadas y insiste : « Il ne s'agit ni de métaphore ni de sens psychanalytique où une paralysie "exprime" tel contenu conflictuel, mais de lien entre représentation et perception : de la forme-parole de la physiognomonie » (« Le Démon poétique », *op. cit.*, p. 1087).

2. III, p. 1158. Voici, aussi brièvement que possible, les principales occurrences de ce regard multiple : « c'est seulement comme un sol que celui-ci maintenant se perçoit » (p. 1158) ; « Fixes, troubles, les grands yeux téteurs du spectacle du monde contemplent le dedans tiré au-dehors, et avec tout, avec n'importe quoi, font du lait. Ils seront bientôt submergés, les grands yeux penseurs. Le liquide dans l'un monte déjà et s'écoule et se répand au-dehors sur les images qu'il ne voit plus » (p. 1163) ; « une tête énorme vient à la rencontre de qui la regarde et donc de celui qui la peignit et la vit sur lui

Le temps qui ressort de tels mouvements est un hors-temps. Conjuguant tous les temps, il impose le sentiment d'un éternel présent. Mais Jérôme Roger a insisté avec raison sur la façon dont un futur étrange, « pseudo-futur », en participe, comme projetant et reprojetant le présent sur lui-même[1]. Ce futur qui « annule l'univers propre de la représentation » se reconnaît à « la forme subjective de l'appel » lancé vers les ravagés comme à l'emploi « d'adjectifs dérivés amalgamant l'expression du possible dans leur suffixe et la négation de tout possible dans leur préfixe » (inacceptable, infatigable, indescriptible, etc.) ; il accompagne la création des tableaux, participe à la virtualité des destins[2], « accentue le présent comme pour en conjurer la fatalité ». Il participe ainsi à la modulation d'un présent d'autant plus entier qu'il se perpétue en vacillant continuellement sur lui-même ; comme si, dans ce nouveau « pays lointain[3] », mais seulement réel, l'absolu du temps même tremblait, infini et indéfini.

D'où cette impression, qui domine la lecture, qu'on pourrait se trouver devant un seul et même tableau mobile, dont chaque numéro serait la transformation, à la mesure de l'étrangeté commune et terrible de la folie. Mais si, « au fil des pages, c'est un seul paysage qui se trouve nommé[4] », on est frappé de l'immense variété non seulement des motifs comme des événements internes aux tableaux, mais surtout du traitement que Michaux en offre, dans l'attaque, le déroulé, le phrasé, dans la distance continuellement variable qu'à menus traits se ménage partout l'énonciateur en creux qu'il a voulu rester, mais qu'on sent si proche. Il est net que cette variabilité sensitive s'est

---

s'avancer menaçante » (p. 1166) ; « Une créature d'une espèce inconnue, tout, tout près, à l'énorme et béante effrayante ouverture propre à engloutir, à faire disparaître le regardeur » (p. 1167) ; « À la dérobée on te regarde, enfant » (p. 1168) ; « Dans le visage un œil qui n'existe plus, comme bu par un buvard. Il en reste le pli. Œil qui a renoncé à être, ne trouvant au-dehors rien à sa convenance. [...] Lointain encore, encerclant déjà, que *lui seul* voit » (p. 1173).

1. Voir Roger, p. 238-243, d'où nous tirons les citations qui suivent.
2. On en a donné plus haut un exemple, à propos du fragment 28, p. 595.
3. « Est-ce que la vie sur terre ne pourrait pas se poursuivre sans vent ? Ou faut-il que tout tremble, toujours, toujours ? » (« Je vous écris d'un pays lointain », *Plume*, I, p. 591).
4. Gilles Quinsat, compte rendu cité, p. 119.

accrue dans les fragments ajoutés massivement en 1976. Dans un « poteau d'angle » consacré au « style », Michaux en fait le « signe (mauvais) de la *distance inchangée* », en regard d'une « possibilité de changement, de mutation[1] ». Cette variation de distance qui ressort du traitement individuel des tableaux est l'hommage qu'il rend à la singularité absolue de chacun des malades mentaux dont les images l'attirent. Jamais le fou ou l'aliéné n'a été moins réduit à l'« un » ou défini par sa seule adéquation à des catégories de la clinique ; jamais il n'a été plus « un », au sens d'une individualité dont la distinction même opérée stylistiquement entre chaque tableau choisi témoigne.

Peut-être est-ce la raison qui a fait ajouter à Michaux, en 1981, et en fin de parcours, deux fragments encore, qui témoignent d'une autonomie renforcée. Le premier (n° 38), en effet, touche, quoique sans le dire, une des grandes « artistes » de l'art brut, Aloïse, dont Starobinski a relevé la présence[2] ; et le second (n° 40) semble continuer à travers le motif insistant des fleurs l'histoire d'une même héroïne auquel le précédent portrait était déjà consacré[3]. Quant au numéro 39 lui-même, sur lequel s'achevait le petit livre de 1976, il participe aussi d'une individuation comparable : le lecteur informé peut en effet reconnaître dans la première moitié du fragment le récit de la crise qui a conduit à l'internement d'Unica Zürn, à laquelle Michaux fut directement lié[4]. Mais la seconde moitié du fragment est étrange, en regard de ce qu'on sait de la réalité, ainsi que l'est le numéro 40 qui reprend le même motif : Michaux fait en effet de la femme qui peint ici une monomane des fleurs. Soit qu'il ait lu les formes tourmentées des dessins d'Unica Zürn comme autant de fleurs, ce qui semble improbable, soit qu'il ait mêlé deux histoires et deux personnes, ce qui étonne moins, et en dit long sur la capacité de fusion et de confusion vécues qui inspire « Les Ravagés ».

1. *Poteaux d'angle*, III, p. 1054 et 1055.

2. P. XVI de sa préface à Hans Prinzhorn, *Expressions de la folie. Dessins, peintures, sculptures d'asile* [1922], Marielène Weber, ed., trad. par A. Brousse et M. Weber, Gallimard, 1984. Starobinski cite la fin du « poème » consacré à Aloïse, qui « ressaisit d'un seul regard toute l'histoire de cette grande artiste ».

3. Jérôme Roger a analysé de près la complémentarité des deux textes, p. 243-246.

4. Sur Unica Zürn, voir le chapitre sur *Passages*, p. 353-356.

Si les mots de « mythe » et de « mythogrammes » ont été prononcés[1], c'est pour viser ce rapport multiple du singulier et d'un universel sur lequel le texte de Michaux s'établit. Ils entrent en résonance avec le domaine de « l'aperception mythique » dont Starobinski adopte la formule pour qualifier comme « physionomique » le monde de Michaux à travers sa peinture. Il parlait aussi, dans sa lettre sur « Les Ravagés », d'une « appropriation cénesthésique », impliquant « le plus grand dépaysement corporel », dont Michaux avait su être cas par cas le témoin et l'acteur d'écriture. C'est dire qu'approchant à travers leurs tableaux ces corps individués dans leur souffrance, et dans tous les états par lesquels ils témoignent d'un monde naufragé dont ils forment l'histoire, Michaux se soumet à nouveau à l'expérience extrême d'une multiplicité. Il sait sans doute d'autant mieux l'apaiser qu'elle n'est pas la sienne, quel que soit le degré d'empathie qu'il montre. Mais c'est malgré tout un théâtre de voix qu'il ouvre à l'infini par ces évocations (« trop de voix pour ma voix », dira « le Nouvel Arrivé » de « Quand tombent les toits », un bref dialogue qui reprend ici la formule d'*Affrontements*[2]). Alors que, tout en témoigne depuis qu'il a su transformer le souvenir des expériences de la drogue en « survenue de la contemplation », Michaux est désormais aussi en quête d'une voix sans écho, sans extériorité autre que celle du langage par lequel il tente de lui affecter un corps immatériel. Telle est l'oscillation centrale qui le mène. C'est aussi bien le face à face qui se jouait par exemple, quelques années plus tôt, entre son petit livre sur les peintures énigmatiques de Magritte et les poèmes de *Moments*. Et c'est ce que traduit, on l'a dit, la tension, d'une extrémité du livre à l'autre, entre « Les Ravagés » et « Jours de silence ».

À toute multiplicité, le silence oppose son unité. Voilà ce qu'exprime au plus près le poème qui donne au petit recueil ici repris son titre[3]. Michaux y célèbre un rituel (chaque

1. Par Jérôme Roger, à propos de la multiplication de termes mis en majuscule, gagnant ainsi un supplément d'abstraction et servant « l'opacité première du mythe » (p. 236) ; par Serge Canadas, en liaison avec la physiognomonie, et la création d'une tératologie (p. 1097 de son compte rendu, *op. cit.*).
2. III, p. 1201.
3. « Unité du silence », « Jours de silence », III, p. 1211.

dimanche, chez lui, seul et silencieux, et plutôt jour de jeûne), dont il a fixé l'émergence dans une longue note finale à « Survenue de la contemplation[1] ». L'essentiel est de « demeurer dans le non-situé — sans échange pour être sans coupures dans un lieu fermé, couvert, sans horizon, à l'abri de toute modification ». Ainsi se réalise, « sans bouger », ce « rayonnement » de la « Permanence », que Michaux nomme bien « l'autre vie, la contre-vie », et qu'il détaille ainsi : « Dégagement de plusieurs maisons du corps. / Dégagement de soi. / Dégagement de l'espace local et de la durée momentanée. / Arrivé là où il n'y a plus d'impulsion propre[2]. » Telle est la poussée que le poème « Jours de silence » exprime, par des termes scandés, quasi définitifs dans leur glissement même, par leur seule force d'entraînement, comme selon le mouvement d'une courroie qui resterait cependant immobile, gagnant à chacun de ses tours ralentis une fixité plus entière. Une fois tout « réel [...] définitivement dehors », arrive ce moment, ce sentiment interne qui permet d'harmoniser les contraires, et de faire coïncider « tout » et « quelque chose », selon une réciproque indéfinition[3].

Deux poèmes précèdent ce poème-titre, et huit lui succèdent. Disposition qui n'est pas de hasard. Car le premier poème, « Distraitement frappés, rythmes », invoque encore, si ténues soient-elles, des forces extérieures, matérialisées par les sources mêmes d'où naissent les rythmes, et qui tendent à s'abolir ensuite (de même qu'on passait, dans *Face à ce qui se dérobe*, de la musique, avec « Dans l'eau changeante des résonances », à son effacement, à l'effacement comme tel, avec « Survenue de la contemplation »). Aussi, lui vouant un sentiment particulier, Michaux a-t-il un moment cherché à distinguer ce poème initial, envisageant de faire figurer son titre sur la couverture de la plaquette à la suite de *Jours de silence*. Comme son titre le suggère à son tour, c'est un passage qu'accomplit « Glissement » (le plus long des neuf poèmes). On y trouve une image opposée nettement à celle des vagues

1. Voir *Face à ce qui se dérobe*, III, p. 901-902.
2. *Face à ce qui se dérobe*, III, p. 900-901.
3. Voir III, p. 1212-1213. C'est la fin du poème : « L'insaisissable m'a saisi / qui tout traverse / / Quelque chose parachève en moi quelque chose ».

d'yeux qui roulent dans le fragment 3 des « Ravagés » (« je vais / par les vagues / une à une[1] »). Un recours marqué à l'idée d'abstraction s'y exprime, rappelant à quel point celle-ci a été mise en valeur dans maintes pages des livres de la drogue[2] (du reste, les premiers versets de « Glissement » suggèrent que ce poème a été écrit, sinon sous l'effet de la drogue même, au moins dans la sphère d'influence que celle-ci a ouverte dans l'écriture de Michaux[3]). Enfin, environ aux deux tiers du texte, après un blanc plus prononcé, un « SOUDAIN » marque la transition qui institue « le sacré à la place du profane », substitue « un savoir catégorique », fait de certitude et de révélation, à toute « partition du moi ». Glissement associant ainsi, finalement, « le Grand Inexpliqué » et « le lieu du paradis » devenu « immuable »[4].

Il suffit d'aligner les titres des poèmes qui font suite à « Jours de silence » pour comprendre qu'un par un, selon telle ou telle inflexion, ils diffusent ce glissement, accueillant la révélation qu'il a produite à travers les jours de silence érigés en méthode de méditation et emblèmes de « l'autre vie[5] ». Chacun opérant à partir de l'effet de son mot-titre un même travail de purification, ils se déroulent : « Onde » ; « Consciences » ; « Détachements » ; « Désensevelissement » ; « Affranchi » ; « Le Limpide » ; « Quand le réel a perdu de sa crédibilité » ; enfin, « Un seul navire répondra à tout ». On a justement souligné que par deux fois l'image du navire avait auparavant fixé l'angoisse des « ravagés », et qu'au terme du livre ce « seul navire » leur répond[6]. Le titre du poème est éloquent, tendu vers l'unicité que son dernier vers recueille : « Bienfaisance sur

1. III, p. 1207.

2. « Abstraction ! / Après un temps tout s'y précipite / / Abstractions comme des déclics / Une grande faux invisible en silence s'abat, / ne me laisse que des abstractions » (III, p. 1208).

3. Max Milner le suggère dans *L'Imaginaire des drogues. De Thomas De Quincey à Henri Michaux*, Gallimard, coll. « Connaissance de l'inconscient », 2000, p. 427.

4. III, p. 1209 à 1211.

5. « Survenue de la contemplation », *Face à ce qui se dérobe*, III, p. 900.

6. Roger, p. 213. D'abord un trois-mâts de légende, « encalminé, merveilleusement, totalement blanc, [...] qui ne cargue pas ses voiles immaculées, demeure préservé des souillures sous un irréprochable ciel de glace » (III, p. 1161) ; puis « noir, totalement noir, [...] le bateau mélancolique » (p. 1168).

la place unifiée[1] ». Toute l'œuvre semble ainsi refluer autour de cette image de la mer, si anciennement forte en elle[2], enfin devenue « mer intérieure » et « étale », sur laquelle ce navire dénué de toute image, pure idée de navire, tel un tracé de mouvement presque imperceptible, « répondra à tout[3] ». Un autre trait essentiel de ce processus est que l'unité ne s'oppose plus seulement à la multiplicité dont elle triomphe ; elle l'incorpore, mystérieusement, d'une façon qui, quoique toute spirituelle, demeure matérielle, ne serait-ce que par les éléments qui se trouvent invoqués : « Multiples torrents sortent d'un seul mont », « Lumière / Lumière jusqu'à la fin du Monde[4]. » On peut ainsi « penser moléculairement[5] ».

Aussi l'œuvre reflue-t-elle inéluctablement vers le poème en tant que forme. C'est la première fois, dans un recueil composé comme celui-ci de proses aux accents variables, que la section purement faite de poèmes, autrefois intercalée parmi les autres, vient à la toute fin répondre d'une avancée, d'une issue, et par là d'une acceptation, rare et explicite, de sa propre dimension de langage : « des mots appuient / des mots maintenant veulent dire plus, / plus au long plus au-delà[6] ». C'est là sans doute la raison la plus vive qui faisait insister Michaux sur le premier poème de l'ensemble, « Distraitement frappés, rythmes ». Car tout au long de ces poèmes à strophes ou à versets d'étendue toujours variable, mais plutôt brefs, et dont les

1. III, p. 1226.
2. Voir par exemple « La Mer », à la fin d'*Épreuves, exorcismes*, I, p. 821 (et le chapitre sur ce recueil, p. 289), ou « Icebergs », dans *La nuit remue*, I, p. 462-463, dont le beau commentaire par Le Clézio (portant aussi sur « Iniji ») a touché Michaux au-delà de toute mesure (voir le chapitre sur *Vents et poussières*, p. 471).
3. III, p. 1225.
4. III, p. 1215 et 1225.
5. III. p. 1225
6. III, p. 1224. Bien que Michaux ajoute immédiatement, pour faire bonne mesure : « lointains pourtant, comme légendaires ! » Précisons encore, sur cette position des poèmes en fin de recueil : *La nuit remue* se termine sur des poèmes, mais non formellement dissociés de l'ensemble dont ils participent ; il y a l'exception, singulière, du bref poème sans titre qui clôt *Poteaux d'angle*, recueil aux sections implicites, marquées par les changements de page (voir le chapitre sur ce recueil, p. 579) ; enfin, ici même, « Mains élues », dédié à Micheline Phankim et fermant le recueil (III, p. 1227), prolonge à tous égards l'effet incarné dans l'ensemble « Jours de silence ».

longueurs de lignes varient aussi constamment, ce sont bien sûr les mots qui comptent, leur choix, leur sens, leur valeur sensible et conceptuelle, mais peut-être avant tout leur rythme, comme celui des blancs qui continuellement séparent et relient vers et versets. L'analyse de ces quelque vingt pages de poèmes — difficile, peut-être impossible à mener dans le détail tant elle risquerait de s'autodétruire en regard du tourbillonnement de mots qu'elle serait censée devoir contraindre — aurait avant tout affaire au rythme, à l'impalpable du rythme[1]. C'est que la musique aura été pour Michaux l'art supérieur : « art du comportement, quoique sans référence au monde physique extérieur[2] », mais aussi musique d'oiseau, comme il y revient ici[3], soit la nature même faite forme et abstraction sensible. Et cette musique aux rythmes « distraitement frappés », il en a aussi bien cherché la voie dans le dessin, dans les espacements de ses pages de signes, dont les versets déployés sur la page composent ici une image de mots.

1. Sa perspective a été approchée par Serge Canadas dans « Le Démon poétique », *op. cit.* (p. 1103-1108), à partir du déploiement des deux mots « séparation / réparation » (p. 1104 de son article ; et III, p. 1214). L'esprit s'en résume dans la formule : « Le vers s'impose comme l'ennemi frémissant de la prose » (p. 1105).

2. « Un certain phénomène qu'on appelle musique », *Passages*, II, p. 369.

3. « Tel un oiseau avec deux notes / deux pour toute une vie / avec deux notes seulement se rapatriant » (III, p. 1204).

Saisir
(1979)

Par des traits
(1984)

Saisir et *Par des traits* sont, à cinq ans d'écart, les deux derniers actes marquants de Michaux sur la voie du signe, qu'ont jalonnée jusque-là *Mouvements* et *Parcours*, *Par la voie des rythmes* et *Idéogrammes en Chine*, sans compter quelques textes consacrés parmi les peintres à Zao Wou-Ki surtout.

Tout rapproche *Saisir* et *Par des traits*. L'équilibre savant entre la part des signes et la part des mots. Et le contraste préservé quant aux mots eux-mêmes entre la part accordée au poème et celle ménagée à la prose d'essai, si proche celle-ci soit-elle des mots plus libérés qu'elle prolonge. Ce double geste venant faire écho à l'utopie, bien plus insaisissable, d'une communauté entre l'ordre des mots et celui des images, témoigne par là au plus près de l'utopie constante de leur conciliation.

Formellement, *Saisir* est plus complexe que *Par des traits*. Ce dernier livre est en effet clairement divisé en deux parties : la première est un poème, qu'entourent deux suites de dessins ; la seconde, plus développée et rappelant le déploiement de *Par la voie des rythmes*, est un essai, intitulé « Des langues et des écritures / Pourquoi l'envie de s'en détourner », que de menus signes accompagnent, dessinant une frise dans le tiers supérieur de la page. *Saisir*, en revanche, entrelace, au gré de nombreuses séries, des pages de dessins (mais jamais plus de sept et souvent moins) et un texte plus ou moins discontinu, qui oscille entre prose et poème de façon difficile à trancher (et qui accueille aussi parfois quelques signes). Ce contraste entre les deux livres a son importance : il atteste les variations de l'utopie du signe en même temps que s'en marque l'achèvement.

Saisir formule d'emblée un vœu à trois niveaux : « faire un abécédaire, un bestiaire, et même tout un vocabulaire, d'où le verbal entièrement serait exclu[1] ». Mais l'épreuve du bestiaire témoigne aussitôt de sa difficulté : des animaux résistent au tracé, les animaux domestiques surtout ; d'autres, inattendus, s'imposent obstinément ; et Michaux assiste surpris à un retour vibrant d'insectes. L'essentiel est un « Refus de la représentation, refus de les faire ressemblants, refus de me soumettre à la ressemblance en général[2] ». Les planches le montrent à l'envi, autant que le désir renouvelé d'un devenir-insecte dont le dessin de couverture est l'emblème. La question peut en fait se résumer ainsi : comment « saisir », après avoir d'emblée voulu si peu « recevoir » ? « Quels efforts j'ai à faire pour matérialiser un peu de tout ce que, pendant une longue enfance, je dématérialisais ! » Le texte tend à l'anamnèse, dans la lignée ouverte par *Façons d'endormi, façons d'éveillé* et *Émergences-résurgences*. Il s'agit donc, première conclusion, d'arriver à « Un abrégé dynamique fait de lances, non de formes[3] ». Michaux en donne deux modalités, en mots et en images (des hommes en situation de montée, puis des « gisants[4] »), pour s'arrêter sur l'idée de situation même ; c'est retrouver l'idée fondatrice du « signe "de situation" » sur laquelle, vingt-cinq ans plus tôt, s'arrêtait « Signes[5] ». En offrant aussitôt quelques exemples (ainsi, une ligne ascendante que gravit un petit homme dont la figure est multipliée, jusqu'à s'effacer dans la ligne s'estompant elle-même dans le blanc de la page[6]), Michaux ouvre l'éventail du signe de situation, au-delà des « sociétés et sectes en marge », pour y voir la révélation « du secret de n'importe quel ensemble [...] du quotidien, de l'ordinaire sans fin, de l'ordinaire néanmoins extraordinaire[7] ». Ce sont là les mots mêmes par lesquels

1. III, p. 936.
2. III, p. 938.
3. III, p. 956 et 960.
4. Voir III, p. 966-967.
5. Voir t. II, p. 431. Et le chapitre sur *Face aux verrous*, p. 366.
6. III, p. 974.
7. III, p. 974.

l'expérience de la drogue ouvrait au « merveilleux normal[1] ». Michaux en donne un dernier exemple, que ses dessins vont tenter de rendre sur plusieurs pages, par des séries effilochées de lignes et de points évoquant tour à tour aussi bien des coulées verticales d'idéogrammes singuliers, les tracés de sismographes inconnus, l'image tremblée de circuits intégrés d'ordinateur. Le prétexte en est, à la radio, « une communication exceptionnellement abstraite » offrant « les dernières synthèses au sujet de la constitution de la matière et de la naissance de l'Univers[2] ». Cet événement modifie ainsi, sur-le-champ, Michaux y insiste, le style de dessins dans lequel il s'est engagé jusque-là ; et il lui semble alors, par ce qu'il qualifie de « grêle structure en l'air et penchée », s'agréger à « l'exaltante, noble et grande aventure de l'élucidation de l'Univers en son ensemble[3] ». Il s'agit donc, Michaux le souligne, de « traduire » et de « suivre ». *Saisir* équivaut à *traduire*, mais au sens où le dessin devrait être capable de restituer, selon son abstraction propre, non seulement le monde naturel formé par la réalité visible mais, bien en deçà comme au-delà, tout ordre de réalité concernant aussi bien l'intérieur que l'extérieur, l'infiniment petit que l'infiniment grand. Il s'agit donc proprement d'un désir d'analogie virtuelle étendue à l'insaisissable. On voit comment, dérivant par là jusqu'au terme énigmatique de son livre (une double page où deux mots seuls, « vers *accomplissement* », font face à trois « strophes » de traits discontinus[4]), Michaux a progressivement délaissé l'exigence d'un abécédaire et d'un vocabulaire dont il était parti. C'est là tout ce que *Par des traits* va retrouver, avec des exigences renouvelées d'utopie.

Le trait s'y trouve d'abord incarner, tout au long du poème, avec un élan rythmique et litanique qui est l'une des forces de Michaux et rappelle à tous égards celui de *Mouvements*, une série de valeurs que déploient les prépositions dynamiques « contre » et « pour ». Michaux réaffecte ainsi au profit du trait les termes de « thérapie » et d'« hygiène » autrefois dévolus à

1. C'est le titre de la première section des *Grandes Épreuves de l'esprit*.
2. III, p. 975.
3. III, p. 976, et 976-978 pour les dessins correspondants.
4. III, p. 983.

l'écriture dans la Postface de *La nuit remue*[1]. Étonnamment, il prend parti pour le multiple contre l'un et, se retournant « Contre les édits de l'Écrit », va jusqu'à qualifier ceux-ci de « poteaux partout à renverser », dressant par là les traits contre le souvenir de sa propre écriture. De « la naissance à la mort », le trait devient donc un « modèle universel », couvrant l'espace temporel qui mène « de la tribu à la Société[2] », et s'étendant jusqu'à l'invisibilité des microbes. Mais d'un geste extrême et ultime (« d'un trait biffer tout »), cette positivité multiple soudain s'abolit dans les traits d'une guerre instantanée (« la vraie Première [...] mettant fin à tout / à jamais[3] »). Telles sont les tensions qu'après la traversée d'un épais bloc de pages couvertes de traits formant autant de signes et peut-être de situations ou d'alphabets, Michaux réaborde autrement dans l'essai final.

La position de celui-ci dans le livre, sa situation dans le temps, mais aussi la difficulté de Michaux à venir à bout de ce texte (ce qu'attestent de très nombreuses corrections portées en variante) lui confèrent une valeur un peu testamentaire. Son idée maîtresse est la supposition des « *avant-langues* » qui ont dû, auraient dû précéder dans un temps immémorial les langues, qui toutes apparaissent achevées. Michaux n'a pas de mot trop dur sur la fermeture des langues comme administration progressive des consciences et accomplissement d'un esclavage social, aboutissant par la gestion de la mémoire « aux bureaux de la Science universelle, au montage et démontage de tout ». Opération facilitée par l'abstraction commode qui « fit accueillir les langues à écriture consonantique, ou alphabétique plutôt que celles à caractères pictographiques et idéographiques[4] ». Michaux semble donc oublier la spécificité restée vivante de l'idéogramme — en dépit de son abstraction progressive —, telle qu'il l'avait cernée dans *Idéogrammes en Chine*. Il ne retient d'abord que l'idée de « préécriture

1. I, p. 511. « Santé » y vaut pour « thérapie. Les mots « par des traits » se trouvent déjà mis en valeur dans *Émergences-résurgences* : « Si je tiens à aller par des traits plutôt que par des mots [...] » (III, p. 549).

2. III, p. 1252 : « Multiples / surtout pas un / pas ramené à un / Pour semer, pour éparpiller ».

3. III, p. 1253.

4. Respectivement, III, p. 1280, 1282 et 1281.

pictographique », afin de mieux servir son idée d'« avant-langue ». Rien ne lui est trop tendre pour en évoquer la douce utopie. On peut schématiquement réduire celle-ci à trois caractères. L'avant-langue est toujours fragmentaire, réductible à des « bouts de langue ». Elle a une dimension naturelle, et hasardeuse, restant en prise sur le geste, comparable aussi à des « traces sur le tronc d'arbre que l'écorce se dilatant défaisait sans qu'on y prît garde[1]… ». Enfin, l'avant-langue est minoritaire, locale, toujours attachée à des groupes restreints.

Dans un texte tout en glissements, il faut à Michaux faire un saut et s'armer de guillemets pour introduire l'idée de « lecteurs » de ces avant-langues, touchés par des « *rapprochements* » que celles-ci avaient pu susciter. Ainsi naissent mythiquement, « sous forme d'analogies, comparaisons, métaphores », la littérature et la poésie, qualifiées de « nouvelle force magique[2] ». Mais on comprend que Michaux doive aussitôt se dissocier d'une telle utopie formée pour lui opposer la sienne propre, dont les traits reformulent plus ou moins ceux de l'avant-langue telle qu'il vient d'en dessiner la légende. Mêlant à loisir tous les plans avec un plaisir romanesque de l'argumentation qui s'est développé encore dans sa prose de vieillesse, Michaux réitère ici, face aux excès accrus de langues impériales et multiples, son vœu d'une langue réduite : « *une langue modeste, plus intime* ». La référence en est le babil de l'enfant, comparable au gazouillis de l'oiseau (on se souvient de ses deux notes « pour toute une vie », dans « Distraitement frappés, rythmes[3] »). Cette modestie de moyens s'accompagne de restrictions. D'abord, du nombre d'usagers (c'est une langue à parler « entre amis ») ; et aussi de l'envergure, de la portée : à l'opposé de ce que postulaient les dernières pages de *Saisir*, mais c'était alors par des signes, cette langue « pour peu de besoins » ne viserait « nullement à répondre à tout, à couvrir l'ensemble des composants de la Terre ». Utopie contre utopie, le livre de Michaux n'a jamais été aussi près et aussi loin à la fois du livre mallarméen, de son orphisme linguistique et uni-

1. III, p. 1282.
2. III, p. 1282 et 1283.
3. *Chemins cherchés, chemins perdus, transgressions*, III, p. 1204 (voir le chapitre sur ce recueil, p. 602 et 604-605).

versel. Enfin, surtout, Michaux revient à sa contradiction familière et ultime : cette langue ne serait « Pas vraiment une langue, mais toute vivante, plutôt des émotions en signes ». Il boucle ainsi la boucle, de la réalité postulée d'une écriture primitive mythique à sa survivance et au désir d'un « Retour ». Il oppose cette « envie du signe pictographique », d'un côté à la « signalisation utilitaire », de l'autre au langage même (« des litanies de mots, des phrases ne reposant que sur des phrases, se continuant en phrases [1] »), poussant la contradiction jusqu'au bout, entre langue et non-langue, dont l'utopie du signe réaffirme ainsi la ligne de fuite.

Mais Michaux n'a pas manqué de rappeler, d'une allusion, ses propres recherches antérieures sur la langue pictographique. On sait qu'elles ont connu un tournant avec le projet avorté dont témoigne, en 1938, son annonce des « Rudiments d'une langue universelle idéographique comprenant neuf cents idéogrammes et une grammaire [2] ». On sait aussi comment, depuis *Mouvements* surtout, ses pages dessinées de signes en ont pris la relève. Mais au prix d'une insatisfaction, toujours, qui s'est exprimée de façon étonnamment directe et unique dans un entretien déjà ancien, au cours duquel Michaux revient sur ces recherches en vue d'une « langue universelle [3] ». Il précise, remarquablement, avoir « voulu indiquer des caractères qui aient un contenu psychique ». Il y émet aussi un vœu troublant, lui si indépendant, d'une « recherche en équipe », qu'il aurait songé à tenter. Or, c'est bien là-dessus qu'il revient, *Par des traits* s'achevant, dans une note isolée [4], en petits caractères, appelée à l'instant où il invoque une ouverture au monde autre, par les signes, « créant et développant *une fonction différente* en l'homme, le désaliénant ». Il dénie dans cette note que son propre livre ait « rien entrepris de pareil ». Il y faudrait, dit-

1. III, p. 1284 pour toutes les citations de la deuxième partie de ce paragraphe.

2. Voir le chapitre sur *Idéogrammes en Chine*, p. 544-545. Michaux suggère ici même ne s'être jamais avancé au-delà d'« une centaine de caractères ou seulement une soixantaine, peut-être moins » (III, p. 1283).

3. Voir le passage de « L'Expérience des signes », entretien avec Jean-Dominique Rey, cité dans ces mêmes pages du chapitre sur *Idéogrammes en Chine* (n. 3, p. 544).

4. Voir III, p. 1285.

il, « des dessinateurs plus ouverts sur le Monde ». Le vœu final de *Saisir* se reformule donc comme une utopie. Michaux revient à l'idée de groupe, trois ou quatre personnes que rejoindraient d'autres. On ne sait que dire : c'est la seule fois où, tant son désir d'utopie est grand, il suggère l'idée d'un tel groupe (ne confiait-t-il pas à Jean-Dominique Rey : « C'est un espoir que je n'ai pas réalisé. Je donnerais volontiers tout ce que j'ai pour y parvenir » ?). En d'autres temps, on aurait parlé d'avant-garde : comme si les futuristes russes, rassemblés autour du langage zaoum de Khlebnikov, avaient en même temps été capables d'en être les inventeurs graphiques.

Au terme d'une œuvre, on ne peut éviter de la voir constamment se replier sur elle-même. Aussi est-on déjà tenté de lire cette utopie du signe, culminant de *Saisir* à *Par des traits*, dans un texte écrit en temps de guerre, quelques années à peine après l'annonce du projet insensé de dictionnaire : « La Lettre du dessinateur », qui sera rebaptisé « La Page blanche » l'année même où Michaux donnera l'entretien qu'on vient d'évoquer[1]. De même, un autre jour de guerre, au Lavandou ou à Paris, Michaux a-t-il peut-être approché au plus près ce point d'utopie qui l'a toujours porté. Il écrit « Alphabet », et conçoit en regard deux pages de dessin à la plume[2] : trente-huit signes ou figures réparties dans des cases aménagées selon un quadrillage régulier (avec le rien d'irrégularité qui rend un ordre supportable : quelques cases vides, un signe occupant une double case, trois signes dans une même et triple case, deux autres dans une case standard, un signe hors case). Il s'agit surtout d'êtres et d'animaux, mais aussi bien d'objets, de lignes, plus ou moins énigmatiques. Le tracé de cet alphabet d'essences animées d'un étrange mouvement montre une maladresse sublimée, une naïveté d'enfance maîtrisée. Le texte conte, à la première personne, l'expérience extrême d'une mort et d'une résurrection. Celui qui meurt porte un dernier regard sur les êtres, pour n'en conserver que l'essence. « Ils s'amenuisèrent et se trouvèrent

1. Voir « La Page blanche », En marge d'*Épreuves, exorcismes*, I, p. 848 (Michaux a changé le titre de ce texte, publié dans *Labyrinthes* en 1944, quand il a choisi en 1966 de le faire figurer dans *L'Herne*).

2. Voir *Épreuves, exorcismes*, I., p. 785-786. Les dessins publiés dans *Exorcismes*, repris dans *Peintures et dessins* avec des extraits du texte, sont reproduits t. I, p. 930-933.

enfin réduits à une sorte d'alphabet, mais à un alphabet qui eût pu servir dans l'autre monde, *dans n'importe quel monde*. » Le froid de la mort est vaincu ; le héros, soulagé par cette opération, peut regrimper « le versant ouvert de la vie ».

Dans la métamorphose que ce texte évoque, dans les mots qu'il choisit pour le faire, en regard des images qui l'illustrent, et « sans passer par la parole », comme Michaux dit dans son entretien, résonne quelque chose de si exact qu'on y verra peut-être les lignes les plus pleines que Michaux ait écrites, en regard de son grand rêve. Il n'a jamais cherché rien d'autre que cela : une sorte d'alphabet, qui eût pu servir dans l'autre monde, *dans n'importe quel monde*[1].

1. Voir aussi, sur « Alphabet », le chapitre sur *Épreuves, exorcismes*, p. 288, et, sur l'ensemble de cette problématique, la section « Par des traits » de l'Introduction, p. 50-55.

Déplacements, dégagements
(1985)

On est frappé d'emblée par le contraste et l'effet d'emboîtement qui opèrent entre au moins deux des textes rassemblés dans *Déplacements, dégagements*. D'une part, les quatre poèmes regroupés à la fin sous le titre « Postures », qui comptent sans doute parmi les derniers que Michaux ait écrits. Il s'agit là, corps et esprit mêlés, de mouvements ultimes, tournés vers l'immobile. Alors qu'à l'autre extrémité de la vie, et au centre de ce livre qui en concentre l'expérience, le prodige attaché aux premiers mouvements d'enfants captés dans leurs dessins (« Essais d'enfants, dessins d'enfants ») saisit d'autre part le lecteur qui se souvient de l'image terrible d'enfance close livrée par Michaux dans ses « Quelques renseignements sur cinquante-neuf années d'existence[1] ». Mais il y a bien d'autres façons de ressentir la cohérence d'un recueil que la plupart de ses commentateurs ont soulignée, au point d'y voir « un véritable microcosme de l'œuvre entière[2] ». C'est là un effet propre à tous les recueils de Michaux, si l'on regarde bien : cet enlacement de thèmes et de formes, ces avancées, ces progressions qui se répondent pour chaque fois dessiner, accordé à un nouveau temps, un immense fragment de l'autoportrait chronique et mouvant dont chaque texte devient un fragment, souvent lui-même composé, comme on sait. de plus petits fragments

1. Voir I, p. CXXIX.
2. Gilles Quinsat, « L'Invité », *La Nouvelle Revue française*, n° 393, octobre 1985, p. 51

De ce point de vue, *Déplacements, dégagements* est simplement doté du privilège étrange d'être devenu le dernier des recueils, et de paraître ainsi réfléchir d'autant plus tout ce qui le précède.

Plusieurs composantes s'entrecroisent, outre cet appel passionné entre « Essais d'enfants, dessins d'enfants » et « Postures », très proche de celui qui, dans *Chemins cherchés, chemins perdus, transgressions*, associait « Les Ravagés » à « Jours de silence ». La part accordée aux poèmes s'étend, avec la section « Où poser la tête ? », située au cœur du livre. Elle succède à trois récits de vie : trois relations d'expériences, aussi diverses que possible, qui ouvrent le recueil et font bien comprendre son titre. Le « déplacement » de réalité dont le hasard chaque fois affecte Michaux y devient, au fur et à mesure que le texte s'écrit, le « dégagement » par lequel il finit par échapper à toute réalité. Il y aura deux autres récits d'expérience encore (« Par surprise », « Le Jardin exalté »), situés entre « Essais d'enfants, dessins d'enfants » et « Postures ». Ces deux textes ont en commun d'appartenir encore à l'univers des hallucinogènes, puisqu'ils sont l'un et l'autre l'effet de prises tardives de haschisch[1], aux effets très dissemblables. Mais on s'avise aussi qu'« Une foule sortie de l'ombre », qui ouvre le recueil, se présente peut-être comme un ricochet tardif des troubles induits chez Michaux par ses années prolongées de prises de drogue — ici une migraine ophtalmique qui éclaire soudain l'effet proprement extraordinaire par lequel le dispositif du cinéma acquiert un degré exalté de présence réelle[2]. Ce sont ainsi trois récits liés encore à la drogue que Michaux réunit ici, de sorte à en redire pour lui, selon des modes variés, toute l'importance.

« Une foule sortie de l'ombre » rappelle à soi seul deux textes antérieurs, bien différents, composant une sorte de circuit entre plusieurs livres. « Arrivée à Alicante », d'abord, où le narrateur est l'objet d'une sorte d'hallucination, passagère

1. Le mot n'apparaît pas, mais les effets de la « plaquette brune » de « Par surprise » et le « produit préparé » du « Jardin exalté » laissent peu de doute, en dépit des affects suicidaires soulignés dans le premier de ces textes et peu habituels au haschich tel que Michaux en a jusqu'ici cerné les effets.

2. Sur cet aspect du texte, voir le chapitre sur *Images du monde visionnaire*, p. 482-483.

autant qu'inquiétante, qui bouleverse les proportions internes d'une perception, et dont la cause probable n'est pas suggérée alors (mais on sait que ce récit succède dans *Face à ce qui se dérobe* à trois autres, suscités par l'effet d'une « substance déroutante[1] »). Le deuxième texte est un fragment bien antérieur de « Personnel », dans *Face aux verrous* : le narrateur, au cinéma, subit l'assaut des personnages qui sortent de l'écran et le poursuivent jusque dans la rue[2]. L'intérêt de ce second rapprochement est de souligner l'écart qui, à trente ans de distance, marque le récit de situations similaires : le « je » du fragment de « Personnel », quoique renvoyant certes à un Michaux possible, est donné avant tout comme un narrateur emporté par l'imaginaire d'une situation qui a peut-être été ressentie comme telle, mais qui se trouve dériver d'elle-même au gré de sa fiction ; alors que le « je » qui conduit « Une foule sortie de l'ombre », si littéraire s'avoue-t-il dans l'art du récit qui l'entraîne au gré de ses ruses d'énonciation, témoigne avant tout d'une expérience supposée réelle. C'est le « vrai » Michaux qui écrit : « J'arrive », ouvrant à quatre-vingt-cinq ans son recueil par cette attaque péremptoire et nous précipitant à ses côtés dans la vérité de l'événement, si inductrice de fiction soit-elle[3].

« Voyage qui tient à distance » est le modèle d'un tel équilibre, offrant un des exemples les plus purs de ce « romanesque sans le roman » qui a hanté l'écriture de Roland Barthes. La scène est d'autant plus frappante que ce voyage réel (entrepris par Michaux pour aller voir son vieil ami malade, Robert Guiette), et dont il conte la déroute, le mène dans la ville même, Anvers, où près de cinquante ans plus tôt il resta de longs mois, dans une solitude extrême, voyant seulement Guiette de loin en loin, et passant d'un hôtel à l'autre, en écrivant dans une sorte de furia les derniers textes de *Voyage en Grande Garabagne*. La fatigue accablante qui s'empare de lui, lors de ce retour dans une ville familière mais si changée qu'il peine à la reconnaître, s'accroît encore, la nuit venue, dans sa

1. *Face à ce qui se dérobe*, III, p. 887 ; pour « Arrivée à Alicante », voir p. 903 905.
2. *Face aux verrous*, II, p. 476.
3. « Une foule sortie de l'ombre », III, p. 1307.

chambre d'hôtel, avec l'insomnie ; celle-ci favorise un état qui n'est ni le rêve, ni la rêverie (au sens qu'elle prend toujours chez Michaux, d'un abandon provoqué vers l'imaginaire), ni encore l'hallucination, comme dans les états liés de près ou de loin à la drogue, mais bien un état propre, né d'un demi-sommeil interrompu, et qui le conduit à passer d'une fenêtre à l'autre de sa chambre, comme entre deux visions incompatibles. D'un côté, une rue morte, noire, une maison détruite, délabrée, à l'abandon, tel un souvenir vivant de la guerre dans cette ville autrefois bombardée. De l'autre, une avenue moderne, immense, trop illuminée, un espace artificiel à cette heure sans vie. Voilà l'« incroyable spectacle double, qu'on croirait plutôt onirique, ensemble irréel, impossible à accepter », et qui, se conjuguant avec le silence excessif d'une chambre insonorisée au point qu'on croirait « une tombe », finit par dénier à Michaux tout sentiment comme tout espoir de « réalité[1] ». C'est bien dans le réel même, dont le fantastique le prend et dans lequel il précipite son lecteur, que Michaux assemble ici aussi bien les échos lointains de ses voyages imaginaires que les motifs des rêveries sans fin autrefois mises en acte dans l'espace clos institué par lui comme « la chambre[2] ».

Ainsi ces deux récits de vie, et trois autres à leur suite, célèbrent-ils à travers ce recueil l'« événement » ; ils en forment la chronique, en regard des invocations propres à deux suites de poèmes, et des évocations d'une prose d'essai. Ils ont encore en commun d'attester la puissance d'expériences des plus diverses, et d'en creuser le champ, à partir de la réalité intime du corps au travers duquel, une par une, elles adviennent. On a vu aussi combien ces récits se trouvent, chacun selon son mode, plus ou moins faire écho à d'autres épars dans l'œuvre. « Musique en déroute », par exemple, renvoie directement à « Dans l'eau changeante des résonances » dont il file à nouveau

1. III, p. 1312 et 1313.

2. Voir le texte portant ce titre dans En marge de *Plume*, ainsi que, parmi trop de références possibles, « La nuit remue », dans le recueil homonyme, t. I, respectivement p. 675 et 419. — Dans son étude « Faire la nuit. Henri Michaux », Peter Janssens a inclus une analyse captivante de « Voyage qui reste à distance » (p. 55-60) à l'intérieur d'une réflexion d'ensemble sur la nuit comme espace de création, à la fois « contre-nuit » et « contre-jour » (*Revue des sciences humaines*, n° 248, octobre-décembre 1997, p. 51-65).

le motif à partir de la sanzas (tout en retrouvant la situation d'un Michaux immobilisé par son pied cassé, qui a servi deux ans plus tôt de détonateur à *Comme un ensablement*...). Mais là où l'instrument africain entraînait son utilisateur de hasard sur la voie d'une expérience spirituelle de l'espace et du temps, ramassée dans les termes de « l'Unique » ou de « l'Immobile[1] » et traduite formellement dans le texte par l'irruption de parties versifiées, il devient dans « Musique en déroute », le titre le suggère, l'instrument d'un conflit, d'une suite de petits affrontements avec un son rétif en lesquels se résume l'enseignement de l'expérience.

De même, « Par surprise », le premier des deux récits ouvertement inspirés par une expérience renouvelée de la drogue, rappelle avec évidence tant d'expériences antérieures cumulées par Michaux. Mais il n'en ressort à première vue ni vrai savoir, au sens de la « connaissance » autrefois postulée, ni révélation spirituelle, comme au fil de telle ou telle des « grandes épreuves » : tout juste les hauts et les bas, les fluctuations quasi spasmodiques que le narrateur-expérimentateur traverse selon la loi de succession condensée propre aux effets de la drogue et qu'il entreprend de fidèlement rapporter. Il en résulte des moments étonnants, tels ces instants où il faut maîtriser des poussées suicidaires, ou ce mur, qui n'est plus tout à fait un mur, « non enrobé *dans sa muralité* », et fait que la chambre « manque de *conclusion*[2] ». Mais le plus surprenant vient des pages finales, « Lendemains », écrites après ce compte rendu d'expérience et supposées en livrer sinon une clef, au moins une moralité[3]. Michaux dit avoir reçu de « cette après-midi » inattendue « le grand cadeau d'un autre monde ». Il le doit, pense-t-il, à ses capacités propres d'abandon et d'ascèse. Mais en tout sujet, ajoute Michaux, le choc provoqué par « l'accident » est de nature à créer un partage « en zones nouvelles de conscience et d'inconscience ». Tel est bien le déplacement qui se trouve alors dégagé, les deux termes servant de titre au recueil n'étant pas seulement syno-

1. *Face à ce qui se dérobe*, III, p. 893.
2. Respectivement, III, p. 1352 et 1351.
3. III, p. 1355-1356.

nymes, comme on l'a dit[1], mais aussi impliqués logiquement, le second incarnant la force d'abstraction du premier. De même, le « dégagement » saisit à travers l'écriture le « déplacement » que le choc de la vie a produit. Mais cela même n'est pas univoque. Michaux tient de surcroît à préciser qu'il a « mis six mois à écrire ce peu de pages » et n'a pris auparavant « aucune note » ; de sorte que le secret gardé sur l'aventure l'a aidé « à préserver les restes à demi endormis de l'événement[2] ». On s'étonne déjà des précisions d'heures que Michaux apporte[3] ; elles supposent — s'il dit juste, et pourquoi ne pas le croire, puisqu'il prend le parti d'y insister — le travail d'une mémoire interne destinée comme par avance à l'écriture supposée. Mais surtout, à relire les indications que donne Michaux au début de son récit sur ce qu'il a « sans raison avalé », cette « plaquette brune » qui traînait dans un tiroir et qu'il a « absorbée sans prendre garde[4] », une conviction naît, que tout dans l'œuvre vérifie, mais qui se donne ici, enfin, comme à l'état nu : si forte soit en Michaux sa réserve envers le fait même d'écrire, l'événement de la vie tel qu'il transparaît dans les textes auxquels il s'abandonne y semble à la fois — c'est leur miracle — aussi bien s'y livrer dans sa spontanéité qu'être déjà anticipé par l'écriture et presque préparé pour elle.

Ainsi en va-t-il du dernier de ces récits, « Le Jardin exalté ». Là encore, le souvenir revient d'un texte ancien, et rare, puisque c'est le premier que Michaux ait consacré à une drogue et le seul avant ce récit tardif à conter l'expérience d'une drogue prise en commun[5]. De l'un à l'autre — mais presque un demi-siècle a passé — il s'agit toujours de l'expérience d'un échange et d'une identité, la première fois largement à travers le sexe, plus tard par l'effet d'une communauté spirituelle, et surtout d'une quête d'être, vécue là contre l'enfer

1. Jean-Michel Maulpoix, dans son compte rendu « Le Nouveau Défi de Michaux à “ce qui se dérobe” », *La Quinzaine littéraire*, n° 434, 16 février 1985, p. 14-15.

2. III, p. 1355.

3. À partir de la page 1350 (III).

4. III, p. 1342.

5. « L'Éther » dans *La nuit remue*, I, p. 449-457.

du Temps[1], ici par la transformation du temps même en extase et en ouverture sur un paradis[2]. Après des débuts difficiles chez un homme âgé que la drogue, même légère, fatigue, c'est la musique, une musique indienne qui donne accès à ce paradis et, « par des brisements de toutes sortes », recouvre le moi et s'y perd de façon à s'unir en lui au jardin, devenant « un tout autre jardin[3] ». Ce que cette vision, ou sensation, a de remarquable, c'est son caractère absolu (il s'agit, ce sera la dernière phrase, de « l'émotion souveraine, celle qui tout accompagne, qui emporte l'Univers »). Elle est en outre vécue en extérieur, et non dans l'espace fermé d'une chambre, de sorte qu'un motif naturel, un arbre « dominant », en devient le support. Cet arbre soutient ainsi une transformation avouée du paradis chrétien, dont il refigure l'image (« pas de pomme, ni de serpent ni de Dieu punisseur »), en un paradis dont l'Orient est la référence exaltée. De là, au plus profond de la perception qu'il suscite, l'arbre ouvre une médiation entre l'un et le multiple (« chaque fragment, devenu un tout »), que Michaux n'a pas trop de mots pour célébrer. On remarque encore que toute référence subjective (tout « je », tout « moi ») disparaît comme par miracle des pages finales. Et que, du même coup, l'événement, au sens d'un accident propre au réel, s'y résorbe en lui-même au profit de sa propre réalité intemporelle. Et ainsi ce texte de prose tournant à la pure évocation se résout en une invocation rare, proche de celle que les poèmes portent, dans tous les derniers recueils de Michaux. Mais elle est plus troublante. Car tels les moments d'extase des grands livres de la drogue, elle naît d'un réel et d'un événement qu'elle transforme, sans l'abolir d'emblée dans la posture de langage que la forme du poème en lui-même présuppose, et bien qu'elle y convie.

1. Michaux évoque dans « L'Éther » le « cauchemar de la contemplation de l'écoulement lent du Temps » (*La nuit remue*, I., p. 457).

2. Laurent Jenny a suivi ce qu'il nomme « un chemin de paradis » chez Michaux au travers des écrits de la drogue : « paradis du clinquant » associé à la révélation mescalinienne et dénoncé dans *Misérable miracle* ; paradis haschichin de *Connaissance par les gouffres* (à travers l'épisode de la jeune femme dont la photo s'anime, III, p. 78) ; « paradis vibratoire » de la psilocybine, dans *Connaissance par les gouffres* encore ; enfin, « dernière vue du paradis dans « Le Jardin exalté » (« Voir le paradis ? », dans *Passages et langages*, p. 271-281).

3. III, p. 1359-1360. Les autres citations figurent à la suite, jusqu'à la page finale, p. 1362.

C'est aussi pourquoi « Le Jardin exalté » précède les quatre poèmes des « Postures » qui ferment ce recueil. Mais il y a dans *Déplacements, dégagements* deux usages de l'idée comme de la réalité du poème. Les onze poèmes de « Où poser la tête ? » restent proches de l'usage que Michaux a longtemps fait de ce type de sections dans ses anciens recueils, de *Qui je fus* à *Plume* ou à *Face aux verrous* (les regroupant ou non sous la simple appellation de « poèmes » à l'intérieur d'une section qui s'intercale au fil des diverses sections de proses). C'est alors traiter plutôt par l'invocation de rythmes insistants et ouverts des états qui s'apparentent encore plus ou moins aux rêveries que les textes de prose entraînent plutôt vers l'événement et sa fiction. On pourrait ainsi se laisser aller à comparer le récit théorisé des voyages de l'âme fait autrefois par Michaux dans « La Paresse[1] » à sa reprise en quelques simples vers sous le titre « Paresse » : ceux-ci illustrent au mieux l'effet de « parenthèse fluide » dont le poème frappe les événements de la vie, indifférenciés dans l'identité de la paresse et du rêve comme rêverie[2]. La question même avancée par le titre du poème éponyme de la section, « Où poser la tête ? », soutient bien ces errances du corps et de ses rêveries, impropres à se fixer. Alors que dans « Postures », le titre le suggère encore, et celui du premier des quatre poèmes, « Posture privilégiée », y insiste, il s'agit d'amener à son point d'équilibre souverain un corps soustrait à tout événement. « Postures » occupe ainsi dans *Déplacements, dégagements* le rôle et la position symbolique dévolus à « Jours de silence » dans *Chemins cherchés, chemins perdus, transgressions*. Ce sont les mêmes termes, mais cette fois orientés plutôt vers la maîtrise du corps, qui évoquent la paix gagnée par la méditation et la contemplation. La chose intéressante est la variation que l'identité des titres donnés aux poèmes implique,

1. Dans *La nuit remue*, I, p. 473-474.

2. III, p. 1320. Dans une lettre à Michaux, du 12 octobre 1983, André du Bouchet a qualifié ainsi, lors de leur première publication dans *L'Ire des vents* (nº 9-10, 1983, p. 54-61), « les merveilleuses pages intitulées *poèmes* — sans fin, en effet, et comme par excessive précision, justesse continuelle d'incision, logées dans le fluide — ou plutôt, ces lignes, posées là, et sans cesse se posant — si bien qu'un vol apparaît réellement comme être en place, mais sans la pesanteur de ce qui tient en place [...] ».

du calme sans aspérités propre au « mystère » de la « Posture privilégiée » à la concentration suractive du regard dans « Postures II » ou à la position couchée de « Postures III ». Continûment, l'Immobilité gagne ou règne, ouvrant l'éventail des termes qui lui sont afférents : « quiétude, harmonie, extension[1] ». Sous la référence orientale, un vocabulaire chrétien perce : « prière », « résurrection », « communion ». À nouveau le multiple est comme absorbé dans le mouvement qui assure son unité (« vaste nouveau domaine aux ruisselants passages[2] »), et la faiblesse convertie en force[3]. Comme dans « Jours de silence », l'œuvre élimine de son propre souvenir ce qui l'encombre encore : « sans angles, / acquiescement sans angles[4] ». Quelques formules prennent un tour définitif, qui se commentent d'elles-mêmes : « En la maison du corps-moi-émoi désormais annulé » ; « Temps dans lequel on ne sera plus déconcerté / divisé, / dans lequel rien n'interpelle, / où ne débouche phénomène aucun ». Jusqu'à l'ultime, qui pourrait sonner la fin d'une œuvre qui n'en admet aucune : « Jubilation à l'infini de la disparition des disparités[5] ».

Car aussi bien ce livre se retourne vers le texte qui est son centre mobile, de même qu'il renvoie de la fin attendue de la vie à ses « commencements[6] ». Ne retenons qu'une image, pour cerner l'écho entre les « Postures » et leur renversement. Dans la « Posture privilégiée » « UN INVISIBLE INDÉRÉGLABLE CERCLE / a pris place » ; dans les dessins d'enfants, ce cercle est la première forme qui s'anime, infiniment : « En tournantes, tournantes lignes de larges cercles maladroits, / emmêlés, / incessamment repris[7] ». Si ce texte, « Essais d'enfants, dessins

1. III, p. 1364.
2. III, p. 1365.
3. Voir III, p. 1368 : « maintenant allié à cette nouvelle force étonnante sortie de faiblesse / mobilité comme magique entée sur l'immobilité du corps ».
4. III, p. 1366.
5. Respectivement, III, p. 1369, 1370 et 1371.
6. *Les Commencements* est le titre donné à la plaquette publiée en 1983 chez Fata Morgana avant la reprise en volume qui redonne à « Essais d'enfants, dessins d'enfants » le titre original de sa parution en revue, bien qu'en inversant les termes : « Dessins d'enfants, essais d'enfants » — sous-titré « Les commencements » (*Le Débat*, n° 21, septembre 1982, p. 63-73.
7. Respectivement, III, p. 1363 et 1327.

d'enfants », a pu être compris comme « le sommet de cet ultime volume[1] », c'est que, joignant l'idée-réalité d'enfant à celle du dessin, Michaux y fait aussi bien l'anamnèse de sa propre vie d'enfant que celle de sa vie de peintre en les reconduisant à leur commune source. L'enfant qui dessine à n'en plus finir des traits élémentaires et les anime en les compliquant peu à peu d'une vie tournoyante passant par les foudroiements de la couleur est à l'évidence une image de Michaux peintre, de ces recommencements perpétuels du dessin et de la peinture qu'il n'a cessé de célébrer. « Les petits, écrit Michaux, apportent à la peinture des espaces libérés de l'Espace[2]. » C'est retrouver la « nouvelle guerre », la sienne, telle qu'il la prophétisait près de trente ans plus tôt dans le « Combat contre l'espace » engagé par la peinture depuis le début du siècle[3]. Mais, plus précisément, ce que les enfants « ont trouvé, quand ils en avaient besoin et selon leur envie », c'est « la *simultanéité*, celle qui unit et combine le vu et le connu, le vu par l'œil et le connu par l'esprit, le lointain avec le proche, le dedans avec le dehors lequel cesse de le dissimuler ». Plus précisément encore, ainsi s'affirme « la *coexistence du vu et du conçu*, qui a lieu en tout cerveau qui évoque ». On voit Michaux cerner par cette évocation-pensée de l'enfant la force obscure qu'il n'a cessé de revendiquer comme une identité virtuelle entre le langage et l'image, dont seule l'image comme signe serait capable de tendre au plus vif l'idée sensible.

Mais le plus émouvant est, par la force des choses, ce qui se résout en Michaux du mythe individuel de sa propre enfance et de son aboutissement. On se souvient de l'enfant-boule du « Portrait de A. », clos sur lui-même dans une inertie sans fin, et s'ouvrant à la vie par deux chutes successives. La première : « À l'âge de sept ans, il apprit l'alphabet et mangea. » La seconde : devenir « l'homme après la chute », hors de cette autre et même boule dont Dieu avait pu garantir l'image[4]. C'est là le scénario

1. Patrick Roegiers, « Michaux, le regard à bras-le-corps », *Le Matin de Paris*, 22 janvier 1985, p. 27.
2. Tout le passage concerné se trouve III, p. 1336-1337.
3. « Combat contre l'espace », *Passages*, II, p. 310-312.
4. « Le Portrait de A. », dans *Plume*, I, p. 608-610.

que fixera bien des années plus tard la rétrospection devenue presque trop fameuse de « Quelques renseignements », par la référence massive qu'elle ouvre : « Indifférence. / Inappétence. / Résistance. / / Inintéressé. / / Il boude la vie, les jeux, les divertissements et la variation. […] Anémie. / Rêves, sans images sans mots, immobile. / Il rêve à la permanence, à une perpétuité sans changement[1]. » Or voici ce que, deux ans avant de confier à Bréchon le texte destiné à sceller ainsi sa vie, Michaux écrit dans « Vitesse et tempo » : « Dans mes rêveries d'enfant, jamais, si je me souviens bien, je ne fus prince et pas souvent conquérant, mais j'étais extraordinaire en mouvements. Un véritable prodige en mouvements. Protée par les mouvements. Des mouvements dont, en fait, on ne voyait pas trace en mon attitude et dont on n'aurait pu avoir le soupçon, sauf par un certain air d'absence et de savoir m'abstraire[2]. » Entre cette « morphocréation », qui lui faisait mentalement mêler hommes et animaux, et ses dessins d'adulte aussitôt après évoqués (il s'agit des signes de *Mouvements*), Michaux établissait alors un lien direct, comme s'il n'y avait pas eu dans sa première enfance cette pure latence dont il a donné et donnera une impression si fortement scellée dans l'immobile.

Voilà précisément la double image qu'« Essais d'enfants, dessins d'enfants » coule implicitement en une seule (que Michaux a eu la prudence de couvrir d'un « si je me souviens bien »), sans pourtant contredire l'une ou l'autre version. Il y a trois parties dans ce texte, bien distinctes. La première évoque le surgissement de l'enfant au dessin : puissance de la répétition, jeu des traits et des lignes augmentant le geste premier du cercle, importance de la « forme incurvée », motif exacerbé des têtes ; et tout ce qui, ainsi, se rapporte d'emblée à l'imitation et à la ressemblance à travers les figurations des parents et de la maison. La deuxième partie, où Michaux aborde la couleur, est plus théorique, si impropre que le mot paraisse : elle vise surtout les enveloppements réciproques, qu'on a soulignés, entre image, narration et pensée. La troisième partie repart de l'origine, de « l'enfant-bouche » au sein, et des dessins qui de là et

1. « Quelques renseignements », I, p. CXXIX.
2. Texte publié dans *Quadrum* en 1957 et repris dans *Passages* en 1963 sous le titre « Dessiner l'écoulement du temps », passage cité, II, p. 372-373.

bien au-delà se répandent (Michaux y fait un aparté sur « la fillette », à laquelle il a consacré un texte resté inédit[1]). Et c'est au fil de cette évocation qu'il en vient à des enfants « moins ouverts », que « leurs dessins — ironie du sort — trahiront plus que les autres[2] ». Le portrait qu'il en trace ressemble étrangement à celui du « Portrait de A. » et de « Quelques renseignements »[3]. Il se poursuit, avec les mêmes suggestions d'une « grève » générale devant la vie, que colore ici le fantasme d'une fixation à « l'île maternelle ». Mais, semble-t-il, toujours cet « arriéré » dessine, quelle que soit la volontaire ambiguïté de la formulation : « Quel dommage qu'on ne puisse voir dans son esprit comme on pouvait voir dans les dessins[4]. » Michaux n'écrit pas « ses », qui aurait été trop précis et trop simple, bien qu'il ait mis, deux pages plus tôt, « leurs » aux dessins de ces enfants « moins ouverts » dont l'arriéré a progressivement surgi. On voit, par ce détail seul, l'immense art d'écriture dont ce texte, admirable de bout en bout, témoigne. Et l'on éprouve en même temps l'étendue de la réconciliation finale ici esquissée envers soi-même — au point de se conclure en quelques mots par ce qui pourrait être la devise, une parmi tant d'autres, d'une œuvre ainsi réverbérée dans le tâtonnement triomphant d'une longue vie : « Savoir-faire isolé, insuffisant mais lorsque les autres s'en aperçoivent, un étendard quand même, son étendard là, relevé[5]. »

1. Voir « Dessins de fillettes » dans *Textes et fragments inédits de « Déplacements, dégagements »*, III, p. 1384.

2. III, p. 1339.

3. Voir III, p. 1340 : « Refus. *Non* à la participation, au manger, au parler, à la marche, aux jeux mêmes.

4. III. p. 1340

5. III, p. 1341

Table chronologique des œuvres d'Henri Michaux

Nous suivons ici la tomaison établie pour les *Œuvres complètes* dans la Bibliothèque de la Pléiade. Les livres, les plaquettes et les quelques textes épars qui font l'objet d'un chapitre sont indiqués par un astérisque. Le folio qui suit les autres textes renvoie au chapitre où ils apparaissent.

TOME I

TOME II

TOME III

*Connaissance par les gouffres**, Gallimard, 1961 : p. 444
*Vents et poussières**, Karl Flinker, 1962 : p. 466
*Images du monde visionnaire** (film), 1963 : p. 475
« Lieux sur une planète petite »*, 1966 : p. 485
*Les Grandes Épreuves de l'esprit**, Gallimard, 1966 : p. 487
Vers la complétude, G.L.M., 1967 : p. 526
*Parcours**, Le Point Cardinal, 1967 : p. 535
*Façons d'endormi, façons d'éveillé**, Gallimard, 1969 : p. 502
Yantra, Le Point Cardinal, 1970 : p. 526
Poteaux d'angle, L'Herne, 1971 : p. 573
Droites libérées, Georges Visat, 1971 : p. 526
*Émergences-résurgences**, Genève, Skira, 1972 : p. 515
*En rêvant à partir de peintures énigmatiques**, Montpellier, Fata Morgana, 1972 : p. 520
*Moments. Traversées du temps**, Gallimard, 1973 : p. 526
Bras cassé, Montpellier, Fata Morgana, 1973 : p. 548
*Par la voie des rythmes**, Montpellier, Fata Morgana, 1974 : p. 535
Moriturus, Montpellier, Fata Morgana, 1974 : p. 548
*Idéogrammes en Chine**, Montpellier, Fata Morgana, 1975 : p. 542
*Face à ce qui se dérobe**, Gallimard, 1975 : p. 548
*Coups d'arrêt**, Le Collet de Buffle, 1975 : p. 559
Textes épars 1975-1977* (« Document D. », « Derniers intervalles ») : p. 559
Choix de poèmes d'Henri Michaux, Gallimard, 1976
Les Ravagés, Montpellier, Fata Morgana, 1976 : p. 589
Jours de silence, Montpellier, Fata Morgana, 1978 : p. 589
*Poteaux d'angle**, Montpellier, Fata Morgana, 1978 : p. 573
*Saisir**, Montpellier, Fata Morgana, 1979 : p. 606
*Une voie pour l'insubordination**, Montpellier, Fata Morgana, 1980 : p. 565
*Poteaux d'angle**, Gallimard, 1981 : p. 573
*Affrontements**, Montpellier, Fata Morgana, 1981 : p. 581
Comme un ensablement...,* Montpellier, Fata Morgana, 1981 : p. 585
*Chemins cherchés, chemins perdus, transgressions**, Gallimard, 1981 : p. 589
Les Commencements, Montpellier, Fata Morgana, 1983 : p. 614
Par surprise, Montpellier, Fata Morgana, 1983 : p. 614
Le Jardin exalté, Montpellier, Fata Morgana, 1983 : p. 614
*Par des traits**, Montpellier, Fata Morgana, 1984 : p. 606
Fille de la montagne, Marchant Ducel, 1984
*Déplacements, dégagements**, Gallimard, 1985 : p. 614

Index des noms

DU MÊME AUTEUR

Alexandre Astruc, Seghers, 1963
Henri Michaux ou une mesure de l'être, Gallimard, 1965 (éd. augmentée, *Henri Michaux*, « Folio Essais », 1986)
Les Rendez-vous de Copenhague, roman, Gallimard, 1966
Le Livre des autres, L'Herne, 1971
Le Livre des autres, entretiens, 10/18 U.G.E., 1978
L'Analyse du film, Albatros, 1979 (rééd. Calmann-Lévy, 1995)
Mademoiselle Guillotine. Cagliostro, Dumas, Œdipe et la Révolution Française, La Différence, 1989
L'Entre-Images. Photo, cinéma, vidéo, La Différence, 1990 (éd. revue, 2002)
Oubli, textes, La Différence, 1992
L'Entre-Images 2. Mots, images, P.O.L, « Trafic », 1999
Partages de l'ombre, textes, La Différence, 2002
Le Corps du cinéma. Hypnoses, émotions, animalités, P.O.L, « Trafic », 2009
Les Hommes, le dimanche, Yellow Now, « Côtés films », 2009

Direction d'ouvrages collectifs

Le Western, Paris, 10/18 U.G.E., 1966 (éd. augmentée, « Tel », Gallimard, 1993)
Henri Michaux, L'Herne, n° 8, 1966 (éd. augmentée, 1983)
Dictionnaire du cinéma, Éditions universitaires (avec Jean-Jacques Brochier), 1966
Psychanalyse et cinéma, *Communications*, n° 23, 1975 (avec Thierry Kuntzel et Christian Metz)
Lévi-Strauss, Gallimard, 1979 (avec Catherine Clément)
Le Cinéma américain, analyses de films, 2 vol., Flammarion, 1980
Vidéo, *Communications*, n° 48, 1988 (avec Anne-Marie Duguet)
Cinéma et Peinture, approches, Coliartco, P.U.F., 1990
Passages de l'image, Centre Georges-Pompidou, 1990 (avec Catherine David et Christine Van Assche)
Unspeakable Images, *Camera Obscura*, n° 24, 1991 (avec Élisabeth Lyon)
Jean-Luc Godard : Son + Image, MoMA, New York, 1992 (avec Mary Lea Bandy)

Éditions critiques

Charlotte Brontë, Patrick Branwell Brontë, *Écrits de jeunesse* (choix), Pauvert, 1972 (rééd. Laffont, « Bouquins », 1992)
Emily Brontë, *Wuthering Heights*, Pauvert, 1972 ; *Hurlevent*, « Folio » Gallimard, 1991
Alice James, *Journal* suivi d'un choix de lettres, Café-Clima, 1984
Henri Michaux, *Œuvres complètes*, Gallimard, Bibliothèque de la Pléiade, t. I, 1998, t. II, 2001, t. III. 2004 (avec Ysé Tran)

tel

Volumes parus

162. Pierre-André Taguieff : *La force du préjugé.*
163. Yvon Belaval : *Les philosophes et leur langage.*
164. Sören Kierkegaard : *Miettes philosophiques — Le concept de l'angoisse — Traité du désespoir.*
165. Raymond Lœwy : *La laideur se vend mal.*
166. Michel Foucault : *Les mots et les choses.*
167. Lucrèce : *De la nature.*
168. Élie Halévy : *L'ère des tyrannies.*
169. Hans Robert Jauss : *Pour une esthétique de la réception.*
170. Gilbert Rouget : *La musique et la transe.*
171. Jean-Paul Sartre : *Situations philosophiques.*
172. Martin Heidegger : *Questions III et IV.*
173. Bernard Lewis : *Comment l'Islam a découvert l'Europe.*
174. Émile Zola : *Écrits sur l'art.*
175. Alfred Einstein : *Mozart (L'homme et l'œuvre).*
176. Yosef Hayim Yerushalmi : *Zakhor (Histoire juive et mémoire juive).*
177. Jacques Drillon : *Traité de la ponctuation française.*
178. Francis Bacon : *Du progrès et de la promotion des savoirs.*
179. Michel Henry : *Marx I (Une philosophie de la réalité).*
180. Michel Henry : *Marx II (Une philosophie de l'économie).*
181. Jacques Le Goff : *Pour un autre Moyen Âge (Temps, travail et culture en Occident : 18 essais).*
182. Karl Reinhardt : *Eschyle, Euripide.*
183. Sigmund Freud : *Correspondance avec le pasteur Pfister (1909-1939).*
184. Benedetto Croce : *Essais d'esthétique.*
185. Maurice Pinguet : *La mort volontaire au Japon.*
186. Octave Nadal : *Le sentiment de l'amour dans l'œuvre de Pierre Corneille.*
187. Platon : *Hippias mineur, Alcibiade, Apologie de Socrate, Euthyphron, Criton, Hippias majeur, Charmide, Lachès, Lysis.*
188. Platon : *Protagoras, Gorgias, Ménon.*

189. Henry Corbin : *En Islam iranien,* I.
190. Henry Corbin : *En Islam iranien,* II.
191. Henry Corbin : *En Islam iranien,* III.
192. Henry Corbin : *En Islam iranien,* IV.
193. Herbert Marcuse : *L'Ontologie de Hegel et la théorie de l'historicité.*
194. Peter Szondi : *Poésie et poétique de l'idéalisme allemand.*
195. Platon : *Phédon, Le Banquet, Phèdre.*
196. Jean Maitron : *Le mouvement anarchiste en France*, I.
197. Jean Maitron : *Le mouvement anarchiste en France*, II.
198. Eugène Fleischmann : *La philosophie politique de Hegel.*
199. Otto Jespersen : *La philosophie de la grammaire.*
200. Georges Mounin : *Sept poètes et le langage.*
201. Jean Bollack : *Empédocle*, I *(Introduction à l'ancienne physique).*
202. Jean Bollack : *Empédocle*, II *(Les origines).*
203. Jean Bollack : *Empédocle*, III *(Les origines).*
204. Platon : *Ion, Ménexène, Euthydème, Cratyle.*
205. Ernest Renan : *Études d'histoire religieuse* (suivi de *Nouvelles études d'histoire religieuse*).
206. Michel Butor : *Essais sur le roman.*
207. Michel Butor : *Essais sur les modernes.*
208. Collectif : *La revue du cinéma (Anthologie).*
209. Walter F. Otto : *Dionysos (Le mythe et le culte).*
210. Charles Touati : *La pensée philosophique et théologique de Gersonide.*
211. Antoine Arnauld, Pierre Nicole : *La logique ou l'art de penser.*
212. Marcel Detienne : *L'invention de la mythologie.*
213. Platon : *Le politique, Philèbe, Timée, Critias.*
214. Platon : *Parménide, Théétète, Le Sophiste.*
215. Platon : *La République (livres I à X).*
216. Ludwig Feuerbach : *L'essence du christianisme.*
217. Serge Tchakhotine : *Le viol des foules par la propagande politique.*
218. Maurice Merleau-Ponty : *La prose du monde.*
219. Collectif : *Le western.*
220. Michel Haar : *Nietzsche et la métaphysique.*
221. Aristote : *Politique (livres I à VIII).*
222. Géralde Nakam : *Montaigne et son temps. Les événements et les* Essais *(L'histoire, la vie, le livre).*
223. J.-B. Pontalis : *Après Freud.*

224. Jean Pouillon : *Temps et roman.*
225. Michel Foucault : *Surveiller et punir.*
226. Étienne de La Boétie : *De la servitude volontaire ou Contr'un* suivi de sa réfutation par Henri de Mesmes suivi de *Mémoire touchant l'édit de janvier 1562.*
227. Giambattista Vico : *La science nouvelle (1725).*
228. Jean Kepler : *Le secret du monde.*
229. Yvon Belaval : *Études leibniziennes (De Leibniz à Hegel).*
230. André Pichot : *Histoire de la notion de vie.*
231. Moïse Maïmonide : *Épîtres (Épître sur la persécution — Épître au Yémen — Épître sur la résurrection des morts — Introduction au chapitre Helèq).*
232. Épictète : *Entretiens (Livres I à IV).*
233. Paul Bourget : *Essais de psychologie contemporaine (Études littéraires).*
234. Henri Heine : *De la France.*
235. Galien : *Œuvres médicales choisies*, tome 1 *(De l'utilité des parties du corps humain).*
236. Galien : *Œuvres médicales choisies*, tome 2 *(Des facultés naturelles — Des lieux affectés — De la méthode thérapeutique, à Glaucon).*
237. Aristote : *De l'âme.*
238. Jacques Colette : *Kierkegaard et la non-philosophie.*
239. Shmuel Trigano : *La demeure oubliée (Genèse religieuse du politique).*
240. Jean-Yves Tadié : *Le récit poétique.*
241. Michel Heller : *La machine et les rouages.*
242. Xénophon : *Banquet* suivi d'*Apologie de Socrate.*
243. Walter Laqueur : *Histoire du sionisme*, I.
244. Walter Laqueur : *Histoire du sionisme*, II.
245. Robert Abirached : *La crise du personnage dans le théâtre moderne.*
246. Jean-René Ladmiral : *Traduire, théorèmes pour la traduction.*
247. E.E. Evans-Pritchard : *Les Nuer (Description des modes de vie et des institutions politiques d'un peuple nilote).*
248. Michel Foucault : *Histoire de la sexualité, tome I (La volonté de savoir).*
249. Cicéron : *La République* suivi de *Le Destin.*
250. Gilbert Gadoffre : *Du Bellay et le sacré.*
251. Claude Nicolet : *L'idée républicaine en France (1789-1924). Essai d'histoire critique.*

252. Antoine Berman : *L'épreuve de l'étranger.*
253. Jean Bollack : *La naissance d'Œdipe.*
254. Donald Kenrick et Grattan Puxon : *Destins gitans.*
255. Isaac Newton : *De la gravitation* suivi de *Du mouvement des corps.*
256. Eberhard Jäckel : *Hitler idéologue.*
257. Pierre Birnbaum : *Un mythe politique : la « République juive ».*
258. Peter Gay : *Le suicide d'une République (Weimar 1918-1933).*
259. Friedrich Nietzsche : *La volonté de puissance, I.*
260. Friedrich Nietzsche : *La volonté de puissance, II.*
261. Françoise van Rossum-Guyon : *Critique du roman (Essai sur « La Modification » de Michel Butor).*
262. Leibniz : *Discours de métaphysique* suivi de *Monadologie.*
263. Paul Veyne : *René Char en ses poèmes.*
264. Angus Wilson : *Le monde de Charles Dickens.*
265. Sénèque : *La vie heureuse* suivi de *Les bienfaits.*
266. Rémy Stricker : *Robert Schumann.*
267. Collectif : *De Vienne à Cambridge.*
268. Raymond Aron : *Les désillusions du progrès.*
269. Martin Heidegger : *Approche de Hölderlin.*
270. Alain Besançon : *Les origines intellectuelles du léninisme.*
271. Auguste Comte : *Philosophie des sciences.*
272. Aristote : *Poétique.*
273. Michel Butor : *Répertoire littéraire.*
275. Xénophon-Aristote : *Constitution de Sparte - Constitution d'Athènes.*
276. Isaac Newton : *Écrits sur la religion.*
277. Max Horkheimer : *Théorie traditionnelle et théorie critique.*
278. Gaëtan Picon : *L'écrivain et son ombre (Introduction à une esthétique de la littérature, I).*
279. Michel Foucault : *Histoire de la sexualité, tome 2 (L'usage des plaisirs).*
280. Michel Foucault : *Histoire de la sexualité, tome 3 (Le souci de soi).*
281. Collectif : *Les Stoïciens, tome 1.*
282. Collectif : *Les Stoïciens, tome 2.*
283. Ludwig Wittgenstein : *Carnets 1914-1916.*
284. Louis Dumont : *Groupes de filiation et alliance de mariage.*
285. Alfred Einstein : *Schubert. Portrait d'un musicien.*

286. Alexandre Kojève : *Essai d'une histoire raisonnée de la philosophie païenne, I (Les Présocratiques).*
287. Alexandre Kojève : *Essai d'une histoire raisonnée de la philosophie païenne, II (Platon - Aristote).*
288. Alexandre Kojève : *Essai d'une histoire raisonnée de la philosophie païenne, III (La philosophie hellénistique - Les néo-platoniciens).*
289. Karl Schlechta : *Le cas Nietzsche.*
290. Valery Larbaud : *Sous l'invocation de saint Jérôme.*
291. Alain Jouffroy : *De l'individualisme révolutionnaire.*
292. Laurent Clauzade : *L'idéologie ou la révolution de l'analyse.*
293. Marcel Detienne : *Dionysos mis à mort.*
294. Henri Heine : *De l'Allemagne.*
295. Ernst Bloch : *Traces.*
296. Aristote : *Rhétorique.*
297. Friedrich List : *Système national d'économie politique.*
298. Emmanuel Jacquart : *Le théâtre de dérision (Beckett - Ionesco - Adamov).*
299. Alexandre Kojève : *L'athéisme.*
300. Mario Praz : *La chair, la mort et le diable dans la littérature du XIXe siècle.*
301. Jean Starobinski : *L'œil vivant.*
302. Alain : *Balzac.*
303. Mona Ozouf : *Les Mots des femmes.*
304. Philippe Muray : *Le XIXe siècle à travers les âges.*
305. Philippe Muray : *Désaccord parfait.*
306. Nietzsche : *Mauvaises pensées choisies.*
307. David Schoenbaum : *La révolution brune.*
308. Alfred Sauvy : *La vieillesse des nations.*
309. Charles Rosen : *Le style classique. Haydn, Mozart, Beethoven.*
310. Kostas Papaioannou : *Marx et les marxistes.*
311. Ludwig Wittgenstein : *Tractatus logico-philosophicus.*
312. Philippe Muray : *Céline.*
313. Wladimir Granoff : *Filiations (L'avenir du complexe d'Œdipe).*
314. Jean Starobinski : *La relation critique.*
315. Pierre Manent : *Les libéraux.*
316. Marc Fumaroli : *La diplomatie de l'esprit.*
317. Marcel Gauchet : *La démocratie contre elle-même.*
318. Bertrand de Jouvenel : *Arcadie. Essai sur le mieux-vivre.*
319. John Maynard Keynes & Jacques Bainville : *Les consé-*

quences économiques de la paix. Les conséquences politiques de la paix.

320. John Maynard Keynes : *La pauvreté dans l'abondance.*
321. Bernard de Fallois : *Simenon.*
322. Léon Bloy : *L'Âme de Napoléon.*
323. Patrice Gueniffey : *La politique de la Terreur.*
324. Denis Lacorne : *La crise de l'identité américaine.*
325. Angelo Tasca : *Naissance du fascisme. L'Italie de l'armistice à la marche sur Rome.*
326. Joseph A. Schumpeter : *Histoire de l'analyse économique*, I.
327. Joseph A. Schumpeter : *Histoire de l'analyse économique*, II.
328. Joseph A. Schumpeter : *Histoire de l'analyse économique*, III.
329. Mona Ozouf : *Les aveux du roman.*
330. Max Weber : *L'Ethique protestante et l'esprit du capitalisme.*
331. Ludwig Wittgenstein : *Le Cahier bleu et le Cahier brun.*
332. Pierre Manent : *Cours familier de philosophie politique.*
333. Jacques Bainville : *Napoléon.*
334. Benedetta Craveri : *L'âge de la conversation.*
335. Bernard Lewis : *Comment l'Islam a découvert l'Europe.*
336. Jean Fourastié : *Productivité et richesse des nations.*
337. Marcel Gauchet : *La condition politique.*
338. Marc Fumaroli : *Chateaubriand. Poésie et Terreur.*
339. Albert Thibaudet : *La poésie de Stéphane Mallarmé.*
340. Max Weber : *Sociologie des religions.*
341. Pierre Manent : *Tocqueville et la nature de la démocratie.*
342. Collectif : *Histoire des droites en France, I* (Politique).
343. Collectif : *Histoire des droites en France, II* (Cultures).
344. Collectif : *Histoire des droites en France, III* (Sensibilités).
345. Élie Halévy : *Histoire du socialisme européen.*
346. Bertrand Saint-Sernin : *Le rationalisme qui vient.*
347. Moses Mendelssohn : *Jérusalem ou Pouvoir religieux et judaïsme.*
348. Philippe Muray : *Après l'Histoire.*
349. Marcel Gauchet et Gladys Swain : *La pratique de l'esprit humain.*
350. Alexandre Kojève : *Esquisse d'une phénoménologie du droit.*

351. Pierre Manent : *Enquête sur la démocratie - Études de philosophie politique.*
352. Pierre Manent : *Naissances de la politique moderne Machiavel-Hobbes-Rousseau.*
353. Louis Dumont : *Homo æqualis*, I.
354. Michel Foucault : *L'archéologie du savoir.*
355. Collectif : *Présence du bouddhisme.*
356. Aristote : *Météorologiques.*
357. Michael Screech : *Rabelais.*
358. Marcel Jousse : *L'Anthropologie du Geste.*
359. Collectif : *Midrash Rabba sur Ruth. Midrash Rabba sur Esther.*
360. Leo Strauss : *La Persécution et l'Art d'écrire.*
361. Leo Strauss : *La renaissance du rationalisme politique classique.*
362. Karl Polanyi : *La Grande Transformation.*
363. Georges Roque : *Art et science de la couleur.*
364. René Descartes : *Œuvres complètes*, III.
365. Marcel Detienne : *Apollon le couteau à la main.*
366. Michel Henry : *Marx.*
367. Raymond Aron : *Penser la guerre, Clausewitz*, I.
368. Raymond Aron : *Penser la guerre, Clausewitz*, II.
369. Paul Mattick : *Marx et Keynes.*
370. Robert Darnton : *Bohème littéraire et Révolution.*
371. Louis Massignon : *La Passion de Husayn ibn Mansûr Hallâj*, I.
372. Louis Massignon : *La Passion de Husayn ibn Mansûr Hallâj*, II.
373. Louis Massignon : *La Passion de Husayn ibn Mansûr Hallâj*, III.
374. Louis Massignon : *La Passion de Husayn ibn Mansûr Hallâj*, IV.
375. Yves Pagès : *Céline, fictions du politique.*
376. Annie Le Brun : *Les châteaux de la subversion* suivi de *Soudain un bloc d'abîme*, Sade.
377. Jean-Paul Sartre : *Saint Genet comédien et martyr.*
378. Hans Magnus Enzensberger : *Politique et crime.*
379. Jurgen Habermas : *Le discours philosophique de la modernité.*
380. Luc Boltanski/Eve Chiapello : *Le nouvel esprit du capitalisme.*

Composition IGS.
Impression CPI Firmin-Didot
à Mesnil-sur-l'Estrée, le 9 mars 2011.
Dépôt légal : mars 2011.
Numéro d'imprimeur : 104648.

ISBN 978-2-07-013153-2/Imprimé en France.

178977